四川统计年鉴

SICHUAN STATISTICAL YEARBOOK

四　川　省　统　计　局
国家统计局四川调查总队
Statistical Bureau of Sichuan
NBS Survey Office in Sichuan 编

2013

©中国统计出版社 2013
版权所有。未经许可，本书的任何部分不得以任何方式在世界任何地区以任何文字翻印、拷贝、仿制或转载。
©2013 China Statistics Press
All rights reserved. No part of the publication may be reproduced or transmitted in any form or by any means, electronic or mechanical, including photocopying, recording, or any information storage and retrieval system, without written permission from the publisher.

图书在版编目（CIP）数据

四川统计年鉴. 2013 ：汉英对照 / 四川省统计局，国家统计局四川调查总队编.
——北京：中国统计出版社，2013.8
ISBN 978-7-5037-6907-8

Ⅰ.①四…
Ⅱ.①四…②国…
Ⅲ.①统计资料—四川省—2013—年鉴—汉、英
Ⅳ.①C832.71-54

中国版本图书馆 CIP 数据核字（2013）第 184287 号

四川统计年鉴-2013
SICHUAN STATISTICAL YEARBOOK 2013

作　　者 / 四川省统计局　国家统计局四川调查总队
责任编辑 / 佘竞雄　王立群
执行编辑 / 宋　兰
出版发行 / 中国统计出版社
地　　址 / 北京市丰台区西三环南路甲 6 号
邮　　编 / 100073
电　　话 / (010)63376909
网　　址 / http://csp.stats.gov.cn
印　　刷 / 成都市博普印务有限公司
开　　本 / 890mm×1240mm　1/16
字　　数 / 1124 千字
印　　张 / 35
版　　别 / 2013 年 8 月第 1 版
版　　次 / 2013 年 8 月第 1 次印刷
定　　价 / 360.00 元

本书附同版本 CD—ROM 一张，光盘内容以书面文字为准。
如有印装错误，由四川省统计局综合处负责调换。
地址：成都市二环路西一段 108 号　邮编：610041　电话：(028)87042700　87043929

《四川统计年鉴－2013》编委会

顾　　问　叶　壮　胡安荣

主　　任　范秋美

副 主 任　滕采模　黄国芹　胡品生　梁伟华　陈　智　李兴怀　秦开荣
熊建中　何　健　熊祖辕　裴庆昆　冷伯英　冯久先　谢承渊
李文海　刘小莉　吕　瑶　张晓勇　吴　健　刘功勋　郭亨孝
石　钢　钟晓平　曾华俊

编　　委（按姓氏笔划为序）
王成富　王致富　付全忠　李昌耀　李鹏飞　李照彬　刘屈原
杨克文　杨先国　杨治刚　杨胜利　苑　跃　罗湘蜀　明国光
姚　杰　郭凡春　胡　渤　唐学清　唐建成　倪方平　徐富君
翁庆智　曾全红　曾俊林　蒋春华　魏　翰

《四川统计年鉴－2013》编辑部

总 编 辑　熊建中

副总编辑　杨治刚　汪小红　吴树伟

执行编辑　宋　兰

编辑人员（按姓氏笔划为序）
王　飞　王晓蓉　车　静　毛建平　代建凯　刘　娟　刘红缨
许军红　李　格　李传军　李建华　杨　科　张淑珍　张利利
吴旭华　岑　勇　陈　鹏　陈西沙　陈哲人　陈崇精　陈柏松
杨　慧　何玉霞　林　川　周少跃　徐　晋　徐杨莉　唐婉岚
康　兰　曹　芬　曹　昊　程　龙　喻永平　雷　莉　谭红英

英文翻译　赵　丽

SICHUAN STATISTICAL YEARBOOK-2013

Editorial Board and Staff

Ⅰ. Editorial Board

Consultant	Ye Zhuang	Hu Anrong		
Chairman	Fan Qiumei			
Vice-chairmen	Teng Caimo	Huang Guoqin	Hu Pinsheng	Liang Weihua
	Cheng Zhi	Li Xinghuai	Qin Kairong	Xiong Jianzhong
	He Jian	Xiong Zuyuan	Pei Qingkun	Leng Boying
	Feng Jiuxian	Xie Chengyuan	Li Wenhai	Liu Xiaoli
	Lü Yao	Zhang Xiaoyong	Wu Jian	Liu Gongxun
	Guo Henxiao	Shi Gang	Zhong Xiaoping	Zeng huaJun

Editorial Board (in order of strokes of Chinese surname)

	Wang Chengfu	Wang zhifu	Fu Quanzhong	Li Changyao
	Li pengfei	Li Zhaobin	Liu Quyuan	Yang Kewen
	Yang Xianguo	Yang zhigang	Yang Shengli	Yuan Yue
	Luo Xiangshu	Ming Guoguang	Yao Jie	Guo Fanchun
	Hu Bo	Tang Xueqing	Tang Jiancheng	Ni Fangping
	Xu Fujun	Weng Qingzhi	Zeng Quanhong	Zeng Junlin
	Jiang Chunhua	Wei Han		

Ⅱ. Editorial Staff

Editor-in-chief	Xiong Jianzhong			
Associate Editor-in-chief	Yang zhigang	Wang Xiaohong	Wu Shuwei	
Executive Editor	Song Lan			

Editorial Staff (in order of strokes of Chinese surname)

	Wang Fei	Wang Xiaorong	Che Jing	Mao Jianping
	Dai Jiankai	Liu Juan	Liu Hongying	Xu Junhong
	Li Ge	Li Chuanjun	Li Jianhua	Yang Ke
	Zhang Shuzhen	Zhang Lili	Wu Xuhua	Cen Yong
	Chen Peng	Chen Xisha	Chen Zheren	Chen Chongjing
	Chen Bosong	Yang Hui	He Yuxia	Lin Chuan
	Zhou Shaoyue	Xu Jin	Xu Yangli	Tang Wanlan
	Kang Lan	Cao Fen	Cao Hao	Cheng Long
	Yu Yongping	Lei Li	Tan Hongying	
English Translatoı	Zhao Li			

编者说明

一、《四川统计年鉴－2013》是一部全面反映四川省经济和社会发展情况的综合性统计资料年刊。本年鉴收录了全省和各市（州）、县（市、区）2012 年经济和社会各方面的大量统计数据，以及历史重要年份和近年来的全省主要统计数据。

二、本年鉴正文内容分为 23 个篇章，即：1.综合；2.国民经济核算；3.人口；4.就业人员和工资；5.固定资产投资；6.能源；7.资源和环境；8.财政和物价；9.人民生活和社会保障；10.城市概况；11.民族自治地方概况；12.县(市、区)概况；13.农业；14.工业；15.建筑业；16.交通运输、邮电和通讯；17.国内贸易；18.对外经济贸易和旅游；19.金融和保险；20.教育、科技和专利；21.文化、体育和卫生；22.其他社会活动；23.法人单位概况。为帮助读者理解和使用统计数据，部分统计表下作了简要注释，并在各篇末附有主要统计指标解释。

三、与 2012 年版《四川统计年鉴》比较，本年鉴原第四章“就业人员和职工工资”修改为“就业人员和工资”，在该章中取消了“按经济类型分职工人数”、“分行业职工人数”、“各市(州)分行业职工人数”、“分行业国有经济单位职工人数”及“分行业城镇集体经济单位职工人数”表；在第十三章“农业”中取消了 “各市(州)主要农作物单位面积产量”、“各市(州)畜产品产量”、“乡镇企业基本情况”表 ，取消了“扶贫重点县”统计资料，增加了“牲畜饲养情况”表，在“耕地面积和农作物总播种面积”和“主要农产品产量”表中增加了“粮食”及分类播种面积和产量，在“畜产品产量”表中增加了“肉类”及分类产量；取消了原第二十四章“企业调查”。

四、本年鉴中，涉及的部门统计资料均由相关部门提供。

五、本年鉴对过去发表的统计资料重新进行了核实，凡与本年鉴数据有出入的，以本年鉴为准。

六、本年鉴中所使用的度量衡单位均采用国际统一标准计量单位。

七、本年鉴中部分数据合计数或相对数由于单位取舍不同而产生的计算误差，均未做机械调整。

八、本年鉴表中的符号使用说明：“空格”表示该项统计指标数据不足本表最小单位数、数据不详或无该项数据；“#”表示其中的主要项。

Preface

Ⅰ. *Sichuan Statistical Yearbook 2013* is an annual statistics publication to reflect various aspects of Sichuan's economic and social development, which covers very comprehensive data series in 2012 and some selected data series in historically important years and the most recent years at provincial level, local levels of prefecture and level of county.

Ⅱ. The text of this Yearbook contains the following 23 parts, l. General Survey, 2. National Accounts, 3. Population, 4. Employment and Wage, 5. Investment in Fixed Assets, 6.Energy , 7. Resources and Environment,8. Local Government Finance and Price, 9.People's Livelihood and Social Welfare, 10.City, 11.Survey of Minority Nationality Autonomous Areas, 12. Survey of County (city,district), 13. Agriculture, 14. Industry, 15. Construction, 16. Transportation, Post and Telecommunications Services, 17. Domestic Trade, 18. Foreign Trade and Economic Cooperation and International Tourism, 19. Banking and Insurance, 20. Education, Science, Technology and Patents, 21. Culture, Sports and Public Health, 22. Other Social Activities, 23. Unit List. Explanatory Notes on Main Statistical Indicators is attached to the end of each chapter to help the readers to understand and use the statistical data in this book.

Ⅲ. Compared with *Sichuan Statistical Yearbook 2012*, this yearbook have changed Original Chapter IV "Employment and Staff Wages" to "Employment and Wages".Chapter IV have cancelled five table including"Number of Staff and Works by Ownership","Number of Staff and Workers by Sector","Number of Staff and Workers by Sector and Region", "Number of Staff and Workers in Urban Collective Owned Units by Sector".Chaper XIII "Agriculture"do not include these table of "Output of Major Farm Crops Per Hectare by Region", "Output of Livestock Products by Region","Basic Statistics on Township and Village Enterprises"and data of "Poverty Focused Counties",increase data of sown areas and outpu of grain in the table of "Rearing Conditions of Livestock", "Area under Cultivation and Total Sown Area of Farm Crops", "Output of Major Forest Products",aslo increase the data of output of meat and classification in "output of livestock products" . This yearbook do not include chapter XXIV "Enterprise Survey".

Ⅳ. In this yearbook, data of transport, post and telecommunications, tourism, trade, finance, insurance, education, technology, culture, health, sports, patents, civil, fire, traffic accident, mineral resources provided by the relevant departments.

Ⅴ. The statistics data published in the past is re-verified in this book. Any discrepancy between the data of this book, it prevails.

Ⅵ The units of measurement used in this book are international standard measurement units.

Ⅶ Statistical discrepancies on totals and relative figures due to rounding are not adjusted in the Yearbook.

Ⅷ Notations used in this book:"(blank)"indicates that the data not available, "#" indicates the major items of the total.

目 录

CONTENTS

一、综合

Chapter 1 GENERAL SURVEY

二、国民经济核算

Chapter 2 NATIONAL ACCOUNTS

三、人口
Chapter 3 POPULATION

四、就业人员和工资
Chapter 4 EMPLOYMENT AND WAGE

六、能源
Chapter 6 ENERGY

七、资源和环境
Chapter 7 RESOURCES AND ENVIRONMENT

八、财政和物价

Chapter 8 LOCAL GOVERNMENT FINANCE AND PRICE

九、人民生活和社会保障
Chapter 9 PEOPLE'S LIVELIHOOD AND SOCIAL WELFARE

十、城市概况
Chapter 10 CITY

十一、民族自治地方概况
Chapter 11 SURVEY OF MINORITY NATIONALITY AUTONOMOUS AREAS

十二、县(市、区)概况
Chapter 12 SURVEY OF COUNTY (CITY, DISTRICT)

十三、农业
Chapter 13 AGRICULTURE

十四、工业
Chapter 14 INDUSTRY

十五、建筑业
Chapter 15 CONSTRUCTION

十六、交通运输、邮电和通讯
Chapter 16 TRANSPORTATION, POST AND TELECOMMUNICATIONS SERVICES

十七、国内贸易
Chapter 17 DOMESTIC TRADE

十八、对外经济贸易和旅游
Chapter 18 FOREIGN TRADE AND ECONOMIC COOPERATION AND INTERNATIONAL TOURISM

十九、金融和保险
Chapter 19 BANKING AND INSURANCE

二十、教育、科技和专利
Chapter 20 EDUCATION, SCIENCE, TECHNOLOGY AND PATENTS

二十一、文化、体育和卫生
Chapter 21 CULTURE, SPORTS AND PUBLIC HEALTH

二十二、其他社会活动
Chapter 22 OTHER SOCIAL ACTIVITIES

年末农业人口和非农业人口

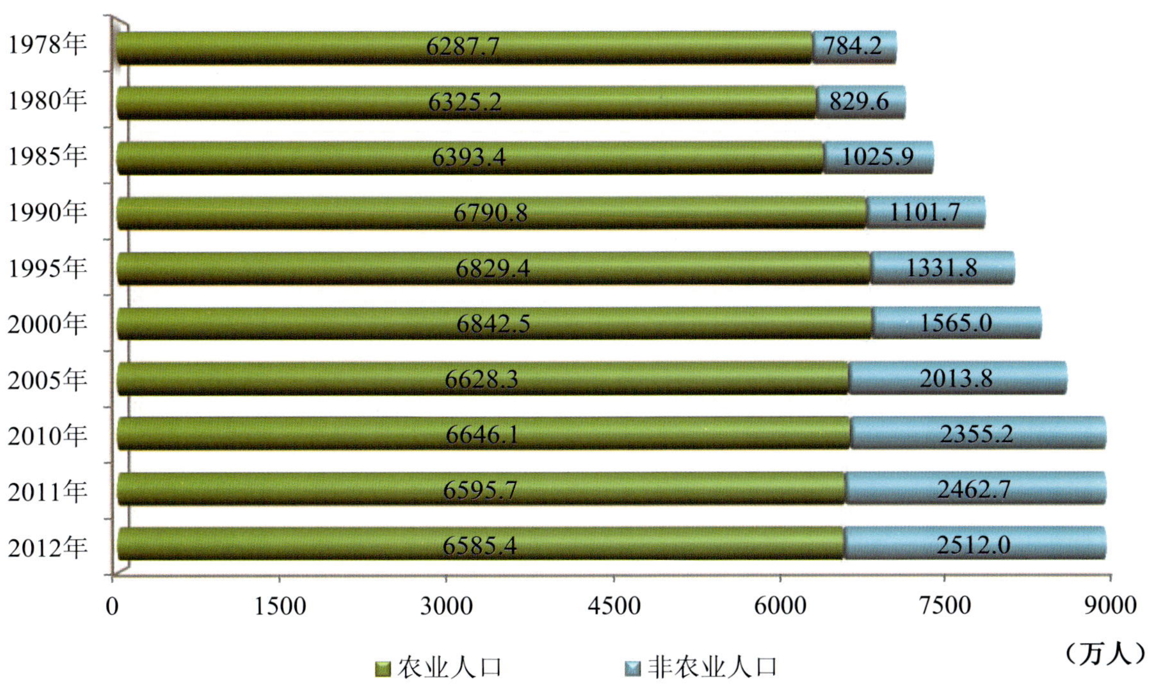

劳动力资源和就业人员

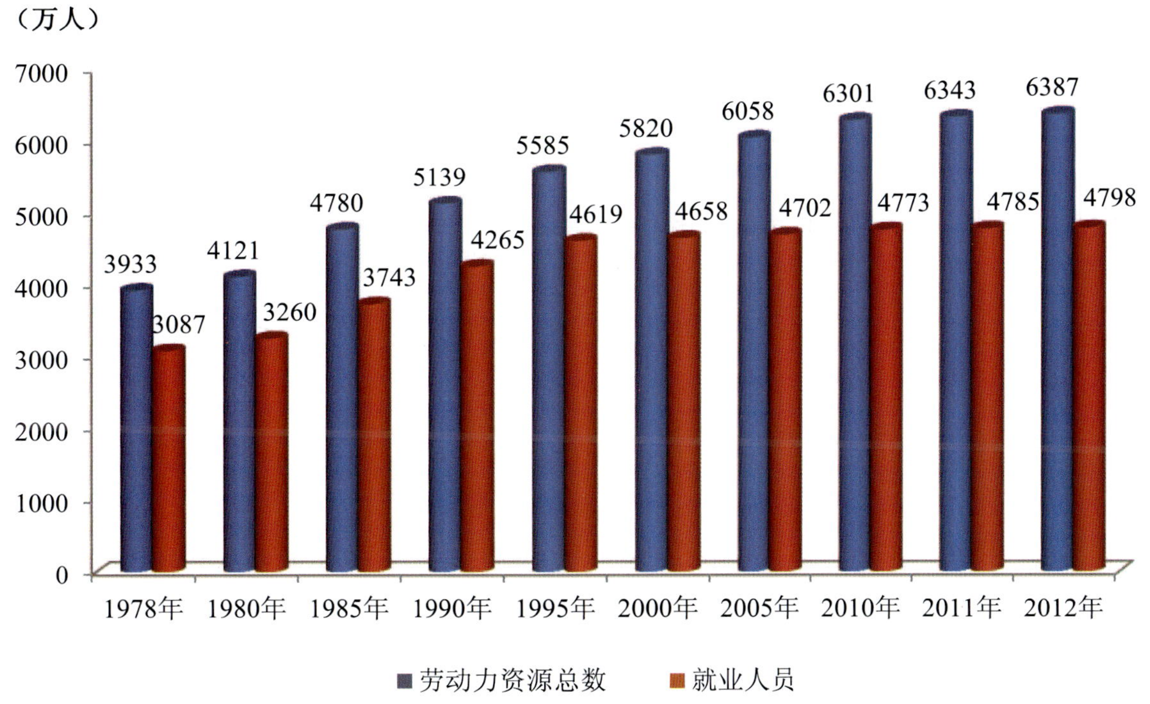

按三次产业分的就业人员构成

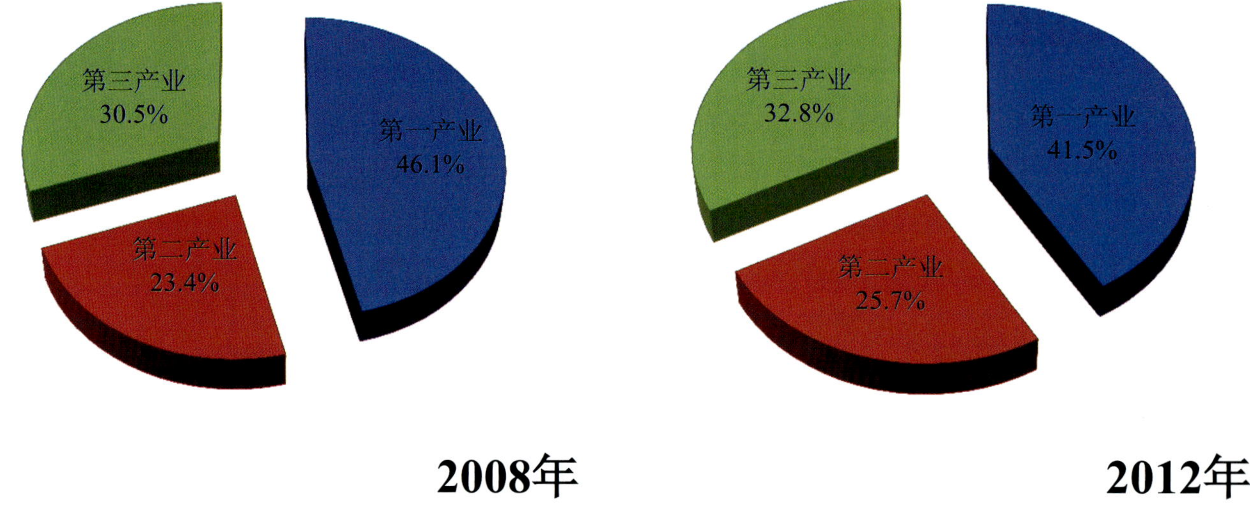

地区生产总值和增长速度

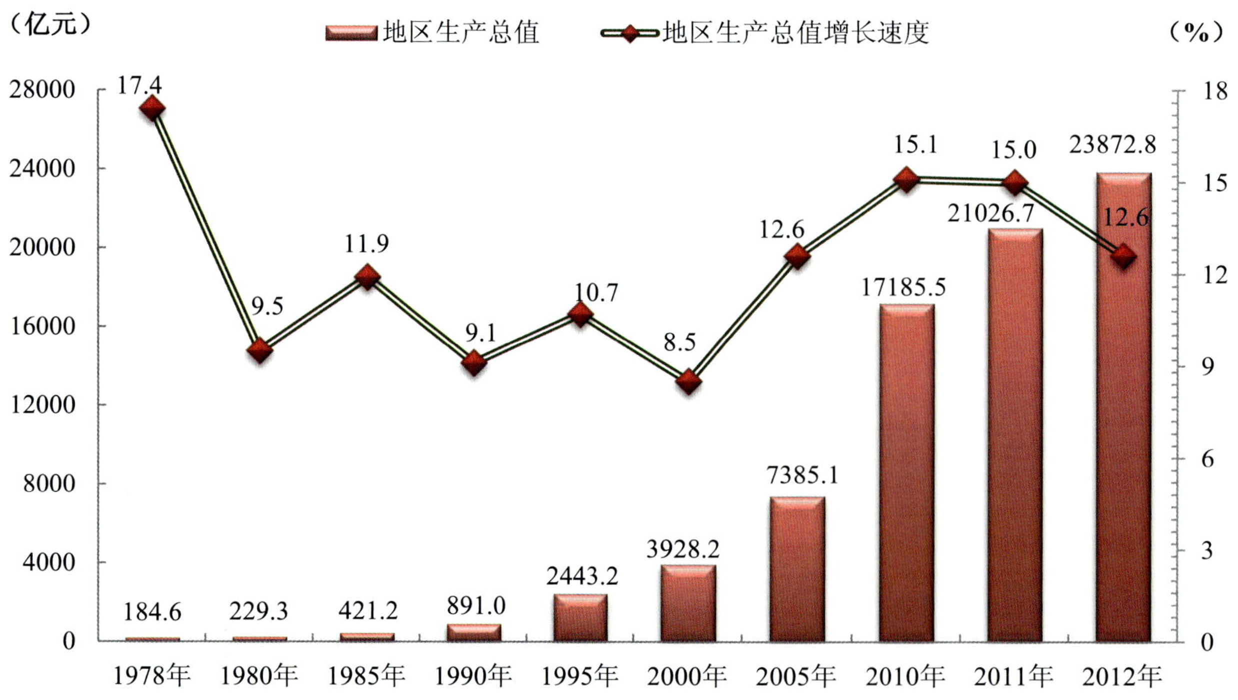

地区生产总值构成

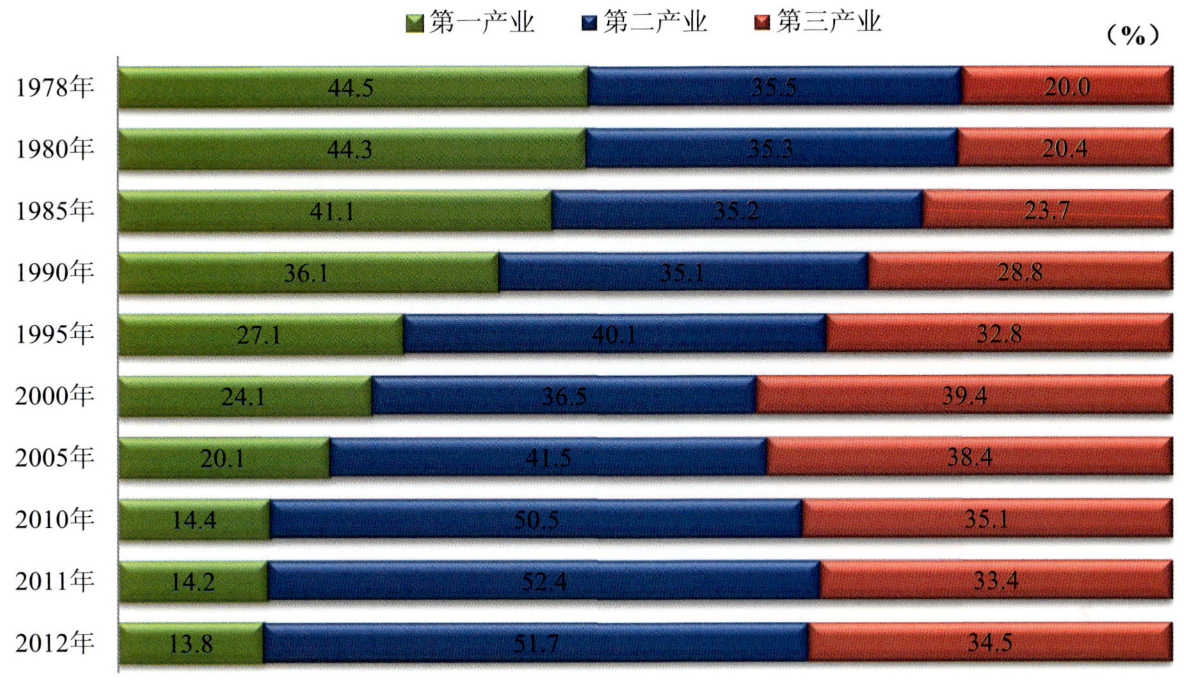

人均地区生产总值

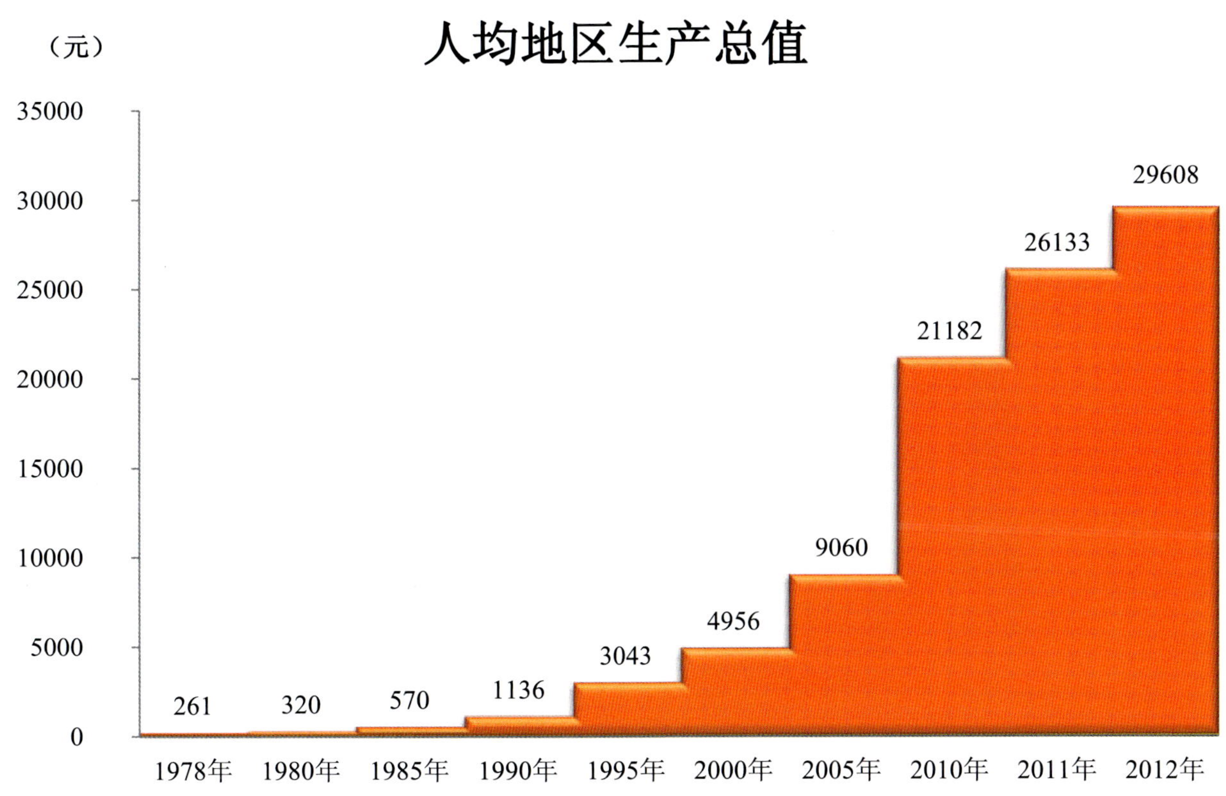

农林牧渔业总产值

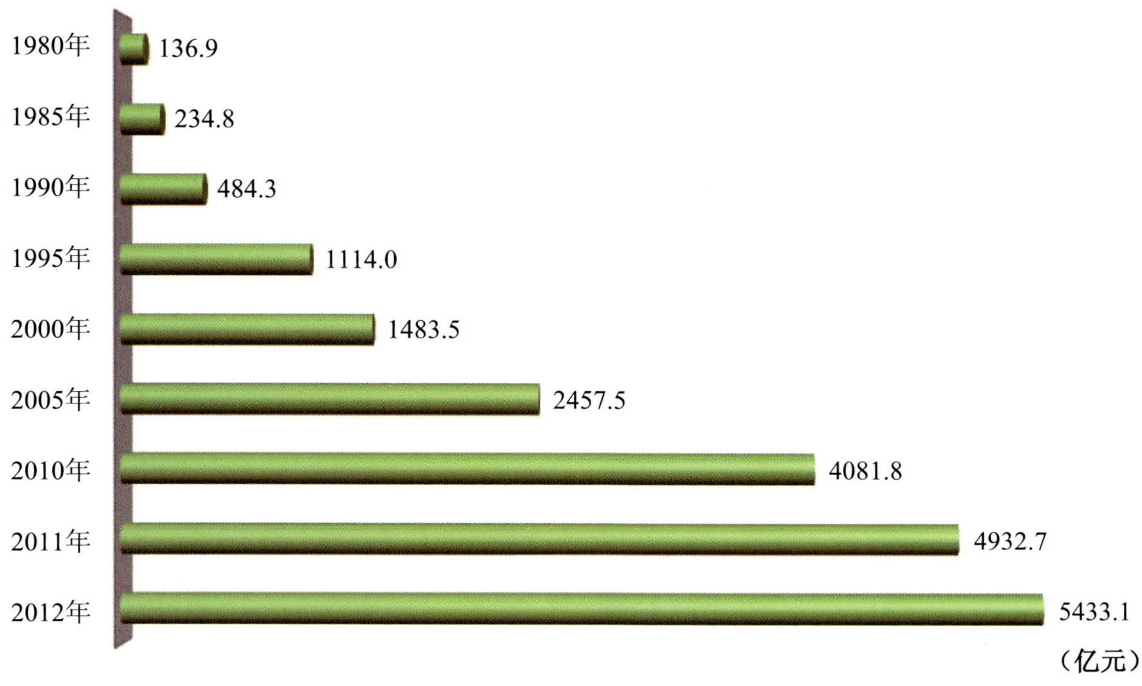

农作物播种面积

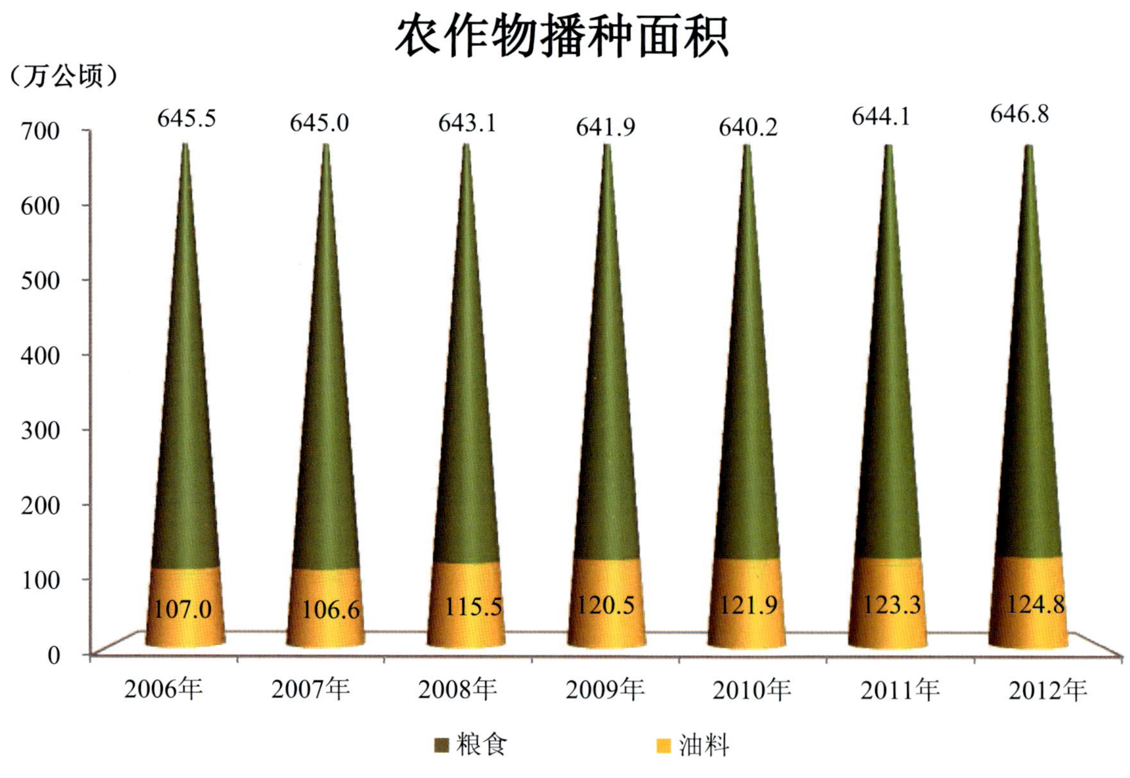

农作物产量

（万吨）
3600
3000
2400
1800
1200
600
0
2859.7
3027.0
3140.0
3194.6
3222.9
3291.6
3315.0
217.3
228.5
249.9
261.8
268.5
278.4
286.6
2006年
2007年
2008年
2009年
2010年
2011年
2012年
粮食
油料

肉类产量

2006年
621.2
481.8
2007年
563.4
408.5
2008年
592.0
436.2
2009年
639.0
474.2
2010年
656.6
492.2
2011年
651.2
484.8
2012年
670.2
496.4
0
100
200
300
400
500
600
700
肉类总产量
猪肉产量
（万吨）

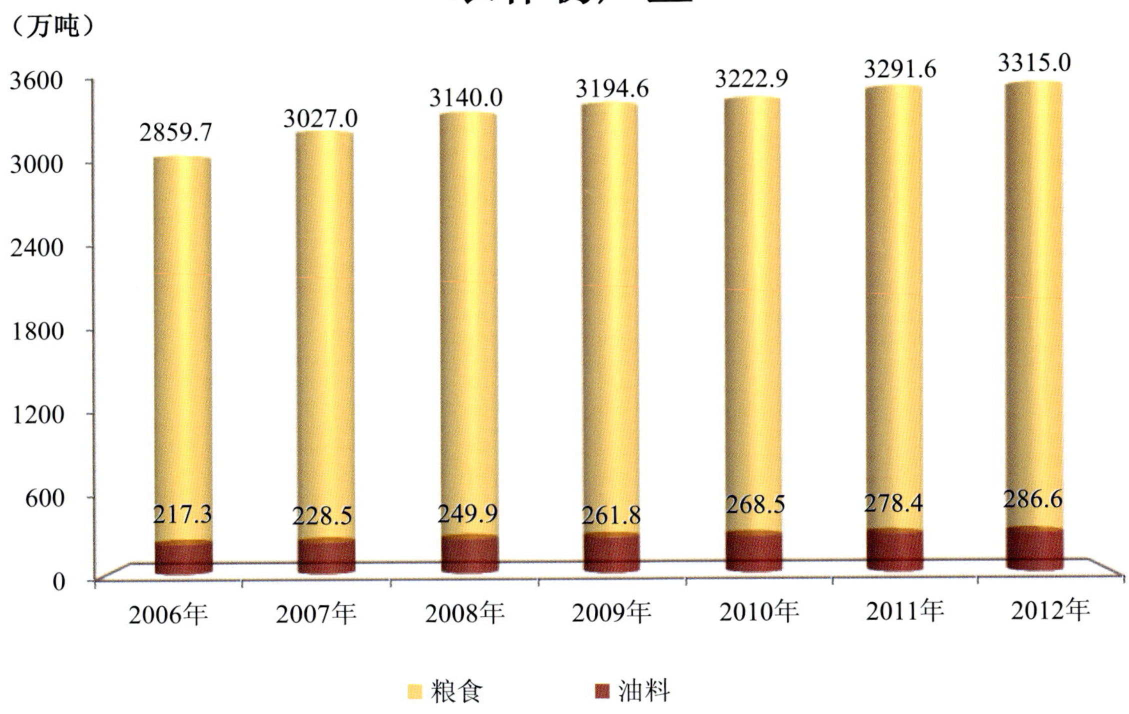

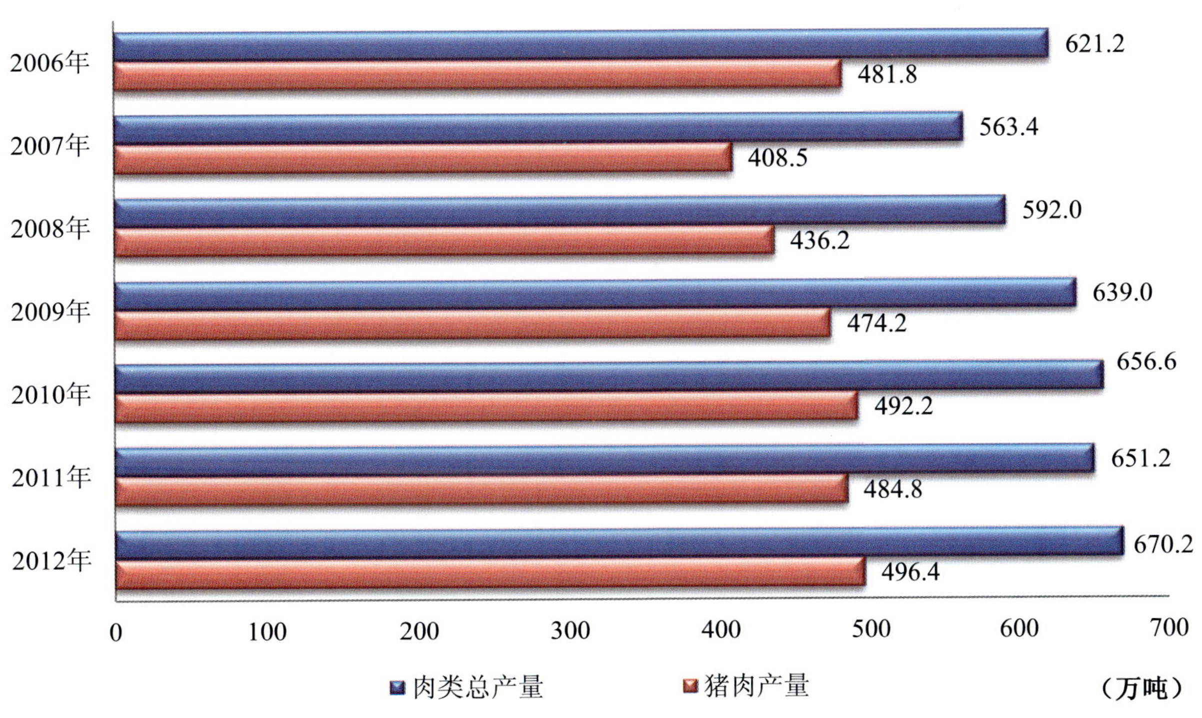

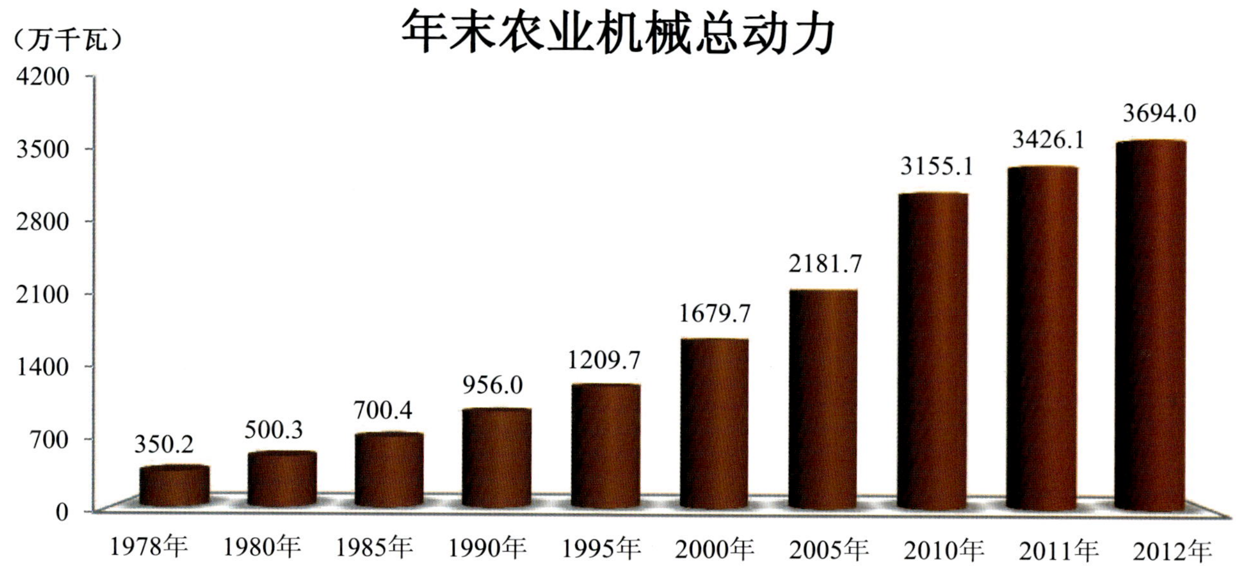
年末农业机械总动力
（万千瓦）
4200
3500
2800
2100
1400
700
0
350.2
500.3
700.4
956.0
1209.7
1679.7
2181.7
3155.1
3426.1
3694.0
1978年
1980年
1985年
1990年
1995年
2000年
2005年
2010年
2011年
2012年

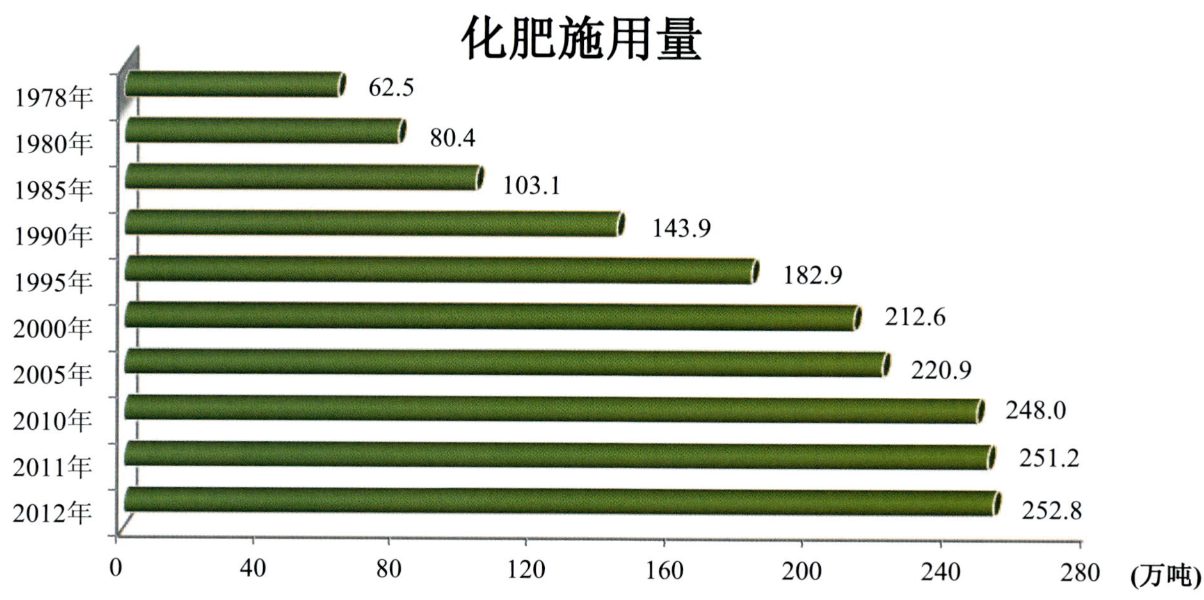
化肥施用量
1978年
1980年
1985年
1990年
1995年
2000年
2005年
2010年
2011年
2012年
62.5
80.4
103.1
143.9
182.9
212.6
220.9
248.0
251.2
252.8
0
40
80
120
160
200
240
280
(万吨)

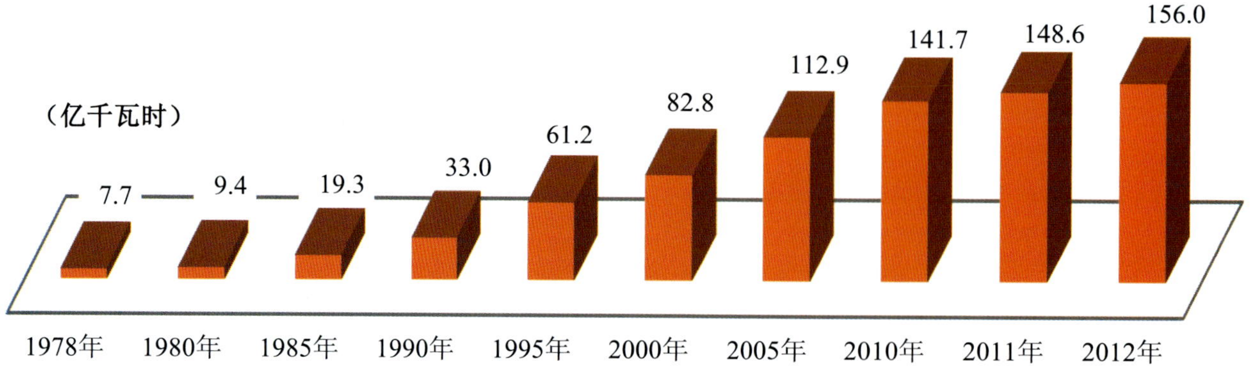
农村用电量
（亿千瓦时）
7.7
9.4
19.3
33.0
61.2
82.8
112.9
141.7
148.6
156.0
1978年
1980年
1985年
1990年
1995年
2000年
2005年
2010年
2011年
2012年

全部工业增加值

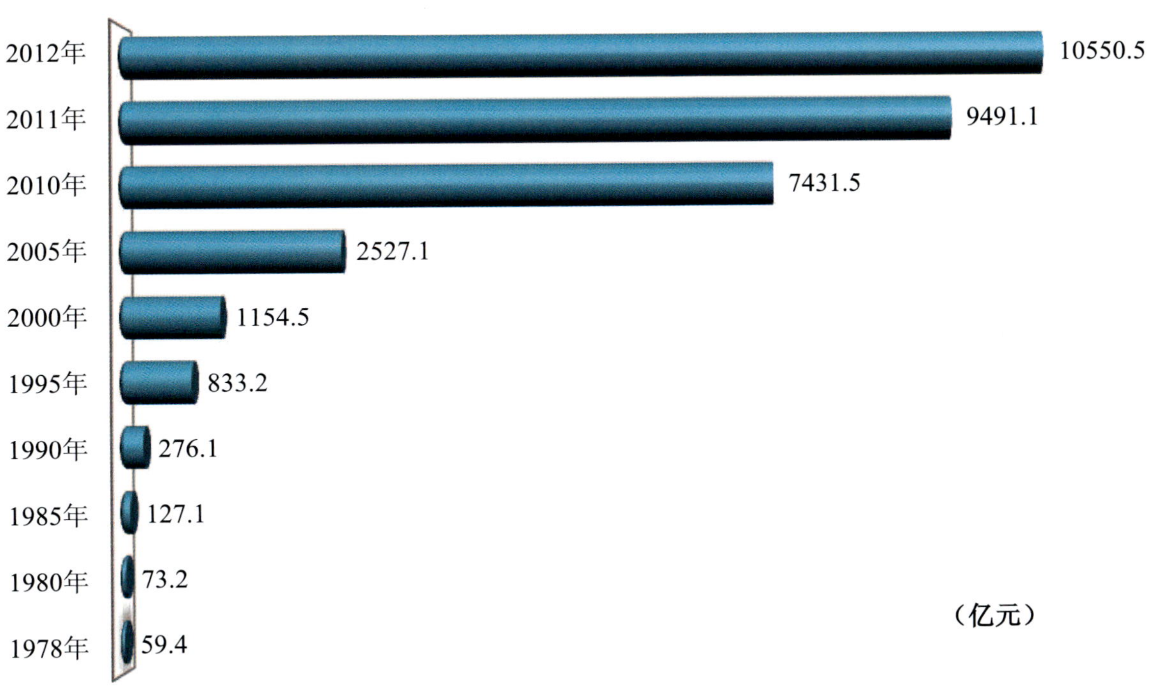

规模以上工业企业利润总额

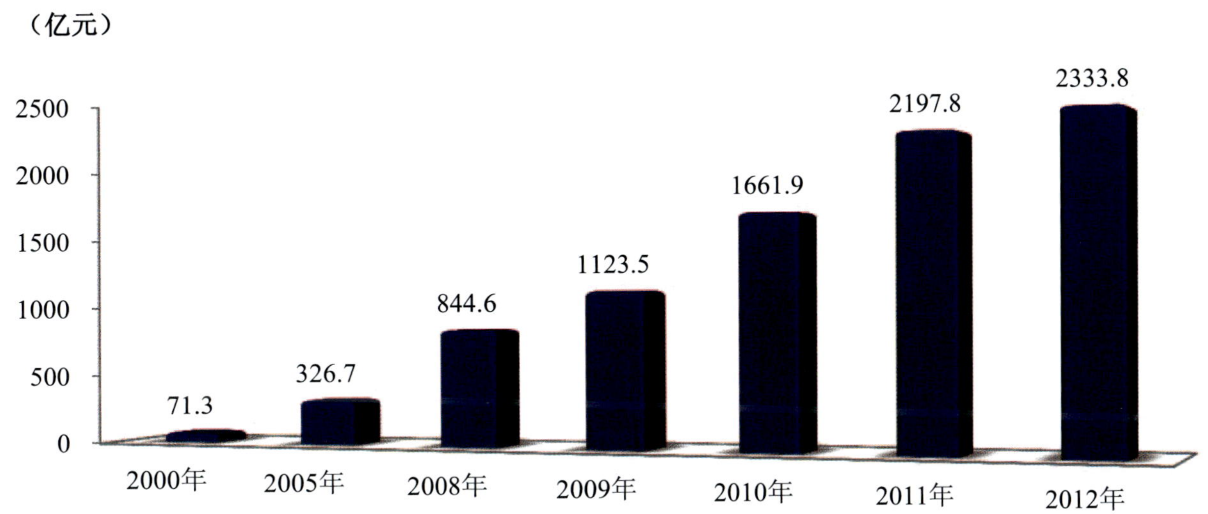

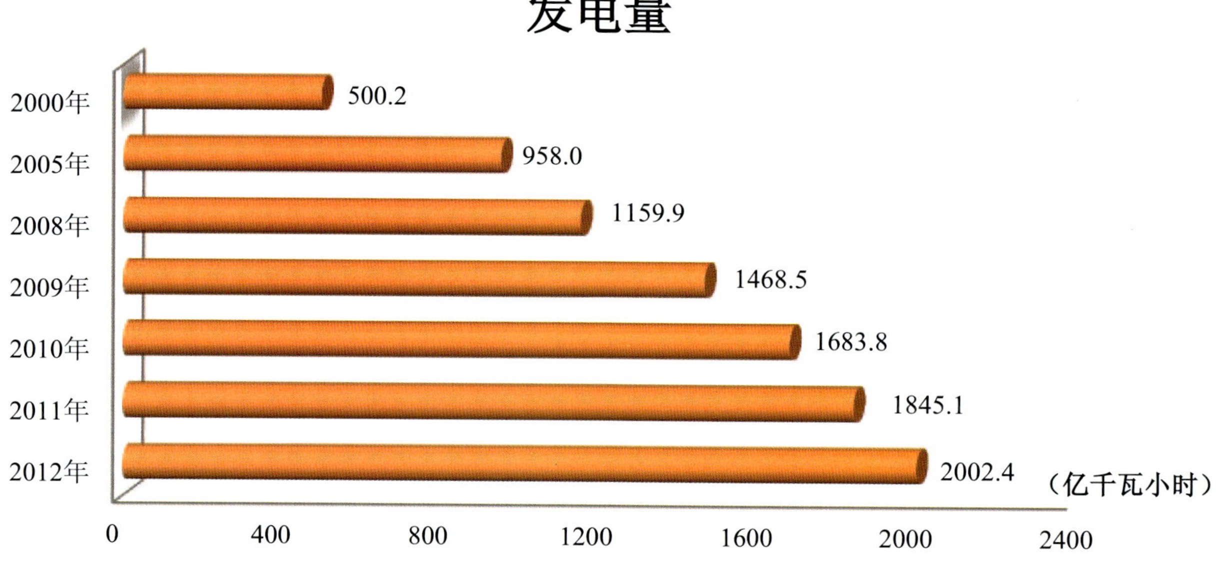
发电量
2000年
2005年
2008年
2009年
2010年
2011年
2012年
500.2
958.0
1159.9
1468.5
1683.8
1845.1
2002.4
（亿千瓦小时）
0
400
800
1200
1600
2000
2400

生铁产量和钢产量

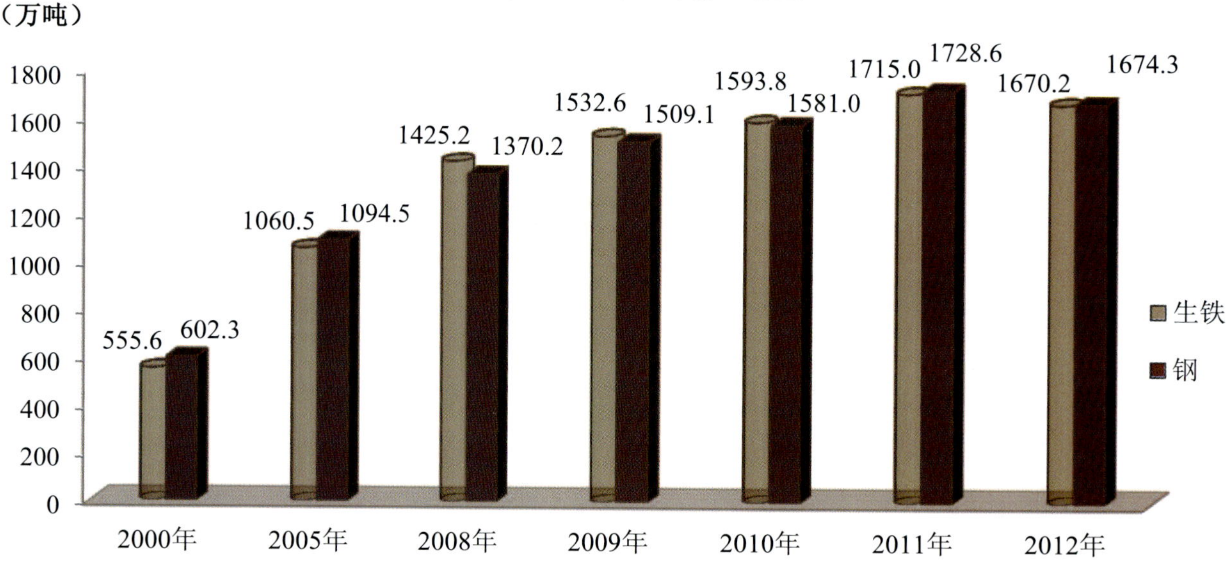
（万吨）
1800
1600
1400
1200
1000
800
600
400
200
0
555.6
602.3
1060.5
1094.5
1425.2
1370.2
1532.6
1509.1
1593.8
1581.0
1715.0
1728.6
1670.2
1674.3
生铁
钢
2000年
2005年
2008年
2009年
2010年
2011年
2012年

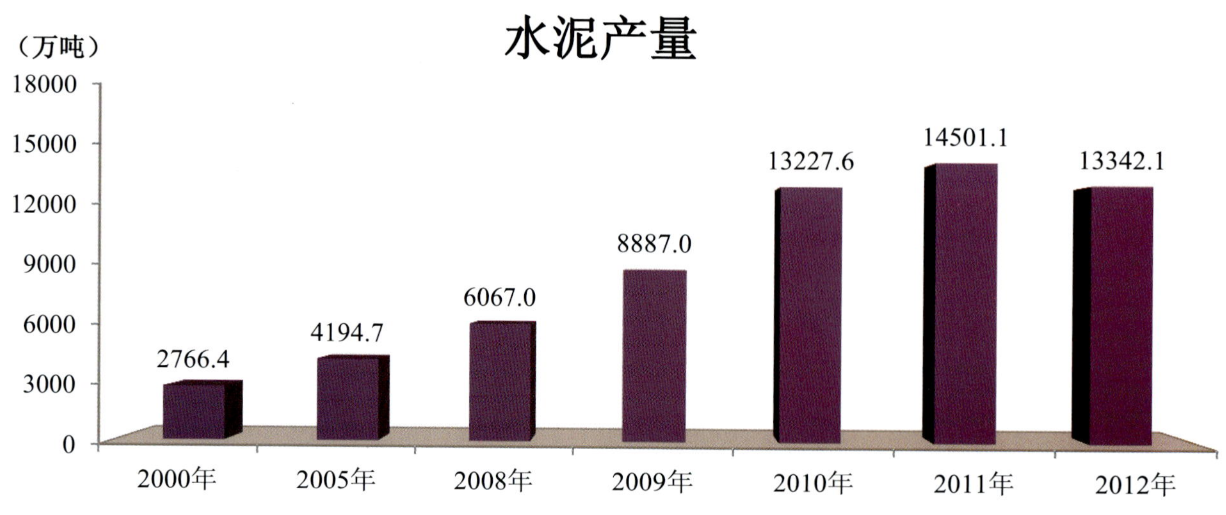
水泥产量
（万吨）
18000
15000
12000
9000
6000
3000
0
2766.4
4194.7
6067.0
8887.0
13227.6
14501.1
13342.1
2000年
2005年
2008年
2009年
2010年
2011年
2012年

全社会固定资产投资

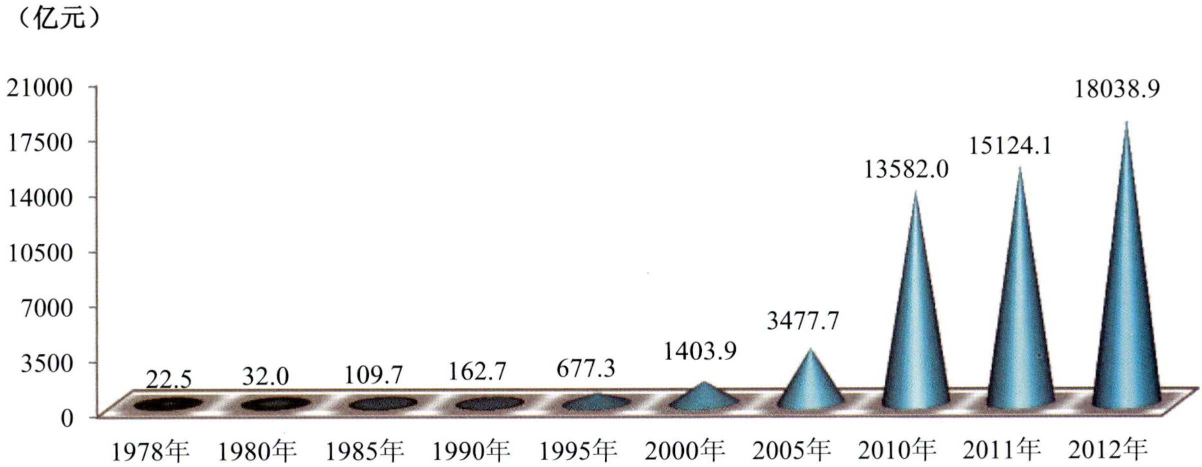

全社会固定资产投资构成

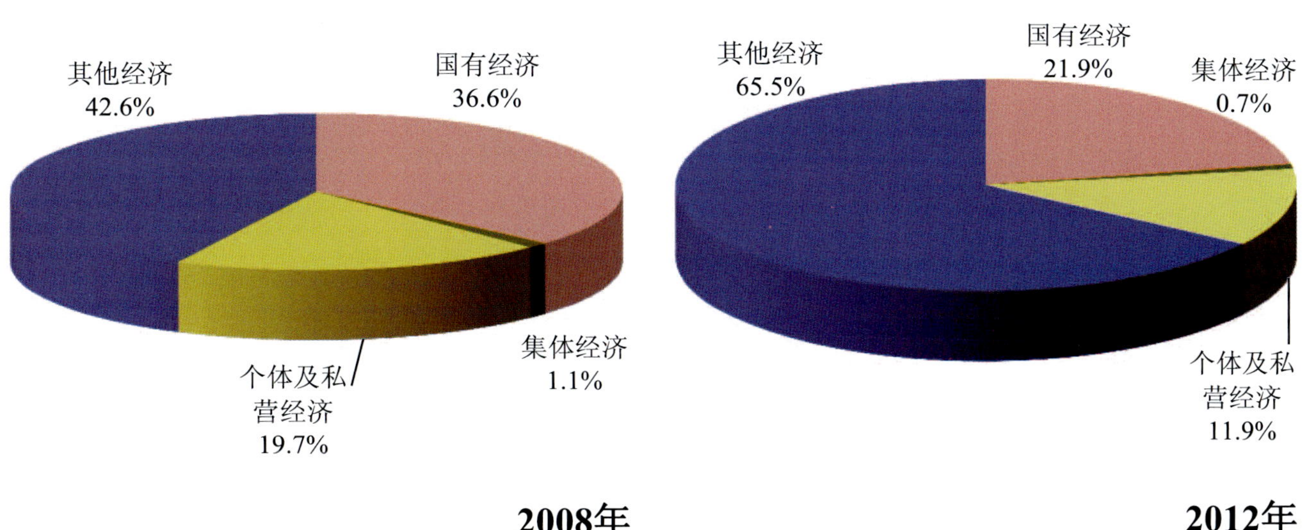

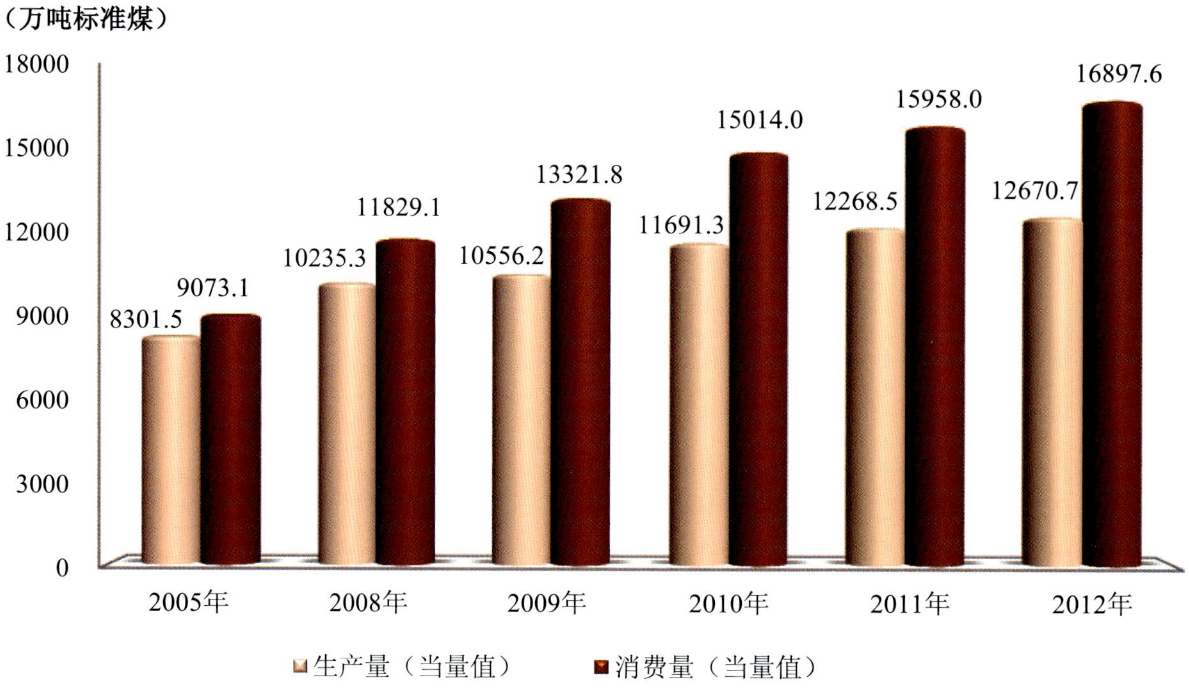
能源生产量和消费量
（万吨标准煤）
18000
15000
12000
9000
6000
3000
0
8301.5
9073.1
10235.3
11829.1
10556.2
13321.8
11691.3
15014.0
12268.5
15958.0
12670.7
16897.6
2005年
2008年
2009年
2010年
2011年
2012年
生产量（当量值）
消费量（当量值）

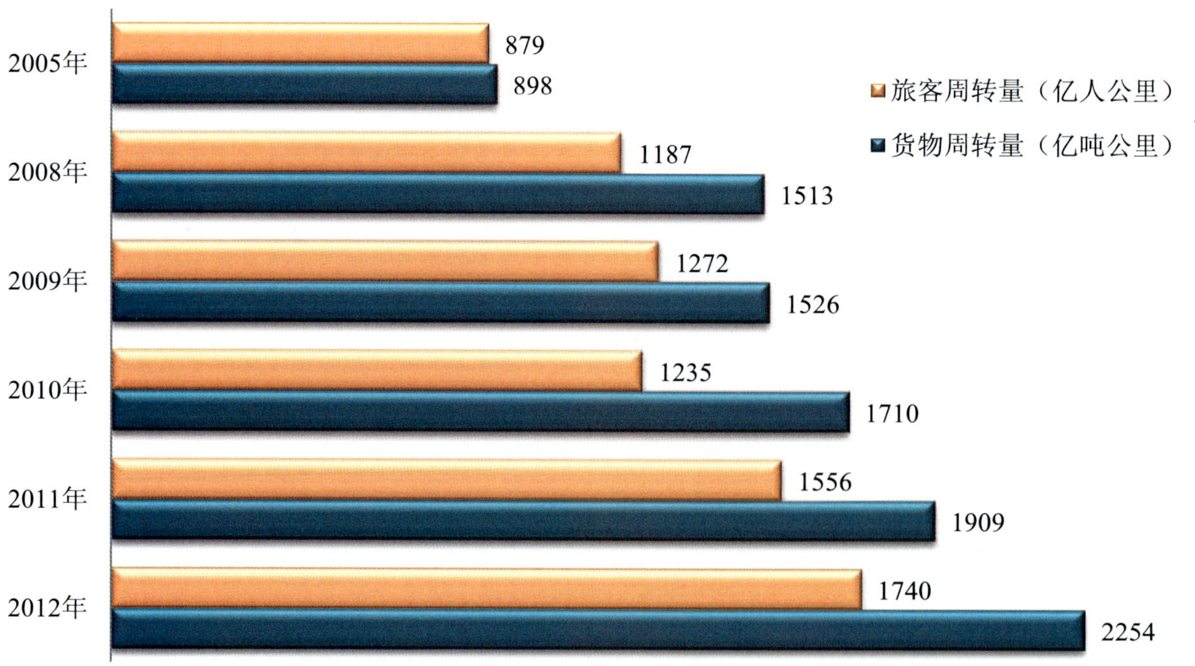
旅客周转量和货物周转量
2005年
2008年
2009年
2010年
2011年
2012年
879
898
1187
1513
1272
1526
1235
1710
1556
1909
1740
2254
旅客周转量（亿人公里）
货物周转量（亿吨公里）

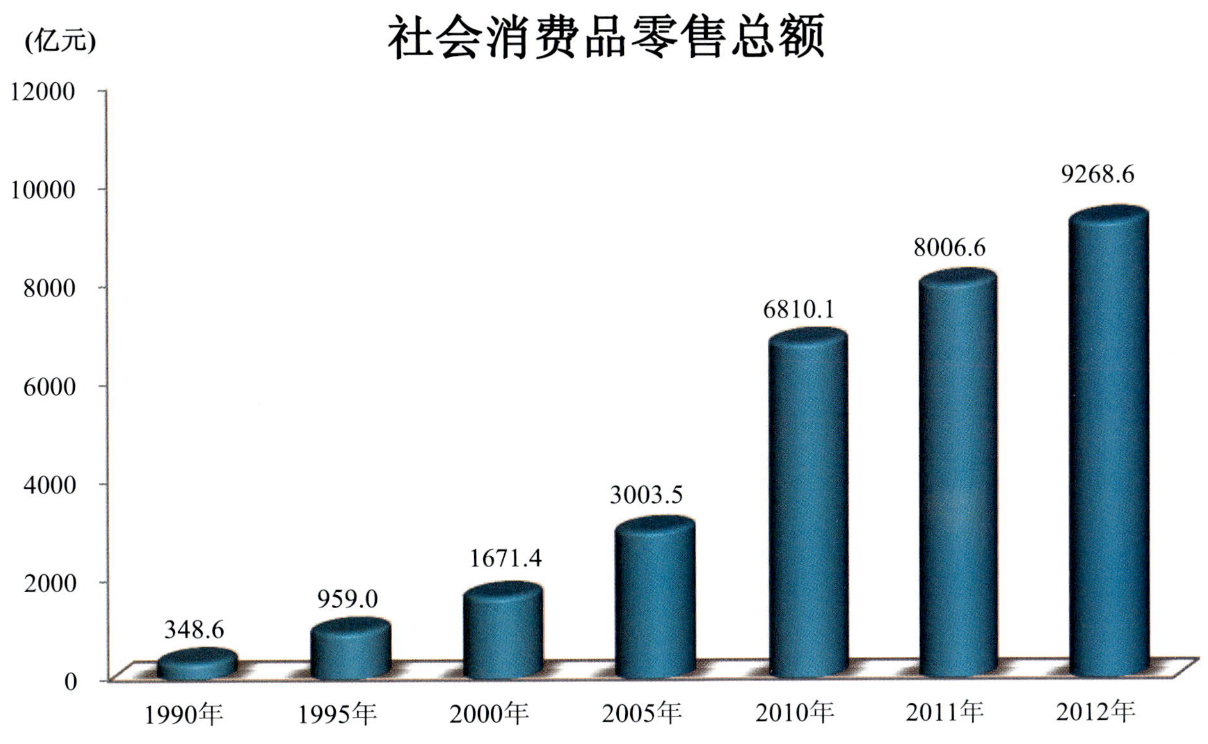
社会消费品零售总额
(亿元)
12000
10000
8000
6000
4000
2000
0
348.6
959.0
1671.4
3003.5
6810.1
8006.6
9268.6
1990年
1995年
2000年
2005年
2010年
2011年
2012年

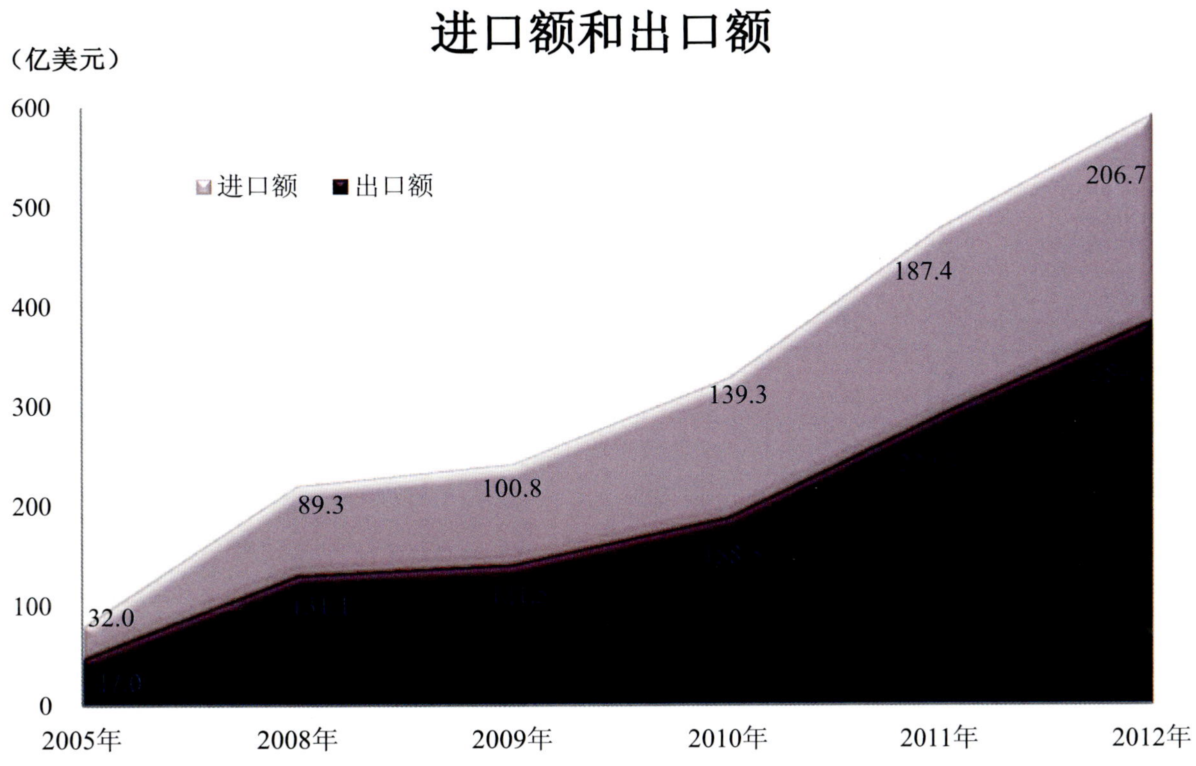
进口额和出口额
（亿美元）
600
500
400
300
200
100
0
进口额
出口额
32.0
89.3
100.8
139.3
187.4
206.7
2005年
2008年
2009年
2010年
2011年
2012年

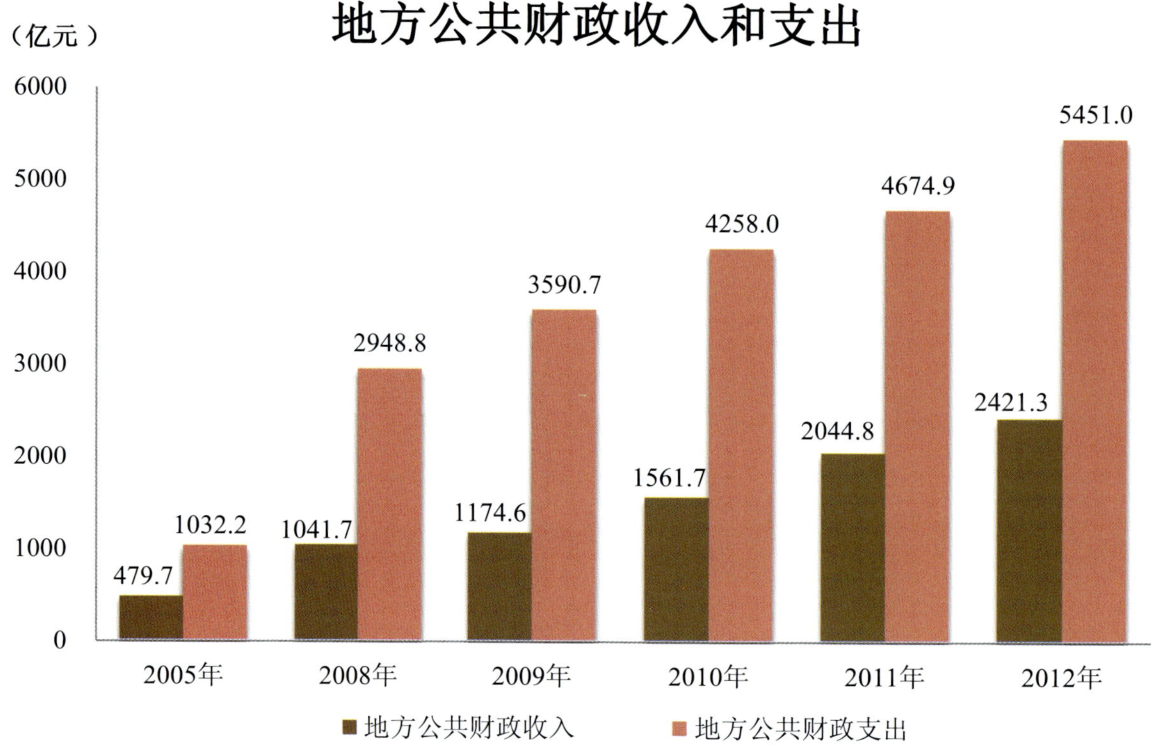

地方公共财政收入和支出
（亿元）
6000
5000
4000
3000
2000
1000
0
479.7
1032.2
1041.7
2948.8
1174.6
3590.7
1561.7
4258.0
2044.8
4674.9
2421.3
5451.0
2005年
2008年
2009年
2010年
2011年
2012年
地方公共财政收入
地方公共财政支出

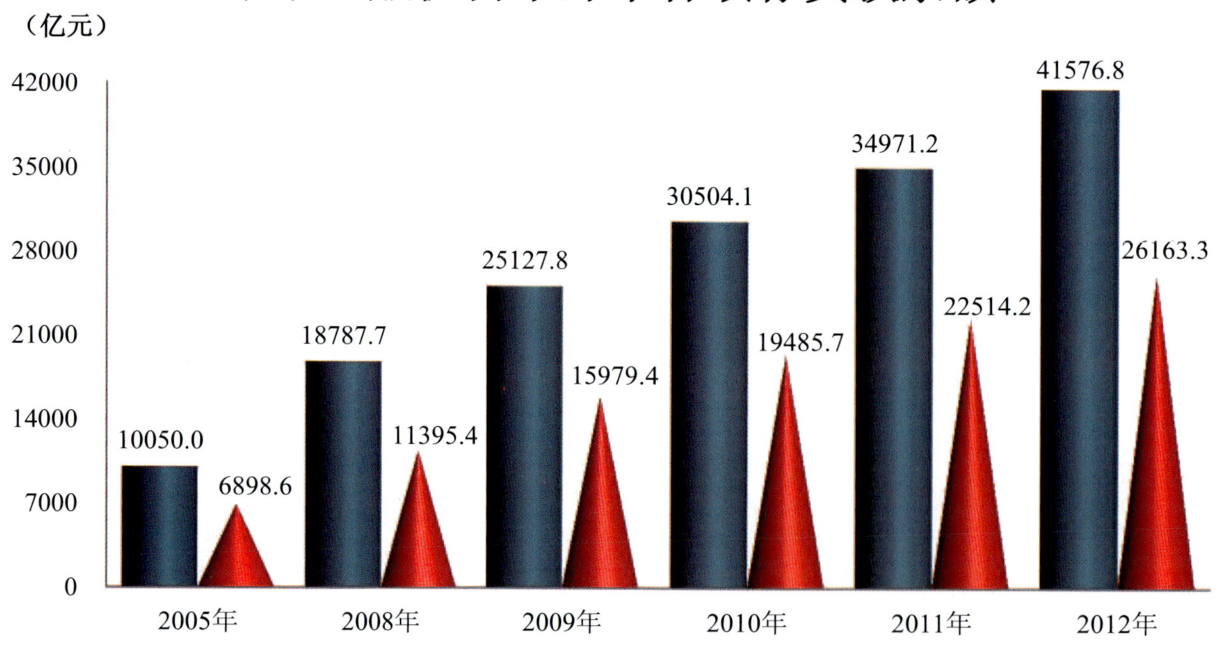

年末金融机构本外币各项存贷款余额
（亿元）
42000
35000
28000
21000
14000
7000
0
10050.0
6898.6
18787.7
11395.4
25127.8
15979.4
30504.1
19485.7
34971.2
22514.2
41576.8
26163.3
2005年
2008年
2009年
2010年
2011年
2012年
金融机构本外币各项存款余额
金融机构本外币各项贷款余额

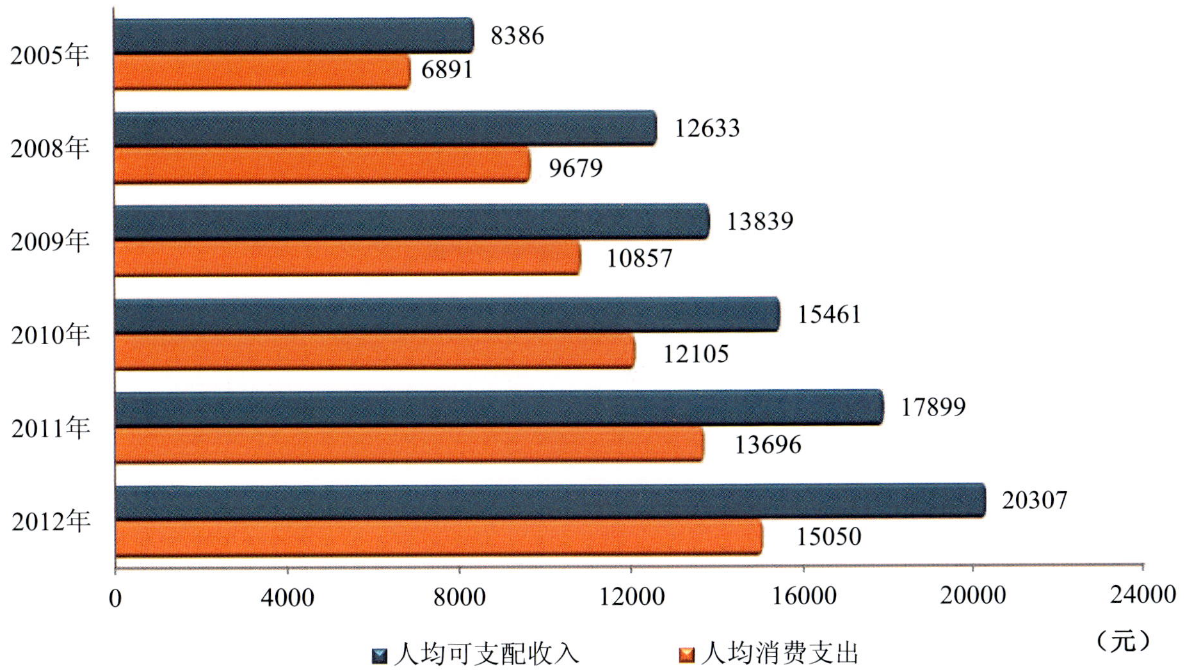
城镇居民人均可支配收入和消费支出
2005年
8386
6891
2008年
12633
9679
2009年
13839
10857
2010年
15461
12105
2011年
17899
13696
2012年
20307
15050
0
4000
8000
12000
16000
20000
24000
（元）
人均可支配收入
人均消费支出

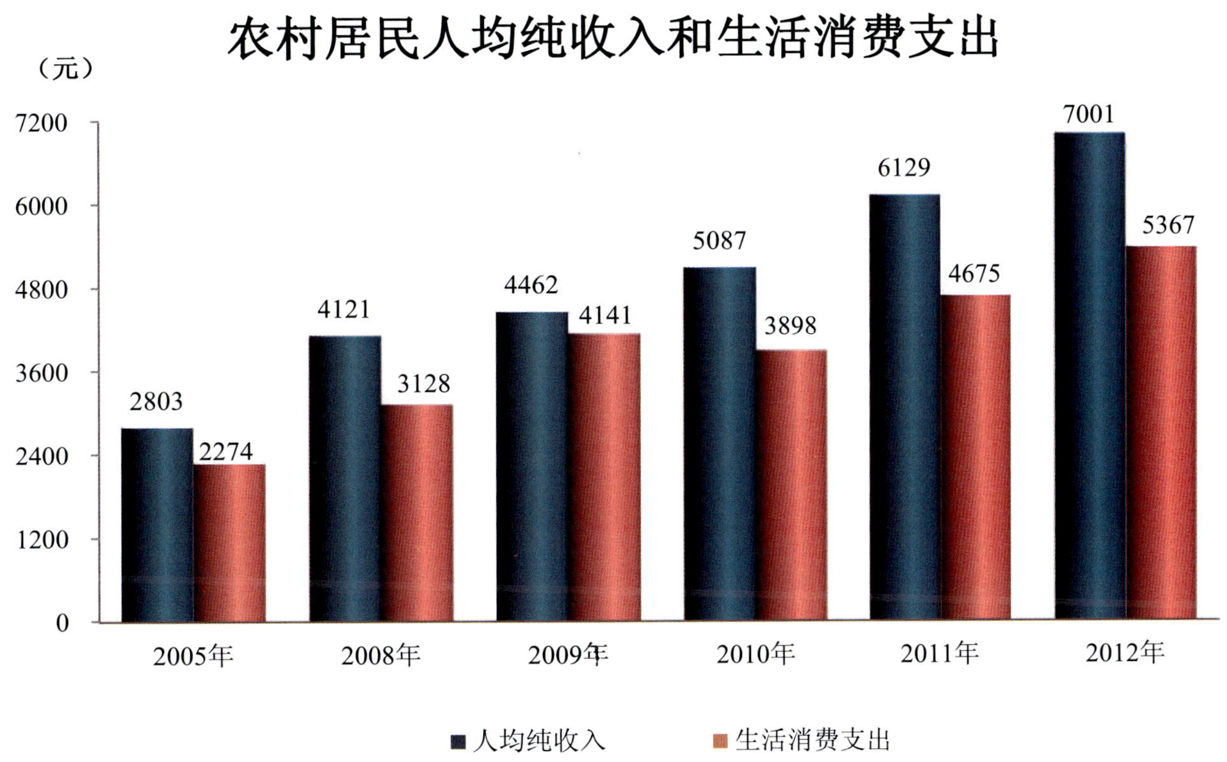
农村居民人均纯收入和生活消费支出
（元）
7200
6000
4800
3600
2400
1200
0
2803
2274
4121
3128
4462
4141
5087
3898
6129
4675
7001
5367
2005年
2008年
2009年
2010年
2011年
2012年
人均纯收入
生活消费支出

城乡居民恩格尔系数

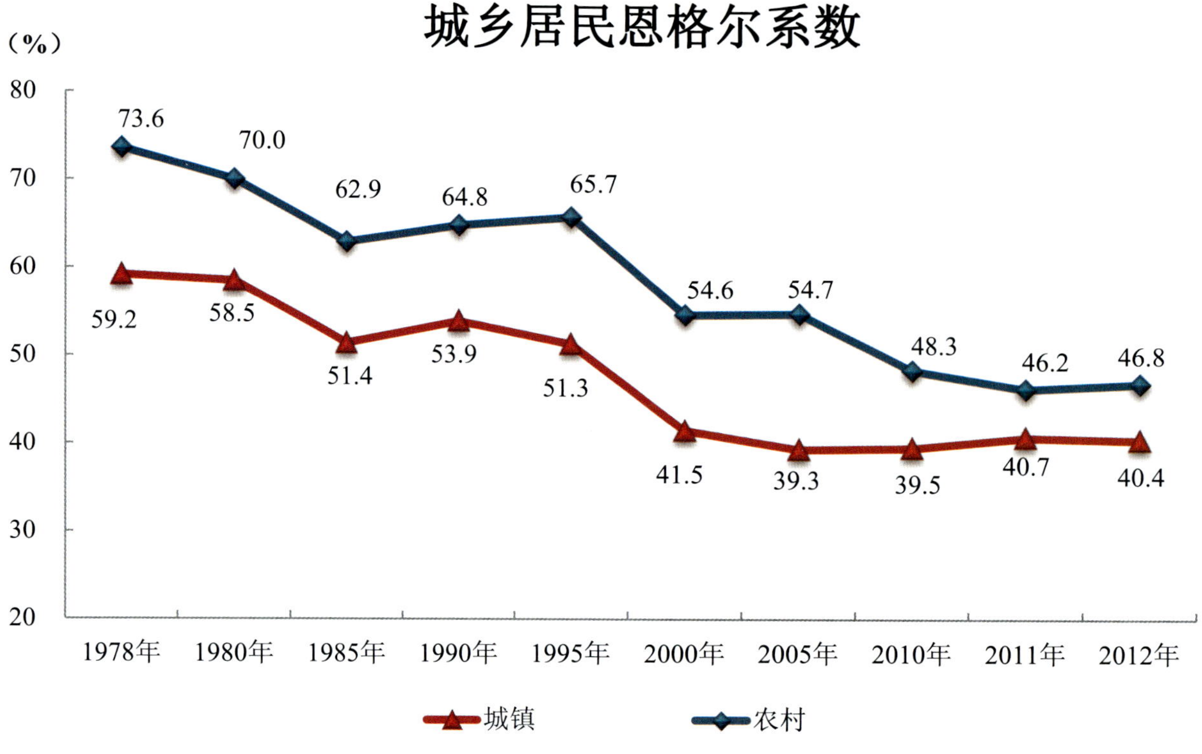

居民消费价格涨跌情况

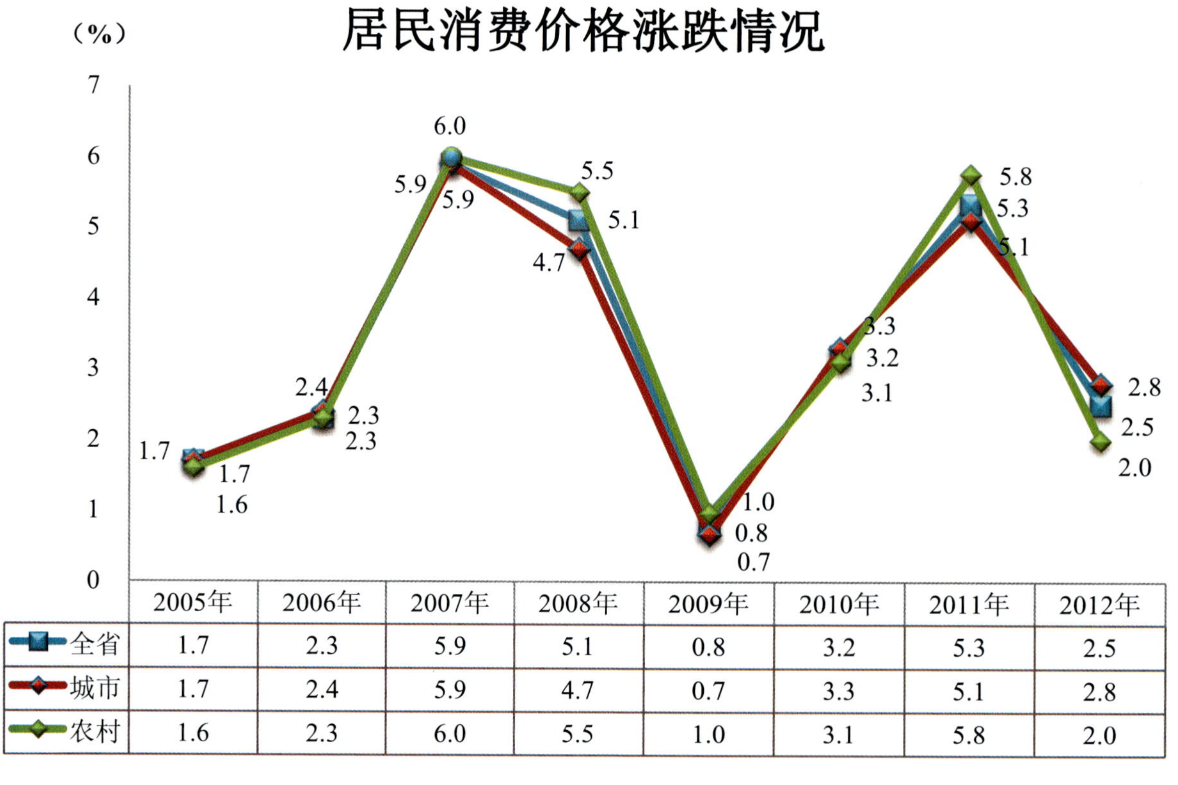

	2005年	2006年	2007年	2008年	2009年	2010年	2011年	2012年
全省	1.7	2.3	5.9	5.1	0.8	3.2	5.3	2.5
城市	1.7	2.4	5.9	4.7	0.7	3.3	5.1	2.8
农村	1.6	2.3	6.0	5.5	1.0	3.1	5.8	2.0

工业生产者出厂价格涨跌情况

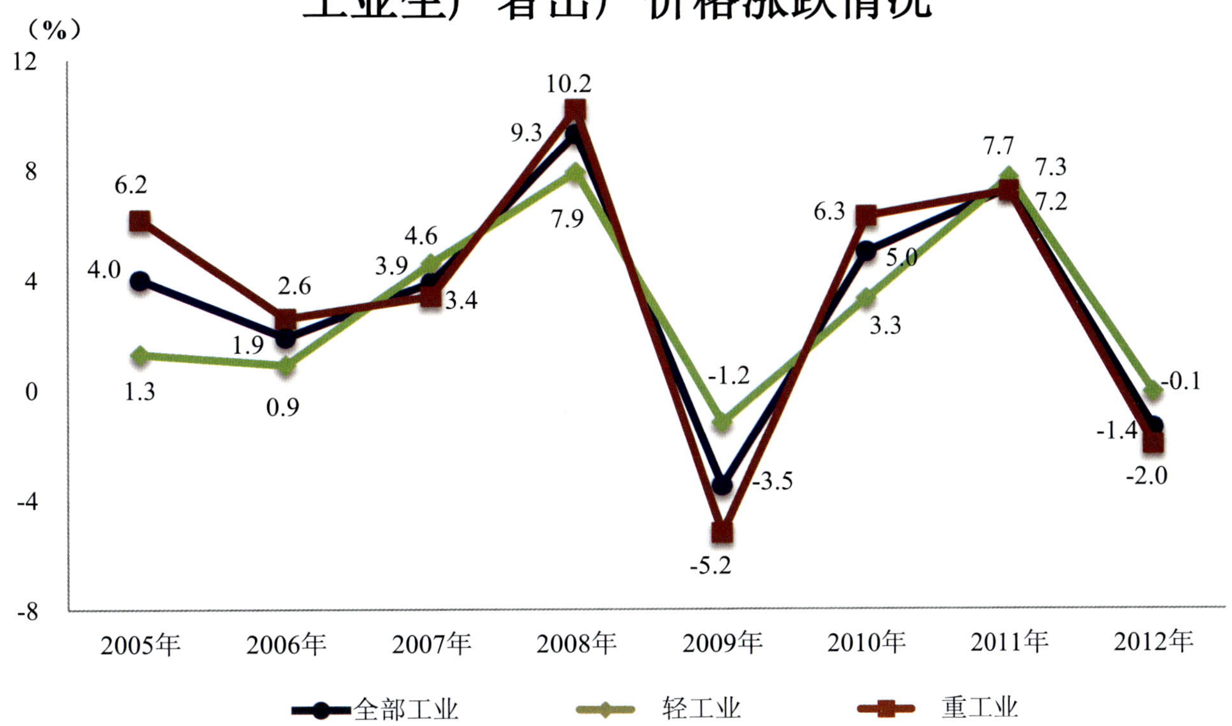

广播覆盖率和电视覆盖率

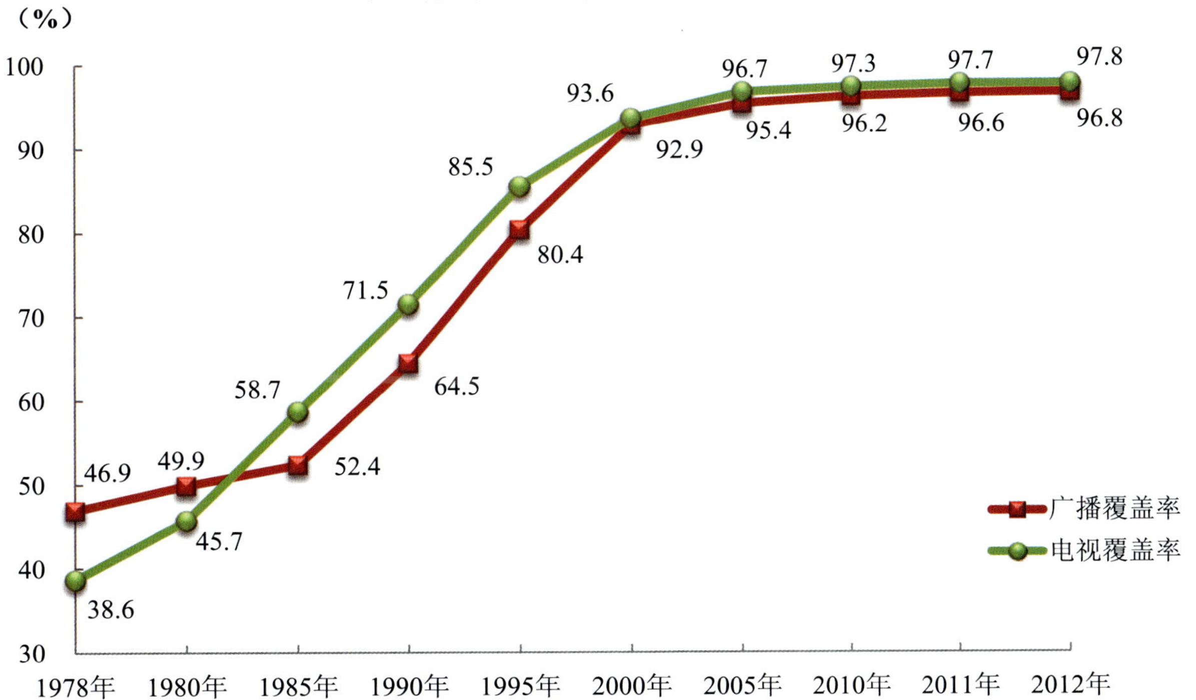

各类学校在校学生数

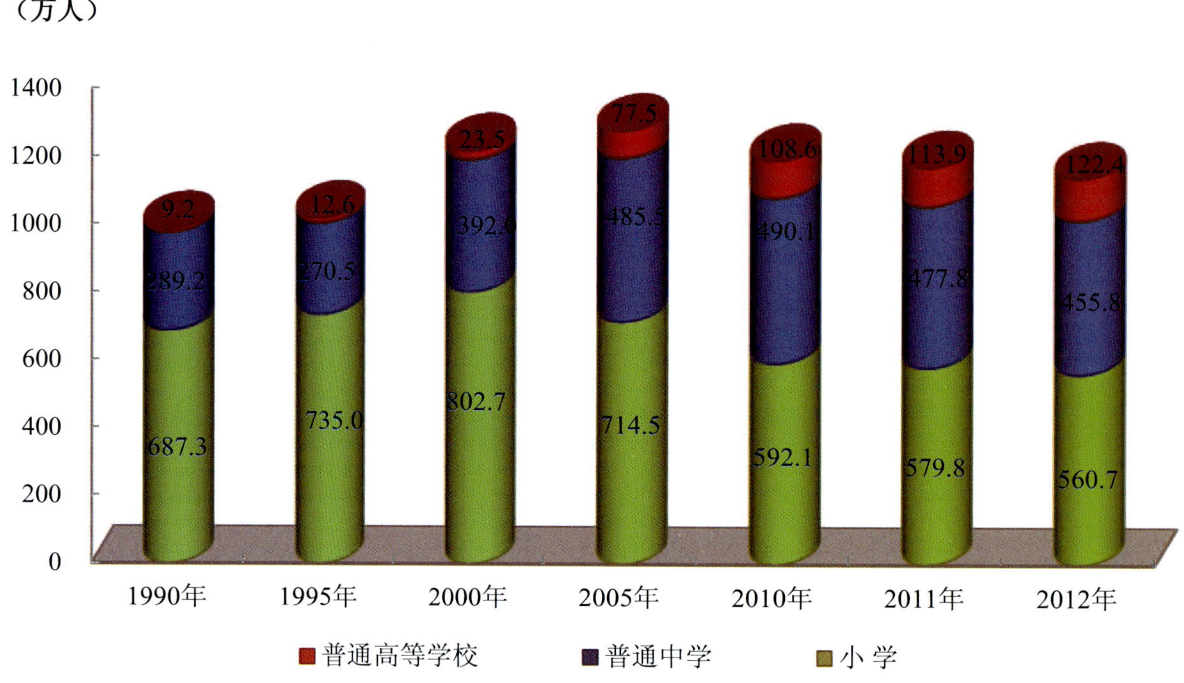

卫生机构床位数

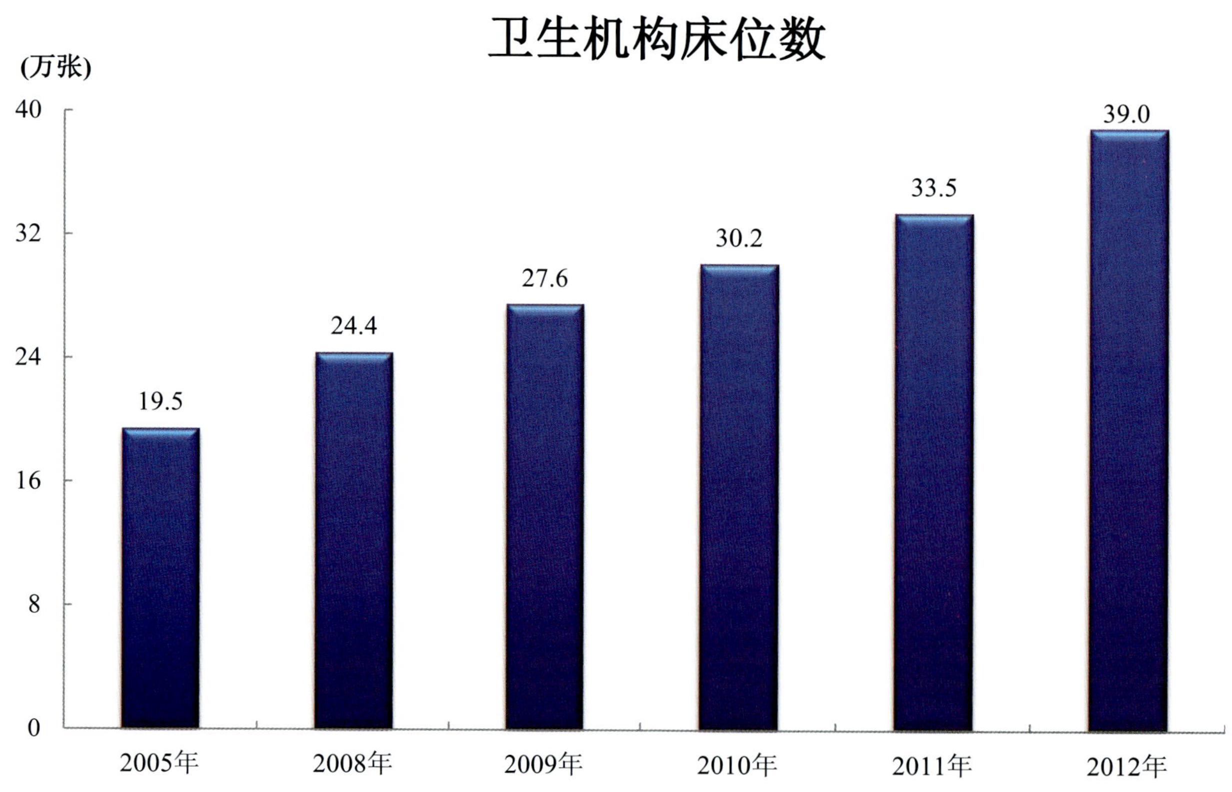

1

综合

1-1 各市(州)行政区划及辖区面积(2012年底)
Administrative Divisions and Area by Region (End of 2012)

单位: 个、平方公里 (unit, sq.km)

市(州)	Region	县(市、区) Counties,Cities at County Level and Districts under City Administration					乡、镇、街道办事处 Township,Towms and Street Committees					辖区面积 Administrative Area
		合计 Total	市辖区 Districts under City Administration	县级市 Cities at County Level	县 Coun-ties	自治县 Autono-mous Counties	合计 Total	乡 Town-ship	# 民族乡 Ethnic Community Township	镇 Towns	街道办事处 Street Com-mittees	
全 省	**Sichuan**	**181**	**45**	**14**	**118**	**4**	**4660**	**2549**	**98**	**1831**	**280**	**486052**
成都市	Chengdu	19	9	4	6		315	27		193	95	12119
自贡市	Zigong	6	4		2		108	21		75	12	4381
攀枝花市	Panzhihua	5	3		2		60	23	13	21	16	7401
泸州市	Luzhou	7	3		4		142	43	8	85	14	12236
德阳市	Deyang	6	1	3	2		127	21		99	7	5910
绵阳市	Mianyang	9	2	1	5	1	295	133	15	144	18	20248
广元市	Guangyuan	7	3		4		239	139	2	91	9	16311
遂宁市	Suining	5	2		3		129	44		68	17	5323
内江市	Neijiang	5	2		3		121	24		87	10	5385
乐山市	Leshan	11	4	1	4	2	218	115	2	96	7	12723
南充市	Nanchong	9	3	1	5		421	227	1	167	27	12477
眉山市	Meishan	6	1		5		131	57		71	3	7140
宜宾市	Yibin	10	2		8		185	67	13	108	10	13266
广安市	Guangan	5	1	1	3		181	86		86	9	6341
达州市	Dazhou	7	1	1	5		314	206	4	103	5	16582
雅安市	Yaan	8	2		6		143	93	18	45	5	15046
巴中市	Bazhong	4	1		3		194	123		65	6	12293
资阳市	Ziyang	4	1	1	2		175	87		84	4	7960
阿坝藏族羌族自治州	Aba	13			13		223	190	2	33		83016
甘孜藏族自治州	Ganzi	18			18		325	296	7	29		149599
凉山彝族自治州	Liangshan	17		1	15	1	614	527	13	81	6	60294

注：行政区划情况由四川省民政厅提供。

a) Data of administrative division are provided by the provincial Civil Affairs Department.

1-2 各市(州)基层群众自治组织情况(2012年底)
Basic Statistics on Grass Roots Organizations by Region(End of 2012)

单位：个 (unit)

市(州)	Region	社区(居委会) Community (Neighborhood Committee)	居民小组 Residents Unit	村民委员会 Villagers Committee	村民小组 Villagers Group
全　省	**Sichuan**	**6320**	**52364**	**46517**	**372918**
成都市	Chengdu	1596	18029	1771	24621
自贡市	Zigong	277	3263	1135	13473
攀枝花市	Panzhihua	132	1299	352	2348
泸州市	Luzhou	266	1543	1451	14473
德阳市	Deyang	336	2621	1441	17508
绵阳市	Mianyang	512	5165	3269	30164
广元市	Guangyuan	266	871	2428	16227
遂宁市	Suining	193	951	2064	19500
内江市	Neijiang	263	2076	1680	18128
乐山市	Leshan	258	2374	2038	17006
南充市	Nanchong	391	3602	5360	44715
眉山市	Meishan	164	1104	1184	9145
宜宾市	Yibin	318	2423	2851	22936
广安市	Guangan	206	1323	2768	23272
达州市	Dazhou	427	2004	2766	21830
雅安市	Yaan	64	467	1017	6811
巴中市	Bazhong	266	1047	2373	14564
资阳市	Ziyang	175	1188	2791	28239
阿坝藏族羌族自治州	Aba	48	89	1354	3961
甘孜藏族自治州	Ganzi	51	121	2679	4206
凉山彝族自治州	Liangshan	111	804	3745	19791

1-3 各市(州)行政区划一览表(2012年底)
Administrative Division Schedule by Region (End of 2012)

市(州) Region	县、市、区 Counties, Cities at County Level and Districts under City Administration
成都市	锦江区、青羊区、金牛区、武侯区、成华区、龙泉驿区、青白江区、新都区、温江区、都江堰市、彭州市、邛崃市、崇州市、金堂县、双流县、郫县、大邑县、蒲江县、新津县
Chengdu	Jinjiang, Qingyang, Jinniu, Wuhou, Chenghua, Longquanyi, Qingbaijiang, Xindu,Wenjiang,Dujiangyan, Pengzhou, Qionglai,Chongzhou, Jintang, Shuangliu, Pixian, Dayi, Pujiang, Xinjin
自贡市	自流井区、贡井区、大安区、沿滩区、荣县、富顺县
Zigong	Ziliujing, Gongjing, Daan, Yantan, Rongxian, Fushun
攀枝花市	东区、西区、仁和区、米易县、盐边县
Panzhihua	Dongqu, Xiqu, Renhe, Miyi, Yanbian
泸州市	江阳区、龙马潭区、纳溪区、泸县、合江县、叙永县、古蔺县
Luzhou	Jiangyang, Longmatan, Naxi, Luxian, Hejiang, Xuyong, Gulin
德阳市	旌阳区、广汉市、什邡市、绵竹市、中江县、罗江县
Deyang	Jinyang, Guanghan, Shifang, Mianzhu, Zhongjiang, Luojiang
绵阳市	涪城区 、游仙区、江油市、安县、梓潼县、平武县、北川羌族自治县、三台县、盐亭县
Mianyang	Fucheng, Youxian, Jiangyou, Anxian, Zitong, Pingwu, Beichuan, Santai, Yanting
广元市	利州区、元坝区、朝天区、剑阁县、旺苍县、青川县、苍溪县
Guangyuan	Lizhou, Yuanba, Chaotian, Jiange, Wangcang, Qingchuan, Cangxi
遂宁市	船山区、安居区、蓬溪县、射洪县、大英县
Suining	Chuanshan, Anju, Pengxi, Shehong, Daying
内江市	市中区、东兴区、资中县、威远县、隆昌县
Neijiang	Downtown, Dongxing, Zizhong, Weiyuan, Longchang
乐山市	市中区、五通桥区、沙湾区、金口河区、峨眉山市、犍为县、井研县、夹江县、沐川县、峨边彝族自治县、马边彝族自治县
Leshan	Downtown, Wutongqiao, Shawan, Jinkouhe, Emeishan, Qianwei, Jingyan, Jiajiang, Muchuan, Ebian, Mabian
南充市	顺庆区、高坪区、嘉陵区、阆中市、南部县、西充县、营山县、仪陇县、蓬安县
Nanchong	Shunqing, Gaoping, Jialing, Langzhong, Nanbu, Xichong, Yingshan, Yilong, Pengan
眉山市	东坡区、仁寿县、彭山县、洪雅县、丹棱县、青神县
Meishan	Dongpo, Renshou, Pengshan, Hongya, Danling, Qingshen
宜宾市	翠屏区、南溪区、宜宾县、江安县、长宁县、高县、筠连县、珙县、兴文县、屏山县
Yibin	Cuiping, Yibinxian, Nanxi, Jiangan, Changning, Gaoxian, Junlian, Gongxian, Xingwen, Pingshan
广安市	广安区、华蓥市、岳池县、武胜县、邻水县
Guangan	Guanganqu, Huaying, Yuechi, Wusheng, Linshui
达州市	通川区、万源市、达县、宣汉县、开江县、大竹县、渠县
Dazhou	Tongchuan, Wanyuan, Daxian, Xuanhan, Kaijiang, Dazhu, Quxian
雅安市	雨城区、名山区、荥经县、汉源县、石棉县、天全县、芦山县、宝兴县
Yaan	Yucheng, Mingshan, Yingjing, Hanyuan, Shimian, Tianquan, Lushan, Baoxing
巴中市	巴州区、平昌县、通江县、南江县
Bazhong	Bazhou, Pingchang, Tongjiang, Nanjiang
资阳市	雁江区、简阳市、安岳县、乐至县
Ziyang	Yanjiangqu, Jianyang, Anyue, Lezhi
阿坝藏族羌族自治州	汶川县、理县、茂县、松潘县、九寨沟县、金川县、小金县、黑水县、马尔康县、壤塘县、阿坝县、若尔盖县、红原县
Aba	Wenchuan, Lixian, Maoxian, Songpan, Jiuzhaigou, Jinchuan, Xiaojin, Heishui, Maerkang, Rangtang, Abaxian, Ruoergai, Hongyuan
甘孜藏族自治州	康定县、泸定县、丹巴县、九龙县、雅江县、道孚县、炉霍县、甘孜县、新龙县、德格县、白玉县、石渠县、色达县、理塘县、巴塘县、乡城县、稻城县、得荣县
Ganzi	Kangding, Luding, Danba, Jiulong, Yajiang, Daofu, Luhuo, Ganzixian, Xinlong, Dege, Baiyu, Shiqu, Seda, Litang, Batang, Xiangcheng, Daocheng, Derong
凉山彝族自治州	西昌市、木里藏族自治县、盐源县、德昌县、会理县、会东县、宁南县、普格县、布拖县、金阳县、昭觉县、喜德县、冕宁县、越西县、甘洛县、美姑县、雷波县
Liangshan	Xichang, Muli, Yanyuan, Dechang, Huili, Huidong, Ningnan, Puge, Butuo, Jinyang, Zhaojue, Xide,Mianning, Yuexi, Ganluo, Meigu, Leibo

1-4 国民经济和社会发展总量与速度指标

指　　标		Item	
人口		**Population**	
年末常住人口	(万人)	Residence Population (year-end)	(10 000 persons)
# 男性	(万人)	Male	(10 000 persons)
女性	(万人)	Female	(10 000 persons)
# 城镇	(万人)	Urban	(10 000 persons)
乡村	(万人)	Rural	(10 000 persons)
劳动力(年末数)		**Labour Force (year-end)**	
劳动力资源总数	(万人)	Total Labour Force	(10 000 persons)
就业人员数	(万人)	Employment	(10 000 persons)
# 第一产业	(万人)	Primary Industry	(10 000 persons)
第二产业	(万人)	Secondary Industry	(10 000 persons)
第三产业	(万人)	Tertiary Industry	(10 000 persons)
# 非私营单位就业人员	(万人)	Staff and Workers of Non-private Units	(10 000 persons)
# 国有经济单位职工	(万人)	State-owned Units	(10 000 persons)
城镇集体经济单位职工	(万人)	Urban Collective Owned Units	(10 000 persons)
国民经济核算		**National Accounting**	
地区生产总值	(亿元)	Gross Domestic Product	(100 million yuan)
第一产业	(亿元)	Primary Industy	(100 million yuan)
第二产业	(亿元)	Secondary Industy	(100 million yuan)
工业	(亿元)	Industry	(100 million yuan)
建筑业	(亿元)	Construction	(100 million yuan)
第三产业	(亿元)	Tertiary Industy	(100 million yuan)
人均地区生产总值	(元)	Per Capita Gross Domestic Product	(yuan)
支出法地区生产总值	(亿元)	Gross Domestic Product by Expenditure Appr	(100 million yuan)
最终消费	(亿元)	Final Consumption Expenditure	(100 million yuan)
居民消费	(亿元)	Household Consumption Expenditure	(100 million yuan)
政府消费	(亿元)	Government Consumption Expenditure	(100 million yuan)
资本形成总额	(亿元)	Gross Capital Formation	(100 million yuan)
固定资本形成	(亿元)	Gross Fixed Capital Formation	(100 million yuan)
存货增加	(亿元)	Changes in Inventories	(100 million yuan)
农业		**Agriculture**	
农林牧渔业总产值	(亿元)	Gross Output Value of Farming, Forestry, Ani	(100 million yuan)
# 农业	(亿元)	Agriculture	(100 million yuan)
牧业	(亿元)	Animal Husbandry	(100 million yuan)
粮食产量	(万吨)	Grain Yield	(10 000 tons)
油料产量	(万吨)	Oil Bearing Crops Yield	(10 000 tons)
肉猪出栏头数	(万头)	Number of Slaughtered Fatterned Hogs	(10 000 heads)
猪年末头数	(万头)	Number of Hogs(year-end)	(10 000 heads)
大牲畜年末头数	(万头)	Number of Livestock(year-end)	(10 000 tons)
肉类总产量	(万吨)	Output of Meat	(10 000 tons)
# 猪肉	(万吨)	Output of Pork	(10 000 tons)
牛肉	(万吨)	Output of Beef	(10 000 tons)
耕地面积	(万公顷)	Cultivated Areas	(10 000 hectares)
农业机械总动力	(万千瓦)	Total Agricultural Machinery Power	(10 000 kw)
机耕面积	(万公顷)	Area Ploughed by Tractors	(10 000 hectares)
农村用电量	(亿千瓦时)	Electricity Consumed in Rural Area	(100 million kwh)
化肥施用量	(万吨)	Consumption of Chemical Fertilizers	(10 000 tons)

Principal Aggregate Indicators on National Economy and Social Development and Their Related Growth Rates

总量指标 Aggregate Data						指数(%) Index (2012年比以下各年) (2012 as Percentage of)			年平均增长速度(%) Average Annual of Growth Rate	
2005	2008	2009	2010	2011	2012	2005	2010	2011	2006~2012	2011~2012
8212.0	8138.0	8185.0	8042.0	8050.0	8076.2	98.3	100.4	100.3	-0.2	0.2
4213.0	4113.0	4169.0	4083.0	4103.0	4125.6	97.9	101.0	100.6	-0.3	0.5
3999.0	4025.0	4016.0	3959.0	3947.0	3950.6	98.8	99.8	100.1	-0.2	-0.1
2710.0	3044.0	3168.0	3231.0	3367.0	3515.6	129.7	108.8	104.4	3.8	4.3
5502.0	5094.0	5017.0	4811.0	4683.0	4560.6	82.9	94.8	97.4	-2.6	-2.6
6058	6206	6260	6301	6343	6387	105.4	101.4	100.7	0.8	0.7
4702.00	4740.00	4756.62	4772.53	4785.47	4798.30	102.0	100.5	100.3	0.3	0.3
2421.50	2186.18	2144.13	2083.20	2043.36	1991.30	82.2	95.6	97.5	-2.8	-2.2
926.30	1108.32	1141.59	1188.82	1210.78	1233.18	133.1	103.7	101.8	4.2	1.8
1354.20	1445.50	1470.90	1500.51	1531.33	1573.83	116.2	104.9	102.8	2.2	2.4
723.00	736.68	711.59	719.67	727.72	705.92	97.6	98.1	97.0	-0.3	-1.0
303.70	310.80	312.21	335.77	331.63	342.70	112.8	102.1	103.3	1.7	1.0
40.90	37.10	36.87	33.69	32.12	32.30	79.0	95.9	100.6	-3.3	-2.1
7385.10	12601.23	14151.28	17185.48	21026.68	23872.80	246.2	129.5	112.6	13.7	13.8
1481.14	2216.15	2240.61	2482.89	2983.51	3297.21	128.8	109.2	104.5	3.7	4.5
3067.23	5823.39	6711.87	8672.18	11029.13	12333.28	327.7	138.9	115.2	18.5	17.9
2527.08	4956.13	5678.24	7431.45	9491.05	10550.53	349.9	140.2	115.3	19.6	18.4
540.15	867.26	1033.63	1240.73	1538.08	1782.75	224.5	130.9	114.0	12.2	14.4
2836.73	4561.69	5198.80	6030.41	7014.04	8242.31	221.4	124.1	111.6	12.0	11.4
9060	15495	17339	21182	26133	29608	248.3	130.2	112.3	13.9	14.1
7385.10	12601.23	14151.28	17185.48	21026.68	23872.80	246.2	129.5	112.6	13.7	13.8
4267.69	6540.17	7212.50	8609.53	10424.40	11926.70	216.7	129.3	112.9	11.7	13.7
3366.47	4937.87	5601.30	6638.53	7967.50	9095.30	203.5	127.6	112.4	10.7	12.9
901.22	1602.30	1611.20	1971.00	2456.90	2831.40	262.3	134.8	114.2	14.8	16.1
3326.22	6574.63	7720.13	9219.92	11067.68	12496.00	280.7	126.2	112.0	15.9	12.3
3179.92	6352.86	7464.20	8911.05	10691.30	12096.20	285.0	126.3	112.1	16.1	12.4
146.30	221.77	255.93	308.87	376.38	399.80	188.8	121.9	106.5	9.5	10.4
2457.46	3686.20	3689.81	4081.81	4932.73	5433.12	132.0	109.3	104.5	4.0	4.6
1037.20	1710.80	1806.06	2069.33	2454.26	2764.90	129.3	110.8	104.7	3.7	5.2
1230.18	1708.42	1596.72	1705.16	2127.20	2269.86	129.6	106.5	103.8	3.8	3.2
	3140.00	3194.60	3222.90	3291.60	3315.00		102.9	100.7		1.4
232.34	249.94	261.76	268.52	278.40	286.56	123.3	106.7	102.9	3.0	3.3
	6431.45	6915.50	7178.28	7002.60	7170.70		99.9	102.4		-0.1
	5325.80	5122.00	5157.85	5101.80	5132.40		99.5	100.6		-0.2
	1102.50	1107.50	1084.95	1093.30	1049.20		96.7	96.0		-1.7
	592.00	639.00	656.64	651.17	670.23		102.1	102.9		1.0
	436.24	474.20	492.21	484.80	496.40		100.9	102.4		0.4
	28.68	28.91	29.41	28.90	29.30		99.6	101.4		-0.2
390.60	395.95	397.61	401.07	398.34	399.15	102.2	99.5	100.2	0.3	-0.2
2181.70	2687.55	2952.66	3155.14	3426.10	3694.03	169.3	117.1	107.8	7.8	8.2
107.50	182.20	196.53	219.02	275.45	330.28	307.2	150.8	119.9	17.4	22.8
112.90	128.20	133.77	141.70	148.60	155.96	138.1	110.1	105.0	4.7	4.9
220.92	242.84	247.97	248.00	251.23	252.83	114.4	101.9	100.6	1.9	1.0

1-4 续表1

指　　标		Item	
# 氮肥	(万吨)	Nitrogen	(10 000 tons)
造林面积	(万公顷)	Afforested Hilly Area	(10 000 hectares)
规模以上工业企业		**Industrial Enterprises above Designated Size**	
主要财务指标		Principal Financial Indicators	
资产总计	(亿元)	Total Assets	(100 million yuan)
负债合计	(亿元)	Total Liability	(100 million yuan)
所有者权益合计	(亿元)	Creditors' Equity	(100 million yuan)
主营业务收入	(亿元)	Main Business Revenue	(100 million yuan)
主营业务成本	(亿元)	Main Business Cost	(100 million yuan)
利润总额	(亿元)	Total Profits	(100 million yuan)
全部从业人员年平均人数	(万人)	Annual Average Employed Persons	(10 000 persons)
主要产品产量		Output of Major Products	
布	(亿米)	Cloth	(100 million m)
丝织品	(万米)	Silk Products	(10 000 m)
机制纸及纸板	(万吨)	Machine-made Paper and Paperboards	(10 000 tons)
原盐	(万吨)	Salt	(10 000 tons)
卷烟	(亿支)	Cigarettes	(100 million pieces)
乳制品	(吨)	Dairy Products	(tons)
白酒(商品量)	(万吨)	Liquor	(10 000 tons)
啤酒	(万吨)	Beer	(10 000 tons)
电视机	(万台)	Television	(10 000 sets)
原煤	(万吨)	Coal	(10 000 tons)
天然气	(亿立方米)	Natural Gas	(100 million cu.m)
发电量	(亿千瓦小时)	Electricity	(100 million kwh)
# 水电	(亿千瓦小时)	Hydropower	(100 million kwh)
生铁	(万吨)	Pig Iron	(10 000 tons)
钢	(万吨)	Steel	(10 000 tons)
成品钢材	(万吨)	Steel Products	(10 000 tons)
水泥	(万吨)	Cement	(10 000 tons)
农用化肥(折纯)	(万吨)	Chemical Fertilizer	(10 000 tons)
# 氮肥	(万吨)	Nitrogen	(10 000 tons)
化学农药	(吨)	Chemical Pesticide	(ton)
硫酸	(万吨)	Sulfuric Acid	(10 000 tons)
纯碱	(万吨)	Soda Ash	(10 000 tons)
烧碱	(万吨)	Caustic Soda	(10 000 tons)
固定资产投资		**Investment in Fixed Assets**	
全社会固定资产投资总额	(亿元)	Total Investment in Fixed Assets	(100 million yuan)
# 国有经济	(亿元)	State-owned Units	(100 million yuan)
集体经济	(亿元)	Collective Owned Units	(100 million yuan)
个体及私营经济	(亿元)	Individuals and Privates Units	(100 million yuan)
其他经济	(亿元)	Others	(100 million yuan)
房地产完成投资额	(亿元)	Compeleted Investment Of Real Estate	(100 million yuan)
# 住宅	(亿元)	Residental	(100 million yuan)
消费		**Domestic Trade**	
社会消费品零售总额	(亿元)	Total Retail Sales of Consumer Goods	(100 million yuan)
对外经济贸易		**Foreign Trade and Economic Cooperation**	
进出口总额	(万美元)	Total Import and Export	(USD 10 000)

continued

总量指标 Aggregate Data						指数(%) Index (2012年比以下各年) (2012 as Percentage of)			年平均增长速度(%) Average Annual of Growth Rate	
2005	2008	2009	2010	2011	2012	2005	2010	2011	2006~2012	2011~2012
121.78	128.59	130.67	129.63	128.78	127.91	105.0	98.7	99.3	0.7	-0.7
24.19	57.46	48.78	38.22	25.19	11.22	46.4	29.3	44.5	-10.4	-45.8
7908.62	15589.47	17986.99	22564.76	26113.61	30362.89	383.9	134.6	116.3	21.2	16.0
4934.81	9241.79	10832.20	13889.83	15991.15	18721.46	379.4	134.8	117.1	21.0	16.1
2966.06	6347.68	7077.73	8571.93	10049.11	11471.16	386.7	133.8	114.2	21.3	15.7
6008.12	14286.43	17486.41	23062.82	29887.91	31427.16	523.1	136.3	105.2	26.7	16.7
4900.53	11748.93	14400.22	19003.96	24721.71	25755.76	525.6	135.5	104.2	26.7	16.4
326.65	844.56	1123.48	1661.85	2197.84	2333.76	714.5	140.4	106.2	32.4	18.5
219.00	297.54	311.38	351.67	380.48	391.44	178.7	111.3	102.9	8.7	5.5
7.07	8.90	10.92	14.90	16.68	14.19	200.7	95.2	85.1	10.5	-2.4
11330	18736	22438	23042	23421	26534	234.2	115.2	113.3	12.9	7.3
110.59	211.19	247.21	342.86	369.24	237.09	214.4	69.2	64.2	11.5	-16.8
412.11	560.00	797.40	763.18	1037.65	476.44	115.6	62.4	45.9	2.1	-21.0
685.05	831.00	874.00	914.24	944.16	978.85	142.9	107.1	103.7	5.2	3.5
150432	350757	470554	579963	780055	772171	513.3	133.1	99.0	26.3	15.4
57.83	112.00	156.00	229.80	309.39	295.18	510.4	128.5	95.4	26.2	13.3
126.22	236.10	159.09	158.30	192.05	196.00	155.3	123.8	102.1	6.5	11.3
781.61	799.40	743.20	1208.90	1116.35	1028.50	131.6	85.1	92.1	4.0	-7.8
5219.05	8602.40	8997.34	10836.15	12263.24	11328.93	217.1	104.5	92.4	11.7	2.2
135.24	165.70	190.60	234.16	267.76	242.11	179.0	103.4	90.4	8.7	1.7
958.03	1159.90	1468.50	1683.82	1845.06	2002.43	209.0	118.9	108.5	11.1	9.1
616.99	764.10	955.70	1103.37	1245.31	1410.69	228.6	127.9	113.3	12.5	13.1
1060.50	1425.23	1532.62	1593.81	1714.99	1670.22	157.5	104.8	97.4	6.7	2.4
1094.45	1370.24	1509.14	1580.99	1728.64	1674.28	153.0	105.9	96.9	6.3	2.9
1172.72	1577.19	1830.62	1976.55	2233.29	2281.62	194.6	115.4	102.2	10.0	7.4
4194.74	6067.00	8887.00	13227.55	14501.08	13342.06	318.1	100.9	92.0	18.0	0.4
428.82	367.51	464.37	510.12	470.68	425.28	99.2	83.4	90.4	-0.1	-8.7
337.60	324.88	404.78	414.76	379.59	332.85	98.6	80.3	87.7	-0.2	-10.4
38779	73301	137435	128105	125239	96340	248.4	75.2	76.9	13.9	-13.3
324.85	225.98	333.26	388.22	422.99	527.56	162.4	135.9	124.7	7.2	16.6
106.51	118.12	168.20	169.78	167.76	167.84	157.6	98.9	100.0	6.7	-0.6
75.49	89.56	98.89	106.93	117.91	123.21	163.2	115.2	104.5	7.2	7.3
3477.68	7602.40	12017.28	13581.96	15124.09	18038.92	518.7	132.8	119.3	26.5	15.2
1348.78	2782.58	4809.36	5771.01	5665.58	3948.23	292.7	68.4	69.7	16.6	-17.3
48.08	85.57	126.33	167.45	175.02	123.74	257.4	73.9	70.7	14.5	-14.0
658.32	1497.60	2083.82	2296.90	2774.44	2151.03	326.7	93.6	77.5	18.4	-3.2
1422.50	3236.65	4997.77	5346.60	6509.05	11815.92	830.6	221.0	181.5	35.3	48.7
701.45	1451.70	1588.37	2194.63	2819.17	3266.40	465.7	148.8	115.9	24.6	22.0
473.29	1035.99	1150.03	1535.28	1989.39	2197.75	464.4	143.1	110.5	24.5	19.6
3003.50	4944.80	5758.69	6810.12	8006.58	9268.61	308.6	136.1	115.8	17.5	16.7
790476	2203828	2422728	3277822	4778444	5912538	748.0	180.4	123.7	33.3	34.3

1-4 续表2

指 标		Item	
出口总额	(万美元)	Total Export	(USD 10 000)
进口总额	(万美元)	Total Import	(USD 10 000)
利用外资		**Foreign Funds**	
实际利用外资额	(万美元)	Total Amount of Foreign Capital Actually U	(USD 10 000)
# 外商直接投资	(万美元)	Foreign Direct Investment	(USD 10 000)
对外经济合作		**Economic Cooperation with Foreign Countries and Territories**	
完成营业额	(万美元)	Value of Business Fulfilled	(USD 10 000)
# 对外承包工程	(万美元)	Contracted Projects	(USD 10 000)
对外劳务合作	(万美元)	Labor Services	(USD 10 000)
人民生活		**People's Livelihood**	
居民人均消费水平	(元)	Per Capita Consumption of Residents	(yuan)
农村居民	(元)	Urban Residents	(yuan)
城镇居民	(元)	Rural Residents	(yuan)
城镇居民人均总收入	(元)	Per Capita Total Income	(yuan)
# 工资性收入	(元)	Wages Income	(yuan)
城镇居民人均可支配收入	(元)	Per Capita Disposable Income of Urban Resi	(yuan)
城镇居民人均消费支出	(元)	Per Capita Living Expenditures for Consump	(yuan)
# 食品支出	(元)	Food	(yuan)
衣着支出	(元)	Clothing	(yuan)
交通和通信支出	(元)	Transportation and Communications	(yuan)
教育文化娱乐服务支出	(元)	Recreation, Education and Cultural Service	(yuan)
农村居民人均纯收入	(元)	Annual per Capita Net Income of Rural Resic	(yuan)
# 工资性收入	(元)	Wages Income	(yuan)
家庭经营收入	(元)	Househol Business Income	(yuan)
农村居民人均生活消费支出	(元)	Expenditure for Consumption of Rural Resid	(yuan)
# 食品支出	(元)	Food	(yuan)
衣着支出	(元)	Clothing	(yuan)
交通和通讯	(元)	Transportation and Communications	(yuan)
文教娱乐用品及服务	(元)	Cultural, Educational and Recreational Arti	(yuan)
全部单位就业人员工资总额	(亿元)	Total Wages of Staff and Workers in all Unit:	(100 million yuan)
# 国有经济单位	(亿元)	State-owned Units	(100 million yuan)
城镇集体经济单位	(亿元)	Urban Collective Owned Units	(yuan)
全部单位就业人员平均货币工资	(元)	Average Money Wages of Staff and Workers	(yuan)
# 国有经济单位	(元)	State-owned Units	(yuan)
城镇集体经济单位	(元)	Urban Collective Owned Units	(yuan)
教育和文化		**Education and Culture**	
专任教师数		Full-time Teachers	
普通高等学校	(人)	Regular Institutions of Higher Education	(person)
普通中学	(人)	Regular Secondary Schools	(person)
小学	(人)	Primary Schools	(person)
在校学生数		Number of Students Enrollment	
普通高等学校	(万人)	Regular Institutions of Higher Education	(10 000 persons)
普通中学	(万人)	Regular Secondary Schools	(10 000 persons)
小学	(万人)	Primary Schools	(10 000 persons)
图书出版总印数	(万册)	Total Printed Copies of Published Books	(10 000 copies)
杂志出版总印数	(万册)	Total Printed Copies of Published Magazines	(10 000 copies)
报纸出版总印数	(万份)	Total Printed Copies of Published Newspaper	(10 000 copies)

continued

总量指标 Aggregate Data						指数(%) Index (2012年比以下各年) (2012 as Percentage of)			年平均增长速度(%) Average Annual of Growth Rate	
2005	2008	2009	2010	2011	2012	2005	2010	2011	2006~2012	2011~2012
470089	1310789	1415167	1884504	2904567	3846147	818.2	204.1	132.4	35.0	42.9
320387	893039	1007561	1393318	1873877	2066391	645.0	148.3	110.3	30.5	21.8
110206	334159	412933	701299	1102733	1055054	957.3	150.4	95.7	38.1	22.7
88686	308842	358980	602517	948137	980100	1105.1	162.7	103.4	40.9	27.5
60079	240475	337185	402137	504240	568303	945.9	141.3	112.7	37.9	18.9
57274	235191	335622	399299	498692	563370	983.6	141.1	113.0	38.6	18.8
2805	5284	1563	2838	5548	4933	175.9	173.8	88.9	8.4	31.8
4130	6072	6863	8182	9903	11280	273.1	137.9	113.9	15.4	17.4
2432	3362	3891	4748	5882	7147	293.8	150.5	121.5	16.6	22.7
7577	10608	11701	13457	15687	16649	219.7	123.7	106.1	11.9	11.2
9004	13685	15324	17129	19688	22328	248.0	130.4	113.4	13.9	14.2
5842	9117	10132	11311	12687	14249	243.9	126.0	112.3	13.6	12.2
8386	12633	13839	15461	17899	20307	242.2	131.3	113.5	13.5	14.6
6891	9679	10857	12105	13696	15050	218.4	124.3	109.9	11.8	11.5
2710	4255	4392	4780	5572	6074	224.2	127.1	109.0	12.2	12.7
641	1042	1178	1259	1484	1651	257.6	131.1	111.3	14.5	14.5
828	1121	1414	1674	1758	1947	235.2	116.3	110.8	13.0	7.8
909	947	1150	1225	1369	1587	174.6	129.6	115.9	8.3	13.8
2803	4121	4462	5087	6129	7001	249.8	137.6	114.2	14.0	17.3
955	1620	1821	2248	2652	3089	323.5	137.4	116.5	18.3	17.2
1682	2062	2073	2263	2762	3005	178.7	132.8	108.8	8.6	15.2
2274	3128	4141	3898	4675	5367	236.0	137.7	114.8	13.0	17.3
1244	1628	1741	1881	2162	2514	202.0	133.6	116.3	10.6	15.6
115	175	197	227	282	339	293.5	149.4	120.1	16.6	22.2
172	256	324	361	431	464	270.5	128.6	107.6	15.3	13.4
225	173	207	219	277	329	146.2	150.6	119.0	5.6	22.7
796.03	1355.53	2129.50	2540.91	3159.80	3772.36	473.9	148.5	119.4	24.9	21.8
557.59	913.14	1058.15	1226.64	1447.95	1706.03	306.0	139.1	117.8	17.3	17.9
45.70	69.82	79.19	78.54	95.16	110.73	242.3	141.0	116.4	13.5	18.7
15638	24725	23572	26127	31300	35873	229.4	137.3	114.6	12.6	17.2
17644	28131	32210	36729	42048	47721	270.5	129.9	113.5	15.3	14.0
10974	18386	21043	23411	28342	33409	304.4	142.7	117.9	17.2	19.5
44854	59174	61772	64991	67448	73137	163.1	112.5	108.4	7.2	6.1
258924	273559	279414	284962	285755	290366	112.1	101.9	101.6	1.7	0.9
307113	307687	306528	305741	305508	304899	99.3	99.7	99.8	-0.1	-0.1
77.54	99.11	103.59	108.62	113.93	122.37	157.8	112.7	107.4	6.7	6.1
485.54	502.63	499.00	490.09	477.81	455.84	93.9	93.0	95.4	-0.9	-3.6
714.51	648.82	617.05	592.11	579.80	560.74	78.5	94.7	96.7	-3.4	-2.7
23643	19490	17492	19493	24787	23587	99.8	121.0	95.2	0.0	10.0
7502	8237	8303	10593	9293	9066	120.8	85.6	97.6	2.7	-7.5
155865	164273	155286	170176	174021	172573	110.7	101.4	99.2	1.5	0.7

1-5 国民经济和社会发展比例和效益指标

指　　标		Item	
人口		**Population**	
出生率	(‰)	Birth Rate	(‰)
死亡率	(‰)	Death Rate	(‰)
自然增长率	(‰)	Natural Growth Rate	(‰)
就业		**Employment**	
每一就业者负担户籍人口数	(人)	Dependency Ratio for each employment	(person)
三次产业从业者比例 (以全部从业人员为100)		Employment Ratio by Type of Industry (employment in all industry=100)	
第一产业	(%)	Primary Industry	(%)
第二产业	(%)	Secondary Industry	(%)
第三产业	(%)	Tertiary Industry	(%)
城镇登记失业率	(%)	Unemployment Rate in Urban Areas	(%)
国民核算		**National Accounting**	
三次产业增加值比例 (以地区生产总值为100)		Ratio of Value-added by Type of Industry (value added in primary industry=100)	
第一产业	(%)	Primary Industry	(%)
第二产业	(%)	Secondary Industry	(%)
第三产业	(%)	Tertiary Industry	(%)
人均地区生产总值	(元)	Per Capita GNP	(yuan)
全社会劳动生产率	(元/人)	Overall Labor Productivity (in terms of gross (	(yuan/person)
第一产业	(元/人)	Primary Industry	(yuan/person)
第二产业	(元/人)	Secondary Industry	(yuan/person)
第三产业	(元/人)	Tertiary Industry	(yuan/person)
能源		**Energy**	
能源生产弹性系数		Elasticity Ratio of Energy Production	
电力生产弹性系数		Elasticity Ratio of Electricity Production	
能源消费弹性系数		Elasticity Ratio of Energy Consumption	
电力消费弹性系数		Elasticity Ratio of Electricity Consumption	
单位GDP能耗（吨标准煤/万元）		Energy Consumption per Unit of GDP (ton of SCE/ 10 000 yuan)	

注：人均指标均按年平均常住人口计算。

Indicators on Proportions and Efficiency in National Economy and Social Development

1995	2000	2005	2006	2007	2008	2009	2010	2011	2012
17.1	12.1	9.70	9.14	9.21	9.54	9.15	8.93	9.79	9.89
7.2	7.0	6.80	6.28	6.29	7.15	6.43	6.62	6.81	6.92
9.9	5.1	2.90	2.86	2.92	2.39	2.72	2.31	2.98	2.97
1.77	1.80	1.84	1.85	1.86	1.88	1.89	1.89	1.89	1.90
64.6	56.7	51.5	48.9	47.9	46.1	45.1	43.7	42.7	41.5
16.3	18.7	19.7	20.1	22.5	23.4	24.0	24.9	25.3	25.7
19.1	24.6	28.8	31.0	29.6	30.5	30.9	31.4	32.0	32.8
3.6	4.0	4.6	4.5	4.3	4.6	4.3	4.1	4.1	4.1
27.1	24.1	20.1	18.4	19.2	17.6	15.8	14.4	14.2	13.8
40.1	36.5	41.5	43.4	44.0	46.2	47.4	50.5	52.4	51.7
32.8	39.4	38.4	38.2	36.8	36.2	36.8	35.1	33.4	34.5
3043	4956	9060	10613	12963	15495	17339	21182	26133	29608
5307	8436	15725	18456	22363	26610	29803	36069	43998	49819
2200	3508	6086	6748	8887	9955	10348	11747	14460	16344
13243	17146	33298	40326	46217	53572	59663	74426	91925	100929
9387	13770	21142	23574	27132	32072	35652	40590	46269	53088
			0.58	0.55	0.25	0.16	0.50	0.57	0.18
			0.74	0.65	0.07	1.36	1.00	1.43	0.24
			0.72	0.62	0.65	0.54	0.64	0.67	0.35
			0.92	0.77	0.28	0.84	0.91	1.78	0.19
		1.600	1.549	1.480	1.421	1.338	1.275	1.221	1.133

a) The data per capita is calculated by permanent residents.

1-5 续表

指　　标		Item	
农业		**Agriculture**	
人均耕地面积	(公顷)	Per Capita Cultivated Land	(hectare)
第一产业就业人员人均耕地面积	(公顷)	Cultivated Land per Employed Person in Prim	(hectare)
每公顷耕地农业机械总动力	(千瓦)	Total Power of Agricultural Machinery per He	(kw)
每公顷耕地用电量	(千瓦小时)	Electric Power Consumption per Hectare of C	(kwh)
每公顷耕地化肥施用量	(公斤)	Chemical Fertilizer Consumption per Hectare	(kg)
# 氮肥	(公斤)	Nitrogen	(kg)
每公顷耕地生产的农业产值	(元)	Agricultural Output Value per Hectare of Cult	(yuan)
工业		**Industry**	
资产负债率	(%)	Assets Liability Ratio	(%)
流动资产周转次数	(次/年)	Number of Annual Times of Turnover Circula	(times/year)
固定资产投资		**Investment in Fixed Assets**	
全社会固定资产投资相当于地区生产总值比例	(%)	Proportion of Investment in fixed Assets to GI	(%)
全社会房屋建筑面积竣工率	(%)	Rate of Total Floor Space of Buildings Comp	(%)
国内贸易		**Domestic Trade**	
人均社会消费品零售总额	(元)	Per Capita Retail Sales of Consumer Goods	(yuan)
金融保险		**Finance and Insurance**	
金融机构存款相当于地区生产总值比例	(%)	Bank Deposits as Percentage of GDP	(%)
金融机构贷款相当于地区生产总值比例	(%)	Bank Loans as Percentage of GDP	(%)
教育		**Education**	
学校每一专任教师负担学生数		Student-Teacher(full-time) Ratio	
普通高等学校	(人)	Regular Institutions of Higher Education	(person)
普通中学	(人)	Regular Secondary Schools	(person)
小学学校	(人)	Primary Schools	(person)
文化		**Culture**	
每百万人有艺术表演团体	(个)	Number of Troupes per Million Persons	(unit)
每百万人有公共图书馆	(个)	Number of Public Libraries per Million Persor	(unit)
每百万人有文化馆、文化站	(个)	Number of Cultural Centers and Stations per M	(unit)
人均年出版报纸	(份)	Annual Number of Newspaper Published per (	(copy)
人均年出版图书、杂志	(册)	Annual Number of Books and Magazines Pub	(copy)

continued

1995	2000	2005	2006	2007	2008	2009	2010	2011	2012
0.057	0.055	0.048	0.048	0.048	0.049	0.049	0.049	0.050	0.050
0.151	0.161	0.161	0.166	0.173	0.178	0.184	0.190	0.193	0.198
2.653	3.865	5.586	5.987	6.394	6.788	7.426	7.867	8.601	9.255
1342	1905	2890	3005	3125	3238	3364	3533	3730	3907
401	489	566	583	604	613	624	618	631	633
243	283	312	318	324	325	329	323	323	320
14147	18071	26554	27449	33366	43207	45423	51595	61612	69270
67.72	64.45	62.40	60.87	59.51	59.28	60.22	61.56	61.24	61.66
1.36	1.18	1.82	1.98	2.13	2.21	2.35	2.47	2.69	2.54
27.72	35.74	47.09	52.03	55.44	60.33	84.92	79.03	71.93	75.56
			47.2	37.6	37.8	28.8	32.9	28.9	27.0
1194	2109	3685	4240	5039	6080	7056	8394	9951	11495
51.6	114.9	134.1	135.8	132.4	148.1	176.5	176.3	166.3	174.2
64.3	103.2	91.3	90.1	87.1	88.6	110.8	111.3	107.1	109.6
7.7	12.8	17.3	16.5	16.4	16.7	16.8	16.7	16.9	16.7
14.2	18.1	18.8	18.9	18.7	18.4	17.9	17.2	16.7	15.7
22.9	24.2	23.3	23.5	22.8	21.1	20.1	19.4	19.0	18.4
1.3	1.2	1.0	1.0	1.0	1.0	1.0	1.0	0.9	0.8
1.5	1.6	1.7	1.8	1.9	1.9	1.9	2.0	2.1	2.3
47.1	48.4	57.6	46.4	49.1	50.1	51.7	57.3	59.6	59.5
12.5	16.9	19.1	19.0	20.7	20.2	19.0	21.0	21.6	21.4
2.5	4.1	3.8	3.4	3.6	3.4	3.2	3.7	4.2	4.1

1-6 国民经济和社会发展结构指标
Structural Indicators on National Economy and Social Development

单位：%　　　　(%)

指　　标	Item	1995	2000	2005	2009	2010	2011	2012
户籍人口结构	**Household Population Structure**	**100.0**	**100.0**	**100.0**	**100.0**	**100.0**	**100.0**	**100.0**
农业人口	Agricultural Population	83.7	81.4	76.7	74.6	73.8	72.8	72.4
非农业人口	Non-agricultural Population	16.3	18.6	23.3	25.4	26.2	27.2	27.6
就业结构	**Employment Structure**	**100.0**	**100.0**	**100.0**	**100.0**	**100.0**	**100.0**	**100.0**
第一产业	Primary Industy	64.6	56.7	51.5	45.1	43.7	42.7	41.5
第二产业	Secondary Industy	16.3	18.7	19.7	24.0	24.9	25.3	25.7
第三产业	Tertiary Industy	19.1	24.6	28.8	30.9	31.4	32.0	32.8
城镇居民消费结构	**Consumption Structure of Urban Residents**	**100.0**	**100.0**	**100.0**	**100.0**	**100.0**	**100.0**	**100.0**
食品	Food	51.3	41.5	39.3	40.5	39.5	40.7	40.4
衣着	Clothing	13.4	9.6	9.3	10.9	10.4	10.8	11.0
居住	Residence	6.4	11.0	10.2	9.0	9.3	9.0	8.5
家庭设备用品及服务	Household Facilities, Articles and Services	8.6	8.6	6.1	6.3	7.2	7.4	7.3
医疗保健	Medicine and Medical Service	3.1	5.5	6.4	6.0	5.5	5.4	5.1
交通和通信	Transportation and Communications	3.9	6.3	12.0	13.0	13.8	12.8	12.9
教育文化娱乐服务	Recreation, Education and Cultural Services	9.6	12.9	13.2	10.6	10.1	10.0	10.5
其它商品和服务	Miscellaneous Commodities and Services	3.7	4.7	3.4	3.9	4.2	3.9	4.2
农村居民消费结构	**Consumption Structure of Rural residents**	**100.0**	**100.0**	**100.0**	**100.0**	**100.0**	**100.0**	**100.0**
食品	Food			54.7	42.0	48.3	46.2	46.8
衣着	Clothing			5.1	4.8	5.8	6.0	6.3
居住	Residence			10.3	27.5	16.0	15.6	14.7
家庭设备用品及服务	Household Facilities, Articles and Services			4.5	5.3	6.1	6.4	6.2
医疗保健	Medicine and Medical Service			6.4	6.2	7.1	8.8	9.3
交通和通信	Transportation and Communications			7.5	7.8	9.3	9.2	8.6
教育文化娱乐服务	Recreation, Education and Cultural Services			9.9	5.0	5.6	5.9	6.1
其它商品和服务	Miscellaneous Commodities and Services			1.6	1.4	1.8	1.8	1.9
地区生产总值产业结构	**National Accounting Structure**	**100.0**	**100.0**	**100.0**	**100.0**	**100.0**	**100.0**	**100.0**
第一产业	Primary Industy	27.1	24.1	20.1	15.8	14.4	14.2	13.8
第二产业	Secondary Industy	40.1	36.5	41.5	47.4	50.5	52.4	51.7
第三产业	Tertiary Industy	32.8	39.4	38.4	36.8	35.1	33.4	34.5
全社会固定资产投资结构	**Structure of Total Investment in Fixed Assets**	**100.0**	**100.0**	**100.0**	**100.0**	**100.0**	**100.0**	**100.0**
国有经济	State-owned Units	56.7	48.3	38.8	40.0	42.5	37.5	21.9
集体经济	Collective Owned Units	19.6	12.2	1.4	1.1	1.2	1.2	0.7
个体经济	Individuals	13.0	14.0	18.9	17.3	16.9	18.3	11.9
其他经济	Other	10.7	25.5	40.9	41.6	39.4	43.0	65.5
进出口总额构成	**Composition of Total Import and Export**	**100.0**	**100.0**	**100.0**	**100.0**	**100.0**	**100.0**	**100.0**
出口	Export		54.8	59.5	58.4	57.5	60.8	65.1
进口	Import		45.2	40.5	41.6	42.5	39.2	34.9
实际利用外资构成	**Composition of Foreign Capital Actually Used**	**100.0**	**100.0**	**100.0**	**100.0**	**100.0**	**100.0**	**100.0**
对外借款	Foreign Loan			17.7	7.4	5.0	6.7	4.5
外商直接投资	Foreign Direct Investment			80.5	86.9	85.9	86.0	92.9
外商其他投资	Other Foreign Investment			1.8	0.5	1.4	0.4	0.6
港澳援建资金	Reconstruction Funds of Hongkong and Macao				5.2	7.7	6.9	2.0

1-7 平均每天主要社会经济活动
Selected Indicators on Average Daily Social and Economic Activities

指 标		Item		2011	2012
每天创造的财富		**Daily Production**			
地区生产总值	(亿元)	Gross Domestic Product	(100 million yuan)	57.61	65.40
第一产业	(亿元)	Primary Industry	(100 million yuan)	8.17	9.03
第二产业	(亿元)	Secondary Industry	(100 million yuan)	30.22	33.79
工业	(亿元)	Industry	(100 million yuan)	26.00	28.91
建筑业	(亿元)	Construction	(100 million yuan)	4.21	4.88
第三产业	(亿元)	Tertiary Industry	(100 million yuan)	19.22	22.58
粮食	(万吨)	Grain Crops	(10 000 tons)	9.02	9.08
油料	(万吨)	Oil bearing Crops	(10 000 tons)	0.76	0.79
园林水果	(万吨)	Garden Fruits	(10 000 tons)	1.76	1.88
肉类总产量	(万吨)	Output of Meat	(10 000 tons)	1.78	1.84
布	(万米)	Cloth	(10 000 m)	456.99	388.77
原盐	(万吨)	Salt	(10 000 tons)	2.84	1.31
原煤	(万吨)	Coal	(10 000 tons)	33.60	31.04
天然气	(亿立方米)	Natural Gas	(100 million cu.m)	0.73	0.66
发电量	(亿千瓦小时)	Electricity	(100 million kwh)	5.05	5.49
生铁	(万吨)	Pig Iron	(10 000 tons)	4.70	4.58
钢	(万吨)	Steel	(10 000 tons)	4.74	4.59
成品钢材	(万吨)	Steel Products	(10 000 tons)	6.12	6.25
水泥	(万吨)	Cement	(10 000 tons)	39.73	36.55
农用化肥(折纯)	(万吨)	Chemical Fertilizer	(10 000 tons)	1.29	1.17
每天消费量		**Daily National Consumption**			
最终消费	(亿元)	Final Consumption Expenditure	(100 million yuan)	28.56	32.68
居民消费	(亿元)	Household Consumption Expenditure	(100 million yuan)	21.83	24.92
农村居民	(亿元)	Rural Household	(100 million yuan)	7.65	8.92
城镇居民	(亿元)	Urban Household	(100 million yuan)	14.18	16.00
政府消费	(亿元)	Government Consumption Expenditure	(100 million yuan)	6.73	7.76
社会消费品零售总额	(亿元)	Total Retail Sales of Consumer Goods	(100 million yuan)	21.94	25.39
每天其他经济活动		**Other Daily Economic Activities**			
资本形成总额	(亿元)	Gross Capital Formation	(100 million yuan)	30.32	34.24
固定资本形成	(亿元)	Fixed Capital Formation	(100 million yuan)	29.29	33.14
存货增加	(亿元)	Changes in Inventories	(100 million yuan)	1.03	1.10
全社会固定资产投资总额	(亿元)	Total Investment in Fixed Assets	(100 million yuan)	41.44	15.52
# 国有经济	(亿元)	State-owned Units	(100 million yuan)	49.42	10.82
每天人口和婚姻变动		**Daily Population Changes and Marriages**			
出生	(人)	Births	(person)	2501	2604
死亡	(人)	Deaths	(person)	1313	1838
内地居民在民政部门登记结婚	(对)	Registered Marriages of Mainland in the civil affairs departments	(couple)	2053	2046
内地居民在民政部门登记离婚	(对)	Registered Divorces of Mainland in the civil departments	(couple)	511	556

注：工业产品产量为规模以上工业企业产品产量。

a) Output of industrial products refers to output of products of industrial enterprises above designated size.

主要统计指标解释

行政区划 指国家对行政区域的划分。根据有关法规规定，我国的行政区域划分如下：(1)全国分为省、自治区、直辖市；(2)省、自治区分为自治州、县、自治县、市；(3)自治州分为县、自治县、市；(4)县、自治县分为乡、民族乡、镇；(5)直辖市和较大的市分为区、县；(6)国家在必要时设立的特别行政区。

平均增长速度 平均增长速度表明社会经济现象在一个较长的时期内逐期平均增长变化的程度，它不能根据各个环比增长速度直接求得，但与平均发展速度之间存在着一定的数量关系：平均增长速度＝平均发展速度－1。

平均发展速度是一种根据环比发展速度计算的序时平均数,由于各时期对比的基础不同，所以计算平均发展速度不能采用一般的序时平均数的计算方法，计算方法分为水平法和累计法。水平法，又称几何平均法，即将环比发展速度按连乘法用几何平均数公式计算。累计法，也称方程法，根据一段时期内各年发展水平总和与基期水平的关系，列出方程式计算平均发展速度。水平法着重考虑最后一年所达到的发展水平；累计法着重考虑整个时期累计发展水平的总量。

本《年鉴》内所列的增长速度，均用“水平法”计算。从某年到某年平均增长速度的年份，均不包括基期年在内。如建国四十三年以来的平均增长速度是以 1949 年为基期计算的，则写为 1950-1992 年平均增长速度，其余类推。

国民经济行业分类 新国家标准《国民经济行业分类》（GB/T4754-2011）是由国家统计局组织修订，经国家质量监督检验检疫总局和国家标准化管理委员会批准发布，于 2011 年 11 月 1 日起实施。根据统计工作的实际情况，经研究决定，新《国民经济行业分类》从 2012 年定报统一开始使用。《国民经济行业分类》（GB/T4754-2011）共有门类 20 个，大类 96 个，中类 432 个，小类 1094 个。与 2002 年 5 月 10 日发布实施的（GB/T4754-2002）比较，门类未增减，大类增加 1 个，中类增加 36 个，小类增加 181 个。

企业(单位)登记注册类型 是以在工商行政管理机关登记注册的各类企业为划分对象，以工商行政管理部门对企业登记注册的类型为依据，将企业登记注册类型分为内资企业、港澳台商投资企业和外商投资企业三大类。内资企业包括国有企业、集体企业、股份合作企业、联营企业、有限责任公司、股份有限公司、私营企业和其他企业；港澳台商投资企业和外商投资企业分别包括合资经营企业、合作经营企业、独资经营企业、股份有限公司和其他投资企业。对不在工商行政管理部门进行登记注册的行政机关、事业单位和社会团体，主要按其经费来源和管理方式进行划分。

国有企业 指企业全部资产归国家所有，并按《中华人民共和国企业法人登记管理条例》规定登记注册的非公司制的经济组织。不包括有限责任公司中的国有独资公司。

集体企业 指企业资产归集体所有，并按《中华人民共和国企业法人登记管理条例》规定登记注册的经济组织。

股份合作企业 指以合作制为基础，由企业职工共同出资入股，吸收一定比例的社会资产投资组建，实行自主经营，自负盈亏，共同劳动，民主管理，按劳分配与按股分红相结合的一种集体经济组织。

联营企业 指两个及两个以上相同或不同所有制性质的企业法人或事业单位法人，按自愿、平等、互利的原则，共同投资组成的经济组织。联营企业包括国有联营企业、集体联营企业、国有与集体联营企业和其他联营企业。

有限责任公司 指根据《中华人民共和国公司登记管理条例》规定登记注册，由两个以上、五十个以下的股东共同出资，每个股东以其所认缴的出资额对公司承担有限责任，公司以其全部资产对其债务承担责任的经济组织。有限责任公司包括国有独资公司以及其他有限责任公司。

股份有限公司 指根据《中华人民共和国公司登记管理条例》规定登记注册，其全部注册资本由等额股份构成并通过发行股票筹集资本，股东以其认购的股份对公司承担有限责任，公司以其全部资产对其债务承担责任的经济组织。

私营企业 指由自然人投资设立或由自然人控股，以雇佣劳动为基础的营利性经济组织。包括按照《公司法》、《合伙企业法》、《私营企业暂行条例》规定登记注册的私营有限责任公司、私营股份有限公司、私营合伙企业和私营独资企业。

其他企业 指上述企业之外的其他内资经济组织。

合资经营企业（港或澳、台资） 指港澳台地区投资者与内地企业依照《中华人民共和国中外合资经营企业法》及有关法律的规定，按合同规定的比例投资设立、分享利润和分担风险的企业。

合作经营企业（港或澳、台资） 指港澳台地区投资者与内地企业依照《中华人民共和国中外合作经营企业法》及有关法律的规定，依照合作合同的约定进行投资或提供条件设立、分配利润和分担风险的企业。

港澳台商独资经营企业 指依照《中华人民共和国外资企业法》及有关法律的规定，在内地由港澳台地区投资者全额投

资设立的企业。

港澳台商投资股份有限公司　指根据国家有关规定，经原外经贸部依法批准设立，其中港、澳、台商的股本占公司注册资本的比例达 25% 以上的股份有限公司。凡其中港、澳、台商的股本占公司注册资本的比例小于 25%的，属于内资企业中的股份有限公司。

中外合资经营企业　指外国企业或外国人与中国内地企业依照《中华人民共和国中外合资经营企业法》及有关法律的规定，按合同规定的比例投资设立、分享利润和分担风险的企业。

中外合作经营企业　指外国企业或外国人与中国内地企业依照《中华人民共和国中外合作经营企业法》及有关法律的规定，依照合作合同的约定进行投资或提供条件设立、分配利润和分担风险的企业。

外资企业　指依照《中华人民共和国外资企业法》及有关法律的规定，在中国内地由外国投资者全额投资设立的企业。

外商投资股份有限公司　指根据国家有关规定，经原外经贸部依法批准设立，其中外资的股本占公司注册资本的比例达 25% 以上的股份有限公司。凡其中外资股本占公司注册资本的比例小于 25%的，属于内资企业中的股份有限公司。

行政机关、事业单位和社会团体　参照企业登记注册类型，主要按其经费来源和管理方式划分。具体规定如下：

⑴行政机关：包括国家机关和政党机关，原则上均列为“国有”。但有特殊规定的，如供销社等，则列为“集体”。

⑵事业单位：包括经国家机构编制部门和有关业务主管部门批准成立的各类事业单位，不包括实行企业化管理的事业单位。事业单位的划分办法如下：

①由国家财政预算拨款或列入财政预算外资金管理以及经费主要来源于国有主管部门或国有上级单位的事业单位，列为“国有”。

②经费主要来源于集体单位的事业单位，列为“集体”。

③公民个人(或个人合伙)开办的事业单位，列为“私营”。

④上述以外的其他事业单位，如果其经费来源不明确，按管理方式进行归类。

⑶社会团体：包括经民政部门批准成立以及未纳入社会团体管理条例范围的工会、妇联等各类社会团体。社会团体的划分办法如下：

①未纳入民政部社会团体管理条例范围的工会、妇联、共青团、青联、工商联、科协、侨联等社会团体，国家拨款设立的基金会或基金管理组织以及经费主要来源于国有业务主管部门或国有上级单位的社会团体，列为“国有”。

②经费主要来源于集体单位的社会团体，列为“集体”。

③公民个人(或个人合伙)开办的社会团体，划为“私营”。

④上述以外的其他社会团体，如果其经费来源不明确，改按管理方式进行归类。

Explanatory Notes on Main Statistical Indicators

Divisions of Administrative Areas refers to the division of administrative areas by the State. The relative laws stipulate that 1) the whole country is divided into provinces, autonomous regions and municipalities directly under the Central Government; 2) provinces and autonomous regions are further divided into autonomous prefectures, counties, autonomous counties and cities; 3) autonomous prefectures are further divided into counties, autonomous counties and cities; 4) counties and autonomous counties are further divided into townships, ethnic townships and towns; 5) municipalities directly under the Central Government and large cities are divided into districts and counties, 6) the State shall, when necessary, establish special administrative regions.

Average Annual Growth Rate shows the average growth rate of social and economic development during a longer period. It can not be directly calculated by chain based growth rate. The relation is:

Average Annual Growth Rate = Average Speed of Development – 1

Average speed of development is the time series average of speed which calculated by chain based. Because the reference bases during the different periods are not same, average speed of development can not be calculated by the general method. Level approach and accumulative approach for calculating average speed of development rate are applied. The "level approach", or the method of calculating the geometric average, is derived by the formula of geometric average of the chain-based speeds of development, or comparing the level of the last year of the interval with that of the beginning year; the other is called the "accumulative approach" or the "algebraic average", "equation" method, which is derived by the summation of the actual figure of each year in the interval divided by the figure in the base year. The level approach focuses on the level of the last year, while the accumulative approach emphasizes the aggregate development in the duration.

The average annual growth rates listed in the Yearbook are calculated by the level approach. The base year is not listed in the duration for which average annual growth rates are computed. For instance, the average annual growth rate of the 43 years since 1949 is shown as the average annual growth rate of 1950-1992 without showing the base year 1949.

Industrial Classification of the National Economy The new Industrial Classification of the National Economy (GB/T 4754-2011) was organized by the National Bureau of Statistics. The new Classification was promulgated by the National Administration of Quality Supervision and National Standardization Management Committee, Inspection and Quarantine on Nov.1, 2011. The Industrial Classification of the National Economy (GB/T 4754-2011) is composed of 20 major divisions, 96 divisions, 432 major groups and 1094 groups. Compared with the Industrial Classification of the National Economy (GB/T 4754-2002) promulgated on May 10, 2002, 1 divisions, 36 major groups and 181 groups are new respectively.

Registration Status of Enterprises Enterprises are classified into 3 categories, namely domestic-funded enterprises, enterprises with investment from Hong Kong, Macau and Taiwan, and enterprises with foreign investment, according to the registration status of an enterprise in industrial and commercial administration agencies. Domestic-funded enterprises include State-owned enterprises, collective-owned enterprises, cooperative enterprises, joint ownership enterprises, limited liability corporations, share-holding corporations Ltd., private enterprises and other enterprises. Included in the enterprises with investment from Hong Kong, Macau and Taiwan and enterprises with foreign investment are joint-venture enterprises, cooperative enterprises, sole investment enterprises, share-holding corporations Ltd and other Investment Enterprises. For government agencies, institutions and social organizations which are not registered in industrial and commercial administration agencies, they are classified mainly by their sources of funding and manner of management.

State-owned Enterprises refer to non-corporation economic units where the entire assets are owned by the State and which have been registered in accordance with the Regulation of the People's Republic of China on the Management of Registration of Corporate Enterprises. Not included from this category are solely State-funded corporations in the limited liability corporations.

Collective-owned Enterprises refer to economic units where the assets are owned collectively and which have been registered in accordance with the Regulation of the People's Republic of China on the Management of Registration of Corporate Enterprises.

Cooperative Enterprises refer to a form of collective economic units (enterprises) where capitals come mainly from employees as their shares, with certain proportion of capital from the outside, where production is organized on the basis of independent operation, independent accounting for profits and losses, joint work, democratic management, and a distribution system that integrates remuneration according to work with dividend according to capital share.

Joint Ownership Enterprises refer to economic units established by two or more corporate enterprises or corporate institutions of the same or different ownership, through joint investment on the basis of voluntary participation, equality, and mutual benefits. They include State joint ownership enterprises; collective joint ownership enterprises; joint State-collective enterprises; and other joint ownership enterprises.

Limited Liability Corporations refer to economic units established with investment from 2-50 investors and registered in accordance with the Regulation of the People's Republic of China on the Management of Registration of Corporations, each investor bearing limited liability to the corporation depending on its share of investment, and the corporation bearing liability to its debt to the maximum of its total assets. Limited liability corporations include solely State-funded limited liability corporations and other limited liability corporations.

Share-holding Corporations Ltd. refer to economic units registered in accordance with the Regulation of the People's Republic of China on the Management of Registration of Corporations, with total registered capital divided into equal shares and raised through issuing stocks. Each investor bears limited liability to the corporation depending on the holding of shares, and the corporation bears liability to its debt to the maximum of its total assets.

Private Enterprises refer to profit-making economic units invested and established by natural persons, or controlled by natural persons using employed labour. Included in this category are private limited liability corporations, private share-holding corporations Ltd., private partnership enterprises and private-funded enterprises registered in accordance with the Company Law, the Law on Partnership Business and Interim Regulations on Private Enterprises .

Other Domestic-funded Enterprises refer to domestic-funded economic units other than those mentioned above.

Joint Venture Enterprises (Funds are from Hong Kong, Macau and Taiwan.) are enterprises established by investors from Hong Kong, Macau and Taiwan with enterprises in the mainland of China in accordance with the Law of the People's Republic of China on Sino-foreign Equity Joint Ventures and other relevant laws, where the establishment of the investment and the sharing of profits and risks are stipulated under joint venture contracts.

Cooperative Enterprises (Funds are from Hong Kong, Macau and Taiwan.) established by investors from Hong Kong, Macau and Taiwan with enterprises in the mainland of China in accordance with the Law of the People's Republic of China on Sino-foreign Contractual Joint Venture and other relevant laws, where the investment or provision of facilities and the sharing of profits and risks are stipulated under cooperative contracts.

Enterprises with Sole (exclusive) Investment from Hong Kong, Macau and Taiwan refer to enterprises established in the mainland of China with exclusive investment from investors from Hong Kong, Macau and Taiwan in accordance with the Law of the People's Republic of China on Wholly Foreign-owned Enterprises and other relevant laws.

Share-holding Corporations Ltd. with Investment from Hong Kong, Macau and Taiwan refer to share-holding corporations Ltd. established with the approval from the former Ministry of Foreign Trade and Economic Relations in line with relevant State regulations, where the share of investment from Hong Kong, Macau or Taiwan businessmen exceeds 25% of the total registered capital of the corporation. In case the share of investment from Hong Kong, Macau or Taiwan is less than 25% of the total registered capital, the enterprise is to be classified as domestic-funded share-holding corporation Ltd.

Joint Venture Enterprises with Foreign Investment refer to enterprises jointly established by foreign enterprises or foreigners with enterprises in the mainland of China in accordance with the Law of the People's Republic of China on Sino-foreign Equity Joint Ventures and other relevant laws, where the sharing of investment, profits and risks is stipulated under contract.

Cooperative Enterprises with Foreign Investment refer to enterprises jointly established by foreign enterprises or foreigners with enterprises in the mainland of China in accordance with the Law of the People's Republic of China on Sino-foreign Contractual Joint Venture and other relevant laws, where the investment or provision of facilities and the sharing of profits and risks are stipulated under cooperative contracts.

Enterprises with Sole (exclusive) Foreign Investment refer to enterprises established in the mainland of China with exclusive investment from foreign investors in accordance with the Law of the People's Republic of China on Wholly Foreign-owned Enterprises and other relevant laws.

Share-holding Corporations Ltd. with Foreign Investment refer to share-holding corporations Ltd. established with the approval from the former Ministry of Foreign Trade and Economic Relations in line with relevant State regulations, where the share of investment from foreign investors exceeds 25% of the total registered capital of the corporation. In case the share of foreign investment is less than 25% of the total registered capital, the enterprise is to be classified as domestic-funded share-holding corporation Ltd.

Government Agencies, Institutions and Social Organizations are classified into the following categories by source of funds and manner of management taking reference of the registration status of enterprises:

(1) Government agencies: include State and party agencies, classified in principle as State-owned. There are exceptions, such as supply and marketing cooperatives which are classified as collective-owned.

(2) Institutions: include institutions of various types established with the approval by organization and staffing departments of the government, but exclude institutions where enterprise management system is introduced. Institutions are further classified as follows:

(a) Institutions for which their main budgets are from government budget appropriations or extra-budget funds, or allocated from the budget of their competent government agencies. Such institutions are classified as state-owned.

(b) Institutions for which their budget mainly come from collective units. Such institutions are classified as collective-owned.

(c) Social institutions established by individual or a group of citizens, which are classified as private.

(d) Institutions other than those mentioned above for which their sources of budget are not clear. Such institutions are classified by the manner of management.

(3) Social organizations: include social organizations established with the approval from the Ministry of Civil Affairs, and organizations that are not covered by social organization management regulations such as trade unions, women's federations etc.. Social organizations are further classified as follows:

(a) Social organizations that are not covered by social organization management regulations of the Ministry of Civil Affairs such as trade unions, women federations, communist youth leagues, youth associations, industrial and commerce associations, scientist associations, overseas Chinese associations, etc., foundations and fund management organizations established with funds from the state, and social organizations whose funds mainly come from the budget of their competent government agencies. Such institutions are classified as State-owned.

(b) Social organizations for which their budget mainly come from collective units. Such institutions are classified as collective-owned.

(c) Social organizations established by individual or a group of citizens, which are classified as private.

(d) Social organizations other than those mentioned above for which their sources of budget are not clear. Such organizations are classified by the manner of management.

2

国民经济核算

2-1 按三次产业分地区生产总值
Gross Domestic Product by Type of Industry

单位: 亿元 (100 million yuan)

年份 Year	地区生产总值 Gross Domestic	第一产业 Primary	第二产业 Secondary	工业 Industry	建筑业 Construction	第三产业 Tertiary	交通运输、仓储和邮政业 Transport, Storage and Post
1978	184.61	82.20	65.55	59.40	6.15	36.86	6.17
1979	205.76	91.95	72.31	65.43	6.88	41.50	6.74
1980	229.31	101.68	81.05	73.18	7.87	46.58	7.39
1981	242.32	108.02	83.36	74.58	8.78	50.94	7.82
1982	275.23	125.36	92.84	82.49	10.35	57.03	8.49
1983	311.00	138.17	105.69	93.71	11.98	67.14	9.75
1984	358.06	156.11	121.68	105.97	15.71	80.27	11.32
1985	421.15	172.90	148.11	127.13	20.98	100.14	14.31
1986	458.23	181.20	160.62	138.12	22.50	116.41	17.88
1987	530.86	202.25	187.88	160.49	27.39	140.73	22.64
1988	659.69	241.95	238.32	206.44	31.88	179.42	27.80
1989	744.98	263.15	263.44	231.08	32.36	218.39	33.82
1990	890.95	321.41	312.64	276.08	36.56	256.90	40.71
1991	1016.31	339.00	376.48	331.37	45.11	300.83	48.96
1992	1177.27	372.04	441.57	378.67	62.90	363.66	56.70
1993	1486.08	449.38	580.38	495.24	85.14	456.32	70.18
1994	2001.41	597.37	782.77	667.85	114.92	621.27	85.71
1995	2443.21	662.46	980.91	833.17	147.74	799.84	113.01
1996	2871.65	770.02	1156.01	977.68	178.33	945.62	129.83
1997	3241.47	880.28	1265.32	1055.21	210.11	1095.87	145.08
1998	3474.09	912.24	1324.01	1076.35	247.66	1237.84	165.91
1999	3649.12	926.03	1349.63	1099.48	250.15	1373.46	179.25
2000	3928.20	945.58	1433.11	1154.46	278.65	1549.51	217.41
2001	4293.49	981.67	1572.01	1253.19	318.82	1739.81	248.34
2002	4725.01	1047.95	1733.38	1372.64	360.74	1943.68	271.19
2003	5333.09	1128.61	2014.80	1604.49	410.31	2189.68	302.44
2004	6379.63	1379.93	2489.40	2013.80	475.60	2510.30	334.50
2005	7385.10	1481.14	3067.23	2527.08	540.15	2836.73	380.28
2006	8690.24	1595.48	3775.14	3144.67	630.47	3319.62	451.19
2007	10562.39	2032.00	4648.79	3921.41	727.38	3881.60	511.50
2008	12601.23	2216.15	5823.39	4956.13	867.26	4561.69	567.51
2009	14151.28	2240.61	6711.87	5678.24	1033.63	5198.80	520.71
2010	17185.48	2482.89	8672.18	7431.45	1240.73	6030.41	573.75
2011	21026.68	2983.51	11029.13	9491.05	1538.08	7014.04	638.76
2012	23872.80	3297.21	12333.28	10550.53	1782.75	8242.31	707.19

注：本表按当年价格计算。

a) The data in this table are calculated at current prices.

2-1 续表 continued

单位: 亿元 (100 million yuan)

年份 Year	批发和零售业 Wholesale and Retail Trades	住宿和餐饮业 Hotels and Catering Services	金融业 Financial Intermediation	房地产业 Real Estate	其他 Others	人均地区生产总值(元) Per Capita GDP (yuan)
1978	7.75	3.02	4.88	2.42	12.62	261
1979	8.71	3.39	5.77	2.63	14.26	289
1980	9.68	3.77	6.71	2.94	16.09	320
1981	10.83	4.21	7.15	3.33	17.60	337
1982	12.69	4.93	7.59	3.66	19.67	379
1983	15.39	5.98	8.36	4.14	23.52	425
1984	19.27	7.52	9.22	4.93	28.01	487
1985	24.85	9.67	11.71	5.93	33.67	570
1986	28.84	11.21	13.21	6.85	38.42	614
1987	35.09	13.65	15.98	8.11	45.26	702
1988	47.19	18.35	19.84	9.92	56.32	861
1989	56.45	22.04	23.55	11.68	70.85	960
1990	61.29	24.57	29.79	14.56	85.98	1136
1991	65.94	27.64	34.09	17.76	106.44	1283
1992	78.45	31.34	40.68	24.41	132.08	1477
1993	90.29	39.00	51.13	30.34	175.38	1854
1994	121.26	54.28	65.01	68.91	226.10	2338
1995	181.21	70.47	71.31	80.41	283.43	3043
1996	220.19	85.63	82.13	95.63	332.21	3550
1997	240.78	93.64	93.19	124.13	399.05	4032
1998	254.51	99.41	108.45	148.09	461.47	4294
1999	270.84	109.25	118.32	165.17	530.63	4540
2000	283.26	120.08	153.05	180.05	595.66	4956
2001	311.95	133.51	168.86	198.60	678.55	5376
2002	341.12	151.41	183.13	210.82	786.01	5890
2003	372.68	168.24	206.24	231.72	908.36	6623
2004	425.54	195.10	236.50	264.30	1054.36	7895
2005	475.16	221.42	262.26	286.23	1211.38	9060
2006	537.68	255.19	299.50	336.20	1439.86	10613
2007	624.74	299.75	359.11	376.84	1709.66	12963
2008	736.42	335.13	411.14	453.63	2057.86	15495
2009	868.98	405.45	524.63	548.14	2330.89	17339
2010	1016.03	478.42	654.70	558.56	2748.95	21182
2011	1186.58	562.63	868.15	620.62	3137.30	26133
2012	1342.25	621.72	1303.56	703.51	3564.08	29608

2-2 按三次产业分地区生产总值指数（上年=100）
Indices of Gross Domestic Product by Type of Industry (preceding year=100)

年份 Year	地区生产总值 Gross Domestic	第一产业 Primary	第二产业 Secondary	工业 Industry	建筑业 Construction	第三产业 Tertiary	交通运输、仓储和邮政业 Transport, Storage and Post
1978	117.4	113.8	121.2	126.0	88.4	117.4	
1979	110.1	108.0	110.5	110.5	110.7	113.0	109.6
1980	109.5	104.0	109.7	109.5	111.5	118.3	115.6
1981	104.1	104.4	101.6	100.8	109.5	107.4	104.1
1982	110.9	112.7	109.3	108.6	115.3	109.4	104.8
1983	111.0	107.5	112.3	112.0	115.0	116.8	110.5
1984	112.2	109.2	113.4	111.5	128.2	116.7	108.0
1985	111.9	104.3	118.0	117.0	125.0	117.1	129.7
1986	105.5	101.0	106.5	107.0	103.3	111.9	120.3
1987	108.7	103.0	112.2	112.0	113.2	112.5	117.7
1988	107.5	101.9	113.8	116.4	97.0	106.2	102.4
1989	103.2	102.8	101.9	103.5	89.1	105.7	106.8
1990	109.1	106.9	109.5	110.0	105.7	111.3	112.5
1991	109.1	108.5	106.3	104.4	120.6	113.4	115.3
1992	112.6	104.6	120.5	118.9	131.1	113.1	116.2
1993	113.1	105.0	120.1	120.3	118.8	113.5	114.4
1994	111.3	104.4	117.3	118.5	110.1	110.7	100.2
1995	110.7	105.5	111.5	110.7	117.0	114.7	117.4
1996	110.6	107.3	109.2	108.2	115.2	115.4	112.0
1997	110.5	106.2	111.6	111.4	112.7	112.8	109.0
1998	109.7	104.6	110.8	109.8	116.6	112.2	110.3
1999	106.6	105.0	106.0	105.8	106.8	108.6	103.7
2000	108.5	102.3	108.2	108.0	109.2	113.1	122.7
2001	109.0	105.7	110.2	110.2	110.1	109.8	109.6
2002	110.3	105.6	111.9	112.2	110.9	111.5	109.0
2003	111.3	105.1	115.2	116.3	110.6	111.2	109.1
2004	112.7	106.0	118.3	119.8	111.6	110.9	109.2
2005	112.6	105.4	118.0	120.2	108.0	110.6	110.0
2006	113.5	102.6	118.2	121.5	102.8	114.2	111.4
2007	114.5	104.8	120.4	121.5	114.3	112.5	112.6
2008	111.0	101.0	113.7	115.6	102.3	112.1	107.0
2009	114.5	104.0	119.5	119.0	122.7	112.4	93.4
2010	115.1	104.4	122.0	122.9	116.3	110.2	108.3
2011	115.0	104.5	120.6	121.6	114.8	111.2	107.8
2012	112.6	104.5	115.2	115.3	114.0	111.6	107.6

注：本表按可比价格计算。
a) The indices in this table are calculated at comparable prices.

2-2 续表 continued

(上年=100) (preceding year=100)

年份 Year	批发和零售业 Wholesale and Retail Trades	住宿和餐饮业 Hotels and Catering Services	金融业 Financial Intermediation	房地产业 Real Estate	其他 Others	人均地区生产总值 Per Capita GDP
1978						116.8
1979	112.8	112.8	118.4	109.2	113.4	109.4
1980	117.2	117.2	122.9	117.6	118.8	109.0
1981	109.8	109.8	104.6	111.2	107.4	103.6
1982	114.5	114.5	105.3	107.6	109.2	109.8
1983	120.5	120.5	113.0	112.2	118.4	110.1
1984	122.4	122.8	114.1	116.5	115.7	111.8
1985	120.7	120.5	107.1	112.6	113.6	111.3
1986	111.7	111.6	108.7	111.2	108.9	104.5
1987	113.2	113.2	113.5	110.1	105.7	107.3
1988	112.1	112.0	101.8	101.9	103.8	106.1
1989	102.4	102.8	103.1	106.0	111.5	101.9
1990	104.0	106.8	120.4	113.7	108.1	107.9
1991	105.2	110.0	109.9	107.4	120.6	108.1
1992	109.9	104.7	107.6	121.2	114.0	111.9
1993	104.5	113.0	112.0	129.1	115.1	112.5
1994	107.8	111.7	109.0	169.1	100.2	110.6
1995	129.8	112.8	103.6	110.0	125.9	111.3
1996	121.5	121.5	105.3	120.0	122.2	109.8
1997	105.7	105.7	109.7	125.5	117.4	111.2
1998	109.3	109.2	113.2	116.7	112.5	109.0
1999	106.4	109.9	106.1	113.4	109.3	107.3
2000	107.0	113.1	129.5	105.5	115.7	110.0
2001	109.3	110.3	108.3	108.6	111.4	108.2
2002	110.0	114.1	108.4	105.1	116.9	109.8
2003	109.1	111.0	110.5	108.2	112.7	110.9
2004	110.1	111.8	109.2	109.6	112.7	112.3
2005	111.0	112.8	107.9	105.3	112.2	111.6
2006	110.7	113.0	111.3	112.2	116.9	113.0
2007	110.2	108.9	113.8	109.1	115.3	115.1
2008	111.9	101.5	105.5	103.4	119.6	111.2
2009	117.9	117.9	128.1	120.5	110.4	114.0
2010	111.2	111.1	108.7	98.3	112.8	115.7
2011	111.6	112.4	129.8	104.9	108.4	115.9
2012	111.3	105.7	125.9	109.5	110.0	112.3

2-3 按三次产业分地区生产总值指数（1978年=100）

Indices of Gross Domestic Product by Type of Industry (year of 1978=100)

年份 Year	地区生产总值 Gross Domestic	第一产业 Primary	第二产业 Secondary	工业 Industry	建筑业 Construction	第三产业 Tertiary	交通运输、仓储和邮政业 Transport, Storage and Post
1978	100.0	100.0	100.0	100.0	100.0	100.0	100.0
1979	110.1	108.0	110.5	110.5	110.7	113.0	109.6
1980	120.6	112.3	121.2	120.9	123.5	133.7	126.8
1981	125.5	117.3	123.2	121.9	135.3	143.6	131.9
1982	139.1	132.2	134.7	132.4	156.0	157.2	138.3
1983	154.5	142.2	151.2	148.2	179.4	183.5	152.8
1984	173.4	155.2	171.5	165.4	229.9	214.2	165.0
1985	194.0	162.0	202.5	193.5	287.3	250.8	214.1
1986	204.7	163.5	215.7	207.1	296.7	280.7	257.5
1987	222.6	168.4	241.9	232.0	336.0	315.9	303.1
1988	239.3	171.6	275.4	270.1	325.8	335.4	310.4
1989	246.9	176.4	280.6	279.6	290.2	354.5	331.5
1990	269.3	188.7	307.4	307.4	306.8	394.6	372.9
1991	293.9	204.6	326.6	320.9	370.0	447.4	429.8
1992	330.8	214.1	393.5	381.4	485.1	506.0	499.4
1993	374.1	224.8	472.5	458.7	576.3	574.3	571.6
1994	416.4	234.7	554.4	543.8	634.5	635.7	572.5
1995	461.1	247.7	618.2	601.8	742.3	729.1	672.1
1996	510.0	265.9	675.1	651.1	855.1	841.0	752.6
1997	563.7	282.4	753.2	725.3	963.4	948.7	820.2
1998	618.2	295.4	834.9	796.6	1123.3	1064.0	904.5
1999	659.2	310.1	884.7	842.9	1199.4	1156.0	938.2
2000	715.0	317.2	957.3	910.5	1309.9	1307.7	1151.0
2001	779.2	335.3	1054.8	1003.4	1442.5	1436.4	1261.8
2002	859.1	354.0	1180.4	1125.3	1599.8	1601.1	1375.1
2003	956.5	372.0	1359.8	1308.5	1770.1	1780.8	1500.7
2004	1078.3	394.2	1608.6	1567.8	1975.3	1975.6	1638.3
2005	1214.2	415.5	1898.1	1884.5	2133.3	2185.0	1801.3
2006	1378.1	426.3	2243.6	2289.6	2193.0	2495.3	2007.6
2007	1578.0	446.8	2701.3	2781.9	2506.6	2807.2	2260.5
2008	1751.5	451.2	3071.3	3215.9	2564.3	3146.8	2418.9
2009	2005.5	469.3	3670.3	3826.9	3146.4	3537.0	2259.3
2010	2308.3	489.9	4477.7	4703.3	3659.2	3897.8	2446.8
2011	2654.6	512.0	5400.1	5719.2	4200.8	4334.4	2637.6
2012	2989.1	535.0	6221.0	6594.2	4788.9	4837.1	2838.1

注：本表按可比价格计算。

a) The indices in this table are calculated at comparable prices.

2-3 续表 continued

(1978年=100) (year of 1978=100)

年份 Year	批发和零售业 Wholesale and Retail Trades	住宿和餐饮业 Hotels and Catering Services	金融业 Financial Intermediation	房地产业 Real Estate	其他 Others	人均地区生产总值 Per Capita GDP
1978	100.0	100.0	100.0	100.0	100.0	100.0
1979	112.8	112.8	118.4	109.2	113.4	109.4
1980	132.1	132.1	145.6	128.4	134.8	119.2
1981	145.1	145.1	152.3	142.8	144.8	123.5
1982	166.1	166.1	160.3	153.7	158.1	135.6
1983	200.2	200.2	181.1	172.5	187.2	149.2
1984	245.1	245.8	206.7	200.9	216.6	166.8
1985	295.9	296.1	221.5	226.2	246.0	185.6
1986	330.6	330.5	240.7	251.5	267.9	193.9
1987	374.1	374.2	273.2	276.9	283.2	208.1
1988	419.3	419.3	278.1	282.1	294.0	220.8
1989	429.4	431.0	286.8	299.1	327.8	225.0
1990	446.5	460.3	345.4	340.2	354.3	242.8
1991	469.6	506.1	379.7	365.5	427.3	262.4
1992	515.9	529.9	408.4	443.0	487.1	293.5
1993	539.1	598.9	457.5	571.8	560.9	330.1
1994	581.1	669.0	498.8	967.1	562.1	365.0
1995	754.3	754.3	516.7	1063.6	707.5	406.1
1996	916.6	916.6	544.1	1276.7	864.5	445.9
1997	969.1	969.1	596.9	1602.3	1015.4	495.8
1998	1059.5	1058.1	676.0	1870.2	1142.8	540.4
1999	1127.4	1162.8	717.3	2120.3	1248.7	580.0
2000	1206.7	1315.4	929.0	2237.6	1445.1	637.9
2001	1318.4	1450.9	1006.3	2429.2	1609.6	690.0
2002	1450.4	1655.5	1091.1	2553.2	1882.2	757.4
2003	1583.0	1837.5	1205.9	2762.1	2120.9	840.1
2004	1743.0	2054.9	1316.7	3026.3	2390.2	943.8
2005	1934.8	2317.9	1420.7	3186.7	2682.4	1053.5
2006	2141.8	2619.2	1581.3	3575.5	3136.2	1190.5
2007	2360.3	2852.3	1799.5	3900.9	3617.4	1370.3
2008	2641.1	2895.1	1898.5	4033.5	4326.5	1523.7
2009	3113.9	3413.4	2431.9	4860.4	4774.4	1737.1
2010	3462.7	3792.2	2643.5	4777.8	5384.8	2009.8
2011	3864.3	4262.5	3431.3	5011.9	5836.4	2329.3
2012	4301.0	4505.4	4320.0	5488.0	6420.0	2615.9

2-4 按所有制分地区生产总值
Gross Domestic Product by Ownership

单位: 亿元 (100 million yuan)

年份 Year	地区生产总值 Gross Domestic Product	公有制经济 State-owned	民营经济 Civilian-owned			
				个体私营经济 Individualowned and Privatelyrunned	外商经济 Foreign-owned	港澳台经济 Hongkong,Macao and Taiwan owned
1978	184.61	178.25	6.36	6.36		
1980	229.31	207.09	22.22	22.22		
1985	421.15	361.82	59.33	59.12	0.10	0.11
1990	890.95	729.94	161.01	159.03	1.24	0.74
1991	1016.31	820.22	196.09	190.51	3.61	1.97
1992	1177.27	937.63	239.64	232.66	4.56	2.42
1993	1486.08	1160.91	325.17	315.22	6.62	3.33
1994	2001.41	1587.40	414.01	400.71	8.95	4.35
1995	2443.21	1901.10	542.11	522.74	13.23	6.14
1996	2871.65	2178.78	692.87	666.97	16.79	9.11
1997	3241.47	2415.07	826.40	792.97	22.04	11.39
1998	3474.09	2550.93	923.16	883.86	26.30	13.00
1999	3649.12	2618.76	1030.36	987.27	27.97	15.12
2000	3928.20	2760.35	1167.85	1113.55	34.07	20.23
2001	4293.50	2894.07	1399.43	1328.79	46.59	24.05
2002	4725.01	3079.89	1645.12	1551.54	64.51	29.07
2003	5333.10	3329.88	2003.22	1885.49	81.95	35.78
2004	6379.63	3784.22	2595.41	2451.93	101.29	42.19
2005	7385.10	4177.61	3207.49	3025.38	129.04	53.07
2006	8690.24	4618.44	4071.80	3827.60	169.29	74.91
2007	10562.39	5256.67	5305.72	4942.62	257.76	105.34
2008	12601.23	6037.95	6563.28	6097.16	332.33	133.79
2009	14151.28	6488.12	7663.16	7108.81	393.36	160.99
2010	17185.48	7570.00	9615.48	8867.83	533.75	213.90
2011	21026.68	8883.12	12143.56	11127.72	703.55	312.29
2012	23872.80	9798.03	14074.77	12845.71	821.79	407.27

注：本表按当年价格计算。
a) The data in this table are calculated at current prices.

2-5 按所有制分地区生产总值指数（上年=100）
Indices of Gross Domestic Product by Ownership (preceding year=100)

年份 Year	地区生产总值 Gross Domestic Product	公有制经济 State-owned	民营经济 Civilian-owned			
				个体私营经济 Individualowned and Privatelyrunned	外商经济 Foreign-owned	港澳台经济 Hongkong,Macao and Taiwan owned
1991	109.1	107.5	115.9	116.0	115.3	112.2
1992	112.6	110.6	119.9	119.6	132.0	125.0
1993	113.1	115.3	105.5	105.1	120.3	117.0
1994	111.3	109.5	118.4	117.7	139.4	133.1
1995	110.7	107.9	120.8	120.7	119.1	138.8
1996	110.6	108.6	117.0	116.5	131.1	124.9
1997	110.5	109.0	115.1	114.5	128.7	123.0
1998	109.7	107.3	116.4	116.3	113.3	124.5
1999	106.6	104.5	112.2	111.5	121.0	132.0
2000	108.5	103.9	119.4	118.8	136.9	117.8
2001	109.0	104.9	118.6	118.0	137.9	119.7
2002	110.3	106.1	118.8	117.9	141.4	123.0
2003	111.3	106.6	120.2	119.9	126.4	122.0
2004	112.7	107.0	122.2	122.6	118.4	112.8
2005	112.6	107.7	119.8	119.6	122.9	121.5
2006	113.5	108.0	120.7	120.1	128.1	137.5
2007	114.5	109.1	120.9	119.8	142.0	132.3
2008	111.0	106.2	116.0	115.5	122.9	119.4
2009	114.5	110.5	118.2	118.0	121.3	122.0
2010	115.1	111.0	118.8	118.5	123.2	122.2
2011	115.0	111.5	117.8	116.9	124.1	138.0
2012	112.6	109.3	115.0	114.4	116.2	130.5

注：本表按可比价格计算。
a) The data in this table are calculated at comparable prices.

2-6 按所有制分地区生产总值指数（1978年=100）
Indices of Gross Domestic Product by Ownership (year of 1978=100)

年份 Year	地区生产总值 Gross Domestic Product	公有制经济 State-owned	民营经济 Civilian-owned	个体私营经济 Individualowned and Privatelyrunned	外商经济 Foreign-owned	港澳台经济 Hongkong,Macao and Taiwan owned
1978	100.0	100.0	100.0	100.0		
1980	120.6	112.5	354.5	354.5		
1985	194.0	172.8	808.5	805.5	100.0	100.0
1990	269.3	230.3	1398.7	1378.1	907.2	490.8
1991	293.8	247.6	1621.1	1598.6	1046.0	550.7
1992	330.9	273.7	1944.2	1911.4	1381.5	687.6
1993	374.1	315.8	2051.3	2009.8	1661.2	805.5
1994	416.4	345.6	2428.0	2364.8	2318.5	1067.5
1995	461.0	372.9	2932.2	2855.4	2755.9	1485.0
1996	510.0	404.9	3432.2	3325.7	3617.4	1858.9
1997	563.5	441.2	3950.3	3808.4	4658.2	2287.6
1998	618.4	473.4	4596.4	4430.4	5277.4	2848.3
1999	659.0	494.6	5155.3	4941.3	6379.7	3754.7
2000	715.2	513.8	6153.9	5872.5	8739.4	4420.7
2001	779.4	538.9	7299.6	6932.0	12052.9	5296.6
2002	859.4	571.8	8671.8	8172.0	17039.5	6514.4
2003	956.1	609.8	10426.4	9802.3	21534.4	7947.2
2004	1078.0	652.6	12737.2	12013.9	25490.6	8964.2
2005	1214.2	702.9	15264.4	14369.0	31315.2	10895.8
2006	1378.1	758.9	18420.3	17257.9	40126.7	14981.3
2007	1578.0	828.0	22270.1	20675.0	56979.9	19820.3
2008	1751.5	879.3	25833.3	23879.6	70028.3	23665.4
2009	2005.5	971.6	30535.0	28177.9	84944.3	28871.8
2010	2308.3	1078.5	36275.6	33390.8	104651.4	35281.3
2011	2654.6	1202.5	42732.6	39033.8	129872.4	48688.2
2012	2989.1	1314.4	49142.5	44654.7	150911.7	63538.2

注：本表按可比价格计算。

a) The data in this table are calculated at comparable prices.

2-7 地区生产总值构成
Composition of Gross Domestic Product

单位：% (%)

年份 Year	地区生产总值 Gross Domestic Product	第一产业 Primary Industry	第二产业 Secondary Industry	工业 Industry	建筑业 Construction	第三产业 Tertiary Industry	公有制经济 State-owned	民营经济 Civillian -owned
1978	100.0	44.5	35.5	32.2	3.3	20.0	96.6	3.4
1979	100.0	44.7	35.1	31.8	3.3	20.2		
1980	100.0	44.3	35.3	31.9	3.4	20.4	90.3	9.7
1981	100.0	44.6	34.4	30.8	3.6	21.0		
1982	100.0	45.5	33.8	30.0	3.8	20.7		
1983	100.0	44.4	34.0	30.1	3.9	21.6		
1984	100.0	43.6	34.0	29.6	4.4	22.4		
1985	100.0	41.1	35.2	30.2	5.0	23.7	85.9	14.1
1986	100.0	39.5	35.0	30.1	4.9	25.5		
1987	100.0	38.1	35.4	30.2	5.2	26.5		
1988	100.0	36.7	36.1	31.3	4.8	27.2		
1989	100.0	35.3	35.3	31.0	4.3	29.4		
1990	100.0	36.1	35.1	31.0	4.1	28.8	81.9	18.1
1991	100.0	33.4	37.0	32.6	4.4	29.6	80.7	19.3
1992	100.0	31.6	37.5	32.2	5.3	30.9	79.6	20.4
1993	100.0	30.2	39.0	33.3	5.7	30.8	78.1	21.9
1994	100.0	29.8	39.1	33.4	5.7	31.1	79.3	20.7
1995	100.0	27.1	40.1	34.1	6.0	32.8	77.8	22.2
1996	100.0	26.8	40.2	34.0	6.2	33.0	75.9	24.1
1997	100.0	27.2	39.1	32.6	6.5	33.7	74.5	25.5
1998	100.0	26.3	38.1	31.0	7.1	35.6	73.4	26.6
1999	100.0	25.4	37.0	30.1	6.9	37.6	71.8	28.2
2000	100.0	24.1	36.5	29.4	7.1	39.4	70.3	29.7
2001	100.0	22.9	36.6	29.2	7.4	40.5	67.4	32.6
2002	100.0	22.2	36.7	29.1	7.6	41.1	65.2	34.8
2003	100.0	21.2	37.8	30.1	7.7	41.0	62.4	37.6
2004	100.0	21.6	39.1	31.6	7.5	39.3	59.3	40.7
2005	100.0	20.1	41.5	34.2	7.3	38.4	56.6	43.4
2006	100.0	18.4	43.4	36.2	7.2	38.2	53.1	46.9
2007	100.0	19.2	44.0	37.1	6.9	36.8	49.8	50.2
2008	100.0	17.6	46.2	39.3	6.9	36.2	47.9	52.1
2009	100.0	15.8	47.4	40.1	7.3	36.8	45.8	54.2
2010	100.0	14.4	50.5	43.2	7.3	35.1	44.0	56.0
2011	100.0	14.2	52.4	45.1	7.3	33.4	42.2	57.8
2012	100.0	13.8	51.7	44.2	7.5	34.5	41.0	59.0

注：本表按当年价格计算。
a) The data in this table are calculated at current prices.

2-8 各市(州)地区生产总值(2012年)
Gross Domestic Product by Region(2012)

单位：亿元 (100 million yuan)

市(州)	Region	地区生产总值 Gross Domestic Product	第一产业 Primary Industry	第二产业 Secondary Industry	# 工业 Industry	第三产业 Tertiary Industry	人均地区生产总值(元) Per Capita GDP (yuan)
成都市	Chengdu	8138.94	348.10	3765.62	3127.61	4025.22	57624
自贡市	Zigong	884.80	109.39	529.26	488.44	246.15	32787
攀枝花市	Panzhihua	740.03	25.77	561.41	533.07	152.85	60391
泸州市	Luzhou	1030.45	143.60	624.03	588.19	262.82	24317
德阳市	Deyang	1280.20	194.03	770.31	718.50	315.86	35945
绵阳市	Mianyang	1346.42	219.19	706.22	607.42	421.01	29080
广元市	Guangyuan	468.66	91.82	220.29	189.91	156.55	18672
遂宁市	Suining	682.41	150.37	359.20	305.29	172.84	20908
内江市	Neijiang	978.18	163.31	610.10	570.69	204.77	26341
乐山市	Leshan	1037.75	123.72	643.91	601.63	270.12	31942
南充市	Nanchong	1180.36	270.47	609.66	498.05	300.23	18757
眉山市	Meishan	775.22	135.91	443.33	390.53	195.98	26168
宜宾市	Yibin	1242.76	181.94	773.97	712.17	286.85	27865
广安市	Guangan	752.22	140.00	392.68	310.82	219.54	23410
达州市	Dazhou	1135.46	248.95	605.23	544.20	281.28	20685
雅安市	Yaan	398.05	60.39	233.56	202.76	104.10	26157
巴中市	Bazhong	390.40	93.00	167.45	102.10	129.95	11823
资阳市	Ziyang	984.72	216.13	548.45	496.19	220.14	27283
阿坝藏族羌族自治州	Aba	203.74	31.57	102.12	81.18	70.05	22525
甘孜藏族自治州	Ganzi	175.02	43.09	68.12	47.09	63.81	15753
凉山彝族自治州	Liangshan	1122.67	218.80	587.87	453.36	316.00	24668

注：本表按当年价格计算；人均GDP系按年平均常住人口计算。

a) The data in this table are calculated at current prices and the per capita GDP are calculated based on the annual average date of resident population.

2-9 各市(州)地区生产总值指数(2012年)
Indices of Gross Domestic Product by Region(2012)

上年=100 (preceding year=100)

市(州)	Region	地区生产总值 Gross Domestic Product	第一产业 Primary Industry	第二产业 Secondary Industry	# 工业 Industry	第三产业 Tertiary Industry	人均地区生产总值 Per Capita GDP
成都市	Chengdu	113.1	103.8	115.6	116.5	111.5	112.5
自贡市	Zigong	113.9	104.8	116.7	116.8	111.8	113.2
攀枝花市	Panzhihua	114.1	104.6	115.5	116.2	110.5	113.3
泸州市	Luzhou	114.8	104.9	118.4	117.9	111.7	114.3
德阳市	Deyang	113.0	104.4	115.8	116.7	111.4	114.4
绵阳市	Mianyang	113.3	104.0	117.9	117.9	110.4	113.0
广元市	Guangyuan	113.8	104.9	122.2	122.1	109.1	112.7
遂宁市	Suining	113.9	104.5	118.6	118.0	111.2	113.7
内江市	Neijiang	113.6	104.5	116.8	117.6	110.7	113.4
乐山市	Leshan	114.4	104.1	117.5	116.9	111.9	114.1
南充市	Nanchong	114.2	104.5	119.6	117.8	112.0	114.0
眉山市	Meishan	114.5	104.7	118.6	116.6	112.0	114.2
宜宾市	Yibin	114.1	104.8	116.9	116.8	112.0	114.2
广安市	Guangan	114.0	104.7	118.9	120.3	111.4	113.8
达州市	Dazhou	113.6	104.6	118.6	118.9	110.6	113.3
雅安市	Yaan	114.0	104.0	118.3	118.1	110.6	113.3
巴中市	Bazhong	114.0	103.7	123.6	116.6	111.0	113.5
资阳市	Ziyang	114.3	104.5	118.8	117.5	112.0	115.5
阿坝藏族羌族自治州	Aba	113.7	106.1	119.1	125.1	110.4	113.2
甘孜藏族自治州	Ganzi	112.6	104.1	120.0	128.3	110.0	111.1
凉山彝族自治州	Liangshan	113.8	104.6	118.8	116.5	111.3	113.4

注:本表按可比价格计算。

a) The indices in this table are calculated at comparable prices.

2-10 支出法地区生产总值
Gross Domestic Product by Expenditure Approach

单位：亿元 (100 million yuan)

年份 Year	地区支出总额 Gross Domestic Product by Expenditure Approach	最终消费 Final Consumption Expenditure	居民消费 Household Consumption Expenditure	农村居民 Rural Household	城镇居民 Urban Household	政府消费 Government Consumption Expenditure	资本形成总额 Gross Capital Formation	固定资本形成总额 Gross Fixed Capital Formation	存货增加 Changes in Inventories
1978	184.61	136.56	114.13	84.88	29.25	22.43	47.49	44.96	2.53
1979	205.76	146.94	122.13	91.44	30.69	24.81	58.26	54.89	3.37
1980	229.31	164.26	137.32	105.63	31.69	26.94	64.42	60.36	4.06
1981	242.32	185.47	157.70	122.56	35.14	27.77	56.56	51.70	4.86
1982	275.23	208.05	176.87	139.62	37.25	31.18	67.01	60.34	6.67
1983	311.00	232.95	198.86	155.86	43.00	34.09	77.77	69.25	8.52
1984	358.06	258.88	220.28	169.72	50.55	38.60	98.87	86.93	11.94
1985	421.15	301.07	256.39	185.65	70.74	44.68	119.50	103.58	15.92
1986	458.23	332.31	283.92	200.31	83.61	48.39	125.70	111.56	14.14
1987	530.86	384.39	329.30	232.80	96.50	55.09	146.33	128.31	18.02
1988	659.69	476.46	407.52	287.00	120.52	68.94	182.86	147.51	35.35
1989	744.98	552.17	475.73	332.76	142.97	76.44	192.48	151.19	41.29
1990	890.95	652.05	553.97	381.02	172.96	98.08	238.68	191.31	47.37
1991	1016.31	725.83	604.40	413.68	190.72	121.43	290.22	233.22	57.00
1992	1177.27	802.66	665.99	433.16	232.83	136.67	374.14	300.06	74.08
1993	1486.08	941.63	770.40	485.28	285.12	171.23	544.03	457.17	86.86
1994	2001.41	1320.35	1103.04	686.38	416.66	217.31	680.66	580.93	99.73
1995	2443.21	1593.58	1321.95	783.70	538.25	271.63	848.81	745.56	103.25
1996	2871.65	1856.98	1520.28	867.34	652.94	336.70	1013.46	881.35	132.11
1997	3241.47	2066.71	1670.50	937.75	732.75	396.21	1173.14	1015.48	157.66
1998	3474.09	2240.54	1814.92	950.51	864.41	425.62	1264.17	1175.04	89.13
1999	3649.12	2359.95	1886.74	953.48	933.26	473.21	1336.84	1218.36	118.48
2000	3928.20	2545.13	2021.66	955.84	1065.82	523.47	1521.43	1400.69	120.74
2001	4293.49	2778.76	2161.96	954.93	1207.03	616.80	1693.10	1570.89	122.21
2002	4725.01	3014.27	2337.76	995.86	1341.90	676.51	1925.31	1801.06	124.25
2003	5333.09	3330.47	2579.30	1069.96	1509.34	751.17	2248.78	2145.07	103.71
2004	6379.63	3805.64	2954.34	1197.16	1757.18	851.30	2728.10	2587.14	140.96
2005	7385.10	4267.69	3366.47	1328.28	2038.19	901.22	3326.22	3179.92	146.30
2006	8690.24	4824.88	3686.82	1397.96	2288.86	1138.06	4203.05	4040.03	163.02
2007	10562.39	5671.56	4285.21	1563.20	2722.01	1386.35	5242.55	5060.57	181.98
2008	12601.23	6540.17	4937.87	1711.33	3226.54	1602.30	6574.63	6352.86	221.77
2009	14151.28	7212.50	5601.30	1967.10	3634.20	1611.20	7720.13	7464.20	255.93
2010	17185.48	8609.53	6638.53	2333.15	4305.38	1971.00	9219.92	8911.05	308.87
2011	21026.68	10424.40	7967.50	2791.80	5175.70	2456.90	11067.68	10691.30	376.38
2012	23872.80	11926.70	9095.30	3255.70	5839.60	2831.40	12496.00	12096.20	399.80

注：本表按当年价格计算。
a) Data in this table are calculated at current prices.

2-11 支出法地区生产总值指数（上年=100）

Indices of Gross Domestic Product by Expenditure Approach (preceding year=100)

年份 Year	地区支出总额 Gross Domestic Product by Expenditure Approach	最终消费 Final Consumption Expenditure	居民消费 Household Consumption Expenditure	农村居民 Rural Household	城镇居民 Urban Household	政府消费 Government Consumption Expenditure	资本形成总额 Gross Capital Formation	固定资本形成总额 Gross Fixed Capital Formation	存货增加 Changes in Inventories
1979	110.1	106.7	106.1	106.9	103.9	110.1	120.7	120.1	132.0
1980	109.5	109.7	110.0	112.1	103.5	108.6	108.9	108.2	119.4
1981	104.1	113.0	115.3	114.3	108.9	101.2	86.1	84.0	117.6
1982	110.9	109.4	109.4	108.2	114.0	109.0	116.3	114.6	134.0
1983	111.0	111.4	111.8	113.7	105.3	109.3	109.6	107.7	126.9
1984	112.2	107.5	107.0	105.2	113.7	110.8	127.3	126.0	137.0
1985	111.9	109.6	109.7	102.4	134.7	108.9	117.8	116.5	127.1
1986	105.5	106.8	106.8	104.4	112.8	107.2	102.7	105.3	85.9
1987	108.7	110.0	110.2	111.3	107.6	108.6	105.5	103.4	121.8
1988	107.5	106.1	106.1	106.1	106.2	106.0	111.2	102.3	171.3
1989	103.2	104.5	104.3	104.0	105.1	105.4	99.8	98.0	106.9
1990	109.1	102.6	101.5	99.2	107.2	109.1	126.9	131.7	109.1
1991	109.1	106.9	104.8	104.3	105.8	119.3	115.0	115.2	114.3
1992	112.6	108.0	107.7	102.6	118.9	109.1	124.2	123.7	126.6
1993	113.1	103.4	100.8	97.3	107.4	116.0	134.6	143.2	100.4
1994	111.3	116.4	120.1	121.1	118.4	100.4	102.8	103.7	97.8
1995	110.7	112.1	113.6	106.2	126.3	104.7	108.0	109.4	99.6
1996	110.6	110.4	108.7	105.6	113.2	119.4	111.0	110.2	116.6
1997	110.5	111.1	108.0	103.8	113.7	126.9	109.3	108.0	117.3
1998	109.7	109.6	110.0	106.8	114.0	107.7	112.9	121.6	62.9
1999	106.6	105.4	104.4	100.3	109.1	109.7	110.6	109.4	123.8
2000	108.5	109.9	109.5	102.3	117.2	111.8	112.4	113.4	102.9
2001	109.0	109.3	107.2	101.1	112.7	117.1	110.2	111.0	100.6
2002	110.3	109.4	109.2	104.7	112.9	110.2	112.8	113.5	103.3
2003	111.3	110.0	110.2	107.2	112.5	109.2	113.8	116.1	81.8
2004	112.7	107.4	106.5	103.9	108.4	110.5	115.3	114.4	133.0
2005	112.6	110.4	111.8	109.0	113.7	105.8	117.1	118.0	102.0
2006	113.5	108.2	107.0	102.8	109.7	112.4	120.2	120.8	108.8
2007	114.5	110.8	109.6	105.7	112.1	114.6	118.0	118.5	105.5
2008	111.0	107.8	107.0	101.9	109.9	110.2	114.5	114.8	106.6
2009	114.5	113.8	112.5	113.6	112.0	117.5	121.4	121.7	110.7
2010	115.1	114.0	113.0	113.3	112.9	116.7	112.8	112.8	114.3
2011	115.0	114.5	113.5	113.2	113.6	118.0	112.7	112.7	114.5
2012	112.6	112.9	112.4	112.2	112.6	114.2	112.0	112.1	106.5

注：本表按可比价格计算。
a) The indices in this table are calculated at comparable prices.

2-12 支出法地区生产总值指数（1978年=100）
Indices of Gross Domestic Product by Expenditure Approach (year of 1978=100)

年份 Year	地区支出总额 Gross Domestic Product by Expenditure Approach	最终消费 Final Consumption Expenditure	居民消费 Household Consumption Expenditure	农村居民 Rural Household	城镇居民 Urban Household	政府消费 Government Consumption Expenditure	资本形成总额 Gross Capital Formation	固定资本形成总额 Gross Fixed Capital Formation	存货增加 Changes in Inventories
1978	100.0	100.0	100.0	100.0	100.0	100.0	100.0	100.0	100.0
1979	110.1	106.7	106.1	106.9	103.9	110.1	120.7	120.1	132.0
1980	120.6	117.1	116.7	119.8	107.6	119.6	131.4	129.9	157.7
1981	125.5	132.3	134.5	137.0	117.1	121.0	113.2	109.1	185.5
1982	139.1	144.7	147.1	148.2	133.5	131.9	131.6	125.0	248.5
1983	154.5	161.2	164.5	168.5	140.5	144.2	144.2	134.6	315.3
1984	173.4	173.4	176.0	177.2	159.8	159.8	183.6	169.7	432.0
1985	194.0	190.0	193.1	181.5	215.2	173.9	216.3	197.7	549.2
1986	204.7	203.0	206.2	189.5	242.7	186.5	222.1	208.1	471.8
1987	222.6	223.3	227.2	210.9	261.1	202.5	234.2	215.2	574.7
1988	239.3	236.9	241.2	223.8	277.3	214.8	260.5	220.2	984.7
1989	246.9	247.5	251.6	232.8	291.3	226.3	259.9	215.8	1053.0
1990	269.3	253.9	255.3	230.8	312.2	246.8	329.8	284.3	1148.5
1991	293.9	271.6	267.5	240.7	330.3	294.4	379.4	327.5	1312.4
1992	330.8	293.2	288.2	247.0	392.8	321.1	471.3	405.0	1661.6
1993	374.1	303.1	290.5	240.2	421.8	372.4	634.4	579.9	1668.6
1994	416.4	352.6	348.8	290.8	499.6	374.0	652.2	601.3	1631.5
1995	461.1	395.3	396.1	309.0	630.9	391.5	704.6	658.0	1625.6
1996	510.0	436.3	430.7	326.4	714.3	467.5	782.5	725.2	1895.3
1997	563.7	484.9	465.2	338.8	812.4	593.2	855.1	783.2	2222.2
1998	618.2	531.4	511.8	361.9	925.9	639.1	965.3	952.2	1398.7
1999	659.2	559.8	534.1	363.0	1010.0	701.4	1067.2	1041.3	1732.1
2000	715.0	615.5	584.8	371.2	1184.2	784.1	1199.6	1180.6	1782.7
2001	779.2	672.4	627.0	375.3	1334.4	918.4	1322.1	1310.9	1793.7
2002	859.1	735.9	684.7	392.9	1506.0	1012.3	1491.2	1488.2	1853.2
2003	956.5	809.4	754.7	421.1	1693.9	1105.2	1696.7	1727.2	1516.1
2004	1078.3	869.2	803.9	437.5	1836.1	1220.9	1955.8	1975.6	2016.8
2005	1214.2	959.7	898.6	476.8	2087.2	1291.8	2290.0	2330.6	2056.2
2006	1378.1	1038.4	961.5	490.2	2289.6	1451.9	2752.6	2815.4	2237.1
2007	1578.0	1150.6	1053.8	518.1	2566.7	1663.9	3248.0	3336.2	2360.2
2008	1751.5	1240.3	1127.5	527.9	2820.8	1833.6	3719.0	3830.0	2516.0
2009	2005.5	1411.5	1268.5	599.7	3159.3	2154.5	4514.9	4661.1	2785.2
2010	2308.3	1609.1	1433.4	679.5	3566.8	2514.3	5092.8	5257.7	3183.4
2011	2654.6	1842.5	1626.9	769.2	4051.9	2966.9	5739.6	5925.4	3645.0
2012	2989.1	2080.1	1828.6	863.0	4562.5	3388.2	6428.3	6642.4	3882.0

注：本表按可比价格计算。
a) The indices in this table are calculated at comparable prices.

2-13 居民消费水平
Annual Per Capita Consumption of Residents

单位:元/人 (yuan/person)

年份 Year	居民人均消费水平 Annual per Capita Consumption of Residents	农村居民消费水平 Annual per Capita Consumption of Rural Residents	城镇居民消费水平 Annual per Capita Consumption of Urban Residents	城镇与农村对比(以农村居民消费=1) Urban / Rural Consumption Ratio (Rural Residents =1)	平均人口(百人) Average Population (100 Persons)	农村居民 Rural Residents	城镇居民 Urban Residents
1978	161.39	135.00	373.00	1：2.76	707190	628770	78420
1979	171.52	145.00	377.00	1：2.60	712050	630650	81400
1980	191.93	167.00	382.00	1：2.29		632520	82960
1981	219.47	193.27	416.28	1：2.15	718520	634105	84415
1982	243.69	218.64	427.12	1：1.95	725800	638580	87220
1983	271.71	242.68	479.78	1：1.98	731865	642245	89620
1984	299.68	264.42	542.56	1：2.05	735045	641870	93175
1985	346.87	290.06	713.69	1：2.46	739165	640050	99115
1986	380.30	310.94	816.83	1：2.63	746560	644200	102360
1987	435.43	356.55	933.88	1：2.62	756255	652920	103335
1988	531.67	434.31	1140.55	1：2.63	766480	660815	105665
1989	613.07	498.02	1326.13	1：2.66	775980	668170	107810
1990	706.14	564.24	1583.38	1：2.81	784517	675285	109232
1991	763.11	609.46	1683.92	1：2.76	792020	678761	113259
1992	835.62	642.43	1896.93	1：2.95	797000	674262	122738
1993	961.23	725.13	2156.04	1：2.97	801475	669232	132243
1994	1367.17	1027.46	3002.51	1：2.92	806805	668035	138770
1995	1646.27	1191.66	3703.32	1：3.11	802995	657653	145342
1996	1879.60	1327.15	4204.49	1：3.17	808833	653537	155296
1997	2077.74	1459.77	4534.23	1：3.11	804000	642396	161604
1998	2243.41	1512.12	4791.44	1：3.17	809000	628593	180407
1999	2347.53	1550.78	4941.22	1：3.19	803713	614840	188873
2000	2550.48	1614.28	5314.67	1：3.29	792660	592117	200543
2001	2707.15	1631.30	5660.73	1：3.47	798610	585381	213229
2002	2914.39	1729.10	5932.23	1：3.43	802145	575940	226205
2003	3203.36	1890.24	6311.53	1：3.34	805185	566045	239140
2004	3656.20	2153.44	6969.98	1：3.24	808035	555928	252107
2005	4130.08	2432.20	7577.30	1：3.12	815110	546124	268986
2006	4501.00	2572.00	8305.00	1：3.23	819050	543453	275597
2007	5259.00	2949.00	9559.00	1：3.24	814800	530041	284759
2008	6072.00	3362.00	10608.00	1：3.16	813250	509090	304160
2009	6863.00	3891.00	11701.00	1：3.01	816150	505550	310600
2010	8182.00	4748.00	13457.00	1：2.83	811341	491401	319940
2011	9903.00	5882.00	15687.00	1：2.67	804590	474664	329926
2012	11280.00	7147.00	16649.00	1：2.33	806310	455565	350745

注：居民消费水平按当年价格计算。
a) Annual Per Capita Consumption of Residents in this table are calculated at current prices.

2-14 居民消费水平指数
Indices of Annual Per Capita Consumption of Residents

年份 Year	上年=100 preceding year = 100			1978年=100 (year of 1978=100)		
	居民人均 消费水平 Annual Per Capita Consumption of Residents	农村居民 消费水平 Annual Per Capita Consumption of Rural Residents	城镇居民 消费水平 Annual Per Capita Consumption of Urban Residents	居民人均 消费水平 Annual Per Capita Consumption of Residents	农村居民 消费水平 Annual Per Capita Consumption of Rural Residents	城镇居民 消费水平 Annual Per Capita Consumption of Urban Residents
1978				100.0	100.0	100.0
1979	105.4	106.5	100.1	105.4	106.5	100.1
1980	109.4	111.8	101.6	115.3	119.1	101.7
1981	114.8	114.1	107.0	132.3	135.8	108.8
1982	108.3	107.4	110.3	143.4	145.9	120.0
1983	110.9	113.1	102.5	158.9	164.9	123.0
1984	106.5	105.2	109.4	169.3	173.6	134.5
1985	109.1	102.7	126.6	184.8	178.3	170.2
1986	105.7	103.7	109.2	195.3	184.9	185.9
1987	108.8	109.8	106.6	212.5	203.1	198.2
1988	104.7	104.8	103.8	222.5	212.9	205.8
1989	103.1	102.9	103.0	229.3	219.1	211.9
1990	100.4	98.1	105.8	230.2	214.9	224.1
1991	103.8	103.8	102.0	238.9	223.0	228.7
1992	107.1	103.3	109.7	255.7	230.3	250.9
1993	100.2	98.0	99.7	256.3	225.7	250.1
1994	119.3	121.3	112.9	305.7	273.7	282.3
1995	114.1	107.9	120.6	348.9	295.4	340.4
1996	107.9	106.3	106.0	376.6	314.0	360.7
1997	108.7	105.6	109.3	409.2	331.6	394.2
1998	109.3	109.2	102.1	447.4	362.0	402.5
1999	105.0	102.5	104.2	469.9	371.2	419.4
2000	111.0	106.2	110.4	521.7	394.2	463.1
2001	106.4	102.3	106.0	555.2	403.1	490.8
2002	108.7	106.4	106.4	603.7	428.9	522.1
2003	109.8	109.1	106.4	662.9	467.8	555.5
2004	106.1	105.8	102.8	703.6	494.8	571.1
2005	110.8	110.9	106.5	779.6	549.0	608.5
2006	106.5	103.3	107.1	830.3	567.1	651.7
2007	110.2	108.4	108.5	914.9	614.7	707.1
2008	107.1	106.1	102.9	979.9	652.2	727.6
2009	112.1	114.4	109.7	1098.5	746.1	798.2
2010	113.7	116.5	109.6	1249.0	869.2	874.8
2011	114.4	117.2	110.2	1428.8	1018.8	964.0
2012	112.2	116.9	105.9	1603.1	1190.9	1020.9

注：本表按可比价格计算。
a) The data in this table are calculated at comparable prices.

2-15 各市(州)民营经济增加值(2012年)
Civillian-owned Value Added by Region(2012)

单位：亿元 (100 million yuan)

市(州)	Region	民营经济增加值 Civilian-owned Value Added	第一产业 Primary Industry	第二产业 Secondary Industry	# 工业 Industry	第三产业 Tertiary Industry	人均民营经济增加值(元) Per Capita Civilian-owned Value Added (yuan)
成都市	Chengdu	4762.05	99.42	2371.47	1967.45	2291.16	33715
自贡市	Zigong	491.38	34.63	317.05	285.53	139.70	18209
攀枝花市	Panzhihua	323.93	8.71	232.84	215.36	82.38	26435
泸州市	Luzhou	603.63	49.52	396.30	367.46	157.81	14245
德阳市	Deyang	729.20	81.24	449.91	417.33	198.05	20474
绵阳市	Mianyang	754.59	61.00	419.95	343.03	273.64	16298
广元市	Guangyuan	258.23	27.20	145.13	118.53	85.90	10288
遂宁市	Suining	397.05	55.73	250.10	218.36	91.22	12165
内江市	Neijiang	577.14	58.60	399.93	371.51	118.61	15541
乐山市	Leshan	577.23	59.38	403.98	371.20	113.87	17767
南充市	Nanchong	702.40	119.09	436.91	351.53	146.40	11162
眉山市	Meishan	483.58	51.15	325.32	298.35	107.11	16324
宜宾市	Yibin	694.33	66.52	464.16	418.75	163.65	15568
广安市	Guangan	423.13	37.99	248.25	199.55	136.89	13169
达州市	Dazhou	658.26	95.24	408.76	368.03	154.26	11992
雅安市	Yaan	229.28	17.89	155.74	136.39	55.65	15066
巴中市	Bazhong	212.95	29.82	104.01	60.22	79.12	6449
资阳市	Ziyang	570.09	79.23	394.07	370.77	96.79	15795
阿坝藏族羌族自治州	Aba	90.32	16.80	51.63	41.81	21.89	9986
甘孜藏族自治州	Ganzi	74.28	27.15	24.91	16.29	22.22	6686
凉山彝族自治州	Liangshan	624.75	75.04	389.90	320.71	159.81	13727

注：本表按当年价格计算；人均民营经济增加值年平均人口数按常住人口计算。
a) The data in this table are calculated at current prices. Per Capita Civilian Value Added are calculated on the permanent residents.

2-16 各市(州)民营经济增加值指数(2012年)
Indices of Civillian-owned Value Added by Region(2012)

上年=100 (preceding year=100)

市(州)	Region	民营经济增加值 Civilian-owned Value Added	第一产业 Primary Industry	第二产业 Secondary Industry	# 工业 Industry	第三产业 Tertiary Industry	人均民营经济增加值 Per Capita Civilian-owned Value Added
成都市	Chengdu	115.2	100.7	119.6	120.7	111.7	114.7
自贡市	Zigong	115.2	104.6	117.7	118.0	112.3	114.5
攀枝花市	Panzhihua	116.0	104.9	118.5	119.7	110.9	115.2
泸州市	Luzhou	117.0	103.4	120.6	120.1	112.5	116.6
德阳市	Deyang	115.5	106.1	118.1	119.1	113.1	116.8
绵阳市	Mianyang	115.8	104.8	120.0	120.3	112.3	115.5
广元市	Guangyuan	115.9	107.9	117.8	118.1	115.4	114.8
遂宁市	Suining	116.3	92.2	122.6	122.2	113.8	116.1
内江市	Neijiang	115.9	105.0	118.6	119.5	111.5	115.7
乐山市	Leshan	116.5	104.0	120.2	119.7	110.4	116.1
南充市	Nanchong	116.4	103.7	121.8	120.2	111.1	116.2
眉山市	Meishan	117.0	104.9	120.4	117.1	113.1	116.7
宜宾市	Yibin	116.2	103.9	119.0	119.0	113.8	116.3
广安市	Guangan	116.3	106.9	120.1	121.1	112.5	116.1
达州市	Dazhou	115.9	104.8	120.3	120.5	110.8	115.7
雅安市	Yaan	115.9	102.2	119.0	118.7	112.2	115.2
巴中市	Bazhong	116.0	103.6	121.8	128.2	113.2	115.5
资阳市	Ziyang	116.3	103.2	119.3	118.5	114.6	117.6
阿坝藏族羌族自治州	Aba	116.2	104.5	122.5	127.9	113.1	115.6
甘孜藏族自治州	Ganzi	115.0	107.9	120.7	130.2	116.0	113.4
凉山彝族自治州	Liangshan	116.2	104.6	120.2	118.0	112.4	115.8

注：本表按可比价格计算。
a) The data in this table are calculated at current prices.

主要统计指标解释

国内生产总值(GDP)　指按市场价格计算的一个国家（或地区）所有常住单位在一定时期内生产活动的最终成果。国内生产总值有三种表现形态，即价值形态、收入形态和产品形态。从价值形态看，它是所有常住单位在一定时期内生产的全部货物和服务价值与同期投入的全部非固定资产货物和服务价值的差额，即所有常住单位的增加值之和；从收入形态看，它是所有常住单位在一定时期内创造并分配给常住单位和非常住单位的初次收入之和；从产品形态看，它是所有常住单位在一定时期内最终使用的货物和服务价值与货物和服务净出口价值之和。在实际核算中，国内生产总值有三种计算方法，即生产法、收入法和支出法。三种方法分别从不同的方面反映国内生产总值及其构成。

对于一个地区来说，称为地区生产总值或地区 GDP。

三次产业　我国的三次产业划分是：

第一产业　是指农、林、牧、渔业。

第二产业　是指采矿业，制造业，电力、煤气及水的生产和供应业，建筑业。

第三产业　是指除第一、二产业以外的其他行业。

支出法国内生产总值　是从最终使用的角度反映一个国家(或地区)在一定时期内生产活动最终成果的一种方法，包括最终消费支出、资本形成总额及货物和服务净出口三部分。

最终消费支出　指常住单位为满足物质、文化和精神生活的需要，从本国经济领土和国外购买的货物和服务的支出。它不包括非常住单位在本国经济领土内的消费支出。最终消费支出分为居民消费支出和政府消费支出。

居民消费支出　指常住住户在一定时期内对于货物和服务的全部最终消费支出。居民消费支出除了直接以货币形式购买的货物和服务的消费支出之外，还包括以其他方式获得的货物和服务的消费支出，即所谓的虚拟消费支出。居民虚拟消费支出包括以下几种类型：单位以实物报酬及实物转移的形式提供给劳动者的货物和服务；住户生产并由本住户消费了的货物和服务，其中的服务仅指住户的自有住房服务和付酬的家庭雇员提供的家庭和个人服务；金融机构提供的金融媒介服务。

政府消费支出　指政府部门为全社会提供的公共服务的消费支出和免费或以较低的价格向居民住户提供的货物和服务的净支出，前者等于政府服务的产出价值减去政府单位所获得的经营收入的价值，后者等于政府部门免费或以较低价格向居民住户提供的货物和服务的市场价值减去向住户收取的价值。

资本形成总额　指常住单位在一定时期内获得减去处置的固定资产和存货的净额，包括固定资本形成总额和存货变动两部分。

固定资本形成总额　指常住单位在一定时期内获得的固定资产减处置的固定资产的价值总额。固定资产是通过生产活动生产出来的，且其使用年限在一年以上、单位价值在规定标准以上的资产，不包括自然资产。可分为有形固定资本形成总额和无形固定资本形成总额。有形固定资本形成总额包括一定时期内完成的建筑工程、安装工程和设备工器具购置(减处置)价值，以及土地改良、新增役、种、奶、毛、娱乐用牲畜和新增经济林木价值。无形固定资本形成总额包括矿藏的勘探、计算机软件等获得减处置。

存货增加　指常住单位在一定时期内存货实物量变动的市场价值，即期末价值减期初价值的差额，再扣除当期由于价格变动而产生的持有收益。存货增加可以是正值，也可以是负值，正值表示存货上升，负值表示存货下降。存货包括生产单位购进的原材料、燃料和储备物资等存货，以及生产单位生产的产成品、在制品和半成品等存货。

公有经济　指资产归国家或公民集体所有的经济成分，包括国有经济和集体经济。

民营经济（即非公有经济）　指资产归我国内地公民私人所有或归港澳台商、外商所有的经济成分，包括私有经济、港澳台经济和外商经济。

Explanatory Notes on Main Statistical Indicators

Gross Domestic Product (GDP) refers to the final products at market prices produced by all resident units in a country during a certain period of time. Gross domestic product is expressed in three different perspectives, namely value, income, and products respectively. GDP in its value perspective refers to the balance of total value of all goods and services produced by all resident units during a certain period of time, minus the total value of input of goods and services of the nature of non-fixed assets; in other words, it is the sum of the value-added of all resident units. GDP from the perspective of income includes the primary income created by all resident units and distributed to resident and non-resident units. GDP from the perspective of products refers to the value of all goods and services for final demand by all resident units plus the net exports of goods and services during a given period of time. In the practice of national accounting, gross domestic product is calculated from three approaches, namely production approach, income approach and expenditure approach, which reflect gross domestic product and its composition from different angles.

For a region, it is called as Gross Regional Product(GRP) or regional GDP.

Three Strata of Industry In China economic activities into three strata of industry are categorized into the following three strata of industry:

Primary industry refers to agriculture, forestry, animal husbandry and fishery industries.

Secondary industry refers to mining and quarrying, manufacturing, production and supply of electricity, water and gas, and construction.

Tertiary industry refers to all other economic activities not included in the primary or secondary industries.

GDP by Expenditure Approach refers to the method of measuring the final results of production activities of a country (region) during a given period from the perspective of final uses. It includes final consumption expenditure, gross capital formation and net export of goods and services.

Final Consumption Expenditure refers to the total expenditure of resident units for purchases of goods and services from both the domestic economic territory and abroad to meet the needs of material, cultural and spiritual life. It does not include the expenditure of non-resident units on consumption in the economic territory of the country. The final consumption expenditure is broken down into household consumption expenditure and government consumption expenditure.

Household Consumption Expenditure refers to the total expenditure of resident households on the final consumption of goods and services. In addition to the consumption of goods and services bought by the households directly with money, the household consumption expenditure also includes expenditure on goods and services obtained by the households in other ways, i.e. the so-called imputed consumption expenditure, which includes the following: (a) the goods and services provided to households by employers in the form of payment in kind and transfer in kind; (b) goods and services produced and consumed by the households themselves, in which the services refer to the owner-occupied housing and services offered by payed family employees; (c) financial intermediate services provided by financial institutions.

Government Consumption Expenditure refers to the consumption expenditure spent for the provision of public services provided by the government to the whole country and the net expenditure on the goods and services provided by the government to households free of charge or at reduced prices. The former equals to the output value of the government services minus the value of operating income obtained by the government departments. The latter equals to the market value of the goods and services provided by the government free of charge or at reduced prices to the households minus the value received by the government from the households.

Gross Capital Formation refers to the fixed assets acquired less disposals and the net value of inventory, thus including gross fixed capital formation and changes in inventories.

Gross Fixed Capital Formation refers to the value of acquisitions less those disposals of fixed assets during a given period. Fixed assets are the assets produced through production activities with unit value above a specified amount and which could be used for over one year. Natural assets are not included.Gross fixed capital formation can be categorized into total tangible fixed capital formation and total intangible fixed capital formation. Total tangible fixed capital formation includes the value of the construction projects and installation projects completed and the equipment, apparatus and instruments purchased (less those disposed) as well as the value of land improved, the value of draught animals, breeding stock and animals for milk, for wool and for recreational purposes and the newly increased forest with economic value. Total intangible fixed capital formation includes the prospecting of minerals and the acquisition of computer software minus the disposal of them.

Changes in Inventories refers to the market value of the change in the physical volume of inventory of resident units during a given period, i.e. the difference between the values at the beginning and at the end of the period minus the gains due to the change in prices. The changes in inventories can have a positive or a negative value. A positive value indicates an increase in inventory while a negative value indicates a decrease in inventory. The inventory includes raw materials, fuels and reserve materials purchased by the production units as well as the inventory of finished products, semi-finished products and work-in-progress.

Public Economy refers to the economic components owned by the national or citizen of the collective economic components, including the state-owned economy and collective economy.

Private Economy (ie, non-public Economy) refers to the economic components owned by private citizens in the Mainland of China and naturalized by Hong Kong, Macao and Taiwan entrepreneurs, including the Self-employed Individuals, private economy, Hong Kong, Macao and Taiwan Economy and foreign economy.

3

人口

3-1 年末常住人口、人口出生率、死亡率和自然增长率
Resident Population(year-end),Birth Rate, Death Rate and Natural Growth Rate of Population

单位：万人，‰ (10 000 persons,‰)

年 份 Year	年末常住人口 Resident Population (year-end)	全省 Province 出生率 Birth Rate	死亡率 Death Rate	自然增长率 Natural Growth Rate	市 City 出生率 Birth Rate	死亡率 Death Rate	自然增长率 Natural Growth Rate	县 County 出生率 Birth Rate	死亡率 Death Rate	自然增长率 Natural Growth Rate
1952		41.0	18.2	22.8						
1957		29.2	12.1	17.1	30.9	10.8	20.1	28.3	12.2	16.1
1962		28.0	14.6	13.4	25.3	14.2	11.1	28.3	14.5	13.8
1965		42.4	11.4	31.0	26.3	6.7	19.6	43.8	11.9	31.9
1970		38.7	9.2	29.5	25.2	6.3	18.9	39.8	9.4	30.4
1975		31.2	8.9	22.3	26.3	6.3	20.0	29.2	9.0	20.2
1978		15.1	7.0	8.1	14.5	6.6	7.9	13.0	7.1	5.9
1980		13.0	6.8	6.2	13.2	5.8	7.4	11.8	6.9	4.9
1985		15.4	7.2	8.2	12.6	6.5	6.1	12.8	6.7	6.1
1990		19.1	7.7	11.4	13.5	6.2	7.3	16.2	6.8	9.4
1991		15.8	7.3	8.5	11.4	6.2	5.2	12.7	6.0	6.7
1992		16.3	7.0	9.3	11.9	7.0	4.9	12.4	6.9	5.5
1993		16.8	7.2	9.6	12.4	6.7	5.7	12.7	6.8	5.9
1994		16.9	7.0	9.9	12.1	6.5	5.6	13.6	6.6	7.0
1995		17.1	7.2	9.9	11.7	6.7	5.0	13.3	6.8	6.5
1996		16.6	7.3	9.3	10.9	6.4	4.5	13.7	7.2	6.5
1997		15.7	7.0	8.7	9.8	5.9	3.9	11.6	6.7	4.9
1998		14.6	7.1	7.5	9.6	6.1	3.5	10.9	6.7	4.2
1999		13.8	7.0	6.8	9.3	5.9	3.4	10.0	6.4	3.6
2000		12.1	7.0	5.1	10.1	6.5	3.6	10.2	6.8	3.4
2001		11.2	6.8	4.4	7.9	5.4	2.5	8.4	6.1	2.3
2002		10.4	6.5	3.9	7.6	5.7	1.9	8.5	5.8	2.7
2003		9.2	6.1	3.1	7.7	5.3	2.4	8.8	5.6	3.2
2004		9.1	6.3	2.8	8.5	6.4	2.1	10.1	7.1	3.0
2005	8212.0	9.70	6.80	2.90	8.78	5.27	3.51	10.52	5.77	4.75
2006	8169.0	9.14	6.28	2.86	8.21	4.53	3.68	10.99	4.82	6.17
2007	8127.0	9.21	6.29	2.92	10.32	6.15	4.17	12.10	5.74	6.36
2008	8138.0	9.54	7.15	2.39	10.48	6.10	4.38	12.73	6.40	6.33
2009	8185.0	9.15	6.43	2.72	9.31	5.75	3.56	11.53	5.95	5.58
2010	8042.0	8.93	6.62	2.31	10.03	10.77	-0.74	11.35	10.81	0.54
2011	8050.0	9.79	6.81	2.98	9.39	5.08	4.31	10.53	5.44	5.09
2012	8076.2	9.89	6.92	2.97	10.01	7.75	2.26	10.75	7.18	3.57

注：本表中出生率、死亡率和自然增长率在1981年以前均根据公安年报计算,1982年以后全省数按人口变动抽样调查分列,分市、县数按公安年报数计算列出。

a) Data of Birth Rate, Death Rate and Natural Growth Rate in this table before 1981 were taken from the annual reports of the Bureau of Public Security. Since 1982, the data of province have been estimated on the basis of the annual National Sample Surveys on Population Changes, the data of population by county were taken from the annual reports of the Bureau of Public Security.

3-2 各市(州)年末常住人口、出生率、死亡率、自然增长率、城镇化率和人口密度(2012年)

Resident Population(year-end), Birth rate, Death rate,Natural Growth Rate, Urbanization Rate and Population Density by Region(2012)

市(州)	Region	年末常住人口 (万人) Resident Population (year-end) (10 000 persons)	出生率 (‰) Birth Rate (‰)	死亡率 (‰) Death Rate (‰)	自然增长率 (‰) Natural Growth Rate (‰)	城镇化率 (%) Urbanization Rate (%)	人口密度 (人/平方公里) Population Density (person/sq.km)
全　省	**Sichuan**	**8076.20**	**9.89**	**6.92**	**2.97**	**43.53**	**167**
成都市	Chengdu	1417.78	8.65	6.17	2.48	68.44	1181
自贡市	Zigong	271.32	9.26	6.72	2.54	44.44	678
攀枝花市	Panzhihua	123.09	8.53	4.39	4.14	63.01	176
泸州市	Luzhou	425.00	10.56	6.48	4.08	41.73	354
德阳市	Deyang	353.13	9.10	7.32	1.78	44.79	589
绵阳市	Mianyang	464.02	8.35	6.58	1.77	43.64	232
广元市	Guangyuan	253.00	8.56	6.03	2.53	36.42	158
遂宁市	Suining	326.77	8.21	5.74	2.47	41.71	654
内江市	Neijiang	371.81	9.08	5.14	3.94	41.84	744
乐山市	Leshan	325.44	8.33	6.32	2.01	42.97	250
南充市	Nanchong	630.03	8.64	5.72	2.92	39.34	525
眉山市	Meishan	296.64	10.02	6.89	3.13	37.57	424
宜宾市	Yibin	446.00	10.47	6.62	3.85	41.08	343
广安市	Guangan	321.64	10.10	6.40	3.70	32.91	536
达州市	Dazhou	549.27	9.96	5.87	4.09	36.10	343
雅安市	Yaan	152.65	8.76	4.97	3.79	38.30	102
巴中市	Bazhong	330.79	9.15	5.64	3.51	33.22	276
资阳市	Ziyang	358.85	11.00	4.50	6.50	36.15	449
阿坝藏族羌族自治州	Aba	90.67	8.76	3.72	5.04	33.37	11
甘孜藏族自治州	Ganzi	112.20	10.48	4.31	6.17	24.41	7
凉山彝族自治州	Liangshan	456.10	10.89	4.31	6.58	29.57	76

3-3 年末户籍总人口数及构成
Total of Household Population and its Composition(year-end)

单位：万人 (10 000 persons)

年份 Year	年末户籍总人口 Total of Household Population (year-end)	按性别分 By Sex		按农业、非农业分 By Agriculture & Non-agriculture	
		男 Male	女 Female	农业人口 Agriculture	非农业人口 Non-agriculture
1952	4628.5	2357.9	2270.6		
1957	5088.8	2601.0	2487.8	4520.8	568.0
1962	4688.3	2368.9	2319.4	4152.4	535.9
1965	5162.1	2623.3	2538.8	4555.7	606.4
1970	6052.4	3089.0	2963.4	5363.5	688.9
1975	6874.7	3508.2	3366.5	6138.1	736.6
1978	7071.9	3621.5	3450.4	6287.7	784.2
1980	7154.8	3668.3	3486.5	6325.2	829.6
1985	7419.3	3828.9	3590.4	6393.4	1025.9
1990	7892.5	4088.1	3804.4	6790.8	1101.7
1991	7947.8	4119.5	3828.3	6828.5	1119.3
1992	7992.2	4144.1	3848.1	6819.6	1172.6
1993	8037.4	4171.2	3866.2	6825.5	1211.9
1994	8098.7	4205.3	3893.4	6821.6	1277.1
1995	8161.2	4238.9	3922.3	6829.4	1331.8
1996	8215.4	4266.6	3948.8	6837.3	1378.1
1997	8264.7	4291.4	3973.3	6844.6	1420.1
1998	8315.7	4317.5	3998.2	6855.4	1460.3
1999	8358.6	4337.7	4020.9	6850.9	1507.7
2000	8407.5	4358.9	4048.6	6842.5	1565.0
2001	8436.6	4375.4	4061.2	6814.5	1622.1
2002	8474.5	4395.3	4079.2	6796.9	1677.6
2003	8529.4	4424.7	4104.7	6734.2	1795.2
2004	8595.3	4460.0	4135.3	6681.0	1914.3
2005	8642.1	4483.6	4158.5	6628.3	2013.8
2006	8722.5	4520.3	4202.2	6651.7	2070.8
2007	8815.2	4566.4	4248.8	6675.2	2140.0
2008	8907.8	4607.7	4300.1	6704.4	2203.4
2009	8984.7	4639.2	4345.5	6698.4	2286.3
2010	9001.3	4640.4	4360.9	6646.1	2355.2
2011	9058.4	4665.6	4392.8	6595.7	2462.7
2012	9097.4	4685.0	4412.4	6585.4	2512.0

注：本篇章所列户籍人口数均由四川省公安厅提供(后同)。
a)Data in this table were taken from the annual reports of the Bureau of Public Security, which were different from that of permanent residents.

3-4 各市(州)年末户籍总户数及人口数(2012年)
Number of Households and Population by Region(year-end)(2012)

市(州)	Region	年末户籍总户数 (万户) Total of Household Population (year-end) (10 000 households)	# 乡村户数 Households in Rural Area	年末户籍总人口 (万人) Total Population (year-end) (10 000 persons)	# 非农业人口 Non-agriculture	男性 Male	女性 Female
全 省	**Sichuan**	**3167.4**	**2070.2**	**9097.4**	**2512.0**	**4685.0**	**4412.4**
成都市	Chengdu	446.9	224.9	1173.4	716.7	586.0	587.4
自贡市	Zigong	106.5	71.5	328.5	111.4	167.6	160.9
攀枝花市	Panzhihua	36.1	15.1	111.9	60.1	57.3	54.6
泸州市	Luzhou	146.6	118.7	505.2	95.8	262.1	243.1
德阳市	Deyang	154.4	108.9	391.5	110.5	200.2	191.3
绵阳市	Mianyang	201.8	133.6	545.4	152.8	281.0	264.4
广元市	Guangyuan	115.2	69.4	311.7	71.3	159.7	152.0
遂宁市	Suining	135.2	82.6	376.1	89.1	194.7	181.4
内江市	Neijiang	157.2	108.9	426.6	94.6	220.3	206.3
乐山市	Leshan	126.5	82.1	355.1	114.9	181.3	173.8
南充市	Nanchong	264.9	176.1	759.6	172.0	395.8	363.8
眉山市	Meishan	126.6	87.7	350.4	96.2	179.0	171.4
宜宾市	Yibin	170.6	121.6	546.6	104.9	285.0	261.6
广安市	Guangan	156.5	109.6	468.5	87.8	245.5	223.0
达州市	Dazhou	251.1	162.0	695.6	137.3	364.6	331.0
雅安市	Yaan	56.5	40.4	156.5	39.3	80.1	76.4
巴中市	Bazhong	129.3	81.8	390.0	73.1	203.1	186.9
资阳市	Ziyang	180.5	129.9	505.9	87.3	263.4	242.5
阿坝藏族羌族自治州	Aba	28.8	18.4	91.4	20.8	46.6	44.8
甘孜藏族自治州	Ganzi	29.8	20.7	110.3	16.4	55.8	54.5
凉山彝族自治州	Liangshan	146.4	106.3	497.2	59.7	255.9	241.3

3-5 按人口规模分组的户籍人口数
Number of Household Population Grouped by Population Size

(年末数) (end of year)

按户籍人口数分组	Grouped by Population	县数(个) Number of Counties					户籍人口数(万人) Household Population(10 000 persons)				
		2008	2009	2010	2011	2012	2008	2009	2010	2011	2012
全　省	**Sichan**	**181**	**181**	**181**	**181**	**181**	**8907.8**	**8984.7**	**9001.3**	**9058.4**	**9097.4**
10万人以下	below 100 000 persons	30	30	30	29	29	166.2	170.2	174.7	167.7	169.6
10－20万人	100 000-200 000 persons	20	18	18	19	19	305.6	274.1	275.3	287.7	290.4
20－30万人	200 000-300 000 persons	17	19	19	19	18	400.4	449.5	451.2	455.9	431.4
30－50万人	300 000-500 000 persons	35	36	36	36	37	1352.8	1408.4	1412.0	1422.7	1462.1
50－80万人	500 000-800 000 persons	43	41	41	41	42	2724.2	2612.3	2613.3	2629.4	2717.5
80－100万人	800 000-1 million persons	14	15	15	15	14	1212.0	1302.9	1305.3	1313.8	1239.1
100万人以上	over 1 million persons	22	22	22	22	22	2746.6	2767.3	2769.5	2781.2	2787.3

3-6 100万以上的人口大县(2012年)
Counties with Population Over 1 Million(2012)

县　名	County Name	年末户籍总人口(万人) Total of Household Population (10 000persons)	# 非农业人口 Non-Agriculture Population	县　名	County Name	年末户籍总人口(万人) Total of Household Population (10 000persons)	# 非农业人口 Non-Agriculture Population
安岳县	Anyue	161.7	19.9	广安区	Guanganqu	125.7	29.7
仁寿县	Renshou	159.6	31.7	岳池县	Yuechi	118.7	17.3
渠　县	Quxian	148.4	22.5	仪陇县	Yilong	112.5	17.9
简阳市	Jianyang	148.1	26.5	大竹县	Dazhu	112.0	21.2
三台县	Santai	147.3	21.4	雁江区	Yanjiang	109.9	25.5
中江县	Zhongjiang	143.1	19.1	泸　县	Luxian	108.7	10.5
巴州区	Bazhou	138.7	30.5	富顺县	Fushun	108.4	25.9
达　县	Daxian	137.5	24.6	平昌县	Pingchang	105.4	19.2
宣汉县	Xuanhan	132.8	20.9	邻水县	Linshui	103.3	17.1
南部县	Nanbu	131.6	23.5	宜宾县	Yibin	102.6	12.4
资中县	Zizhong	130.8	18.4	射洪县	Shehong	100.5	25.2

主要统计指标解释

人口数 指一定时点、一定地区范围内的有生命的个人总和。

年度统计的年末人口数指每年 12 月 31 日 24 时的人口数。年度统计的全国人口总数内未包括香港、澳门特别行政区和台湾省以及海外华侨人数。

城镇人口和乡村人口的划分 城镇人口是指居住在城镇范围内的全部常住人口；乡村人口是除上述人口以外的全部人口。

出生率(又称粗出生率) 指在一定时期内(通常为一年)一定地区的出生人数与同期内平均人数(或期中人数)之比，用千分率表示。本资料中的出生率指年出生率，其计算公式为：

出生率＝(年出生人数/年平均人数)×1000‰

式中：出生人数指活产婴儿，即胎儿脱离母体时(不管怀孕月数)，有过呼吸或其他生命现象。年平均人数指年初、年底人口数的平均数，也可用年中人口数代替。

死亡率(又称粗死亡率) 指在一定时期内(通常为一年)一定地区的死亡人数与同期内平均人数(或期中人数)之比，用千分率表示。本资料中的死亡率指年死亡率，其计算公式为：

死亡率＝(年死亡人数/年平均人数)×1000‰

人口自然增长率 指在一定时期内(通常为一年)人口自然增加数(出生人数减死亡人数)与该时期内平均人数(或期中人数)之比，用千分率表示。计算公式为：

人口自然增长率＝(本年出生人数－本年死亡人数)/年平均人数 ×1000‰

＝人口出生率－人口死亡率

Explanatory Notes on Main Statistical Indicators

Total Population refers to the total number of people alive at a certain point of time within a given area.

The annual statistics on total population is taken at midnight, the 3lst of December, not including residents in Taiwan province, Hong Kong SAR and Macao SAR and Chinese national residing abroad.

Urban Population and Rural Population Urban population refer to all people residing in cities and towns, while rural population refer to population other than urban population.

Birth Rate or (Crude Birth Rate) refers to the ratio of the number of births to the average population (or mid-period population) during a certain period of time (usually a year), expressed in ‰. Birth rate in the chapter refers to annual birth rate. The following formula is used:

Birth Rate＝(Number of Births/Average Number of Population)×1000‰

Number of births in the formula refers to live births, i.e. when a baby has breathed or showed any vital phenomena regardless of the length of pregnancy.

Annual average population is the average of the number of population at the beginning of the year and that at the end of the year. Sometimes it is substituted by the mid-year population.

Death Rate (or Crude Death Rate) refers to the ratio of the number of deaths to the average population (or mid-period population) during a certain period of time (usually a year), expressed in ‰. Death rate in the chapter refers to annual death rate. The following formula is used:

Death Rate＝(Number of Deaths/Annual Average Number of Population)×1000‰

Natural Growth Rate of Population refers to the ratio of natural increase in population (number of births minus number of deaths) in a certain period of time (usually a year) to the average population (or mid-period population) of the same period, expressed in ‰. The following formula is applied:

Natural Growth Rate of Population＝(Number of Births-Number of Deaths)/Average Number of Population×1000‰

Natural Growth Rate of Population＝Birth Rate－Death Rate

4

就业人员和工资

4-1 按三次产业分就业人员
Number of Employed Persons by Type of Industry

(年末数) (year-end)

年份 Year	劳动力资源总数 (万人) Total Number of Labor Force Resources (10 000 persons)	就业人员 (万人) Number of Employed Persons (10 000 persons)	第一产业 Primary Industry	第二产业 Secondary Industry	第三产业 Tertiary Industry	构成 Composition in Percentage (合计=100) (total = 100) 第一产业 Primary Industry	第二产业 Secondary Industry	第三产业 Tertiary Industry
1952	2417.07	2027.92	1753.89	89.37	184.66	86.5	4.4	9.1
1957	2644.47	2258.38	1947.49	108.57	202.32	86.2	4.8	9.0
1962	2202.91	2101.58	1810.90	117.47	173.21	86.2	5.6	8.2
1965	2516.29	2267.18	1925.30	163.38	178.50	84.9	7.2	7.9
1970	3546.10	2737.59	2339.83	210.36	187.40	85.5	7.7	6.8
1975	3776.57	2998.60	2474.11	271.48	253.01	82.5	9.1	8.4
1978	3932.51	3087.02	2524.21	279.50	283.31	81.8	9.1	9.1
1980	4121.09	3259.78	2638.03	309.24	312.51	80.9	9.5	9.6
1985	4780.29	3742.97	2824.95	491.67	426.35	75.5	13.1	11.4
1990	5139.00	4265.20	3108.89	578.08	578.23	72.9	13.5	13.6
1991	5230.00	4425.10	3190.83	602.81	631.46	72.1	13.6	14.3
1992	5310.00	4521.20	3200.21	636.79	684.20	70.8	14.1	15.1
1993	5405.00	4556.80	3108.06	709.98	738.76	68.2	15.6	16.2
1994	5510.00	4587.90	3037.47	728.46	821.97	66.2	15.9	17.9
1995	5585.00	4619.10	2983.94	752.91	882.25	64.6	16.3	19.1
1996	5643.00	4627.20	2875.86	772.74	978.60	62.2	16.7	21.1
1997	5688.00	4641.20	2872.41	780.44	988.35	61.9	16.8	21.3
1998	5742.00	4651.40	2824.40	786.09	1040.91	60.7	16.9	22.4
1999	5763.00	4654.30	2747.08	800.54	1106.68	59.0	17.2	23.8
2000	5820.00	4658.40	2643.35	871.12	1143.93	56.7	18.7	24.6
2001	5881.00	4664.80	2595.84	867.65	1201.31	55.6	18.6	25.8
2002	5935.00	4667.60	2517.48	896.18	1253.94	53.9	19.2	26.9
2003	5985.00	4683.50	2482.80	906.70	1294.00	53.0	19.4	27.6
2004	6027.00	4691.00	2445.70	916.00	1329.30	52.2	19.5	28.3
2005	6058.00	4702.00	2421.50	926.30	1354.20	51.5	19.7	28.8
2006	6103.00	4715.00	2306.90	946.00	1462.10	48.9	20.1	31.0
2007	6152.00	4731.10	2266.22	1065.71	1399.15	47.9	22.5	29.6
2008	6206.00	4740.00	2186.18	1108.32	1445.50	46.1	23.4	30.5
2009	6260.00	4756.62	2144.13	1141.59	1470.90	45.1	24.0	30.9
2010	6301.00	4772.53	2083.20	1188.82	1500.51	43.7	24.9	31.4
2011	6343.00	4785.47	2043.36	1210.78	1531.33	42.7	25.3	32.0
2012	6387.00	4798.30	1991.30	1233.18	1573.83	41.5	25.7	32.8

4-2 各市(州)按三次产业分就业人员(2012年)
Number of Employed Persons by Type of Industry and Region(2012)

(年末数) (year-end)

市(州)	Region	就业人员(万人) Number of Employed Persons (10 000 persons)				构成 Composition in Percentage (合计=100) (total = 100)		
			第一产业 Primary Industry	第二产业 Secondary Industry	第三产业 Tertiary Industry	第一产业 Primary Industry	第二产业 Secondary Industry	第三产业 Tertiary Industry
全 省	**Sichuan**	**4798.30**	**1991.30**	**1233.18**	**1573.83**	**41.50**	**25.70**	**32.80**
成都市	Chengdu	791.07	141.83	308.67	340.56	17.93	39.02	43.05
自贡市	Zigong	190.75	68.27	59.26	63.21	35.79	31.06	33.14
攀枝花市	Panzhihua	66.18	20.82	20.89	24.47	31.46	31.57	36.98
泸州市	Luzhou	240.27	110.88	70.96	58.43	46.15	29.53	24.32
德阳市	Deyang	209.92	83.46	56.50	69.95	39.76	26.92	33.32
绵阳市	Mianyang	293.33	112.67	81.22	99.44	38.41	27.69	33.90
广元市	Guangyuan	160.38	81.65	34.49	44.24	50.91	21.50	27.59
遂宁市	Suining	163.91	65.75	46.61	51.56	40.11	28.44	31.46
内江市	Neijiang	174.09	57.40	51.89	64.79	32.97	29.81	37.22
乐山市	Leshan	193.67	91.03	43.21	59.43	47.00	22.31	30.69
南充市	Nanchong	275.78	112.86	74.98	87.93	40.93	27.19	31.88
眉山市	Meishan	189.52	98.15	42.89	48.48	51.79	22.63	25.58
宜宾市	Yibin	323.01	150.90	81.25	90.86	46.72	25.15	28.13
广安市	Guangan	217.07	115.95	43.70	57.42	53.42	20.13	26.45
达州市	Dazhou	330.77	164.06	66.83	99.88	49.60	20.20	30.20
雅安市	Yaan	104.77	42.25	22.81	39.71	40.33	21.77	37.91
巴中市	Bazhong	172.35	95.58	32.08	44.68	55.46	18.62	25.93
资阳市	Ziyang	207.32	104.91	45.04	57.36	50.60	21.72	27.67
阿坝藏族羌族自治州	Aba	50.25	29.02	4.10	17.14	57.74	8.15	34.11
甘孜藏族自治州	Ganzi	64.29	47.87	2.53	13.90	74.45	3.93	21.61
凉山彝族自治州	Liangshan	302.30	195.96	37.59	68.75	64.82	12.44	22.74

注:全省合计中包括省直综单位就业人员和灵活形式就业人员,市(州)数据未包括。

a) The number of persons employed in directly affiliated units and comprehensive units, and persons employed in flexible forms was included in the Sichuan's number of employed persons, but was not included in regional number of employed persons.

4-3 按城乡分就业人员

Number of Employed Persons by Residence in Urban and Rural Areas

(年末数)单位: 万人 (year-end)(10 000 persons)

年份 Year	就业人员合计 Total Number of Employed Persons	非私营单位就业人员 Staff and Workers in Non-private Units	# 国有经济单位职工 State-owned Units Staff	# 城镇集体经济单位职工 Urban Collective Owned Units Staff	# 其他各种经济单位职工 Other Staff	城镇个体私营企业就业人员 Urban Private Enterprises and Self-employed Individuals	乡村就业人员 Rural Employed Persons
1952	2027.92	63.56	61.82	1.74		132.77	1831.59
1957	2258.38	208.22	132.72	75.50		18.93	2031.23
1962	2101.58	233.16	160.16	73.00		10.21	1858.21
1965	2267.18	290.53	208.91	81.62		6.05	1970.60
1970	2737.59	338.68	255.68	83.00		2.39	2396.52
1975	2998.60	394.26	302.48	91.78		1.52	2602.82
1978	3087.02	459.02	364.80	93.12		6.50	2621.50
1980	3259.78	501.08	388.64	109.67		10.10	2748.60
1981	3347.61	519.71	402.77	112.77		14.80	2813.10
1982	3467.51	540.61	416.85	116.46		19.50	2907.40
1983	3564.59	550.59	423.06	117.79		31.40	2982.60
1984	3643.11	566.31	413.28	138.98	0.64	38.40	3038.40
1985	3742.97	593.97	429.99	145.67	0.46	46.00	3103.00
1986	3885.74	613.34	444.55	148.38	0.57	50.60	3221.80
1987	3967.27	634.47	459.05	149.53	0.76	57.80	3275.00
1988	4090.08	665.78	480.46	152.69	0.88	64.40	3359.90
1989	4179.57	669.97	480.58	148.79	1.35	86.30	3423.30
1990	4265.20	693.00	496.90	145.75	1.56	107.10	3465.10
1991	4425.10	725.50	515.05	148.95	2.02	131.10	3568.50
1992	4521.20	756.40	526.04	155.71	2.56	157.80	3607.00
1993	4556.80	778.80	523.94	149.40	19.96	182.70	3595.30
1994	4587.90	790.20	515.47	144.56	32.24	210.60	3587.10
1995	4619.10	806.60	522.39	138.43	35.21	239.20	3573.30
1996	4627.20	805.00	520.38	133.41	38.99	270.10	3552.10
1997	4641.20	804.00	506.18	131.04	44.34	299.20	3538.00
1998	4651.40	729.40	467.29	111.90	83.75	348.50	3573.50
1999	4654.30	717.10	394.31	80.67	72.17	370.20	3567.00
2000	4658.40	702.20	371.68	69.73	74.04	391.70	3564.50
2001	4664.80	679.00	350.45	58.39	77.86	429.60	3556.20
2002	4667.60	679.30	326.97	52.66	101.56	446.30	3542.00
2003	4683.50	695.40	315.90	48.70	122.10	471.50	3516.60
2004	4691.00	711.90	305.60	43.70	131.40	497.30	3481.80
2005	4702.00	723.00	303.70	40.90	148.20	505.90	3473.10
2006	4715.00	748.30	304.40	40.10	156.40	514.40	3452.30
2007	4731.10	723.60	312.70	39.23	168.44	574.80	3432.70
2008	4740.00	736.68	310.80	37.10	181.04	573.32	3430.00
2009	4756.62	711.59	312.21	36.87	187.40	634.27	3410.76
2010	4772.53	719.67	335.77	33.69	201.12	662.23	3390.63
2011	4785.47	727.72	331.63	32.12	223.74	689.75	3368.00
2012	4798.30	705.92	342.70	32.30	236.80	749.08	3343.30

4-4 按行业分就业人员

(年末数)单位：万人

年份 Year	合计 Total	农、林、牧、渔业 Agriculture, Forestry, Animal Husbandry and Fishery	采矿业 Mining	制造业 Manufac-turing	电力、煤气及水的生产和供应业 Electricity, Gas and Water Production and Supply	建筑业 Construc-tion	交通运输、仓储和邮政业 Transport, Storage and Post	信息传输、计算机服务和软件业 Information Transmission, Computer Services and Software	批发和零售业 Wholesale and Retail Trade	住宿和餐饮业 Hotels and Catering Services
1978	3087.02	2524.21	43.80	172.77	9.60	53.33	43.25		57.46	20.03
1979	3143.54	2537.28	46.07	183.61	8.86	58.66	45.00		66.62	21.17
1980	3259.78	2638.03	48.44	189.98	10.48	60.34	45.50		68.03	23.31
1981	3347.61	2690.70	51.74	202.72	11.40	62.26	47.76		76.75	25.05
1982	3467.51	2804.73	51.83	205.11	10.53	65.84	47.64		73.41	25.17
1983	3564.59	2876.01	50.71	205.77	10.91	72.19	50.69	0.62	80.94	28.25
1984	3643.11	2858.01	55.05	215.83	11.34	88.87	56.07	1.10	110.21	34.11
1985	3742.97	2824.95	86.18	261.63	7.73	136.13	62.26	1.73	107.82	34.96
1986	3885.74	2885.97	93.87	265.64	8.27	171.64	64.25	2.55	116.55	40.47
1987	3967.27	2926.27	98.80	275.76	8.40	191.29	66.49	3.07	114.04	40.29
1988	4090.08	2986.06	101.58	290.53	9.82	198.26	69.57	3.61	132.05	44.99
1989	4179.57	3086.83	98.14	281.25	10.18	194.01	70.21	4.13	126.23	45.67
1990	4265.20	3108.89	98.49	273.04	13.95	192.60	71.23	4.69	166.95	60.60
1991	4425.10	3190.83	101.05	287.68	10.63	203.45	73.11	5.17	197.23	71.94
1992	4521.20	3200.21	104.56	300.82	13.42	217.99	75.95	6.11	213.05	76.69
1993	4556.80	3108.06	105.79	303.60	11.90	288.69	75.70	7.29	245.60	83.11
1994	4587.90	3037.47	111.47	312.14	12.15	292.70	82.14	7.52	248.66	91.76
1995	4619.10	2983.94	114.70	319.99	13.47	304.75	87.68	8.41	264.66	92.73
1996	4627.20	2875.86	116.56	325.82	14.31	316.05	95.40	8.65	282.10	94.17
1997	4641.20	2872.41	118.95	329.85	14.97	316.67	95.70	8.78	293.73	95.72
1998	4651.40	2824.40	114.52	331.73	14.37	325.47	92.06	9.09	211.35	189.12
1999	4654.30	2747.08	116.72	337.17	14.40	332.25	84.44	9.38	211.48	214.11
2000	4658.40	2643.35	121.36	346.95	14.64	388.17	85.84	9.86	211.66	226.42
2001	4664.80	2595.84	118.56	345.95	15.29	387.85	98.33	10.25	211.95	237.78
2002	4667.60	2517.48	122.05	358.35	15.35	400.43	108.38	11.76	212.08	243.02
2003	4683.50	2482.80	123.90	360.30	16.50	405.90	104.70	12.10	212.80	248.70
2004	4691.00	2445.70	120.70	371.40	18.50	405.40	119.00	18.00	213.14	264.25
2005	4702.00	2421.50	118.50	374.90	21.20	411.70	133.70	21.60	213.64	287.16
2006	4715.00	2306.90	116.50	422.00	20.50	387.00	137.80	20.60	214.24	323.56
2007	4731.10	2266.22	119.15	482.09	21.04	443.43	141.90	24.40	214.97	362.95
2008	4740.00	2186.18	107.32	487.39	27.48	486.13	149.66	25.55	215.37	362.17
2009	4756.62	2144.13	106.39	515.37	27.45	492.38	156.77	29.25	216.13	392.44
2010	4772.53	2083.20	108.80	540.66	25.99	513.38	154.05	33.08	216.85	405.23
2011	4785.47	2043.36	111.75	554.79	27.27	516.96	152.40	33.21	217.44	417.57
2012	4798.30	1991.30	116.99	577.78	27.26	511.15	135.22	40.17	218.02	400.10

Number of Employed Persons by Sector

(year-end)(10 000 persons)

金融业 Financial	房地产业 Real Estate	租赁和商务服务业 Leasing and Bussiness Services	科学研究、技术服务和地质勘查业 Scientific Research, Technic Services and Geological Prospecting	水利、环境和公共设备管理业 Water, Environment Public Facilities	居民服务和其他服务业 Services to housholds and Other Services	教育 Education	卫生、社会保障和社会福利业 Health Care, Social Security and Welfare	文化、体育和娱乐业 Culture, Sports and Entertain-ment	公共管理和社会组织 Public Management and Social Organization
4.61	0.43		6.00	3.20	35.81	57.03	18.20	1.96	35.33
5.15	0.56		8.73	3.80	39.89	58.77	19.91	2.18	37.28
5.78	1.09		8.70	4.39	36.07	58.98	19.93	2.43	38.30
6.02	1.40	0.50	8.98	4.92	33.27	61.24	20.06	2.55	40.29
6.29	1.49	1.80	9.16	5.01	29.26	63.20	21.45	2.64	42.95
6.49	1.52	2.42	9.24	5.52	32.75	61.00	23.31	2.97	43.28
7.13	1.53	3.11	9.26	5.77	38.93	70.08	24.22	3.09	49.40
7.50	1.22	4.27	12.63	6.25	37.19	71.77	25.89	3.12	49.74
7.94	1.18	5.89	12.95	6.80	48.56	72.19	26.11	3.62	51.29
8.54	1.15	6.33	13.05	7.04	51.01	73.76	26.27	3.97	51.74
9.22	1.20	8.77	13.49	7.06	55.19	71.04	26.21	4.08	57.35
9.23	1.21	10.08	13.35	7.26	57.72	74.17	27.10	4.44	58.36
10.02	1.32	12.77	13.21	6.95	63.00	76.45	27.32	4.65	59.07
10.06	1.40	16.54	13.20	7.00	63.80	78.18	28.04	4.97	60.82
11.45	1.62	18.07	13.80	7.13	80.02	81.63	30.15	5.04	63.49
13.62	1.86	21.92	13.32	8.22	83.02	83.56	31.40	5.55	64.59
14.28	1.94	22.67	16.55	8.85	133.49	91.22	31.45	5.84	65.60
14.68	2.14	23.01	15.98	9.07	164.74	90.91	32.11	6.01	70.12
15.17	2.35	23.13	15.67	9.41	215.43	98.04	34.96	6.32	77.80
14.94	2.50	25.91	15.05	9.88	218.08	100.02	35.59	6.67	65.78
15.42	2.77	26.43	14.87	10.84	258.45	100.56	36.18	6.93	66.84
16.27	2.73	27.10	13.04	10.56	331.10	86.08	28.37	7.02	65.00
16.62	3.17	27.95	12.63	9.68	349.85	88.36	28.58	7.23	66.07
16.72	2.98	28.28	10.47	9.21	382.10	90.86	28.19	7.01	67.18
16.25	3.68	29.17	10.58	9.43	387.50	93.40	33.26	6.90	88.53
16.10	5.90	30.70	11.00	7.40	389.80	95.00	41.80	7.10	111.00
16.20	14.20	26.20	12.90	9.30	395.90	90.10	43.30	22.10	84.70
17.40	18.30	35.80	11.60	10.00	365.50	91.30	47.50	22.50	78.20
16.60	28.40	45.10	11.80	13.10	386.20	98.00	57.70	22.90	86.10
17.12	27.53	52.40	12.08	13.16	274.60	106.16	44.07	23.43	84.41
18.70	28.24	47.71	13.28	13.30	294.83	104.60	59.41	23.74	88.94
21.71	29.07	49.14	16.36	14.36	277.55	97.17	52.21	25.07	93.66
23.00	29.07	53.84	17.56	16.37	285.36	98.70	56.12	21.98	89.30
23.78	29.55	52.89	18.62	19.82	265.63	100.59	60.29	33.20	106.34
25.19	33.89	53.50	20.22	20.43	316.97	104.95	62.25	33.37	109.52

4-5 各市(州)按行业分就业人员(2012年)

(年末数)单位：万人

市(州)	Region	合计 Total	农、林、牧、渔业 Farming, Forestry, Animal Husbandry and Fishery	采矿业 Mining and Quarrying	制造业 Manufacturing	电力、煤气及水的生产和供应业 Electricity, Gas and Water Production and Supply	建筑业 Construction	交通运输、仓储和邮政业 Transport, Storage and Post	信息传输、计算机服务和软件业 Information Transmission, Computer Services and Software	批发和零售业 Wholesale and Retail Trade
全　省	**Sichuan**	**4798.30**	**1991.30**	**116.99**	**577.78**	**27.26**	**511.15**	**135.22**	**40.17**	**218.02**
成都市	Chengdu	780.07	141.83	1.15	170.27	2.82	134.44	25.19	11.41	31.90
自贡市	Zigong	188.75	68.27	6.58	27.02	0.47	25.19	5.18	1.27	15.55
攀枝花市	Panzhihua	68.18	20.82	5.14	10.94	0.85	3.97	4.66	1.00	3.95
泸州市	Luzhou	240.27	110.88	7.46	28.23	1.86	33.42	6.18	1.00	19.28
德阳市	Deyang	214.92	83.46	1.59	32.48	0.37	22.07	7.22	0.95	6.45
绵阳市	Mianyang	292.33	112.67	4.33	44.28	1.70	30.91	9.40	1.22	26.96
广元市	Guangyuan	162.38	81.65	4.70	11.47	0.52	17.81	5.88	0.61	5.10
遂宁市	Suining	162.91	65.75	0.10	21.29	0.61	24.60	4.03	0.93	4.10
内江市	Neijiang	171.08	57.40	7.84	19.16	1.43	23.46	4.26	1.70	4.97
乐山市	Leshan	195.67	91.03	4.88	18.93	2.96	16.44	5.58	1.29	4.85
南充市	Nanchong	272.78	112.86	2.71	34.26	1.14	36.87	5.22	1.90	9.17
眉山市	Meishan	190.52	98.15	1.69	22.63	0.80	17.77	4.70	1.78	7.06
宜宾市	Yibin	323.01	150.90	18.19	41.54	2.03	19.49	9.87	2.17	30.16
广安市	Guangan	219.08	115.95	7.05	19.24	0.71	16.69	6.15	1.28	6.98
达州市	Dazhou	331.77	164.06	18.13	21.87	1.81	25.02	7.00	1.44	10.68
雅安市	Yaan	105.77	42.25	3.88	8.92	1.39	8.61	4.52	1.17	8.29
巴中市	Bazhong	172.34	95.58	2.53	10.62	1.51	17.43	3.14	0.66	3.92
资阳市	Ziyang	209.31	104.91	0.25	22.48	0.52	21.79	3.55	1.90	4.96
阿坝藏族羌族自治州	Aba	50.25	29.02	0.24	1.56	0.70	1.60	1.93	0.79	2.42
甘孜藏族自治州	Ganzi	64.29	47.87	0.24	0.45	0.90	0.93	1.49	0.21	2.74
凉山彝族自治州	Liangshan	300.30	195.96	12.96	10.05	2.16	12.43	4.53	0.50	8.33

注：全省合计中包括省直综单位就业人员和灵活形式就业人员，市(州)数据未包括。

Number of Employed Persons by Sector and Region(2012)

(year-end)(10 000 persons)

住宿和餐饮业 Hotels and Catering Services	金融业 Finance	房地产业 Real Estate	租赁和商务服务业 Leasing and Commercial Affairs Services	科学研究、技术服务和地质勘查业 Scientific Research, Technic Services and Geological Prospecting	水利、环境和公共设备管理业 Water, Environment Public Facilities Conservancy	居民服务和其他服务业 Resident Services and Other Services	教育 Education	卫生、社会保障和社会福利业 Health Care, Social Security and Welfare	文化、体育和娱乐业 Culture, Sports and Entertain-ment	公共管理和社会组织 Public Management and Social Organization
400.10	**25.19**	**33.89**	**53.50**	**20.22**	**20.43**	**316.97**	**104.95**	**62.25**	**33.37**	**109.52**
113.13	7.21	11.77	20.12	10.24	3.42	36.62	22.52	13.41	4.50	18.12
14.80	1.05	1.42	1.67	0.33	0.25	10.47	2.70	1.99	1.25	3.28
6.71	0.64	0.37	0.31	0.30	0.24	2.39	1.44	1.54	1.11	1.81
6.95	0.86	0.69	1.26	0.47	1.23	6.70	6.52	2.94	1.29	3.07
14.32	1.24	0.90	3.94	0.77	0.81	12.36	8.21	4.74	8.85	4.20
14.17	1.84	1.60	4.31	2.78	2.98	16.69	6.31	3.20	1.13	5.85
15.31	0.69	0.50	1.08	0.16	1.88	4.98	3.22	1.46	0.37	5.01
14.62	0.58	0.45	1.01	0.14	0.27	15.58	2.85	1.95	1.35	2.70
14.97	1.75	2.07	4.53	0.41	0.67	12.16	4.44	3.60	3.05	3.20
23.39	0.78	1.20	1.46	0.85	0.74	11.99	3.16	1.66	0.94	3.55
20.94	1.58	2.70	3.03	0.51	0.62	18.90	7.66	4.03	1.40	7.28
16.12	0.35	0.42	0.61	0.15	0.45	8.58	3.14	1.71	0.96	3.45
11.24	1.23	1.07	3.43	0.37	0.73	13.84	6.63	3.46	1.32	5.34
18.68	0.67	0.96	0.49	0.12	0.92	13.05	3.40	1.71	0.65	4.36
29.69	1.31	3.45	1.47	0.56	2.54	17.91	5.89	7.52	2.25	9.15
6.30	0.64	0.16	0.48	0.13	0.39	12.47	1.97	0.98	0.38	2.82
12.18	0.49	2.29	0.71	0.27	0.33	7.31	3.39	1.42	0.47	8.09
21.30	0.92	0.90	0.90	0.22	0.37	15.88	3.56	1.86	0.67	2.37
2.61	0.26	0.19	0.43	0.14	0.45	2.67	1.39	0.52	0.16	3.17
1.37	0.21	0.04	0.13	0.31	0.06	0.50	1.36	0.61	0.15	4.71
21.15	0.89	0.75	1.60	0.83	1.08	10.88	5.20	1.95	1.08	7.97

a) The number of persons employed in directly affiliated units and comprehensive units, and persons employed in flexible forms was included in the Sichuan's number of employed persons, but was not included in regional number of employed persons.

4-6 按行业分乡村就业人员
Rural Employed Person by Sector

(年末数)单位：万人　　(year-end)(10 000 persons)

年份 Year	合 计 Total	# 农、林、牧、渔业 Farm Forestry, Animal Husbandry and Fishery	# 采掘业 Mining	# 制造业 Manufacturing	# 建筑业 Construction	# 交通运输、仓储和邮政业 Transport, Storage and Post	# 批发和零售业 Wholesale and Retail Trade
1978	2621.50	2508.44	12.13	18.20	7.84	4.08	5.59
1979	2650.70	2524.94	14.79	22.18	10.55	4.51	6.65
1980	2748.60	2625.70	16.98	25.47	10.57	4.66	6.88
1981	2813.10	2678.05	19.85	29.77	14.03	5.59	8.41
1982	2907.40	2791.08	17.95	26.93	16.27	4.95	7.32
1983	2982.60	2862.51	16.09	24.14	22.33	7.69	13.16
1984	3038.40	2844.69	20.02	30.04	37.93	13.53	28.62
1985	3103.00	2811.56	49.10	73.65	69.06	18.49	28.10
1986	3221.80	2872.71	56.26	84.38	86.59	20.48	35.79
1987	3275.00	2913.12	60.72	91.09	99.45	22.72	40.33
1988	3359.90	2972.82	63.80	95.70	104.65	24.13	44.68
1989	3423.30	3073.65	59.47	88.39	98.38	24.51	42.69
1990	3465.10	3102.72	57.20	85.80	97.09	25.03	44.60
1991	3568.50	3177.29	59.26	88.90	102.36	25.88	48.51
1992	3607.00	3154.64	62.97	94.46	116.00	27.79	54.33
1993	3595.30	3077.54	98.75	139.19	128.05	29.88	62.96
1994	3587.10	2825.89	82.22	268.53	150.02	45.84	126.93
1995	3573.30	2835.08	98.48	256.45	164.83	49.10	132.81
1996	3552.10	2863.84	98.27	259.94	185.71	53.59	99.93
1997	3538.00	2859.62	95.75	258.92	193.80	56.34	108.45
1998	3573.50	2811.89	89.17	242.08	203.06	58.33	113.96
1999	3567.00	2735.08	45.77	123.73	193.65	51.31	101.83
2000	3564.50	2631.07	47.38	128.11	212.46	54.05	113.62
2001	3556.20	2582.64	105.71	139.86	226.94	56.71	124.98
2002	3542.00	2503.26	78.44	117.43	246.62	60.75	134.04
2003	3516.60	2469.12	103.05	184.63	270.40	65.29	145.60
2004	3481.80	2432.00	65.00	188.90	281.50	75.40	157.90
2005	3473.10	2376.30	86.40	161.30	295.60	78.50	173.10
2006	3452.30	2293.60	85.10	202.60	261.90	80.60	178.80
2007	3432.74	2252.80	84.82	265.10	303.30	82.20	144.20
2008	3430.00	2173.28	74.50	273.50	341.60	89.78	176.71
2009	3410.76	2132.06	71.76	297.39	338.07	93.41	181.97
2010	3390.63	2069.72	74.19	308.03	352.68	92.55	184.55
2011	3368.00	2029.65	74.34	296.36	338.40	91.11	183.43
2012	3343.30	1975.24	73.02	297.51	323.51	34.69	117.79

4-7 各市(州)乡村户数及按行业分乡村就业人员(2012年)

Number of Rural Households and Rural Employed Persons by Sector and Region(2012)

单位：万人 (10 000 persons)

市(州)	Region	乡村户数(万户) Number of Rural households (10 000 households)	乡村就业人员合计 Total Rural Employed Persons	农、林、牧、渔业 Farm Forestry, Animal Husbandry and Fishery	工业 Industry	建筑业 Construction	交通运输、仓储和邮政业 Transport, Storage and Post	信息传输、计算机服务和软件业 Intelligence transmission, Computer Services, Software	批发和零售业 Wholesale and Retail Trade	住宿和餐饮业 Hotel, Catering Services	其他非农行业 Other Non-agriculture Trades
全 省	**Sichuan**	**2070.2**	**3343.30**	**1975.24**	**376.99**	**323.51**	**34.69**	**25.72**	**117.79**	**185.88**	**303.49**
成都市	Chengdu	224.9	345.09	139.29	67.32	59.07	3.58	4.49	13.44	37.19	20.71
自贡市	Zigong	71.5	135.91	68.11	17.58	16.35	2.99	1.95	7.92	8.58	12.44
攀枝花市	Panzhihua	15.1	28.41	20.59	2.05	0.94	0.03	0.63	1.13	0.79	2.25
泸州市	Luzhou	118.7	172.55	108.78	19.97	22.60	3.85	0.59	6.59	3.97	6.20
德阳市	Deyang	108.9	166.41	83.33	21.25	17.35	0.29	0.57	5.21	7.11	31.30
绵阳市	Mianyang	133.6	222.11	109.81	31.27	26.52	6.78	1.09	13.86	9.36	23.42
广元市	Guangyuan	69.4	123.17	81.37	11.29	15.11	0.28	0.52	3.08	5.62	5.89
遂宁市	Suining	82.6	119.87	64.87	12.67	18.09	0.63	0.87	2.90	6.03	13.82
内江市	Neijiang	108.9	125.01	57.20	18.26	17.63	0.95	1.71	3.37	6.54	19.34
乐山市	Leshan	82.1	146.05	90.64	10.77	12.83	0.38	1.25	3.75	13.66	12.75
南充市	Nanchong	176.1	198.59	112.15	25.15	22.97	0.99	1.83	5.34	10.18	20.00
眉山市	Meishan	87.7	152.33	98.06	16.43	13.75	1.06	1.94	5.27	8.07	7.74
宜宾市	Yibin	121.6	244.89	150.51	37.09	8.94	6.08	1.48	15.75	7.03	18.01
广安市	Guangan	109.6	169.49	115.06	18.02	9.61	0.66	1.05	3.82	7.76	13.52
达州市	Dazhou	162.0	262.27	163.50	23.74	15.47	0.97	0.97	7.17	17.72	32.73
雅安市	Yaan	40.4	78.52	41.85	7.91	6.94	1.85	0.66	4.30	2.65	12.35
巴中市	Bazhong	81.8	136.18	95.02	8.75	8.97	0.33	0.93	2.11	5.43	14.64
资阳市	Ziyang	129.9	178.82	104.20	15.87	18.46	0.99	1.14	4.43	16.97	16.77
阿坝藏族羌族自治州	Aba	18.4	38.02	28.46	0.87	1.19	0.51	0.76	1.69	1.06	3.48
甘孜藏族自治州	Ganzi	20.7	52.00	47.40	0.51	0.70	1.05	0.01	0.63	0.35	1.36
凉山彝族自治州	Liangshan	106.3	247.62	195.04	10.21	10.03	0.43	1.29	6.04	9.81	14.76

4-8 各市(州)国有、集体和其他各种经济单位就业人员(2012年)

Number of Employed Persons in State-owned , Collective Owned and Other Type of Ownershhip Units by Region(2012)

(年末数)单位：万人 (year-end)(10 000 persons)

市(州)	Region	合计 Total	国有经济单位 State-owned Units	城镇集体经济单位 Urban Collective Owned Units	其他各种经济单位 Units of Other Types of Ownership	内资 Domestic Funded	港澳台投资 Funded by Entrepreneurs from Hong Kong, Macao and Taiwan	外商投资 Foreign Funded
全　省	**Sichuan**	**640.9**	**358.8**	**33.8**	**248.3**	**216.4**	**18.6**	**13.4**
成都市	Chengdu	212.3	104.1	8.0	100.2	75.7	15.5	9.1
自贡市	Zigong	17.4	9.1	1.1	7.1	6.9		0.3
攀枝花市	Panzhihua	18.6	13.4	0.5	4.8	4.8		
泸州市	Luzhou	27.8	14.7	4.9	8.2	8.0		0.2
德阳市	Deyang	25.7	15.2	0.8	9.7	8.8	0.4	0.5
绵阳市	Mianyang	39.5	19.5	1.3	18.7	17.0	0.3	1.4
广元市	Guangyuan	14.6	10.1	0.9	3.6	3.5		0.1
遂宁市	Suining	17.5	8.4	3.1	6.1	5.9		0.2
内江市	Neijiang	21.8	11.5	1.1	9.2	9.0	0.2	
乐山市	Leshan	27.8	11.6	1.1	15.1	13.8	0.7	0.6
南充市	Nanchong	30.2	20.2	2.2	7.9	7.6	0.1	0.2
眉山市	Meishan	15.7	9.0	0.6	6.1	5.7	0.2	0.2
宜宾市	Yibin	36.5	15.4	0.6	20.5	19.7	0.6	0.2
广安市	Guangan	11.9	11.1	0.5	0.3	0.2	0.1	
达州市	Dazhou	26.9	17.2	2.8	6.8	6.8		
雅安市	Yaan	10.1	6.5	0.2	3.4	3.2	0.1	0.2
巴中市	Bazhong	17.8	10.0	2.1	5.7	5.7		
资阳市	Ziyang	17.4	9.7	1.0	6.6	6.6		
阿坝藏族羌族自治州	Aba	7.6	6.3	0.2	1.1	1.0		
甘孜藏族自治州	Ganzi	7.6	6.9	0.1	0.6	0.6		
凉山彝族自治州	Liangshan	23.8	16.6	0.8	6.5	6.1	0.2	0.2

注：全省合计中包括了省直综单位就业人员，市(州)数据未包括。

a) The number of persons employed in directly affiliated units and comprehensive unit was included in the Sichuan's number of employed persons, but was not included in regional number of employed persons.

4-9 按行业分国有经济单位就业人员
Number of Staff and Workers in State-owned Units by Sector

(年末数)单位：万人 (year-end)(10 000 persons)

行　　业	Sector	2009	2010	2011	2012
总 计	**Total**	**328.8**	**335.8**	**346.5**	**358.8**
农、林、牧、渔业	Farm, Forestry, Animal Husbandry and Fishery	4.6	4.4	4.1	3.8
采掘业	Mining	11.9	11.1	10.8	10.8
制造业	Manufacturing	25.2	26.3	26.3	25.3
电力、煤气及水的生产和供应业	Electric Power, Gas and Water Production and Supply	8.0	8.2	8.6	8.9
建筑业	Construction	29.7	32.5	34.3	35.8
交通运输、仓储和邮政业	Transport, Storage and Post	17.2	16.4	16.1	16.4
信息传输、计算机服务和软件业	Information Transmission, Computer Services and Software	3.3	3.2	3.6	3.5
批发和零售业	Wholesale and Retail Trade	6.5	5.8	6.0	6.3
住宿和餐饮业	Hotels and Catering Services	1.8	1.8	2.1	1.9
金融业	Finance	9.4	8.8	9.2	10.8
房地产业	Real Estate	1.2	1.1	1.2	1.0
租赁和商务服务业	Leasing and Bisinss Services	3.8	3.7	3.9	2.5
科学研究、技术服务和地质勘查业	Scientific Research,Technic Services and Geological Prospecting	12.5	12.9	13.6	15.0
水利、环境和公共设备管理业	Water, Environment Public Facilities Conservancy	8.2	8.9	9.0	9.7
居民服务和其他服务业	Resident Services and Other Services	0.4	0.4	0.4	0.5
教育	Education	81.3	81.0	83.2	86.7
卫生、社会保障和社会福利业	Health Care, Social Security and Welfare	26.1	27.8	30.8	33.1
文化、体育和娱乐业	Culture, Sports and Entertainment	3.9	4.0	4.0	4.1
公共管理和社会组织	Public Management and Social Organization	73.9	77.4	79.3	82.6

4-10 按行业分城镇集体经济单位就业人员
Number of Staff and Workers in Urban Collective Owned Units by Sector

(年末数)单位：万人 (year-end)(10 000 persons)

行　　业	Sector	2009	2010	2011	2012
总 计	**Total**	**38.2**	**33.7**	**33.8**	**33.8**
农、林、牧、渔业	Farm, Forestry, Animal Husbandry and Fishery	0.4	0.4	0.3	0.2
采掘业	Mining	0.5	0.4	0.5	0.8
制造业	Manufacturing	6.5	3.4	3.3	2.7
电力、煤气及水的生产和供应业	Electric Power, Gas and Water Production and Supply	0.3	0.3	0.3	0.3
建筑业	Construction	17.2	17.3	17.3	17.7
交通运输、仓储和邮政业	Transportation, Storage and Post	1.0	0.9	1.0	1.0
信息传输、计算机服务和软件业	Information Transmission, Computer Services and Software	0.2			
批发和零售业	Wholesale and Retail Trade	1.6	1.1	1.1	1.0
住宿和餐饮业	Hotels and Catering Services	0.4	0.4	0.3	0.3
金融业	Finance	3.2	2.7	2.8	2.7
房地产业	Real Estate	0.2	0.2	0.2	0.2
租赁和商务服务业	Leasing and Business Services	0.7	0.7	0.8	0.9
科学研究、技术服务和地质勘查业	Scientific Research,Technic Services and Geological Prospecting	0.1	0.1	0.1	0.1
水利、环境和公共设备管理业	Water, Environment Public Facilities Conservancy	0.5	0.5	0.5	0.5
居民服务和其他服务业	Resident Services and Other Services	0.3	0.3	0.3	0.3
教育	Education	0.1	0.1	0.1	0.1
卫生、社会保障和社会福利业	Health Care, Social Security and Welfare	4.9	4.7	4.8	4.9
文化、体育和娱乐业	Culture, Sports and Entertainment	0.1	0.1	0.1	0.1
公共管理和社会组织	Public Management and Social Organization				

4-11 各市(州)按行业分城镇私营单位就业人员(2012年)

(年末数)单位：万人

市(州)	Region	户数(户) Number of Family	合计 Total	农、林、牧、渔业 Farm Forestry, Animal Husbandry and Fishery	采矿业 Mining	制造业 Manufacturing	建筑业 Construction	交通运输、仓储和邮政业 Transport, Storage and Post
全　省	**Sichuan**	**290233**	**329.83**	**6.07**	**17.82**	**98.31**	**52.00**	**9.07**
成都市	Chengdu	85220	123.50	1.61	0.28	34.76	18.77	4.01
自贡市	Zigong	6032	15.50	0.07	1.79	7.74	2.79	0.38
攀枝花市	Panzhihua	3691	6.30	0.08	1.86	1.52	0.48	0.05
泸州市	Luzhou	12421	16.30	0.07	1.37	5.62	2.10	0.88
德阳市	Deyang	11453	11.62	0.06	0.02	2.92	1.15	0.28
绵阳市	Mianyang	25415	12.25	0.95	0.34	3.16	0.77	0.22
广元市	Guangyuan	6097	7.81	0.15	0.18	1.44	1.46	0.11
遂宁市	Suining	22972	10.10	0.31	0.04	4.99	0.85	0.08
内江市	Neijiang	37566	12.17	0.08	1.16	2.81	0.55	0.60
乐山市	Leshan	8105	9.02	0.16	0.10	3.58	0.61	0.19
南充市	Nanchong	10554	24.22	0.50	0.14	6.49	7.59	0.20
眉山市	Meishan	2755	5.16	0.03	0.02	2.05	0.54	0.16
宜宾市	Yibin	6668	18.17	0.15	2.03	4.31	3.88	1.16
广安市	Guangan	4065	11.08	0.56	0.82	3.18	3.83	0.07
达州市	Dazhou	15761	16.49	0.17	4.26	4.82	2.55	0.12
雅安市	Yaan	3815	5.25	0.23	0.33	2.11	0.57	0.17
巴中市	Bazhong	1725	5.60	0.05	0.37	1.52	2.22	0.05
资阳市	Ziyang	5884	7.35	0.41	0.02	2.59	0.61	0.15
阿坝藏族羌族自治州	Aba	3418	1.36	0.03	0.03	0.44	0.12	0.03
甘孜藏族自治州	Ganzi	1304	1.19	0.05	0.07	0.24	0.11	0.01
凉山彝族自治州	Liangshan	15312	9.39	0.35	2.58	2.02	0.44	0.14

Number of Employed Persons in Urban Private Enterprises by Sector and Region(2012)

(year-end)(10 000 persons)

信息传输、计算机服务和软件业 Information Transmission, Computer Services and Software	批发和零售业 Wholesale and Retail Trade	住宿和餐饮业 Hotels and Catering Services	房地产业 Real Estate	租赁和商务服务业 Leasing and Business Services	居民服务和其他服务业 Resident Services and Other Services	教育 Education	卫生、社会保障和社会福利业 Health Care, Social Security and Welfare	文化、体育和娱乐业 Culture, Sports and Entertain-ment
14.75	**18.25**	**49.25**	**16.02**	**18.20**	**14.09**	**2.25**	**3.00**	**2.89**
6.93	3.25	21.95	7.65	10.62	7.20	1.13	1.19	0.89
0.11	1.02	0.54	0.36	0.17	0.12	0.09	0.07	0.06
0.27	0.17	1.13	0.30	0.10	0.12	0.01	0.05	0.07
0.11	3.19	1.25	0.39	0.40	0.31	0.10	0.05	0.10
0.40	0.31	3.58	0.66	1.02	0.49	0.01	0.03	0.28
0.60	3.61	0.31	0.52	0.97	0.42	0.01	0.03	0.09
0.32	0.11	2.38	0.36	0.43	0.54		0.03	0.11
0.61	0.47	0.90	0.22	0.30	1.07	0.03	0.03	0.09
0.57	0.39	2.07	0.44	1.20	1.20		0.46	0.46
0.24	0.22	2.66	0.45	0.39	0.14	0.01	0.01	0.02
1.96	0.64	2.50	2.01	0.60	0.55	0.51	0.35	0.18
0.11	0.09	1.22	0.22	0.18	0.41		0.02	0.01
0.31	2.88	1.26	0.76	0.44	0.47	0.12	0.26	0.03
0.26	0.24	1.12	0.29	0.10	0.29	0.02	0.06	0.08
0.69	0.50	1.74	0.48	0.20	0.13	0.09	0.21	0.10
0.14	0.34	0.39	0.11	0.19	0.13	0.02	0.03	0.03
0.24	0.08	0.53	0.20	0.08	0.03	0.05	0.06	0.06
0.19	0.17	1.73	0.44	0.50	0.18	0.02	0.04	0.09
0.26	0.05	0.18	0.03	0.04	0.02			0.04
0.03	0.18	0.10	0.03	0.08	0.09	0.01		0.02
0.36	0.33	1.69	0.10	0.22	0.21	0.02	0.03	0.07

4-12 各市(州)按行业分城镇个体就业人员(2012年)

(年末数)单位：万人

市(州)	Region	户数(户) Number of Family	合计 Total	农、林、牧、渔业 Farm Forestry, Animal Husbandry and Fishery	采矿业 Mining	制造业 Manufac-turing	建筑业 Construc-tion	交通运输、仓储和邮政业 Transport, Storage and Post
全　省	**Sichuan**	**2092107**	**419.25**	**5.96**	**1.68**	**37.47**	**19.55**	**34.72**
成都市	Chengdu	481058	115.71	0.72		9.82	3.16	5.55
自贡市	Zigong	96322	22.30	0.03	0.29	1.60	3.21	2.25
攀枝花市	Panzhihua	61173	13.26	0.07		0.64	1.03	2.48
泸州市	Luzhou	90293	23.65	1.86	0.08	4.51	0.35	0.34
德阳市	Deyang	43373	6.83	0.03		0.18	0.01	0.70
绵阳市	Mianyang	143387	19.64	1.78	0.02	0.69	0.04	1.59
广元市	Guangyuan	99954	13.31	0.05	0.13	0.85	0.12	0.56
遂宁市	Suining	105325	14.48	0.55	0.03	1.22	0.08	1.17
内江市	Neijiang	55400	11.03	0.04	0.05	0.44	0.07	0.17
乐山市	Leshan	55040	9.75	0.07		0.37	0.02	0.16
南充市	Nanchong	54127	22.74	0.07	0.10	1.87	0.95	3.17
眉山市	Meishan	93664	17.31		0.09	2.15	1.41	2.06
宜宾市	Yibin	96007	23.43	0.01	0.02	2.64	1.47	1.83
广安市	Guangan	126296	24.11	0.28	0.12	3.07	2.08	2.09
达州市	Dazhou	197476	26.13	0.06	0.26	2.41	2.96	4.12
雅安市	Yaan	48818	10.86	0.09	0.07	0.97	0.16	1.30
巴中市	Bazhong	75081	12.76	0.04	0.12	1.24	0.74	1.26
资阳市	Ziyang	30064	4.07	0.04		0.21	0.01	0.31
阿坝藏族羌族自治州	Aba	16611	3.51	0.03	0.01	0.24	0.02	0.97
甘孜藏族自治州	Ganzi	19927	3.94	0.03	0.01	0.20	0.01	0.50
凉山彝族自治州	Liangshan	102711	20.43	0.14	0.28	2.14	1.67	2.15

Number of Employed Persons in Self-employed Individuals by Sector and Region(2012)

(year-end)(10 000persons)

信息传输、计算机服务和软件业 Information Transmission, Computer Services and Software	批发和零售业 Wholesale and Retail Trade	住宿和餐饮业 Hotels and Catering Services	房地产业 Real Estate	租赁和商务服务业 Leasing and Business Services	居民服务和其他服务业 Resident Services and Other Services	教育 Education	卫生、社会保障和社会福利业 Health Care, Social Security and Welfare	文化、体育和娱乐业 Culture, Sports and Entertainment
9.24	**82.04**	**157.34**	**1.38**	**11.40**	**44.47**	**1.22**	**4.75**	**8.01**
2.19	23.69	48.92	0.84	6.32	11.57	0.19	0.91	1.83
0.14	6.27	5.59	0.09	0.18	1.80	0.08	0.21	0.57
0.04	2.43	4.69	0.01	0.13	1.15	0.06	0.17	0.38
0.05	8.53	1.63	0.02	0.73	5.05		0.18	0.33
0.73	0.64	3.57	0.01	0.10	0.75		0.03	0.10
0.13	8.63	4.16		0.56	1.78		0.04	0.22
0.54	1.56	7.21	0.05	0.42	1.43	0.03	0.16	0.20
0.30	0.37	7.62	0.02	0.50	2.01		0.19	0.43
0.26	0.93	6.23	0.14	0.57	1.10		0.50	0.53
0.57	0.21	6.84	0.01	0.22	1.10		0.04	0.14
0.76	2.52	8.13	0.02	0.35	4.00	0.09	0.34	0.37
0.58	1.47	6.79	0.05	0.24	1.45	0.13	0.20	0.70
0.15	11.03	2.72	0.02	0.20	2.30	0.24	0.28	0.53
0.74	2.71	9.79	0.03	0.22	1.95	0.16	0.44	0.45
0.51	2.51	10.19	0.01	0.16	1.83	0.12	0.60	0.40
0.14	3.49	3.15		0.17	1.15	0.01	0.06	0.10
0.32	1.36	6.10	0.04	0.09	1.05	0.08	0.24	0.09
0.40	0.15	2.49	0.01	0.04	0.34		0.02	0.06
0.03	0.55	1.23		0.06	0.30	0.01	0.01	0.04
0.02	1.77	0.89		0.03	0.41		0.02	0.07
0.65	1.22	9.40	0.01	0.13	1.98	0.04	0.12	0.48

4-13 按行业分其他经济单位就业人员

Number of Staff and Workers in Units of Other Types of Ownership by Sector

(年末数)单位:万人 (year-end)(10 000 persons)

登记注册类型及行业	Registration Status and Sector	2009	2010	2011	2012
总　计	**Total**	**197.3**	**201.1**	**233.8**	**248.3**
按登记注册类型分组	**Grouped by Registration Status**				
内资	Domestic Funded	182.0	185.1	208.0	216.4
股份合作单位	Cooperative Unit	8.0	7.9	8.5	8.5
联营单位	Jiont-owned Units	1.2	1.1	0.7	1.0
有限责任公司	Limited Liability Corporations	119.3	122.9	135.6	142.5
股份有限公司	Share-holding Corporations	48.8	49.3	55.5	55.8
其他	Others	4.6	3.8	7.7	8.6
港澳台商投资单位	Enterrises With Funded by Entrepreneurs form Hong Kong, Macao and Taiwan	5.6	5.8	14.9	18.6
外商投资单位	Foreign Funded	9.7	10.3	10.9	13.4
按国民经济行业分组	**Grouped by Economic Sector**				
农、林、牧、渔业	Agriculture, Forestry, Animal Husbandry and Fishery	0.1	0.2	0.2	0.1
采掘业	Mining	9.6	8.9	10.0	12.9
制造业	Manufacturing	91.5	94.6	112.1	116.5
电力、煤气及水的生产和供应业	Electric Power, Gas and Water Production and Supply	7.1	6.8	7.4	8.3
建筑业	Construction	52.7	50.1	60.2	62.5
交通运输、仓储和邮政业	Transport, Storage and Post	5.5	5.7	5.5	6.1
信息传输、计算机服务和软件业	Information Transmission, Computer Services and Software	2.4	3.1	2.9	2.4
批发和零售业	Wholesale and Retail Trade	9.4	10.2	10.7	11.3
住宿和餐饮业	Hotels and Catering Services	3.0	3.3	3.7	5.4
金融业	Finance	7.8	9.8	9.4	9.4
房地产业	Real Estate	4.0	4.2	5.1	5.5
租赁和商务服务业	Leasing and Bisiness Services	1.5	1.5	1.7	1.9
科学研究、技术服务和地质勘查业	Scientific Research,Technic Services and Geological Prospecting	0.6	0.7	1.0	1.1
水利、环境和公共设备管理业	Water, Environment Public Facilities Conservancy	0.5	0.4	0.5	0.5
居民服务和其他服务业	Resident Services and Other Services	0.3	0.3	0.3	0.3
教育	Education	0.7	0.8	1.8	2.6
卫生、社会保障和社会福利业	Health Care, Social Security and Welfare	0.3	0.4	1.0	1.2
文化、体育和娱乐业	Culture, Sports and Entertainment	0.4	0.3	0.3	0.3
公共管理和社会组织	Public Management and Social Organization				

4-14 按行业分国有、集体和其他各种经济单位女性就业人员
Number of Female Employed Persons in State-owned , Collective Owned and Other Type of Ownershhip Units by Sector

(年末数)单位:万人 (year-end)(10 000 persons)

行　业	Sector	2007	2008	2009	2010	2011	2012
总 计	**Total**	**180.17**	**187.20**	**191.63**	**192.73**	**207.25**	**216.60**
按经济类型分	**Grouped by Ownership**						
国有经济单位	State-owned Units	114.12	116.80	118.22	120.41	123.43	130.50
城镇集体经济单位	Urban Collective Owned Units	11.52	11.20	11.09	9.29	9.48	9.10
其他各种经济单位	Units of Other Types of Ownership	54.53	59.20	62.33	63.03	74.34	77.00
按行业分	**Grouped by Sector**						
农、林、牧、渔业	Farm, Forestry, Animal Husbandry and Fishery	2.18	1.91	1.41	1.42	1.32	1.22
采掘业	Mining	4.16	4.47	4.54	4.44	4.40	5.05
制造业	Manufacturing	44.59	45.92	44.79	44.28	50.41	50.33
电力、煤气及水的生产和供应业	Electric Power, Gas and Water Production and Supply	5.22	5.14	5.09	5.07	5.16	5.71
建筑业	Construction	11.96	14.39	15.68	15.85	15.27	15.32
交通运输、仓储和邮政业	Transport, Storage and Post	7.88	7.88	7.61	7.37	7.17	7.60
信息传输、计算机服务和软件业	Information Transmission,Computer Services and Software	1.85	1.86	2.02	2.09	2.49	2.48
批发和零售业	Wholesale and Retail Trade	7.81	8.32	8.02	7.24	8.34	8.58
住宿和餐饮业	Hotels and Catering Services	2.89	2.85	3.02	2.88	3.23	3.96
金融业	Finance	8.42	8.98	9.88	10.05	10.67	11.08
房地产业	Real Estate	1.61	1.58	1.75	1.71	2.14	2.36
租赁和商务服务业	Leasing and Commercial Affairs Services	1.89	1.96	1.73	1.69	1.85	1.51
科学研究、技术服务和地质勘查业	Scientific Research,Technic Services and Geological Prospecting	3.63	3.87	4.03	3.74	4.31	4.61
水利、环境和公共设备管理业	Water, Environment Public Facilities Conservancy	3.69	3.59	4.18	4.37	4.43	4.79
居民服务和其他服务业	Resident Services and Other Services	0.69	0.49	0.40	0.34	0.36	0.37
教育	Education	35.56	35.57	36.08	36.66	38.84	40.93
卫生、社会保障和社会福利业	Health Care, Social Security and Welfare	15.67	16.47	18.15	19.14	21.48	23.72
文化、体育和娱乐业	Culture, Sports and Entertainment	1.68	1.79	1.80	1.69	1.77	1.89
公共管理和社会组织	Public Management and Social Organization	18.80	20.22	21.47	22.68	23.61	25.09

4-15 各市(州)国有、集体和其他经济单位女性就业人员
Number of Female Employed Persons in State-owned , Collective Owned and Other Type of Ownership Units by Region

(年末数)单位:万人 (year-end)(10 000 persons)

市(州)	Region	2005	2006	2007	2008	2009	2010	2011	2012
全 省	**Sichuan**	**174.60**	**176.50**	**180.17**	**187.24**	**191.63**	**192.73**	**207.25**	**216.60**
成都市	Chengdu	46.50	48.00	47.97	53.58	56.47	58.81	67.87	71.61
自贡市	Zigong	6.60	6.90	7.25	7.36	7.03	5.79	6.16	6.18
攀枝花市	Panzhihua	6.90	6.50	6.36	6.00	6.09	6.14	6.23	6.04
泸州市	Luzhou	8.50	8.50	8.41	8.26	8.84	8.58	8.97	9.57
德阳市	Deyang	8.00	7.90	7.94	7.79	8.12	8.19	8.34	7.83
绵阳市	Mianyang	11.60	11.80	12.44	13.23	13.33	13.05	14.69	15.73
广元市	Guangyuan	4.60	4.60	4.85	4.87	4.87	4.71	4.66	5.02
遂宁市	Suining	5.10	5.40	5.37	5.34	5.43	4.39	4.78	5.08
内江市	Neijiang	8.00	7.70	7.43	9.34	7.60	7.39	7.41	7.65
乐山市	Leshan	10.30	10.20	10.18	10.32	10.00	9.74	9.16	9.33
南充市	Nanchong	6.70	6.70	6.79	6.99	7.60	7.67	7.91	9.48
眉山市	Meishan	4.50	4.50	5.03	4.43	4.47	5.50	5.23	5.65
宜宾市	Yibin	10.50	10.40	11.15	10.86	11.44	11.71	13.04	12.54
广安市	Guangan	3.30	3.40	3.51	3.87	3.78	3.51	3.76	3.93
达州市	Dazhou	7.80	7.70	7.80	7.72	7.64	7.65	8.06	8.40
雅安市	Yaan	3.10	3.10	3.31	3.27	3.48	3.43	3.51	3.66
巴中市	Bazhong	3.30	3.70	3.74	3.82	4.01	4.16	4.61	5.11
资阳市	Ziyang	5.20	5.10	5.09	4.92	5.45	5.77	5.90	5.45
阿坝藏族羌族自治州	Aba	2.90	2.90	2.97	2.75	2.84	2.82	2.99	3.17
甘孜藏族自治州	Ganzi	2.40	2.30	2.34	2.36	2.62	2.84	2.81	3.00
凉山彝族自治州	Liangshan	6.80	7.10	6.85	6.86	7.13	7.46	7.80	8.43

4-16 全部单位就业人员工资总额及指数
Total Wages of Staff and Workers in all Units and Related Index

年份 Year	工资总额 (万元) Total Wages (10 000 yuan)					指数 (上年=100) Index (Preceding year=100)				
	全部单位 all Units	国有经济单位 State-owned Units	城镇集体经济单位 Urban Colletive Owned Units	私营经济单位 Private Units	其他各种经济单位 Units of Other Types of Ownership	全部单位 all Units	国有经济单位 State-owned Units	城镇集体经济单位 Urban Colletive Owned Units	私营经济单位 Private Units	其他各种经济单位 Units of Other Types of Ownership
1978	263196	219481	43715			114.3	119.6	93.6		
1979	301117	248761	52356			114.4	113.3	119.8		
1980	364892	300829	64063			121.2	120.9	122.4		
1981	377600	309573	68027			103.5	102.9	106.2		
1982	398196	325973	72223			105.5	105.3	106.2		
1983	421222	345815	75407			105.8	106.1	104.4		
1984	496013	395565	99958		490	117.8	114.4	132.6		
1985	598403	478883	119128		392	120.6	121.1	119.2		80.0
1986	719269	582177	136524		568	120.2	121.6	114.6		144.9
1987	802261	650498	150931		832	111.5	111.7	110.6		146.5
1988	987813	807670	178923		1220	123.1	124.2	118.5		146.6
1989	1135724	937712	195894		2118	115.0	116.1	109.5		173.6
1990	1294823	1071715	220375		2733	114.0	114.3	112.5		129.0
1991	1450034	1197509	248487		4038	111.8	111.7	111.4		147.7
1992	1667894	1377792	283759		6343	115.3	115.1	115.6		157.1
1993	2046047	1635013	333417		77617	122.7	118.7	117.5		1223.7
1994	2776839	2227867	386038		162934	135.7	135.7	115.8		209.9
1995	3217827	2574023	437256		206548	115.9	115.9	113.3		126.8
1996	3550444	2841447	469060		239937	110.3	110.3	107.3		116.2
1997	3806429	3020053	513532		272844	107.2	106.3	109.5		113.8
1998	3927403	3010629	438565		478209	103.2	99.7	85.4		175.3
1999	3985709	3076087	398702		510920	105.3	105.8	94.0		112.5
2000	4369495	3387240	405185		577070	109.6	110.1	101.6		112.9
2001	4902582	3824669	389753		688160	112.2	112.9	96.2		119.3
2002	5391189	4069680	388119		933390	110.0	106.4	99.6		135.6
2003	6224989	4530295	436951		1257743	115.5	111.3	112.6		129.5
2004	6926273	4954541	433210		1538522	111.3	109.4	99.1		122.4
2005	7960325	5575919	457007		1927399	114.9	112.5	105.5		125.7
2006	9100898	6278120	512573		2310205	114.3	112.6	112.2		119.7
2007	11198309	7702452	597311		2898546	123.0	122.7	116.5		125.7
2008	13555288	9131401	698158		3725729	121.0	118.6	116.9		128.5
2009	21294971	10581526	791894	5511793	4409758		115.9	113.4		118.4
2010	25409121	12266436	785441	7003940	5353304	119.3	115.9	99.2	127.1	121.4
2011	31597970	14479483	951634	8908497	7258356	124.4	118.0	121.2	127.2	135.6
2012	37723598	17060258	1107287	10725843	8830210	119.4	117.8	116.4	120.4	121.7

4-17 按行业分全部单位就业人员工资总额

单位:万元

年份 Year	合计 Total	农、林、牧、渔业 Agriculture, Forestry, Animal Husbandry and Fishery	采矿业 Mining	制造业 Manufac-turing	电力、煤气及水的生产和供应业 Electricity, Gas and Water Production and Supply	建筑业 Construc-tion	交通运输、仓储和邮政业 Transport, Storage and Post	信息传输、计算机服务和软件业 Information Transmission, Computer Services and Software	批发和零售业 Wholesale and Retail Trade	住宿和餐饮业 Hotels and Catering Services
1978	263196	7016	22921	91621	5233	23383	25436		26693	3685
1979	301117	6896	24400	107395	5602	27225	27804		31458	4329
1980	364892	8186	28667	126922	8134	32823	30802		37726	5176
1981	377600	8405	29423	131697	8674	33324	31423		38785	5314
1982	398196	8986	31825	136944	7671	34199	32917		39729	5451
1983	421222	9710	28493	148050	8261	35700	34606	426	41091	5645
1984	496013	10383	35546	183614	10224	42613	40689	685	47313	6017
1985	598403	12035	46417	219817	8405	48027	46800	1268	28322	6512
1986	719269	14787	57236	258144	10810	58789	54971	2126	65333	8262
1987	802261	15341	59949	297304	12852	67477	60359	2501	71835	9066
1988	987813	17477	70663	371196	16092	81136	74328	3164	90556	11539
1989	1135724	19005	76612	439876	19804	88267	86963	4399	101140	12958
1990	1294823	21185	104553	476728	29408	99025	96980	5711	112974	14458
1991	1450034	23443	112731	547026	29410	115319	108156	6291	123849	16005
1992	1667894	25979	118366	615493	35459	135228	124006	7489	137426	17127
1993	2046047	29031	116455	775305	41259	221791	103846	8356	175633	21044
1994	2776839	38639	171556	956517	55749	262082	138631	18195	220732	28381
1995	3217827	44168	188235	1121615	79256	303939	171773	18645	255632	34916
1996	3550444	50134	211692	1210693	95247	320058	193317	19078	273788	38553
1997	3806429	54280	213126	1249005	119344	349282	223444	19589	279658	39983
1998	3927403	57111	207010	1185340	129699	346700	228139	20084	260947	36486
1999	3985709	63225	171492	1071310	140643	345079	249831	23999	229458	33056
2000	4369495	72727	214016	1108247	155720	360460	274101	26618	217446	29718
2001	4902582	90629	158455	1117906	181767	411914	297310	34640	195433	32305
2002	5391189	95174	195370	1180244	205600	493233	330353	45931	179869	32116
2003	6224989	103745	207903	1357229	240706	627520	299198	96957	212843	41968
2004	6926273	97595	247519	1496103	261516	695040	329732	127251	236843	49262
2005	7960325	95400	340874	1690892	300129	815528	398077	144989	270334	58340
2006	9100898	103637	402290	1958532	328948	997151	479269	160441	284486	61669
2007	11198309	114676	522447	2294500	393339	1257432	545062	168658	309381	74852
2008	13555288	111457	653566	2784093	475273	1603208	630662	193001	384950	85024
2009	21294971	98415	1255861	5130324	576252	3167298	894140	309578	965673	287608
2010	25409121	111552	1506249	6132399	675721	3873904	1038718	387007	1176499	356303
2011	31597970	200867	1779562	8103028	844533	4672108	1199619	431563	1480791	485624
2012	37723598	243409	2254256	9447049	1003965	5603892	1482261	586057	1170441	1148340

Total Wages of Staff and Workers in all Units by Sector

(10 000 yuan)

金融业 Financial	房地产业 Real Estate	租赁和商务服务业 Leasing and Bussiness Services	科学研究、技术服务和地质勘查业 Scientific Research, Technic Services and Geological Prospecting	水利、环境和公共设备管理业 Water, Environment Public Facilities	居民服务和其他服务业 Services to housholds and Other Services	教育 Education	卫生、社会保障和社会福利业 Health Care, Social Security and Welfare	文化、体育和娱乐业 Culture, Sports and Entertain-ment	公共管理和社会组织 Public Management and Social Organization
2096	197		11766	757	307	21420	6069	1042	13554
2446	315		14043	1141	342	24110	7792	1291	14528
3468	778		15088	3021	417	30902	10746	2898	19138
3815	912		15529	3031	373	32223	11519	2803	20350
4025	964	365	17699	2371	388	37056	12706	2851	22049
4106	1153	518	18220	4101	404	37868	13587	3474	25809
5841	1291	886	20800	4109	398	38779	14751	3781	28293
6905	1155	1117	26872	4817	463	51174	17595	3782	36920
9307	1450	1847	29932	5937	589	61038	23114	6009	49588
10474	1510	2185	30870	6985	698	65819	25034	6917	55085
12924	1803	2760	35675	8643	761	84250	30796	8435	65615
14102	2053	3863	39444	11762	815	89940	34583	11037	79101
17470	2437	5066	46459	15061	978	99358	39529	13358	94085
19297	2795	5765	51742	16480	996	107925	43028	13774	106002
25366	4005	6998	64707	19620	783	134970	51266	12593	131013
40457	5216	7827	69586	21830	8053	157693	63269	12508	166888
69270	8886	16756	98468	46332	9316	244518	104740	29282	258789
80619	10459	17626	120187	47932	9687	242074	122049	29689	289326
92634	12751	18124	126915	48639	9804	332534	140925	30614	324991
110358	14601	19137	134609	49533	9840	368133	158473	31191	363001
136365	20341	20515	142113	50345	10137	436783	181650	31955	425980
158688	22735	24961	125873	58322	10817	518933	214225	36587	486655
183778	27647	27311	141697	63432	13251	601173	246975	40099	565261
214232	29128	30006	203335	71987	20125	771304	294859	49890	697637
231703	41850	32574	186623	76808	17648	896710	335438	53535	761243
276380	52517	40900	218656	67579	32828	996203	385244	71653	894960
315060	56713	50438	260908	72086	17409	1100797	425419	76188	1010394
379710	60560	110355	278465	81137	28546	1201121	487875	91225	1126767
415539	76292	110317	341389	100592	32356	1339277	566718	89067	1252926
503492	101872	145778	417854	124712	43016	1720414	710029	101941	1648852
676824	109496	184636	523409	135675	21894	1946943	856137	113486	2065555
791821	357901	374472	665465	180718	123001	2541547	1040967	144975	2388957
1007152	430062	468560	783046	207955	171475	2927686	1277654	177429	2699750
1315866	564549	567142	1014862	269933	230330	3366310	1713105	239082	3119096
1605422	713886	630263	1159404	344307	295883	4013182	2133160	261911	3626511

4-18 按行业分国有经济单位就业人员工资总额

单位:万元

年份 Year	合计 Total	农、林、牧、渔业 Agriculture, Forestry, Animal Husbandry and Fishery	采矿业 Mining	制造业 Manufacturing	电力、煤气及水的生产和供应业 Electricity, Gas and Water Production and Supply	建筑业 Construction	交通运输、仓储和邮政业 Transport, Storage and Post	信息传输、计算机服务和软件业 Information Transmission, Computer Services and Software	批发和零售业 Wholesale and Retail Trade	住宿和餐饮业 Hotels and Catering Services
1978	219481	6349	22831	74597	4340	18879	16845		20283	3004
1979	248761	6173	24286	85531	5007	21114	19090		23562	3490
1980	300829	7372	28477	99448	7386	25251	22265		27993	4146
1981	309573	7524	29273	101563	7826	24931	22968		28638	4241
1982	325973	7507	31669	105679	6791	24621	23888		29523	4372
1983	345815	8129	28266	115164	7359	25057	25645	426	30708	4548
1984	395565	8775	35271	143448	9144	30873	30914	685	23954	3548
1985	478883	10261	46083	171148	7091	34381	35210	1268	30018	3520
1986	582177	12437	56860	202705	9315	41875	43168	2126	33865	5016
1987	650498	12771	59515	233891	11144	48446	47836	2501	38226	5601
1988	807670	14621	70124	295218	14050	58163	59942	3164	50429	7402
1989	937712	15841	76031	354269	17519	64933	70353	4399	57942	8505
1990	1071715	17282	102004	383120	25290	71988	79263	5711	64293	9437
1991	1197509	19023	109427	435869	25167	83375	88995	6291	71962	10658
1992	1377792	20726	114231	489232	30605	94239	102479	7489	77834	11425
1993	1635013	23775	111770	583654	39022	158721	83740	8356	95545	14151
1994	2227867	30480	162306	667528	50161	186311	120653	18195	135672	19915
1995	2574023	34834	177415	775878	71687	224438	151492	18645	155143	22978
1996	2841447	39432	200710	833479	84574	230079	170865	18902	168030	24886
1997	3020053	43054	197505	834145	102870	244728	199996	19213	171901	25460
1998	3010629	46216	179302	684660	101734	239295	202615	19585	151032	22369
1999	3076087	51346	143862	593000	110565	230424	217647	22588	139215	20746
2000	3387240	59933	184541	592493	120520	225360	239453	24570	134067	16648
2001	3824669	75018	125230	571708	139577	244940	259421	31592	121802	18151
2002	4069680	82734	154215	548757	146069	240261	280217	35021	106741	15990
2003	4530295	88554	140691	587018	148665	297628	239658	85531	131224	18271
2004	4954541	83699	157343	600863	169126	282400	258843	110752	135253	20289
2005	5575919	83116	239878	638221	193349	306660	304666	118181	144843	20955
2006	6278120	90978	285074	734517	199945	356909	372775	128043	146570	23045
2007	7702452	101012	352462	753978	235789	458057	452216	124192	162859	31019
2008	9131401	99407	438487	858128	280334	568157	503641	135208	188586	32225
2009	10581526	82798	474721	841874	299880	754787	586030	133791	217955	38219
2010	12266436	89000	508371	1000888	365831	945472	638792	142432	239082	47135
2011	14479483	109802	586060	1142657	424599	1066283	738607	157237	285194	65346
2012	17060258	120858	757792	1208273	488184	1253206	887444	188169	340260	74819

Total Wages of Employment in State-owned Units by Sector

(10 000 yuan)

金融业 Financial	房地产业 Real Estate	租赁和商务服务业 Leasing and Bussiness Services	科学研究、技术服务和地质勘查业 Scientific Research, Technic Services and Geological Prospecting	水利、环境和公共设备管理业 Water, Environment Public Facilities	居民服务和其他服务业 Services to housholds and Other Services	教育 Education	卫生、社会保障和社会福利业 Health Care, Social Security and Welfare	文化、体育和娱乐业 Culture, Sports and Entertain-ment	公共管理和社会组织 Public Management and Social Organization
1291	197		11766	741	276	20683	3840	626	12933
1533	315		14043	1033	312	23124	5010	739	14399
2298	722		15045	2602	403	29999	7327	1120	18975
2654	840		15494	2609	378	31320	8118	1010	20186
2805	889	365	17659	1875	313	36301	9011	835	21870
2855	1056	518	18217	3590	304	37243	9652	1450	25628
4330	1186	877	20794	3600	326	38169	10800	1301	27570
5001	1007	1099	26858	4226	338	50587	13232	1520	36035
6668	1319	1818	29913	5261	484	60431	17143	3226	48547
7415	1464	2138	30852	6189	569	65223	19036	3797	53884
9352	1768	2705	35664	7830	720	83713	23804	4802	64199
9954	2039	3760	39428	10884	1000	89338	27229	6676	77612
12916	2373	4882	46436	14132	1299	98724	31471	8668	92426
14264	2699	5378	51691	15568	1431	107248	34584	9548	104331
18787	3792	6402	64162	18531	1703	134291	41393	11366	129105
31212	4435	7126	69232	20627	1896	156780	51976	12651	160364
51439	8186	15555	98395	45024	4138	243744	86932	27615	255618
60204	9183	15940	120084	46137	4241	271087	100158	28297	286182
67827	11088	16159	126780	46772	4299	331478	115868	28686	321533
79359	12509	16425	134463	47543	4370	366933	131611	29159	358809
95639	16872	16744	141354	48464	4455	435622	152990	29724	421957
106978	17534	19311	125413	55895	5138	517475	181524	34281	483145
132984	20076	21006	139874	60801	5589	599029	211852	37290	561154
155476	19642	22846	201759	68539	6887	767319	255393	46786	692583
159284	22069	22234	184792	71540	7949	892619	291260	50919	757009
216061	21277	30328	212133	61359	10671	972935	324749	68870	874672
234371	22093	37714	254427	66402	12630	1075808	368214	73572	990742
254672	22539	93189	270784	74621	23906	1168545	424735	87222	1105837
267175	25028	90112	323556	93617	27640	1301738	493157	85156	1233085
306566	32309	118842	399501	115458	34630	1680347	619126	96982	1627107
400300	32123	149122	504981	127698	11951	1895316	754873	107952	2042912
441378	35731	135691	597805	158474	11079	2401045	886229	111815	2372224
516101	33100	150504	695501	184052	11869	2772615	1107000	129903	2688788
604086	38892	180883	889573	225598	16400	3245013	1434644	149821	3118788
805333	38603	154291	1001168	281403	18410	3845719	1790195	181617	3624514

4-19 按行业分城镇集体经济单位就业人员工资总额

单位:万元

年份 Year	合计 Total	农、林、牧、渔业 Agriculture, Forestry, Animal Husbandry and Fishery	采矿业 Mining	制造业 Manufacturing	电力、煤气及水的生产和供应业 Electricity, Gas and Water Production and Supply	建筑业 Construction	交通运输、仓储和邮政业 Transport, Storage and Post	信息传输、计算机服务和软件业 Information Transmission, Computer Services and Software	批发和零售业 Wholesale and Retail Trade	住宿和餐饮业 Hotels and Catering Services
1978	43715	667	90	17024	893	4504	8591		6410	681
1979	52356	723	114	21864	595	6111	8714		7896	839
1980	64063	814	190	27474	748	7572	8537		9733	1030
1981	68027	881	150	30134	848	8393	8455		10147	1073
1982	72223	1479	156	31265	880	9578	9029		10206	1079
1983	75407	1581	227	32886	902	10643	8961		10383	1097
1984	99958	1608	275	39689	1080	11733	9775		23353	2469
1985	119128	1771	334	48288	1314	13640	11590		28302	2992
1986	136524	2350	376	54932	1495	16911	11781		31458	3246
1987	150931	2551	434	62764	1708	18982	12496		33588	3465
1988	178923	2856	519	75028	2042	22836	14376		40100	4137
1989	195894	3164	581	83936	2285	23191	16570		43160	4453
1990	220375	3903	2336	91734	3930	26934	17675		48654	5021
1991	248487	4412	3304	108281	4092	31737	19098		51829	5347
1992	283759	5245	4135	122023	4622	40688	21470		55192	5694
1993	333417	5249	1707	123261	668	62216	20016		82368	8498
1994	386038	8136	5336	152631	908	72730	15152		77060	7950
1995	437256	9278	6491	171307	1305	77318	17904		89791	9264
1996	469060	10649	6641	176610	2032	86352	19875		94694	9773
1997	513532	11088	11096	194942	4656	97367	22281		92604	9458
1998	438565	10731	8709	147082	2159	89767	16535		80893	8346
1999	398702	11185	5871	120091	1530	93697	15619		63837	5597
2000	405185	11743	5868	115103	1777	104879	14006		55143	4835
2001	389753	11871	6174	96486	2571	106128	14296		41886	4342
2002	388119	10884	4392	86753	2772	121904	12794		31071	3746
2003	436951	10216	5300	83384	4769	138528	13661	413	24230	4139
2004	433210	9601	4568	87663	4995	137981	14537	380	22814	4705
2005	457006	8858	5361	91342	5737	140681	15562	74	20758	4889
2006	512573	9141	6776	94908	5911	167259	16935	19	22544	4294
2007	597311	9971	7412	105164	7401	197172	12905	24	22154	4219
2008	698158	8125	6732	120797	5739	246516	13482	36	23903	4621
2009	791894	6887	10821	131300	5875	293821	16791	4848	22772	7309
2010	785441	8403	10906	66130	7405	333319	17359	607	18287	7434
2011	951634	8026	12318	74501	9556	417220	22474	1016	20405	7358
2012	1107287	5659	24591	73141	11400	489349	27777	322	20919	6796

Total Wages of Employment in Urban Collective Owned Units by Sector

(10 000 yuan)

金融业 Financial	房地产业 Real Estate	租赁和商务服务业 Leasing and Bussiness Services	科学研究、技术服务和地质勘查业 Scientific Research, Technic Services and Geological Prospecting	水利、环境和公共设备管理业 Water, Environment Public Facilities	居民服务和其他服务业 Services to housholds and Other Services	教育 Education	卫生、社会保障和社会福利业 Health Care, Social Security and Welfare	文化、体育和娱乐业 Culture, Sports and Entertain-ment	公共管理和社会组织 Public Management and Social Organization
805				16	92	737	2229	355	621
913				108	500	986	2382	482	129
1170	56		43	419	1094	903	3419	698	163
1161	72		35	422	1142	847	3401	702	164
1220	75		40	496	1348	755	3695	743	179
1251	97		3	511	1363	625	3935	761	181
1511	105	9	6	509	1760	610	3951	792	723
1904	148	18	14	591	2172	587	4363	786	885
2639	131	29	19	676	2059	607	5971	803	1041
3059	46	47	18	796	2313	596	5998	869	1201
3572	35	55	11	813	2727	537	6992	871	1416
4148	14	63	16	858	3111	602	7354	899	1489
4754	64	84	23	889	3218	634	8058	805	1659
5033	96	87	51	852	2688	677	8444	788	1671
6579	161	96	545	989	3045	679	9873	815	1908
9239	595	101	354	1083	2575	913	11293	793	2488
17783	141	501	73	1148	3852	774	17808	909	3146
20174	344	886	103	1595	4365	987	21891	1145	3108
23561	481	967	83	1632	4977	1056	25057	1209	3411
28429	734	959	146	1677	4781	1200	26862	1218	4034
32017	744	902	138	1507	4525	1078	28660	1046	3726
35504	858	904	117	1518	4279	995	32619	1151	3330
40028	1815	893	576	1461	5761	1272	35046	1054	3925
44857	1524	831	812	1663	10642	1315	39110	832	4413
53208	1604	730	383	2628	5840	1399	43815	382	3814
61245	2028	3038	1543	3561	19931	1032	57277	569	2087
70237	2253	3504	2039	3959	2540	833	57677	606	2318
86376	2223	5507	792	4225	2831	948	59658	928	256
94929	2462	7229	1067	4648	3103	806	69250	1060	232
116767	2444	9800	1248	5929	2741	1506	88354	1874	226
133789	2580	11954	1791	7216	3482	977	103971	2261	186
132613	2855	12949	2132	8773	4633	2836	122624	1712	343
131634	3166	11744	2200	8659	4769	2914	147656	2074	775
156012	4062	15446	2551	9993	5841	3161	179377	2050	265
172321	4784	23309	5293	9415	7132	4350	216294	2500	1935

4-20 按行业分其他各种经济单位就业人员工资总额
Total Wages of Employment in Units of Other Types of Ownership by Sector

单位:万元 (10 000 yuan)

行　业	Sector	2008	2009	2010	2011	2012
总 计	**Total**	**3725729**	**4409758**	**5353304**	**7258356**	**8830210**
农、林、牧、渔业	Farm, Forestry,Animal Husbandry and Fishery	1774	1869	3755	3481	2172
采掘业	Mining	210419	215589	244933	319781	480656
制造业	Manufacturing	1757990	2002890	2446291	3429329	4051679
电力、煤气及水的生产和供应业	Electric Power, Gas and Water Production and Supply	184010	208662	240294	313090	392177
建筑业	Construction	808751	990235	1090216	1536064	1783848
交通运输、仓储和邮政业	Transport, Storage and Post	119915	145141	182249	212099	328179
信息传输、计算机服务和软件业	Information Transmission,Computer Services and Software	57918	91713	128720	140732	145815
批发和零售业	Wholesale and Retail Trade	167306	190593	233180	282634	338892
住宿和餐饮业	Hotels and Catering Services	47320	54823	66635	90002	141016
金融业	Finance	211492	299416	461273	528541	605759
房地产业	Real Estate	76497	97399	123724	177832	232073
租赁和商务服务业	Leasing and Bsiness Services	23515	32079	38302	48858	69580
科学研究、技术服务和地质勘查业	Scientific Research,Technic Services and Geological Prospecting	20713	23424	27509	49692	71178
水利、环境和公共设备管理业	Water, Environment Public Facilities Conservancy	3360	6668	6072	9373	11224
居民服务和其他服务业	Resident Services and Other Services	6114	5806	6067	7765	10630
教育	Education	17695	21766	29851	60907	98070
卫生、社会保障和社会福利业	Health Care, Social Security and Welfare	8594	10995	14337	37999	56415
文化、体育和娱乐业	Culture, Sports and Entertainment	2336	10613	9755	10136	10785
公共管理和社会组织	Public Management and Social Organization	10	77	141	41	62

4-21 各市(州)全部单位就业人员工资总额及指数(2012年)
Total Wages of Employment in all Units and Related Index by Region(2012)

市(州)	Region	工资总额 (万元) Total Wages (10 000 yuan)					指数 (上年=100) Index (Preceding year=100)				
		合计 Total	国有经济单位 State-owned Units	城镇集体经济单位 Urban Collective Owned Units	私营经济单位 Private Units	其他各种经济单位 Units of Other Types of Ownership	合计 Total	国有经济单位 State-owned Units	城镇集体经济单位 Urban Collective Owned Units	私营经济单位 Private Units	其他各种经济单位 Units of Other Types of Ownership
全 省	**Sichuan**	**37723598**	**17060258**	**1107287**	**10725843**	**8830210**	**119.4**	**117.8**	**116.4**	**120.4**	**121.7**
成都市	Chengdu	12653666	5755111	300205	2917451	3680899	119.4	119.3	112.6	115.6	123.6
自贡市	Zigong	1157363	398201	31563	473204	254395	117.4	117.3	101.0	121.5	113.0
攀枝花市	Panzhihua	1212831	653951	18389	316854	223637	112.6	107.6	97.8	123.0	116.1
泸州市	Luzhou	1570148	559614	130457	607708	272369	120.7	122.7	121.8	118.6	120.7
德阳市	Deyang	1835928	707177	31244	669651	427856	111.8	108.2	108.3	120.4	105.9
绵阳市	Mianyang	2371720	947438	60450	721680	642153	117.9	121.6	114.1	123.7	107.9
广元市	Guangyuan	864261	396536	38229	296515	132982	113.1	113.0	109.1	110.2	122.2
遂宁市	Suining	891676	338956	82059	286410	184250	120.4	132.0	101.0	120.9	111.1
内江市	Neijiang	986458	448308	39988	228371	269792	115.1	110.7	126.4	113.9	122.7
乐山市	Leshan	1465367	498696	35866	422492	508313	116.1	112.5	129.3	115.0	119.9
南充市	Nanchong	1769899	787733	61643	675416	245108	134.3	123.2	131.0	132.3	202.7
眉山市	Meishan	1058067	378885	26460	438608	214113	120.6	126.4	91.8	124.6	108.6
宜宾市	Yibin	2033710	644533	15045	621416	752717	121.1	114.6	89.2	134.1	118.3
广安市	Guangan	986788	433561	21991	518592	12644	128.4	118.7	116.0	139.1	108.3
达州市	Dazhou	1524672	664329	84059	556787	219496	121.1	118.0	158.9	122.7	116.3
雅安市	Yaan	493662	243610	5841	133436	110775	120.4	120.5	81.0	117.7	126.7
巴中市	Bazhong	700836	359242	60428	120358	160808	124.4	119.5	137.7	115.4	140.6
资阳市	Ziyang	956116	400521	26545	348804	180245	116.3	114.6	118.5	115.2	122.1
阿坝藏族羌族自治州	Aba	388879	282255	8632	49274	48718	112.6	108.6	120.0	124.1	126.3
甘孜藏族自治州	Ganzi	356846	300898	3399	18270	34278	113.4	114.0	70.7	92.0	131.6
凉山彝族自治州	Liangshan	1405649	821646	24795	304548	254660	126.4	123.6	122.7	109.6	170.5

注:全省合计中包括省直综单位就业人员工资总额，市(州)数据未包括(后同)。

a) The number of persons employed in directly affiliated units and comprehensive units was included in the Sichuan's number of employed persons, but was not included in regional number of employed persons.

4-22 各市(州)按行业分全部单位就业人员工资总额(2012年)

单位: 万元

市(州)	Region	合计 Total	农、林、牧、渔业 Farming, Forestry, Animal Husbandry and Fishery	采矿业 Mining and Quarrying	制造业 Manufacturing	电力、煤气及水的生产和供应业 Electricity, Gas and Water Production and Supply	建筑业 Construction	交通运输、仓储和邮政业 Transport, Storage and Post	信息传输、计算机服务和软件业 Information Transmission, Computer Services and Software	批发和零售业 Wholesale and Retail Trade
全　省	**Sichuan**	**37723598**	**243409**	**2254256**	**9447049**	**1003965**	**5603892**	**1482261**	**586057**	**1170441**
成都市	Chengdu	12653666	47195	8586	3011874	153713	2233194	561451	244819	474325
自贡市	Zigong	1157363	2958	93651	385927	27592	174808	41357	11920	26482
攀枝花市	Panzhihua	1212831	11999	194941	421838	67635	73575	22980	13787	18176
泸州市	Luzhou	1570148	6783	76165	359329	30545	303355	66547	15866	134732
德阳市	Deyang	1835928	3833	24836	891133	28163	198152	28969	16494	64617
绵阳市	Mianyang	2371720	13064	20846	836275	67093	248274	42549	48051	45055
广元市	Guangyuan	864261	6324	80810	112235	16465	151879	16417	20130	16766
遂宁市	Suining	891676	2903	5074	246070	28893	182218	7917	13202	9898
内江市	Neijiang	986458	6512	50223	192465	19800	253415	17120	12361	10970
乐山市	Leshan	1465367	4599	145491	433967	114154	146601	36553	14136	47745
南充市	Nanchong	1769899	10152	11824	374360	68911	345757	44630	18418	57766
眉山市	Meishan	1058067	3077	33772	355610	36723	193136	22342	11019	17909
宜宾市	Yibin	2033710	13312	284198	690152	65307	233616	37815	14888	58654
广安市	Guangan	986788	6559	117574	183483	22054	239523	18493	14047	29010
达州市	Dazhou	1524672	20386	215177	210575	63397	199820	31311	33184	36358
雅安市	Yaan	493662	2471	40925	107216	39002	34991	7313	11430	8623
巴中市	Bazhong	700836	15587	24174	71553	23726	199010	17993	12696	14136
资阳市	Ziyang	956116	21490	3193	399341	17592	82594	11758	20260	11672
阿坝藏族羌族自治州	Aba	388879	16824	1801	27052	33953	21905	16076	8527	6838
甘孜藏族自治州	Ganzi	356846	13208	11949	4378	14904	6089	16863	11384	8786
凉山彝族自治州	Liangshan	1405649	14173	284479	126049	64343	65909	33376	19440	57669

Total Wages of Emoployment in all Units by Sector and Region(2012)

(10 000 yuan)

住宿和餐饮业 Hotels and Catering Services	金融业 Finance	房地产业 Real Estate	租赁和商务服务业 Leasing and Commercial Affairs Services	科学研究、技术服务和地质勘查业 Scientific Research, Technic Services and Geological Prospecting	水利、环境和公共设备管理业 Water, Environment Public Facilities Conservancy	居民服务和其他服务业 Resident Services and Other Services	教育 Education	卫生、社会保障和社会福利业 Health Care, Social Security and Welfare	文化、体育和娱乐业 Culture, Sports and Entertain-ment	公共管理和社会组织 Public Management and Social Organization
1148340	**1605422**	**713886**	**630263**	**1159404**	**344307**	**295883**	**4013182**	**2133160**	**261911**	**3626511**
656902	615040	356618	357924	682527	127686	175937	1150568	787487	114215	893607
12488	58089	27589	5378	13903	9273	3317	106085	65106	7431	84009
52564	47337	13010	11754	19319	10795	6303	75969	43875	7086	99888
38837	48675	21624	20787	14751	7065	15911	175188	91418	9513	133056
11607	80647	50318	13757	21002	16675	10705	149294	81664	6022	138041
67887	103625	47320	29276	220624	20749	4394	236523	108211	9422	202486
24058	42649	22726	12675	7901	14617	6327	127466	58284	2442	124092
25357	47946	14412	6363	5630	3774	1728	123933	60593	4303	101463
7891	51068	8022	2575	10612	6112	1538	138003	73003	5009	119760
13256	53061	17236	16482	36589	30567	2737	127766	63900	4269	156262
34292	74724	24870	39464	17957	12315	29633	267499	106877	34714	195737
7495	26637	18827	2707	6400	9849	2350	107607	51471	2697	148438
13199	70555	28124	14764	13289	9165	6105	204499	97898	9541	168628
7967	42118	10386	5345	4957	5631	1710	129052	49208	3001	96670
82832	56884	23141	15780	19401	15727	6739	216396	103616	10687	163261
7569	28455	2043	2281	3001	4677	1151	74197	31810	3064	83443
12615	23426	11221	4481	7620	7232	826	115353	40971	5047	93171
15527	46444	7685	3174	5400	7798	862	127766	76209	6906	90446
15013	13330	581	2670	6205	13814	194	61967	20124	4022	117984
3705	10737	379	445	9594	1205	297	62916	26737	2987	150283
16324	63978	7756	8880	16764	9581	17120	234090	93420	8632	263667

4-23 各市(州)按行业分国有经济单位就业人员工资总额(2012年)

单位:万元

市(州)	Region	合计 Total	农、林、牧、渔业 Farming, Forestry, Animal Husbandry and Fishery	采矿业 Mining and Quarrying	制造业 Manufacturing	电力、煤气及水的生产和供应业 Electricity, Gas and Water Production and Supply	建筑业 Construction	交通运输、仓储和邮政业 Transport, Storage and Post	信息传输、计算机服务和软件业 Information Transmission, Computer Services and Software	批发和零售业 Wholesale and Retail Trade
全　省	**Sichuan**	**17060258**	**120858**	**757792**	**1208273**	**488184**	**1253206**	**887444**	**188169**	**340260**
成都市	Chengdu	5755111	8384	287	539182	89147	878130	208005	64340	160069
自贡市	Zigong	398201	914		17093	20874	10918	21291	8892	6146
攀枝花市	Panzhihua	653951	2374	73799	249260	23406	16610	20447	477	9239
泸州市	Luzhou	559614	4006	2806	17682	6506	67614	19952	8896	7137
德阳市	Deyang	707177	1162	17981	189395	17882	49029	16166		7555
绵阳市	Mianyang	947438	3018		20110	39993	31466	28486	14668	8128
广元市	Guangyuan	396536	2130		13859	9305	4477	12162	1921	10799
遂宁市	Suining	338956	613		1420	7317	8676	5042	4916	3979
内江市	Neijiang	448308	3167	15751	16328	15997	26590	7876	3298	3354
乐山市	Leshan	498696	3166	902	17246	35092	6282	10556	812	10877
南充市	Nanchong	787733	3715		14249	45592	46958	21865	7639	10601
眉山市	Meishan	378885	2113		27	13384	3283	8314	10459	6354
宜宾市	Yibin	644533	7749	13781	48281	33337	1849	15809	10617	8711
广安市	Guangan	433561	2294	54973	569	12194	28898	11311	10353	7825
达州市	Dazhou	664329	11614	3514	6010	46865	27314	19579	7906	8260
雅安市	Yaan	243610	1727		5042	10404	1383	4454	6598	4800
巴中市	Bazhong	359242	13515	1167	11350	14544	18201	12657	7690	8949
资阳市	Ziyang	400521	7670		27388	7737	6211	7953	7353	6322
阿坝藏族羌族自治州	Aba	282255	15824		29	11843	1062	9005	8139	2873
甘孜藏族自治州	Ganzi	300898	12942	468	273	6381	1284	14412	1077	1857
凉山彝族自治州	Liangshan	821646	12762	47796	7313	20387	900	29676	2120	32172

Total Employment and Workers in State-owned Units by Sector and Region(2012)

(10 000 yuan)

住宿和餐饮业 Hotels and Catering Services	金融业 Finance	房地产业 Real Estate	租赁和商务服务业 Leasing and Commercial Affairs Services	科学研究、技术服务和地质勘查业 Scientific Research, Technic Services and Geological Prospecting	水利、环境和公共设备管理业 Water, Environment Public Facilities Conservancy	居民服务和其他服务业 Resident Services and Other Services	教育 Education	卫生、社会保障和社会福利业 Health Care, Social Security and Welfare	文化、体育和娱乐业 Culture, Sports and Entertain-ment	公共管理和社会组织 Public Management and Social Organization
74819	**805333**	**38603**	**154291**	**1001168**	**281403**	**18410**	**3845719**	**1790195**	**181617**	**3624515**
34479	380198	17254	70321	578626	91158	5231	1050684	603148	82863	893607
	38023	1632	2062	10552	8608	1217	103387	56409	6277	83906
1924	9225		1235	10979	10124	504	75203	43383	5898	99866
	14080	1415	2342	9744	5377	639	167955	85717	4692	133056
526	27257	426	1779	14554	16090	645	146323	58270	4097	138041
4094	45810	1074	1502	214038	18323	1853	224009	81297	7182	202387
947	15720	1730	3754	4602	14400	340	124503	49621	2176	124092
48	18863	860	1810	4505	3345	706	119076	53142	3196	101442
	15540	1514	915	6625	5704	634	135067	66426	3763	119760
2060	11227	459	2295	33071	21813	1011	122781	58833	3961	156255
760	44078	1359	692	16489	11124	653	256718	100102	10172	194966
	9445	2650	477	5516	9598	552	106675	49395	2206	148438
2211	17884	2382	2025	10263	7231	623	202710	81391	9105	168576
198	25766	1105	1517	4216	3792	263	128063	41017	2540	96670
696	27503	3072	2748	17498	14605	1204	210647	85074	7612	162611
	11260	13	706	2218	3536	423	73947	30667	3012	83423
1797	13497	529	864	6695	4988	291	112347	33670	3421	93071
33	18521	205	585	4078	7693	809	127567	75681	4422	90293
1161	8351		1117	5989	13526	6	61967	20095	3286	117984
716	7279	249	129	9585	1202	297	62898	26587	2978	150283
2212	45806	673	2117	15369	9169	510	232148	88993	7858	263667

4-24 各市(州)按行业分城镇集体经济单位就业人员工资总额(2012年)

单位:万元

市(州)	Region	合计 Total	农、林、牧、渔业 Farming, Forestry, Animal Husbandry and Fishery	采矿业 Mining and Quarrying	制造业 Manufacturing	电力、煤气及水的生产和供应业 Electricity, Gas and Water Production and Supply	建筑业 Construction	交通运输、仓储和邮政业 Transport, Storage and Post	信息传输、计算机服务和软件业 Information Transmission, Computer Services and Software	批发和零售业 Wholesale and Retail Trade
全　省	**Sichuan**	**1107287**	**5659**	**24591**	**73141**	**11400**	**489349**	**27777**	**322**	**20920**
成都市	Chengdu	300205	114	40	37518	4163	97499	2399		6880
自贡市	Zigong	31563	672	718	3228		13191	4813	32	262
攀枝花市	Panzhihua	18389		2756	1515	1137	9867	204		2
泸州市	Luzhou	130457	795		12609	400	93740	2316		3399
德阳市	Deyang	31244	797	6	1322		2004	1569		122
绵阳市	Mianyang	60450	717		1293		11608			212
广元市	Guangyuan	38229	33	47	869	1475	10493	67		926
遂宁市	Suining	82059			472		65158	17		92
内江市	Neijiang	39988		374	616	467	21154	579		1190
乐山市	Leshan	35866		8086	2789	2140	6693	3752		220
南充市	Nanchong	61643	769		85	294	36938	358		1858
眉山市	Meishan	26460		695			2951	5191		373
宜宾市	Yibin	15045		851	1491	221	2582	1914	5	370
广安市	Guangan	21991						60		304
达州市	Dazhou	84059		659	4547		45922	1946	285	1440
雅安市	Yaan	5841				33	2713	10		
巴中市	Bazhong	60428	1032		860	288	46783			1565
资阳市	Ziyang	26545	381		3018		13024	1619		1089
阿坝藏族羌族自治州	Aba	8632	221				3405			241
甘孜藏族自治州	Ganzi	3399			24	45	1041			
凉山彝族自治州	Liangshan	24795	130	10361	884	738	2583	965		376

Total Wages of Employment in Urban Collective Owned Units by Sector and Region(2012)

(10 000 yuan)

住宿和餐饮业 Hotels and Catering Services	金融业 Finance	房地产业 Real Estate	租赁和商务服务业 Leasing and Commercial Affairs Services	科学研究、技术服务和地质勘查业 Scientific Research, Technic Services and Geological Prospecting	水利、环境和公共设备管理业 Water, Environment Public Facilities Conservancy	居民服务和其他服务业 Resident Services and Other Services	教育 Education	卫生、社会保障和社会福利业 Health Care, Social Security and Welfare	文化、体育和娱乐业 Culture, Sports and Entertain-ment	公共管理和社会组织 Public Management and Social Organization
6796	**172321**	**4784**	**23309**	**5293**	**9415**	**7132**	**4350**	**216294**	**2500**	**1934**
3258	27104	680	2168	656	5814	2493	204	107598	1616	
2	3638	14			440	119		4315	20	103
43		1246	1275	231	50			41	24	
473	8002	1965	468	84	1063	1649		3292	201	
	5662			877	3		102	18782		
249	20984	10	220	1307	18		484	23237	13	99
51	9369		5131	1171	69	137	196	8188	8	
33	9345	126	1079	52	3	203		5336	143	
108	8734	210	174		258		258	5671	196	
67	5993	34	680		106	271	2638	2339	50	7
908	9876	51	2831	216		1782		4828	80	771
388	15106		72				175	1506	4	
195	1613		279	419		106		4923	25	52
	14419		272		871			6065		
	13631	340	3178	174	630	118	292	10173	74	650
	2928		104					54		
45	3169		381	28	90			6040	46	101
74	6835		128	79				146		153
828	3760		177							
	2154							136		
76		109	4694			255		3624		

4-25 全部单位就业人员平均工资及指数
Average Wage of Employment in all Units and Related Indices

年份 Year	平均货币工资（元）Average Money Wage (yuan)					指数（上年为100） Indices (preceding year=100) 货币工资 Average Money Wage					实际工资 Average Real Wage				
	全部单位 all Units	国有经济单位 State-owned Units	城镇集体经济单位 Urban Collective Owned Units	私营经济单位 Private Units	其他各种经济单位 Units of Other Types of Ownership	全部单位 all Units	国有经济单位 State-owned Units	城镇集体经济单位 Urban Collective Owned Units	私营经济单位 Private Units	其他各种经济单位 Units of Other Types of Ownership	全部单位 all Units	国有经济单位 State-owned Units	城镇集体经济单位 Urban Collective Owned Units	私营经济单位 Private Units	其他各种经济单位 Units of Other Types of Ownership
1978	590	622	475			106.0	107.6	105.6							
1979	639	673	520			108.3	108.2	109.5			102.8	102.7	103.9		
1980	743	789	590			116.3	117.2	113.5			107.6	108.5	105.0		
1981	748	788	613			100.7	99.9	103.9			98.9	98.1	102.1		
1982	761	798	633			101.7	101.3	103.3			99.5	99.0	100.9		
1983	788	827	652			103.5	103.6	103.0			102.8	102.9	102.3		
1984	912	973	737			115.7	117.7	113.0			113.1	115.0	110.5		
1985	1062	1138	845		854	116.4	117.0	114.7		110.4	109.0	109.5	107.4		
1986	1237	1338	944		993	116.5	117.6	111.7		116.7	112.1	113.2	107.5		112.3
1987	1340	1441	1040		1087	108.3	107.7	123.1		109.5	100.8	100.2	102.5		101.8
1988	1598	1726	1211		1380	119.3	119.8	116.4		127.0	99.4	99.8	97.0		105.8
1989	1796	1941	1342		1587	112.4	112.5	110.8		115.0	95.0	95.1	93.7		97.2
1990	2011	2177	1490		1737	112.0	112.2	111.0		109.5	108.6	108.8	107.7		106.2
1991	2194	2351	1693		2178	109.1	108.0	113.6		125.4	106.6	105.6	111.1		122.6
1992	2458	2643	1885		2665	112.0	112.4	111.3		122.4	105.3	105.7	104.6		115.0
1993	2984	3148	2274		3890	121.2	119.1	120.6		146.0	106.6	101.9	103.2		124.9
1994	4064	4366	2726		5198	136.2	138.7	119.9		133.6	106.5	108.4	93.7		104.5
1995	4703	5002	3242		5944	115.7	114.6	118.9		114.4	97.2	96.3	99.9		96.1
1996	5218	5527	3666		6248	111.0	110.5	113.1		105.1	101.0	100.6	103.0		95.7
1997	5626	5996	3982		6206	107.8	108.5	108.6		99.3	102.6	103.2	103.3		94.5
1998	5939	6441	3966		5741	105.6	107.4	99.6		92.5	105.8	107.6	99.8		92.7
1999	7249	7771	4927		6992	110.2	110.3	106.2		110.0	112.3	112.4	108.3		112.1
2000	8323	8909	5749		7763	114.8	114.6	116.7		110.0	115.1	114.9	117.1		110.3
2001	9934	10783	6575		8650	119.4	121.0	114.4		111.4	117.2	118.9	112.3		109.5
2002	11183	12388	7395		9233	112.6	114.9	112.5		106.8	113.0	115.3	112.8		107.2
2003	12320	13769	8647		10005	110.2	111.1	116.9		108.7	109.4	110.5	116.0		106.9
2004	13887	15592	9680		11292	112.7	113.2	111.9		113.2	107.8	108.3	106.6		107.9
2005	15638	17644	10974		12732	112.6	113.2	113.4		112.8	110.7	111.3	111.5		110.9
2006	17612	19884	12624		14403	112.6	112.7	115.0		113.0	110.2	108.9	111.4		109.8
2007	21081	24045	15089		16922	119.7	120.9	119.5		117.5	113.0	114.2	112.9		110.9
2008	24725	28131	18386		20068	117.3	117.0	121.9		118.8	112.2	112.1	116.2		113.4
2009	23572	32210	21043	16085	22666		114.5	114.5		112.9		113.7	113.7		112.2
2010	26127	36729	23411	18316	27081	110.8	114.0	111.3	113.9	119.5	109.7	110.4	107.7	110.2	115.7
2011	31300	42048	28342	22175	31575	119.8	114.5	121.1	121.1	116.6	111.1	108.9	115.2	115.2	110.9
2012	35873	47721	33409	25912	35749	114.6	113.5	117.9	116.9	113.2	110.9	110.4	114.7	113.7	110.1

注：2009年及以后全部单位就业人员平均工资包括私营单位(后同)。

a)Average Wages of Employment in all Units include wages in the privat units.(the swme as following)

4-26 各市(州)全部单位就业人员平均工资及指数(2012年)
Average Wage of Employment in all Units and Related Indices by Region(2012)

市(州)	Region	平均货币工资 (元) Average Money Wage (yuan)					指数 (上年=100) Indices (preceding year=100) 平均货币工资 Arerage Money Wage				
		全部单位 all Units	国有经济单位 State-owned Units	城镇集体经济单位 Urban Collective Owned Units	私营经济单位 Private Units	其他各种经济单位 Units of Other Types of Ownership	全部单位 all Units	国有经济单位 State-owned Units	城镇集体经济单位 Urban Collective Owned Units	私营经济单位 Private Units	其他各种经济单位 Units of Other Types of Ownership
全　省	**Sichuan**	**35873**	**47721**	**33409**	**25912**	**35749**	**114.6**	**113.5**	**117.9**	**116.9**	**113.2**
成都市	Chengdu	38221	56816	38491	24015	36630	112.9	112.9	124.1	111.6	112.1
自贡市	Zigong	32681	44456	29909	25752	36209	117.2	116.7	110.4	120.7	112.9
攀枝花市	Panzhihua	40846	47844	43137	29937	44601	114.1	113.6	128.6	119.3	111.3
泸州市	Luzhou	31340	38445	26999	26270	35934	116.4	118.5	120.0	114.6	113.8
德阳市	Deyang	36684	46917	38582	27259	44573	114.1	106.8	106.7	121.4	117.4
绵阳市	Mianyang	35544	48168	45847	26733	34261	113.2	108.2	130.9	116.8	112.5
广元市	Guangyuan	34030	39291	45001	27448	36403	113.8	111.7	138.1	117.5	115.3
遂宁市	Suining	30641	40707	27196	24012	31612	114.3	124.1	101.0	113.9	109.4
内江市	Neijiang	31646	39689	38849	22723	30670	114.1	111.5	140.5	112.9	117.5
乐山市	Leshan	32362	42840	32914	25150	32271	115.8	112.0	113.4	115.4	120.1
南充市	Nanchong	32441	39141	29052	27411	31961	118.7	119.7	115.9	119.1	122.6
眉山市	Meishan	33034	42425	40992	26846	35010	119.7	120.6	109.4	123.3	112.8
宜宾市	Yibin	34670	41918	25917	27434	37539	116.5	117.6	117.0	124.7	110.8
广安市	Guangan	33190	39268	45842	29020	36929	120.0	115.7	121.0	125.9	112.5
达州市	Dazhou	32241	38897	30204	26970	32362	117.7	115.2	122.1	120.9	116.4
雅安市	Yaan	32837	36982	25361	27998	32109	117.6	117.7	115.1	123.5	107.5
巴中市	Bazhong	30909	36223	30073	22655	29587	118.6	115.4	125.3	115.5	126.7
资阳市	Ziyang	30434	41614	27383	24460	27469	111.1	113.2	106.6	110.2	111.6
阿坝藏族羌族自治州	Aba	42138	45669	35950	28288	45122	110.4	106.5	109.7	121.4	123.8
甘孜藏族自治州	Ganzi	43286	44510	35707	24186	53964	111.1	109.0	117.9	107.7	117.5
凉山彝族自治州	Liangshan	41463	49827	32573	29724	39768	117.9	115.3	89.1	127.2	100.9

4-27 按行业分全部单位就业人员平均工资

单位:元

年份 Year	合计 Total	农、林、牧、渔业 Agriculture, Forestry, Animal Husbandry and Fishery	采矿业 Mining	制造业 Manufacturing	电力、煤气及水的生产和供应业 Electricity, Gas and Water Production and Supply	建筑业 Construction	交通运输、仓储和邮政业 Transport, Storage and Post	信息传输、计算机服务和软件业 Information Transmission, Computer Services and Software	批发和零售业 Wholesale and Retail Trade	住宿和餐饮业 Hotels and Catering Services
1978	590	575	719	577	552	658	655		509	501
1979	639	586	785	646	643	738	693		540	532
1980	743	649	914	742	795	834	756		645	637
1981	748	659	936	741	787	867	760		641	635
1982	761	656	945	744	742	881	784		637	629
1983	788	712	953	787	766	906	814		648	632
1984	912	763	1025	956	920	1066	965	1218	743	735
1985	1062	890	1264	1079	1113	1170	1080	1343	883	870
1986	1237	1119	1520	1211	1337	1364	1268	1424	998	987
1987	1340	1153	1589	1339	1461	1528	1391	1861	1093	1081
1988	1598	1320	1887	1618	1705	1732	1671	2105	1341	1328
1989	1796	1449	2247	1827	1988	1945	1928	2438	1477	1449
1990	2011	1588	2515	2033	2145	2192	2122	2771	1635	1602
1991	2194	1714	2677	2238	2574	2434	2340	2950	1774	1748
1992	2458	1981	2816	2469	2747	2705	2624	3857	1869	1838
1993	2984	2683	2955	3132	3661	3243	3032	5103	2335	2307
1994	4064	3404	4158	3941	4776	4267	4221	6946	2828	2809
1995	4703	3957	4819	4671	5961	5063	4999	7522	3326	3314
1996	5218	4310	5348	5181	6773	5485	5712	9019	3686	3669
1997	5626	4418	5631	5466	8138	5908	6614	10801	3850	3823
1998	5939	4609	5561	5539	8732	6072	6873	12347	4789	4761
1999	7249	5481	6337	6873	9760	7066	8936	14237	5060	5043
2000	8323	6140	8083	7774	10764	7693	10352	15819	5755	5726
2001	9934	7373	7753	8892	12039	8355	12340	18687	6895	6858
2002	11183	8114	9866	9853	13506	8444	13952	20763	8043	8017
2003	12320	8902	10591	11126	15099	9202	12997	22057	9971	9202
2004	13887	9264	12937	12686	16918	10090	14903	26305	11793	10442
2005	15638	10016	16907	14226	19253	11113	17422	30091	13999	11133
2006	17612	11224	18682	16404	21469	12839	20776	32229	15682	12555
2007	21081	13377	21752	18906	25518	14902	23420	34622	17321	14493
2008	24725	15231	28632	22046	30484	17746	27344	37462	20949	16531
2009	23572	17234	24348	19692	30360	18887	27416	29766	18253	16308
2010	26127	19481	25470	22722	35774	20711	29518	32863	20192	18006
2011	31300	23095	32927	27200	41321	25323	36967	36517	24082	21401
2012	35873	26700	38437	30827	46059	29629	46169	34204	31074	24444

Average Wage of Employment in all units by Sector

(yuan)

金融业 Financial	房地产业 Real Estate	租赁和商务服务业 Leasing and Bussiness Services	科学研究、技术服务和地质勘查业 Scientific Research, Technic Services and Geological Prospecting	水利、环境和公共设备管理业 Water, Environment Public Facilities	居民服务和其他服务业 Services to housholds and Other Services	教育 Education	卫生、社会保障和社会福利业 Health Care, Social Security and Welfare	文化、体育和娱乐业 Culture, Sports and Entertain-ment	公共管理和社会组织 Public Management and Social Organization
574	493		679	590	570	520	541	513	617
584	591		731	661	591	563	565	538	631
720	669		872	692	592	678	698	667	773
746	671		889	729	672	674	720	698	782
743	672		887	731	672	756	786	723	778
733	761		980	752	698	769	812	759	875
989	851	901	1105	804	779	774	851	796	877
1076	974	1005	1275	986	933	1040	998	901	1039
1356	1247	1286	1509	1178	1115	1220	1271	1213	1312
1419	1332	1359	1623	1201	1195	1246	1346	1287	1383
1624	1542	1512	1895	1289	1382	1525	1595	1501	1579
1730	1711	1983	2119	1451	1590	1662	1775	1697	1776
1970	1874	2109	2458	1698	1784	1882	1980	1884	1991
2086	2014	2507	2681	1813	1981	1962	2142	1989	2158
2513	2553	3121	3163	1994	2292	2356	2489	2276	2595
2589	3134	4003	3718	2367	2764	2716	2995	2798	3050
5483	4976	4865	6045	2944	3936	4221	4662	4573	4676
6058	5207	5405	6583	3403	4549	4580	5344	5281	5089
6703	5814	6014	7385	3863	5164	4981	6038	5834	5601
8021	6215	6682	8142	4140	5535	5363	6628	6579	6179
9540	7347	7422	8457	4564	6102	5941	7310	6918	7035
11249	8678	8242	9360	5529	7392	6860	8538	8077	8059
13274	9104	9157	11376	6111	8170	7923	9788	9193	9236
15567	10671	10174	15631	7073	9456	9998	11657	10866	11564
17603	11877	11304	17269	8693	11621	11766	13349	12376	13057
19452	12461	12412	19656	9495	13120	12647	14719	13673	14380
21969	13379	14890	21270	10567	13865	13787	16761	16758	15871
24764	14333	19186	24933	11498	15356	14952	18709	18591	17782
28282	16765	19556	29754	13014	17605	16374	21205	20204	19405
33843	19928	25101	36394	15629	22115	20937	25887	23597	24960
42055	37022	26158	42806	16901	18493	23491	30020	25859	29540
43127	20070	20672	43405	18903	14759	28819	32202	25599	32295
52258	23440	24320	48115	20304	16607	33666	38189	26998	35015
59391	27582	26754	57449	24613	21113	38621	44617	31002	39555
68840	31744	29441	60922	28635	23664	43923	51849	37105	44117

4-28 各市(州)按行业分全部单位就业人员平均工资(2012年)

单位:元

市(州)	Region	合计 Total	农、林、牧、渔业 Farming, Forestry, Animal Husbandry and Fishery	采矿业 Mining and Quarrying	制造业 Manufacturing	电力、煤气及水的生产和供应业 Electricity, Gas and Water Production and Supply	建筑业 Construction	交通运输、仓储和邮政业 Transport, Storage and Post	信息传输、计算机服务和软件业 Information Transmission, Computer Services and Software	批发和零售业 Wholesale and Retail Trade
全　省	**Sichuan**	**35873**	**26700**	**38437**	**30827**	**46059**	**29629**	**46169**	**34204**	**31074**
成都市	Chengdu	38221	26474	23654	31257	54683	33110	57469	30008	36272
自贡市	Zigong	32681	28995	29078	29680	56276	28130	33490	44612	22542
攀枝花市	Panzhihua	40846	26063	37406	37784	71187	36989	38306	36196	40202
泸州市	Luzhou	31340	25492	33016	29163	34781	27262	28329	38877	24650
德阳市	Deyang	36684	26234	37113	36795	68225	28888	32360	49266	23814
绵阳市	Mianyang	35544	27607	27062	30203	47624	28464	31824	35723	31413
广元市	Guangyuan	34030	30908	37298	26445	41410	29184	33593	36976	36338
遂宁市	Suining	30641	26489	22937	26632	47435	24643	24512	27176	22701
内江市	Neijiang	31646	25535	28271	25570	45643	27300	30457	30840	27221
乐山市	Leshan	32362	19123	29344	27539	42465	25602	31159	35180	25930
南充市	Nanchong	32441	25085	33101	30730	42845	27991	29378	42991	27916
眉山市	Meishan	33034	29671	29096	29002	44459	29069	31705	67935	28274
宜宾市	Yibin	34670	22733	33197	35909	43062	27360	27028	41128	25156
广安市	Guangan	33190	23251	39497	28679	37913	28668	33200	38444	30251
达州市	Dazhou	32241	26757	37378	26995	33964	26882	28968	28888	30867
雅安市	Yaan	32837	22941	32098	28403	43725	21996	30871	38654	29499
巴中市	Bazhong	30909	30296	25854	26106	38960	26837	33765	31915	33029
资阳市	Ziyang	30434	24117	25064	26411	46342	21991	29329	40847	34079
阿坝藏族羌族自治州	Aba	42138	31942	31867	31511	56131	34908	40302	65540	27069
甘孜藏族自治州	Ganzi	43286	31965	38407	23237	38551	31532	40762	62004	40430
凉山彝族自治州	Liangshan	41463	29223	37385	29337	44494	32570	40261	44484	44059

Average Wage of Employment in all Units by Sector and Region(2012)

(yuan)

住宿和餐饮业 Hotels and Catering Services	金融业 Finance	房地产业 Real Estate	租赁和商务服务业 Leasing and Commercial Affairs Services	科学研究、技术服务和地质勘查业 Scientific Research, Technic Services and Geological Prospecting	水利、环境和公共设备管理业 Water, Environment Public Facilities Conservancy	居民服务和其他服务业 Resident Services and Other Services	教育 Education	卫生、社会保障和社会福利业 Health Care, Social Security and Welfare	文化、体育和娱乐业 Culture, Sports and Entertain-ment	公共管理和社会组织 Public Management and Social Organization
24444	**68840**	**31744**	**29441**	**60922**	**28635**	**23664**	**43923**	**51849**	**37105**	**44117**
24520	86767	33637	28716	67827	37625	22773	52159	64160	42700	55293
20125	57662	28724	25635	40183	39427	27390	43303	45676	40100	39147
26675	75824	35871	26647	59887	40967	19927	53609	57121	46165	54158
20848	58772	26326	24877	29014	20526	29924	41035	54676	37350	43623
17876	70237	45868	20870	39190	21761	24775	43178	47715	42645	43140
26200	60984	30586	29209	85923	22219	29488	41290	47067	39720	42253
25561	61631	34190	33862	38206	21738	26573	39685	45513	33445	37255
22097	81819	23181	19453	32023	16024	27337	40563	48728	30937	37761
20130	68218	28762	28644	30913	32185	26885	39196	47491	30213	37343
21635	68404	31395	31695	42348	32815	25551	41319	46001	36550	44202
23211	47570	28540	27874	33402	19376	23902	37802	44989	26652	38141
22555	69204	31970	20711	42105	21965	22108	39744	45063	28068	43093
22069	56945	28327	24379	40417	19563	19737	42135	42756	37504	40092
24370	61983	24967	23170	34070	18658	28030	41029	42461	29217	35962
25149	48191	25338	22460	34162	24256	19948	39144	42170	33703	37825
23500	55947	26840	26836	28151	22115	25361	38476	43973	32282	33833
20512	49008	26527	26387	32946	25436	25488	37055	37946	27060	37451
22171	54557	22722	23598	34590	22478	37483	38873	49638	35783	38695
26566	53858	24833	33168	49716	49924	24897	46963	44093	46929	45633
23227	52711	29609	26964	39976	20396	35831	47348	46760	45600	45946
25748	82096	23660	25599	47381	25434	28968	48704	53736	40757	49758

4-29 按行业分国有经济单位就业人员平均工资

单位:元

年份 Year	合计 Total	农、林、牧、渔业 Agriculture, Forestry, Animal Husbandry and Fishery	采矿业 Mining	制造业 Manufacturing	电力、煤气及水的生产和供应业 Electricity, Gas and Water Production and Supply	建筑业 Construction	交通运输、仓储和邮政业 Transport, Storage and Post	信息传输、计算机服务和软件业 Information Transmission, Computer Services and Software	批发和零售业 Wholesale and Retail Trade	住宿和餐饮业 Hotels and Catering Services
1978	622	519	722	620	603	703	682		539	518
1979	673	571	787	694	669	774	738		586	571
1980	789	674	918	803	826	890	836		688	663
1981	788	677	939	787	811	922	831		685	668
1982	798	642	947	787	759	928	835		678	659
1983	827	742	834	837	782	952	861		701	697
1984	973	797	1029	1033	942	1172	1056	1309	832	815
1985	1138	941	1268	1174	1334	1157	1178	1512	978	954
1986	1338	1169	1527	1319	1438	1568	1414	1866	1115	996
1987	1441	1202	1595	1459	1563	1733	1536	1975	1225	1209
1988	1726	1389	1895	1773	1814	2012	1853	2413	1537	1506
1989	1941	1527	2259	1998	2122	2268	2126	2858	1686	1642
1990	2177	1700	2560	2232	2331	2527	2336	3177	1865	1827
1991	2351	1812	2723	2432	2622	2765	2557	3843	2011	1983
1992	2643	2120	2882	2678	2945	3056	2878	4620	2102	2085
1993	3148	2916	2956	3302	3714	3660	3402	5431	2454	2396
1994	4366	3652	4220	4135	4822	4881	4815	7872	3219	3149
1995	5002	4167	4907	4838	6057	5926	5648	8655	3701	3544
1996	5527	4479	5471	5362	6833	6356	6376	9310	4064	3971
1997	5996	4585	5791	5702	8292	6903	7499	10044	4251	4148
1998	6441	4821	5849	5832	8279	6983	7974	12786	4312	4201
1999	7771	5727	6616	7314	10469	8480	9889	13899	5924	5719
2000	8909	6353	8705	8323	11508	8907	11410	17001	6443	6222
2001	10783	7735	8302	9566	12940	10064	13557	19123	7717	7487
2002	12388	8384	10884	11137	14995	10636	15109	21247	8883	8485
2003	13769	9095	11943	13136	16327	11775	14151	22463	11420	10123
2004	15592	9433	14588	15320	19016	13269	15914	27235	14060	11879
2005	17644	10206	20692	17783	22067	14466	18255	31395	17461	12883
2006	19884	11430	22602	22373	24328	15964	22484	32947	20068	13976
2007	24045	13707	25671	24778	28980	18715	25031	34077	22506	16883
2008	28131	15453	35692	29039	34560	21377	29519	37033	28070	19452
2009	32210	17920	39083	33169	37326	25284	34183	40649	33574	21450
2010	36729	19934	46629	37871	44559	28886	38996	44039	41334	26240
2011	42048	26451	52419	43179	49809	32067	46270	44616	48097	31380
2012	47721	31514	57092	47075	54557	37259	55021	53353	54348	34732

Average Wages of Employment in State-owned Units by Sector

(yuan)

金融业 Financial	房地产业 Real Estate	租赁和商务服务业 Leasing and Bussiness Services	科学研究、技术服务和地质勘查业 Scientific Research, Technic Services and Geological Prospecting	水利、环境和公共设备管理业 Water, Environment Public Facilities	居民服务和其他服务业 Services to housholds and Other Services	教育 Education	卫生、社会保障和社会福利业 Health Care, Social Security and Welfare	文化、体育和娱乐业 Culture, Sports and Entertain-ment	公共管理和社会组织 Public Management and Social Organization
623	493		676	618	593	540	575	622	623
629	591		694	635	627	565	592	641	635
751	679		725	633	624	683	754	703	775
777	650		803	761	762	682	781	795	784
771	683		886	792	759	760	582	787	779
770	783		889	813	783	772	876	801	877
1110	875	871	1150	899	875	776	928	889	877
1185	990	986	1223	1074	1058	1043	1103	1066	1037
1460	1268	1258	1482	1265	1247	1222	1358	1304	1313
1496	1353	1342	1509	1386	1328	1248	1437	1373	1382
1726	1546	1533	1783	1597	1524	1527	1699	1576	1578
1805	1712	1664	1987	1811	1724	1664	1923	1768	1773
2071	1885	1832	2146	2108	1940	1884	2152	1987	1989
2179	2030	1973	2201	2371	2121	1963	2295	2153	2156
2668	2585	2450	2889	2893	2427	2358	2679	2582	2594
3943	3060	2900	3876	3158	3027	2716	3234	3169	3052
5872	5023	4761	5751	4466	4106	4225	5144	5078	4684
6505	5254	4980	6389	4890	4749	4583	5808	5736	5091
7156	5896	5539	7098	5519	5430	4984	6549	6137	5604
8670	6374	5988	8474	5795	5712	5366	7187	6519	6182
10271	7620	7158	10193	6384	6302	5945	8012	7098	7039
11788	9076	8526	11658	7731	7583	6861	9334	8014	8062
14403	9344	8778	14064	8647	8415	7928	10721	9081	9246
17012	11334	10643	16737	9898	9751	9997	12909	11150	11568
18860	13793	12952	18009	10042	11731	11769	14656	12922	13059
21309	14740	13934	19769	9574	14516	12631	16277	13862	14382
24320	15980	17189	21357	10733	16218	13767	18335	17036	15873
26744	17285	21531	25100	11719	17133	14912	20051	18871	17783
30830	19248	22195	29911	13333	19946	16340	22688	17806	19407
35986	23745	29596	36600	16035	25766	20920	27528	23901	24963
44898	26987	28529	43119	17522	22436	23465	31920	26194	29542
47335	30409	35599	48319	19506	28979	29473	34379	28400	33204
59311	30448	41002	54707	20978	30725	34392	40552	32426	35018
65572	32826	46130	64236	25296	38606	39240	47425	37631	39555
74670	40669	62383	67431	29369	38824	44598	55064	44509	44126

4-30 各市(州)按行业分国有经济单位就业人员平均工资(2012年)

单位:元

市(州)	Region	合计 Total	农、林、牧、渔业 Farming, Forestry, Animal Husbandry and Fishery	采矿业 Mining and Quarrying	制造业 Manufacturing	电力、煤气及水的生产和供应业 Electricity, Gas and Water Production and Supply	建筑业 Construction	交通运输、仓储和邮政业 Transport, Storage and Post	信息传输、计算机服务和软件业 Information Transmission, Computer Services and Software	批发和零售业 Wholesale and Retail Trade
全　省	**Sichuan**	**47721**	**31514**	**57092**	**47075**	**54557**	**37259**	**55021**	**53353**	**54348**
成都市	Chengdu	56816	44784	28939	52497	70892	41909	72984	53532	58734
自贡市	Zigong	44456	33734		34821	72655	22671	42010	62270	62649
攀枝花市	Panzhihua	47844	25948	42871	44204	83060	29614	40536	72242	58435
泸州市	Luzhou	38445	28193	27425	25578	37626	25930	28878	49202	21536
德阳市	Deyang	46917	35751	37312	63517	86721	32634	39134		53129
绵阳市	Mianyang	48168	29212		42806	56288	30750	36348	62391	35232
广元市	Guangyuan	39291	32030		31830	45523	45544	40151	43666	54898
遂宁市	Suining	40707	36500		26632	45558	28354	27164	40265	30842
内江市	Neijiang	39689	34953	32264	28079	46828	37245	37030	48290	42406
乐山市	Leshan	42840	19813	21888	32206	53097	40036	34151	43640	54411
南充市	Nanchong	39141	33835		24678	50889	31247	35058	37743	52663
眉山市	Meishan	42425	31685		17733	66919	16964	46371	74704	51910
宜宾市	Yibin	41918	29186	38886	38886	54285	34829	35685	58141	74579
广安市	Guangan	39268	33586	49463	21380	37988	24822	36324	46802	45023
达州市	Dazhou	38897	34240	25314	27380	43775	32536	32983	47538	38563
雅安市	Yaan	36982	26320		26233	41385	27324	36928	43206	46688
巴中市	Bazhong	36223	30571	34723	39670	39307	21371	38660	47467	47983
资阳市	Ziyang	41614	31536		43814	49885	29353	33400	82156	93936
阿坝藏族羌族自治州	Aba	45669	32400		12435	66532	13698	39015	72346	43403
甘孜藏族自治州	Ganzi	44510	32266	43343	27010	33408	42247	44995	55819	29066
凉山彝族自治州	Liangshan	49827	29838	51794	29811	48843	41275	43481	36419	69818

Average Wage of Empoyment in State-owned Units by Sector and Region(2012)

(yuan)

住宿和餐饮业 Hotels and Catering Services	金融业 Finance	房地产业 Real Estate	租赁和商务服务业 Leasing and Commercial Affairs Services	科学研究、技术服务和地质勘查业 Scientific Research, Technic Services and Geological Prospecting	水利、环境和公共设备管理业 Water, Environment Public Facilities Conservancy	居民服务和其他服务业 Resident Services and Other Services	教育 Education	卫生、社会保障和社会福利业 Health Care, Social Security and Welfare	文化、体育和娱乐业 Culture, Sports and Entertain-ment	公共管理和社会组织 Public Management and Social Organization
34732	**74670**	**40669**	**62383**	**67431**	**29369**	**38824**	**44598**	**55064**	**44509**	**44126**
33514	85025	54447	73789	75092	43500	40116	54695	73897	51702	55293
	70793	52292	54266	45560	43103	48302	43841	45843	48773	39165
27027	76936		52991	69356	44577	53585	54123	57682	52757	54210
	58938	27966	33451	31142	22201	45291	41565	56680	44558	43623
26295	73154	34910	23917	50099	21728	38861	43691	51078	42544	43140
24222	70197	36148	49414	89951	22127	44658	41469	49903	44416	42255
22599	79275	34539	37274	35788	21709	27618	39778	48387	34813	37255
43455	73227	26067	23694	37669	15574	42512	42245	50946	37167	37761
	59245	43381	40835	41020	32409	37503	39751	49880	34519	37343
32396	66630	30171	29047	45983	34772	29645	41455	46965	38570	44202
27433	76577	37444	35508	33892	18870	30381	38400	46320	34237	38137
	75497	59964	34818	44879	21892	42485	39919	45949	28203	43093
27256	63985	35243	26996	43158	18826	32448	42341	46607	40977	40095
27123	60554	28699	20119	35575	18931	50500	41191	46014	30196	35962
25859	50547	23311	35777	36107	25640	34105	39849	45692	40276	37891
	59700	32750	21784	33054	20415	27468	38550	43929	32425	33842
24190	46049	27420	29776	35631	25475	34235	37217	40532	29719	37444
13360	74681	34233	29695	36026	22808	41071	38931	49879	37031	38670
26502	58398		31033	50496	52346	19667	46963	44097	51416	45633
24521	55098	39556	20540	39988	20376	35831	47363	46775	45750	45946
24446	83103	26932	37795	49609	25376	47645	48795	55183	43728	49758

4-31 按行业分城镇集体经济单位就业人员平均工资

单位:元

年份 Year	合计 Total	农、林、牧、渔业 Agriculture, Forestry, Animal Husbandry and Fishery	采矿业 Mining	制造业 Manufacturing	电力、煤气及水的生产和供应业 Electricity, Gas and Water Production and Supply	建筑业 Construction	交通运输、仓储和邮政业 Transport, Storage and Post	信息传输、计算机服务和软件业 Information Transmission, Computer Services and Software	批发和零售业 Wholesale and Retail Trade	住宿和餐饮业 Hotels and Catering Services
1978	475	412	397	447	397	580	611		422	459
1979	520	435	496	511	492	639	615		430	472
1980	590	497	586	586	586	696	611		537	611
1981	613	539	623	623	623	741	622		540	620
1982	633	560	633	632	632	784	678		536	616
1983	652	592	655	656	661	817	707		525	625
1984	737	609	741	768	768	868	765	755	633	763
1985	845	664	879	879	879	902	869	831	795	905
1986	944	901	929	940	940	1042	930	907	885	1015
1987	1040	960	1038	1038	1038	1185	1036	1222	966	1096
1988	1211	1069	1221	1221	1221	1293	1201	1477	1143	1273
1989	1342	1172	1363	1363	1363	1416	1401	1635	1241	1371
1990	1490	1254	1461	1507	1455	1639	1526	1920	1384	1517
1991	1693	1431	1772	1735	1896	1891	1723	2010	1527	1860
1992	1885	1625	1756	1903	1937	2157	1874	2744	1598	2031
1993	2274	1969	2248	2288	2552	2523	2087	3111	2168	2601
1994	2726	2712	2813	2763	3290	3194	2101	3515	2211	2644
1995	3242	3321	3169	3333	4710	3576	2559	3873	2694	3127
1996	3666	3781	3372	3735	5265	4038	3078	4218	3038	3471
1997	3982	3865	4060	4039	7328	4407	3285	4666	3156	3589
1998	3966	3875	3945	3937	6348	4657	2933	4924	2985	3674
1999	4927	4570	4016	4900	6917	5159	4459	5491	3748	4437
2000	5749	5173	4645	5549	7074	6124	4651	5867	4408	5097
2001	6575	5781	4889	6220	9685	6496	5505	6455	5086	5775
2002	7395	6568	4117	7095	13656	6641	6322	6943	5844	6533
2003	8647	7566	6624	8045	14556	7558	7261	7802	6579	7281
2004	9680	8084	6260	9396	14456	8255	8829	8125	7573	7903
2005	10974	8470	7280	10678	16523	8997	9374	11323	7901	8754
2006	12624	9302	8742	11852	15149	10886	10870	9895	8659	9789
2007	15089	10952	9204	13985	20513	12528	11240	13389	9819	10402
2008	18386	13512	19378	17938	23433	15080	14069	20056	12346	12258
2009	21043	16385	23127	20438	18055	17496	16362	21730	14484	16627
2010	23441	20181	26369	19411	24364	19418	18139	23076	16016	18844
2011	28342	28582	25802	23553	26934	24161	23219	22584	18258	21197
2012	33409	34911	33558	27778	33649	28499	26371	40263	21908	23101

Average Wage of Employment in Urban Collective Owned Units by Sector

(yuan)

金融业 Financial	房地产业 Real Estate	租赁和商务服务业 Leasing and Bussiness Services	科学研究、技术服务和地质勘查业 Scientific Research, Technic Services and Geological Prospecting	水利、环境和公共设备管理业 Water, Environment Public Facilities	居民服务和其他服务业 Services to housholds and Other Services	教育 Education	卫生、社会保障和社会福利业 Health Care, Social Security and Welfare	文化、体育和娱乐业 Culture, Sports and Entertain-ment	公共管理和社会组织 Public Management and Social Organization
513				488	489	261	482	472	523
524				517	454	520	520	518	401
669	566		488	595	566	552	596	545	576
687	566		464	601	566	474	602	485	624
689	567		484	654	565	622	652	604	642
663	586		645	685	585	650	680	633	616
761	654		672	683	656	679	687	658	883
874	883	772	568	771	736	807	768	791	1095
1156	968	921	623	1095	885	1064	1071	1036	1277
1268	915	1056	653	1178	953	1111	1117	1101	1401
1415	1350	1107	938	1313	1095	1228	1322	1203	1627
1582	1622	1289	1239	1385	1281	1449	1384	1418	1919
1752	1562	1392	1933	1531	1395	1588	1513	1545	2081
1880	1666	1598	1923	1722	1518	1758	1701	1731	2295
2171	1925	1945	2435	1969	1711	1913	1918	1902	2650
2755	3510	2277	2142	2432	1625	2621	2213	2487	2849
4600	3381	2801	3596	3177	2953	3200	3164	3149	3997
5031	4195	3247	5954	3254	3450	3832	3882	3638	4875
5604	4129	3588	4577	3895	3710	4192	4406	3963	5336
6383	4597	3693	6092	4467	4288	4450	4770	4185	5903
7202	5133	3796	7704	4792	4251	4596	4944	4276	6431
8601	5865	4589	5288	5083	5399	5340	5757	5113	7424
9743	7766	5275	9254	5957	6029	6475	6383	6255	7435
11233	8747	5894	12278	6491	7853	7214	7109	7031	10658
13813	8539	6641	13812	7107	8262	8925	8388	7842	12299
14726	9892	7172	14921	8125	12935	10773	9569	8205	13516
17439	11085	7311	20064	8810	8917	10316	10859	8897	16983
21328	13201	9449	15656	9484	8948	12519	12758	10712	12721
24183	13477	11055	17640	10217	10324	11409	14613	13362	15039
31523	13766	13148	21560	12138	10937	14574	18415	18817	15277
37801	15926	18284	20852	11927	12353	16467	21109	22457	16342
41319	18032	18666	23350	16888	13821	25461	25969	20530	20896
48800	20283	16268	33619	18279	15626	31066	31745	24082	26478
54793	25548	21066	45964	19915	18561	32124	37638	28004	43016
64181	31270	26032	45085	21080	21651	35450	44098	29762	33996

4-32 各市(州)按行业分城镇集体经济单位就业人员平均工资(2012年)

单位:元

市(州)	Region	合计 Total	农、林、牧、渔业 Farming, Forestry, Animal Husbandry and Fishery	采矿业 Mining and Quarrying	制造业 Manufacturing	电力、煤气及水的生产和供应业 Electricity, Gas and Water Production and Supply	建筑业 Construction	交通运输、仓储和邮政业 Transport, Storage and Post	信息传输、计算机服务和软件业 Information Transmission, Computer Services and Software	批发和零售业 Wholesale and Retail Trade
全　省	**Sichuan**	**33409**	**34911**	**33558**	**27778**	**33649**	**28499**	**26371**	**40263**	**21908**
成都市	Chengdu	38491	54190	23647	32246	39343	30295	37085		34766
自贡市	Zigong	29909	41720	57911	11785		36409	28143	13167	13910
攀枝花市	Panzhihua	43137		50473	30918	52874	46694	31308		12000
泸州市	Luzhou	26999	25645		25053	23518	27074	23898		16454
德阳市	Deyang	38582	55333	11400	27665		28629	21819		15200
绵阳市	Mianyang	45847	38762		36835		34301			12161
广元市	Guangyuan	45001	36778	29063	39839	41898	49660	37222		17846
遂宁市	Suining	27196			31046		24633	10750		14375
内江市	Neijiang	38849		41589	23426	43222	33540	27316		19532
乐山市	Leshan	32914		31908	26870	25327	29944	25421		22958
南充市	Nanchong	29052	40883		29448	23357	26812	35059		24281
眉山市	Meishan	40992		14479			26370	27106		22732
宜宾市	Yibin	25917		25018	18945	21231	23242	14769	17333	14412
广安市	Guangan	45842						15711		20808
达州市	Dazhou	30204		26878	25095		27574	28955	53830	27373
雅安市	Yaan	25361				11000	16461	19200		
巴中市	Bazhong	30073	45254		27470	21356	30082			16053
资阳市	Ziyang	27383	15171		38892		21147	33041		16227
阿坝藏族羌族自治州	Aba	35950	47935				28167			28306
甘孜藏族自治州	Ganzi	35707			23800	32214	33792			
凉山彝族自治州	Liangshan	32573	16641	35349	42705	31944	58966	52738		20546

Average Wage of Employment in Urban Collective Owned Units by Sector and Region(2012)

(yuan)

住宿和餐饮业 Hotels and Catering Services	金融业 Finance	房地产业 Real Estate	租赁和商务服务业 Leasing and Commercial Affairs Services	科学研究、技术服务和地质勘查业 Scientific Research, Technic Services and Geological Prospecting	水利、环境和公共设备管理业 Water, Environment Public Facilities Conservancy	居民服务和其他服务业 Resident Services and Other Services	教育 Education	卫生、社会保障和社会福利业 Health Care, Social Security and Welfare	文化、体育和娱乐业 Culture, Sports and Entertain-ment	公共管理和社会组织 Public Management and Social Organization
23101	**64181**	**31270**	**26032**	**45085**	**21080**	**21651**	**35450**	**44098**	**29762**	**33996**
25158	72103	34354	36317	39776	28769	16767	41571	52589	38208	
10000	58484	19286			15985	26400		43630	24500	28611
19318		58774	25754	48063	20160			45111	11476	
12821	53599	26023	34652	46833	14968	22584		37756	30985	
	59660			52190	12500		35241	38934		
13989	72309	14286	73233	39000	25714		28310	42825	13000	39640
18926	61762		48038	80212	34400	42750	23927	34755	37500	
30000	68661	31575	14464	24762	32000	31734		44916	25018	
19907	131931	30897	43450		35384		34440	34982	17631	
33550	72210	28083	23291		15881	26792	38347	36496	25200	34000
25934	40277	21292	25663	34790		28734		34631	27724	39117
34035	72418		45063				30121	30002	37000	
13060	79064		26311	37384		15319		40190	9577	32250
	71593		39449		12880			32715		
	61179	29293	17330	31036	11800	13144	38960	38419	18098	26312
	50654		35690					41615		
16667	46743		41435	23333	16291			30521	17808	45818
16333	58572		33579	25516				34762		63583
32230	49731		36875							
	36438							46931		
34500		11967	21182			45607		37131		

4-33 按行业分其他各种经济单位就业人员平均工资
Average Wage of Employment in Units of Other Types of Ownership by Sector

单位:元 (yuan)

行业	Sector	2007	2008	2009	2010	2011	2012
总计	**Total**	**16922**	**20068**	**22666**	**27081**	**31575**	**35749**
农、林、牧、渔业	Farm, Forestry, Animal Husbandry and Fishery	11568	12455	15842	20653	23207	22322
采掘业	Mining	16880	20497	23112	27824	31986	37045
制造业	Manufacturing	17166	20009	22273	26274	31094	34091
电力、煤气及水的生产和供应业	Electric Power, Gas and Water Production and Supply	21625	26047	29200	34908	42414	46814
建筑业	Construction	13670	16657	18991	22416	25911	29928
交通运输、仓储和邮政业	Transport, Storage and Post	20233	22721	26663	32345	39103	55514
信息传输、计算机服务和软件业	Information Transmission, Computer Services and Software	36192	38525	37953	41301	50290	61231
批发和零售业	Wholesale and Retail Trade	14807	17658	20411	23405	26824	30678
住宿和餐饮业	Hotels and Catering Services	13574	15475	18016	20480	24548	26156
金融业	Finance	31637	40102	39824	48132	58844	65843
房地产业	Real Estate	18811	20430	24236	30246	36209	42305
租赁和商务服务业	Leasing and Business Services	16372	19996	22217	26093	29833	37958
科学研究、技术服务和地质勘查业	Scientific Research,Technic Services and Geological Prospecting	33617	39424	41687	40007	50188	65151
水利、环境和公共设备管理业	Water, Environment Public Facilities Conservancy	11951	11640	14533	14335	18264	22648
居民服务和其他服务业	Resident Services and Other Services	15448	17439	19897	23943	28631	35587
教育	Education	24066	27404	32814	36355	34774	39493
卫生、社会保障和社会福利业	Health Care, Social Security and Welfare	22756	26748	33521	34539	39670	47878
文化、体育和娱乐业	Culture, Sports and Entertainment	17900	17914	28887	30200	30651	36057
公共管理和社会组织	Public Management and Social Organization						

4-34 各市(州)非私营企业单位就业人员和平均工资(2012年)

Average Wages and Number of Employment in Non-private Enterprises by Region(2012)

单位:人、元 (person,yuan)

市(州)	Region	就业人员 Number of Empoyment				平均工资 Average Wage			
		合计 Total	国有单位 State-owned Units	集体单位 Urban Collective owned Units	其他单位 Units of Other Types of Ownership	合计 Total	国有单位 State-owned Units	集体单位 Urban Collective owned Units	其他单位 Units of Other Types of Ownership
全　省	**Sichuan**	**3949430**	**1226566**	**272312**	**2450552**	**40021**	**50440**	**31605**	**35673**
成都市	Chengdu	1538508	493893	55431	989184	41740	53549	34122	36530
自贡市	Zigong	105614	24842	9711	71061	38454	48768	28726	36119
攀枝花市	Panzhihua	140863	88606	4498	47759	44596	44647	43268	44616
泸州市	Luzhou	179586	51368	47148	81070	31861	30416	26980	35870
德阳市	Deyang	160591	61494	2778	96319	47915	53368	37153	44732
绵阳市	Mianyang	231992	41154	6822	184016	36565	45212	49031	34133
广元市	Guangyuan	58849	17126	6161	35562	39769	43537	49467	36351
遂宁市	Suining	102179	12313	29219	60647	31154	40357	26462	31597
内江市	Neijiang	126052	25216	9114	91722	32904	38218	39892	30670
乐山市	Leshan	182072	22447	9758	149867	33455	42047	32488	32253
南充市	Nanchong	139808	43934	18710	77164	34739	41876	28347	32147
眉山市	Meishan	70371	12888	5130	52353	37039	52487	37114	33347
宜宾市	Yibin	244216	34861	4555	204800	38294	44485	22864	37552
广安市	Guangan	42616	37173	2234	3209	41307	40168	67017	36929
达州市	Dazhou	128606	36181	24351	68074	33529	38235	29762	32390
雅安市	Yaan	46859	10770	2174	33915	33492	39389	25151	32146
巴中市	Bazhong	95723	23534	15706	56483	30549	34453	28402	29480
资阳市	Ziyang	91471	15884	9281	66306	31342	49953	27141	27423
阿坝藏族羌族自治州	Aba	22943	10052	2198	10693	44817	46545	36004	45122
甘孜藏族自治州	Ganzi	14094	6670	1006	6418	46521	40869	35602	53964
凉山彝族自治州	Liangshan	103667	33410	6327	63930	42700	49632	32977	39990

4-35 各市(州)非私营事业单位就业人员和平均工资(2012年)
Average Wages and Number of People Employed in Institutions of Non-private Enterprises by Region(2012)

单位:人、元 (person,yuan)

市(州)	Region	就业人员 Number of Employment				平均工资 Average Wage			
		合计 Total	国有单位 State-owned Units	集体单位 Urban Collective owned Units	其他单位 Units of Other Types of Ownership	合计 Total	国有单位 State-owned Units	集体单位 Urban Collective owned Units	其他单位 Units of Other Types of Ownership
全省	**Sichuan**	**1691089**	**1603696**	**65248**	**22145**	**46778**	**47105**	**40796**	**40804**
成都市	Chengdu	434975	398054	24238	12683	59878	61096	48268	43851
自贡市	Zigong	49073	47340	1517	216	43862	43938	37836	72592
攀枝花市	Panzhihua	29299	29255	44		53679	53713	30545	
泸州市	Luzhou	69783	66981	1951	851	42213	42648	27448	41968
德阳市	Deyang	68579	62627	5447	505	41564	41840	39319	31308
绵阳市	Mianyang	113709	105362	5771	2576	51234	52023	42220	40501
广元市	Guangyuan	57234	54631	2577	26	38644	38829	34608	46231
遂宁市	Suining	47650	46350	1288	12	42023	41979	43672	34833
内江市	Neijiang	64452	62278	2171	3	41013	41235	34892	40000
乐山市	Leshan	64283	62859	1058	366	42290	42342	36840	48997
南充市	Nanchong	105681	102715	2966		37925	38030	33924	
眉山市	Meishan	53609	47933	1180	4496	37675	37742	58380	31539
宜宾市	Yibin	84120	82826	1294		41694	41770	36776	
广安市	Guangan	52575	49984	2591		39549	40169	27647	
达州市	Dazhou	99480	95471	3917	92	39236	39528	32773	12000
雅安市	Yaan	31891	31808	29	54	37695	37693	37724	38593
巴中市	Bazhong	61424	55871	5288	265	36251	36319	34884	49091
资阳市	Ziyang	60257	59882	375		40104	40221	21551	
阿坝藏族羌族自治州	Aba	28956	28929	27		45086	45100	31321	
甘孜藏族自治州	Ganzi	30417	30363	54		43722	43732	37600	
凉山彝族自治州	Liangshan	83642	82177	1465		49665	49997	30845	

4-36 各市(州)国有单位分隶属关系就业人员平均工资(2012年)
Average Wages of Employment in State-owned Enterprises by Region and Affiliations(2012)

单位:元 (yuan)

市(州)	Region	合计 Total	中央属单位 Enterprises Belongs To Central Government	省属单位 Enterprises Belongs to Province	市(州)属单位 Enterprises Belongs to City	县及县以下单位 Enterprises Belongs to County And Below	其他 Others
全　省	**Sichuan**	**47721**	**63520**	**52571**	**46343**	**41335**	**37146**
成都市	Chengdu	56816	66504	56762	51703	52327	41863
自贡市	Zigong	44456	60024	49541	42612	39994	34745
攀枝花市	Panzhihua	47844	46647	45786	52783	46716	41305
泸州市	Luzhou	38445	44847	55564	37332	36183	50981
德阳市	Deyang	46917	62374	41649	40153	41518	34994
绵阳市	Mianyang	48168	77128	51967	44626	39869	28291
广元市	Guangyuan	39291	42367	61959	41357	36861	22000
遂宁市	Suining	40707	51460	49974	44612	38881	19587
内江市	Neijiang	39689	48605	40568	43091	37689	35939
乐山市	Leshan	42840	53171	44589	42636	40973	46873
南充市	Nanchong	39141	60368	46318	38676	36649	37640
眉山市	Meishan	42425	62660	64584	48030	39038	30200
宜宾市	Yibin	41918	56612	42905	46816	38207	33797
广安市	Guangan	39268	52198	54421	35783	36832	28907
达州市	Dazhou	38897	53849	38760	42889	36797	30636
雅安市	Yaan	36982	48191	39361	37857	34908	25250
巴中市	Bazhong	36223	47417	41956	42638	34385	37804
资阳市	Ziyang	41614	56375	40951	43649	39198	
阿坝藏族羌族自治州	Aba	45669	64692	47841	43086	44355	
甘孜藏族自治州	Ganzi	44510	56375	49304	43477	43961	31125
凉山彝族自治州	Liangshan	49827	58660	61520	49991	47760	12000

4-37 各市(州)国有企业就业人员和平均工资(2012年)
Average Wages and the Number of Employment in State-owned Enterprises by Region(2012)

单位:人、元 (person,yuan)

市(州)	Region	就业人员 Number of Employment			平均工资 Average Wage of Staff and Worker		
		合计 Total	中央单位 Enterprises Belongs to Central Government	地方单位 Local Units	合计 Total	中央单位 Enterprises Belongs to Central Government	地方单位 Local Units
全 省	**Sichuan**	**1226566**	**545334**	**681232**	**50440**	**61353**	**40984**
成都市	Chengdu	493893	206848	287045	53549	62573	46556
自贡市	Zigong	24842	12259	12583	48768	60731	37097
攀枝花市	Panzhihua	88606	57836	30770	44647	46410	41258
泸州市	Luzhou	51368	7240	44128	30416	46946	27888
德阳市	Deyang	61494	37217	24277	53368	63970	36523
绵阳市	Mianyang	41154	9101	32053	45212	47809	44496
广元市	Guangyuan	17126	2457	14669	43537	42594	43696
遂宁市	Suining	12313	1626	10687	40357	56562	37805
内江市	Neijiang	25216	6574	18642	38218	49884	34259
乐山市	Leshan	22447	6660	15787	42047	50712	38156
南充市	Nanchong	43934	10166	33768	41876	60267	36372
眉山市	Meishan	12888	2564	10324	52487	62301	49937
宜宾市	Yibin	34861	13718	21143	44485	57996	35909
广安市	Guangan	37173	5692	31481	40168	52443	37926
达州市	Dazhou	36181	10589	25592	38235	55278	31000
雅安市	Yaan	10770	4867	5903	39389	48409	31582
巴中市	Bazhong	23534	5085	18449	34453	47538	30808
资阳市	Ziyang	15884	10209	5675	49953	56859	37443
阿坝藏族羌族自治州	Aba	10052	3302	6750	46545	70957	34775
甘孜藏族自治州	Ganzi	6670	1473	5197	40869	61920	34995
凉山彝族自治州	Liangshan	33410	7101	26309	49632	60537	46760

4-38 各市(州)国有事业单位就业人员和平均工资(2012年)
Average Wages and Number of People Empoyed in State-owned Institutions(2012)

单位:人、元 (person,yuan)

市(州)	Region	就业人员 Number Of Employment			平均工资 Average Wage Of Staff And Worker		
		合计 Total	中央单位 Enterprises Belongs to Central Government	地方单位 Local Units	合计 Total	中央单位 Enterprises Belongs to Central Government	地方单位 Local Units
全　省	**Sichuan**	**1603696**	**96726**	**1506970**	**47105**	**78655**	**45081**
成都市	Chengdu	398054	63941	334113	61096	79122	57641
自贡市	Zigong	47340	230	47110	43938	50622	43905
攀枝花市	Panzhihua	29255		29255	53713		53713
泸州市	Luzhou	66981	1730	65251	42648	35493	42840
德阳市	Deyang	62627	2536	60091	41840	39135	41953
绵阳市	Mianyang	105362	21796	83566	52023	93750	41237
广元市	Guangyuan	54631	41	54590	38829	45146	38824
遂宁市	Suining	46350	323	46027	41979	48180	41935
内江市	Neijiang	62278	283	61995	41235	34559	41268
乐山市	Leshan	62859	3545	59314	42342	56026	41540
南充市	Nanchong	102715	125	102590	38030	47900	38019
眉山市	Meishan	47933	24	47909	37742	43043	37740
宜宾市	Yibin	82826	350	82476	41770	47490	41745
广安市	Guangan	49984	61	49923	40169	36097	40174
达州市	Dazhou	95471	351	95120	39528	48846	39494
雅安市	Yaan	31808	116	31692	37693	37063	37696
巴中市	Bazhong	55871	103	55768	36319	34808	36322
资阳市	Ziyang	59882	38	59844	40221	45737	40217
阿坝藏族羌族自治州	Aba	28929	413	28516	45100	46733	45076
甘孜藏族自治州	Ganzi	30363	169	30194	43732	47575	43710
凉山彝族自治州	Liangshan	82177	551	81626	49997	45100	50030

4-39 各市(州)国有机关单位就业人员和平均工资(2012年)
Average Wages and Number of People Employed in Government by Region(2012)

单位:人、元 (person,yuan)

市(州)	Region	就业人员 Number of Employment			平均工资 Average Wage of Staff and Worker		
		合计 Total	中央单位 Enterprises Belongs to Central Government	地方单位 Local Units	合计 Total	中央单位 Enterprises Belongs to Central Government	地方单位 Local Units
全　省	**Sichuan**	**757081**	**21346**	**735735**	**44578**	**53141**	**44328**
成都市	Chengdu	148978	5360	143618	55880	69007	55388
自贡市	Zigong	19025	360	18665	40115	42365	40071
攀枝花市	Panzhihua	15939	611	15328	54977	69822	54398
泸州市	Luzhou	28318	997	27321	43243	46667	43118
德阳市	Deyang	27726	572	27154	44082	59467	43755
绵阳市	Mianyang	48325	2481	45844	42396	38310	42618
广元市	Guangyuan	29193	148	29045	37657	37791	37656
遂宁市	Suining	25183	433	24750	38534	34773	38600
内江市	Neijiang	27486	805	26681	37778	43155	37612
乐山市	Leshan	30813	828	29985	44452	62284	43955
南充市	Nanchong	55455	1474	53981	39018	57204	38521
眉山市	Meishan	28910	355	28555	45848	66514	45588
宜宾市	Yibin	36464	1244	35220	39763	43884	39618
广安市	Guangan	24093	640	23453	36025	51581	35596
达州市	Dazhou	40492	1278	39214	37995	43288	37824
雅安市	Yaan	22295	1182	21113	34750	46671	34082
巴中市	Bazhong	20753	416	20337	37923	49103	37693
资阳市	Ziyang	21402	412	20990	39291	45547	39165
阿坝藏族羌族自治州	Aba	24361	643	23718	45975	44040	46030
甘孜藏族自治州	Ganzi	31842	556	31286	46036	44584	46063
凉山彝族自治州	Liangshan	50028	551	49477	49678	48406	49692

4-40 城镇登记失业人数及失业率
Number of Unemployed Persons and Unemployment Rate in Urban Area

年份 Year	城镇登记失业人数 (万人) Unemployed Persons in Urban Area (10 000 persons)	# 女性 Female	女性占失业人数的百分比(%) Percentage of Unemployed Female to Unemployed Persons (%)	登记失业率 (%) Unemployment Rate in Urban Area (%)
1978	52.00	30.00	57.7	10.9
1979	33.00	18.51	56.1	6.7
1980	28.00	15.60	55.7	5.0
1981	25.00	13.50	54.0	4.4
1982	16.90	9.00	53.3	3.0
1983	18.10	9.61	53.1	3.0
1984	15.84	8.40	53.0	2.7
1985	14.35	7.47	52.1	2.3
1986	14.44	7.51	52.0	2.3
1987	14.53	7.56	52.0	2.2
1988	16.75	8.65	51.6	2.4
1989	25.63	14.65	57.2	3.7
1990	26.61	14.86	55.8	3.7
1991	25.17	14.04	55.8	3.4
1992	27.16	15.24	56.1	3.6
1993	26.47	14.50	54.8	3.5
1994	27.65	15.79	57.1	3.6
1995	27.94	15.44	55.3	3.6
1996	27.16	14.55	53.6	3.5
1997	26.72	14.43	54.0	3.4
1998	30.18	16.04	53.1	3.7
1999	29.59	15.11	51.1	3.7
2000	30.79	15.11	49.1	4.0
2001	31.90	15.11	47.4	4.3
2002	33.82	16.02	47.4	4.5
2003	33.10	15.70	47.4	4.4
2004	33.30	15.30	46.0	4.4
2005	34.30	15.70	45.8	4.6
2006	36.10	16.50	45.6	4.5
2007	34.80	15.40	44.3	4.3
2008	37.86	16.04	42.4	4.6
2009	36.28	13.59	37.5	4.3
2010	34.56	14.07	40.7	4.1
2011	36.93	15.24	41.3	4.1
2012	41.67	16.81	40.3	4.1

4-41 各市(州)城镇登记失业人数及失业率
Number of Urban Registered Unemployed and Unemployment Rate by Region

市(州)	Region	城镇登记失业人数（万人） Unemployed Persons (10 000 persons)			登记失业率（%） Unemployment Rate (%)		
		2005	2010	2012	2005	2010	2012
全　省	**Sichuan**	**34.30**	**34.56**	**41.67**	**4.6**	**4.1**	**4.1**
成都市	Chengdu	5.90	5.62	6.45	3.1	2.5	2.9
自贡市	Zigong	1.70	1.66	2.38	4.0	4.1	4.2
攀枝花市	Panzhihua	1.30	1.13	1.54	4.4	3.5	3.6
泸州市	Luzhou	1.80	1.66	1.47	4.4	3.5	3.1
德阳市	Deyang	1.30	1.50	1.63	3.3	3.7	3.7
绵阳市	Mianyang	3.30	3.04	3.14	3.9	3.7	3.9
广元市	Guangyuan	1.00	1.22	1.99	4.3	3.9	3.9
遂宁市	Suining	1.40	1.38	3.38	4.9	4.5	4.1
内江市	Neijiang	1.70	1.57	1.45	4.5	4.0	3.8
乐山市	Leshan	1.90	2.16	2.35	4.2	4.1	4.0
南充市	Nanchong	2.00	2.29	3.60	4.8	4.5	4.3
眉山市	Meishan	1.10	1.15	1.31	4.4	4.3	4.1
宜宾市	Yibin	2.10	1.81	2.33	4.7	3.5	3.6
广安市	Guangan	1.60	1.25	1.20	4.0	3.7	3.7
达州市	Dazhou	1.30	2.01	2.02	4.1	4.0	4.0
雅安市	Yaan	0.60	0.64	0.56	4.0	4.0	3.9
巴中市	Bazhong	1.00	1.16	1.31	4.2	4.3	4.3
资阳市	Ziyang	1.20	1.36	1.41	4.5	3.9	3.7
阿坝藏族羌族自治州	Aba	0.40	0.35	0.37	4.1	3.7	3.2
甘孜藏族自治州	Ganzi	0.30	0.37	0.51	5.0	4.1	4.2
凉山彝族自治州	Liangshan	1.30	1.22	1.27	4.1	4.1	3.6

主要统计指标解释

经济活动人口 指在16岁以上，有劳动能力，参加或要求参加社会经济活动的人口。包括就业人员和失业人员。

就业人员 指在16岁以上，从事一定社会劳动并取得劳动报酬或经营收入的人员。这一指标反映了一定时期内全部劳动力资源的实际利用情况，是研究我国基本国情国力的重要指标。

单位就业人员 指期末最后一日24时在各类单位中工作，并取得工资或其他形式劳动报酬的人员数。该指标为时点指标，不包括最后一日当天及以前已经与单位解除劳动合同关系的人员，是在岗职工、劳务派遣人员及其他从业人员之和。

从业人员不包括：(1)离开本单位仍保留劳动关系，并定期领取生活费的人员；(2)利用课余时间打工的学生及在本单位实习的各类在校学生；(3)本单位因劳务外包而使用的人员。

城镇私营和个体就业人员 城镇私营就业人员指在工商管理部门注册登记，其经营地址设在县城关镇(含县城关镇)以上的私营企业就业人员，包括私营企业投资者和雇工。城镇个体就业人员指在工商管理部门注册登记，并持有城镇户口或在城镇长期居住，经批准从事个体工商经营的就业人员，包括个体经营者和在个体工商户劳动的家庭帮工和雇工。

国有单位 指资产归国家所有的经济组织。包括按《中华人民共和国企业法人登记管理条例》规定登记注册的非公司制的经济组织，以及中央、地方各级国家机关、事业单位和社会团体。

集体单位 指生产资料归集体所有，并按《中华人民共和国企业法人登记管理条例》规定登记注册的经济组织。

其他单位 包括股份合作单位、联营单位、有限责任公司、股份有限公司、港澳台商投资单位以及外商投资单位等其他登记注册类型单位。

在岗职工 指在本单位工作且与本单位签订劳动合同，并由单位支付各项工资和社会保险、住房公积金的人员，以及上述人员中由于学习、病伤、产假等原因暂未工作仍由单位支付工资的人员。在岗职工还包括：

(1)应订立劳动合同而未订立劳动合同人员(如使用的农村户籍人员)；

(2)处于试用期人员；

(3)编制外招用的人员；

(4)派往外单位工作，但工资仍由本单位发放的人员(如挂职锻炼、外派工作等情况)。

工资总额 指根据《关于工资总额组成的规定》(1990年1月1日国家统计局发布的一号令)进行修订，在报告期内(季度或年度)直接支付给本单位全部从业人员的劳动报酬总额。包括计时工资、计件工资、奖金、津贴和补贴、加班加点工资、特殊情况下支付的工资，是在岗职工工资总额、劳务派遣人员工资总额和其他从业人员工资总额之和。

工资总额是税前工资，包括单位从个人工资中直接为其代扣或代缴的房费、水费、电费、住房公积金和社会保险基金个人缴纳部分等。

工资总额不论是计入成本的还是不计入成本的，不论是以货币形式支付的还是以实物形式支付的，均应列入工资总额的计算范围。

平均工资 指单位就业人员在一定时期内平均每人所得的货币工资额。它表明一定时期职工工资收入的高低程度，是反映就业人员工资水平的主要指标。计算公式为：

平均工资＝报告期实际支付的全部就业人员工资总额/报告期全部就业人员平均人数

平均实际工资 指扣除物价变动因素后的就业人员平均工资。计算公式为：

平均实际工资＝报告期就业人员平均工资/报告期城镇居民消费价格指数

平均工资指数 指报告期就业人员平均工资与基期就业人员平均工资的比率，是反映不同时期就业人员货币工资水平变动情况的相对数。计算公式为：

平均工资指数＝(报告期就业人员平均工资／基期就业人员平均工资) ×100%

平均实际工资指数 是反映实际工资变动情况的相对数，表明就业人员实际工资水平提高或降低的程度。计算公式为：

平均实际工资指数＝(报告期就业人员平均工资指数／报告期城镇居民消费价格指数)×100%

城镇登记失业人员 指有非农业户口，在一定的劳动年龄内(16周岁至退休年龄)，有劳动能力，无业而要求就业，并在当地就业服务机构进行求职登记的人员。

城镇登记失业率 指城镇登记失业人员与城镇单位就业人员(扣除使用的农村劳动力、聘用的离退休人员、港澳台及外方人员)、城镇单位中的不在岗职工、城镇私营业主、个体户主、城镇私营企业和个体就业人员、城镇登记失业人员之和的比。

Explanatory Notes on Main Statistical Indicators

Economically Active Population refers to the population aged 16 and over who are capable to work, are participating in or willing to participate in economic activities, including employed persons and unemployed persons.

Persons Employed refer to persons aged 16 and over who are engaged in gainful employment and thus receive remuneration payment or earn business income. This indicator reflects the actual utilization of total labour force during a certain period of time and is often used for the research on China's economic situation and national power.

Persons Employed in Various Units refer to the total number of employees who work at various units and obtain wages or other forms of payment at the end of the reference period. This indicator is a kind of time point index and it equals to the sum of the number of employed staff and workers, labor dispatch personnel and other employed persons. Employed persons do not include:

1) persons who have left their working units while keeping their labour contract (employment relation) unchanged and receiving regular alimony;

2)students who do part-time jobs in spare time and all kinds of enrolled students who do internship in various units;

3)persons employed due to labor outsourcing;

4)persons who dissolve labor contracts with their units on the last day of reference period or before.

Persons Employed in Private Enterprises and Self-employed Individuals in Urban Areas Persons employed in private enterprises refer to the persons employed in the private enterprises which have been registered at the departments of industrial and commercial administration and are situated at a county town (i.e. a town where the county government is located) for business operation or at urban areas with the level higher than a county town. The self-employed individuals in urban areas refer to persons who hold the certificates of residence in urban areas or have resided in the urban areas for a long time and have been registered at the departments of industrial and commercial administration and approved to be engaged in individual industrial or commercial business, including self-employed persons as well as helpers and hired labourers who work in the individual households engaged in industrial or commercial business.

State-owned Units refer to economic units whose assets are owned by the state. Included are non-corporation units registered according to Regulation of the People's Republic of China on the Registration of Enterprises and Corporations, state organs, institutions and social organizations at the central and local levels.

Collective Units refer to economic units registered according to Regulation of the People's Republic of China on the Registration of Enterprises and Corporations where the means of production are collectively owned.

Units of Other Types of Ownership refer to units registered with other types of ownership, including cooperative units, joint ownership units, limited companies, share holding corporations, units invested by entrepreneurs from Hong Kong, Macao, and Taiwan, and foreign-invested units.

Staff and Workers refer to persons who signed labor contracts with working units and working units would pay wages, social insurance and housing funds for them. Persons who have their work posts but are temporarily absent from work for reasons of study or on sick, injury or maternal leave and still receive wages from their working units are also included. Employed staff and workers also include:

1)Persons who should have signed the labor contracts but not (like people with rural household registration);

2)Employees on probation;

3)Employees beyond the staffing quota;

4)Employees who are sent to other working units but still obtain wages from their original units (situations like on-the-job placement, expatriated assignment, etc.).

Total Wages Bill It is revised according to the "Provision of Composition of Total Wages" (Order No.1 by National Bureau of Statistics on January, 1st, ,1990), total wage bill refers to the total remuneration payment to all employed persons in various units during the reporting period (by quarter or by year), including hourly-paid wages, piece-rate wages, bonuses, allowance and subsidies, overtime wages and wages paid under special circumstances. It equals to the sum of total wages of employed staff and workers, dispatch labors and other employed persons.

Total wage bill is pre-tax wages, including the room charges, utility bills, housing funds and social insurance paid or withheld by employee's units.

Total wage bill, whether or not included in cost, whether or not paid in money or in kind, shall be included in the calculation of total wage.

Average Wage refers to the average per capita wage in money terms during a certain period of time for employed persons. It shows the general level of wage income of staff and worker during a certain period of time, one major indicator to reflect the wage level. It is calculated as follows:

Average Wage =Total Wage of Staff and Workers at the Report Period

/Average Number of Staff and Workers at the Report Period

Average Real Wage refers to average wage of staff and workers after removing the effects of price changes, which is calculated as follows:

Average Real Wage =Average Wage of Staff and Workers in Reference Period

/ Consumer Price Index of Urban Residents in Reference Period

Average Wage Indices refers to the ratio of average wage of staff and workers in the report period to that in the base period, which reflects the change of wage of staff and workers at the different period. It is calculated as follows:

Average Wage Indices = Average Wage of Staff and Workers at the Report Period

/ Average Wage of Staff and Workers at the Base Period × 100%

Average Real Wage Indices reflects the relative changing degree of average real wage, and indicates the degree of the rising or declining degree of real wage of staff and worker, which is calculated as following:

Average Real Wage Indices = Index of Average Wage of Staff and Worker at the Report Time

/ Urban consumer prices index at the report time × 100%

Registered Urban Unemployed Persons refer to the persons with non-agricultural household registration at certain working ages (16-50 years for male and 16-45 years for females), who are capable of work, unemployed and willing to work, and have been registered at the local employment service agencies to apply for a job.

Registered Urban Unemployment Rate refer to the persons with non-agricultural household registration at certain working ages (16-50 years for male and 16-45 years for females), who are capable of work, unemployed and willing to work, and have been registered at the local employment service agencies to apply for a job.

5

固定资产投资

5-1 按经济类型分全社会固定资产投资
Total Investment in Fixed Assets by Ownership

单位：亿元 (100 million yuan)

年份 Year	总 计 Total	国有经济 State-owned Units	集体经济 Collective-owned Units	个体及私营经济 Individuals and Privates	其他经济 Other
1952	1.33	1.33			
1957	4.72	4.72			
1962	2.56	2.56			
1965	16.01	16.01			
1970	35.30	35.30			
1975	21.72	21.72			
1978	22.48	22.48			
1980	32.00	19.49	3.90	8.60	
1985	109.66	70.04	19.75	19.87	
1990	162.66	114.54	17.05	31.07	
1991	204.28	146.07	24.09	34.12	
1992	304.78	213.37	48.63	42.78	
1993	459.40	286.53	95.06	49.50	28.31
1994	573.43	325.23	108.63	71.21	68.36
1995	677.34	384.39	132.43	87.73	72.79
1996	803.79	419.82	128.42	131.61	123.94
1997	949.30	525.95	127.97	159.50	135.88
1998	1184.80	722.75	119.29	159.49	183.27
1999	1220.66	657.96	161.26	178.65	222.79
2000	1403.85	678.15	170.91	196.34	358.45
2001	1573.80	758.32	202.49	238.05	374.94
2002	1805.20	822.61	198.44	275.10	509.05
2003	2158.20	895.37	178.71	353.18	730.94
2004	2648.46	1025.78	127.77	466.95	1027.96
2005	3477.68	1348.78	48.08	658.32	1422.50
2006	4521.74	1694.70	67.92	857.77	1901.35
2007	5855.30	2047.76	74.15	1182.99	2550.40
2008	7602.40	2782.58	85.57	1497.60	3236.65
2009	12017.28	4809.36	126.33	2083.82	4997.77
2010	13581.96	5771.01	167.45	2296.90	5346.60
2011	15124.09	5665.58	175.02	2774.44	6509.05
2012	18038.92	3948.23	123.74	2151.03	11815.92

注：①2005年前的非农户项目全划为集体，2005年(含2005年)按项目登记注册类型划分。
②2011年起投资项目统计起点由50万元提高到500万元(后同)。

a) 2005 the projects is in rural , but not invest by farmers,divide to collective projects, since 2005 ,grouped by register types.

b) Starting point of the investment projects from 2011 is improved from $ 500,000 to 500 million (the same as follows).

5-2 全社会固定资产投资及构成
Total Investment in Fixed Assets and its Composition

指　　标	Item	2010	2011	2012
投资总额　(亿元)	**Total Investment　(100 million yuan)**	**13581.96**	**15124.09**	**18038.92**
# 国有及国有控股	State-owned and State Holding Units	6666.51	6592.77	7690.62
# 住宅投资	Residential Buildings	487.12	521.92	533.04
按登记注册类型分	Grouped By Rgister			
内资	Domestic Funds	12494.53	13800.21	14780.44
港澳台投资	UnitsWith Funds From Hong Kong, Macao And Taiwan	221.22	302.50	343.51
外商投资	Foreign Funded Units	315.65	303.06	411.17
个体经营	Indivuduals Economy	550.55	718.32	630.16
按建设性质分	Grouped By Chatacter			
新建	New Constrution	7141.11	7801.59	8517.87
扩建	Expansion	1144.23	1248.10	1599.29
改建	Reconstruction	1956.94	2047.37	3593.66
按构成分	Grouped By Use Of Funds			
建筑工程	Construction	8586.36	9983.95	12231.18
安装工程	Installation	626.74	807.55	1116.10
设备工器具购置	Purchas Of Equipment And Instruments	2227.77	2154.38	2348.34
# 用于更新的设备	Renew Equipment	452.21	462.47	676.12
其他费用	Others	2141.09	2178.20	2343.30
本年新增固定资产　(亿元)	**Increased Investment　(100 million yuan)**	**8828.66**	**9938.47**	**12718.09**
施工项目个数　(个)	**Number of Projects Under Construction　(unit)**	**40284**	**23201**	28074
# 本年新开工	Number of Projects Stated This Year	26725	15482	18365
本年投产项目个数	Number of Completed Projects This Year	27140	13853	15893
本年施工房屋面积　(万平方米)	**Floor Space of Buildings Under Construction　(10 000 sq.m)**	**42680.77**	**49566.28**	**55146.33**
# 住宅	Residential Buildings	24663.59	27760.94	30631.34
本年竣工房屋面积　(万平方米)	**Floor Space of Buildings Completed　(10 000 sq.m)**	**14045.17**	**14340.28**	**14901.75**
# 住宅	Residential Buildings	7563.81	6118.69	7049.71
本年资金来源　(亿元)	**Grouped By Source of Funds　(100 million yuan)**	**15395.67**	**16083.97**	**19164.88**
国家预算内资金	State Budget	1606.27	1288.47	1984.11
国内贷款	Domestic Loans	2532.97	2291.65	2217.68
债券	debt	33.57	33.97	55.53
利用外资	Foreign Invstmeng	105.93	130.41	42.15
自筹资金	Self-raising Funds	8580.98	9806.63	12026.74
其他资金来源	Others	2535.95	2532.90	2838.66

5-3 按主要行业分全社会固定资产投资
Total Investment in Fixed Assets by Main Industry

单位：亿元　　　　(100 million yuan)

指　　标	Item	2010	2011	2012
投资总额	**Total Investment**	**13581.96**	**15124.09**	**18038.92**
农、林、牧、渔业	Farming,Forestry,Animal Husbandry and Fishery	500.81	280.29	462.68
采矿业	Mining	562.88	573.43	651.01
制造业	Manufacturing	3400.73	3947.29	4442.67
电力、燃气及水的生产和供应业	Production and Supply of Electricity Gas and Water	1145.85	1211.21	1386.41
建筑业	Construction	59.04	51.66	68.00
交通运输、仓储和邮政业	Transport,Storage,Post&Telecommunication Services	1772.77	2141.41	2457.35
信息传输、计算机服务和软件业	Information Transmission,Computer Service and Software	110.59	79.87	69.89
批发和零售业	Wholesale and Retail Trade	155.93	225.23	346.06
住宿和餐饮业	Hotels and Catering Service	120.03	155.31	256.28
金融业	Financial	10.61	31.78	47.06
房地产业	Real Estate	3130.70	4013.79	4944.05
租赁和商务服务业	Leasing and Business Service	111.33	134.58	116.35
科学研究、技术服务和地质勘查业	Scientific Research ,Technical Service,and Geological Prospentinig	29.73	47.06	61.29
水利、环境和公共设施管理业	Management of Water Consercancy,Environment and Public Facilities	1550.17	1377.71	1848.82
居民服务和其他服务业	Services to Households and Other Services	101.21	150.27	160.18
教育	Education	264.44	208.60	223.62
卫生、社会保障和社会福利业	Helth,Social Securities and Social Welfare	150.23	123.99	163.72
文化、体育和娱乐业	Culture,Sports and Entertainment	167.41	154.07	178.14
公共管理和社会组织	Public Management and Social Organization	237.52	216.54	155.35
国际组织	International Orgnaization			

注：2012年使用新的行业分类。
a)Data in 2012 are classified by new industry.

5-4 各市(州)全社会固定资产投资
Total Investment in Fixed Assets by Region

单位：亿元 (100 million yuan)

市(州)	Region	2010 投资总额 Total Investment	2010 #房地产 Real Estate	2011 投资总额 Total Investment	2011 #房地产 Resl Estate	2012 投资总额 Total Investment	2012 #房地产 Real Estate
全　省	**Sichuan**	**13581.96**	**2194.63**	**15124.09**	**2819.17**	**18038.92**	**3266.40**
成都市	Chengdu	4255.37	1278.34	4995.65	1585.28	5818.42	1890.03
自贡市	Zigong	320.09	54.00	352.84	75.95	414.91	62.77
攀枝花市	Panzhihua	330.70	34.20	383.44	35.73	452.28	54.69
泸州市	Luzhou	460.40	54.52	524.36	67.78	667.08	71.64
德阳市	Deyang	601.26	46.97	650.06	72.90	689.83	79.87
绵阳市	Mianyang	820.97	105.84	880.90	132.28	860.48	145.69
广元市	Guangyuan	480.15	18.72	498.24	33.00	440.17	32.89
遂宁市	Suining	495.40	67.90	536.38	71.64	628.49	76.79
内江市	Neijiang	350.93	41.01	382.82	54.35	451.85	58.03
乐山市	Leshan	510.05	58.79	539.32	67.55	608.09	75.46
南充市	Nanchong	656.66	102.23	713.60	145.73	855.46	187.07
眉山市	Meishan	420.26	47.77	450.35	63.62	589.07	78.18
宜宾市	Yibin	534.21	60.22	607.25	105.41	735.64	104.52
广安市	Guangan	383.42	29.58	425.08	38.49	517.38	51.04
达州市	Dazhou	601.32	60.68	676.84	81.89	804.21	85.10
雅安市	Yaan	370.67	11.91	340.97	28.62	317.74	30.01
巴中市	Bazhong	252.70	27.27	320.22	38.00	474.62	49.28
资阳市	Ziyang	401.13	74.65	462.78	94.57	593.93	109.60
阿坝藏族羌族自治州	Aba	362.41	0.62	380.22	0.83	357.24	0.60
甘孜藏族自治州	Ganzi	211.11	1.92	257.43	2.90	323.23	2.63
凉山彝族自治州	Liangshan	660.51	17.48	731.64	22.66	877.42	20.51

5-5 项目固定资产投资及构成
Item Investment and Composition

指　标		Item		2010	2011	2012
投资总额	**(万元)**	**Total Investment**	**(10 000 yuan)**	**10891.87**	**11633.42**	**14213.13**
# 国有及国有控股		State-owned and State Holding Units		6419.65	6288.90	7385.58
按产业分		Grouped By Industry				
第一产业		Primary Industry		446.30	206.43	328.42
第二产业		Secondary Industry		5138.77	5743.29	6514.53
# 工业		Industry		5109.46	5731.93	6480.08
第三产业		Tertiary Industry		5306.79	5683.70	7370.18
按建设性质分		Grouped By Character				
新建		New Construction		7141.11	7801.59	8517.87
扩建		Expansion		1144.23	1248.10	1599.29
改建		Reconstruction		1956.94	2047.37	3593.66
按构成分		Grouped by Use of the Funds				
建筑工程		Construction		6809.60	7592.26	9667.36
安装工程		Installation		527.92	635.69	857.89
设备工器具购置		Purchurse of the Equipment And Instrument		2100.83	1982.10	2169.86
其他费用		Others		1453.52	1423.38	1518.02
新增固定资产	**(万元)**	**Increased Investment**	**(10 000 yuan)**	**7346.32**	**8132.51**	**10386.7**
施工项目个数	**(个)**	**Number of Projects Under Construction**	**(unit)**	**40284**	**23201**	**28074**
# 新开工		Number of Projects Stated this Year		26725	15482	18365
竣工项目个数	**(个)**	**Number of Projects Completed**	**(unit)**	**27140**	**13853**	**15893**
房屋建筑面积	**(万平方米)**	**Floor Space of Buildings**	**(10 000 sq.m)**			
施工面积		Floor Space of Under Construction		21522.30	22444.51	25280.82
# 住宅		Residential Buildings		7373.86	6323.21	8041.18
竣工面积		Floor Space of Completed		10078.40	10107.74	9035.17
# 住宅		Residential Buildings		4173.80	2663.02	2336.1

5-6 分行业按构成分项目固定资产投资(2012年)
Item Investment by Sector and Constitution(2012)

单位：亿元 (100 million yuan)

指　　标	Item	合计 Total	建筑工程 Construction	安装工程 Installation	设备工具器具购置 Purchase of Equipment and Instruments	其他费用 Others
投资总额	**Total Investment**	**14213.13**	**9667.36**	**857.89**	**2169.86**	**1518.02**
农、林、牧、渔业	Farming,Forestry,Animal Husbandry and Fishery	328.42	256.62	16.05	23.88	31.87
采矿业	Mining	651.01	380.02	36.54	171.44	63.01
制造业	Manufacturing	4442.67	2287.78	386.96	1410.71	357.22
电力、热力、燃气及水的生产和供应业	Production and Supply Of Electricity,Heat, Gas and Water	1386.41	839.69	141.60	209.22	195.90
建筑业	Construction	34.44	14.27	2.41	17.30	0.46
批发和零售业	Wholesale and Retail Trade	346.06	251.03	22.21	25.64	47.17
交通运输、仓储和邮政业	Transportation,Storage and Postal Service	2407.00	1950.21	39.80	92.10	324.89
住宿和餐饮业	Hotels and Catering Service	256.28	193.92	12.77	14.77	34.83
信息传输、软件和信息技术服务业	Information Transmission, Software and IT Sevice	69.89	19.77	20.08	27.56	2.48
金融业	Financial	47.06	22.79	2.26	13.71	8.31
房地产业	Real Estate	1448.31	1205.36	63.35	23.56	156.03
租赁和商务服务业	Leasing and Business Service	116.35	86.92	6.07	12.40	10.95
科学研究和技术服务业	Scientific Research and Technical Service	61.29	41.37	2.75	6.75	10.41
水利、环境和公共设施管理业	Management Of Water Consercancy, Environment and Public Facilities	1848.82	1522.90	69.66	48.38	207.88
居民服务和其他服务业	Services To Households and Other Services	59.49	51.22	1.49	1.54	5.23
教育	Education	223.62	178.59	6.66	17.86	20.51
卫生和社会工作	Health and Social Work	163.72	118.26	6.84	28.46	10.16
文化、体育和娱乐业	Culture,Sports and Entertainment	166.95	129.77	12.25	7.82	17.12
公共管理和社会组织	Public Management and Social Organization	155.35	116.88	8.14	16.74	13.60
国际组织	International Organization					

5-7 各市(州)按构成分项目固定资产投资(2012年)
Item Investment by Region and Institution(2012)

单位：亿元 (100 million yuan)

市(州)	Region	合计 Total	建筑工程 Construction	安装工程 Installation	设备工具器具购置 Purchase of Equipment and Instruments	其他费用 Others
全省	**Sichuan**	**14213.13**	**9667.36**	**857.89**	**2169.86**	**1518.02**
成都市	Chengdu	3897.65	2525.04	311.02	703.60	358.00
自贡市	Zigong	351.94	222.22	16.49	45.96	67.27
攀枝花市	Panzhihua	394.34	252.44	15.54	80.66	45.70
泸州市	Luzhou	593.41	390.34	30.38	102.84	69.85
德阳市	Deyang	570.19	336.05	34.63	126.64	72.87
绵阳市	Mianyang	687.70	488.36	45.54	99.06	54.73
广元市	Guangyuan	390.30	275.95	19.12	53.65	41.57
遂宁市	Suining	531.86	352.52	28.06	91.50	59.78
内江市	Neijiang	373.06	238.48	28.42	63.40	42.76
乐山市	Leshan	512.56	315.14	30.68	117.03	49.71
南充市	Nanchong	654.90	513.96	39.78	50.32	50.84
眉山市	Meishan	487.35	276.10	27.13	137.21	46.91
宜宾市	Yibin	625.97	378.50	19.52	96.61	131.34
广安市	Guangan	454.53	316.80	37.45	55.68	44.61
达州市	Dazhou	695.87	529.26	35.12	87.07	44.43
雅安市	Yaan	252.03	158.80	11.46	43.53	38.24
巴中市	Bazhong	419.61	363.87	12.02	18.01	25.71
资阳市	Ziyang	446.49	321.13	17.77	63.35	44.24
阿坝藏族羌族自治州	Aba	317.75	267.76	18.29	17.95	13.74
甘孜藏族自治州	Ganzi	320.22	228.22	9.82	37.06	45.12
凉山彝族自治州	Liangshan	809.93	640.56	60.93	52.39	56.05
不分地区	Others	425.47	275.84	8.72	26.35	114.56

注：本表地区数不包括跨区投资。

a)This table excludes investment belong to many Cities.

5-8 按行业分施工和投产项目个数(2012年)
Number of Projects Under Construction and Production by Sector(2012)

行　业	Sector	施工项目 (个) Number of Under Construc-tion (unit)	新开工项目个数 (个) Number of Projects Stated This Year (unit)	全部建成投产项目 (个) Number of Projects Conpleted (unit)	项目建成投产率 (%) Rate of Project Comleted (%)
总　计	**total**	**28074**	**18365**	**15893**	**56.61**
农、林、牧、渔业	Farming,Forestry,Animal Husbandry and Fishery	1446	1128	868	60.03
采矿业	Mining	1419	942	849	59.83
制造业	Manufacturing	7379	4768	4525	61.32
电力、热力、燃气及水的生产和供应业	Production and Supply Of Electricity,Heat, Gas and Water	1767	1050	965	54.61
建筑业	Construction	62	42	36	58.06
批发和零售业	Wholesale and Retail Trade	628	329	305	48.57
交通运输、仓储和邮政业	Transportation,Storage and Postal Service	3881	2595	2247	57.90
住宿和餐饮业	Hotels and Catering Service	423	281	205	48.46
信息传输、软件和信息技术服务业	Information Transmission, Software and IT Sevice	250	216	165	66.00
金融业	Financial	46	33	22	47.83
房地产业	Real Estate	3511	2166	1687	48.05
租赁和商务服务业	Leasing and Business Service	201	119	92	45.77
科学研究和技术服务业	Scientific Research and Technical Service	114	75	52	45.61
水利、环境和公共设施管理业	Management Of Water Conserancy, Environment and Public Facilities	4294	2964	2371	55.22
居民服务和其他服务业	Services To Households and Other Services	130	74	78	60.00
教育	Education	947	622	568	59.98
卫生和社会工作	Health and Social Work	656	419	371	56.55
文化、体育和娱乐业	Culture,Sports and Entertainment	390	203	219	56.15
公共管理和社会组织	Public Management and Social Organization	530	339	268	50.57
国际组织	International Organization				

5-9 各市(州)施工、投产项目个数和新增固定资产(2012年)
Number of Capital Construction Projects under Construction and Production and Newly Increased Fixed Assets by Region(2012)

市(州)	Region	施工项目(个) Number of Projects under Construction (unit)	新开工项目个数(个) Number of Projects Stated this Year (unit)	全部建成投产项目(个) Number of Projects Completed and Put into Use (unit)	新增固定资产(亿元) Newly Increased Fixed Assets (100 million yuan)
全　省	**Sichuan**	**28074**	**18365**	**15893**	**10386.70**
成都市	Chengdu	3482	2001	2090	2852.78
自贡市	Zigong	1124	818	673	238.06
攀枝花市	Panzhihua	844	556	554	310.95
泸州市	Luzhou	1510	946	807	341.90
德阳市	Deyang	1471	863	841	549.62
绵阳市	Mianyang	1610	893	1019	501.23
广元市	Guangyuan	1166	752	747	263.21
遂宁市	Suining	1295	984	828	401.97
内江市	Neijiang	1187	867	580	289.03
乐山市	Leshan	1078	732	601	376.69
南充市	Nanchong	1004	826	627	587.87
眉山市	Meishan	873	593	510	336.09
宜宾市	Yibin	1949	1353	1157	461.96
广安市	Guangan	1950	1389	952	363.70
达州市	Dazhou	2170	1551	1129	573.80
雅安市	Yaan	753	575	352	152.66
巴中市	Bazhong	1314	725	518	242.79
资阳市	Ziyang	691	440	418	293.36
阿坝藏族羌族自治州	Aba	936	535	589	213.52
甘孜藏族自治州	Ganzi	675	332	339	94.82
凉山彝族自治州	Liangshan	954	621	557	594.04
不分地区	Others	38	13	5	346.66

注：本表地区数不包括跨区项目。
a)This table excludes investment belong to many Cities.

5-10 各市(州)建设施工和竣工房屋建筑面积(2012年)
Floor Space of Buildings under Construction and Completed through Capital Construction by Region(2012)

单位：万平方米 (10 000 sq.m)

市(州)	Region	施工面积 Floor Space of Buildings under Construction	# 住宅 Residential Buildings	竣工面积 Floor Space of Buildings Completed	# 住宅 Residential Buildings	竣工率(%) Rate of Floor Space of Buildings Completed	# 住宅 Residential Buildings
全　省	**Sichuan**	**25280.82**	**8041.18**	**9035.17**	**2336.10**	**35.7**	**29.1**
成都市	Chengdu	9022.87	1867.34	3529.11	520.16	39.1	27.9
自贡市	Zigong	624.20	312.64	214.10	95.48	34.3	30.5
攀枝花市	Panzhihua	512.80	258.15	178.05	77.40	34.7	30.0
泸州市	Luzhou	1132.14	316.57	265.61	51.03	23.5	16.1
德阳市	Deyang	1211.97	429.78	630.20	141.48	52.0	32.9
绵阳市	Mianyang	1392.63	564.47	643.31	245.79	46.2	43.5
广元市	Guangyuan	646.19	158.02	192.48	31.66	29.8	20.0
遂宁市	Suining	690.88	261.62	264.22	95.60	38.2	36.5
内江市	Neijiang	548.11	115.20	103.61	9.50	18.9	8.3
乐山市	Leshan	484.99	161.78	57.03	29.47	11.8	18.2
南充市	Nanchong	798.11	375.26	420.73	132.21	52.7	35.2
眉山市	Meishan	1415.83	314.03	489.38	54.30	34.6	17.3
宜宾市	Yibin	1045.44	434.90	221.32	52.56	21.2	12.1
广安市	Guangan	1486.65	465.63	496.86	215.14	33.4	46.2
达州市	Dazhou	845.10	211.74	150.70	70.10	17.8	33.1
雅安市	Yaan	266.00	106.60	45.88	21.12	17.3	19.8
巴中市	Bazhong	742.84	593.56	64.89	40.51	8.7	6.8
资阳市	Ziyang	788.50	137.52	300.30	3.50	38.1	2.6
阿坝藏族羌族自治州	Aba	207.62	49.64	49.90	9.34	24.0	18.8
甘孜藏族自治州	Ganzi	488.34	339.52	236.29	202.96	48.4	59.8
凉山彝族自治州	Liangshan	919.55	567.22	480.64	236.80	52.3	41.8
不分地区	Others	10.07		0.56		5.6	

注：本表数据为项目投资，不包括房地产开发和农户投资；地区数不包括跨区项目。
a) This table is item investment ,excluding real estate investment and farmers' investment.Region data exclude multiregional.

5-11 各市(州)项目固定资产投资资金来源(2012年)
Total Investment in Item by Sources and Region(2012)

单位：亿元 (100 million yuan)

市(州)	Region	资金来源 Funds Sources	国家预算内资金 State Budget Funds	国内贷款 Domestic Loans	债券 Debt	利用外资 Foreign Funds	自筹资金 Self-raising Funds	其他资金 Others
全　省	**Sichuan**	**14382.82**	**1844.26**	**1758.44**	**55.53**	**25.22**	**9878.23**	**821.13**
成都市	Chengdu	3795.48	345.59	427.35		10.56	2877.28	134.71
自贡市	Zigong	332.46	53.52	49.40		0.09	202.72	26.73
攀枝花市	Panzhihua	407.66	45.59	47.49		0.76	306.04	7.78
泸州市	Luzhou	610.41	30.24	62.67		0.09	486.07	31.33
德阳市	Deyang	578.09	80.73	56.85		2.17	411.29	27.05
绵阳市	Mianyang	704.13	144.80	51.90		2.73	470.89	33.81
广元市	Guangyuan	392.97	96.92	50.65		1.66	217.84	25.90
遂宁市	Suining	553.15	30.67	23.63			466.53	32.32
内江市	Neijiang	454.08	30.13	79.49		1.21	329.59	13.66
乐山市	Leshan	504.75	25.61	26.13			413.74	39.27
南充市	Nanchong	694.04	154.45	64.17		0.16	467.10	8.14
眉山市	Meishan	498.07	19.78	35.39		0.38	438.24	4.28
宜宾市	Yibin	632.92	81.98	64.56		0.25	446.25	39.88
广安市	Guangan	507.87	74.61	7.56			405.74	19.96
达州市	Dazhou	731.43	111.26	49.48		1.24	484.77	84.69
雅安市	Yaan	320.37	59.32	93.57			144.98	22.51
巴中市	Bazhong	481.21	150.73	29.83		1.62	213.65	85.38
资阳市	Ziyang	407.27	35.59	73.58		2.23	283.72	12.15
阿坝藏族羌族自治州	Aba	292.48	124.00	38.52			108.37	21.60
甘孜藏族自治州	Ganzi	296.77	69.70	116.44			101.93	8.71
凉山彝族自治州	Liangshan	849.63	49.77	197.31			496.49	106.06
不分地区	Others	337.58	29.30	112.47	55.53	0.08	105.00	35.21

注：本表地区数不包括跨区投资。
a)This table excludes multiregonal investment.

5-12 按行业分项目固定资产投资资金来源(2012年)

单位：亿元

行　业	Sector	资金来源 Sources of Funds
总　计	**total**	**14382.82**
农、林、牧、渔业	Farming,Forestry,Animal Husbandry and Fishery	341.61
采矿业	Mining	667.38
制造业	Manufacturing	4612.09
电力、热力、燃气及水的生产和供应业	Production and Supply Of Electricity,Heat, Gas and Water	1402.90
建筑业	Construction	33.32
批发和零售业	Wholesale and Retail Trade	366.81
交通运输、仓储和邮政业	Transportation,Storage and Postal Service	2241.30
住宿和餐饮业	Hotels and Catering Service	249.03
信息传输、软件和信息技术服务业	Information Transmission,Software and IT Sevice	71.59
金融业	Financial	48.36
房地产业	Real Estate	1459.91
租赁和商务服务业	Leasing and Business Service	119.50
科学研究和技术服务业	Scientific Research and Technical Service	65.78
水利、环境和公共设施管理业	Management Of Water Conserancy, Environment and Public Facilities	1901.05
居民服务和其他服务业	Services To Households and Other Services	61.76
教育	Education	236.13
卫生和社会工作	Health and Social Work	176.87
文化、体育和娱乐业	Culture,Sports and Entertainment	163.84
公共管理和社会组织	Public Management and Social Organization	163.60
国际组织	International Organization	

(100 million yuan)

国家预算内资金 State Buget Funds	国内贷款 Domestic Loans	债券 Debt	利用外资 Foreign Funds	自筹资金 Self-raising Funds	其他资金 Others
1844.26	**1758.44**	**55.53**	**25.22**	**9878.23**	**821.13**
60.64	11.80		1.31	230.03	37.83
2.09	84.43			560.11	20.74
117.90	283.12		4.38	4050.76	155.93
98.23	451.63		0.15	820.14	32.75
6.87	3.49			22.84	0.12
15.50	34.56		1.70	304.10	10.95
478.98	480.70	55.53	5.92	1051.49	168.67
4.18	14.37		2.19	224.52	3.78
3.31	0.82		0.04	67.40	0.02
4.98	0.06			43.28	0.05
278.47	138.39		0.52	915.01	127.51
4.76	8.47		0.44	104.36	1.47
9.98	6.40			48.56	0.83
548.55	197.72		4.38	976.52	173.87
7.48	1.20			51.53	1.54
81.50	10.72		1.30	127.55	15.06
33.18	11.32		2.12	116.41	13.85
30.27	13.14		0.14	111.85	8.44
57.37	6.10		0.64	51.76	47.72

5-13 房地产开发主要指标
Major Indicator of Real Estate Development

指　　标	Item	2010	2011	2012
企业个数　　(个)	**Number of Enterprises**	**3915**	**4308**	**4221**
国有	State-owned	162	168	156
集体	Collective Owned Units	53	48	44
私营个体	Individuals	1698	1856	1785
其他	Other	2002	2236	2236
平均从业人数　　(人)	**Average Employed Persons　　(person)**	**143711**	**136820**	**120945**
国有	State-owned	32820	13651	6680
集体	Collective Owned Units	804	914	1321
私营个体	Individuals	49670	49550	47788
其他	Other	60417	72705	65156
本年土地购置面积　　(万平方米)	**Land Space Purchased This Year　　(10 000 sq.m)**	**1043.05**	**1047.72**	**892.22**
本年完成投资额　　(亿元)	**Investment Completed This Year　　(100 million yuan)**	**2194.63**	**2819.17**	**3266.40**
# 住宅	Residential Buildings	1535.28	1989.39	2197.75
本年新增固定资产　　(亿元)	**Newly Increased Fixed Assets This Year　　(100 million yuan)**	**1006.70**	**1161.32**	**1794.39**
资金来源　　(亿元)	**Source of Funds　　(100 million yuan)**	**3146.55**	**4159.53**	**4222.67**
国内贷款	Domestic Loans	436.83	476.45	459.24
利用外资	Foreign Investment	33.33	66.42	16.93
自筹资金	Fundraising	1206.78	1738.58	1728.97
# 自有资金	Self-owned	734.38	1025.78	1049.27
其他资金	Other	1469.61	1878.14	2017.53
# 定金及预收款	Earnest and Money Collected in Advance	789.99	1208.71	1247.64
房屋建筑面积　　(万平方米)	**Floor Space of Buildings　　(10 000 sq.m)**			
施工面积	Floor Space under Construction	21158.47	27121.77	29865.50
# 住宅	Residential Buildings	17289.74	21437.73	22590.16
竣工面积	Floor Space Completed	3966.77	4232.53	5866.58
# 住宅	Residential Buildings	3390.01	3455.67	4713.61
本年新开工面积	Floor Space Started Thi Year	7731.66	8435.82	8367.21
# 住宅	Residential Buildings	6270.79	6538.14	5962.51
商品房屋销售面积　　(万平方米)	**Floor Space of Selling House　　(10 000 sq.m)**	**6396.92**	**6543.55**	**6455.93**
# 住宅	Residential Buildings	5849.34	5826.52	5679.33
商品房销售额　　(亿元)	**Total Sales of Commercial Houses　　(100 million yuan)**	**2647.34**	**3218.04**	**3517.72**
# 住宅	Residential Buildings	2330.85	2677.36	2816.49

5-14 各市(州)按经济类型分房地产开发企业个数(2012年)

Number of Enterprises of Real Estate Development by Ownership and Region(2012)

单位：个 (unit)

市(州)	Region	合计 Total	国有经济 State-owned	集体经济 Collective-owned	私营经济 Civillian-owned	其他经济 Other
全　省	**Sichuan**	**4221**	**156**	**44**	**1785**	**2236**
成都市	Chengdu	1771	79	26	585	1081
自贡市	Zigong	91	6		53	32
攀枝花市	Panzhihua	70	4		52	14
泸州市	Luzhou	164		1	74	89
德阳市	Deyang	168	2		71	95
绵阳市	Mianyang	268	11	1	93	163
广元市	Guangyuan	121	6	1	71	43
遂宁市	Suining	135	2	2	52	79
内江市	Neijiang	91	10	3	35	43
乐山市	Leshan	165	1	1	81	82
南充市	Nanchong	286	6		165	115
眉山市	Meishan	134		2	66	66
宜宾市	Yibin	160	9	1	116	34
广安市	Guangan	106	1		78	27
达州市	Dazhou	150	7	1	81	61
雅安市	Yaan	63	2	1	24	36
巴中市	Bazhong	74	3		27	44
资阳市	Ziyang	143	5	4	35	99
阿坝藏族羌族自治州	Aba	9			4	5
甘孜藏族自治州	Ganzi	13			2	11
凉山彝族自治州	Liangshan	39	2		20	17

5-15 各市(州)按资质等级分房地产开发企业个数(2012年)
Number of Enterprises of Real Estate Development by Region and Qualification Criteria(2012)

单位：个 (unit)

市(州)	Region	合计 Total	一级 First Grade	二级 Second Grade	三级 Third Grade	四级 Fouth Grade	其他 Others
全　省	**Sichuan**	**4221**	**48**	**615**	**2415**	**269**	**874**
成都市	Chengdu	1771	21	245	866	144	495
自贡市	Zigong	91	4	14	58	7	8
攀枝花市	Panzhihua	70	2	4	45	3	16
泸州市	Luzhou	164	1	26	103	5	29
德阳市	Deyang	168		16	106	19	27
绵阳市	Mianyang	268	1	36	185	11	35
广元市	Guangyuan	121	1	15	70	4	31
遂宁市	Suining	135	3	37	76	3	16
内江市	Neijiang	91		19	54	7	11
乐山市	Leshan	165	2	29	109		25
南充市	Nanchong	286	2	26	192	11	55
眉山市	Meishan	134	1	29	77	4	23
宜宾市	Yibin	160	5	20	94	2	39
广安市	Guangan	106	1	24	61	2	18
达州市	Dazhou	150	4	40	87	9	10
雅安市	Yaan	63		4	43	10	6
巴中市	Bazhong	74		7	56	3	8
资阳市	Ziyang	143		17	102	11	13
阿坝藏族羌族自治州	Aba	9		3	3		3
甘孜藏族自治州	Ganzi	13		2	6	4	1
凉山彝族自治州	Liangshan	39		2	22	10	5

5-16 各市(州)按经济类型分房地产开发企业从业人员数(2012年)

Number of Employees in Enterprises of Real Estate Devoelopment by Ownership and Region(2012)

单位：人 (person)

市(州)	Region	合计 Total	国有经济 State-owned	集体经济 Collective-owned	私营经济 Civillian-owned	其他经济 Other
全　省	**Sichuan**	**120945**	**6680**	**1321**	**47788**	**65156**
成都市	Chengdu	47855	3770	996	12055	31034
自贡市	Zigong	3966	104		2762	1100
攀枝花市	Panzhihua	2072	138		1529	405
泸州市	Luzhou	5681		65	1642	3974
德阳市	Deyang	5339	43		1857	3439
绵阳市	Mianyang	8242	557		2742	4943
广元市	Guangyuan	4271	489	63	2046	1673
遂宁市	Suining	3927	36	20	1630	2241
内江市	Neijiang	3771	189	96	2130	1356
乐山市	Leshan	3431	32		1520	1879
南充市	Nanchong	9015	96		5752	3167
眉山市	Meishan	3752		26	2051	1675
宜宾市	Yibin	4517	512		2884	1121
广安市	Guangan	3199	160		2384	655
达州市	Dazhou	4349	317	4	2295	1733
雅安市	Yaan	883	40	5	187	651
巴中市	Bazhong	2974	135		1136	1703
资阳市	Ziyang	2847	62	46	708	2031
阿坝藏族羌族自治州	Aba	285			175	110
甘孜藏族自治州	Ganzi	242			45	197
凉山彝族自治州	Liangshan	327			258	69

5-17 各市(州)按资质等级分房地产开发企业从业人员数(2012年)

Number of Employmees in Enterprises of Real Estate Development by Region and Qualification Criteria(2012)

单位：人 (person)

市(州)	Region	合计 Total	一级 First Grade	二级 Second Grade	三级 Third Grade	四级 Fouth Grade	其他 Others
全 省	**Sichuan**	**120945**	**5987**	**26063**	**63052**	**3195**	**22648**
成都市	Chengdu	47855	2575	9602	21157	1234	13287
自贡市	Zigong	3966	937	984	1681	99	265
攀枝花市	Panzhihua	2072	144	200	1272	31	425
泸州市	Luzhou	5681	121	2189	2442	70	859
德阳市	Deyang	5339		1366	2732	435	806
绵阳市	Mianyang	8242	80	2382	4628	102	1050
广元市	Guangyuan	4271	742	361	2626	44	498
遂宁市	Suining	3927	91	1233	2187	16	400
内江市	Neijiang	3771		684	2852	47	188
乐山市	Leshan	3431	18	873	1986		554
南充市	Nanchong	9015	74	1000	6369	172	1400
眉山市	Meishan	3752	258	923	2021	117	433
宜宾市	Yibin	4517	592	688	2488	15	734
广安市	Guangan	3199	65	971	1709	41	413
达州市	Dazhou	4349	290	1612	1799	158	490
雅安市	Yaan	883		54	709	63	57
巴中市	Bazhong	2974		315	1937	400	322
资阳市	Ziyang	2847		445	2128	82	192
阿坝藏族羌族自治州	Aba	285		15	86		184
甘孜藏族自治州	Ganzi	242		57	94	31	60
凉山彝族自治州	Liangshan	327		109	149	38	31

5-18 各市(州)按用途分房地产开发投资完成额(2012年)

Actually Completed Investment of Enterprises for Real Estate Development by Region and Use(2012)

单位：亿元 (100 million yuan)

市(州)	Region	本年完成投资额 Investment made in Current Year	住宅 Residential Buildings	办公楼 Office Buildings	商业营业用房 Houses for Business Use	其他 Other
全　省	**Sichuan**	**3266.40**	**2197.76**	**137.11**	**433.32**	**498.21**
成都市	Chengdu	1890.03	1172.60	125.94	246.03	345.46
自贡市	Zigong	62.77	48.44	0.21	6.76	7.36
攀枝花市	Panzhihua	54.69	42.26	0.54	5.90	5.99
泸州市	Luzhou	71.64	55.04	0.31	8.78	7.51
德阳市	Deyang	79.87	57.43	0.77	10.74	10.93
绵阳市	Mianyang	145.69	101.81	0.92	24.77	18.19
广元市	Guangyuan	32.89	21.92	0.12	6.54	4.31
遂宁市	Suining	76.79	56.05	0.23	9.92	10.59
内江市	Neijiang	58.03	44.98	1.01	5.80	6.24
乐山市	Leshan	75.46	52.83	0.89	13.38	8.36
南充市	Nanchong	187.07	153.09	1.14	14.58	18.26
眉山市	Meishan	78.18	61.83	1.16	9.46	5.73
宜宾市	Yibin	104.52	69.66	1.08	17.68	16.10
广安市	Guangan	51.04	38.80	0.05	6.41	5.78
达州市	Dazhou	85.10	58.39	0.96	16.17	9.58
雅安市	Yaan	30.01	23.47		3.85	2.69
巴中市	Bazhong	49.28	38.69	0.82	7.17	2.60
资阳市	Ziyang	109.60	83.86	0.95	15.16	9.63
阿坝藏族羌族自治州	Aba	0.60	0.59		0.01	
甘孜藏族自治州	Ganzi	2.63	2.00		0.58	0.05
凉山彝族自治州	Liangshan	20.51	14.02	0.01	3.63	2.85

5-19 各市(州)房地产开发建设房屋建筑面积和造价(2012年)
Floor Space of Buildings and their Cost in Real Estate Development by Region(2012)

市(州)	Region	施工房屋面积 (万平方米) Floor Space of Buildings under Construction (10 000 sq.m)	竣工房屋面积 (万平方米) Floor Space of Buildings Completed (10 000 sq.m)	房屋建筑面积竣工率 (%) Rate of Floor Space of Buildings Completed (%)	竣工房屋价值 (万元) Value of Buildings Completed (10 000 yuan)	竣工房屋造价 (元/平方米) Cost of Buildings Completed (yuan / sq.m)
全　省	**Sichuan**	**29865.50**	**5866.58**	**19.6**	**13182745**	**2247**
成都市	Chengdu	14141.60	2098.96	14.8	5835821	2780
自贡市	Zigong	777.92	232.63	29.9	422137	1815
攀枝花市	Panzhihua	471.44	51.69	11.0	65755	1272
泸州市	Luzhou	965.50	289.12	29.9	553090	1913
德阳市	Deyang	1006.32	161.42	16.0	357618	2215
绵阳市	Mianyang	1706.31	434.49	25.5	944246	2173
广元市	Guangyuan	456.32	132.15	29.0	260225	1969
遂宁市	Suining	685.20	165.85	24.2	334934	2019
内江市	Neijiang	735.13	289.37	39.4	362925	1254
乐山市	Leshan	764.61	96.39	12.6	220078	2283
南充市	Nanchong	2077.77	770.60	37.1	1574398	2043
眉山市	Meishan	972.39	133.85	13.8	251133	1876
宜宾市	Yibin	1256.96	392.52	31.2	728942	1857
广安市	Guangan	600.90	156.00	26.0	231967	1487
达州市	Dazhou	1285.80	132.10	10.3	261307	1978
雅安市	Yaan	199.47	21.26	10.7	37372	1758
巴中市	Bazhong	534.11	67.71	12.7	110509	1632
资阳市	Ziyang	1027.84	204.54	19.9	403089	1971
阿坝藏族羌族自治州	Aba	15.30				
甘孜藏族自治州	Ganzi	63.35	1.17	1.9	1817	1540
凉山彝族自治州	Liangshan	121.26	34.76	28.7	225382	6484

5-20 各市(州)商品房销售情况(2012年)
Selling of Commercial Houses by Region(2012)

市(州)	Region	房屋销售面积(万平方米) Floor Space of Commercial Houses (10 000 sq.m)	# 住宅 Residential Buildings	# 办公楼 Office Buildings	# 商业营业用房 House for Business Use	房屋销售额(亿元) Total Sale of Commercial Houses (100 million yuan)	# 住宅 Residential Buildings	# 办公楼 Office Buildings	# 商业营业用房 House for Business Use
全　省	**Sichuan**	**6455.93**	**5679.33**	**157.37**	**438.53**	**3517.72**	**2816.49**	**140.93**	**488.40**
成都市	Chengdu	2845.23	2427.71	147.45	171.90	2069.90	1618.89	135.63	279.91
自贡市	Zigong	189.41	180.81	0.09	7.94	71.97	65.66	0.05	6.13
攀枝花市	Panzhihua	80.81	76.28	0.45	1.67	36.94	33.10	0.33	2.68
泸州市	Luzhou	306.34	272.29	0.24	23.23	108.19	89.27	0.12	15.09
德阳市	Deyang	199.76	171.92	2.20	18.12	82.35	66.28	1.39	12.12
绵阳市	Mianyang	309.38	272.65	0.21	25.01	146.68	112.24	0.13	28.86
广元市	Guangyuan	83.65	69.99	0.15	10.64	35.96	25.52	0.09	9.40
遂宁市	Suining	200.00	180.23	1.73	14.59	81.89	66.93	0.33	13.31
内江市	Neijiang	200.84	187.33	0.54	7.91	73.51	65.63	0.20	5.90
乐山市	Leshan	169.03	155.75	0.10	11.00	76.23	66.19	0.13	9.02
南充市	Nanchong	426.28	389.06	1.23	23.00	171.14	145.78	0.60	15.55
眉山市	Meishan	199.50	185.92	0.18	10.92	77.54	69.37	0.10	7.04
宜宾市	Yibin	320.01	274.13	2.12	37.37	129.07	101.77	1.53	23.71
广安市	Guangan	178.43	163.94	0.18	12.66	65.25	57.12	0.13	7.06
达州市	Dazhou	181.87	169.07		10.11	73.17	61.93		10.33
雅安市	Yaan	50.40	45.89		4.05	22.03	18.72		3.17
巴中市	Bazhong	153.41	135.37	0.43	16.85	51.92	40.31	0.15	11.13
资阳市	Ziyang	329.51	290.88	0.07	29.61	123.64	95.60	0.02	23.83
阿坝藏族羌族自治州	Aba	3.90	3.91			1.27	1.27		
甘孜藏族自治州	Ganzi	3.60	3.46		0.12	1.27	1.18		0.09
凉山彝族自治州	Liangshan	24.57	22.74		1.83	17.80	13.73		4.07

5-21 各市(州)商品房期房销售情况(2012年)
Selling of Commercial Houses under Construction by Region(2012)

市(州)	Region	房屋销售面积(万平方米) Floor Space of Commercial Houses (10 000 sq.m)	# 住宅 Residential Buildings	# 办公楼 Office Buildings	# 商业营业用房 House for Business Use	房屋销售额(亿元) Total Sale of Commercial Houses (100 million yuan)	# 住宅 Residential Buildings	# 办公楼 Office Buildings	# 商业营业用房 House for Business Use
全　省	**Sichuan**	**5274.45**	**4707.28**	**145.59**	**319.69**	**2972.65**	**2404.93**	**126.62**	**398.93**
成都市	Chengdu	2477.85	2140.13	137.70	144.99	1823.63	1433.02	122.63	246.87
自贡市	Zigong	147.01	141.48		5.38	58.52	53.80		4.68
攀枝花市	Panzhihua	77.70	73.99	0.45	1.21	33.52	30.19	0.33	2.28
泸州市	Luzhou	203.54	187.79	0.21	11.87	73.48	63.84	0.10	7.80
德阳市	Deyang	176.33	155.70	2.20	14.52	74.14	61.14	1.39	10.35
绵阳市	Mianyang	277.25	244.33	0.21	22.57	135.74	103.60	0.13	26.99
广元市	Guangyuan	61.88	54.39	0.15	5.73	27.85	20.68	0.09	6.45
遂宁市	Suining	150.74	135.82	1.73	11.50	64.81	52.87	0.32	10.96
内江市	Neijiang	186.63	176.65	0.54	6.37	68.94	62.66	0.20	5.19
乐山市	Leshan	160.78	149.22		9.44	72.63	63.87		7.88
南充市	Nanchong	239.35	226.18	0.33	10.32	96.80	87.18	0.12	7.30
眉山市	Meishan	153.52	147.37		5.11	60.98	56.83		3.65
宜宾市	Yibin	232.37	207.17	1.82	18.54	96.97	79.72	1.16	14.50
广安市	Guangan	151.52	139.04	0.18	10.76	56.37	49.06	0.13	6.29
达州市	Dazhou	163.14	153.19		8.07	67.31	56.95		9.59
雅安市	Yaan	40.56	37.90		2.39	18.37	15.97		2.32
巴中市	Bazhong	88.97	81.16		7.69	33.36	25.86		7.35
资阳市	Ziyang	256.86	228.98	0.07	21.58	90.48	72.89	0.02	14.52
阿坝藏族羌族自治州	Aba	2.88	2.88			1.01	1.01		
甘孜藏族自治州	Ganzi	3.51	3.46		0.04	1.20	1.18		0.02
凉山彝族自治州	Liangshan	22.06	20.45		1.61	16.54	12.61		3.94

5-22 各市(州)商品房现房销售情况(2012年)
Selling of Commercial Houses Completed by Region(2012)

市(州)	Region	房屋销售面积(万平方米) Floor Space of Commercial Houses (10 000 sq.m)	# 住宅 Residential Buildings	# 办公楼 Office Buildings	# 商业营业用房 House for Business Use	房屋销售额(亿元) Total Sale of Commercial Houses (100 million yuan)	# 住宅 Residential Buildings	# 办公楼 Office Buildings	# 商业营业用房 House for Business Use
全　省	**Sichuan**	**1181.48**	**972.05**	**11.78**	**118.84**	**545.07**	**411.56**	**14.31**	**89.46**
成都市	Chengdu	367.38	287.58	9.76	26.90	246.27	185.87	13.01	33.04
自贡市	Zigong	42.40	39.33	0.09	2.56	13.46	11.86	0.05	1.46
攀枝花市	Panzhihua	3.11	2.29		0.46	3.42	2.90		0.40
泸州市	Luzhou	102.80	84.50	0.03	11.36	34.70	25.43	0.02	7.29
德阳市	Deyang	23.43	16.22		3.60	8.20	5.14		1.77
绵阳市	Mianyang	32.13	28.32		2.44	10.94	8.65		1.88
广元市	Guangyuan	21.77	15.60		4.91	8.12	4.84		2.95
遂宁市	Suining	49.26	44.41		3.09	17.08	14.06		2.36
内江市	Neijiang	14.22	10.68		1.54	4.58	2.97		0.71
乐山市	Leshan	8.24	6.53	0.10	1.56	3.61	2.32	0.13	1.14
南充市	Nanchong	186.92	162.88	0.90	12.68	74.34	58.60	0.48	8.24
眉山市	Meishan	45.97	38.55	0.18	5.80	16.56	12.54	0.10	3.38
宜宾市	Yibin	87.64	66.96	0.30	18.83	32.10	22.04	0.37	9.20
广安市	Guangan	26.91	24.89		1.90	8.88	8.06		0.77
达州市	Dazhou	18.73	15.89		2.04	5.86	4.98		0.74
雅安市	Yaan	9.84	7.99		1.66	3.65	2.75		0.85
巴中市	Bazhong	64.44	54.21	0.42	9.16	18.56	14.45	0.15	3.76
资阳市	Ziyang	72.66	61.90		8.03	33.17	22.71		9.31
阿坝藏族羌族自治州	Aba	1.03	1.03			0.26	0.26		
甘孜藏族自治州	Ganzi	0.08			0.09	0.08			0.08
凉山彝族自治州	Liangshan	2.52	2.29		0.23	1.26	1.13		0.13

5-23 各市(州)商品房待售情况(2012年)
Selling of Commercial Houses on Sale by Region(2012)

市(州)	Region	商品房待售面积（万平方米）Space Of Commercial Houses on Sale (10 000 sq.m)	# 住宅 Residential Buildings	# 办公楼 Office Buildings	# 商业营业用房 House for Business Use	其中：待售1-3年的面积（万平方米）Space Empty on Sale During 3 Year (10 000 sq.m)	# 住宅 Residential Buildings	# 办公楼 Office Buildings	# 商业营业用房 House for Business Business
全　省	**Sichuan**	**1451.15**	**928.86**	**30.91**	**221.73**	**639.27**	**398.22**	**14.00**	**92.33**
成都市	Chengdu	556.83	299.95	15.47	69.50	267.42	143.69	5.62	32.75
自贡市	Zigong	50.32	32.46	0.90	11.29	25.09	17.22	0.52	3.77
攀枝花市	Panzhihua	19.37	12.51	0.30	4.18	14.11	11.75	0.30	0.34
泸州市	Luzhou	45.30	33.53		8.36	19.07	15.49		2.36
德阳市	Deyang	38.86	23.52	0.49	6.77	27.03	18.86	0.49	4.24
绵阳市	Mianyang	44.47	28.18	0.02	10.01	25.59	14.54		6.10
广元市	Guangyuan	44.45	25.32	0.17	11.29	8.29	3.82	0.03	2.40
遂宁市	Suining	46.47	39.68	0.01	4.42				
内江市	Neijiang	18.15	16.46		1.02	3.24	2.01		0.84
乐山市	Leshan	29.29	23.84		3.03	21.60	18.72		1.16
南充市	Nanchong	305.71	240.75	5.60	37.22	87.05	66.92	0.04	10.19
眉山市	Meishan	65.29	44.64		9.72	52.68	34.49		8.99
宜宾市	Yibin	76.14	40.57	2.19	22.60	45.34	23.08	2.05	11.75
广安市	Guangan	22.82	21.50	0.15	1.13	15.33	15.02	0.15	0.16
达州市	Dazhou	30.97	9.34	4.43	15.19	8.03	0.19	3.74	4.11
雅安市	Yaan	7.38	6.61		0.33	2.00	1.50		0.13
巴中市	Bazhong	8.33	4.64	1.07	1.96	6.22	3.04	1.06	1.75
资阳市	Ziyang	23.04	15.56	0.11	3.22	10.92	7.73		1.18
阿坝藏族羌族自治州	Aba								
甘孜藏族自治州	Ganzi	1.50	1.12		0.37				
凉山彝族自治州	Liangshan	16.46	8.68		0.11	0.26	0.15		0.11

主要统计指标解释

全社会固定资产投资　以货币形式表现的在一定时期内全社会建造和购置固定资产的工作量以及与此有关的费用的总称。该指标是反映固定资产投资规模、结构和发展速度的综合性指标，又是观察工程进度和考核投资效果的重要依据。全社会固定资产投资按登记注册类型可分为国有、集体、联营、股份制、私营和个体、港澳台商、外商、其他等。

城镇固定资产投资　指城镇各种登记注册类型的企业、事业、行政单位及个体户进行的计划总投资500万元及500万元以上的建设项目投资和房地产开发投资。县城及以上区域内发生的投资，县及县以上各级政府及主管部门直接领导、管理的建设项目和企业事业单位的投资均为城镇固定资产投资。

房地产开发投资　指各种登记注册类型的房地产开发公司、商品房建设公司及其他房地产开发法人单位和附属于其他法人单位实际从事房地产开发或经营活动的单位统一开发的包括统代建、拆迁还建的住宅、厂房、仓库、饭店、宾馆、度假村、写字楼、办公楼等房屋建筑物和配套的服务设施，土地开发工程（如道路、给水、排水、供电、供热、通讯、平整场地等基础设施工程）的投资；不包括单纯的土地交易活动。

固定资产投资的资金来源　根据固定资产投资的资金来源不同，分为国家预算资金、国内贷款、利用外资、自筹资金和其他资金。

(1)国家预算资金　国家预算包括一般预算、政府性基金预算、国有资本经营预算和社保基金预算。各类预算中用于固定资产投资的资金全部作为国家预算资金填报，其中一般预算中用于固定资产投资的部分包括基建投资、车购税、灾后恢复重建基金和其他财政投资。各级政府债券也应归入国家预算资金。

(2)国内贷款　指报告期内向银行及非银行金融机构借入的各种国内借款，包括银行利用自有资金及吸收存款发放的贷款、上级主管部门拨入的国内贷款、国家专项贷款（包括煤代油贷款、劳改煤矿专项贷款等），地方财政专项资金安排的贷款、国内储备贷款、周转贷款等。

(3)利用外资　指报告期收到的用于固定资产建造和购置的境外资金(包括设备、材料、技术在内)。包括对外借款(外国政府贷款、国际金融组织贷款、出口信贷、外国银行商业贷款、对外发行债券和股票)、外商直接投资、外商其他投资(包括利用外商投资收益在国内进行固定资产再投资活动的资金)。不包括我国自有外汇资金(国家外汇、地方外汇、留成外汇、调剂外汇和国内银行自有资金发放的外汇贷款等)。计算利用外资时，需要折算成人民币，折算时所使用的外汇汇率按现汇汇率计算，即按报告期末的汇率计算。

(4)自筹资金　指固定资产投资单位在报告期收到的，由各企、事业单位筹集用于固定资产投资的资金，包括各类企事业单位的自有资金和从其他单位筹集的用于固定资产投资的资金，但不包括各类财政性资金、从各类金融机构借入资金和国外资金。

(5)其他资金　指在报告期收到的除以上各种资金之外的用于固定资产投资的资金，包括社会集资、个人资金、无偿捐赠的资金及其他单位拨入的资金等。

固定资产投资按国民经济行业分　根据建设项目建成投产后的主要产品种类或主要用途及社会经济活动种类来划分，不能根据项目单位本身的行业类别来划分。如果项目投产后有几种产品，应根据主要产品来确定行业类别。一般情况下，一个建设项目只能属于一种国民经济行业。

固定资产投资按隶属关系分　是按建设单位或企业、事业、行政单位的主管上级机关确定的。

(1)中央：是指中共中央、人大常委会和国务院各部、委、局、总公司以及直属机构直接领导的建设项目和企业、事业、行政单位。这些单位的固定资产投资计划由国务院各部门直接编制和下达，统一组织或委托下级实施。包括有中央垂直管理的部门（如国家统计局各级调查队）和中央直属企业、事业单位（如工商银行、中国电信、中国石油）等。

(2)地方：是由省（自治区、直辖市）、地区（州、盟、省辖市）、县（旗、县级市）三级政府及业务主管部门直接领导和管理的建设项目、企业、事业、行政单位。地方项目还包括不隶属以上各级政府及主管部门的建设项目和企业、事业单位，如外商投资企业和无主管部门的企业等。

固定资产投资按建设性质分　按整个建设项目情况来确定。一般分为新建、扩建、改建和技术改造、单纯建造生活设施、迁建、恢复、单纯购置。房地产开发单位、农户投资不划分建设性质。

(1)新建：指从无到有“平地起家”开始建设的项目。现有企业、事业、行政单位投资的项目一般不属于新建。但如有的单位原有基础很小，经过建设后新增的固定资产价值超过该企业、事业、行政单位原有固定资产价值（原值）三倍以上的，也应作为新建。

(2)扩建：指在厂内或其他地点，为扩大原有产品的生产能力(或效益)或增加新的产品生产能力，而增建的生产车间(或主要工程)、分厂、独立的生产线。行政、事业单位在原单位增建业务性用房(如学校增建教学用房、医院增建门诊部、病房等)也作为扩建。

现有企、事业单位为扩大原有主要产品生产能力或增加新的产品生产能力，增建一个或几个主要生产车间(或主要工程)、分厂，同时进行一些更新改造工程的，也应作为扩建。

(3)改建和技术改造：指现有企业、事业单位对原有设施进行技术改造或更新(包括相应配套的辅助性生产、生活福利设施)的建设项目。改建项目包括现有企业、事业单位为适应市场变化的需要，而改变企业的主要产品种类(如军工企业转民产品等)的建设项目，原有产品生产作业线由于各工序(车间)之间能力不平衡，为填平补齐充分发挥原有生产能力而增建不增加本企业主要产品设计能力的车间的建设项目。技术改造是指企业、事业单位在现有基础上，用先进的技术代替落后的技术，用先进的工艺和装备代替落后的工艺和装备，以改变企业落后的技术经济面貌，实现以内涵为主的扩大再生产，达到提高产品质量、促进产品更新换代、节约能源、降低消耗、扩大生产规模、全面提高社会经济效益的目的。技术改造具体包括以下内容：机器设备和工具的更新改造；生产工艺改革、节约能源和原材料的改造；厂房建筑和公共设施的改造；保护环境进行的“三废”治理改造；劳动条件和生产环境的改造等。

固定资产投资按构成分：

(1)建筑工程　指各种房屋、建筑物的建造工程，又称建筑工作量。这部分投资额必须兴工动料，通过施工活动才能实现，是固定资产投资额的重要组成部分。

(2)安装工程　指各种设备、装置的安装工程，又称安装工作量。在安装工程中，不包括被安装设备本身价值。

(3)设备工具器具购置　指建设单位或企、事业单位购置或自制的，达到固定资产标准的设备、工具、器具的价值。新建单位及扩建单位的新建车间，按照设计或计划要求购置或自制的全部设备、工具、器具，不论是否达到固定资产标准均计入“设备工具器具购置”中。

(4)其他费用　指在固定资产建造和购置过程中发生的，除上述几项内容以外的各种应分摊计入固定资产的费用。

施工项目个数　是指本年正式进行过建筑或安装施工活动的建设项目个数。包括本年新开工项目，以前年度开工跨入本年继续施工项目，本年全部建成投产项目、以前年度全部停缓建在本年恢复施工的项目，本年进行过施工又在本年内全部停缓建的项目。施工项目个数可以反映一定时期固定资产投资的实际规模，与同期全部建成投产项目个数相比，可以从建设速度的角度反映固定资产投资的效果。

投产项目个数　指报告期内按设计文件规定建成主体工程和相应配套的辅助设施，形成生产能力或工程效益，经过验收合格，并且已正式投入生产或交付使用的建设项目。

新增生产能力(或工程效益)　指通过固定资产投资活动而增加的设计能力（或工程效益）。主要指标包括建设规模、本年施工规模、自开始建设累计新增生产能力（或工程效益）、本年新增生产能力（或工程效益）等。

新增固定资产　指已经完成建造和购置过程，并已交付生产或使用单位的固定资产的价值，包括已经建成投入生产或交付使用的工程投资和达到固定资产标准的设备、工具、器具的投资及有关应摊入的费用。该指标是表示固定资产投资成果的价值指标，也是反映建设进度，计算固定资产投资效果的重要指标。

房屋施工面积　指报告期内施工的全部房屋建筑面积。包括本期新开工的面积、上期跨入本期继续施工的房屋建筑面积、上期停缓建在本期恢复施工的房屋建筑面积、本期竣工的房屋建筑面积以及本期施工后又停缓建的房屋建筑面积。多层建筑应填各层建筑面积之和。

房屋竣工面积　指在报告期内房屋建筑按照设计要求已经全部完工，达到住人和使用条件，经验收鉴定合格或达到竣工验收标准，可正式移交使用的各栋房屋建筑面积的总和。

房屋建筑面积竣工率　指一定时期内房屋竣工面积占同期房屋施工面积的比率。它是从房屋建筑施工速度的角度反映投资效果的指标。

项目建成投产率　指一定时期内全部建成投产项目个数与同期施工项目个数的比率。该指标是从建设单位建设速度的角度反映投资效果的指标。

固定资产交付使用率　指一定时期新增固定资产与同期完成投资额的比率。它是反映固定资产动用速度，衡量建设过程中宏观投资效果的综合指标。

商品房销售面积　指报告期内出售商品房屋的合同总面积(即双方签署的正式买卖合同中所确定的建筑面积)。由现房销售面积和期房销售面积两部分组成。

商品房销售额　指报告期内出售商品房屋的合同总价款(即双方签署的正式买卖合同中所确定的合同总价)。该指标与商品房销售面积同口径，由现房销售额和期房销售额两部分组成。

Explanatory Notes on Main Statistical Indicators

Total Investment in Fixed Assets refers to the volume of activities in construction and purchases of fixed assets and related fees , expressed in monetary terms . It is a comprehensive indicator which shows the size, structure and growth of the investment in fixed assets, providing basis for observing the progress of construction projects and evaluating results of investment. Total investment in fixed assets in the whole country includes, by type of ownership, the investment by the state-owned units, collective-owned units, joint ownership units, share-holding units, private units individuals as well as investments by entrepreneurs from Hong Kong, Macao and Taiwan, foreign investors and others.

Urban Investment in Fixed Assets refers to construction projects involving a total planned investment of 5,000,000 yuan and over by enterprises of various types of ownership, institutions, administrative units and individuals in urban areas, investment in real estate development. In other words, all investments that take place in county towns and urban areas, investment in construction projects under the direct leadership and management of government agencies at and above county levels and investments by enterprises and institutions at and above county levels are covered in urban investment in fixed assets.

Investment in Real Estate Development It includes the investment by the real estate development companies, commercial buildings construction companies and other real estate development units of various types of ownership in the construction of house buildings, such as residential buildings, factory buildings, warehouses, hotels, guesthouses, resort, office buildings, and the complementary service facilities and land development projects, such as roads, water supply, water drainage, power supply, heating, telecommunications , land leveling and other projects of infrastructure. It excludes the activities in simple land transactions.

Sources of Funds for Investment in Fixed Assets are categorized as funds from the State budget, domestic loans, foreign investment, self-raised funds, and others, depending on the sources of investment.

(1) Fund from the State budget: State budget consists of general budget, government fund budget, operation budget of state-owned assets and social security fund budget. Funds for investment in fixed assets from various budgets are reported as fund from the state budget, of which, the general budget utilized on fixed assets investment includes investment on infrastructure construction, vehicle purchase tax, post-disaster restoration and reconstruction funds and other financial investment. Government bonds at all levels should also be included.

(2) Domestic loans refer to loans of various forms borrowed by investing units from banks and non-bank financial institutions during the reference period for the purpose of investment in fixed assets, including loans issued by banks and by non-bank financial institutions.

(3) Foreign investment refers to overseas funds received during the reference period for the construction and purchase of investment in fixed assets (covering equipment, materials and technology), including foreign borrowings (loans from foreign governments and international financial institutions, export credit, commercial loans from foreign banks, issue of bonds and stocks overseas), foreign direct investment and other foreign investments (including funds from foreign direct investment income that are reinvested in fixed assets domestically). Excluded from this category is capital in foreign exchanges owned by China (foreign exchanges owned by the central and local governments, foreign exchanges retained by enterprises, foreign exchanges by enterprises through the regulating mechanism, loans in foreign exchanges issued by the Bank of China with its own fund, etc.). In calculating the utilization of foreign capital, foreign currencies are converted into Chinese Renminbi applying the current exchange rate, which is the exchange rate at the end of the reference period. .

(4) Self-raised funds refer to funds for investment in fixed assets received during the reference period by investing units, including investment in fixed assets using own funds of various enterprises and institutions or funds raised from other units other than financial funds, funds borrowed from financial institutions and overseas funds. (5) Others refer to funds for investment in fixed assets received from sources other than those listed above, including funds raised from individuals and through donations, and funds transferred from other units.

Investment in Fixed Assets by Sector The classification of construction projects by sector is determined by the major products or the purpose of the projects when they are put into production or use, and by the nature of their social economic activities, instead of being determined by industrial classification of the project enterprises. The project will be classified according to major product if there are several kinds of products yielded, In general, one project can only be classified into one sector.

Investment in Fixed Assets by Jurisdiction of Management refers to the classification of investment by the competent authorities under which investment is made by construction units, enterprises, institutions or administrative units.

(1) Central investment refers to the investment in projects or by enterprises, institutions or administrative units which are under the direct leadership and management of the State Council and of the national commissions, ministries, agencies and State-owned large

corporations. Various ministries and departments of the State Council prepare and implement plans through unified organization or lower-level commissions, which include departments direct under central government (i.e. survey offices at all level of the National Bureau of Statistics) and enterprises and institutions directly under central government (like the Industrial and Commercial Bank of China, China Telecom and China National Petroleum Corporation)..

(2) Local investment refers to the investment in projects or by enterprises, institutions or administrative units which are under the direct leadership and management of departments under the provincial, prefecture and county governments. Also included are projects by foreign-invested enterprises and enterprises without competent managing authorities.

Investment in Fixed Assets by Sector The classification of construction projects by sector is determined by the major products or the purpose of the projects when they are put into production or use, and by the nature of their social economic activities, instead of being determined by industrial classification of the project enterprises. The project will be classified according to major product if there are several kinds of products yielded, In general, one project can only be classified into one sector.

Investment in Fixed Assets by Jurisdiction of Management refers to the classification of investment by the competent authorities under which investment is made by construction units, enterprises, institutions or administrative units.

(1) Central investment refers to the investment in projects or by enterprises, institutions or administrative units which are under the direct leadership and management of the State Council and of the national commissions, ministries, agencies and State-owned large corporations. Various ministries and departments of the State Council prepare and implement plans through unified organization or lower-level commissions, which include departments direct under central government (i.e. survey offices at all level of the National Bureau of Statistics) and enterprises and institutions directly under central government (like the Industrial and Commercial Bank of China, China Telecom and China National Petroleum Corporation)..

(2) Local investment refers to the investment in projects or by enterprises, institutions or administrative units which are under the direct leadership and management of departments under the provincial, prefecture and county governments. Also included are projects by foreign-invested enterprises and enterprises without competent managing authorities.

Investment in Fixed Assets by Type of Construction Construction projects in general can be classified, by the type of construction, into new construction, expansion, reconstruction and technical transformation, purely construction of living facilities, moving, restoration and purely purchasing. However, investment by type of construction is not applied to investment by real-estate development units and investment by rural households.

(1) New construction in general refers to construction projects, which start from scratch. The existing projects invested by enterprises, institutions and administrative agencies cannot be classified as new construction. In case the size of the existing unit is quite small, and the value of newly added fixed assets is more than three times of the original value, the expansion will be considered as new construction.

(2) Expansion refers to construction of new production workshop, branch factory or independent production line within a factory or in other locations, for the purpose of increasing the production capacity (or improving efficiency) or adding new production capacity by enterprises and institutions. Newly constructed accommodation for the operation of institutions and administrative organizations (such as newly constructed buildings for teaching in schools, buildings for clinics or wards in hospitals, etc.) are also classified as expansion.

Also included in expansion are investments by existing enterprises or institutions in building major production line(s) or branch factory (ies) along with some work on innovation, for the purpose of expanding the production capacity of original products or producing new products.

(3) Reconstruction and technical transformation refers to construction projects by existing enterprises or institutions in innovation or technical transformation of the old facilities (including auxiliary production equipment and welfare facilities). Also considered as reconstruction is the construction of new workshops by the existing enterprises or institutions to change the variety of products to meet the market demand (such as the production of civil products by defence industries), or to bring the designed production capacity into full play through a more balanced production process on production lines. Technical transformation refers to replacement of old technology or equipment by new technology or equipment, in order to expand the reproduction through improvement of technology contents in production, to improve product quality, to promote new products, to save energy, to reduce consumption, to expand the production scale and to improve overall social-economic efficiency. Contents of technical transformation include: updating of machinery, equipment and tools; reforming production process by using energy or materials saving technology; construction of factory workshops and transformation of public facilities; treatment transformation of "three wastes" (waste gas, waste water and industrial residue) aiming at environmental protection; improvement of working conditions and environment, etc..

Investment in Fixed Assets by Structure (1) Construction refers to the construction of houses and buildings, also known as work volume of construction. This part of investment can only be achieved through construction activities, it is the major component of the total investment in fixed assets.

(2) Installation refers to the installation of various kinds of equipment and instruments, also known as work volume of installation.

The value of equipment installed itself is not included in the value of installation projects.

(3) Purchase of equipment and instruments refers to the total value of equipment, tools, and instruments purchased or self-produced which come up to the cut-off point for fixed assets by the construction units or investing enterprises or institutions. Equipment, tools and instruments purchased or self-produced for new workshops by newly established or expanded units are categorized as "purchase of equipment and instruments" no matter whether they come up to the cut-off point for fixed assets.

(4) Other expenses refer to expenses arising during the construction or purchase of fixed assets other than those mentioned above..

Projects under Construction refer to number of all projects with construction activities newly started in current year or left-over from the previous year in the reference period. All projects that have construction activities undertaken during the reference period are reported as projects under construction irrespective of the length of construction work. The number of projects under construction can reflect the actual size of investment in fixed as sets during a given period, and when compared with the number of projects completed and put into use during the same period, it demonstrates the results of investment in fixed as sets.

Projects Completed and Put into Use refer to projects have been completed in accordance with the design documents, resulting in forming production capacity (efficiency) and have been checked and accepted after relevant tests, and have been formally delivered for use.

Newly Increased Production Capacity (or Project Efficiency) refers to the increase of designed capacity (or project efficiency) through investment in fixed assets. The main indicators include: construction scale, scale of projects under construction in current year, the accumulated newly increased production capacity (project efficiency) since the start of the projects and the newly increased production capacity (project efficiency) of current year.

Newly Increased Fixed Assets refer to the value of fixed assets that has completed the construction and purchase, and has been delivered to the production or owner units, including investment in projects that have been completed and put into operation in current year and the investment in equipment, tools and appliance that meet the standard of fixed assets and fees that should be apportioned. This is an indicator that demonstrates the results of investment in fixed assets in monetary terms, and an important indicator to reflect the speed of construction and to calculate the efficiency of investment.

Floor Space Under Construction refers to the total floor space of all the buildings in the reference period,, including floor space of newly started buildings during the reference period, floor space of construction extended form the previous period to the reference period, floor space of construction suspended or postponed in the previous period and resumed in the reference period, floor space of construction completed in the reference period, and floor space of construction started and then suspended or postponed in the reference period.

Floor Space of Buildings Completed refers to the floor space of all buildings completed in the reference period, which have been appraised and accepted or come up to the designed standards and have been put into use.

Completion Rate of Floor Space of Buildings refers to the ratio of the floor space of buildings completed in certain period of time to the floor space of buildings under construction in the same period; this indicator reflects the investment result from the perspective of the speed of construction.

Rate of Construction Projects Completed and Put into Use refers to the ratio of the number of construction projects completed and put into use in a certain period of time to the number of projects under construction in the same period. This reflects the investment efficiency from the perspective of the speed of projects construction

Rate of Construction Projects Completed and Put into Use refers to the ratio of the number of construction projects completed and put into use in certain period of time to the number of projects under construction in the same period. This reflects the investment efficiency from the angle of the speed of project construction.

Rate of Projects of Fixed Assets completed and Put into Operation refers to the ratio of the newly increased fixed assets to the total investment made in the same period. This is a comprehensive indicator reflecting the speed of the employment of fixed assets and the investment efficiency at the macro-level.

Area of Commercialized Housing Sold refers to total contracted area of commercialized housing (i.e. area of floor space as designated in the formal contracts signed by both sides) during the reference time. It constitutes floor space of completed housing and floor space of future housing.

Value of Commercialized Housing Sold refers to the total contracted value (i.e. value of sales/purchase for selling/purchase of commercialized housing as designated in the contract signed by both sides) during the reference time. This indicator has the same coverage as the area of commercialized housing sold, which constitutes floor space of completed housing and floor space of housing yet to be completed.

6

能源

6-1 综合能源平衡表
Overall Energy Balance Sheet

单位:万吨标准煤 (10 000 tons of SCE)

项　目	Item	2009	2010	2011	2012
可供消费的能源总量	**Total Energy Available for Consumption**	**16322**	**17892**	**19696**	**20575**
一次能源生产量	Primary Energy Output	13966	15022	16296	16659
外省(区、市)调入量	Imports from Other Provinces	4246	4465	5842	6574
进口量	Imports				
我轮、机在外国加油量	Chinese Airplanes and Ship in Refueling Abroad	11	12	2	2
本省(区、市)调出量(-)	Exports from Sichuan(-)	1939	1935	2419	2551
出口量(-)	Exports(-)				
外轮、机在我国加油量(-)	Foreign Airplanes and Ships in Refueling in China	3	2	5	7
年初年末库存差额	Stock Changes in the Year	41	-24	20	-102
年初库存量	Stock (year-beginning)	613	577	602	617
年末库存量(-)	Stock (year-end)(-)	572	602	622	719
能源消费总量	**Total Energy Consumption**	**16322**	**17892**	**19696**	**20575**
在总量中:	Consumption by Sector				
1.农、林、牧、渔业	1.Farming, Forestry, Animal Husbandry,Fishery and Water Conservancy	282	270	270	290
2.工业	2.Industry	11847	12939	14096	14575
3.建筑业	3.Construction	231	314	374	419
4.交通运输、仓储和邮政业	4.Transport, Storage and Post	1144	1214	1281	1376
5.批发、零售业和住宿、餐饮业	5.Wholesale, Retail Trade and Hotel	384	501	668	664
6.其他	6.Others	497	512	611	629
7.生活消费	7.Residential Consumption	1938	2142	2395	2622
在总量中:	Consumption by Usage				
1.终端消费	1.Final Consumption	14638	16369	19381	19889
# 工业	Industry	10163	11415	13781	13889
2.加工转换损失	2.Losses in Processing and Transformation	933	779	-438	-50
火力发电损失	Thermal Power Generation				
供热损失	Heating		11	59	41
洗选煤损失	Coal Washing and Dressing	599	627	423	455
炼焦损失	Coking	302	119	98	97
炼油损失	Petroleum Refining	22	16	77	92
制气损失	Gas Production		1	2	1
煤制品加工损失	Coal Products Processing	11	4	11	1
天然气液化损失	Liquefied natural gas losses			3	9
回收能	Recovery of Energy			-1112	-746
3.损失量	3.Other Losses	751	744	753	736
平衡差额	**Balance**				

注：本表按等价值计算。
a) This table is calculated in equal value.

6-2 能源生产量和构成
Total Production of Energy Output and its Composition

(万吨标准煤 ，%) (10 000 tons SCE , %)

项　目	Item	2009	2010	2011	2012
一次能源产量	**primaty Energy Output**				
标准量（当量值）	Standard Volume(Heat Value Equivalent)	10556.21	11691.29	12268.55	12670.69
构成(按当量值计算)	Composition(Calculated on the Basic of Heat Value Equivalent)	100.00	100.00	100.00	100.00
标准量（电力等价值）	Standard Volume(Equal Electricity Value)	13965.86	15021.61	16296.41	16658.84
构成(按等价值计算)	Composition(Calculated on the Basic of Equal Electricity Value)	100.00	100.00	100.00	100.00
原煤	**Coal**				
实物量(万吨)	Physical Volume	9505.33	9457.45	9377.47	9470.70
标准量（当量值）	Standard Volume(Heat Value Equivalent)	6776.35	7154.51	7222.32	7598.67
构成(按当量值计算)	Composition(Calculated on the Basic of Heat Value Equivalent)	64.19	61.20	58.87	59.97
标准量（电力等价值）	Standard Volume(Equal Electricity Value)	6776.35	7154.51	7222.32	7598.67
构成(按等价值计算)	Composition(Calculated on the Basic of Equal Electricity Value)	48.52	47.63	44.32	45.61
原油	**Crude Oil**				
实物量(万吨)	Physical Volume	21.68	15.13	16.17	15.94
标准量（当量值）	Standard Volume(Heat Value Equivalent)	30.97	21.61	23.10	22.77
构成(按当量值计算)	Composition(Calculated on the Basic of Heat Value Equivalent)	0.29	0.18	0.19	0.18
标准量（电力等价值）	Standard Volume(Equal Electricity Value)	30.97	21.61	23.10	22.77
构成(按等价值计算)	Composition(Calculated on the Basic of Equal Electricity Value)	0.22	0.14	0.14	0.14
天然气	**Natural Gas**				
实物量(亿立方米)	Physical Volume	191.28	234.16	242.00	236.82
标准量（当量值）	Standard Volume(Heat Value Equivalent)	2544.02	3114.33	3218.60	3149.71
构成(按当量值计算)	Composition(Calculated on the Basic of Heat Value Equivalent)	24.10	26.64	26.23	24.86
标准量（电力等价值）	Standard Volume(Equal Electricity Value)	2544.02	3114.33	3218.60	3149.71
构成(按等价值计算)	Composition(Calculated on the Basic of Equal Electricity Value)	18.22	20.73	19.75	18.91
水、核电	**Hydro_power,Nuclear**				
实物量(亿千瓦小时)	Physical Volume	979.37	1139.82	1468.29	1545.60
标准量（当量值）	Standard Volume(Heat Value Equivalent)	1203.65	1400.84	1804.53	1899.54
构成(按当量值计算)	Composition(Calculated on the Basic of Heat Value Equivalent)	11.40	11.98	14.71	14.99
标准量（电力等价值）	Standard Volume(Equal Electricity Value)	4613.30	4731.16	5832.39	5887.70
构成(按等价值计算)	Composition(Calculated on the Basic of Equal Electricity Value)	33.03	31.50	35.79	35.34

6-3 能源消费量和构成
Total Consumption of Energy and its Composition

(万吨标准煤，%) (10 000 tons SCE , %)

项　目	Item	2009	2010	2011	2012
能源消费总量	**Total Energy Consumption**				
标准量（当量值）	Standard Volume(Heat Value Equivalent)	13321.80	15013.97	15958.01	16897.65
构成(按当量值计算)	Composition(Calculated on the Basic of Heat Value Equivalent)	100.00	100.00	100.00	100.00
标准量（电力等价值）	Standard Volume(Equal Electricity Value)	16321.75	17891.83	19696.19	20574.62
构成(按等价值计算)	Composition(Calculated on the Basic of Equal Electricity Value)	100.00	100.00	100.00	100.00
煤品燃料	**Coal Products Fuel**				
标准量（当量值）	Standard Volume(Heat Value Equivalent)	8667.62	9266.47	8790.68	9639.78
构成(按当量值计算)	Composition(Calculated on the Basic of Heat Value Equivalent)	65.06	61.72	55.09	57.05
标准量（电力等价值）	Standard Volume(Equal Electricity Value)	8667.62	9266.47	8790.68	9639.78
构成(按等价值计算)	Composition(Calculated on the Basic of Equal Electricity Value)	53.10	51.79	44.63	46.85
油品燃料	**Oil Fuel**				
标准量（当量值）	Standard Volume(Heat Value Equivalent)	1906.19	2179.84	2635.11	2843.79
构成(按当量值计算)	Composition(Calculated on the Basic of Heat Value Equivalent)	14.31	14.52	16.51	16.83
标准量（电力等价值）	Standard Volume(Equal Electricity Value)	1906.19	2179.84	2635.11	2843.79
构成(按等价值计算)	Composition(Calculated on the Basic of Equal Electricity Value)	11.68	12.18	13.38	13.82
天然气	**Natual Gas**				
标准量（当量值）	Standard Volume(Heat Value Equivalent)	1688.97	2330.96	2061.10	2034.40
构成(按当量值计算)	Composition(Calculated on the Basic of Heat Value Equivalent)	12.68	15.53	12.92	12.04
标准量（电力等价值）	Standard Volume(Equal Electricity Value)	1688.97	2330.96	2061.10	2034.40
构成(按等价值计算)	Composition(Calculated on the Basic of Equal Electricity Value)	10.35	13.03	10.46	9.89
水、核电	**Hydro_power,Nuclear**				
标准量（当量值）	Standard Volume(Heat Value Equivalent)	1203.65	1400.84	1804.53	1899.54
构成(按当量值计算)	Composition(Calculated on the Basic of Heat Value Equivalent)	9.04	9.33	11.31	11.24
标准量（电力等价值）	Standard Volume(Equal Electricity Value)	4613.30	4731.16	5832.39	5887.70
构成(按等价值计算)	Composition(Calculated on the Basic of Equal Electricity Value)	28.26	26.44	29.61	28.62
电力净调入(+)、调出(-)量	**Net Amount of Electricity Transferred in (+) and out(-)**				
标准量（当量值）	Standard Volume(Heat Value Equivalent)	-144.63	-190.32	-129.78	-148.22
构成(按当量值计算)	Composition(Calculated on the Basic of Heat Value Equivalent)	-1.09	-1.27	-0.81	-0.88
标准量（电力等价值）	Standard Volume(Equal Electricity Value)	-554.33	-642.79	-419.47	-459.41
构成(按等价值计算)	Composition(Calculated on the Basic of Equal Electricity Value)	-3.40	-3.59	-2.13	-2.23
其他能源	**Other Energy**				
标准量（当量值）	Standard Volume(Heat Value Equivalent)			796.37	628.72
构成(按当量值计算)	Composition(Calculated on the Basic of Heat Value Equivalent)			4.99	3.72
标准量（电力等价值）	Standard Volume(Equal Electricity Value)			796.37	628.72
构成(按等价值计算)	Composition(Calculated on the Basic of Equal Electricity Value)			4.04	3.72

6-4 主要能源库存量和周转天数
Stock and Revolving Days of Main Energy

(万吨，天) (10 000 tons,day)

项目	Item	2009	2010	2011	2012
煤炭	**Coal**				
年末库存量	Stock (year-end)	581.26	592.27	634.80	745.22
消费量	Consumption	12147.35	11520.40	11454.34	11872.20
库存周转天数	Revolving Days of Stock	17.47	18.76	20.23	22.91
原煤	**Raw Coal**				
年末库存量	Stock (year-end)	494.00	480.20	508.68	614.39
消费量	Consumption	12128.69	11505.96	11408.91	11876.91
库存周转天数	Revolving Days of Stock	14.87	15.23	16.27	18.88
洗精煤	**Coal Washed and Dressed**				
年末库存量	Stock (year-end)	72.00	87.84	99.87	86.46
消费量	Consumption	1538.98	1820.24	2016.44	3149.82
库存周转天数	Revolving Days of Stock	17.08	17.61	18.08	10.02
其它洗煤	**Other Washed Coal**				
年末库存量	Stock (year-end)	10.50	16.52	23.08	35.00
消费量	Consumption	819.62	867.58	464.75	876.91
库存周转天数	Revolving Days of Stock	4.68	6.95	18.13	14.57
焦炭	**Coke**				
年末库存量	Stock (year-end)	23.70	29.49	21.02	20.60
消费量	Consumption	1121.99	1353.64	1438.85	1562.85
库存周转天数	Revolving Days of Stock	7.71	7.95	5.33	4.81
石油	**Petroleum**				
年末库存量	Stock (year-end)	84.65	96.04	92.48	84.84
消费量	Consumption	1309.20	1497.38	1824.50	1946.77
库存周转天数	Revolving Days of Stock	23.60	23.41	18.50	15.91
原油	**Crude Oil**				
年末库存量	Stock (year-end)	14.11	17.99	13.94	12.75
消费量	Consumption	315.68	351.76	361.75	351.47
库存周转天数	Revolving Days of Stock	16.31	18.67	14.07	13.24
汽油	**Gasoline**				
年末库存量	Stock (year-end)	35.29	40.27	43.28	33.89
消费量	Consumption	462.92	541.82	642.08	700.00
库存周转天数	Revolving Days of Stock	27.83	27.13	24.60	17.67
煤油	**Kerosene**				
年末库存量	Stock (year-end)	1.05	1.02	1.38	4.26
消费量	Consumption	155.07	173.31	206.24	205.44
库存周转天数	Revolving Days of Stock	2.47	2.15	2.44	7.57
柴油	**Diesel Oil**				
年末库存量	Stock (year-end)	33.50	33.25	29.87	33.37
消费量	Consumption	538.46	525.10	576.52	643.40
库存周转天数	Revolving Days of Stock	22.71	23.11	18.91	18.93
燃料油	**Fuel Oil**				
年末库存量	Stock (year-end)	0.70	3.50	4.01	
消费量	Consumption	13.34	62.82	70.45	75.21
库存周转天数	Revolving Days of Stock	19.15	20.34	20.78	

6-5 能源加工转换情况
Condition of Energy Conversion

(万吨标准煤,%) (10 000 tons SCE,%)

项 目	Item	2009	2010	2011	2012
合计	**Total**				
投入量	Input	6853.27	7419.65	7459.38	8516.89
产出量	Output	4159.15	4992.52	5140.15	6312.32
转换损失量	Losses in Conversion	2694.13	2427.13	2319.22	2204.57
转换效率	Conversion Efficiency	60.69	67.29	68.91	74.12
火电	**Thermal Power Generation**				
投入量	Input	2356.08	2341.34	2382.59	2226.93
产出量	Output	614.72	693.24	737.17	718.47
转换损失量	Losses in Conversion	1741.36	1648.10	1645.42	1508.46
转换效率	Conversion Efficiency	26.09	29.61	30.94	32.26
供热	**Heating**				
投入量	Input	214.27	172.00	188.05	166.65
产出量	Output	194.57	161.15	170.24	125.24
转换损失量	Losses in Conversion	19.70	10.85	11.38	41.41
转换效率	Conversion Efficiency	90.81	93.69	90.53	75.15
洗煤	**Coal Washing and Dressing**				
投入量	Input	2495.15	2745.58	2548.08	3745.48
产出量	Output	1896.57	2118.26	2124.60	3290.33
转换损失量	Losses in Conversion	598.58	627.31	423.49	455.15
转换效率	Conversion Efficiency	76.01	77.15	83.38	87.85
炼焦	**Coking**				
投入量	Input	1304.63	1492.58	1638.21	1689.05
产出量	Output	1002.48	1373.59	1539.95	1591.97
转换损失量	Losses in Conversion	302.14	118.99	98.26	97.08
转换效率	Conversion Efficiency	76.84	92.03	94.00	94.25
炼油	**Refineries**				
投入量	Input	449.01	631.88	619.40	630.11
产出量	Output	427.31	615.63	542.08	538.09
转换损失量	Losses in Conversion	21.70	16.25	77.31	92.02
转换效率	Conversion Efficiency	95.17	97.43	87.52	85.40

6-6 煤炭平衡表
Coal Balance Sheet

单位:万吨 (10 000 tons)

项　目	Item	2009	2010	2011	2012
可供量	**Total Energy Available for Consumption**	**12147.35**	**11520.40**	**11454.34**	**11872.20**
生产量	Outpu	9505.33	9247.93	9377.47	9470.70
外省(区、市)调入量	Imports from Other Provinces	3138.00	2647.83	2382.07	2804.38
进口量	Imports				
本省(区、市)调出量(-)	Exports from Sichuan(-)	581.19	364.35	262.67	261.72
出口量(-)	Exports(-)				
年初年末库存差额	Stock Changes in the Year	85.21	-11.01	-42.53	-141.16
年初库存量	Stock (year-beginning)	666.47	581.26	592.27	604.06
年末库存量(-)	Stock (year-end)(-)	581.26	592.27	634.80	745.22
消费量	**Total Energy Consumption**	**12147.35**	**11520.40**	**11454.34**	**11872.20**
在总量中:	Consumption by Sector				
1.农、林、牧、渔业	1.Farming, Forestry, Animal Husbandry, Fishery and Water Conservancy	40.17	29.19	8.79	6.40
2.工　业	2.Industry	11306.31	10797.21	10844.63	11453.57
3.建 筑 业	3.Construction	25.57	25.00	13.14	15.00
4.交通运输、仓储和邮政业	4.Transport, Storage and Post	17.04	10.00	5.00	5.03
5.批发、零售业和住宿、餐饮业	5.Wholesale, Retail Trade and Hotel	66.10	50.00	35.00	40.00
6.其他	6.Others	19.20	15.00	10.00	12.00
7.生活消费	7.Residential Consumption	672.96	594.00	537.78	340.20
在总量中:	Consumption by Usage				
1.终端消费	1.Final Consumption	6231.25	5798.26	5336.60	6429.15
# 工业	Industry	5390.21	5075.07	4726.89	6010.52
2.用于加工转换	2. Consumed in Transformation	5828.75	5648.35	6040.93	5349.88
火力发电	Thermal Power Generation	2915.25	2784.78	2902.57	2642.62
供 热	Heating	279.11	144.91	192.78	147.29
洗煤损耗	Coal Washing and Dressing	1137.00	1018.10	1046.73	670.05
炼焦	Coking	1486.02	1696.92	1880.19	1889.56
炼油及煤制油	Refining and coal liquefaction			1.32	1.63
制气	Gas Production		4.85	13.05	6.08
型煤加工损耗	Coal Products Processing	11.37	-1.21	4.29	-7.35
3.损 失 量	3.Other Losses	87.35	73.79	76.81	93.17
平衡差额	**Balance**				

6-7 石油平衡表
Petroleum Balance Sheet

单位:万吨 (10 000 tons)

项 目	Item	2009	2010	2011	2012
可供量	**Total Energy Available for Consumption**	**1309.20**	**1497.38**	**1824.50**	**1960.54**
生产量	Output	22.51	15.13	16.17	15.94
外省(区、市)调入量	Imports from Other Provinces	1310.44	1487.26	1840.86	1940.58
进口量	Imports				
我轮、机在外国加油量	Chinese Airplanes and Ship in Refueling Abroad	7.51	8.00	1.14	1.49
本省(区、市)调出量(-)	Exports from Sichuan(-)	19.87		34.00	0.83
出口量(-)	Exports(-)				
外轮、机在我国加油量(-)	Foreign Airplanes and Ships in Refueling in China	1.94	1.63	3.23	4.98
年初年末库存差额	Stock Changes in the Year	-9.45	-11.38	3.56	8.34
年初库存量	Stock (year-beginning)	75.20	84.66	96.04	93.18
年末库存量(-)	Stock (year-end)(-)	84.65	96.04	92.48	84.84
消费量	**Total Energy Consumption**	**1309.20**	**1497.38**	**1824.50**	**1960.54**
在总量中:	Consumption by Sector				
1.农、林、牧、渔业	1.Farming, Forestry, Animal Husbandry, Fishery and Water Conservancy	127.13	131.04	140.92	166.11
2.工 业	2.Industry	244.21	255.85	307.29	320.96
3.建 筑 业	3.Construction	34.94	60.04	83.49	139.86
4.交通运输、仓储和邮政业	4.Transport, Storage and Post	690.77	697.23	756.95	751.76
5.批发、零售业和住宿、餐饮业	5.Wholesale, Retail Trade and Hotel	68.33	140.22	173.68	184.63
6.其他	6.Others	112.25	123.37	156.72	151.76
7.生活消费	7.Residential Consumption	31.57	89.63	205.45	245.46
在总量中:	Consumption by Usage				
1.终端消费	1.Final Consumption	1285.47	1496.09	1765.75	1891.34
# 工业	Industry	220.48	254.56	248.54	251.76
2.用于加工转换	2. Consumed in Transformation	20.63	-2.06	55.20	65.97
火力发电	Thermal Power Generation	4.00	1.51	1.01	1.59
供热	Heating	1.78	0.14	0.01	0.01
炼油损耗	Losses in Petroleum Refining	14.85	-3.71	54.18	64.37
制气	Gas Production				
3.损 失 量	3.Other Losses	3.10	3.35	3.55	3.23
平衡差额	**Balance**				

6-8 天然气平衡表
Natural Gas Balance Sheet

单位:亿立方米 (100 million cu.m)

项　目	Item	2009	2010	2011	2012
可供量	**Total Energy Available for Consumption**	**126.99**	**175.26**	**154.97**	**153.00**
生产量	Output	191.28	234.16	242.00	236.82
外省(区、市)调入量	Imports from Other Provinces				31.92
进口量	Imports				
我轮、机在外国加油量	Chinese Airplanes and Ship in Refueling Abroad				
本省(区、市)调出量(-)	Exports from Sichuan(-)	64.29	58.90	87.03	115.74
出口量(-)	Exports(-)				
外轮、机在我国加油量(-)	Foreign Airplanes and Ships in Refueling in China				
年初年末库存差额	Stock Changes in the Year				
年初库存量	Stock (year-beginning)				
年末库存量(-)	Stock (year-end)(-)				
消费量	**Total Energy Consumption**	**126.99**	**175.39**	**156.08**	**153.00**
在总量中:	Consumption by Sector				
1.农、林、牧、渔业	1.Farming, Forestry, Animal Husbandry, Fishery and Water Conservancy	0.04	0.05	0.02	0.01
2.工　业	2.Industry	91.99	120.52	94.97	71.61
3.建 筑 业	3.Construction	2.92	4.72	5.50	5.00
4.交通运输、仓储和邮政业	4.Transport, Storage and Post	0.57	6.43	5.74	5.65
5.批发、零售业和住宿、餐饮业	5.Wholesale, Retail Trade and Hotel	2.58	4.06	7.30	7.00
6.其他	6.Others				
7.生活消费	7.Residential Consumption	28.89	39.61	42.55	63.73
在总量中:	Consumption by Usage				
1.终端消费	1.Final Consumption	100.09	157.48	148.38	147.53
# 工业	Industry	65.09	102.61	87.27	66.15
2.用于加工转换	2. Consumed in Transformation	22.80	12.91	2.70	0.93
火力发电	Thermal Power Generation	21.84	11.97	0.71	0.21
供热	Heating	0.96	0.79	0.74	0.72
制气	Gas Production				
天然气液化	iquefy natural gas		0.15	1.25	0.03
3.损 失 量	3.Other Losses	4.10	5.00	5.00	4.50
平衡差额	**Balance**				

6-9 电力平衡表
Electricity Balance Sheet

单位:亿千瓦小时 (100 million kwh)

项 目	Item	2009	2010	2011	2012
可供量	**Total Energy Available for Consumption**	**1361.87**	**1549.03**	**1962.50**	**2009.60**
生产量	Output	1479.55	1703.89	2068.10	2130.20
火力发电	Thermal Power	500.18	564.07	599.81	584.60
水力发电、核发电、其它发电	Hydropower, Nuclear Power and Other Power	979.37	1139.82	1468.29	1545.60
外省(区、市)调入量	Imports from Other Provinces	10.05	46.60	97.70	95.61
进口量	Imports				
本省(区、市)调出量(−)	Exports from Sichuan(-)	127.73	201.46	203.30	216.21
出口量(−)	Exports(-)				
消费量	**Total Energy Consumption**	**1361.87**	**1549.03**	**1962.50**	**2009.60**
在总量中:	Consumption by Sector				
1.农、林、牧、渔业	1.Farming, Forestry, Animal Husbandry, Fishery and Water Conservancy	14.24	13.64	14.51	11.20
2.工 业	2.Industry	971.54	1109.63	1433.90	1465.75
3.建 筑 业	3.Construction	25.17	34.30	42.84	37.77
4.交通运输、仓储和邮政业	4.Transport, Storage and Post	22.89	25.66	29.49	32.28
5.批发、零售业和住宿、餐饮业	5.Wholesale, Retail Trade and Hotel	42.26	47.51	72.69	69.48
6.其他	6.Others	67.63	76.78	94.07	104.00
7.生活消费	7.Residential Consumption	218.14	241.51	275.00	289.12
在总量中:	Consumption by Usage				
1.终端消费	1.Final Consumption	1228.71	1400.70	1806.82	1847.44
# 工业	Industry	838.38	961.30	1278.22	1303.59
2. 输配电损失量	2.Power Transmission and Distribution	133.16	148.33	155.68	162.16
平衡差额	**Balance**				

6-10 能源生产弹性系数
Elasticity Coefficient of Energy Production

年 份	能源生产比上年增长 (%) Energy Production over the Previous Year	电力生产比上年增长 (%) Electricity Production over the Previous Year	地区生产总值比上年增长 (%) Gross Domestic Product over the Previous Year	能源生产弹性系数 Energy Production Coefficient of Elasticity	电力生产弹性系数 Electricity Production Coefficient of Elasticity
2006	7.87	9.97	13.50	0.58	0.74
2007	7.93	9.45	14.50	0.55	0.65
2008	2.73	0.77	11.00	0.25	0.07
2009	2.37	19.73	14.50	0.16	1.36
2010	7.56	15.16	15.10	0.50	1.00
2011	8.48	21.38	15.00	0.57	1.43
2012	2.22	3.00	12.60	0.18	0.24

注：地区生产总值增长速度按可比价格计算(下表同)。
a) Gross domestic product growth rate is calculated at constant prices (the same as follows).

6-11 能源消费弹性系数
Elasticity Coefficient of Energy Consumption

年 份	能源消费比上年增长 (%) Energy Production over the Previous Year	电力消费比上年增长 (%) Electricity Production over the Previous Year	地区生产总值比上年增长 (%) Gross Domestic Product over the Previous Year	能源消费弹性系数 Energy Production Coefficient of Elasticity	电力消费弹性系数 Electricity Production Coefficient of Elasticity
2006	9.72	12.40	13.50	0.72	0.92
2007	9.04	11.14	14.50	0.62	0.77
2008	7.13	3.04	11.00	0.65	0.28
2009	7.77	12.25	14.50	0.54	0.84
2010	9.62	13.74	15.10	0.64	0.91
2011	10.08	26.69	15.00	0.67	1.78
2012	4.46	2.40	12.60	0.35	0.19

6-12 各市(州)单位地区生产总值能耗(等价值)
Energy Comsumption of Unit GDP by Region(Equivalent Value)

单位:(吨标准煤/万元) (tons SCE/10 000 yuan)

市(州)	Region	2005	2006	2007	2008	2009	2010	2011	2012
全 省	**Sichuan**	**1.600**	**1.549**	**1.480**	**1.421**	**1.338**	**1.275**	**1.221**	**1.133**
成都市	Chengdu	1.010	0.968	0.926	0.889	0.840	0.806	0.772	0.716
自贡市	Zigong	1.610	1.552	1.485	1.398	1.321	1.252	1.202	1.114
攀枝花市	Panzhihua	3.064	2.990	2.837	2.649	2.499	2.381	2.277	2.163
泸州市	Luzhou	1.780	1.728	1.656	1.587	1.488	1.408	1.358	1.273
德阳市	Deyang	1.590	1.533	1.471	1.454	1.372	1.272	1.218	1.131
绵阳市	Mianyang	1.750	1.685	1.612	1.566	1.476	1.399	1.345	1.249
广元市	Guangyuan	1.550	1.500	1.434	1.399	1.319	1.238	1.198	1.137
遂宁市	Suining	1.580	1.530	1.466	1.419	1.325	1.260	1.219	1.131
内江市	Neijiang	2.490	2.425	2.316	2.194	2.069	1.971	1.886	1.764
乐山市	Leshan	2.700	2.603	2.495	2.384	2.253	2.151	2.068	1.917
南充市	Nanchong	1.437	1.394	1.338	1.276	1.198	1.147	1.105	1.053
眉山市	Meishan	2.160	2.077	1.990	1.929	1.809	1.725	1.644	1.536
宜宾市	Yibin	1.660	1.605	1.533	1.456	1.376	1.321	1.328	1.294
广安市	Guangan	2.700	2.638	2.531	2.404	2.264	2.150	2.055	1.907
达州市	Dazhou	2.710	2.618	2.497	2.426	2.273	2.164	2.085	1.937
雅安市	Yaan	1.400	1.353	1.296	1.252	1.179	1.118	1.080	1.009
巴中市	Bazhong	1.350	1.302	1.249	1.205	1.135	1.078	1.055	1.029
资阳市	Ziyang	1.280	1.254	1.202	1.136	1.071	1.021	0.982	0.911
阿坝藏族羌族自治州	Aba	1.270	1.227	1.178	1.161	1.097	1.148	1.205	1.157
甘孜藏族自治州	Ganzi	1.260	1.230	1.179	1.152	1.091	1.007	0.986	0.962
凉山彝族自治州	Liangshan	1.400	1.346	1.291	1.235	1.167	1.117	1.068	0.997

注：地区生产总值按2005年价格计算。

a)Gross regional product is calculated at 2005 prices.

6-13 各市(州)单位工业增加值能耗(等价值)

Energy Comsumption of Unit Added Value of Industry by Region(Equivalent Value)

单位：(吨标准煤/万元) (tons SCE/10 000 yuan)

市(州)	Region	2005	2006	2007	2008	2009	2010	2011	2012
全　省	**Sichuan**	**2.937**	**2.794**	**2.595**	**2.389**	**2.249**	**1.996**	**1.841**	**1.615**
成都市	Chengdu	1.890	1.750	1.635	1.542	1.385	1.261	1.149	0.979
自贡市	Zigong	3.330	3.180	2.925	2.642	2.370	2.138	1.933	1.651
攀枝花市	Panzhihua	5.650	5.460	4.851	4.452	4.104	3.796	3.430	3.114
泸州市	Luzhou	4.620	4.430	4.145	3.910	3.359	2.941	2.660	2.422
德阳市	Deyang	2.830	2.732	2.562	2.287	2.098	1.860	1.643	1.417
绵阳市	Mianyang	4.000	3.820	3.543	3.202	2.938	2.560	2.359	2.033
广元市	Guangyuan	4.110	3.930	3.699	3.647	3.115	2.850	2.726	2.559
遂宁市	Suining	3.990	3.850	3.588	3.486	2.958	2.582	2.401	2.119
内江市	Neijiang	6.010	5.800	5.386	4.760	4.345	3.628	3.249	2.842
乐山市	Leshan	5.160	4.970	4.563	4.207	3.806	3.275	2.994	2.593
南充市	Nanchong	2.950	2.848	2.677	2.497	2.174	1.879	1.671	1.516
眉山市	Meishan	5.200	4.950	4.579	4.444	3.850	3.384	2.974	2.639
宜宾市	Yibin	3.070	2.929	2.666	2.490	2.237	2.040	2.238	2.198
广安市	Guangan	5.890	5.610	5.251	4.873	4.305	3.797	3.331	2.811
达州市	Dazhou	7.120	6.881	6.312	6.085	5.202	4.298	3.919	3.433
雅安市	Yaan	2.690	2.541	2.371	2.206	2.002	1.849	1.713	1.471
巴中市	Bazhong	3.220	3.090	2.889	2.682	2.397	2.179	2.108	1.975
资阳市	Ziyang	2.350	2.280	2.114	1.909	1.740	1.517	1.387	1.194
阿坝藏族羌族自治州	Aba	2.740	2.748	2.581	2.263	2.073	2.332	3.015	2.766
甘孜藏族自治州	Ganzi	1.840	1.850	1.733	1.681	1.415	1.273	1.154	0.935
凉山彝族自治州	Liangshan	2.570	2.420	2.263	2.059	1.889	1.640	1.456	1.251

注：工业增加值按2005年价格计算。

a)The added value of industry is calculated at 2005 prices.

主要统计指标解释

能源生产总量 指一定时期内，全省一次能源生产量的总和。该指标是观察全省能源生产水平、规模、构成和发展速度的总量指标。一次能源生产量包括原煤、原油、天然气、水电、核能及其他动力能(如风能、地热能等)发电量，不包括低热值燃料生产量、生物质能、太阳能等的利用和由一次能源加工转换而成的二次能源产量。

能源消费总量 指一定时期内，全省各行业和居民生活消费的各种能源的总和。该指标是观察能源消费水平、构成和增长速度的总量指标。能源消费总量包括原煤和原油及其制品、天然气、电力，不包括低热值燃料、生物质能和太阳能等的利用。能源消费总量分为终端能源消费量、能源加工转换损失量和能源损失量三部分。

(1)终端能源消费量：指一定时期内，全省生产和生活消费的各种能源在扣除了用于加工转换二次能源消费量和损失量以后的数量。

(2)能源加工转换损失量：指一定时期内，全省投入加工转换的各种能源数量之和与产出各种能源产品之和的差额。该指标是观察能源在加工转换过程中损失量变化的指标。

(3)能源损失量：指一定时期内，能源在输送、分配、储存过程中发生的损失和由客观原因造成的各种损失量，不包括各种气体能源放空、放散量。

能源生产弹性系数 是研究能源生产增长速度与国民经济增长速度之间关系的指标。计算公式为：

能源生产弹性系数=能源生产总量年平均增长速度/国民经济年平均增长速度

国民经济年平均增长速度，可根据不同的目的或需要，用国民生产总值、国内生产总值等指标来计算，本年鉴是采用国内生产总值指标计算的。

电力生产弹性系数 是研究电力生产增长速度与国民经济增长速度之间关系的指标。一般来说，电力的发展应当快于国民经济的发展，也就是说电力应超前发展。计算公式为：

电力生产弹性系数=电力生产量年平均增长速度/国民经济年平均增长速度

能源消费弹性系数 反映能源消费增长速度与国民经济增长速度之间比例关系的指标。计算公式为：

能源消费弹性系数=能源消费量年平均增长速度/国民经济年平均增长速度

电力消费弹性系数 反映电力消费增长速度与国民经济增长速度之间比例关系的指标。计算公式为：

电力消费弹性系数=电力消费量年平均增长速度/国民经济年平均增长速度

能源加工转换效率 指一定时期内，能源经过加工、转换后，产出的各种能源产品的数量与同期内投入加工转换的各种能源数量的比率。该指标是观察能源加工转换装置和生产工艺先进与落后、管理水平高低等的重要指标。计算公式为：

能源加工转换效率=能源加工转换产出量/能源加工转换投入量×100%

单位地区生产总值能耗 指一定时期内，一个国家或地区每生产一个单位的地区生产总值所消耗的能源。计算公式为：

单位地区生产总值能耗=能源消耗总量/地区生产总值

Explanatory Notes on Main Statistical Indicators

Total Energy Production refers to the total production of primary energy by all energy producing enterprises in the province in a given period of time. It is a comprehensive indicator to show the capacity, scale, composition and development of energy production of the province. The production of primary energy includes that of coal, crude oil, natural gas, hydro-power and electricity generated by nuclear energy and other means such as wind power and geothermal power. However, it excludes the production of fuels of low calorific value, bio-energy, solar energy and the secondary energy converted from the primary energy.

Total Domestic Energy Consumption refers to the total consumption of energy of national industry and households in the province in a given period of time. It is a comprehensive indicator to show the scale, composition and development of energy consumption. The total energy consumption includes that of coal, crude oil and their products, natural gas and electricity; However, it excludes the consumption of fuel of low calorific value, bio-energy and solar energy. Total domestic energy consumption can be divided into three parts: final energy consumption, loss during the process of energy conversion, and energy loss.

(1)Final Energy Consumption: It refers to the total energy consumption by material production sectors, non material production sectors and households in the province in a given period of time, but excludes the consumption in conversion of the primary energy into the secondary energy and the loss in the process of energy conversion.

(2)Loss During the Process of Energy Conversion: It refers to the total input of various kinds of energy for conversion, minus the total output of various kinds of energy in the province in a given period of time. It is an indicator to show the loss that occurs during the process of energy conversion.

(3)Energy Loss: It refers to the total of the loss of energy during the course of energy transport, distribution and storage and the loss caused by any objective reason in a given period of time. The loss of various kinds of gas due to gas discharges and stocktaking is excluded.

Elasticity Ratio of Energy Production is an indicator to show the relationship between the growth rate of energy production and the growth rate of the national economy. The formula is:

Elasticity Ratio of Energy Production = Average Annual Growth Rate of Energy Production / Average Annual Growth Rate of National Economy

The average annual growth rate of the national economy can be shown by the gross national product, gross domestic product and other indicators, depending upon the purposes or needs. The gross domestic product is used in calculation of the ratio in this chapter.

Elasticity Ratio of Electricity Production is an indicator to show the relationship between the growth rate of electricity production and the growth rate of the national economy. Generally speaking, the growth rate of electricity production should be higher than that of the national economy. Its formula is:

Elasticity Ratio of Electricity Production = Average Annual Growth Rate of Electricity Production / Average Annual Growth Rate of National Economy

Elasticity Ratio of Energy Consumption is an indicator to show the relationship between the growth rate of energy consumption and the growth rate of the national economy. The formula is:

Elasticity Ratio of Energy Consumption = Average Annual Growth Rate of Energy Consumption Average Annual Growth Rate of National Economy

Elasticity Ratio of Electricity Consumption is an indicator to show the relationship between the growth rate of electricity consumption and the growth rate of the national economy. The formula is:

Elasticity Ratio of Electricity Consumption = Average Annual Growth Rate of Electricity Average Annual Growth Rate of National Economy

Efficiency of Energy Processing and Conversion refers to the ratio of the total output of energy products of various kinds after processing and conversion and the total input of energy of various kinds for processing and conversion in the same reference period. It is an important indicator to show the current conditions of energy processing and conversion equipment, production technique and management. The formula is:

Efficiency of Energy Processing & Conversion = (Output of Energy After Processing & Conversion / Input of Energy for Processing & Conversion)×100%

Energy Consumption per Unit of GDP refers to the energy consumption per unit of Gross Domestic Product in a country or the Gross Regional Product in a region in the same reference period. The formula is:

$$\begin{array}{c}\text{Energy Consumptio n}\\ \text{per Unit of GDP}\end{array} = \frac{\text{Total Energy Consumptio n}}{\text{Gross Domestic Product}}$$

7

资源和环境

7-1 主要城市平均气温(2012年)
Monthly Average Temperature of Main Cities(2012)

单位：摄氏度 (℃)

城市	City	1月 Jan.	2月 Feb.	3月 Mar.	4月 Apr.	5月 May	6月 June	7月 July	8月 Aug.	9月 Sept.	10月 Oct.	11月 Nov.	12月 Dec.	年平均 Annual Average
成都市	Chengdu	5.0	6.0	11.2	17.7	21.2	22.5	24.8	26.0	20.9	17.2	11.0	6.8	15.9
自贡市	Zigong	6.4	7.8	13.9	20.7	23.0	23.4	26.5	28.1	22.5	18.6	13.2	9.3	17.8
攀枝花市	Panzhihua	15.6	19.7	21.6	25.3	29.6	26.3	26.0	25.3	22.8	20.6	18.0	13.8	22.1
泸州市	Luzhou	6.3	7.9	13.7	19.6	22.2	22.9	26.1	27.6	21.7	17.7	12.3	8.7	17.2
德阳市	Deyang	4.9	5.9	11.3	17.9	21.0	22.5	25.2	26.5	21.3	17.0	11.1	7.1	16.0
绵阳市	Mianyang	5.2	6.4	12.1	18.9	21.8	23.1	25.2	27.2	21.4	17.2	11.5	7.4	16.5
广元市	Guangyuan	5.0	6.2	11.6	18.8	21.7	24.1	25.6	26.7	21.1	17.0	10.9	6.7	16.3
遂宁市	Suining	5.9	6.9	12.9	19.5	22.0	23.5	25.8	27.4	21.5	17.3	11.7	7.4	16.8
内江市	Neijiang	6.2	7.2	13.1	19.3	22.2	23.1	26.1	27.5	21.8	18.0	12.1	8.4	17.1
乐山市	Leshan	6.2	7.3	13.2	19.7	22.6	23.1	25.7	27.1	22.0	18.4	12.5	8.3	17.2
南充市	Nanchong	6.5	7.4	13.3	20.1	22.7	24.5	27.1	29.2	22.5	18.0	12.6	8.2	17.7
眉山市	Meishan	6.2	7.0	12.9	19.4	22.7	23.6	25.9	27.2	22.2	18.5	12.1	7.9	17.1
宜宾市	Yibin	6.7	8.2	14.1	20.4	23.1	23.4	26.5	27.7	22.3	18.8	13.1	9.1	17.8
广安市	Guangan	6.4	7.5	13.0	19.3	22.1	24.3	27.7	29.1	22.4	17.7	12.3	8.1	17.5
达州市	Dazhou	6.3	7.2	12.6	18.9	22.0	24.5	27.8	28.9	22.3	17.9	12.3	7.8	17.4
雅安市	Yaan	4.9	6.0	11.8	18.0	21.3	22.5	24.5	25.6	20.7	17.0	11.4	7.1	15.9
巴中市	Bazhong	6.0	7.0	12.0	18.5	22.1	24.2	26.3	27.5	21.6	17.1	11.2	7.0	16.7
资阳市	Ziyang	5.9	7.0	13.0	19.6	22.4	23.3	25.8	27.5	21.9	18.0	12.1	7.8	17.0
马尔康县	Maerkang	-0.7	4.1	6.9	9.3	14.3	15.0	16.8	16.7	13.1	9.4	3.4	0.1	9.0
康定县	Kangding	-4.1	-1.2	2.7	8.0	12.0	12.6	15.6	16.3	11.8	7.9	3.4	-0.2	7.1
西昌市	Xichang	10.9	14.2	16.5	20.1	24.4	20.9	22.9	22.8	19.1	16.8	15.5	10.8	17.9

注：气象资料由四川省气象局提供。

a) The meteorological Data are provided by the Sichuan Provincial Meteorological Bureau.

7-2 主要城市降水量(2012年)
Monthly Precipitation of Main Cities(2012)

单位：毫米　　　　(millimeters)

城市	City	1月 Jan.	2月 Feb.	3月 Mar.	4月 Apr.	5月 May	6月 June	7月 July	8月 Aug.	9月 Sept.	10月 Oct.	11月 Nov.	12月 Dec.	全年 Annual Total
成都市	Chengdu	13.6	6.3	26.2	17.6	118.8	74.9	143.1	64.1	76.7	57.0	9.7	2.9	610.9
自贡市	Zigong	27.9	25.0	23.4	26.1	118.1	129.3	243.5	200.0	132.8	64.1	5.9	11.1	1007.2
攀枝花市	Panzhihua	0.0	0.0	0.5	4.4	2.8	148.3	263.8	133.7	117.9	48.4	0.0	0.0	719.8
泸州市	Luzhou	43.6	27.2	35.1	62.3	153.4	174.5	242.0	103.9	423.9	81.9	16.7	21.7	1386.2
德阳市	Deyang	14.3	11.3	16.0	28.5	188.3	124.3	207.7	104.9	117.4	38.9	1.3	5.0	857.9
绵阳市	Mianyang	13.6	9.8	13.3	20.9	170.8	74.7	211.2	57.1	101.6	33.8	2.8	4.9	714.5
广元市	Guangyuan	5.3	11.0	20.3	12.3	87.8	154.8	408.5	78.3	122.9	60.7	8.9	7.0	977.8
遂宁市	Suining	32.5	25.4	21.9	26.3	113.1	93.0	364.5	135.5	198.3	59.4	6.3	6.7	1082.9
内江市	Neijiang	26.6	18.4	25.4	43.6	146.0	158.6	421.1	176.0	139.2	63.2	9.2	7.1	1234.4
乐山市	Leshan	25.3	22.2	40.1	45.1	174.8	181.6	453.7	237.3	108.4	67.9	20.6	8.4	1385.4
南充市	Nanchong	36.7	24.5	28.7	21.7	176.2	162.7	249.3	201.6	207.5	47.7	12.6	4.1	1173.3
眉山市	Meishan	16.4	17.3	28.2	15.3	133.0	97.6	340.4	145.4	94.0	52.1	4.1	3.8	947.6
宜宾市	Yibin	44.3	35.6	17.2	35.0	129.6	169.1	255.4	192.5	287.5	75.8	12.2	24.6	1278.8
广安市	Guangan	28.5	19.9	35.6	92.5	221.7	119.5	105.7	144.5	166.4	53.4	21.7	9.5	1018.9
达州市	Dazhou	27.8	12.3	30.1	53.4	208.4	118.9	340.9	80.8	219.8	28.7	15.3	11.2	1147.6
雅安市	Yaan	38.9	44.0	50.5	45.0	234.8	184.5	347.0	478.2	148.2	120.6	17.6	30.4	1739.7
巴中市	Bazhong	16.6	15.8	22.6	52.0	130.8	57.1	394.0	200.0	179.5	51.4	21.6	11.6	1153.0
资阳市	Ziyang	17.6	20.7	20.8	38.3	149.5	117.6	401.5	108.0	102.4	47.7	5.2	3.4	1032.7
马尔康县	Maerkang	11.1	5.0	19.9	67.0	94.9	198.7	224.4	126.3	130.2	104.8	4.7	1.2	988.2
康定县	Kangding	0.9	15.7	55.1	70.1	83.5	142.7	105.8	76.6	150.9	55.4	2.1	0.1	758.9
西昌市	Xichang	4.6	0.0	2.6	16.5	48.9	310.5	431.5	142.3	253.6	71.2	2.6	0.0	1284.3

7-3 主要城市平均相对湿度(2012年)
Average Relative Humudity of Main Cities(2012)

单位：% (%)

城市	City	1月 Jan.	2月 Feb.	3月 Mar.	4月 Apr.	5月 May	6月 June	7月 July	8月 Aug.	9月 Sept.	10月 Oct.	11月 Nov.	12月 Dec.	年平均 Annual Average
成都市	Chengdu	82	76	76	69	76	81	83	78	82	81	77	76	78
自贡市	Zigong	80	80	70	61	76	86	81	73	79	77	71	74	76
攀枝花市	Panzhihua	36	25	28	29	31	60	68	68	71	66	52	49	49
泸州市	Luzhou	93	85	75	70	80	87	82	75	83	85	82	81	82
德阳市	Deyang	83	78	75	67	78	84	91	82	87	85	74	75	80
绵阳市	Mianyang	77	71	67	58	68	76	79	67	74	73	64	66	70
广元市	Guangyuan	67	64	62	55	67	73	80	72	73	74	61	63	68
遂宁市	Suining	81	77	67	59	74	82	81	68	77	78	73	77	75
内江市	Neijiang	89	84	76	69	79	87	87	81	87	85	79	82	82
乐山市	Leshan	85	82	75	66	76	84	85	79	84	83	77	81	80
南充市	Nanchong	83	79	69	59	73	79	82	68	80	82	76	79	76
眉山市	Meishan	86	83	75	66	75	82	83	76	80	80	76	79	78
宜宾市	Yibin	83	79	72	64	74	84	79	74	82	81	77	81	78
广安市	Guangan	82	77	70	66	79	82	78	66	80	82	81	79	77
达州市	Dazhou	74	70	64	63	73	75	74	63	74	72	72	70	70
雅安市	Yaan	88	84	79	69	76	81	83	78	83	85	81	83	81
巴中市	Bazhong	77	77	70	63	72	76	81	72	77	79	77	78	75
资阳市	Ziyang	86	81	70	62	74	82	84	75	82	80	72	77	77
马尔康县	Maerkang	56	43	50	61	64	78	82	76	78	73	53	45	63
康定县	Kangding	68	61	64	64	69	79	78	71	79	75	62	55	69
西昌市	Xichang	41	31	34	39	39	78	76	72	80	71	49	47	55

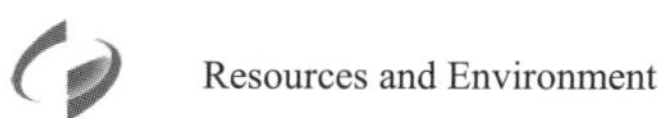

7-4 主要城市日照时数(2012年)
Monthly Sunshine Hours of Main Cities(2012)

单位：小时 (hours)

城市	City	1月 Jan.	2月 Feb.	3月 Mar.	4月 Apr.	5月 May	6月 June	7月 July	8月 Aug.	9月 Sept.	10月 Oct.	11月 Nov.	12月 Dec.	全年 Annual Total
成都市	Chengdu	26.2	21.6	78.1	115.8	68.6	63.6	73.7	141.0	57.4	44.9	44.1	45.6	780.6
自贡市	Zigong	7.9	11.2	76.5	147.9	99.6	43.9	101.3	139.3	54.4	52.8	45.0	40.6	820.4
攀枝花市	Panzhihua	249.0	276.1	281.7	290.4	277.0	184.7	195.8	216.3	152.6	246.5	265.0	234.2	2869.3
泸州市	Luzhou	3.3	17.4	86.9	139.4	97.1	37.1	133.5	178.9	76.4	49.0	34.8	42.4	896.2
德阳市	Deyang	35.1	24.3	76.5	125.7	85.0	72.6	67.3	155.2	76.2	54.4	55.0	64.1	891.4
绵阳市	Mianyang	44.5	35.1	87.3	160.2	112.3	90.2	89.4	182.6	102.2	76.8	57.6	79.0	1117.2
广元市	Guangyuan	36.1	43.0	94.3	155.6	117.5	96.9	86.4	172.6	111.7	86.2	86.7	83.6	1170.6
遂宁市	Suining	14.0	13.6	73.7	137.8	97.5	67.5	86.7	178.6	62.7	50.1	52.9	39.8	874.9
内江市	Neijiang	0.0	8.2	91.9	144.9	83.2	46.4	111.0	174.1	80.7	47.5	42.3	52.6	882.8
乐山市	Leshan	5.9	15.1	85.3	151.8	106.0	60.3	103.2	159.2	63.2	59.8	53.3	27.3	890.4
南充市	Nanchong	18.2	19.9	94.2	159.4	107.6	75.2	118.0	240.4	88.2	67.3	60.9	56.6	1105.9
眉山市	Meishan	10.1	17.2	86.2	144.7	104.8	78.1	97.5	156.3	68.4	71.2	43.9	46.8	925.2
宜宾市	Yibin	10.2	8.8	78.4	135.0	91.2	38.9	121.6	166.5	61.0	47.7	53.2	34.7	847.2
广安市	Guangan	25.1	16.3	101.6	147.1	95.5	82.0	154.3	215.4	97.0	54.1	48.8	60.1	1097.3
达州市	Dazhou	3.9	9.3	82.8	134.2	92.4	82.0	133.0	199.0	56.8	60.5	46.9	23.6	924.4
雅安市	Yaan	4.7	15.6	91.6	115.6	78.8	63.1	66.4	132.4	37.0	36.7	42.4	48.8	733.1
巴中市	Bazhong	28.0	24.7	112.4	172.9	135.3	122.8	121.5	219.4	116.1	91.0	71.6	50.5	1266.2
资阳市	Ziyang	18.6	17.3	108.9	162.3	136.1	91.8	107.7	195.6	106.4	84.2	70.5	66.5	1165.9
马尔康县	Maerkang	205.0	189.6	186.7	162.3	213.1	126.9	114.6	192.3	171.5	156.1	202.9	204.1	2125.1
康定县	Kangding	162.3	137.7	176.2	153.6	174.8	51.2	93.5	167.4	71.5	133.3	166.7	163.8	1652.0
西昌市	Xichang	245.5	258.8	259.2	242.1	228.7	82.8	104.2	177.1	92.3	175.3	278.3	231.6	2375.9

7-5 林业发展基本情况
Basic Conditions of Development of Forest Industry

指　　标		Item		2012
森林资源覆盖率	**(%)**	**Forest Coverage Rate**	**(%)**	**35.3**
森林面积	(万公顷)	Forest Area	(10 000 hectares)	1714.06
活立木总蓄积量	(亿立方米)	Total Standing Stock Volume	(100 million cu.m)	17.71
# 森林蓄积量	(亿立方米)	Stock Volume of the Forest	(100 million cu.m)	16.80
林业生产情况		**Basic Statistics on Forest Industry Production**		
人工造林面积	(万公顷)	Manual Planting	(10 000 hectares)	5.88
年末实有封山育林面积	(万公顷)	Area of Mountain Sealed for Forest Breeding(year-end)	(10 000 hectares)	92.42
# 本年新封	(万公顷)	Newly Sealed for Forest Breeding in current year	(10 000 hectares)	5.33
育苗面积	(万公顷)	Area of Breeding	(10 000 hectares)	1.35
林产品产量		**Output of Forest Product**		
木材产量	(万立方米)	Timber	(10 000 cu.m)	246.17
竹材产量	(万根)	Bamboo	(10 000 sticks)	4683
锯材产量	(万立方米)	Sawed Lumber	(10 000 cu.m)	241.02
人造板产量	(万立方米)	Man-made Board	(10 000 cu.m)	690.94
松香类产品产量	(吨)	Rosin Products	(ton)	2428
油桐籽产量	(吨)	Tung-oil Seeds	(ton)	17281
油茶籽产量	(吨)	Tea-oil Seeds	(ton)	4180
竹笋干产量	(吨)	Dried Bamboo Shoot	(ton)	42292
核桃产量	(吨)	Walnuts	(ton)	211944
木本药材产量	(吨)	Wood Medicinal Materials	(ton)	96783
花椒产量	(吨)	Chinese Pepper	(ton)	50269
食用菌产量	(吨)	Edible Fungus	(ton)	166599
山野菜产量	(吨)	Mountain Potherb	(ton)	16848
板栗产量	(吨)	Chinese Chestnut	(ton)	40146
国有森工企业苗圃林场情况		**State-owned Forest Industry Enterprise, Forestry Nursery and Forestry Centre**		
国有森工企业汇编数	(个)	Number of State-owned Forest Industry Enterprises	(unit)	112
苗圃个数	(个)	Number of Forestry Nursery	(unit)	108
# 纳入国家天然林保护工程的苗圃	(个)	Forestry Nursery In National Preserve of Natural Forest	(unit)	108
苗圃经营面积	(公顷)	Working Area of Forestry Nursery	(hectare)	1643.62
林场个数	(个)	Number of Forestry Centre	(unit)	180
# 纳入国家天然林保护工程的林场	(个)	Forestry Centre In National Preserve of Natural Forest	(unit)	180
林场经营面积	(万公顷)	Working Area of Forestry Centre	(10 000 hectares)	337.59
林业系统就业人员和劳动报酬		**Employed Persons and Earnings in Forest System**		
单位户数	(个)	Number of Unit	(unit)	3519
# 行政事业单位个数	(个)	Administrative Institutions Unit	(unit)	3325
在册职工人数	(万人)	Staff and Workers Listed	(10 000 persons)	5.03
# 行政事业单位人数	(万人)	Administrative Institutions Unit	(10 000 persons)	2.95
在岗职工工资总额	(万元)	Total Wages of Fully Employed Staff and Workers	(10 000 yuan)	158525
在岗职工年平均工资	(元)	Average Wages of Fully Employed Staff and Workers	(yuan)	33523

注：林业资料由四川省林业厅提供。
a)Forestry information provided by the Sichuan Forestry Department.

7-6 林业重点工程建设情况
Construction of Key Forestry Projects

指　标		Item		2012
天然林保护工程		**Preserve of Natural Forest**		
工程区木材产量	(立方米)	Timber Output of Project Area	(cu.m)	246
当年造林面积	(百公顷)	Area under Afforestation in Current Year	(100 hectares)	519.97
用材林	(百公顷)	Timber Forest	(100 hectares)	25.79
经济林	(百公顷)	By-product Forest	(100 hectares)	1.12
防护林	(百公顷)	Protection Forest	(100 hectares)	493.06
薪炭林	(百公顷)	Fuel Forest	(100 hectares)	
特种用途林	(百公顷)	Forest for Special Purpose	(100 hectares)	
封山育林面积	(百公顷)	Area of Mountain Sealed for Forest Breeding	(100 hectares)	7341
年末森林管护面积	(百公顷)	Area of Forest Preserved(year-end)	(100 hectares)	177103
年末全部在册职工人数	(人)	Staff and Workers Listed(year-end)	(person)	37190
# 本年一次性安置人数	(人)	Installed one-off in the year	(person)	
年末实有离退休人数	(人)	Retirees(year-end)	(person)	73525
年末参加基本养老保险社会统筹人数	(人)	Employees and Retirees Contributed to Pension Insurance(year-end)	(person)	72261
退耕还林工程		**Grain for Green Projects**		
当年人工造林面积	(百公顷)	Manual Planting Area in Current Year	(100 hectares)	163.3
退耕地造林面积	(百公顷)	Afforestation Area of Grain for Green Project	(100 hectares)	
生态林	(百公顷)	Ecological Forest	(100 hectares)	
经济林	(百公顷)	By-product Forest	(100 hectares)	
荒山荒地造林面积	(百公顷)	Afforestation Area on Desolate Mountain and Land	(100 hectares)	96.7
本年新封	(百公顷)	Area of Mountain Newly Sealed for Forest Breeding in current year	(100 hectares)	66.7
当年粮款兑现退耕地总面积	(百公顷)	Area of Grain Encashed for Green Project in Current Year	(100 hectares)	8531.3
当年粮款兑现涉及户数	(万户)	Household of Grain Encashed for Green in Current Year	(10 000 households)	524.4
野生动植物保护		**Preserve of Wild Animals and Plants**		
年末实有野生动植物保护区数	(个)	Number of Nature Reserves(year-end)	(unit)	125
国家级	(个)	State	(unit)	20
省级	(个)	Province	(unit)	52
年末实有野生动植物保护区面积	(百公顷)	Area of Nature Reserves(year-end)	(100 hectares)	78357

7-7 森林火灾情况
Forest Fires

年份 Year	森林火灾次数 (次) Forest Fires (case)	森林火警 Fire Alarm	一般火灾 Ordinary Fires	较大火灾 Large Fires	重大火灾 Major Fires	特大火灾 Severe Fires	火场总面积 (公顷) Total Area of Fires (hectare)	受害森林面积 (公顷) Destructed Forest Area (hectare)	原始林 Wild Wood	人工林 Man-made Forest	火灾损失率 (‰) Rate of Loss (‰)
2000	125	114	11				850.0	67.0	17.0	50.0	0.01
2001	248	226	22				3209.0	385.0	81.0	304.0	0.03
2002	185	159	26				1567.0	340.0	192.0	148.0	0.03
2003	378	302	76				5919.2	826.8	483.6	343.2	0.07
2004	169	151	18				1330.2	176.5	115.2	61.4	0.02
2005	252	202	46		4		6818.1	2256.5	2046.0	210.5	0.18
2006	511	463	48				3109.0	453.1	138.9	314.2	0.03
2007	458	414	44				2076.6	455.4	130.5	324.9	0.04
2008	233	202	31				4481.0	389.0	129.0	260.0	0.03
2009	310		247	56	7		5730.9	2577.2	2094.4	482.8	0.02
2010	361		301	58	2		4594.7	1241.5	1024.3	170.4	0.09
2011	309		245	64			3449.5	551.1	140.3	410.0	0.03
2012	486		394	92			3082.3	815.2	323.3	490.5	0.05

注：从2009年起，根据《森林火灾管理条例》规定，森林火灾分类为"一般森林火灾、较大森林火灾、重大森林火灾和特别重大森林火灾"，取消了原"森林火警"指标。

a)According to the "Forest Fire Regulations ",forest fires are classified as "general forest fires, large forest fires, major forest fires and major forest fires in particular," and the original "forest fire" are ablished Since 2009.

7-8 林业有害生物防治情况
Forestry Pest Management

年份 Year	发生面积 (万公顷) Area of Occurrence (10 000 hectares)	防治面积 (万公顷) Area of Prevention (10 000 hectares)	成灾面积 (公顷) Area Covered (hectare)	测报准确率 (%) Forecasting Accurate Rate (%)	无公害防治率 (%) Pollution Prevention and Control Rate (%)	种苗产地检疫率 (%) Seeding Origin Quarantine Rate (%)
2000	61.48	57.19	183	94.7	93.0	98.2
2001	62.64	58.58	199	95.2	93.5	98.3
2002	73.93	62.52	390	95.5	84.6	99.7
2003	70.93	66.87	362	95.5	94.3	98.3
2004	71.01	68.02	754	96.5	95.8	96.0
2005	69.45	57.81	1220	90.5	83.3	99.8
2006	76.17	65.62	3065	93.3	81.7	99.8
2007	79.87	58.34	9000	90.8	73.0	99.8
2008	72.81	58.89	287	94.4	68.1	99.8
2009	77.59	61.57	227	93.4	79.4	100.0
2010	71.55	57.33	340	90.7	80.1	100.0
2011	69.87	55.42	513	94.7	93.3	100.0
2012	72.76	62.47	1415	98.4	98.3	99.5

注：根据国家林业局规定，从2011年起，将"森林病虫害"改为"林业有害生物"、"监测率"改为"测报准确率"、"防治率"改为"无公害防治率"、"检疫率"改为"种苗产地检疫率"。

a)In accordance with the provisions of the State Forestry Administration, from 2011,change indicator "forest pests to forest pest monitoring rate" to "forecast accuracy", change the "control rate" to "pollution prevention and control rate,change the" quarantine rate" to "seed quarantine rate".

7-9 主要矿产基础储量
Major Mineral Basic Reserves

项　　目		Item		2012
煤炭	(亿吨)	Coal	(100 million tons)	54.53
铁矿	(矿石，亿吨)	Iron	(Ore, 100 million tons)	29.67
锰矿	(矿石，万吨)	Manganese	(Ore, 10 000 tons)	97.74
钛矿	(钛铁矿TiO2，万吨)	Titanium	(Ilmenite, 10 000 tons)	19049.86
钒矿	(V2O5，万吨)	Vanadium	(V2O5, 10 000 tons)	547.03
铜矿	(铜，万吨)	Copper	(Metal, 10 000 tons)	70.71
铅矿	(铅，万吨)	Lead	(Metal, 10 000 tons)	85.13
锌矿	(锌，万吨)	Zinc	(Metal, 10 000 tons)	218.59
镁矿	(炼镁白云岩)(矿石，万吨)	Magnesium	(Dolomite Ore, 10 000 tons)	1781.20
金矿	(金，吨)	Gold	(Metal, 10 000 tons)	78.41
银矿	(银，吨)	Silver	(Metal, 10 000 tons)	2425.58
锂矿	(Li2O，万吨)	Lithium	(Li2O, 10 000 tons)	36.14
石墨	(晶质石墨，万吨)	Graphite Mineral (Crystal)	(Mineral, 10 000 tons)	274.40
硫铁矿	(矿石，万吨)	Pyrite Ore	(Ore, 10 000 tons)	40990.95
石棉	(矿石，万吨)	Asbestos	(Asbestos, 10 000 tons)	1192.36
石榴子石	(矿石，万吨)	Garnet	(Ore, 10 000 tons)	550.50
芒硝	(矿石，万吨)	Mirabilite	(Ore, 10 000 tons)	743390.38
石膏	(矿石，万吨)	Gypsum	(Ore, 10 000 tons)	9610.96
菱镁矿	(矿石，万吨)	Magnesite	(Ore, 10 000 tons)	186.49
熔剂用灰岩	(矿石，亿吨)	Grey Rock Used as Flux	(Ore, 10 000 tons)	2.18
水泥用灰岩	(矿石，万吨)	Grey Rock Used as Cement	(Ore, 10 000 tons)	222272.92
冶金用白云岩	(矿石，亿吨)	Dolomite Ore for Metallurgy Use	(Ore, 10 000 tons)	0.96
冶金用石英岩	(矿石，万吨)	Quartzite for Metallurgy Use	(Ore, 10 000 tons)	654.74
玻璃用砂岩	(矿石，万吨)	Sandstone Used as Glass	(Ore, 10 000 tons)	2531.09
水泥配料用砂岩	(矿石，万吨)	Sandstone Used as Cement Burden	(Ore, 10 000 tons)	4337.17
砖瓦用砂岩	(矿石，万立方米)	Sandstone Used as Brick	(Ore, 10 000 cu.m)	151.00
铸型用砂岩	(矿石，万吨)	Sandstone Used as Casting Mould	(Ore, 10 000 tons)	36.00
玻璃用脉石英	(矿石，万吨)	Quartzite Gangue Used as Glass	(Ore, 10 000 tons)	875.90
硅藻土	(矿石，万吨)	Diatomaceous Earth	(Ore, 10 000 tons)	387.10
高岭土	(矿石，万吨)	Kaolin	(Ore, 10 000 tons)	56.10
耐火粘土	(矿石，万吨)	Refractory Clay	(Ore, 10 000 tons)	1213.09
水泥配料用粘土	(矿石，万吨)	Clay Used as Casting Mould	(Ore, 10 000 tons)	3772.29
水泥配料用泥岩	(矿石，万吨)	Mudstone Used as Casting Mould	(Ore, 10 000 tons)	2360.00
化肥用蛇纹岩	(矿石，万吨)	Serpentine Used as Chemistry Fertilizer	(Ore, 10 000 tons)	3889.70
饰面用花岗岩	(矿石，万立方米)	Granite Used for Decorations	(Ore, 10 000 cu.m)	4034.54
霞石正长岩	(矿石，万吨)	Nepheline Syenite	(Ore, 10 000 tons)	147.65
饰面用大理岩	(矿石，万立方米)	Marble Used for Decorations	(Ore, 10 000 cu.m)	2487.69
盐矿	(矿石，万吨)	Sodium Salt NaCl	(Ore, 10 000 tons)	260052.93
磷矿	(矿石，万吨)	Phosphorus Ore	(Ore, 10 000 tons)	36001.91

注：主要矿产基础储量由四川省国土资源厅提供。

a) Data of major mineral basic reserves are provided by the Provincial Department of Land and Resources.

7-10 农村改水情况
Basic Statistics on Rural Water Supply Improvement

年份 Year	农村改水累计受益人口(万人) Accumulative Total Population Benefited (10 000 persons)	改水受益率(%) Benefited Rate (%)	农村自来水厂、站(个) Rural Waterworks and Waterstation (unit)	自来水受益率(%) Rate of Population Benefited from Tap Water (%)	农村改水投资(万元) Investment in Rural Water Supply Improvement (10 000 yuan)	# 国家 State	# 集体 Collective Owned Unit	# 个人 Individual
2000	6286.4	91.4	77929	39.2	22135.3	5017.3	2610.8	13393.9
2001	6467.7	92.5	77784	40.3	19909.9	6934.4	4982.7	6856.8
2002	6532.8	93.4	78193	42.0	37565.4	13919.3	4603.2	18250.0
2003	6483.7	92.6	77567	42.8	24042.3	11607.0	2958.5	8417.9
2004	6531.9	93.3	78196	44.4	34986.5	16500.6	7064.0	8542.0
2005	6585.2	94.1	79082	45.9	121800.7	31902.2	4240.6	84498.4
2006	5855.0	85.8	39869	41.2	81142.4	45150.5	13167.1	19500.7
2007	6099.2	89.2	44605	42.3	114992.4	69950.9	15728.2	27347.8
2008	6202.8	90.3	42703	44.7	112079.2	73857.1	10876.1	23805.0
2009	6245.8	91.0	51563	49.1	426398.9	289323.6	11779.2	120732.2
2010	6366.7	92.6	53900	53.3	294629.8	240844.1	9649.9	34950.6
2011	6467.1	93.1	52367	56.2	210673.9	179671.9	4910.7	20530.8
2012	6435.8	93.6	51632	59.3	203560.2	166879.2	7605.7	14337.2

7-11 农村改厕情况
Basic Statistics on Rural Latrine Improvement

年份 Year	累计卫厕数(万户) Accumulative Total Latrines (10 000 households)	卫厕普及率(%) Popularization Rate of Latrine (%)	农村改厕投资(万元) Investment in Rural Latrine Improvement (10 000 yuan)	# 国家 State	# 集体 Collective Owned Unit	# 个人 Individual
2000	484.5	26.8	13771.6	1217.6	1201.0	11353.0
2001	562.0	29.4	13190.6	1224.9	935.6	11030.1
2002	616.9	32.3	21490.8	4942.5	2360.2	14022.9
2003	639.5	33.5	18952.3	5525.2	2242.1	9671.1
2004	686.9	35.9	29006.5	9112.5	1835.5	17556.7
2005	732.4	38.3	37840.1	14088.4	2535.6	20832.8
2006	696.0	36.0	90924.0	32314.6	4421.1	53678.3
2007	805.0	40.9	94461.0	39007.4	2170.7	52540.8
2008	862.8	43.9	103015.5	42147.3	5267.0	53675.1
2009	1069.0	54.4	266938.2	79522.6	6799.0	177634.1
2010	1224.9	62.2	168454.7	84510.8	5567.2	74188.1
2011	1326.3	64.1	136570.0	67156.0	2023.7	66784.9
2012	1387.9	67.4	106300.1	50432.2	8330.3	46393.2

注：农村改水、改厕资料由四川省卫生厅提供。
a)Data of rural water and latrine improvement are provided by Provincial Health Department.

7-12 “三废”排放及处理利用情况(2011年)
Discharge, Treatment and Utilization of Waste Water, Waste Gas and Solid Wastes by Industry(2011)

指　　标		Item		2011
废水排放总量	(万吨)	Total Waster Water Discharged	(10 000 tons)	279852.0
工业废水排放量	(万吨)	Industrial Waste Waster	(10 000 tons)	80420.0
城镇生活污水排放量	(万吨)	Urban Sewage Waster	(10 000 tons)	199245.0
集中式治理设施污水排放量	(万吨)	Centralized Sewage by Treatment Tacilities	(10 000 tons)	186.6
化学需氧量(COD)排放量	(吨)	Total Emission of Oxygen of Waste Water Needed by Chemistry	(ton)	1302256.5
工业废水中COD排放量	(吨)	Industrial Waste Waster	(ton)	129125.7
农业COD排放量	(吨)	Agriculture Waster	(ton)	549240.0
城镇生活污水中COD排放量	(吨)	Urban Sewage Waster	(ton)	610360.4
集中式治理设施COD排放量	(吨)	Centralized Sewage by Treatment Tacilities	(ton)	13530.4
氨氮排放量	(吨)	Total Emission of Ammonia and Nitrogen	(ton)	143721.1
工业废水中氨氮排放量	(吨)	Industrial Waste Waster	(ton)	5680.3
农业氨氮排放量	(吨)	Agriculture Sector	(ton)	58699.9
生活污水中氨氮排放量	(吨)	Residential Sector Waster	(ton)	78572.9
集中式治理设施氨氮排放量	(吨)	Centralized Sector by Treatment Tacilities	(ton)	768.0
二氧化硫(SO_2)排放量	(吨)	Total Emission of SO_2	(ton)	902006.3
工业SO_2排放量	(吨)	Industrial Sector	(ton)	828928.7
城镇生活SO_2排放量	(吨)	Urban Sector	(ton)	72835.6
集中式治理设施SO_2排放量	(吨)	Centralized Sector by Treatment Tacilities	(ton)	242.0
氮氧化物排放量	(吨)	Total Emission of Ammonia and Nitrogen	(ton)	674853.2
工业氮氧化物排放量	(吨)	Industrial Sector	(ton)	465165.0
城镇生活氮氧化物排放量	(吨)	Urban Sector	(ton)	9984.3
机动车氮氧化物排放量	(吨)	Motor Vehicle Sector	(ton)	199349.4
集中式治理设施氮氧化物排放量	(吨)	Centralized Sector by Treatment Tacilities	(ton)	354.5
烟(粉)尘排放量	(吨)	Total Emission of Smoke and Dust	(ton)	385902.9
工业烟(粉)尘排放量	(吨)	Industrial Sector	(ton)	357577.0
城镇生活烟尘排放量	(吨)	Residential Sector	(ton)	12780.5
机动车烟尘排放量	(吨)	Motor Vehicle Sector	(ton)	15410.0
集中式治理设施烟尘排放量	(吨)	Centralized Sector by Treatment Tacilities	(ton)	135.5
一般工业固体废物产生量	(万吨)	Common Industrial Solid Wastes Produced	(10 000 tons)	12684.5
一般工业固体废物综合利用量	(万吨)	Common Industrial Solid Wastes Comprehensively Utilized	(10 000 tons)	6002.1
#综合利用往年贮存量	(万吨)	Previous Storage	(10 000 tons)	69.6
一般工业固体废物综合利用率	(%)	Ratio of Common Industrial Solid Wastes Comprehensively Utilized	(%)	47.1
一般工业固体废物处置量	(万吨)	Common Industrial Solid Wastes Disposed	(10 000 tons)	3988.2
#处置往年贮存量	(万吨)	Previous Storage	(10 000 tons)	16.1
一般工业固体废物处置率	(%)	Ratio of Common Industrial Solid Wastes Disposed	(%)	31.4
一般工业固体废物贮存量	(万吨)	Ratio of Common Industrial Solid Wastes Previous Storage	(10 000 tons)	2772.6
一般工业固体废物倾倒丢弃量	(吨)	Ratio of Common Industrial Solid Wastes Dumping Discard	(ton)	6.0
危险废物产生量	(吨)	Hazardous Waste Generation	(ton)	115.8
危险废物综合利用量	(吨)	Hazzardous Wastes Comprehensively Utilized	(ton)	78.0
#综合利用往年贮存量	(吨)	Previous Storage	(ton)	10.2
危险废物综合利用率	(%)	Ratio of Hazzardous Wastes Comprehensively Utilized	(ton)	61.9
危险废物处置量	(吨)	Hazzardous Wastes Disposed	(ton)	46.7
#处置往年贮存量	(吨)	Previous Storage Disposed	(ton)	0.0
危险废物处置率	(%)	Ratio of Hazzardous Wastes Disposed	(ton)	40.3
危险废物贮存量	(吨)	Hazzardous Wastes Storage	(ton)	1.1
危险废物倾倒丢弃量	(吨)	Hazzardous Wastes Dumping Discard	(ton)	0.0

7-13 环境污染治理投资情况(2011年)
Investment in the Treatment of Environmental Pollution(2011)

指　　标		Item		2011
突发环境事件次数	(次)	Number of environment emergencies	(times)	0
环境污染治理投资总额	(万元)	Total Investment in the Treatment of Environmental	(10 000 yuan)	1086273.0
#城市环境基础设施投资	(万元)	Investment in Urban Environmental Infrastructure	(10 000 yuan)	512350.0
#燃气	(万元)	Gas Supply	(10 000 yuan)	41092.0
集中供热	(万元)	Centralized Heating	(10 000 yuan)	0.0
排水	(万元)	Drainage Works	(10 000 yuan)	169393.0
园林绿化	(万元)	Gardening and Greening	(10 000 yuan)	261557.0
市容环境卫生	(万元)	Environmental Sanitation	(10 000 yuan)	40308.0
工业污染源治理投资	(万元)	Investment in the Treatment of Industrial Pollution	(10 000 yuan)	166537.0
#治理废水	(万元)	Waste Water treatment	(10 000 yuan)	66136.0
治理废气	(万元)	Waste Gas Treatment	(10 000 yuan)	84726.0
治理固体废物	(万元)	Solid Wastes Treatment	(10 000 yuan)	3655.6
治理噪声	(万元)	Noise Treatment	(10 000 yuan)	6150.2
治理其他	(万元)	others Treatment	(10 000 yuan)	5869.0
完成环保验收项目环保投资	(万元)	Environmental investment projects completed environmental acceptance	(10 000 yuan)	407386.0
环境污染治理投资占GDP比重	(%)	Total Investment in the Treatment of Environmental Pollution as Percent of GDP	(%)	0.5
工业废气治理设施运行费用	(万元)	Operating Costs in the Treatment Facilities of Industrial Waste Gas	(10 000 yuan)	566793.8
工业废水治理设施运行费用	(万元)	Operating Costs in the Treatment Facilities of Industrial Waste Water	(10 000 yuan)	622493.0
排污费收入总额	(万元)	Total Revenue of Sewage Charges	(10 000 yuan)	60549.0

注：“三废”及环境污染治理资料由四川省环境保护厅提供。
a)The data of waste water, waste gas and solid wastes by industry are provided by the Department of Environmental Protection of Sichuan Province.

主要统计指标解释

平均气温　指空气的温度，我国一般以摄氏度(℃)为单位表示。气象观测的温度表是放在离地面约 1.5 米处通风良好的百叶箱里测量的，因此，通常说的气温指的是离地面 1.5 米处百叶箱中的温度。计算方法为：

月平均气温是将全月各日的平均气温相加，除以该月的天数而得。

年平均气温是将 12 个月的月平均气温累加后除以 12 而得。

相对湿度　指空气中实际水气压与当时气温下的饱和水气压之比。计算方法与气温相同。

降水量　指从天空降落到地面的液态或固态(经融化后)水，未经蒸发、渗透、流失而在地面上积聚的深度。计算方法为：月降水量是将全月各日的降水量累加而得；年降水量是将 12 个月的月降水量累加而得。

日照时数　指太阳实际照射地面的时数。计算方法与降水量相同。

森林面积　包括郁闭度 0.2 以上的乔木林地面积和竹林面积，国家特别规定的灌木林地面积，农田林网以及村旁、路旁、水旁、宅旁林木的覆盖面积。

森林覆盖率　以行政区域为单位的森林面积占区域土地总面积的百分比。计算公式为：

森林覆盖率＝(森林面积/土地总面积)×100%

活立木总蓄积量　指一定范围内土地上全部树木蓄积的总量，包括森林蓄积、疏林蓄积、散生木蓄积和四旁树蓄积。

森林蓄积量　指一定森林面积上存在着的林木树干部分的总材积。

人工造林　指在宜林荒山荒地、宜林沙荒地、无立木林地、疏林地和退耕地等其他宜林地上通过播种、植苗和分植来提高森林植被覆被率的技术措施。

矿产资源 矿产资源指由地质作用形成的，具有利用价值的，呈固态、液态、气态的自然资源，是社会生产发展的重要物质基础。

矿产基础储量 基础储量是查明矿产资源的一部分。它能满足现行采矿和生产所需的指标要求，是控制的、探明的并通过可行性或预可行性研究认为属于经济的、边界经济的部分，用未扣除设计、采矿损失的数量表示。

一般工业固体废物产生量 系指未被列入《国家危险废物名录》或者根据国家规定的危险废物鉴别标准（GB5085）、固体废物浸出毒性浸出方法（GB5086）及固体废物浸出毒性测定方法（GB / T 15555）鉴别方法判定不具有危险特性的工业固体废物。计算公式是：

一般工业固体废物产生量=（一般工业固体废物综合利用量－其中：综合利用往年贮存量）+一般工业固体废物贮存量+（一般工业固体废物处置量－其中：处置往年贮存量）+一般工业固体废物倾倒丢弃量

一般工业固体废物综合利用量 指报告期内企业通过回收、加工、循环、交换等方式，从固体废物中提取或者使其转化为可以利用的资源、能源和其他原材料的固体废物量（包括当年利用的往年工业固体废物累计贮存量）。如用作农业肥料、生产建筑材料、筑路等。综合利用量由原产生固体废物的单位统计。

一般工业固体废物处置量 指报告期内企业将工业固体废物焚烧和用其他改变工业固体废物的物理、化学、生物特性的方法，达到减少或者消除其危险成分的活动，或者将工业固体废物最终置于符合环境保护规定要求的填埋场的活动中，所消纳固体废物的量。

一般工业固体废物贮存量 指报告期内企业以综合利用或处置为目的，将固体废物暂时贮存或堆存在专设的贮存设施或专设的集中堆存场所内的量。专设的固体废物贮存场所或贮存设施必须有防扩散、防流失、防渗漏、防止污染大气、水体的措施。

一般工业固体废物倾倒丢弃量 指报告期内企业将所产生的固体废物倾倒或者丢弃到固体废物污染防治设施、场所以外的量。

危险废物产生量 指当年全年调查对象实际产生的危险废物的量。危险废物指列入国家危险废物名录或者根据国家规定的危险废物鉴别标准和鉴别方法认定的，具有爆炸性、易燃性、易氧化性、毒性、腐蚀性、易传染性疾病等危险特性之一的废物。按《国家危险废物名录》（环境保护部、国家发展和改革委员会 2008 部令第 1 号）填报。

危险废物综合利用量 指当年全年调查对象从危险废物中提取物质作为原材料或者燃料的活动中消纳危险废物的量。包括本单位利用或委托、提供给外单位利用的量。

危险废物处置量 指报告期内企业将危险废物焚烧和用其他改变工业固体废物的物理、化学、生物特性的方法，达到减少或者消除其危险成分的活动，或者将危险废物最终置于符合环境保护规定要求的填埋场的活动中，所消纳危险废物的量。处置量包括处置本单位或委托给外单位处置的量。

危险废物贮存量 指将危险废物以一定包装方式暂时存放在专设的贮存设施内的量。专设的贮存设施指对危险废物的包装、选址、设计、安全防护、监测和关闭等符合《危险废物贮存污染控制标准》（GB18597-2001）等相关环保法律法规要求，具有防扩散、防流失、防渗漏、防止污染大气和水体措施的设施。

危险废物倾倒丢弃量 指报告期内企业将所产生的危险废物未按规定要求处理处置的量。

Explanatory Notes on Main Statistical Indicators

Average Temperature Temperature refers to the air temperature. China uses centigrade as the unit. The thermometry used for weather observation is put in a breezy shutter, which is 1.5 meters high from the ground. Therefore, the commonly used temperature refers to the temperature in the breezy shutter 1.5 meters away from the ground. The calculation method is as follows:

Monthly average temperature is the summation of average daily temperature of one month divided by the actual days of that particular month.

Annual average temperature is the summation of monthly average of a year divided by 12 months.

Relative Humidity refers to the ratio of actual water vapour pressure to the saturation water vapour pressure under the current temperature. The calculation method is the same as that of temperature.

Volume of Precipitation refers to the deepness of liquid state or solid state (thawed) water falling from the sky to the ground that has not been evaporated, infiltrated or run off. The calculation method is as follows:

Monthly precipitation is the summation of daily precipitation of a month.

Annual precipitation is the summation of 12 months precipitation of a year.

Sunshine Hours refer to the actual hours of sun irradiating the earth. The calculation method is the same as that of the precipitation.

Forest Area refers to the area of trees and bamboo grow with canopy density above 0.2, the area of shrubby tree according to regulations of the government, the area of forest land inside farm land and the area of trees planted by the side of villages, farm houses and along roads and rivers.

Forest Coverage Rate Taking the administrative jurisdiction as the unit, the percentage of area of afforested land to the area of total land. The formula for calculating forest coverage rate is as follows:

$$\text{Forest coverage rate (\%)} = \frac{\text{Area of Afforested Land}}{\text{Area of Total Land}} \times 100\%$$

Total Standing Stock Volume refers to the total stock volume of trees growing in land, including trees in forest, trees in sparse forest, scattered trees and trees planted by the side of villages, farm houses and along roads and rivers.

Stock Volume of Forest refers to total stock volume of wood growing in forest area, which shows the total size and level of forest resources of a country or a region.

Ocean is the general name for sea and ocean. Ocean refers to the main body of large salt water connected with the earth. Sea refers to the edge areas of the salt water on the earth that are compartmentalized or surrounded by land, island, reef or peninsula.

Mineral Resources refer to useful minerals, with solid state, liquid state, gaseity, due to the geological process. Minerals are important natural resources, and important material base for social development. At present, there are more than 170 types of minerals discovered in China. They can be categorized into four groups: energy producing minerals (including coal, petroleum, natural gas and terrestrial heat), metallic minerals (including iron, manganese, copper, lead and bauxite), non metallic minerals (including diamond, limestone and clay), and water/gas related minerals (including ground water, mineral water and carbon dioxide). Metallic minerals can be further classified as ferrous, non-ferrous, noble metal, rare metal, rare earth metal and dispersed metals.

Ensured Mineral Reserves refer to the actual mineral reserves, which equal to the proven mineral reserves (including industrial reserves and prospective reserves) minus extracted parts and underground losses.

Common Industrial Solid Wastes Produced refers to the industrial solid wastes that are not listed in the 《National Catalogue of Hazardous Wastes》, or not regarded as hazardous according to the national hazardous waste identification standards (GB5085), solid waste-Extraction procedure for leaching toxicity (GB5086) and solid waste-Extraction procedure for leaching toxicity (GB/T 15555). The calculation formula is as followed:

Common Industrial Solid Wastes Produced = (common industrial solid wastes utilized – the proportion of utilized stock of previous years) + common industrial solid waste stock + (common industrial solid wastes disposed – the proportion of disposed stock of previous years) + common industrial solid wastes discharged.

Common Industrial Solid Wastes Comprehensively Utilized refers to volume of solid wastes from which useful materials can be extracted or which can be converted into usable resources, energy or other materials by means of reclamation, processing, recycling and exchange (including utilizing in the year the stocks of industrial solid wastes of the previous year) during the report period, e.g. being used as agricultural fertilizers, building materials or as material for paving road. Examples of such utilizations include fertilizers, building materials and road materials. The information shall be collected by the producing units of the wastes.

Common Industrial Solid Wastes Disposed refers to the quantity of industrial solid wastes which are burnt or specially disposed using other methods to alter the physical, chemical and biological properties and thus to reduce or eliminate the hazard, or placed ultimately in the sites meeting the requirements for environmental protection during the report period.

Stock of Common Industrial Solid Wastes refers to the volume of solid wastes placed in special facilities or special sites by enterprises for purposes of utilization or disposal during the report period. The sites or facilities should take measures against dispersion, loss, seepage, and air and water contamination.

Common Industrial Solid Wastes Discharged refers to the volume of industrial solid wastes dumped or discharged by producing enterprises to disposal facilities or to other sites.

Hazardous Wastes Produced refers to the volume of actual hazardous wastes produced by surveyed samples throughout the year of the survey. Hazardous waste refers to those included in the national hazardous wastes catalogue or specified as any one of the following properties in light of the national hazardous wastes identification standards and methods: explosive, ignitable, oxidizable, toxic, corrosive or liable to cause infectious diseases or lead to other dangers. The report of this indicator should follow the 《National Catalogue of Hazardous Wastes》 (the NO.1 Ministry Order in 2008 by the Ministry of Environment Protection and National Development and Reform Commission).

Hazardous Wastes Utilized refers to the volume of hazardous wastes that are used to extract materials for raw materials or fuel throughout the year of the survey, including those utilized by the producing enterprise and those provided to other enterprises for utilization.

Hazardous Wastes Disposed refers to the quantity of hazardous wastes which are burnt or specially disposed using other methods to alter the physical, chemical and biological properties and thus to reduce or eliminate the hazard, or placed ultimately in the sites meeting the requirements for environmental protection during the report period.

Stock of Hazardous Wastes refers to the volume of hazardous wastes specially packaged and placed in special facilities or special sites by enterprises. The special stock facilities should meet the requirements set in relevant environment protection laws and regulations such as "Pollution Control Standards for Hazardous Waste Stock" (GB18597-2001) in regard to package of hazardous waste, location, design, safety, monitoring and shutdown, and take measures against dispersion, loss, seepage, and air and water contamination.

Hazardous Wastes Discharged refers to the volume of Hazardous wastes not disposed in accordance with relevant regulations by producing enterprises during the report period.

8

财政和物价

8-1 地方公共财政收入和支出基本情况
Local Public Financial Revenue and Expenditure

单位：万元 (10 000 yuan)

项　　目	Item	2010	2011	2012
地方公共财政收入合计	**Local Public Financial Revenue**	**15616727**	**20447918**	**24212703**
税收收入	**Taxes Revenue**	**11805792**	**15374196**	**18270405**
增值税	Value-added Tax	1496452	1851212	2056791
营业税	Operation Tax	4758048	6115114	7254079
企业所得税	Enerprises Income Tax	1415043	2005850	2464488
企业所得税退税	Tax Rebate to Enterprises Income Tax	-189		
个人所得税	Individual Income Tax	577626	727496	734031
资源税	Resource Tax	128307	218351	249499
固定资产投资方向调节税	Fixed Assets Investment Orientation Regulation Tax	6	36	
城市维护建设税	City Maintenance Tax	666095	941741	1104592
房产税	Real Estate Tax	260522	339113	452842
印花税	Stamp Tax	165191	203855	235274
城镇土地使用税	Urban Land Using Tax	340793	416043	507520
土地增值税	Value-added Tax on Land	477759	765535	967815
车船税	Travel Tax	107345	134336	161981
耕地占用税	Tax on the Use of Arable Land	361706	487923	808420
契税	Tax on Contracts	979374	1094552	1180362
烟叶税	Tobacco Tax	71714	73039	92711
非税收入	**Non-Tax Revenue**	**3810935**	**5073722**	**5942298**
专项收入	Special Revenve	611645	972957	1044108
行政事业性收费收入	Income from Administrative Fees	1188184	1406948	1645894
罚没收入	Penalty and Confiscatory Income	352457	472085	536567
国有资本经营收入	Stat-owned Capital Operating Income	416675	297265	270618
国有资源(资产)有偿使用收入	Income from State-owned Assets Compensation	906697	1185551	1627321
其他收入	Other Income	335277	738916	817790
地方公共财政支出合计	**Local Public Financial Expenditure**	**42579806**	**46749243**	**54509893**
一般公共服务支出	Expenditure for General Public Services	4073096	4851067	5543831
外交支出	Expenditure for Foreign Affairs			
国防支出	Expenditure for National Defense	85290	107217	122331
公共安全支出	Expenditure for Public Security	2183754	2460700	2726317
教育支出	Expenditure for Education	5406546	6846561	9932010
科学技术支出	Expenditure for Science and Technology	347083	457451	593977
文化体育与传媒支出	Expenditure for Culture, Sport and Media	593653	873544	1207033
社会保障和就业支出	Expenditure for Social Safety Net and Employment Effort	5136524	6457933	6802083
医疗卫生支出	Expenditure for Medical and Health Care	2633417	3729635	4242577
节能环保支出	Expenditure for Environment Protection	1129947	1157995	1359422
城乡社区事务支出	Expenditure for Urban and Rural Community Affairs	1791933	2685564	3259774
农林水事务支出	Expenditure for Agriculture, Forestry and Water Conservancy	4017606	5457040	6549482
交通运输支出	Expenditure for Transportation	1929832	3648866	4354851
资源勘探电力信息等事务支出	Expenditure for Exploration and Power Information	1537299	1577673	1915102
商业服务业等事务支出	Expenditure for Commerce and Service	692852	632536	617554
金融监管等事务支出	Expenditure for Financial Regulation	47941	111945	107204
地震灾后恢复重建支出	Expenditure for Post-earthquake Recovery and Reconstruction	8088241	1324944	829105
援助其他地区支出				15857
国土资源气象等事务支出	Expenditure for Land Resources Weather	483660	572837	617956
住房保障支出	Expenditure for Housing Security	1070319	2312638	2274079
粮油物资储备管理事务支出	Expenditure for Oil Material Reserves Management	268017	350307	381307
国债还本付息支出	Interest Payments on Domestic Debts	118306	238598	420494
其他支出	Other Expenditure	944490	863892	637547

注：地方公共财政收入和支出情况由四川省财政厅提供。

a) Local Public Financial Revenue and Expenditure are Provided by the Ministry of Finance.

8-2 各市(州)地方公共财政收入基本情况(2012年)
Local Public Financial Revenue by Region(2012)

单位: 万元 (10 000 yuan)

市(州)	Region	地方公共财政收入 Local Public Finacial Revenue	增值税 Value-added Tax	营业税 Business Tax	个人所得税 Indiviual Income Tax	企业所得税 Enterprises' Income Tax
成都市	Chengdu	7808952	495391	1983548	230942	1013327
自贡市	Zigong	329898	32845	69289	7882	25816
攀枝花市	Panzhihua	571980	82787	79159	15248	55539
泸州市	Luzhou	827882	83759	117320	15540	149566
德阳市	Deyang	755322	107969	127734	14585	68056
绵阳市	Mianyang	804009	61580	198033	23568	55491
广元市	Guangyuan	268374	17142	72146	4849	13779
遂宁市	Suining	284546	16341	69969	4854	22407
内江市	Neijiang	309262	24923	64536	6185	26395
乐山市	Leshan	704039	60427	110172	14444	54924
南充市	Nanchong	528700	22352	146119	9508	51804
眉山市	Meishan	488088	26865	89105	8126	39168
宜宾市	Yibin	829693	101409	117728	13201	162098
广安市	Guangan	328017	20599	51663	4778	33320
达州市	Dazhou	520360	41469	110327	15538	43523
雅安市	Yaan	302166	52487	48977	8411	23312
巴中市	Bazhong	200592	7853	50387	6885	11223
资阳市	Ziyang	407333	15991	89530	7108	30117
阿坝藏族羌族自治州	Aba	258231	26991	73242	4683	18767
甘孜藏族自治州	Ganzi	215666	19541	60783	4139	12870
凉山彝族自治州	Liangshan	1000571	82762	170183	18656	53924

8-2续表 continued

单位: 万元 (10 000 yuan)

市(州)	Region	资源税 Resouces Tax	城市维护建设税 Urban Maintenance and Development Tax	耕地占用税 Tax on the Occupancy of Cultivated Land	契 税 Tax On Contracts	烟叶税 Tobacco Tax	其他各项税收收入 Other Revenue	非税收入 Non-tax Revenue
成都市	Chengdu	6917	545500	42457	380128		1016763	2093979
自贡市	Zigong	2078	20106	16601	18386		32486	104409
攀枝花市	Panzhihua	38135	34838	23046	13475	9234	58038	162481
泸州市	Luzhou	3951	71486	55059	23917	7002	67380	232902
德阳市	Deyang	10438	77958	47018	25980	268	68245	207071
绵阳市	Mianyang	3799	49235	39356	36810		86040	250097
广元市	Guangyuan	4334	12063	31801	11708	6281	24113	70158
遂宁市	Suining	2643	16328	17652	16304		34191	83857
内江市	Neijiang	2645	15975	16762	18376		34956	98509
乐山市	Leshan	11618	34405	49680	34218	108	61096	272947
南充市	Nanchong	5956	24883	21831	32792		76063	137392
眉山市	Meishan	3361	17609	57552	33083		54719	158500
宜宾市	Yibin	9156	68761	54688	31329	4545	62219	204559
广安市	Guangan	5198	12616	23661	16830		31250	128102
达州市	Dazhou	33865	24084	27452	23328	2802	54707	143265
雅安市	Yaan	2844	13897	84535	8974		16821	41908
巴中市	Bazhong	1290	7428	15607	13257		14773	71889
资阳市	Ziyang	2770	15811	53259	20977		43729	128041
阿坝藏族羌族自治州	Aba	1162	6737	11839	3200		9449	102161
甘孜藏族自治州	Ganzi	2435	3678	26941	2223		5426	77630
凉山彝族自治州	Liangshan	31256	21568	91623	13368	62471	49353	405407

8-3 各市(州)地方公共财政支出基本情况(2012年)
Local Public Financial Expenditure by Region(2012)

单位：万元 (10 000 yuan)

市(州)	Region	地方公共财政支出 Local Public Financial Expenditure	一般公共服务 General Public Services	国防 National Denfense	公共安全 Public Safe	教育 Educa-tion	科学技术 Science Tech-nology	文化体育与传媒 Culture Sports and the Media
成都市	Chengdu	9838477	1230347	31383	603488	1622941	190863	258849
自贡市	Zigong	1288014	112962	3223	70865	222044	13187	25698
攀枝花市	Panzhihua	1081729	140854	583	69178	229715	12081	16546
泸州市	Luzhou	2123111	162549	1936	87350	480275	9361	27946
德阳市	Deyang	1666553	166379	2825	88194	281945	22789	25974
绵阳市	Mianyang	2505571	238914	5052	119554	440934	41211	33370
广元市	Guangyuan	1576394	144958	1265	68704	332675	8369	26605
遂宁市	Suining	1333162	118069	1515	58702	289671	7273	22938
内江市	Neijiang	1420276	142895	2767	75569	295020	6579	17970
乐山市	Leshan	1687162	167616	3704	93480	303390	14388	67637
南充市	Nanchong	2787446	286489	2774	120632	672683	11791	47120
眉山市	Meishan	1432902	177249	1727	82194	261640	5761	19803
宜宾市	Yibin	2190349	217119	3206	90513	479162	25709	36102
广安市	Guangan	1486612	138760	3236	73649	330735	5823	30869
达州市	Dazhou	2403530	229720	1964	89399	504472	12480	43751
雅安市	Yaan	930050	95046	1821	48089	142272	25778	23443
巴中市	Bazhong	1675668	129085	840	56954	404231	5185	26460
资阳市	Ziyang	1540424	151062	2248	64273	310995	17298	19840
阿坝藏族羌族自治州	Aba	1521951	189543	5035	108671	214891	6878	28438
甘孜藏族自治州	Ganzi	2202819	211114	2371	123138	289318	5675	29993
凉山彝族自治州	Liangshan	3004763	330249	8336	133431	603341	19018	56988

8-3续表1 continued

单位: 万元 (10 000 yuan)

市(州)	Region	社会保障和就业 Social Security and Employment	医疗卫生 Medical and Healthy	节能环保 Energy Saving	城乡社区事务 Urban and Rural Community Services	农林水事务 Agriculture Forestry Water Affairs	交通运输 Transport	资源勘探电力信息等事务 Exploration and Power Information	商业服务业等事务 commercial Service
成都市	Chengdu	582950	554822	155353	1669971	536991	583108	932454	179198
自贡市	Zigong	175976	134269	27263	68931	165402	88363	34525	9611
攀枝花市	Panzhihua	93149	79152	35831	92167	108310	82536	28318	9123
泸州市	Luzhou	265786	196647	56542	117520	310751	106097	85713	20833
德阳市	Deyang	204393	159672	23109	133691	177028	54809	48738	18203
绵阳市	Mianyang	280039	214563	126093	105535	316939	117407	90494	40401
广元市	Guangyuan	202638	137409	49515	33503	218981	133020	21332	18069
遂宁市	Suining	185578	140244	44262	54160	179916	73127	29624	16940
内江市	Neijiang	190590	160928	27073	71083	186913	71007	27760	15970
乐山市	Leshan	233642	155962	53729	66087	216508	85656	33300	18096
南充市	Nanchong	365268	304797	50133	71213	400781	174422	31329	31052
眉山市	Meishan	168794	163155	47594	96025	208052	66054	32977	17559
宜宾市	Yibin	216995	231167	64996	103739	293707	144742	37416	23695
广安市	Guangan	169557	192857	41910	33141	237022	79600	23649	17734
达州市	Dazhou	345795	265630	46292	89186	347825	163164	38926	23790
雅安市	Yaan	124753	89266	38885	26492	118311	40823	13250	9481
巴中市	Bazhong	218171	168620	32437	60387	256371	122904	9565	15597
资阳市	Ziyang	210152	184966	38761	74723	247405	56803	25630	19943
阿坝藏族羌族自治州	Aba	74045	106744	58253	81148	211723	149488	22894	56719
甘孜藏族自治州	Ganzi	170269	114038	59421	51471	242005	675929	8888	11748
凉山彝族自治州	Liangshan	316011	295758	99041	153192	463318	236211	26492	19679

8-3续表2 continued

单位: 万元 (10 000 yuan)

市(州)	Region	金融监管等事务 Financial Regulation	地震灾后恢复重建 Post-earthquake Recons-truction Spengding	援助其他地区支出 other Aid Regional Expenditure	国土资源气象等事务 Land Resources Weather	住房保障 Housing Security	粮油物资储备事务 Grain and Oil Reserve Affairs	国债还本付息 Bond debt service	其他支出 Other Expen-diture
成都市	Chengdu	25092	96255	9539	115865	204230	13437	179022	62319
自贡市	Zigong	2334	937		10948	81483	3473	16628	19892
攀枝花市	Panzhihua	737			20899	49840	1518	555	10637
泸州市	Luzhou	2109	349	3270	26418	112173	3492	22998	22996
德阳市	Deyang	13117	93094		19152	91796	6168	6276	29201
绵阳市	Mianyang	5137	157138	55	17000	91124	8991	8316	47304
广元市	Guangyuan	1839	81913	150	18560	66413	3668	3892	2916
遂宁市	Suining	1398	10021		7917	73124	3957	1620	13106
内江市	Neijiang	3675	827		10064	96488	8463	3212	5515
乐山市	Leshan	9658	1858	494	18360	117033	6448	7210	12906
南充市	Nanchong	7852	13661		22298	149631	9395	3504	10621
眉山市	Meishan	3977	11061	120	9538	47186	5294	1500	5642
宜宾市	Yibin	3033	8294		28082	99206	5652	63446	14368
广安市	Guangan	2361	9250		9369	58577	7456	2549	18508
达州市	Dazhou	6657	12110		26937	126904	11536	3946	13046
雅安市	Yaan	851	35074	229	14429	59523	2846	1706	17682
巴中市	Bazhong	1553	41208		27258	83613	6691	1849	6689
资阳市	Ziyang	1985	11067		6970	79538	3640	9022	4103
阿坝藏族羌族自治州	Aba	2645	73284		31114	51793	4199	1801	42645
甘孜藏族自治州	Ganzi	2318	9602		29281	110051	1211	49	54929
凉山彝族自治州	Liangshan	6933	6000		51475	131238	9563	5380	33109

8-4 商品零售价格总指数(2012年)
General Retail Price Index(2012)

(上年=100) (preceding year=100)

类　别	Item	商品零售价格总指数 Retail Price Index of Commodities		
		全　省 Province	城　市 Urban Areas	农　村 Rural Areas
商品零售价格指数	**General Retail Price Index**	**101.6**	**101.7**	**101.4**
食品类	Food	104.1	104.7	102.9
饮料、烟酒类	Beverages, Tobacco and Liquor	103.7	104.0	103.2
服装、鞋帽类	Garments, Shoes and Hats	110.0	110.2	109.4
纺织品类	Textiles	100.6	100.5	100.9
家用电器及音像器材	Household Electrical Appliances and Audio-Visual Equipment	95.0	94.6	96.0
家庭设备	Household Appliances	96.2	95.7	98.0
文娱用耐用消费品	Cultural and Entertainment Durable Consumer Goods	91.0	90.0	92.7
文化办公用品	Cultural and Office Goods	96.8	96.4	97.7
电脑及配件	Computer and Fittings	92.3	92.1	92.9
日用品	Articles for Daily Use	100.8	101.3	99.6
体育娱乐用品	Sports and Entertainment Goods	100.7	100.8	100.3
体育用品	Spotrs Goods	100.3	100.2	100.3
娱乐用品	Entertainment Goods	100.9	101.1	100.3
交通、通信用品	Transportation and Telecommunication Goods	94.9	94.4	96.3
交通运输机械	Transportation Machinery	97.3	97.0	98.2
轿车	Saloon Car	94.7	94.3	96.1
通讯器材类	Telecommunication Equipment	88.2	87.0	91.4
移动电话机	Mobile Telephone	81.6	79.3	87.3
家具	Furniture	97.3	99.2	92.0
化妆品类	Cosmetics	101.3	101.1	102.4
金银珠宝类	Precious Metal and Jewellery	101.8	102.2	98.9
中西药品及医疗保健用品类	Traditional Chinese and Western Medicines, Health Care Articles	101.5	101.3	102.0
中药材及中成药	Raw and Officinal Medicinese of Traditional Chinese Pharmacology	106.0	105.6	106.7
西药	Western Medicines	98.8	99.1	98.3
书报杂志及电子出版物类	Newspapers and Magazines, Electronic Journal	100.2	100.1	100.6
燃料类	Fuels	102.3	101.9	103.4
汽油	Gasoline	102.7	102.7	102.8
柴油	Diesel Oil	102.7	102.7	102.7
建筑材料及五金电料类	Building Materials, Hardware, Electric Materials and Appliances	97.3	97.2	97.4
水泥	Cement	98.1	97.6	98.5
玻璃	Glass	94.9	93.5	98.5
农业生产资料类	**Agricultural Means of Production**	**104.7**		

8-5 城市商品零售价格指数(2012年)
Urban Retail Price Indices(2012)

(上年=100) (preceding year=100)

类　别	Item	成都市 Chengdu	泸州市 Luzhou	南充市 Nanchong	自贡市 Zigong	乐山市 Leshan	达州市 Dazhou
商品零售价格指数	**General Retail Price Index**	**101.4**	**102.0**	**102.4**	**102.0**	**101.3**	**101.5**
食品类	Food	103.8	105.7	105.6	104.8	105.7	104.5
饮料、烟酒类	Beverages, Tobacco and Liquor	106.0	104.2	106.1	103.3	105.0	101.9
服装、鞋帽类	Garments, Shoes and Hats	110.8	105.4	113.7	109.3	106.8	106.9
纺织品类	Textiles	101.7	97.2	100.3	95.8	97.3	100.3
家用电器及音像器材	Household Electrical Appliances and Audio-Visual Equipment	92.8	95.1	94.4	97.8	91.1	91.8
文化办公用品	Cultural and Office Goods	93.4	100.6	98.4	96.3	99.4	94.7
日用品	Articles for Daily Use	101.7	100.7	102.4	99.6	103.5	101.7
体育娱乐用品	Sports and Entertainment Goods	101.0	99.5	100.1	101.0	100.0	95.5
交通、通信用品	Transportation and Telecommunication Goods	93.9	98.1	94.2	96.9	90.2	99.7
家具	Furniture	105.1	101.3	102.4	95.0	93.4	83.3
化妆品类	Cosmetics	100.9	100.6	102.8	100.4	102.4	100.1
金银珠宝类	Precious Metal and Jewellery	105.2	97.2	100.8	104.1	97.2	102.5
中西药品及医疗保健用品类	Traditional Chinese and Western Medicines, Health Care Articles	101.0	98.0	98.8	101.9	102.5	102.9
书报杂志及电子出版物类	Newspapers and Magazines, Electronic Journal	98.6	100.8	103.9	99.9	100.3	101.6
燃料类	Fuels	101.5	101.5	101.2	102.1	100.8	102.2
建筑材料及五金电料类	Building Materials, Hardware, Electric Materials and Appliances	98.9	97.4	95.6	96.5	98.0	96.3

8-5续表 continued

(上年=100) (preceding year=100)

类　别	Item	广元市 Guangyuan	绵阳市 Mianyang	内江市 Neijiang	西昌市 Xichang	攀枝花市 Panzhihua	眉山市 Meishan
商品零售价格指数	**General Retail Price Index**	**100.2**	**101.4**	**102.3**	**101.5**	**102.0**	**101.6**
食品类	Food	103.0	104.2	105.6	104.3	106.0	104.5
饮料、烟酒类	Beverages, Tobacco and Liquor	103.6	102.5	104.7	104.4	102.3	103.9
服装、鞋帽类	Garments, Shoes and Hats	106.8	107.2	109.2	109.2	107.0	107.3
纺织品类	Textiles	100.4	103.4	99.9	91.6	98.4	100.8
家用电器及音像器材	Household Electrical Appliances and Audio-Visual Equipment	93.2	98.5	96.9	95.6	93.4	98.2
文化办公用品	Cultural and Office Goods	93.8	99.1	98.4	97.7	98.9	99.8
日用品	Articles for Daily Use	98.3	101.6	100.7	101.2	98.5	101.2
体育娱乐用品	Sports and Entertainment Goods	99.1	101.3	100.2	100.0	100.9	101.6
交通、通信用品	Transportation and Telecommunication Goods	92.6	96.0	94.5	93.1	97.7	94.1
家具	Furniture	94.9	99.3	94.0	87.8	88.9	100.1
化妆品类	Cosmetics	98.0	101.6	101.3	101.7	101.7	101.0
金银珠宝类	Precious Metal and Jewellery	102.7	102.6	99.6	101.1	98.9	98.3
中西药品及医疗保健用品类	Traditional Chinese and Western Medicines, Health Care Articles	98.3	101.6	104.3	103.0	99.5	99.3
书报杂志及电子出版物类	Newspapers and Magazines, Electronic Journal	102.5	100.4	99.8	100.6	101.4	103.6
燃料类	Fuels	101.9	101.0	104.1	103.1	104.0	102.6
建筑材料及五金电料类	Building Materials, Hardware, Electric Materials and Appliances	99.8	92.0	94.7	97.6	100.4	96.1

8-6 农村商品零售价格指数(2012年)

Rural Retail Price Indices(2012)

(上年=100) (preceding year=100)

类　　别	Item	温江区 Wenjiang	汉源县 Hanyuan	平昌县 Pingchang	峨眉山市 Emeishan	叙永县 Xuyong
商品零售价格指数	**General Retail Price Index**	**101.7**	**104.3**	**102.6**	**102.4**	**101.4**
食品类	Food	104.0	106.9	104.8	105.0	102.6
饮料、烟酒类	Beverages, Tobacco and Liquor	104.3	103.9	102.3	105.0	105.0
服装、鞋帽类	Garments, Shoes and Hats	113.8	117.0	110.4	108.4	107.5
纺织品类	Textiles	101.3	106.9	106.0	98.8	100.6
家用电器及音像器材	Household Electrical Appliances and Audio-Visual Equipment	90.1	94.0	96.0	97.9	97.7
文化办公用品	Cultural and Office Goods	95.8	100.1	96.5	99.0	98.5
日用品	Articles for Daily Use	99.4	102.4	99.8	101.6	103.8
体育娱乐用品	Sports and Entertainment Goods	100.7	100.6	98.5	99.7	102.3
交通、通信用品	Transportation and Telecommunication Goods	93.8	93.0	96.0	97.6	95.7
家具	Furniture	84.2	93.8	96.6	89.6	96.6
化妆品类	Cosmetics	102.5	100.3	101.7	103.8	104.2
金银珠宝类	Precious Metal and Jewellery	100.1	101.6	98.4	98.9	99.7
中西药品及医疗保健用品类	Traditional Chinese and Western Medicines, Health Care Articles	103.1	103.4	101.9	102.3	97.6
书报杂志及电子出版物类	Newspapers and Magazines, Electronic Journal	100.5	95.9	105.0	100.1	101.0
燃料类	Fuels	103.8	107.3	101.0	103.3	101.1
建筑材料及五金电料类	Building Materials, Hardware, Electric Materials and Appliances	97.9	100.6	100.0	96.3	97.3
农业生产资料类	**Means of Agricultural Production**	**103.0**	**104.0**	**105.7**	**103.2**	**106.1**

8-6续表 continued

(上年=100) (preceding year=100)

类　　别	Item	梓潼县 Zitong	渠　县 Quxian	仁寿县 Renshou	简阳市 Jianyang	南部县 Nanbu
商品零售价格指数	**General Retail Price Index**	**102.1**	**102.2**	**101.8**	**101.5**	**102.0**
食品类	Food	103.5	105.4	102.5	103.9	104.8
饮料、烟酒类	Beverages, Tobacco and Liquor	102.9	103.0	101.8	105.7	100.8
服装、鞋帽类	Garments, Shoes and Hats	112.5	98.7	109.3	109.1	107.5
纺织品类	Textiles	95.4	98.0	103.8	100.1	101.6
家用电器及音像器材	Household Electrical Appliances and Audio-Visual Equipment	97.4	99.5	100.1	93.5	96.6
文化办公用品	Cultural and Office Goods	98.9	99.8	99.7	99.6	97.0
日用品	Articles for Daily Use	102.2	101.5	99.6	100.6	100.0
体育娱乐用品	Sports and Entertainment Goods	100.2	100.0	99.3	101.6	100.5
交通、通信用品	Transportation and Telecommunication Goods	98.9	96.7	95.7	92.4	96.4
家具	Furniture	89.4	98.4	95.3	94.5	101.5
化妆品类	Cosmetics	98.7	100.1	100.3	102.8	101.8
金银珠宝类	Precious Metal and Jewellery	97.1	97.6	101.0	98.9	98.2
中西药品及医疗保健用品类	Traditional Chinese and Western Medicines, Health Care Articles	104.1	106.3	102.3	97.5	101.7
书报杂志及电子出版物类	Newspapers and Magazines, Electronic Journal	100.2	99.1	100.4	100.5	100.2
燃料类	Fuels	104.7	102.8	102.5	104.0	101.1
建筑材料及五金电料类	Building Materials, Hardware, Electric Materials and Appliances	93.5	99.6	99.5	99.1	96.2
农业生产资料类	**Means of Agricultural Production**	**103.6**	**106.4**	**103.6**	**101.9**	**105.9**

8-7 居民消费价格总指数(2012年)
Consumer Price Indices(2012)

(上年=100) (preceding year=100)

类　别	Item	居民消费价格指数 General Consumer Price Index		
		全　省 Province	城　市 Urban Areas	农　村 Rural Areas
居民消费价格指数	**General Consumer Price Index**	**102.5**	**102.8**	**102.0**
食品	Food	104.2	104.9	103.0
粮食	Grain	104.9	105.2	104.4
# 大米	Rice	104.5	104.4	104.7
油脂	Oil or Fat	105.2	106.6	102.7
肉禽及制品	Meat, Poultry and Their Products	99.9	100.8	98.5
# 猪肉	Pork	92.4	91.8	93.1
蛋	Eggs	97.7	96.6	102.0
水产品	Aquatic Products	111.5	112.8	108.7
菜	Vegetables	118.1	118.6	116.2
# 鲜菜	Fresh Vegetables	120.6	120.8	119.9
烟酒	Tobacco, Liquor	102.7	102.9	102.5
衣着	Clothing	109.7	109.8	109.6
服装	Garments	110.1	110.2	109.7
衣着材料	Clothing Material	104.4	104.3	104.4
衣着加工服务	Clothing Manufacturing Services	109.5	108.2	112.9
家庭设备及维修服务	Household Facilities, Articles and Repair Services	99.6	100.0	98.6
耐用消费品	Durable Consumer Goods	96.5	96.6	96.5
室内装饰品	Interior Decorations	98.1	97.4	101.0
家庭及加工维修服务	Other Household Service	109.2	110.4	102.8
医疗保健和个人用品	Medicine, Medical Services and Personal Articles	101.7	101.6	102.0
医疗保健	Medical Appliances and Articles	101.5	101.3	101.8
个人用品及服务	Personal Articles and Services	102.2	102.1	102.5
交通和通信	Means of Transportation and Communication	100.3	100.1	100.7
交通	Transportation	101.6	101.3	102.1
通信	Communication	98.2	98.5	97.2
娱乐教育文化及服务	Recreation, Education and Culture Articles	99.5	99.8	99.0
文娱耐用消费品及服务	Durable Consumer Goods for Recreational Use	92.1	91.8	92.7
教育	Education	101.4	102.0	100.3
文化娱乐用品	Cultural and Recreational Articles	99.5	99.3	100.4
旅游及外出	Turing and Outgoing	98.2	98.0	100.9
居住	Residence	100.8	101.1	100.3
建房及装修材料	Building and Building Decoration Material	98.0	97.6	98.4
租房	Rent	102.0	101.9	102.8
自有住房	Private House	100.8	101.1	100.2
水、电、燃料	Water, Electricity and Fuel	102.7	102.7	102.9

8-8 城市居民消费价格指数(2012年)
Consumer Price Indices in Urban Areas(2012)

(上年=100) (preceding year=100)

类　别	Item	成都市 Chengdu	泸州市 Luzhou	南充市 Nanchong	自贡市 Zigong	乐山市 Leshan	达州市 Dazhou
居民消费价格指数	**General Consumer Price Index**	**103.0**	**102.6**	**103.2**	**102.8**	**102.6**	**102.9**
食品	Food	103.9	105.7	105.5	104.8	105.7	104.5
粮食	Grain	103.8	108.7	105.4	103.7	107.8	106.4
油脂	Oil or Fat	106.7	104.9	110.4	106.2	112.4	106.6
肉禽及制品	Meat, Poultry and Their Products	99.7	102.3	101.6	101.7	98.2	99.5
# 猪肉	Pork	91.1	92.4	96.0	93.3	89.2	91.1
蛋	Eggs	94.2	103.9	95.2	95.9	103.1	99.5
水产品	Aquatic Products	116.9	118.5	110.2	109.9	108.3	110.0
菜	Vegetables	112.8	127.2	112.5	124.7	134.8	118.1
# 鲜菜	Fresh Vegetables	114.5	129.3	113.6	126.5	139.5	119.7
烟酒	Tobacco, Liquor	103.4	104.7	104.5	103.1	104.0	102.1
衣着	Clothing	111.6	105.0	113.5	109.5	106.8	107.1
家庭设备及维修服务	Household Facilities, Articles and Repair Services	101.6	99.3	101.1	100.4	96.8	97.9
医疗保健和个人用品	Medicine, Medical Services and Personal Articles	101.9	99.6	100.6	102.1	102.0	102.7
交通和通信	Means of Transportation and Communication	99.3	99.3	99.3	100.7	101.0	100.4
娱乐教育文化及服务	Recreation, Education and Culture Articles	100.7	98.9	99.4	99.7	100.1	100.4
居住	Residence	102.0	101.7	99.1	99.8	98.5	102.8

8-8续表 continued

(上年=100) (preceding year=100)

类　别	Item	广元市 Guangyuan	绵阳市 Mianyang	内江市 Neijiang	西昌市 Xichang	攀枝花市 Panzhihua	眉山市 Meishan
居民消费价格指数	**General Consumer Price Index**	**102.0**	**102.8**	**103.0**	**102.8**	**103.0**	**102.7**
食品	Food	103.3	104.1	105.7	104.1	106.0	104.5
粮食	Grain	103.8	103.3	110.8	104.9	105.7	105.0
油脂	Oil or Fat	107.0	106.8	104.8	106.9	105.0	104.3
肉禽及制品	Meat, Poultry and Their Products	98.6	99.2	100.2	100.4	101.6	99.2
# 猪肉	Pork	90.2	91.5	91.7	90.8	91.3	92.3
蛋	Eggs	109.8	92.9	97.3	99.1	92.9	95.7
水产品	Aquatic Products	109.9	112.7	109.1	105.8	106.9	109.1
菜	Vegetables	109.6	117.9	115.4	120.8	126.9	115.1
# 鲜菜	Fresh Vegetables	110.3	120.3	117.1	124.5	130.1	116.7
烟酒	Tobacco, Liquor	104.1	101.5	106.2	104.5	101.7	104.0
衣着	Clothing	107.7	107.4	109.2	110.2	107.1	107.3
家庭设备及维修服务	Household Facilities, Articles and Repair Services	97.0	101.8	100.4	97.6	99.8	100.5
医疗保健和个人用品	Medicine, Medical Services and Personal Articles	99.1	101.6	102.1	104.2	99.7	100.7
交通和通信	Means of Transportation and Communication	102.9	100.8	98.8	99.1	100.3	100.1
娱乐教育文化及服务	Recreation, Education and Culture Articles	100.5	99.6	100.0	101.3	99.0	101.2
居住	Residence	99.1	102.3	98.8	100.2	102.8	101.3

8-9 农村居民消费价格指数(2012年)
Consumer Price Indices in Rural Areas(2012)

(上年=100) (preceding year=100)

类　别	Item	温江区 Wenjiang	汉源县 Hanyuan	平昌县 Pingchang	峨眉山市 Emeishan	叙永县 Xuyong
居民消费价格指数	**General Consumer Price Index**	**102.3**	**104.7**	**103.2**	**103.1**	**102.1**
食品	Food	103.5	107.3	104.6	104.5	102.7
粮食	Grain	102.6	108.1	105.9	104.1	107.0
油脂	Oil or Fat	105.3	105.6	110.4	102.2	106.0
肉禽及制品	Meat, Poultry and Their Products	98.3	100.1	97.8	100.5	98.4
# 猪肉	Pork	92.7	91.5	91.6	93.7	87.9
蛋	Eggs	97.3	109.2	122.4	96.6	111.7
水产品	Aquatic Products	110.1	105.1	109.1	103.1	110.4
菜	Vegetables	116.0	127.8	116.1	127.0	109.7
# 鲜菜	Fresh Vegetables	117.6	131.1	118.8	134.4	112.5
烟酒	Tobacco, Liquor	103.6	102.4	102.0	103.7	104.1
衣着	Clothing	114.2	116.3	110.4	107.9	108.1
家庭设备及维修服务	Household Facilities, Articles and Repair Services	94.3	105.0	100.4	98.6	101.6
医疗保健和个人用品	Medicine, Medical Services and Personal Articles	103.5	102.7	101.7	103.4	99.8
交通和通信	Means of Transportation and Communication	97.6	100.1	98.9	100.2	100.6
娱乐教育文化及服务	Recreation, Education and Culture Articles	99.0	98.8	101.3	101.9	99.0
居住	Residence	99.8	100.8	102.3	101.2	100.7

8-9续表 continued

(上年=100) (preceding year=100)

类　别	Item	梓潼县 Zitong	渠　县 Quxian	仁寿县 Renshou	简阳市 Jianyang	南部县 Nanbu
居民消费价格指数	**General Consumer Price Index**	**103.0**	**102.3**	**102.5**	**102.0**	**102.7**
食品	Food	103.7	104.8	102.3	103.3	104.7
粮食	Grain	103.5	102.6	105.1	105.4	103.8
油脂	Oil or Fat	106.5	104.6	102.1	99.3	105.3
肉禽及制品	Meat, Poultry and Their Products	97.5	104.4	97.7	96.6	103.2
# 猪肉	Pork	88.0	103.5	92.1	89.1	98.3
蛋	Eggs	99.4	98.8	96.7	92.1	102.1
水产品	Aquatic Products	109.7	109.4	106.2	107.7	107.1
菜	Vegetables	110.4	114.4	114.4	117.8	120.4
# 鲜菜	Fresh Vegetables	113.1	117.6	117.6	121.6	125.3
烟酒	Tobacco, Liquor	102.7	102.2	101.9	105.9	100.6
衣着	Clothing	112.3	105.9	110.0	109.0	107.7
家庭设备及维修服务	Household Facilities, Articles and Repair Services	97.7	97.6	100.2	100.0	101.2
医疗保健和个人用品	Medicine, Medical Services and Personal Articles	101.9	103.3	103.3	99.5	102.0
交通和通信	Means of Transportation and Communication	102.5	98.3	102.9	97.6	102.6
娱乐教育文化及服务	Recreation, Education and Culture Articles	99.3	100.5	101.8	98.8	97.9
居住	Residence	101.5	99.6	99.8	101.9	100.2

8-10 工业生产者出厂价格指数
Ex-Factory Price Indices of Industrial Producers

(上年=100) (preceding year=100)

类 别	Item	2005	2008	2009	2010	2011	2012
全部工业品	**Total Industry Product**	**104.0**	**109.3**	**96.5**	**105.0**	**107.3**	**98.6**
按轻重工业分	**Grouped by Light & Heavy Industry**						
轻工业	Light Industry	101.3	107.9	98.8	103.3	107.7	99.9
重工业	Heavy Industry	106.2	110.2	94.8	106.3	107.2	98.0
按类别分	**Grouped by Sector**						
生产资料	Means of Production	105.5	109.6	95.7	105.7	107.9	97.9
采掘	Mining and Quarrying	114.5	118.3	96.3	112.6	116.8	98.2
原料	Raw Materials	105.9	107.9	93.4	109.0	108.5	98.2
加工	Manufacturing	104.0	109.1	96.6	103.0	106.1	97.7
生活资料	Consumer Goods	100.1	108.0	98.8	102.8	105.7	100.6
食品	Food	102.2	110.1	98.5	104.4	109.6	101.6
衣着	Clothing	101.5	105.8	103.3	101.2	102.5	102.2
一般日用品	Articles for Daily Use	102.0	106.1	101.0	102.9	102.8	98.5
耐用消费品	Durable Consumer Goods	90.1	101.4	96.8	94.2	92.3	97.3
按部门分	**Grouped by Industrial Division**						
冶金工业	Metallurgical Industry	105.7	114.9	85.7	110.6	111.3	93.9
电力工业	Power Industry	104.0	102.2	100.4	103.1	99.8	100.2
煤炭工业	Coal Industry	122.2	130.5	98.6	112.1	118.3	95.8
石油工业	Petroleum Industry	104.6	110.2	98.9	111.0	112.4	101.8
化学工业	Chemical Industry	107.5	108.7	94.6	105.5	109.6	99.4
机械工业	Machine Building Industry	99.9	103.3	99.9	100.0	101.6	98.7
建筑材料工业	Building Materials Industry	104.7	113.5	103.2	99.0	103.3	98.0
森林工业	Timber Industry	100.9	106.3	101.3	104.7	100.0	102.8
食品工业	Food Industry	102.4	111.8	98.3	104.4	109.4	101.7
纺织工业	Textile Industry	102.9	99.2	97.9	115.8	117.6	92.7
缝纫工业	Tailoring Industry	97.1	102.4	103.1	101.0	103.4	107.3
皮革工业	Leather Industry	105.6	107.1	97.4	100.7	101.5	100.5
造纸工业	Paper Industry	100.6	108.4	94.7	102.1	108.5	99.3
文教艺术用品工业	Culture, Educational and Handicrafts Articles Industry	99.9	103.2	102.1	102.1	97.9	99.2

8-11 按行业分工业生产者出厂价格指数
Ex-Factory Price Indices of Industrial Producers by Industrial Branch

(上年=100) (preceding year=100)

类 别	Item	2005	2008	2009	2010	2011	2012
煤炭开采和洗选业	Coal Mining and Dressing	129.4	128.8	100.6	112.1	119.4	96.6
石油和天然气开采业	Petroleum and Natural Gas Extraction	103.4	110.0	99.9	110.5	109.9	100.2
黑色金属矿采选业	Ferrous Metals Mining and Dressing	123.0	128.0	73.9	120.4	121.8	92.5
有色金属矿采选业	Nonferrous Metals Mining and Dressing	118.3	90.6	74.7	132.8	121.0	102.0
非金属矿采选业	Nonmetal Minerals Mining and Dressing	110.7	110.2	101.0	104.1	106.9	101.1
食品制造业	Food Production	102.8	106.6	101.1	103.7	107.5	103.7
饮料制造业	Beverage Production	103.1	105.9	102.6	105.5	106.1	103.3
烟草制品业	Tobacco Processing	101.4	99.9	99.2	99.7	99.8	99.5
纺织业	Textile Industry	102.9	99.2	97.9	115.6	117.4	92.8
皮革、羽毛(绒)及其制品业	Leather, Furs, Down and Related Products	104.5	103.3	98.0	101.8	105.2	99.8
木材加工及木、竹制品业	Timber Processing, Bamboo, Cane, Palm Fiber and Straw Products	100.9	106.4	101.0	105.4	101.3	100.4
家具制造业	Furniture Manufacturing	101.0	107.0	102.2	102.3	99.1	104.8
造纸及纸制品业	Papermaking and Paper Products	100.6	108.5	94.7	102.1	108.5	99.3
文教体育用品制造业	Cultural, Educational and Sports Goods	99.4	104.5	101.0	107.3	103.7	109.7
石油加工、炼焦及核燃料加工业	Petroleum Processing and Coking	108.0	132.4	89.6	113.0	113.8	97.6
化学原料及化学制品制造业	Raw Chemical Materials and Chemical Products	110.5	112.2	92.3	105.1	111.8	98.7
医药制造业	Medical and Pharmaceutical Products	101.8	102.4	102.7	106.1	105.4	101.1
化学纤维制造业	Chemical Fiber	100.7	97.6	86.2	123.7	126.5	88.6
橡胶制品业	Rubber Products	105.2	105.3	103.3	101.8	102.1	101.9
塑料制品业	Plastic Products	107.5	103.3	95.7	100.4	106.6	102.0
非金属矿物制品业	Nonmetal Mineral Products	104.6	114.0	102.8	98.7	103.4	97.9
黑色金属冶炼及压延加工业	Smelting and Pressing of Ferrous Metals	105.0	122.6	85.9	106.8	111.1	91.9
有色金属冶炼及压延加工业	Smelting and Pressing of Nonferrous Metals	107.3	94.4	86.2	118.7	111.9	93.4
金属制品业	Metal Products	104.2	105.4	92.9	104.3	104.5	101.3
通用设备制造业	Ordinary Machinery Manufacturing	104.5	105.1	102.1	99.7	104.3	100.0
专用设备制造业	For Special Purposes Equipment Manufacturing	102.3	105.1	98.8	101.2	103.3	99.9
交通运输设备制造业	Transport Equipment Manufacturing	100.1	103.8	102.7	100.8	101.4	100.0
电气机械及器材制造业	Electric Equipment and Machinery	104.6	102.9	95.8	105.3	107.5	98.7
通信设备及其他电子设备制造业	Electronic and Telecommunications Equipment	91.2	99.8	97.2	95.6	92.4	94.4
仪器仪表及文化、办公用机械制造业	Instruments, Meters, Cultural and Office Machinery	96.8	100.7	95.1	97.4	99.5	109.5
工艺品及其他制造业	Other Manufacturing	105.7	107.2	105.9	106.9	109.0	112.2
电力、热力的生产和供应业	Electric Power, Steam and Hot Water Production and Supply	104.0	102.3	100.4	103.0	99.4	100.1
燃气生产和供应业	Gas Production and Supply	102.0	106.2	101.2	108.9	118.9	106.8
水的生产和供应业	Tap Water Production and Supply	102.0	101.1	100.9	102.7	101.2	101.6

主要统计指标解释

财政收入 指国家财政参与社会产品分配所取得的收入，是实现国家职能的财力保证。主要包括：

(1)各项税收：包括国内增值税、国内消费税、进口货物增值税和消费税、出口货物退增值税和消费税、营业税、企业所得税、个人所得税、资源税、城市维护建设税、房产税、印花税、城镇土地使用税、土地增值税、车船税、船舶吨税、车辆购置税、关税、耕地占用税、契税、烟叶税等。

(2)非税收入：包括专项收入、行政事业性收费、罚没收入和其他收入。

财政支出 指国家财政将筹集起来的资金进行分配使用，以满足经济建设和各项事业的需要。主要包括：

一般公共服务、外交、国防、公共安全、教育、科学技术、文化体育与传媒、社会保障和就业、医疗卫生、环境保护、城乡社区事务、农林水事务、交通运输、资源勘探电力信息等事务、商业服务等事务、金融监管支出、国土气象等事务、住房保障支出、粮油物资储备管理等事务、国债付息支出等方面的支出。

财政支出根据政府在经济和社会活动中的不同职权，划分为中央财政支出和地方财政支出。

中央财政收入和地方财政收入 指按现行分税制财政体制划分的中央本级收入和地方本级收入。属于中央财政的收入包括关税，进口货物增值税和消费税，出口货物退增值税和消费税，消费税，铁道部门、各银行总行、各保险公司总公司等集中交纳的营业税和城市维护建设税，增值税75%部分，纳入共享范围的企业所得税60%部分，未纳入共享范围的中央企业所得税、中央企业上交的利润，个人所得税60%部分，车辆购置税，船舶吨税，证券交易印花税97%部分，海洋石油资源税，中央非税收入等。属于地方财政的收入包括营业税（不含铁道部门、各银行总行、各保险公司总公司集中交纳的营业税），地方企业上交利润，城市维护建设税（不含铁道部门、各银行总行、各保险公司总公司集中交纳的部分），房产税，城镇土地使用税，土地增值税，车船税，耕地占用税，契税，烟叶税，印花税，增值税25%部分，纳入共享范围的企业所得税40%部分，个人所得税40%部分，证券交易印花税3%部分，海洋石油资源税以外的其他资源税，地方非税收入等。

中央财政支出和地方财政支出 指根据政府在经济和社会活动中的不同职责，划分中央和地方政府的责权，按照政府的责权划分确定的支出。中央财政支出包括一般公共服务，外交支出，国防支出，公共安全支出，以及中央政府调整国民经济结构、协调地区发展、实施宏观调控的支出等。地方财政支出包括一般公共服务，公共安全支出，地方统筹的各项社会事业支出等。

商品零售价格指数 是反映一定时期内城乡商品零售价格变动趋势和程度的相对数。商品零售价格的变动与国家的财政收入、市场供需的平衡、消费与积累的比例关系有关。因此，该指数可以从一个侧面对上述经济活动进行观察和分析。

农业生产资料价格指数 指反映一定时期内农业生产资料价格变动趋势和程度的相对数。其编制目的是了解农业生产中投入物质资料价格的变动状况，服务于国民经济核算。1994年以前，农业生产资料价格指数仅仅是商品零售价格指数的一个类别，此后，从商品零售价格指数中分离出来，单独编制。

居民消费价格指数 是反映一定时期内城乡居民所购买的生活消费品和服务项目价格变动趋势和程度的相对数，是对城市居民消费价格指数和农村居民消费价格指数进行综合汇总计算的结果。该指数可以观察和分析消费品的零售价格和服务项目价格变动对城乡居民实际生活费支出的影响程度。

城市居民消费价格指数 是反映一定时期内城市居民家庭所购买的生活消费品价格和服务项目价格变动趋势和程度的相对数。该指数可以观察和分析消费品的零售价格和服务项目价格变动对城镇居民收入和消费支出的影响。

农村居民消费价格指数 是反映一定时期内农村居民家庭所购买的生活消费品价格和服务项目价格变动趋势和程度的相对数。该指数可以观察农村消费品的零售价格和服务项目价格变动对农村居民收入和生活消费支出的影响。

工业生产者出厂价格指数 是反映一定时期内全部工业产品出厂价格总水平的变动趋势和程度的相对数，包括工业企业售给本企业以外所有单位的各种产品和直接售给居民用于生活消费的产品。该指数可以能观察出厂价格变动对工业总产值及增加值的影响。

Explanatory Notes on Main Statistical Indicators

Government Revenue refers to income for the government finance through participating in the distribution of social products. It is the financial guarantee to ensure government functioning. The contents of government revenue include the following main items:

(1) Various tax revenues, including domestic value added tax (VAT), domestic consumption tax, VAT and consumption tax from imports, VAT and consumption tax rebate for exports, business tax, corporate income tax, individual income tax, resource tax, city maintenance and construct tax, house property tax, stamp tax, urban land use tax, land appreciation tax, tax on vehicles and boat operation, ship tonnage tax, vehicle purchase tax, tariffs, farm land occupation tax, deed tax, and tobacco leaf tax, etc.

(2) Non-tax revenue, including special program receipts, charge of administrative and institutional units, penalty receipts and others non-tax receipts.

Government Expenditure refers to the distribution and use of the funds which the government finance has raised, so as to meet the needs of economic construction and various undertakings. It includes the following main items: expenditure for general public services, expenditure for foreign affairs, expenditure for national defence expenditure for public security, expenditure for education, expenditure for science and technology, expenditure for culture, sport and media, expenditure for social safety net and employment effort, expenditure for medical and health care, expenditure for environment protection, expenditure for urban and rural community affairs, expenditure for agriculture, forestry and water conservancy, expenditure for transportation, expenditure for affairs of exploration, power and information, expenditure for affairs of commerce and services, expenditure for affairs of financial supervision, expenditure for affairs of land and weather, expenditure for affairs of housing security, expenditure for affairs of management of grain & oil reserves , interest payment for domestic and foreign debts.. Government expenditure is divided into central government expenditure and local government expenditure according to the different functions of the governments played in economic and social activities,

Revenue of the Central Government and Revenue of the Local Governments refers to the revenue collected by the Central Government and that by the local governments as defined by the decentralized taxation system. In accordance with this system, the revenue of the Central Government includes tariff, VAT and consumption tax from imports, VAT and consumption tax rebate for exports, consumption tax, business tax and city maintenance and construct tax from the Ministry of Railways, head offices of banks, head offices of insurance company, which are handed over to the government in a centralized way, 75% of the value added tax, 60% the share part of the corporate income tax, unshared part of corporate income tax of the central enterprises, profit handed in by the central enterprises, 60% of individual income tax, vehicle purchase tax, ship tonnage tax, 97% of stamp tax on securities transactions, resource tax on the offshore petroleum resources. The revenue of the local governments includes business tax (excluding the part of the Ministry of Railways, head offices of banks, head offices of insurance company, which are handed over to the government in a centralized way), profit handed in by the local enterprises, city maintenance and construct tax (excluding the part of the Ministry of Railways, head offices of banks, head offices of insurance company, which are handed over to the government in a centralized way), house property tax, urban land use tax, land appreciation tax, tax on vehicles and boat operation, farm land occupation tax, deed tax, and tobacco leaf tax, stamp tax, 25% of the value added tax, 40% the share part of the corporate income tax, 40% of individual income tax, 3% of stamp tax on securities transactions, resource tax other than the tax on offshore petroleum resources, local non-tax revenue, etc.

Expenditure of the Central Government and Expenditure of the Local Governments according to the different functions of the Central Government and local governments in economic and social activities, the rights of affairs administration are demarcated between those of the Central Government and those of local governments; and the classification of the expenditure between the Central Government and local governments are made on the basis of the classification of the rights of affairs administration between them. The expenditure of the Central Government includes the expenditure for general public services, expenditure for foreign affairs, expenditure for public security, and the expenditure of the Central Government for adjusting the national economic structure; coordinating the development among different regions; and exercising macroeconomic regulation. The expenditure of the local governments includes mainly the expenditure for general public services, expenditure for public security, and expenditures for social development which are planed by local governments, etc.

Retail Price Index reflect the trend and degree of change in retail prices of commodities during a given period. The change in retail prices of commodities is related to government revenue, the equilibrium of market supply and demand, and the ratio of consumption to accumulation. Therefore, the retail price indices are useful from an oblique perspective for observing and analyzing the changes of the above economic activities.

Price Indices for Means of Agricultural Production reflect the trend and degree of changes in the prices of the means of agricultural production during a given period. Compilation of these indices helps to understand the changes in prices of input into agricultural production and facilitate the compilation of national accounts statistics. Before 1994, price indices for means of agricultural production were a sub-category in the retail price indices for commodities, and it has been compiled separately since 1994.

Consumer Price Index reflects the trend and degree of changes in prices of consumer goods and services purchased by urban and rural residents, and is a composite indices derived from the urban consumer price indices and the rural consumer price indices. Consumer price indices can be used to analyze the impact of consumer price change on actual expenditure for living cost of urban and rural residents.

Urban Consumer Price Index reflect the trend and degree of changes in prices of consumer goods and services purchased by urban households during a given period. It can be used to observe and analyze the impact of price changes in consumer goods and services on urban household income and consumption expenditure.

Rural Consumer Price Index reflect the trend and degree of changes in prices of consumer goods and services purchased by rural households during a given period. It can be used to observe the impact of change in retail prices of consumer goods and service prices on rural household income and consumption expenditure on living.

Ex-factory Price Index of Industrial Producers reflects the trend and degree of changes in general ex-factory prices of all industrial products during a given period, including sales of industrial products by an industrial enterprise to all units outside the enterprise, as well as sales of consumer goods to residents. It can be used to analyze the impact of ex-factory prices on gross output value and value-added of the industrial sector.

9

人民生活和社会保障

9-1 人民生活基本情况
Basic Statistics on People's Living Conditions

项目		Item		2011	2012
城乡居民收入		**Income of Rural and Urban Residents**			
农村居民家庭人均纯收入	(元)	Annual per Capita Net Income of Rural Residents	(yuan)	6129	7001
城镇居民家庭人均可支配收入	(元)	Annual per Capita Disposable Income of Urban Residents	(yuan)	17899	20307
全部单位就业人员平均货币工资	(元)	Annual Average Money Wages of all Units	(yuan)	31300	35873
消费水平		**Annual per Capita Consumption**			
居民消费水平	(元/人)	Per Capita Consumption of Residents	(yuan / person)	9903	11280
农村居民	(元/人)	Rural Residents	(yuan / person)	5882	7147
城镇居民	(元/人)	Urban Residents	(yuan / person)	15687	16649
农村居民家庭人均生活消费支出	(元/人)	Per Capita Living Expenditure of Rural Households	(yuan / person)	4675	5367
# 食品	(元/人)	Food	(yuan / person)	2162	2514
衣着	(元/人)	Clothing	(yuan / person)	282	339
文教娱乐用品及服务	(元/人)	Recreation, Education and Cultural Services	(yuan / person)	277	329
城镇居民家庭人均消费性支出	(元/人)	Per Capita Annual Living Expenditure of Urban Households	(yuan / person)	13696	15050
# 食品	(元/人)	Food	(yuan / person)	5572	6074
衣着	(元/人)	Clothing	(yuan / person)	1484	1651
教育文化娱乐服务	(元/人)	Education, Cultural and Recreation Services	(yuan / person)	1369	1587
生活质量		**Life Quality**			
城市人均拥有道路面积	(平方米)	Per Capita Paved Roads Area of Urban	(sq.m)	12.14	12.72
城市人均公园绿地面积	(平方米)	Per Capita Public Green Area of Urban	(sq.m)	10.73	10.79
城镇居民人均现住房建筑面积	(平方米)	Per Capita Present Building Floor Space of Urban Re	(sq.m)	32.18	32.25
城镇居民每百户拥有家用汽车	(辆)	Number of Automobile per 100 Households in Urban Areas		12.25	14.33
城镇居民每百户拥有空调器	(台)	Number of Air Conditioner per 100 Households in Urban Areas		112.59	120.93
城镇居民每百户拥有洗衣机	(台)	Number of Washing Machines per 100 Households in Urban Areas		98.13	98.44
城镇居民每百户拥有电冰箱	(台)	Number of Refrigerators per 100 Households in Urban Areas		97.49	98.20
城镇居民每百户拥有彩色电视机	(部)	Number of Color TV Sets per 100 Households in Urban Areas		135.19	137.93
农村居民人均使用房屋面积	(平方米)	Per Capita Living Floor Space of Rural Residents	(sq.m)	38.71	39.22
农村居民每百户拥有自行车	(辆)	Number of Bicycles per 100 Households in Rural Areas		26.18	30.87
农村居民每百户拥有摩托车	(辆)	Number of Motorcycles per 100 Households in Rural Areas		44.23	46.31
农村居民每百户拥有洗衣机	(台)	Number of Washing Machine per 100 Households in Rural Areas		69.58	73.32
农村居民每百户拥有电冰箱	(台)	Number of Refrigerator per 100 Households in Rural Areas		65.80	69.46
农村居民每百户拥有彩色电视机	(部)	Number of Color TV Sets per 100 Households in Rural Areas		105.13	108.05
教育、文化		**Education and Culture**			
每万人口中在校大学生数	(人)	Number of University Students per 10 000 Persons	(person)	142	152
人均拥有年出版报纸	(份)	Per Capita Newspapers Published per Year	(copy)	21.6	21.4
人均拥有年出版图书、杂志	(册)	Per Capita Books and Magazines Published per Year	(volume)	4.2	4.1
社会保障		**Socail Security**			
参加城镇职工养老保险人数	(万人)	Persons of Urban Workers in Basic Pension Insurance	(10 000 persons)	1494.24	1615.35
参加城镇职工基本医疗保险人数	(万人)	Urban Workers in Medicine and Medical Insurance	(10 001 persons)	1175.49	1246.14

9-2 城镇居民家庭基本情况
Basic Conditions of Urban Households

项　目	Item	1995	2000	2005	2009	2010	2011	2012
平均每户家庭人口(人)	**Average Family Size(person)**	**3.06**	**2.96**	**2.88**	**2.86**	**2.86**	**2.90**	**2.92**
平均每户就业人口(人)	**Average Number of Employeed Persons per Household (person)**	**1.81**	**1.50**	**1.42**	**1.48**	**1.51**	**1.51**	**1.49**
# 国有单位职工人数	Number of Staff and Workers in State-owned Units	1.46	1.07	0.75	0.66	0.66	0.62	0.61
集体单位职工人数	Number of Staff and Workers in Collective Owned Units	0.28	0.14	0.05	0.05	0.05	0.04	0.03
个体经营者人数	Number of Self-employed Individuals	0.03	0.19	0.17	0.14	0.14	0.15	0.16
平均每人总收入(元)	**Per Capita Total Income (yuan)**	**4005**	**5926**	**9004**	**15324**	**17129**	**19688**	**22328**
工资性收入	Wages Income	3247	4015	5842	10132	11311	12687	14249
经营净收入	Business Net Income	29	265	516	1132	1199	1671	2018
财产性收入	Property Income	131	183	211	305	378	523	634
转移性收入	Transfer Income	598	1462	2435	3754	4241	4807	5427
平均每人可支配收入(元)	**Disposable Income(yuan)**	**4003**	**5894**	**8386**	**13839**	**15461**	**17899**	**20307**
平均每人总支出(元)	**Per Capita Total Expenditures(yuan)**	**3864**	**5714**	**9211**	**14725**	**16182**	**17825**	**19496**
平均每人消费支出(元)	**Per Capita Annual Living Expenditures for Consumption (yuan)**	**3429**	**4856**	**6891**	**10857**	**12105**	**13696**	**15050**
# 食品支出	Food	1760	2014	2710	4392	4780	5572	6074
衣着支出	Clothing	459	464	641	1178	1259	1484	1651
居住支出	Residence	219	532	705	973	1127	1226	1284
家庭设备用品及服务支出	Household Facilities, Articles and Services	295	419	423	679	876	1020	1098
医疗保健支出	Medicine and Medical Service	105	266	443	648	661	735	773
交通和通信支出	Transportation and Communications	134	305	828	1414	1674	1758	1947
教育文化娱乐服务支出	Recreation, Education and Cultural Services	329	627	909	1150	1225	1369	1587
其它商品和服务支出	Miscellaneous Commodities and Services	128	229	233	423	503	533	636
城镇居民恩格尔系数(%)	**Engle Coefficient of Urban Households**	**51.34**	**41.48**	**39.32**	**40.45**	**39.50**	**40.68**	**40.40**

9-3 城镇居民家庭平均每户家庭人口、就业人口和收支情况

Average Household Size, Number of Employed Persons, Income and Expenditures of Urban Households

年份 Year	户平家庭人口(人) Average Household Size (person)	户平就业人口(人) Number of Employed Persons per Household (person)	人均可支配收入(元) Per Capita Disposable Income (yuan)	人均消费性支出(元) Per Capita Living Expenditures for Consumption (yuan)	人均食品支出(元) Per Capita Expenditures for Food (yuan)
1952	5.34	1.84	130	129	77
1957	5.42	1.99	197	191	102
1962	4.80	1.88	211	207	160
1965	4.84	1.97	255	245	155
1970	4.92	1.96	260	254	158
1975	4.90	1.99	260	246	154
1978	4.56	2.05	338	314	186
1980	4.29	2.15	391	364	213
1985	3.70	2.03	695	680	350
1990	3.34	1.89	1490	1281	690
1991	3.27	1.88	1691	1488	772
1992	3.20	1.88	1989	1651	893
1993	3.15	1.82	2408	2034	1059
1994	3.07	1.77	3297	2806	1451
1995	3.06	1.81	4003	3429	1760
1996	3.05	1.80	4406	3733	1917
1997	3.09	1.85	4723	4093	2009
1998	3.07	1.79	5127	4383	1969
1999	3.04	1.75	5478	4499	1974
2000	2.96	1.50	5894	4856	2014
2001	2.97	1.48	6360	5176	2082
2002	2.94	1.45	6611	5413	2156
2003	2.91	1.43	7042	5759	2241
2004	2.90	1.44	7710	6371	2560
2005	2.88	1.42	8386	6891	2710
2006	2.89	1.49	9350	7525	2838
2007	2.85	1.54	11098	8692	3580
2008	2.90	1.47	12633	9679	4255
2009	2.86	1.48	13839	10857	4392
2010	2.86	1.51	15461	12105	4780
2011	2.90	1.51	17899	13696	5572
2012	2.92	1.49	20307	15050	6074

9-4 按收入等级分城镇居民家庭平均每人全年收入(2012年)
Per Capita Annual Income of Urban Households Grouped by Level of Income(2012)

单位：人、元 (person，yuan)

项　目	Item	总平均 Average	低收入户 Low Income Households	较低收入户 Lower Middle Income Households	中间收入户 Middle Income Households	较高收入户 Upper Middle Income Households	高收入户 High Income Households
平均每户就业人口	Average Number of Employeed Persons per Household	1.49	1.44	1.48	1.49	1.57	1.48
平均每人总收入	Per Capital Total Income	22328	10754	16154	20938	27585	45726
平均每人可支配收入	Disposable Income	20307	9583	14628	19092	25046	41989
工资性收入	Wages Income	14249	6520	9650	13570	18916	28973
# 工资及补贴收入	Wage and Allowance	13821	6215	9349	13196	18415	28184
其他劳动收入	Part-time Income	429	305	300	375	501	789
经营净收入	Business Net Income	2018	1353	1525	1341	1805	4785
财产性收入	Property Income	634	99	359	443	620	2124
# 利息收入	Interest	102	27	42	46	88	386
股息与红利收入	Bonus Stock Income	49	7	17	30	47	188
保险收益	Insurance Income (saving)	2		1	2	4	4
其他投资收入	Income from Other Investment	42	1	3	8	4	244
出租房屋收入	Rent	431	62	292	335	475	1291
转移性收入	Transfer Income	5427	2783	4621	5584	6244	9844
# 养老金或离退休金	Endowment and Pensions	4440	1914	3804	4847	5182	8228
社会救济收入	Social Relief Income	107	260	102	46	32	11
保险收入(理赔性)	Insurance Income (indemnity)	15	8	15	29	13	11
赡养收入	Income of Supporting	289	276	261	177	271	495
捐赠收入	Income of Presenting	240	130	185	181	320	478
出售财物收入	Income from Selling Property	85	1	1	165	22	314
# 出售住房收入	Income from Selling House	70			154		259

9-5 按收入等级分城镇居民家庭平均每人全年消费支出(2012年)
Per Capita Annual Living Expenditures Grouped by Level of Income(2012)

单位：元 (yuan)

项　　目	Item	总平均 Average	低收入户 Low Income Households	较低收入户 Lower Middle Income Households	中间收入户 Middle Income Households	较高收入户 Upper Middle Income Households	高收入户 High Income Households
平均每人总支出	**Per Capita Total Expenditures**	**19496**	**10398**	**14291**	**17951**	**23822**	**38661**
平均每人全年消费支出	**Total Living Expenditures**	**15050**	**8391**	**11530**	**13951**	**18139**	**28737**
# 服务性消费支出	Services	3806	1709	2697	3357	4693	8325
食品	Food	6074	4246	5334	6119	6959	9095
# 粮食	Grain	413	328	387	431	457	521
淀粉及薯类	Starches and Tubers	74	67	75	74	77	80
干豆类及豆制品	Beans and Bean Products	72	65	71	75	75	79
油脂类	Oil and Fats	196	173	197	211	200	212
肉类	Meat, Poultry and Related Products	1160	930	1111	1209	1283	1422
禽类	Poultry	352	284	346	366	376	434
蛋类	Eggs	120	96	111	129	133	151
水产品类	Aquatic Products	185	141	174	197	207	238
蔬菜类	Vegetables	710	609	706	727	746	826
糖类	Sugar	64	46	59	63	75	91
酒类	Liquor	171	132	151	165	176	264
饮料类	Beverages	81	51	69	78	95	136
干鲜瓜果类	Dried and Fresh Melons and Fruits	426	286	375	435	510	625
糕点	Cake	78	50	68	84	95	114
奶及奶制品	Milk and Dairy Products	270	172	228	291	323	408
在外饮食	Dining Out	1231	501	794	1111	1587	2781
衣着	Clothing	1651	803	1155	1556	2143	3299
# 服装	Garments	1235	581	841	1134	1600	2566
居住	Residence	1284	764	945	1250	1355	2565
家庭设备用品及服务	Household Facilities, Articles and Services	1098	531	748	986	1384	2327
# 家庭日用耐用消费品	Durable Consumer Goods	415	104	260	356	566	1041
床上用品	Bed Articles	108	75	73	82	142	201
家庭服务	Household Services	64	15	23	38	74	220
医疗保健	Medicine and Medical Services	773	446	654	754	821	1446
交通和通信	Transportation and Communications	1947	643	1144	1430	2497	5181
# 交通	Transportation	1088	164	485	549	1433	3674
通信	Communication	859	479	660	881	1065	1507
教育文化娱乐服务	Recreation, Education and Cultural Services	1587	681	1159	1363	2208	3254
# 教育	Education	622	365	590	580	896	845
家庭文娱耐用消费品	Durable Consumer Goods for Recreational Use	377	157	240	337	576	755
文化娱乐服务	Recreation	588	158	329	446	735	1654
其它商品和服务	Miscellaneous Commodities	636	278	392	493	772	1571

9-6 各市(州)城镇居民平均每人可支配收入和消费性支出
Per Capita Annual Disposable Income and Living Expenditures of Urban Household by Region

单位：元 (yuan)

市(州)	Region	人均可支配收入 Per Capita Disposable Income		人均消费性支出 Per Capita Expenditures for Consumption		# 食品支出 Food	
		2011	2012	2011	2012	2011	2012
全　省	**Sichuan**	**17899**	**20307**	**13696**	**15050**	**5572**	**6074**
成都市	Chengdu	23048	26590	16717	18814	6283	6873
自贡市	Zigong	16852	19447	12022	13648	5048	5605
攀枝花市	Panzhihua	19735	22808	14179	15286	6110	6500
泸州市	Luzhou	17884	20746	12852	15028	5436	6062
德阳市	Deyang	19371	22374	14213	16028	5917	6555
绵阳市	Mianyang	17998	20755	14070	15717	5505	6150
广元市	Guangyuan	14635	17012	10796	11911	4649	4839
遂宁市	Suining	16093	18716	12851	14883	5765	6575
内江市	Neijiang	16602	19142	12395	13402	5203	5609
乐山市	Leshan	17644	20397	12708	13921	11843	5866
南充市	Nanchong	14798	17225	10550	11816	4940	5455
眉山市	Meishan	17038	19766	11818	13427	4742	5329
宜宾市	Yibin	17753	20522	13240	14848	5448	6048
广安市	Guangan	17203	19973	10627	12144	5015	5449
达州市	Dazhou	14662	16949	11181	12510	4902	5645
雅安市	Yaan	17326	20049	11862	12850	4669	5128
巴中市	Bazhong	14609	16999	11226	12893	4721	5354
资阳市	Ziyang	17853	20751	13847	15193	5457	6032
阿坝藏族羌族自治州	Aba	18403	21168	12022	13433	4945	5477
甘孜藏族自治州	Ganzi	17038	19560	11575	13373	5181	5822
凉山彝族自治州	Liangshan	17218	19835	12250	13925	5420	6024

9-7 城镇居民家庭生活设施情况(2012年)
Living Facilities of Urban Residents(2012)

项目	Item	总平均 Average	低收入户 Low Income Households	较低收入户 Lower Middle Income Households	中间收入户 Middle Income Households	较高收入户 Upper Middle Income Households	高收入户 High Income Households
饮水情况	**Drinking Water**						
自来水 (%)	Tap Water (%)	86.0	93.4	88.9	84.4	82.4	79.3
矿泉水 (%)	Mineral Water (%)	8.5	4.3	6.6	9.4	10.7	12.5
纯净水 (%)	Purity Water (%)	5.3	1.9	4.2	6.0	7.0	8.2
用水情况	**Water for Use**						
独用自来水 (%)	Independent Tap Water (%)	99.0	97.6	98.3	99.6	99.7	100.0
公用自来水 (%)	Public Tap Water (%)	0.8	2.0	1.3	0.3	0.3	
井、河水 (%)	Well and River Water (%)	0.2	0.4	0.4	0.2		
其他 (%)	Others (%)						
卫生设备	**Sanitary Equipment**						
无卫生设备 (%)	Without Sanitary Equipment (%)	0.8	1.3	1.0	1.1	0.6	
有厕所浴室 (%)	With Washroom and Bathroom (%)	92.1	83.3	90.0	94.9	96.0	98.7
有厕所无浴室 (%)	With Washroom but without Bathroom (%)	4.9	11.5	5.6	2.9	1.8	1.3
公用 (%)	Communal (%)	2.1	4.0	3.5	1.1	1.6	
取暖设备	**Heating Facilities**						
无取暖设备 (%)	Without Heating Facilities (%)	53.5	65.0	55.9	49.4	44.9	49.4
空调设备 (%)	Air Conditioner (%)	36.7	23.1	34.6	43.2	44.5	41.6
暖气 (%)	Central Heating (%)	0.1		0.2		0.2	0.3
其他 (%)	Others (%)	9.6	11.9	9.3	7.4	10.4	8.6
炊用燃料使用情况	**Fuel for Cooking**						
管道天燃气 (%)	Duct Coal Gas (%)	83.4	79.9	81.8	87.6	84.1	84.5
液化石油气 (%)	Liquefied Petroleum Gas (%)	8.0	10.5	8.2	5.3	9.0	6.3
煤 (%)	Coal (%)	1.0	1.6	1.6	1.1	0.2	0.1
其他 (%)	Others (%)	5.7	6.9	6.7	4.2	4.1	6.4
通信设备使用情况	**Telecommunication Appliance**						
固定电话 (线/百户)	Local Telephone (set/100 houshold)	67.8	57.9	64.7	69.4	73.5	75.7
移动电话 (部/百户)	Mobile Telephone (set/100 houshold)	210.2	186.7	204.1	217.9	229.5	219.0
使用互联网 (条/百户)	The World Wide Web (line/100 houshold)	60.0	31.9	49.4	56.5	75.3	93.7

9-8 城镇居民家庭住房情况(2012年)
Housing Conditions of Urban Residents(2012)

项 目	Item	总平均 Average	低收入户 Low Income Households	较低收入户 Lower Middle Income Households	中间收入户 Middle Income Households	较高收入户 Upper Middle Income Households	高收入户 High Income Households
人均现住房建筑面积 (平方米)	**Per Capita Floor Space of Buildings (sq.m)**	32.25	26.99	28.78	32.62	34.34	42.65
按房屋产权划分	**Grouped by Property Right**						
租赁公房 (%)	Public Dwelling House Leased (%)	5.03	11.61	3.95	3.25	2.7	2.22
租赁私房 (%)	Private Dwelling House Leased (%)	5.61	4.14	5.95	5.52	4.73	7.91
原有私房 (%)	Inherent Private Dwelling House (%)	12.71	19.16	17.88	12.74	7.95	4.1
房改私房 (%)	Private Dwelling House of Reform (%)	31.16	26.17	29.83	33.2	33.81	34.06
商品房 (%)	Commercial Dwelling House (%)	44.12	38.1	40.17	43.68	49.95	50.29
其他 (%)	Others (%)	1.37	0.82	2.22	1.61	0.85	1.42
按住宅建筑式样划分	**Grouped by House Pattern**						
单栋住宅 (%)	Independent Dwelling House (%)						
四居室 (%)	With 4 Living Rooms (%)	6.03	6.14	3.9	4.08	5.36	10.61
三居室 (%)	With 3 Living Rooms (%)	40.17	34.37	35.53	40.35	42.95	49.14
二居室 (%)	With 2 Living Rooms (%)	38.92	34.57	39.83	43.02	44.1	34.33
一居室 (%)	With 1 Living Room (%)	3.48	4.08	4.14	2.54	2.27	4.11
普通楼房 (%)	Ordinary Storied Building (%)	8.33	15.45	12.49	6.43	3.79	1.61
平房及其他 (%)	Bungalow and Others (%)	3.07	5.38	4.11	3.59	1.53	0.21

9-9 城镇居民家庭平均每百户年末耐用消费品拥有量
Number of Major Durable Consumer Goods Owned per 100 Urban Households (year-end)

项　　目		Item		2000	2005	2009	2010	2011	2012
摩托车	(辆)	Motorcycle	(unit)		1.94	8.39	9.78	9.58	9.56
洗衣机	(台)	Washing Machine	(unit)	91.31	97.88	94.90	96.09	98.13	98.44
电冰箱	(台)	Refrigerator	(unit)	80.72	92.85	93.09	95.36	97.49	98.20
彩色电视机	(台)	Color Television Set	(set)	118.61	138.87	134.12	137.97	135.19	137.93
助力车	(辆)	Hand Car	(unit)		5.71	11.34	13.56	12.09	13.91
组合音响	(套)	Hi-Fi Stereo Component System	(set)	24.86	30.05	26.18	26.03	22.70	21.58
家用电脑	(台)	Private Computer	(set)	7.69	32.26	54.13	61.35	68.86	74.25
照相机	(架)	Camera	(set)	39.01	40.20	30.99	33.05	34.58	35.77
摄像机	(架)	Vidicon	(set)	0.84	2.74	5.39	5.82	7.10	6.64
空调器	(台)	Air Conditioner	(unit)	17.74	77.14	98.38	101.47	112.59	120.93
微波炉	(台)	Microwave Oven	(unit)	14.67	42.72	51.79	54.50	55.69	56.12
淋浴热水器	(台)	Shower	(unit)	67.21	88.15	87.21	88.66	93.20	95.66
中高档乐器	(件)	Medium and High GradeMusical Instrument	(unit)		4.66	3.90	3.95	2.64	2.75
钢琴	(架)	Piano	(set)		2.17	1.84	1.84	1.40	1.56
消毒碗柜	(台)	Disinfection Cupboard	(unit)		9.64	12.93	13.99	13.63	13.06
洗碗机	(台)	Dishwasher	(unit)		0.13	0.88	0.91	0.46	0.33
健身器材	(套)	Health Equipment	(unit)		3.64	3.00	2.88	2.82	2.39
家用汽车	(辆)	Automobile	(unit)	0.47	2.37	6.83	8.60	12.25	14.33
固定电话	(部)	Local Telephone	(unit)	72.96	89.96	76.59	73.92	68.09	67.75
移动电话	(部)	Mobile Telephone	(unit)	17.10	127.91	177.51	191.82	203.29	210.23

9-10 农村居民家庭基本情况
Basic Conditions of Rural Households

项　目		Item		2009	2010	2011	2012
平均每户常住人口	(人)	Average Number of Permanent Residents per Household		3.86	3.86	3.88	3.86
平均每户整、半劳力	(人)	Average Number of Ablebodied and Semi-ablebodied Laborers per Household		2.85	2.87	2.79	2.78
平均每个劳动力负担人口(含本人)	(人)	Average Number of Persons Supported by a Laborer (including the laborer himself or herself)		1.35	1.34	1.39	1.39
全年人均总收入	**(元)**	**Average Annual Revenue**	**(yuan)**	**6238.49**	**7031.01**	**8656.51**	**9497.86**
工资性收入	(元)	Wages Income	(yuan)	1821.37	2258.44	2652.46	3088.86
家庭经营收入	(元)	Househol Business Income	(yuan)	3763.02	4081.66	5126.61	5322.87
转移性收入	(元)	Transfer Income	(yuan)	559.35	544.46	737.06	919.57
财产性收入	(元)	Property Income	(yuan)	94.75	146.46	140.38	166.55
全年人均纯收入	**(元)**	**Average Annual Net Income**	**(yuan)**	**4462.05**	**5086.89**	**6128.55**	**7001.43**
工资性收入	(元)	Wages Income	(yuan)	1821.37	2248.18	2652.46	3088.86
家庭经营收入	(元)	Househol Business Income	(yuan)	2072.88	2263.34	2761.69	3004.92
转移性收入	(元)	Transfer Income	(yuan)	473.05	431.36	574.02	741.09
财产性收入	(元)	Property Income	(yuan)	94.75	144.01	140.38	166.55
全年人均总支出	**(元)**	**Average Annual Expenditure**	**(yuan)**	**6330.46**	**6162.97**	**7641.80**	**8366.06**
家庭经营费用支出	(元)	Expenditure for Household Business	(yuan)	1555.07	1651.60	2109.63	2059.35
购置生产性固定资产支出	(元)	Expenditure on Purchasing Productive Fixed Assets	(yuan)	186.18	114.89	133.90	157.24
缴纳税金	(元)	Expenditure for Taxes	(yuan)	13.75	9.84	23.99	20.90
生活消费支出	(元)	Expenditure for Consumption	(yuan)	4141.40	3897.53	4675.47	5366.71
食品	(元)	Food	(yuan)	1740.59	1881.18	2161.65	2514.16
衣着	(元)	Clothing	(yuan)	197.06	226.62	281.87	338.52
居住	(元)	Residence	(yuan)	1138.72	625.28	727.39	787.41
家庭设备、用品及服务	(元)	Household Facilities,Articles and Services	(yuan)	219.63	239.48	300.95	333.20
医疗保健	(元)	Medicine and Medical Services	(yuan)	258.13	276.06	413.12	498.29
交通和通讯	(元)	Transportation and Communications	(yuan)	324.05	360.70	431.14	463.94
文教娱乐用品及服务	(元)	Cultural, Educational and Recreational Articles and Services	(yuan)	206.67	218.62	276.64	329.29
其他商品和服务	(元)	Other Commodities and Services	(yuan)	56.55	69.59	82.71	101.90
恩格尔系数	(%)	Engel's Coefficient	(%)	42.00	48.27	46.24	46.85
平均每户年末生产性固定资产原值	(元)	Original Value of Productive Fixed Assets per Household	(yuan)	7022.83	7508.30	13463.50	13759.20
平均每人经营耕地面积	(亩)	Per Capita Area of Cultivated Land under Management	(mu)	1.02	1.08	1.15	1.14
平均每人经营山地面积	(亩)	Per Capita Hilly Area under Management	(mu)	0.28	0.26	0.46	0.44
平均每人经营水面面积	(亩)	Per Capita Water Area under Management	(mu)	0.02		0.02	0.02
平均每人年内新建房屋面积	(平方米)	Per Capita Floor Space Newly Built in the Year	(sq.m)	2.43	0.93	0.89	0.70
平均每人年末使用房屋面积	(平方米)	Per Capita Floor Space Used (year-end)	(sq.m)	36.71	36.97	38.71	39.22
年末平均每平方米使用房屋价值	(元)	Value of Floor Space Used per Square Meter (year-end)	(yuan)	254.54	278.16	489.89	507.19

9-11 农村居民家庭人均主要指标
Main Per Capita Indicator of Rural Households

单位：元 (yuan)

年份 Year	总收入 Total Revenue	纯收入 Net Income	现金收入 Cash Income	总支出 Total Expenditure	# 生活消费支出 Expenditure for Consumption	# 生产费用支出 Expenditure for Production	现金支出 Cash Expenditure	年末手存现金 Cash in Hand (year-end)	年末存款余额 Deposit Balance (year-end)
1962	138.50	120.60	56.50	130.20	109.00	17.40	58.10	4.70	1.00
1965	121.67	105.77	54.30	116.45	95.65	15.20	55.51	4.50	1.30
1978	154.10	127.10	65.36	149.25	120.30	26.50	65.36	5.50	1.70
1980	224.30	187.90	103.08	202.44	159.50	35.65	100.57	8.84	4.25
1985	460.24	315.07	274.89	421.51	276.25	125.06	258.02	31.65	14.10
1986	499.76	337.94	309.77	475.03	310.92	141.04	300.42	41.31	19.61
1987	552.99	369.46	360.25	535.75	348.32	159.96	351.24	54.36	28.90
1988	680.75	448.85	455.39	661.94	426.47	204.41	441.23	73.35	34.12
1989	760.90	494.07	516.28	748.28	473.59	233.13	517.17	79.52	42.47
1990	846.69	557.76	520.54	801.75	509.16	248.36	502.30	98.44	52.77
1991	915.75	590.21	584.46	884.06	552.39	281.58	574.90	78.40	47.34
1992	974.98	634.31	626.06	921.33	569.46	298.93	613.45	103.96	60.45
1993	1094.32	698.27	693.17	1049.79	647.43	328.82	665.76	165.46	80.38
1994	1518.65	946.33	931.91	1496.27	904.28	482.24	869.99	216.25	127.33
1995	1864.92	1158.29	1129.08	1796.40	1061.15	599.75	1111.88	254.83	184.18
1996	2322.15	1453.42	1371.29	2244.48	1349.88	733.98	1383.27	280.80	198.41
1997	2636.08	1680.69	1654.53	2381.13	1440.48	794.53	1568.64	398.70	266.20
1998	2738.39	1789.17	1731.76	2382.31	1440.77	783.67	1610.03	498.95	341.48
1999	2696.94	1843.47	1733.91	2258.34	1426.06	688.59	1565.06	609.64	406.15
2000	2829.78	1903.60	1831.77	2436.74	1489.55	708.83	1709.35	488.11	428.51
2001	2946.30	1986.99	1983.26	2494.07	1497.52	760.10	1762.92	677.45	549.87
2002	3107.49	2107.66	2111.20	2653.33	1591.35	811.54	1910.47	824.30	720.38
2003	3255.78	2229.86	2327.84	2828.43	1747.02	860.29	1985.92	684.89	906.70
2004	3805.02	2580.28	2733.91	3299.11	2010.88	1073.85	2324.22	792.30	1126.47
2005	4158.19	2802.78	3086.53	3742.75	2274.17	1255.73	2746.53	505.32	1273.27
2006	4342.82	3002.38	3367.02	3882.55	2395.04	1244.73	2941.58	638.79	1632.10
2007	5096.98	3546.69	3939.84	4498.90	2747.27	1455.74	3462.61	726.78	2113.47
2008	5903.28	4121.21	4534.18	5154.82	3127.94	1686.48	4098.94	856.81	2680.92
2009	6238.49	4462.05	4978.59	6330.46	4141.40	1741.25	5217.92	991.77	3319.75
2010	7031.01	5086.89	5684.41	6162.97	3897.53	1774.15	5003.39	1305.59	4073.31
2011	8656.51	6128.55	7248.74	7641.80	4675.47	2243.53	6574.72	1642.17	4103.92
2012	9497.86	7001.43	8090.60	8366.06	5366.71	2216.59	7174.29	1522.88	5324.10

9-12 农村居民家庭人均现金收、支、存情况
Per Capita Annual Cash Income and Expenditure, Savings Deposit of Rural Households

单位:元 (yuan)

项　目	Item	2005	2008	2009	2010	2011	2012
期内现金收入(不含储蓄借贷，下同)	**Cash Income during the Term (without Saving and Credit)**	**3086.53**	**4534.18**	**4978.59**	**5684.41**	**7248.74**	**8090.60**
工资性收入	Wages Income	954.39	1611.83	1814.68	2257.43	2649.36	3088.13
家庭经营收入	Househol Business Income	1901.94	2417.06	2518.69	2745.63	3733.75	3930.10
财产性收入	Property Income	40.80	68.95	92.02	142.84	136.87	157.72
转移性收入	Transfer Income	189.41	436.34	553.20	538.52	728.76	914.66
期内现金支出(不含储蓄借贷，下同)	**Cash Expenditure during the Term (without Saving and Credit)**	**225.16**	**4098.94**	**5217.92**	**5003.39**	**6574.72**	**7174.29**
生产费用支出	Expenditure on Production	913.29	1348.85	1388.31	1392.22	1930.69	1904.85
家庭经营费用支出	Expenditure for Household Business	845.07	1241.08	1202.13	1269.68	1796.80	1747.61
购置生产性固定资产支出	Expenditure on Perchasing Productive Fixed Assets	67.53	107.77	186.18	124.73	133.90	157.24
缴纳税金	Taxes	4.77	13.10	13.34	9.84	23.73	20.82
生活消费支出	Living Expenditure	1623.02	2418.69	3384.59	3121.72	3924.27	4487.93
食品	Food	623.61	946.30	997.88	1122.70	1424.49	1653.61
衣着	Clothing	116.01	174.57	196.95	226.62	281.87	338.52
居住	Residence	208.05	442.93	1126.01	608.42	713.44	769.18
家庭设备、用品及服务	Household Facilities, Articles and Services	98.25	162.84	218.34	239.02	300.87	333.20
医疗保健	Medicines and Medical Services	144.45	209.22	258.13	276.06	413.12	498.29
交通和通讯	Transportation and Communications	171.50	256.08	324.05	360.70	431.34	463.94
文教娱乐用品及服务	Cultural, Educational and Recreational Articles and Services	225.16	173.26	206.67	218.62	276.64	329.29
其他商品和服务	Other Commodities and Services	35.99	53.48	56.55	69.59	82.71	101.90
期末手存现金	**Cash in Hand at end of Term**	**505.32**	**856.81**	**991.77**	**1305.59**	**1642.17**	**1522.88**
期末存款余额	**Deposit Balance at end of Term**	**1273.27**	**2680.92**	**3319.75**	**4073.31**	**4103.92**	**5324.10**

9-13 按收入五等份分农村居民家庭平均每人全年收入和支出情况(2012年)
Per Capita Annual Income and Expenditure of Rural Households Grouped by Income Quintile (2012)

单位：元 (yuan)

项目	Item	总平均 Average	低收入户 Low Income Households	中低收入户 Lower Middle Income Households	中等收入户 Middle Income Households	中高收入户 Upper Middle Income Households	高收入户 High Income Households
平均每人全年总收入	**Total Annual Revenue**	**9498**	**4755**	**6836**	**9012**	**11609**	**19123**
平均每人全年纯收入	**Per Capita Net Income**	**7001**	**3074**	**4950**	**6709**	**8905**	**14428**
工资性收入	Wages Income	3089	1320	2260	3044	4221	5864
家庭经营纯收入	Househol Business Income	3005	1334	2066	2877	3635	6474
农业纯收入	Agriculture Income	2385	1244	1837	2401	2977	4297
非农业纯收入	Non-agriculture Income	620	90	229	475	659	2176
财产性纯收入	Property Income	167	59	94	115	178	498
转移性纯收入	Transfer Income	741	361	531	673	871	1592
平均每人现金收入	**Cash Income**	**8091**	**3740**	**5464**	**7498**	**9950**	**17466**
工资性现金收入	Wages Income	3088	1320	2260	3044	4218	5863
家庭经营现金收入	Househol Business Income	3930	1874	2382	3502	4480	9376
财产性现金收入	Property Income	158	46	86	109	164	495
转移性现金收入	Transfer Income	915	499	736	842	1088	1733
平均每人全年总支出	**Total Annual Expenditure**	**8366**	**5273**	**6696**	**7931**	**9873**	**14551**
家庭经营费用支出	Expenditure for Household Business	2059	1238	1465	1909	2230	4232
生活消费支出	Expenditure for Consumption	5367	3558	4536	5165	6553	8353
平均每人现金支出	**Expenditure in Cash**	**7174**	**4295**	**5513**	**6692**	**8501**	**13276**
生产费用现金支出	Expenditure for Production	1905	1029	1226	1736	2032	4359
生活消费现金支出	Expenditure for Consumption in Cash	4488	2854	3665	4235	5556	7386
年末手存现金	**Cash in Hand (year-end)**	**1523**	**913**	**1172**	**1487**	**1784**	**2752**
年末存款余额	**Deposit Balance (year-end)**	**5324**	**2735**	**3892**	**5029**	**6247**	**10854**

9-14 各市(州)农村居民家庭人均纯收入及生活消费支出
Per Capita Net Income and Living Expenditure of Rural Households by Region

单位：元 (yuan)

市(州)	Region	农村居民人均纯收入 Per Capita Net Income of Rural Households		农村居民人均生活消费支出 Per Capita Living Expenditure of Rural Households		# 食品支出 Food	
		2011	2012	2011	2012	2011	2012
全　省	**Sichuan**	**6128.6**	**7001.4**	**4675.5**	**5366.7**	**2161.6**	**2514.2**
成都市	Chengdu	9895.5	11300.6	7032.6	7989.7	2952.2	3284.0
自贡市	Zigong	6951.3	7954.8	4856.8	5664.1	2501.2	2725.1
攀枝花市	Panzhihua	7627.0	8727.5	5607.9	7114.0	2692.9	3396.8
泸州市	Luzhou	6509.3	7462.6	4554.4	5445.2	2395.9	2667.0
德阳市	Deyang	7830.7	8953.3	5472.1	5791.8	2635.9	2870.8
绵阳市	Mianyang	7182.6	8212.8	5513.4	5771.7	2471.0	2510.8
广元市	Guangyuan	4895.0	5649.4	3961.0	4405.7	1922.8	2082.0
遂宁市	Suining	6528.2	7488.2	3968.4	4358.0	1935.2	2091.9
内江市	Neijiang	6637.8	7602.2	4520.0	5112.2	2205.9	2490.3
乐山市	Leshan	6769.6	7745.6	4631.4	4916.5	2184.5	2273.5
南充市	Nanchong	5837.1	6726.2	3967.0	4399.8	1996.2	2383.3
眉山市	Meishan	7184.4	8236.0	4501.3	4935.7	1953.5	2236.7
宜宾市	Yibin	6778.7	7771.2	4363.7	5403.6	2226.2	2860.0
广安市	Guangan	6512.7	7473.5	3931.1	4416.5	2248.1	2428.8
达州市	Dazhou	6148.3	7047.3	4158.6	4693.1	2186.7	2421.5
雅安市	Yaan	6268.7	7186.7	5041.3	5706.8	2394.6	2636.6
巴中市	Bazhong	4666.5	5387.0	4298.3	4933.7	2114.4	2397.6
资阳市	Ziyang	6718.1	7708.2	4295.1	4492.6	2221.4	2390.8
阿坝藏族羌族自治州	Aba	4662.7	5770.4	3224.5	3613.9	1695.6	1949.3
甘孜藏族自治州	Ganzi	3569.9	4610.2	2633.4	3267.3	1687.0	2013.5
凉山彝族自治州	Liangshan	5538.3	6418.9	3639.9	4145.5	2070.9	2258.5

9-15 农村居民家庭消费品消费量、耐用消费品拥有量和生产性固定资产原值

Consumption of Major Consumer Goods, Durable Consumer Goods Owned and Original Value of Productive Fixed Assets in Rural Households

项　目		Item		2008	2009	2010	2011	2012
人均主要消费品消费量		**Per Capita Consumption of Major Consumer Goods**						
粮食(原粮)	(公斤)	Grain (Unprocessed)	(kg)	183.80	194.12	178.21	168.40	161.89
蔬菜	(公斤)	Fresh Vegetables	(kg)	115.09	121.85	122.76	114.30	116.40
食油	(公斤)	Edible Oil	(kg)	4.31	3.87	4.05	6.27	6.94
肉类	(公斤)	Pork, Beef and Mutton	(kg)	32.29	34.07	34.62	34.58	33.88
# 猪肉	(公斤)	Pork	(kg)	24.70	26.54	27.50	25.94	25.72
家禽	(公斤)	Poultry	(kg)	5.68	5.54	5.18	5.94	5.88
蛋及制品	(公斤)	Eggs and Related Products	(kg)	4.57	4.55	4.20	4.69	4.87
水产品	(公斤)	Aquatic Products	(kg)	2.73	2.68	2.62	2.57	2.55
食糖	(公斤)	Sugar	(kg)	1.29	1.16	1.16	1.14	1.17
酒	(公斤)	Liquor	(kg)	9.13	9.24	9.24	9.38	9.51
# 白酒	(公斤)	Distilled Spirit	(kg)	4.34	4.25	4.12	4.10	4.32
每百户年末耐用消费品拥有量		**Durable Consumer Goods Owned per 100 Households(year-end)**						
自行车	(辆)	Bicycle	(unit)	42.18	40.85	40.15	26.18	30.87
洗衣机	(台)	Washing Machine	(set)	56.03	61.25	65.75	69.58	73.32
家用电冰箱	(台)	Refrigerator	(set)	29.20	40.45	49.38	65.80	69.46
摩托车	(辆)	Motorcycle	(unit)	33.90	36.53	37.88	44.23	46.31
彩色电视机	(台)	Color TV Set	(set)	96.73	101.78	102.95	105.13	108.05
黑白电视机	(台)	Black and White TV Set	(set)	14.80	12.00	10.75	2.30	3.86
移动电话	(部)	Mobile Telephone	(unit)	103.48	118.18	128.93	168.75	177.51
电话机	(部)	Telephone	(set)	62.70	59.23	59.18	33.35	30.87
平均每户生产性固定资产原值		**Original Value of Productive Fixed Assets per Household**						
合计	(元)	Total	(yuan)	6183.73	7022.83	7508.30	13463.50	13759.20
农业	(元)	Agriculture	(yuan)	5127.53	5617.55	5852.41	9832.90	10218.22
工业	(元)	Industry	(yuan)	39.86	55.43	50.98	266.50	307.13
建筑业	(元)	Construction	(yuan)	14.38	34.00	60.55	101.70	105.15
交通运输业	(元)	Transport	(yuan)	601.51	857.32	1089.13	1634.30	1411.96
批发和零售贸易餐饮业	(元)	Wholesale and Retail Trade & Catering Service	(yuan)	255.70	299.45	190.23	1271.60	1265.60
社会服务业	(元)	Social Services	(yuan)	61.13	65.62	58.00	183.50	312.80
文教卫生业	(元)	Culture, Education and Health Care	(yuan)	16.49	28.86	51.48	72.10	106.20
其他	(元)	Other	(yuan)	67.16	64.60	74.86	101.10	32.18

9-16 社会保险主要指标
Major Social Insurance Indicators

单位：万人，亿元 (10 000 persons, 100 million yuan)

指　标	Item	2009	2010	2011	2012
参加城镇职工养老保险人数	Persons of Urban Workers in Basic Pension Insurance	1176.18	1300.86	1494.24	1615.35
# 参加养老保险职工人数	Staff and Workers in Basic Pension Insurance	782.67	861.90	998.81	1073.68
# 参加企业保险人数	Persons in Enterprise Insurance	680.94	761.04	897.51	971.80
# 参加养老保险离退休人数	Retired and Resigned Persons in Basic Pension Insurance	393.51	438.96	495.44	541.67
# 参加企业保险人数	Persons in Enterprise Insurance	361.77	406.55	462.54	508.30
纳入社区管理的人数	Community Management	356.19	387.11	446.99	507.08
企业退休人员社区管理服务率(%)	Rate of Enterprise Retirees in Socialized Management	96.1	95.5	96.9	97.4
养老保险费征缴收入总额	Total Reventure Of Pension Insurance	606.21	670.89	870.29	901.44
参加失业保险职工人数	Staff and Workers in Unemployment Insurance	466.26	469.81	544.58	585.50
城镇失业人员领取失业保险金人数	Number Of Persons Drawing Unemployment Insurance	19.79	18.18	17.20	21.58
失业保险费征缴收入总额	Total Reventure Of Unemployment Insurance	24.67	39.98	59.24	68.20
参加城镇职工基本医疗保险人数	Urban Workers in Medicine and Medical Insurance	1038.97	1051.94	1175.49	1246.14
# 退休人员	Retired and Resigned Persons	317.34	348.31	366.05	381.78
参加补充医疗保险人数	Persons in Supplementary Medical Insurance	662.47	1148.11	1081.84	1164.31
列入公务员医疗补助范围人数	Persons in Civil Servant Medical Benefits Coverage	111.75	123.06	127.31	138.50
城镇职工基本医疗保险费征缴收入总额	Total Reventurre Of Medical Insurance	127.33	182.46	223.35	258.83
参加城镇居民医疗保险人数	Urban Workers in Medicine and Medical Insurance	954.18	1011.16	1079.28	1142.95
参加工伤保险人数	Persons in Work Injury Insurance	515.78	583.80	650.76	689.40
享受工伤保险待遇人数	Persons Enjoyed Work Injury Insurance Treatment	6.11	5.98	6.54	8.00
工伤保险费征缴收入总额	Total Reventurre Of Work Injury Insurance	9.26	12.05	16.58	21.18
参加生育保险职工人数	Staff and Workers in Maternity Insurance	426.41	484.23	601.70	654.35
享受生育保险待遇人(次)数	Persons(times) Enjoyed Maternity Insurance Treatment	5.82	7.51	7.29	12.49
生育保险费征缴收入总额	Total Reventurre Of MatenityInsurance	4.22	4.90	8.51	11.09

注：社会保险和离退休资料由四川省人力资源和社会保障厅提供。

a)Data of provincial social insurance and retirement are provided by Human Resources and Social Security Department.

9-17 各类社会保险参保人数
Number of Contributors to Social Insurance

(年末数)单位：万人　　　　(year-end)(10 000 persons)

年份 Year	职工养老保险 (未包括离退休人员) Basic Pension Insurance (excluding Retired and Resigned Persons)	职工失业保险 Unemployment Insurance	城镇基本医疗保险 Medical Insurance of Urban Workers (including Retirees)	# 城镇居民医疗保险 Medical Insuranc of Urban Households	职工工伤保险 Work Injury Insurance	职工生育保险 Maternity Insurance
1995	294.5	365.0			196.5	99.8
2000	508.5	470.2			201.1	188.2
2001	509.4	412.2	437.6		179.3	178.1
2002	528.9	402.9	480.6		167.4	166.4
2003	514.1	367.2	531.2		161.4	165.1
2004	532.8	398.6	587.6		195.6	187.4
2005	556.0	358.3	649.6		285.3	215.7
2006	597.8	400.0	775.9	1.8	304.9	274.1
2007	648.0	415.2	1078.7	205.0	397.4	323.3
2008	711.1	434.5	1481.4	520.4	464.6	373.0
2009	782.7	466.3	1993.2	954.2	515.8	426.4
2010	861.9	469.8	2063.1	1011.2	583.8	484.2
2011	998.8	544.6	2254.8	1079.3	650.8	601.7
2012	1073.7	585.5	2389.1	1143.0	689.4	654.4

9-18 各类社会保险基金征缴情况
Collection of Social Insurance Funds

单位：亿元，%　　　　(100 million yuan, %)

年份 Year	城镇职工基本养老保险 Basic Pension Insurance in Urban Area		失业保险 Unemployment Insurance		城镇职工基本医疗保险 Medical Insurance of Urban Workers		工伤 保险 Work Injury Insurance		生育保险 Maternity Insurance	
	保险费收入 Revenue of Insurance	征缴率 Rate of Collection	保险费收入 Revenue of Insurance	征缴率 Rate of Collection	保险费收入 Revenue of Insurance	征缴率 Rate of Collection	保险费收入 Revenue of Insurance	征缴率 Rate of Collection	保险费收入 Revenue of Insurance	征缴率 Rate of Collection
1995	27.3	85.3	1.1					96.2		97.2
2000	61.5	92.8	5.5	98.0			1.8	56.7	1.0	66.7
2001	65.8	94.0	6.3	92.6	16.0	94.7	1.0	80.4	0.7	87.2
2002	78.2	94.9	7.0	93.3	24.9	95.8	1.1	80.5	0.8	85.1
2003	95.3	94.7	7.9	93.5	30.8	96.9	1.3	85.5	0.9	90.5
2004	150.5	94.9	8.7	92.7	38.5	96.4	2.3	87.5	1.1	93.4
2005	189.9	96.8	11.0	93.4	49.0	98.4	4.1	93.1	1.5	94.2
2006	235.8	97.2	13.1	90.1	71.9	99.0	5.4	96.4	2.0	95.5
2007	315.8	98.0	17.5	94.5	90.5	99.1	6.7	96.5	3.4	96.8
2008	426.6	97.8	21.4	95.0	115.9	98.1	7.9	92.5	4.3	95.4
2009	606.2	96.0	24.7	-	127.3	98.4	9.3	95.7	4.2	97.4
2010	670.9	97.9	40.0	-	182.5	97.4	12.1	96.2	4.9	97.8
2011	870.3	98.0	59.2	-	223.4	98.6	16.6	96.0	8.5	97.0
2012	901.4	98.0	68.2	-	258.8	98.8	21.2	95.8	11.1	97.0

注：养老保险参保人数，2003年及以前年份未包括机关事业单位数据。

a) The contributor of basic pension insurance excludes contributors of government angencies and institutions in 2003 and before.

9-19 各市(州)社会保险参保人数(2012年)
Contributors of Social Insurance Funds by Region(2012)

(年末数)单位：万人 (year-end)(10 000 persons)

市(州)	Region	城镇职工基本养老保险 Basic Pension Insurance in Urban Area	职工失业保险 Unemployment Insurance	城镇基本医疗保险 Medical Insurance of Urban Workers	职工工伤保险 Work Injury Insurance	职工生育保险 Maternity Insurance
全　省	**Sichuan**	**1615.35**	**585.50**	**2389.09**	**689.40**	**654.35**
成都市	Chengdu	485.39	281.55	797.91	316.57	393.73
自贡市	Zigong	60.70	13.12	80.78	16.80	12.21
攀枝花市	Panzhihua	46.52	22.19	68.63	21.59	23.18
泸州市	Luzhou	56.55	19.10	90.02	17.84	13.81
德阳市	Deyang	90.96	29.77	112.78	34.50	33.47
绵阳市	Mianyang	88.57	22.80	128.95	35.97	29.77
广元市	Guangyuan	40.46	13.69	67.95	16.67	8.60
遂宁市	Suining	49.49	8.19	67.78	9.97	6.66
内江市	Neijiang	61.24	12.50	84.71	17.77	14.90
乐山市	Leshan	90.06	17.79	107.27	31.57	19.94
南充市	Nanchong	77.04	18.16	156.93	15.83	6.26
眉山市	Meishan	45.57	8.76	64.81	15.61	15.19
宜宾市	Yibin	63.81	22.93	94.52	27.23	23.33
广安市	Guangan	45.59	11.47	77.02	9.18	4.52
达州市	Dazhou	70.30	15.53	102.33	21.76	11.36
雅安市	Yaan	24.94	6.22	33.57	8.31	4.78
巴中市	Bazhong	27.00	6.46	51.11	8.90	9.06
资阳市	Ziyang	58.97	9.31	86.04	15.79	10.91
阿坝藏族羌族自治州	Aba	8.55	5.16	21.21	6.90	2.43
甘孜藏族自治州	Ganzi	6.72	4.44	18.96	4.28	1.68
凉山彝族自治州	Liangshan	23.75	11.28	54.86	11.44	8.59

9-20 各市(州)社会保险基金征缴情况(2012年)
Collection of Social Insurance Funds by Region(2012)

单位：亿元、%　　　　(100 million yuan, %)

市(州)	Region	城镇职工养老保险 Basic Pension Insurance in Urban Area		失业保险 Unemployment Insurance	城镇职工基本医疗保险 Medical Insurance of Urban Workers		工伤保险 Work Injury Insurance		生育保险 Maternity Insurance	
		保险费收入 Revenue of Insurance	征缴率 Rate of Collection	保险费收入 Revenue of Insurance	保险费收入 Revenue of Insurance	征缴率 Rate of Collection	保险费收入 Revenue of Insurance	征缴率 Rate of Collection	保险费收入 Revenue of Insurance	征缴率 Rate of Collection
全　省	**Sichuan**	**901.44**	**98.0**	**68.20**	**258.83**	**98.8**	**21.18**	**95.8**	**11.09**	**97.0**
成都市	Chengdu	322.02	99.0	33.08	119.73	99.1	6.49	98.4	6.84	98.5
自贡市	Zigong	29.43	93.5	2.23	6.93	100.0	0.55	85.1	0.22	97.2
攀枝花市	Panzhihua	22.92	94.8	2.35	9.06	100.0	1.09	88.9	0.42	88.1
泸州市	Luzhou	20.64	99.0	2.83	6.83	99.8	0.77	100.0	0.25	99.9
德阳市	Deyang	46.52	96.0	2.75	12.42	100.0	1.24	93.6	0.54	87.5
绵阳市	Mianyang	42.10	99.7	1.45	14.08	96.6	1.09	99.8	0.53	99.9
广元市	Guangyuan	20.69	95.5	1.71	5.59	100.0	0.62	96.2	0.07	100.0
遂宁市	Suining	17.69	99.0	0.48	3.46	97.3	0.23	97.2	0.15	98.5
内江市	Neijiang	31.38	99.2	1.56	5.42	100.0	0.74	90.7	0.13	93.7
乐山市	Leshan	32.85	95.1	1.20	8.16	99.9	1.45	95.6	0.35	95.5
南充市	Nanchong	40.18	99.6	1.11	6.78	100.0	0.22	99.0	0.08	99.7
眉山市	Meishan	29.20	100.0	0.59	4.22	100.0	0.52	100.0	0.19	98.9
宜宾市	Yibin	30.82	97.4	3.23	10.52	99.1	1.30	99.1	0.42	99.3
广安市	Guangan	14.79	100.0	2.06	3.68	96.0	0.75	100.0	0.15	96.7
达州市	Dazhou	32.37	95.7	1.30	5.59	98.2	1.16	86.7	0.17	92.3
雅安市	Yaan	9.74	99.9	0.51	4.05	100.0	0.38	100.0	0.15	99.9
巴中市	Bazhong	13.74	94.0	0.35	3.28	98.7	0.23	77.8	0.05	74.7
资阳市	Ziyang	23.52	92.6	3.42	6.86	96.9	0.31	83.7	0.14	82.4
阿坝藏族羌族自治州	Aba	4.96	94.7	0.51	3.29	98.1	0.25	100.0	0.04	90.4
甘孜藏族自治州	Ganzi	4.06	99.0	0.45	3.01	100.0	0.15	98.2	0.04	100.0
凉山彝族自治州	Liangshan	14.45	98.0	0.94	7.73	94.2	0.47	99.9	0.17	99.9

9-21 离休、退休、退职人员人数和保险福利费

Number of Retired and Resigned Staff and Workers and Labour Insurance and Welfare Funds for Retired and Resigned Staff and Workers

年份 Year	离休、退休、退职人员合计(万人) Number of Retired and Resigned Staff and Workers (10 000 persons)	# 由民政部门支付 Paid by Civil Administration Organs	离退休、退职人员与全部城镇就业人员之比(以离退休、退职人数为1) the Ratio of Retired, Resigned Staff and Workers to Urban Employment (RRSW=1)	保险福利费用总额(万元) Total Labour Insurance and Welfare Funds (10 000 yuan)	# 由民政部门支付 Paid by Civil Administration Organs
1978	28.08	2.92	16.6	10519	1190
1979	41.57	2.88	11.9	18240	1426
1980	53.52	2.86	9.6	27612	1716
1981	59.12	2.98	9.0	29325	1820
1982	80.40	3.06	7.0	41218	1926
1983	91.35	3.16	6.4	54844	2108
1984	100.27	3.20	6.0	69450	2447
1985	103.84	3.23	6.2	84318	2552
1986	112.94	2.61	5.9	102991	2944
1987	115.26	2.51	6.0	121252	3100
1988	120.30	1.10	6.1	154152	2887
1989	116.71	0.99	6.5	188685	2484
1990	121.24	0.94	6.6	222119	2675
1991	132.32	0.94	6.5	279070	2419
1992	137.00	0.93	6.7	316010	3395
1993	145.22	0.90	6.6	405446	3853
1994	152.34	0.84	6.6	600329	4402
1995	161.65	0.85	6.5	702028	4708
1996	171.25	0.80	6.3	810244	4824
1997	176.90	0.75	6.2	934269	4726
1998	190.28	0.71	5.7	1069393	4698
1999	194.13	0.70	5.6	1243493	4842
2000	202.40	1.02	5.4	1389271	9225
2001	214.37	0.97	5.2	1519083	15688
2002	227.92	0.95	4.9	1824883	22523
2003	237.70	0.70	4.9	1935548	25000
2004	249.80	0.98	4.8	2179324	21317
2005	274.86	1.07	4.5	2440594	22258
2006	290.10	1.10	4.4	2927512	25152
2007	317.40	1.20	4.1	3740000	29176
2008	382.40	1.10	3.4	4681044	33188
2009	441.03	1.40	3.1	6236666	63803
2010	485.50	1.38	2.8	7499570	75128
2011	559.00	0.87	2.5	7624606	82137
2012	609.20	1.01	2.4	8874404	94704

9-22 城市居民最低生活保障情况
Basic Statistics on Residents under Basic Provision Protection in Urban Area

单位：户、人、万元 (household,person,10 000 yuan)

年份 Year	最低生活保障家庭数 Households under Basic Provision Protection	最低生活保障人数 Persons Receiving Lowest Cost-of-living in Urban Area	# 在职人员 Employed	# 老年人 Elderly	临时救济人次数[a] Poor Persons Receiving Temporary Almsgiving in Urban Area	城市低保资金 Funds for Urban Residents under Basic Provision Protection (10 000 yuan)
2005	806737	1586126	11426	14744	15678	112183
2006	848969	1652718	10110	13119	25878	132090
2007	911724	1732899	26841	211336	37734	179036
2008	974494	1857374	21394	186323	66803	263932
2009	998369	1891548	28713	231127	33361	346268
2010	1014429	1869694	25472	255385	50547	403601
2011	1033800	1893114	13334	285339	132453	455812
2012	1032332	1863842	15552	301762		428390

9-23 各市(州)城市居民最低生活保障和救济情况(2012年)
Basic Statistics on Residents under Basic Provision Protection and Receiving Almsgiving in Urban Area by Region(2012)

单位：户、人、万元 (household，person, 10 000 yuan)

市(州)	Region	最低生活保障家庭数 Households under Basic Provision Protection	最低生活保障人数 Persons Receiving Lowest Cost-of-living in Urban Area	# 在职人员 Employed	# 老年人 Elderly	# 登记失业 Registered Unemp-loyed	# 未登记失业 Unregistered Unemployed	城市低保资金 Funds for Urban Residents under Basic Provision Protection
全　省	**Sichuan**	**1032332**	**1863842**	**15552**	**301762**	**293913**	**437018**	**428390**
成都市	Chengdu	32752	51322	703	7299	9579	12624	16182
自贡市	Zigong	53611	89639	564	16076	9094	42204	20683
攀枝花市	Panzhihua	10931	20854	364	2033	4197	2765	6555
泸州市	Luzhou	40979	64279	291	16651	5108	19830	14940
德阳市	Deyang	67616	109929	509	13528	32240	26514	25836
绵阳市	Mianyang	63102	121591	1436	28936	12427	25228	28713
广元市	Guangyuan	59881	116312	1368	8050	26174	33728	23989
遂宁市	Suining	46921	92924	438	19120	9159	12248	24717
内江市	Neijiang	43018	76338	543	11772	18819	20442	16828
乐山市	Leshan	60641	86906	1077	17607	16573	15104	20235
南充市	Nanchong	124076	234696	1018	51760	36029	41989	46102
眉山市	Meishan	52926	66865	525	11961	10176	12137	16076
宜宾市	Yibin	45802	77400	1046	23052	13295	12032	20561
广安市	Guangan	55033	104613	1350	12636	7578	39073	23092
达州市	Dazhou	82216	144907	2143	14924	25194	33910	34507
雅安市	Yaan	19362	31205	119	3461	3329	3344	7573
巴中市	Bazhong	55927	146551	701	9943	25872	40291	32845
资阳市	Ziyang	31080	65312	111	10449	4859	11570	14837
阿坝藏族羌族自治州	Aba	25610	53058	177	8281	7694	14152	11404
甘孜藏族自治州	Ganzi	17590	28353	257	5518	3007	5574	6843
凉山彝族自治州	Liangshan	43258	80788	812	8705	13510	12259	15876

注：城乡居民低保和救济资料由四川省民政厅提供；城市低保资金全省合计中含省本级数据。

a) Data of funds for urban and rural residents under basic provision protection and relief materials are provided by the provincial Civil Affairs Department. Data of funds for urban and rural residents under basic provision protection include provincial data.

9-24 农村居民最低生活保障和救济情况
Basic Statistics on Residents under Basic Provision Protection and Receiving Almsgiving in Rural Area

单位：户、人、万元 (household，person, 10 000 yuan)

年份 Year	最低生活保障家庭数 Number of Households Receiving Lowest Cost-of-living in Rural Area	最低生活保障人数 persons Receiving Lowest Cost-of-living in Rural Area	# 老年人 Elderly	# 未成年人 Minors	# 残疾人 Disabled	五保供养人数 Livelihood Guaranteed in Five Aspects	农村低保资金 Funds for Rural Residents under Basic Provision Protection
2005	296176	647007					8035.0
2006	717990	1580278	357390	121614	112009	420479	20928.8
2007	1090706	2227180	524831	188574	189501	107666	50290.5
2008	1662376	3480471	1066143	381232	281579	135071	131517.4
2009	1931727	3965356	1471447	444696	333549	175075	249586.0
2010	2005227	3944748	1609275	434813	339357	211323	310207.3
2011	2221734	4251001	1737689	464960	356790	234494	437368.1
2012	2360143	4344818	1825940	463760	361101	257064	411567.8

9-25 各市(州)农村居民最低生活保障和救济情况(2012年)
Basic Statistics on Residents under Basic Provision Protection and Receiving Almsgiving in Rural Area by Region(2012)

单位：户、人、万元 (household，person，10 000 yuan)

市(州)	Region	最低生活保障家庭数 Number of Households Receiving Lowest Cost-of-living in Rural Area	最低生活保障人数 Persons Receiving Lowest Cost-of-living in Rural Area	# 老年人 Elderly	# 未成年人 Minors	# 残疾人 Disabled	五保供养人数 Livelihood Guaranteed in Five Aspects	农村低保资金 Funds for Rural Residents under Basic Provision Protection
全　省	**Sichuan**	**2360143**	**4344818**	**1825940**	**463760**	**361101**	**257064**	**411568**
成都市	Chengdu	60832	122350	38170	9646	14666	15385	20295
自贡市	Zigong	63522	88509	22457	2032	6943	8994	8229
攀枝花市	Panzhihua	13492	29781	9224	6612	2748	2078	2807
泸州市	Luzhou	107642	155783	92738	20360	26462	14426	14621
德阳市	Deyang	82553	108124	53921	6222	15423	13308	11471
绵阳市	Mianyang	101237	188861	104075	14088	20102	14117	20826
广元市	Guangyuan	79452	178130	59245	28609	11499	7732	15069
遂宁市	Suining	86648	149099	41739	4253	12875	12270	15661
内江市	Neijiang	81370	116253	58524	6487	11432	15731	10351
乐山市	Leshan	85490	138723	65268	13468	14761	9480	13747
南充市	Nanchong	302945	553391	370544	32105	30000	29724	43920
眉山市	Meishan	117382	161227	78859	13619	12934	19848	17029
宜宾市	Yibin	97213	158555	76536	13054	19907	16307	16224
广安市	Guangan	132906	189920	134986	13740	14454	11061	19318
达州市	Dazhou	226325	372970	150010	33030	43376	25523	35210
雅安市	Yaan	61234	84151	40303	5395	9402	2686	8424
巴中市	Bazhong	126260	352216	93365	36428	24550	9477	37064
资阳市	Ziyang	128557	208681	85396	23568	19296	16234	19777
阿坝藏族羌族自治州	Aba	78136	168641	45748	21867	11465	3902	15745
甘孜藏族自治州	Ganzi	132354	247423	63504	24858	9771	2232	23454
凉山彝族自治州	Liangshan	194593	572030	141328	134319	29035	6549	42328

注：农村低保资金全省合计中含省本级数据。

a) Funds for rural residents under Basic Provision Protection include provicial funds.

主要统计指标解释

一、城镇住户

城镇家庭人口 指居住在一起，经济上合在一起共同生活的家庭成员。凡计算为家庭人口的成员其全部收支都包括在本家庭中。

城镇家庭总收入 指家庭成员得到的工资性收入、经营净收入、财产性收入、转移性收入之和，不包括出售财物收入和借贷收入。

城镇家庭可支配收入 指家庭成员得到可用于最终消费支出和其它非义务性支出以及储蓄的总和，即居民家庭可以用来自由支配的收入。它是家庭总收入扣除交纳的个人所得税、个人交纳的社会保障支出以及记账补贴后的收入。

城镇家庭总支出 指家庭除借贷支出以外的全部实际支出。包括现金消费支出、财产性支出、转移性支出、社会保障支出、购房与建房支出。

城镇家庭现金消费性支出 指家庭用于日常生活的全部现金支出，包括食品、衣着、居住、家庭设备及用品、交通通信、文教娱乐、医疗保健、其他等八大类支出。

二、农村住户

常住人口 指全年经常在家或在家居住 6 个月以上，而且经济和生活与本户连成一体的人口。外出从业人员在外居住时间虽然在 6 个月以上，但收入主要带回家中，经济与本户连为一体，仍视为家庭常住人口；在家居住，生活和本户连成一体的国家职工、退休人员也为家庭常住人口。但是现役军人、中专及以上(走读生除外)的在校学生、以及常年在外(不包括探亲、看病等)且已有稳定的职业与居住场所的外出从业人员，不算家庭常住人口。家庭常住人口主要作为计算农村住户平均每人收入、消费和积累水平及分析家庭人口状况的依据。

整、半劳动力 整劳动力指男子 18 周岁到 50 周岁，女子 18 周岁到 45 周岁；半劳动力指男子 16 周岁到 17 周岁，51 周岁到 60 周岁；女子 16 周岁到 17 周岁，46 周岁到 55 周岁，同时具有劳动能力的人。虽然在劳动年龄之内，但已丧失劳动能力的人，不应算为劳动力；超过劳动年龄，但能经常参加劳动，计入半劳动力数内。常住人口中的职工，若这些职工为劳动力，就包括在本户的整半劳动力中。

农村居民家庭总收入 指调查期内农村住户和住户成员从各种来源渠道得到的收入总和。按收入的性质划分为工资性收入、家庭经营收入、财产性收入和转移性收入。

农村居民家庭纯收入 指农村住户当年从各个来源得到的总收入相应地扣除所发生的费用后的收入总和。计算方法:

纯收入＝总收入—家庭经营费用支出—税费支出—生产性固定资产折旧—赠送农村内部亲友支出

纯收入主要用于再生产投入和当年生活消费支出，也可用于储蓄和各种非义务性支出。“农民人均纯收入”按人口平均的纯收入水平，反映的是一个地区农村居民的平均收入水平。

农村居民家庭总支出 指农村住户用于生产、生活和再分配的全部支出。包括家庭经营费用支出、购置生产性固定资产支出、税费支出、消费支出、财产性支出和转移性支出。

恩格尔系数 指食品支出在现金消费支出中所占的比例。

恩格尔系数＝(食品支出/现金消费支出)×100%

城镇职工基本养老保险

1.（参保）职工人数：指报告期末按照国家法律、法规和有关政策规定参加基本养老保险并在社保经办机构已建立缴费记录档案的职工人数，包括中断缴费但未终止养老保险关系的职工人数，不包括只登记未建立缴费记录档案的人数。

2.（参保）离退休人员人数：指报告期末参加基本养老保险的离休、退休和退职人员的人数。

3.基金收入：指根据国家有关规定，由纳入基本养老保险范围的缴费单位和个人按国家规定的缴费基数和缴费比例缴纳的养老保险基金，以及通过其他方式取得的形成基金来源的收入。包括单位和职工个人缴纳的基本养老保险费、基本养老保险基金利息收入、上级补助收入、下级上解收入、转移收入、财政补贴和其他收入。

基本医疗保险

1.参保人数：指报告期末按国家有关规定参加相应基本医疗保险的人数。

2.基金收入：指由用人单位和个人按照国家规定的缴费基数、缴费比例或缴费标准缴纳的基本医疗保险基金，财政补助资金以及通过其他方式取得的形成基金来源的款项，包括：单位缴纳收入、个人缴纳收入、财政补助收入（含医疗救助补助个人收入）、财政补贴收入、利息收入和其他收入。

失业保险

1.参保人数：指报告期末按照国家法律、法规和有关政策规定参加了失业保险的城镇企业、事业单位的职工及地方政府规定参加失业保险的其他人员的人数。

2.基金收入：指报告期内筹集的失业保险基金的总额，包括失业保险费收入、利息收入、财政补贴收入、其他收入、转移收入、上级补助收入、下级上解收入。

工伤保险

1.参加保险人数：指报告期末依据国家有关规定参加工伤保险的职工人数和有雇工的个体工商户的雇工数。

2.基金收入：指根据国家有关规定，由参加工伤保险的单位按国家规定的缴费基数和缴费比例缴纳的工伤保险基金，以及通过其他形式取得的形成基金来源的款项。包括：单位缴纳的社会统筹基金收入、财政补贴收入、利息收入、其他收入。

生育保险

1.参保人数：指报告期末依据有关规定参加生育保险的职工人数。

2.基金收入：指根据国家有关规定，由参加生育保险的单位按照国家规定的缴费基数和缴费比例缴纳的生育保险基金，以及通过其他方式取得的形成基金来源的款项，包括：单位缴纳的基金收入、利息收入和其他收入。

离休、退休、退职人员保险福利费用　指离休、退休、退职人员实际得到的生活费用总额，包括从社会保险经办机构和单位得到的费用。

城市居民最低生活保障人数　指在报告期末家庭平均收入在当地规定的最低生活保障线以下的城市居民数。包括“三无”对象，失业人员和在职、下岗、退休人员等。

农村居民最低生活保障人数　指报告期末在建立农村最低生活保障制度的地区，得到当地政府或集体给予最低生活保障的农业人口数。

五保户　指无法定抚养义务人，或者虽有法定抚养义务人，但是抚养人无抚养能力的；无劳动能力的；无生活来源的老年人、残疾人和未成年人。

Explanatory Notes on Main Statistical Indicators

I. Urban Households

Population of urban households refer to members of the household living and sharing economically together. All income and expenditure of the population of the household are included in the income and expenditure of the household.

Total Income of Urban Households refers to the sum of wage income; net business income; income from properties; and income from transfers of members of the households. Income from selling of properties and income from borrowing are not included.

Disposable Income of Urban Households refers to the actual income at the disposal of members of the households which can be used for final consumption, other non-compulsory expenditure and savings. This equals to total income minus income tax, personal contribution to social security and sample household subsidy for keeping dairies.

Total Expenditure of Urban Households refers to all actual expenditure of households except expenditure on lending. It includes cash expenditure; property expenditure, transfer expenditure, social insurance expenditure and expenditure on house purchasing or house building.

Consumption Expenditure of Urban Households in Cash refers to total cash expenditure of households for consumption in daily life, including expenditure on the eight categories of food; clothing; housing; household appliances; transport and communications; education, cultural and recreational activities and medical care.

II. Rural Households

Usual Resident Population refers to persons staying at home regularly or for over 6 months during a year and integrated with the household economically and in terms of living.. Members of the household staying away from the household for over 6 months but keeping a close economic relation with the household by sending the majority of income to the household are regarded as usual resident of the household. Government staff and workers or retirees living as close members of the household are also considered as usual resident. However, servicemen, students of secondary technical schools or schools of higher education and persons with stable jobs and residence outside the household (excluding those visiting relatives or seeking medical service) are not included as resident population of the household. Resident population is used in calculating income, consumption, accumulation on per capita basis of rural households and in analyzing composition of rural households.

Full/Semi Labour Force Full labour force refers to persons capable of work, aged 18-50 for males and 18-45 for females. Semi labour force refers to persons capable of work, aged 16-17 and 51-60 for males and 16-17 and 46-55 for females. Persons at their working ages but not capable of work are not to be included as labour force. Persons not at working ages but participating regularly in work are included in semi labour force. For staff and workers as resident population of the household, they are included as full or semi labour force of the household if they are in the labour force.

Total Income of Rural Households refers to the sum of income earned from various sources by the rural households and their members during the reference period, and is classified as income from wages and salaries, income from household operations, income from properties and income from transfers.

Net Income of Rural Households Net Income refers to the total income of rural households from all sources minus all corresponding expenses. The formula for calculation is as follows:

Net income = total income - household operation expenses - taxes and fees - taxes and fees depreciation of fixed assets for production - gifts to non-rural relatives

Net income is mainly used as input for reinvestment in production and as consumption expenditure of the year, and also used for savings and non-compulsory expenses of various forms. "Per capita net income of farmers" is the level of net income averaged by population, reflecting the average income level of rural population in a given area.

Total Expenditure of Rural Households refers to total expenses of rural households on production, consumption and redistribution, including expenditure on household operations, on purchase of productive fixed assets, depreciation of productive fixed assets, taxes and fees, expenses on household consumption, expenses on properties and expenses on transfers.

Expenditure on Household Consumption of Rural Households refers to expenditure by rural households on their material and cultural life, including expenditure on food; clothing; housing; household appliances, articles and services; health and medical service; transportation and communications; articles and services on culture, education and recreation; and other goods and services, expenses on properties; and expenses on transfers.

Engel Coefficient refers to the percentage of expenditure on food to the total consumption in cash, using the following formula:

Engel Coefficient = (expenditure on food / total expenditure in cash) x 100%

Basic Pension Insurance of Urban Workers

1.Number of people participated in the insurance programme: by the end of reference period, number of staff and workers participated in the insurance programme in line with national laws, regulations and related policies, who have already had payment records in social security management agencies, including those who interrupt payment but not terminate the insurance programme. Those who have no records are not included.

2.Number of retired and resigned people participated in the insurance programme: by the end of reference period, number of retired and resigned staff and workers participated in the insurance programme.

3. Revenue of insurance refer to payments made by units and individuals covered in pension insurance programs, and income from other resources according to national provision, including the premium paid by units and staff and works, interest income, subsidies from higher level agencies, income as transfer from subordinate agencies, transferred income, financial subsidies and other income.

Basic Medical Care Insurance:

1.Number of people participated in the insurance program: refer to number of people participated in the basic medical care insurance program according to related regulation by the end of reference period.

2.Revenue of basic medical care insurance: refers to payments made by employers and individuals participating in the medical care insurance programme in accordance with the basis and proportion stipulated in State regulations, and income from other sources that become source of medical insurance fund, including income paid by units, individual paid income, financial assistance's income (including individual income from medicaid), financial subsidies' income, interest income and other income.

Unemployment Insurance

1.Number of people participated in unemployment insurance program: number of staff and workers in urban enterprises or institutions and other people according to local government regulations participated in unemployment insurance program in line with national laws, regulations and related policies by the end of the reference period.

2.Revenue of insurance: refers to the total unemployment insurance funds raised in the reference period, including unemployment insurance premium, interest income, financial subsidies, other income, transferred income, subsidies from higher level agencies and income as transfer from subordinate agencies.

Work Injury Insurance

1.Number of people participated in work injury insurance: refers to staff and workers who have participated in the work injury insurance programme and number of employees in private business according to relevant national regulations at the end of the reference period.

2. Revenue of unemployment insurance: refer to payments made by units and individuals covered in unemployment insurance program, interest income, subsidies income from higher level agencies, income as transfer from subordinate agencies, transferred income, financial subsidies and other income.

Maternity Insurance

1.Number of people participated in maternity insurance program according to related regulation at the end of the reporting period.

2.Revenue of maternity insurance: refers to payments made by units covered in maternity insurance program according to national provisions, and income from other resources, including: income of funds paid by units, interest income and other income.

Insurance and Welfare Funds for Retired and Resigned Staff and workers refer to the total living expenses actually received by those retirees, including those from social insurance management agencies and units.

Number of Urban Residents Entitled to Minimum Living Allowances refers to the number of those whose average family income is below a minimum local standard by the end of the reporting period, including both the employed and unemployed, laid off and retired, and those jobless people without stable residence or valid IDs.

Number of Rural Residents Entitled to Minimum Living Allowances refers to the number of those receiving the minimum living allowances from the local government or community in the rural areas where this allowances system is in place as of the end of the reporting period.

Households Enjoying Five Guarantees refers to those senior citizens, handicapped or under-aged who, without labour ability, can not make a living by themselves and whose statutory providers are unable to support them or who have no statutory providers at all.

10

城市概况

10-1 城市基本情况(2012年)
Basic Statistics on Cities(2012)

城市	City	年末就业人员(万人) Number of Employed Persons (10 000 persons)	第一产业 Primary Industry	第二产业 Secondary Industry	第三产业 Tertiary Industry	城区面积(平方公里) Total Urban Area (sq.km)	# 建成区面积 Developed Area
全　省	**Sichuan**	**4798.30**	**1991.30**	**1233.18**	**1573.83**	**6204.99**	**1901.72**
地级市	**at Prefecture Level**						
成都市	Chengdu	791.07	141.83	308.67	340.56	779.77	515.53
自贡市	Zigong	190.75	68.27	59.26	63.21	778.32	100.18
攀枝花市	Panzhihua	66.18	20.82	20.89	24.47	326.66	66.39
泸州市	Luzhou	240.27	110.88	70.96	58.43	411.38	101.05
德阳市	Deyang	209.92	83.46	56.50	69.95	65.10	64.29
绵阳市	Mianyang	293.33	112.67	81.22	99.44	465.00	107.50
广元市	Guangyuan	160.38	81.65	34.49	44.24	216.70	45.00
遂宁市	Suining	163.91	65.75	46.61	51.56	298.62	69.08
内江市	Neijiang	174.09	57.40	51.89	64.79	204.09	45.20
乐山市	Leshan	193.67	91.03	43.21	59.43	93.21	64.10
南充市	Nanchong	275.78	112.86	74.98	87.93	420.00	101.00
眉山市	Meishan	189.52	98.15	42.89	48.48	56.50	45.00
宜宾市	Yibin	323.01	150.90	81.25	90.86	97.35	79.85
广安市	Guangan	217.07	115.95	43.70	57.42	111.31	34.00
达州市	Dazhou	330.77	164.06	66.83	99.88	89.00	50.95
雅安市	Yaan	104.77	42.25	22.81	39.71	196.89	27.90
巴中市	Bazhong	172.35	95.58	32.08	44.68	160.29	18.00
资阳市	Ziyang	207.32	104.91	45.04	57.36	181.24	41.04
县级市	**at County Level**						
都江堰市	Dujiangyan	43.10	7.40	14.90	20.80	227.40	34.25
彭州市	Pengzhou	51.15	20.43	16.27	14.45	133.80	20.76
邛崃市	Qionglai	40.52	13.31	11.22	15.99	33.40	20.32
崇州市	Chongzhou	52.10	12.60	25.10	14.40	63.42	25.40
广汉市	Guanghan	35.50	15.40	11.70	8.50	58.90	44.83
什邡市	Shifang	24.30	8.90	9.00	6.40	21.00	13.30
绵竹市	Mianzhu	30.30	11.30	8.60	10.40	14.00	14.00
江油市	Jiangyou	61.41	16.57	20.78	24.06	199.41	30.00
峨眉山市	Emeishan	30.24	12.01	7.48	10.75	90.20	17.56
阆中市	Langzhong	43.13	15.85	8.75	18.53	150.00	23.65
华蓥市	Huaying	17.96	7.41	5.52	5.03	92.40	10.50
万源市	Wanyuan	28.90	12.70	3.90	12.30	18.27	11.20
简阳市	Jianyang	43.37	17.36	11.83	14.18	114.00	23.50
西昌市	Xichang	45.49	20.30	5.41	19.78	37.36	36.39

注：本篇章除“年末就业人员”外，其余资料均由四川省住房和城乡建设厅提供。

a) Data of this talble are provided by Sichuan Provincial Department of Housing and Urban and Rural Construction except indicator "number of employed persons".

10-2 城市设施水平(2012年)
Level of Public Facilities in Cities(2012)

城市	City	用水普及率(%) Percentage of Population with Access to Tap Water (%)	燃气普及率(%) Percentage of Population with Access to Gas (%)	人均城市道路面积(平方米) Per Capita Area of Roads (sq.m)	人均公园绿地面积(平方米) Per Capita Public Green Area (sq.m)	建成区绿化覆盖率(%) Percentage of Green Area in Developed Areas (%)	污水处理率(%) Rate Of Pollution Water (%)	生活垃圾处理率(%) Rate Of House Rabbish Treatment (%)
全 省	**Sichuan**	**92.04**	**87.96**	**12.72**	**10.79**	**38.69**	**83.63**	**94.55**
地级市	**at Prefecture Level**							
成都市区	Chengdu	98.26	96.95	16.24	13.66	39.38	92.15	100.00
自贡市区	Zigong	75.08	77.42	9.47	8.45	38.80	90.20	90.48
攀枝花市区	Panzhihua	93.22	96.55	10.84	8.80	38.47	65.44	96.75
泸州市区	Luzhou	90.82	83.21	11.39	9.16	40.30	83.76	100.00
德阳市区	Deyang	98.57	91.02	12.75	9.67	40.05	89.20	100.00
绵阳市区	Mianyang	99.02	99.18	15.28	10.03	37.82	91.81	100.00
广元市区	Guangyuan	94.66	87.62	13.52	12.17	37.02	77.81	78.47
遂宁市区	Suining	79.55	79.46	12.98	8.79	35.55	93.94	86.35
内江市区	Neijiang	97.52	84.05	6.93	8.02	36.11	83.00	74.41
乐山市区	Leshan	93.06	91.73	14.34	8.09	37.29	76.38	96.96
南充市区	Nanchong	96.99	96.31	12.91	9.76	40.10	80.24	85.06
眉山市区	Meishan	96.69	98.83	15.89	11.33	37.56	86.81	100.00
宜宾市区	Yibin	95.96	93.22	7.68	14.19	36.13	75.99	94.98
广安市区	Guangan	93.57	99.31	10.17	16.28	44.26	99.66	99.90
达州市区	Dazhou	73.18	57.33	3.92	9.82	35.00	61.47	81.20
雅安市区	Yaan	99.14	81.00	11.09	9.54	41.29	61.65	93.14
巴中市区	Bazhong	93.84	87.89	2.40	7.57	35.06	81.57	77.72
资阳市区	Ziyang	93.93	85.47	14.14	9.10	38.74	86.32	95.18
县级市	**at County Level**							
都江堰市	Dujiangyan	88.76	72.76	17.11	9.86	44.79	54.59	92.75
彭州市	Pengzhou	67.08	65.61	11.57	9.04	35.36	85.79	83.76
邛崃市	Qionglai	82.81	66.01	14.43	10.81	37.55	77.02	92.63
崇州市	Chongzhou	96.27	96.20	22.58	12.14	40.35	50.08	95.63
广汉市	Guanghan	85.31	78.43	13.57	7.36	35.02	49.67	98.96
什邡市	Shifang	78.19	75.17	12.86	10.02	35.19	82.50	99.83
绵竹市	Mianzhu	95.94	97.92	17.81	11.15	38.57	85.76	100.00
江油市	Jiangyou	89.57	86.20	13.78	9.60	40.20	81.05	100.00
峨眉山市	Emeishan	84.64	66.34	12.23	12.43	42.60	93.77	98.77
阆中市	Langzhong	96.73	96.29	11.71	9.31	39.15	75.51	83.39
华蓥市	Huaying	100.00	73.21	13.66	8.75	24.95	36.14	81.16
万源市	Wanyuan	64.62	43.47	5.05	25.07	56.25	0.01	100.00
简阳市	Jianyang	96.87	92.75	7.88	6.44	35.74	74.62	76.47
西昌市	Xichang	81.73	55.74	8.45	9.41	39.74	80.28	100.00

10-3 城市供水情况(2012年)
Basic Statistics on Water Supply in Cities(2012)

城市	City	供水综合生产能力(万立方米/日) Comprehensive Production Capacity of Water Supply (10 000 cu.m / day)	供水管道长度(公里) Length of Water Supply Pipes (km)	供水总量(万立方米) Total Volume of Water Supply (10 000 cu.m)	#生产运营用水 Water for Productive Use	#居民家庭用水 Water for Residential Use	用水人口(万人) Residents with Access to Tap Water (10 000 persons)	人均日生活用水量(升) Per Capita Daily Consumption of Tap Water for Residential Use (liter)
全　省	**Sichuan**	**822.77**	**22880.14**	**190304.25**	**42245.74**	**88918.69**	**1636.69**	**196**
地级市	**at Prefecture Level**							
成都市区	Chengdu	226.25	5752.50	76021.45	12048.39	37470.41	450.34	318
自贡市区	Zigong	31.50	2124.18	6438.71	1806.28	2554.22	86.52	97
攀枝花市区	Panzhihua	58.26	1146.49	12775.71	7391.20	3167.72	61.62	202
泸州市区	Luzhou	77.67	975.46	10747.20	5303.50	3599.00	91.70	133
德阳市区	Deyang	23.50	468.00	4985.00	1959.00	1931.00	50.47	112
绵阳市区	Mianyang	39.85	2148.69	8942.95	1657.84	4400.07	97.28	164
广元市区	Guangyuan	16.40	408.73	3104.00	108.60	1617.00	31.58	174
遂宁市区	Suining	20.72	584.01	3645.21	653.21	1706.61	52.40	127
内江市区	Neijiang	18.75	406.08	3075.09	449.01	1700.02	50.33	112
乐山市区	Leshan	32.54	1131.04	4359.27	512.13	2341.06	50.96	151
南充市区	Nanchong	28.00	692.00	7910.00	1308.00	3930.00	99.90	157
眉山市区	Meishan	12.17	368.07	2845.00	586.00	1536.00	31.50	163
宜宾市区	Yibin	18.50	685.24	5124.70	230.00	2664.00	54.90	173
广安市区	Guangan	8.52	289.29	1584.54	214.21	838.39	30.00	91
达州市区	Dazhou	19.60	546.50	3394.00	235.00	2077.00	36.89	176
雅安市区	Yaan	13.00	243.20	2405.39	551.24	1163.09	25.47	153
巴中市区	Bazhong	5.50	202.05	1804.18	27.85	1029.25	32.00	91
资阳市区	Ziyang	28.80	473.65	2393.00	386.00	1132.00	30.77	140
县级市	**at County Level**							
都江堰市	Dujiangyan	16.70	726.90	2619.14	369.14	1718.50	33.95	154
彭州市	Pengzhou	9.33	603.02	1830.00	173.00	944.00	17.73	177
邛崃市	Qionglai	9.45	307.55	1746.00	439.00	947.00	14.40	208
崇州市	Chongzhou	7.00	258.00	1817.00	778.00	733.00	14.19	160
广汉市	Guanghan	17.06	208.80	3654.70	1474.90	1325.40	24.80	173
什邡市	Shifang	6.10	409.00	1883.00	658.00	485.00	10.61	163
绵竹市	Mianzhu	6.30	210.00	1179.00	433.00	385.50	9.21	178
江油市	Jiangyou	25.00	344.43	2293.20	98.20	1526.00	26.87	181
峨眉山市	Emeishan	8.70	199.00	1685.00	487.00	742.00	13.00	207
阆中市	Langzhong	10.60	159.00	2065.00	447.00	916.00	23.70	160
华蓥市	Huaying	5.40	162.00	1320.00	660.00	480.00	11.20	153
万源市	Wanyuan	4.40	187.00	979.40	171.80	584.60	7.27	260
简阳市	Jianyang	5.50	183.19	1704.41	70.24	1257.85	32.48	119
西昌市	Xichang	11.70	277.07	3973.00	559.00	2017.00	32.65	196

10-4 城市天然气供气情况(2012年)
Basic Statistics on Natural Gas Supply in Cities(2012)

城 市	City	天然气用气人口(万人) Population with Access to Natural Gas (10 000 persons)	天然气供气总量(万立方米) Total Volume of Natural Gas Supply (10 000cu.m)	# 家庭用量 Residential Use	天然气供气管道长度(公里) Length of Natural Gas Pipelines (km)	天然气汽车加气站CNG(座) Number of Natural Gas Filling Station for Vehicles
全 省	**Sichuan**	**1382.70**	**568317**	**177643**	**25896**	**162**
地级市	**at Prefecture Level**					
成都市区	Chengdu	420.84	210903	75963	9039	65
自贡市区	Zigong	89.22	22933	6745	674	8
攀枝花市区	Panzhihua	0.27	5	5	5	
泸州市区	Luzhou	81.68	75532	9949	792	4
德阳市区	Deyang	43.00	54014	6011	834	6
绵阳市区	Mianyang	91.98	41584	9276	1478	9
广元市区	Guangyuan	26.02	8694	5690	527	4
遂宁市区	Suining	52.34	10416	6081	1290	6
内江市区	Neijiang	39.88	7917	3033	740	5
乐山市区	Leshan	50.18	16584	4762	577	7
南充市区	Nanchong	94.50	11465	6940	695	8
眉山市区	Meishan	29.10	4409	2711	301	3
宜宾市区	Yibin	52.68	10564	4009	693	
广安市区	Guangan	31.84	5055	2558	694	
达州市区	Dazhou	28.90	7417	4032	601	2
雅安市区	Yaan	20.81	4644	2834	553	1
巴中市区	Bazhong	27.32	6369	2347	459	2
资阳市区	Ziyang	21.66	6630	1530	699	4
县级市	**at County Level**					
都江堰市	Dujiangyan	18.50	6558	2449	810	3
彭州市	Pengzhou	14.65	10254	3000	882	3
邛崃市	Qionglai	8.51	2525	1860	381	1
崇州市	Chongzhou	10.98	6491	3048	391	2
广汉市	Guanghan	15.90	6180	2949	362	2
什邡市	Shifang	9.90	6481	1090	228	2
绵竹市	Mianzhu	9.00	8646	1701	386	2
江油市	Jiangyou	25.86	4881	2342	312	4
峨眉山市	Emeishan	10.19	2413	916	256	2
阆中市	Langzhong	22.59	2840	1660	337	3
华蓥市	Huaying	7.50	850	580	355	1
万源市	Wanyuan	1.63	134	107	16	
简阳市	Jianyang	24.50	3803	1405	504	2
西昌市	Xichang	0.77	1127	61	23	1

10-5 城市液化石油气供气及道路桥梁设施情况(2012年)

Basic Statistics on Liquefied Petroleum Gas , Paved Road, Bridge and Facilities in Cities(2012)

城　市	City	液化石油气用气人口(万人) Population with Access to Liquefied Petroleum Gas (10 000 persons)	液化石油气供气总量(吨) Total Volume of Liquefied Petroleum Gas Supply (ton)	# 家庭用量 Residential Use	道路长度(公里) Length of Paved Roads (km)	道路面积(万平方米) Area of Paved Roads (10 000 sq.m)	桥梁数(座) Number of Bridges (unit)	路灯盏数(千盏) Number of Street Lights (1000 units)
全　省	**Sichuan**	**132.81**	**180446.80**	**102157.30**	**11287**	**22628**	**1798**	**837**
地级市	**at Prefecture Level**							
成都市区	Chengdu	23.48	105079	50783	2797	7441	641	172
自贡市区	Zigong				1046	1091	104	35
攀枝花市区	Panzhihua	14.89	5755	5145	698	717	110	35
泸州市区	Luzhou	2.34	2274	1737	571	1150	26	43
德阳市区	Deyang	3.60	4491	4054	264	653	28	29
绵阳市区	Mianyang	5.45	3932	3353	749	1501	110	41
广元市区	Guangyuan	3.21	1735	1576	293	451	77	26
遂宁市区	Suining				469	855	29	18
内江市区	Neijiang	3.50	17800	5205	176	358	43	15
乐山市区	Leshan	0.05	121	13	576	785	41	34
南充市区	Nanchong	4.70	5470	4460	470	1330	50	29
眉山市区	Meishan	3.10	2510	2400	334	518	16	22
宜宾市区	Yibin	0.65	353	300	254	440	26	43
广安市区	Guangan				113	326	13	13
达州市区	Dazhou				123	197	8	5
雅安市区	Yaan				156	285	31	40
巴中市区	Bazhong	2.65	590	475	74	82	16	3
资阳市区	Ziyang	6.34	3498	2309	195	463	36	9
县级市	**at County Level**							
都江堰市	Dujiangyan	9.33	3962	2682	366	655	93	45
彭州市	Pengzhou	2.69	1240	935	113	306	9	6
邛崃市	Qionglai	2.97	995	805	98	251	6	13
崇州市	Chongzhou	3.20	2340	1632	119	333	5	21
广汉市	Guanghan	6.90	5025	4669	206	394	21	19
什邡市	Shifang	0.30	695	320	112	175	36	10
绵竹市	Mianzhu	0.40	1138	1131	125	171	22	13
江油市	Jiangyou				147	413	25	14
峨眉山市	Emeishan		1780		70	188	20	27
阆中市	Langzhong	1.00	1358	770	152	287	23	10
华蓥市	Huaying	0.70	250	238	90	153	20	7
万源市	Wanyuan	3.26	1212	1049	46	57	58	2
简阳市	Jianyang	6.60	2100	1750	93	264	14	6
西昌市	Xichang	21.50	4745	4366	190	338	41	31

10-6 城市园林绿化情况(2012年)
Basic Statistics on Landscape in Cities(2012)

城 市	City	绿化覆盖面积(公顷) Green Areas (hectare)	# 建成区 Developed Areas	园林绿地面积(公顷) Total Area of Parks, Gardens and Green Areas (hectare)	# 建成区 Developed Areas	公园绿地面积(公顷) Public Green Areas (hectare)	公园个数(个) Number of Parks and Zoos	公园面积(公顷) Area of Park and Zoos (hectare)
全 省	**Sichuan**	**92255**	**73577**	**83179**	**65781**	**19188**	**408**	**10630**
地级市	**at Prefecture Level**							
成都市区	Chengdu	20757	20301	18519	18363	6262	94	2877
自贡市区	Zigong	3955	3887	3490	3425	974	13	266
攀枝花市区	Panzhihua	2554	2554	2363	2363	582	15	377
泸州市区	Luzhou	4709	4072	4216	3557	925	15	524
德阳市区	Deyang	2575	2575	2215	2215	495	10	356
绵阳市区	Mianyang	4066	4066	3835	3835	985	10	468
广元市区	Guangyuan	1681	1666	1614	1614	406	10	253
遂宁市区	Suining	5893	2456	5894	2328	579	25	598
内江市区	Neijiang	1965	1632	1683	1420	414	4	80
乐山市区	Leshan	2887	2390	2759	2270	443	40	307
南充市区	Nanchong	4350	4050	3610	3485	1005	17	975
眉山市区	Meishan	1837	1690	1602	1456	369	6	70
宜宾市区	Yibin	3076	2885	2796	2575	812	11	495
广安市区	Guangan	1510	1505	1298	1282	522	11	209
达州市区	Dazhou	1783	1783	1550	1550	495	11	495
雅安市区	Yaan	2018	1152	1018	1001	245	19	192
巴中市区	Bazhong	631	631	540	540	258	4	80
资阳市区	Ziyang	1600	1590	1453	1453	298	6	144
县级市	**at County Level**							
都江堰市	Dujiangyan	13068	1534	12939	1361	377	4	179
彭州市	Pengzhou	734	734	573	573	239	1	13
邛崃市	Qionglai	763	763	685	685	188	2	3
崇州市	Chongzhou	1025	1025	910	910	179	1	3
广汉市	Guanghan	1572	1570	1437	1435	214	9	114
什邡市	Shifang	513	468	406	406	136	2	7
绵竹市	Mianzhu	600	540	484	484	107	3	18
江油市	Jiangyou	1232	1206	1063	1063	288	4	133
峨眉山市	Emeishan	748	748	678	678	191	7	102
阆中市	Langzhong	946	926	825	805	228	6	201
华蓥市	Huaying	275	262	216	141	98	2	97
万源市	Wanyuan	630	630	479	479	282	5	286
简阳市	Jianyang	840	840	717	717	216	8	408
西昌市	Xichang	1462	1446	1312	1312	376	33	300

10-7 城市排污及市容环境卫生情况(2012年)
Basic Statistics on Sewage ,Urban Sanitation in Cities(2012)

城　市	City	排水管道长度 (公里) Length of Sewer Pipelines (km)	污水排放量 (万立方米) Volume of Sewage Discharged (10 000 cu.m)	道路清扫保洁面积 (万平方米) Area under Cleaning Program (10 000 sq.m)	生活垃圾清运量 (万吨) Volume of Garbage Disposal (10 000 tons)	公厕数 (座) Number of Public Lavatories (unit)	市容环卫专用车辆设备总数 (辆) Number of Vehicles for Environmental Sanitation (unit)
全　省	**Sichuan**	**18753**	**149029**	**19318**	**703**	**5147**	**3797**
地级市	**at Prefecture Level**						
成都市区	Chengdu	6234	62684	4519	238.4	2028	1291
自贡市区	Zigong	478	5141	1091	24.8	330	261
攀枝花市区	Panzhihua	607	10236	557	23.1	157	180
泸州市区	Luzhou	783	7960	783	29.6	206	121
德阳市区	Deyang	447	3971	598	15.2	96	77
绵阳市区	Mianyang	1184	7130	1095	27.0	192	123
广元市区	Guangyuan	438	2524	465	16.6	85	141
遂宁市区	Suining	667	2717	1441	35.9	245	112
内江市区	Neijiang	292	2452	330	15.2	149	80
乐山市区	Leshan	560	3212	868	18.1	129	132
南充市区	Nanchong	1120	5820	1195	34.6	305	87
眉山市区	Meishan	428	2275	517	18.0	43	66
宜宾市区	Yibin	503	2449	642	22.1	105	179
广安市区	Guangan	243	1480	365	9.7	38	93
达州市区	Dazhou	603	2538	230	13.1	180	101
雅安市区	Yaan	238	1807	274	14.3	43	93
巴中市区	Bazhong	211	1704	282	16.4	50	83
资阳市区	Ziyang	290	1678	329	16.0	33	26
县级市	**at County Level**						
都江堰市	Dujiangyan	768	2592	589	11.9	32	48
彭州市	Pengzhou	360	1281	257	11.7	36	34
邛崃市	Qionglai	182	1397	226	4.8	29	34
崇州市	Chongzhou	266	1272	270	7.3	57	24
广汉市	Guanghan	321	2559	390	10.6	70	51
什邡市	Shifang	120	1320	187	5.9	25	49
绵竹市	Mianzhu	162	990	150	4.2	18	42
江油市	Jiangyou	293	1605	370	7.1	84	36
峨眉山市	Emeishan	65	1348	182	5.7	45	31
阆中市	Langzhong	240	1580	233	8.7	110	23
华蓥市	Huaying	176	996	118	3.5	20	19
万源市	Wanyuan	65	831	61	5.2	48	24
简阳市	Jianyang	96	1194	200	10.2	28	46
西昌市	Xichang	313	2287	504	18.0	131	90

11

民族自治地方概况

11-1 民族自治地方地区生产总值和指数

Gross Domestic Products and Related Indices of Minority Nationality Autonomous Areas

年份 Year	地区生产总值 Gross Domestic Product	第一产业 Primary Industry	第二产业 Secondary Industry	第三产业 Tertiary Industry	人均地区生产总值(元) Per Capita GDP(yuan)
绝对数(万元) Value (10 000 yuan)					
1978	131704	64822	41898	24984	281
1980	161174	77607	50795	32772	335
1985	288753	139637	85338	63778	564
1990	553373	244670	156295	152408	1016
1995	1376900	532939	418246	425715	2414
1996	1601462	651025	460169	490268	2782
1997	1777776	721218	511002	545556	3057
1998	1933351	737185	602697	583469	3277
1999	2003858	747169	601918	654771	3368
2000	2130973	770155	646407	714411	3549
2001	2375921	809826	736564	829531	3904
2002	2651192	850257	873176	927759	4319
2003	3080139	934641	1078705	1066793	4841
2004	3737275	1114736	1390089	1232450	5799
2005	4535559	1262989	1674882	1597688	6962
2006	5395397	1384618	2177795	1832984	8190
2007	6757679	1813034	2238237	2706408	10045
2008	7761605	2130922	3263123	2367560	11244
2009	8928955	2189214	3578870	3160871	12556
2010	11025890	2403285	5040764	3581841	15129
2011	13972041	2768473	6982815	4220753	19818
2012	15874809	3117507	8005632	4151670	22412
指数(1978年=100) Index (1978=100)					
1978	100.0	100.0	100.0	100.0	100.0
1980	108.8	107.0	110.8	110.6	105.9
1985	163.5	167.8	138.0	196.3	149.7
1990	209.1	187.4	192.5	309.9	179.4
1995	310.2	228.4	338.2	523.4	256.2
1996	337.2	250.1	365.8	566.7	275.9
1997	368.9	270.1	408.1	616.8	298.9
1998	401.4	282.2	465.5	669.4	322.1
1999	418.4	290.0	471.4	736.6	332.9
2000	444.3	297.3	503.5	811.7	348.8
2001	487.7	309.6	573.2	910.3	377.8
2002	542.3	321.7	679.9	1016.6	416.4
2003	609.5	337.7	818.4	1134.4	457.4
2004	694.8	358.0	991.1	1288.7	508.6
2005	792.1	381.3	1246.8	1408.5	563.0
2006	903.8	399.6	1534.8	1577.5	619.3
2007	1034.9	425.2	1867.9	1770.0	675.0
2008	1091.8	432.4	2011.7	1863.8	693.9
2009	1276.3	452.7	2583.0	2091.2	777.2
2010	1434.6	468.1	3115.1	2250.1	831.6
2011	1651.2	490.1	3844.0	2486.4	903.1
2012	1875.8	513.1	4570.5	2759.9	1025.9

11-2 民族自治地方主要统计指标(2012年)

指　　标		Item	
耕地面积	(万公顷)	Cultivated Land Area (year-end)	(10 000 hectare)
年末户籍总人口	(万人)	Household Population (year-end)	(10 000 persons)
农业人口	(万人)	Agriculture Population	(10 000 persons)
非农业人口	(万人)	Non-agriculture Population	(10 000 persons)
社会从业人员	(万人)	Employed Persons	(10 000 persons)
第一产业	(万人)	Primary Industy	(10 000 persons)
第二产业	(万人)	Secondary Industy	(10 000 persons)
第三产业	(万人)	Tertiary Industy	(10 000 persons)
地区生产总值(当年价)	(万元)	Gross Domestic Product (at current prices)	(10 000 yuan)
第一产业增加值	(万元)	Value-added of Primary Industy	(10 000 yuan)
第二产业增加值	(万元)	Value-added of Secondary Industy	(10 000 yuan)
第三产业增加值	(万元)	Value-added of Tertiary Industy	(10 000 yuan)
人均地区生产总值(当年价)	(元)	Per Capita GDP (at current prices)	(yuan)
灌溉面积	(万公顷)	Irrigated Land Area	(10 000 hectare)
农用机械总动力	(万千瓦)	Total Agricultural Machinery Power	(10 000 kw)
农村用电量	(万千瓦时)	Electricity Consumed in Rural Areas	(10 000 kwh)
农林牧渔业总产值(当年价)	(万元)	Gross Output Value of Farming, Forestry, Animal Husbandry and Fishery (at current prices)	(10 000 yuan)
规模以上工业企业主要财务指标		Main Financial Indicators of All State-owned Industrial Enterprises and Non-state-Owned Industrial Enterprises above Designated Size	
工业总产值(当年价)	(万元)	Gross Output Value of Industry (at current prices)	(10 000 yuan)
资产总计	(万元)	Total Assets	(10 000 yuan)
主营业务收入	(万元)	Sales Revenue	(10 000 yuan)
利税总额	(万元)	Total Profits and Taxes	(10 000 yuan)
公路客运周转量	(万人公里)	Passenger-Kilometers of Highways	(10 000 passenger-km)
公路货运周转量	(万吨公里)	Freight Ton-Kilometers of Highways	(10 000 ton-km)
境内公路总里程	(公里)	Total Length of Highway	(km)
# 等级公路	(公里)	Expreeway and Class I to IV Highway	(km)
邮电主营业务收入	(万元)	Main Services Revenue of Post and Telecommunication	(10 000 yuan)
年末本地固定电话用户	(万户)	Local Telephone Subscribers (year-end)	(10 000 subscriber)
年末移动电话用户数	(万户)	Mobile Telephone Subscribers (year-end)	(10 000 subscriber)
互联网拔号上网用户	(万户)	Subscribers of Internet Services	(10 000 subscriber)

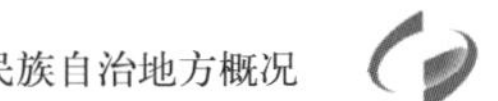

Principal Statistical Indicators of Minority Nationality Autonomous Areas(2012)

合计 Total	阿坝州 Aba	甘孜州 Ganzi	凉山州 Liangshan	北川县 Bichuan County	峨边县 Ebian County	马边县 Mabian County
53.53	6.01	8.97	35.32	1.16	0.65	1.41
759.54	91.44	110.33	497.24	24.13	15.10	21.30
648.44	70.67	93.95	437.50	16.30	12.24	17.78
111.09	20.77	16.37	59.74	7.83	2.86	3.52
459.83	56.34	69.09	300.83	14.13	8.70	10.74
290.33	32.20	51.22	191.15	4.90	4.80	6.06
45.31	4.20	3.01	32.20	3.75	1.36	0.79
124.19	19.94	14.86	77.48	5.48	2.54	3.89
15874809	2037391	1750188	11226693	317011	288512	255014
3117507	315741	430885	2187973	80074	38290	64544
8005632	1021247	681162	5878650	133281	175192	116100
4751670	700403	638141	3160070	103656	75030	74370
22412	22525	15753	24669	15835	20682	14383
19.89	1.95	2.84	13.90	0.26	0.42	0.52
439.04	72.57	85.63	258.00	8.22	9.70	4.92
101566	19781	9541	62208	2845	3011	4180
4945364	459000	556000	3628000	131266	56994	114104
14867997	1574638	604911	11992100	187791	343607	164950
19243344	5171492	3036810	9541500	351933	554783	586826
13767413	1354359	595325	11106600	182277	379275	149577
2029740	216717	203998	1535200	20772	26045	27008
951492	291471	264407	335119	35543	14194	10758
1390435	593255	107943	618716	30569	18433	21519
66879	12864	27141	22669	2569	969	667
53296	12055	22543	16226	943	862	667
345136	63373	68551	187240	11043	6328	8600
63.82	11.30	8.95	39.10	1.82	1.31	1.34
451.76	73.37	54.89	287.51	15.12	9.31	11.55
40.55	7.49	6.09	24.00	1.43	0.80	0.73

11-2 续表

指　　标		Item	
全社会固定资产投资完成额	(万元)	Total Investment in Fixed Assets	(10 000 yuan)
房地产开发投资	(万元)	Real Estate Development Investment	(10 000 yuan)
# 住宅	(万元)	Residential Houses	(10 000 yuan)
建筑业总产值	(万元)	Gross Output Value of Construction	(10 000 yuan)
社会消费品零售总额	(万元)	Total Retail Sales of Consumer Goods	(10 000 yuan)
出口总额	(万美元)	Total Export	(USD 10 000)
旅游人数	(万人次)	Tourist	(10 000 person-times)
旅游收入总额	(万元)	Income of Tourism	(10 000 yuan)
旅游外汇收入	(万美元)	Foreign Exchange Earning	(10 000 USD)
农村居民人均纯收入	(元)	Per Capita Net Income of Rural Households	(yuan)
社会福利院数(含敬老院)	(个)	Social Welfare Homes	(unit)
社会福利院床位数(含敬老院)	(床)	Beds in Social Welfare Homes	(unit)
参加基本养老保险的职工数	(人)	Employees and Retirees Contributed to Pension Insurance	(person)
参加基本医疗保险的职工数	(人)	Contributors of Basic Medical Insurance	(person)
地方公共财政收入	(万元)	Local Government Intra-budgetary Ordinary Revenue	(10 000 yuan)
地方公共财政支出	(万元)	Local Government Intra-budgetary Ordinary Expenditures	(10 000 yuan)
年末金融机构各项存款余额	(万元)	Deposits of Financial Instituition	(10 000 yuan)
城乡居民储蓄存款余额	(万元)	Balance of Saving Deposits of Urban and Rural Residents	(10 000 yuan)
年末金融机构各项贷款余额	(万元)	Loans of Financial Instituition	(10 000 yuan)
在校学生总数	(人)	Students Enrollment	(person)
# 小学	(人)	Primary Schools	(person)
# 普通中学	(人)	Regular Secondary Schools	(person)
医院、卫生院数	(个)	Hospital	(unit)
医院、卫生院床位数	(张)	Beds in Hospital	(unit)
医院、卫生院技术人员	(人)	Medical Technical Personnel in Hospital	(person)
# 医生	(人)	Doctors	(person)

continued

合计 Total	阿坝州 Aba	甘孜州 Ganzi	凉山州 Liangshan	北川县 Bichuan County	峨边县 Ebian County	马边县 Mabian County
16798305	3958006	3262256	8851000	331775	165159	230109
237468	6000	26316	205052			100
166146	5900	20006	140200			40
690641	76018	39545	551046	8200	9095	6737
4591229	455694	506914	3340084	123943	92452	72142
9907	2120	911	6708	82	44	42
5686.16	2100.56	515.20	2685.10	220.00	98.64	66.66
3299146	1810340	349818	942000	125100	44600	27288
6452	4952	1411	89			
5934	5770	4610	6419	5682	3607	3985
215	37	78	73	14	7	6
19125	4536	3145	8769	1530	530	615
338408	45086	43710	200775	32287	10011	6539
1018112	79204	348447	548598	15219	15841	10803
1557080	258231	215666	1000571	26108	28929	27575
7119481	1521951	2202819	3004763	201701	87086	101161
20391947	4245076	3748600	10780151	987626	316414	314080
8601602	1328248	1177355	5280691	444506	196416	174386
9330002	1658885	1498026	4999008	758167	229495	186421
1214172	134390	169375	843927	20546	15881	30053
766925	74995	107090	542555	10133	10068	22084
417107	51989	54305	286618	10413	5813	7969
1368	252	372	678	24	21	21
23625	3529	3424	14792	1024	304	552
24655	3991	4849	14485	737	293	300
7571	1332	1235	4488	274	125	117

11-3 民族自治地方年末总人口和就业人员
Population and Employment in Minority Nationality Autonomous Areas

单位:万人 (10 000 persons)

年份 Year	年末户籍总人口 Household Population (year-end)	# 非农业人口 Non-agriculture	就业人员 Number of Employed Persons	第一产业 Primary Industry	第二产业 Secondary Industry	第三产业 Tertiary Industry
1978	471.36	60.71	216.92			
1980	484.10	62.60	229.08			
1985	514.65	66.34	261.61			
1990	549.03	68.01	296.09			
1995	573.91	73.58	346.98	258.93	33.48	54.57
1996	578.54	75.10	345.07	257.30	32.25	55.52
1997	584.60	76.60	342.22	270.79	20.91	50.79
1998	589.96	78.19	354.23	271.25	20.25	42.73
1999	594.89	79.67	345.32	273.52	19.75	51.95
2000	606.11	81.44	351.99	278.93	18.65	54.44
2001	610.93	82.93	354.43	279.69	16.49	58.25
2002	616.81	84.41	356.25	280.90	16.77	58.17
2003	639.71	93.36	373.91	284.69	22.62	66.60
2004	649.17	97.17	387.38	281.85	22.98	82.55
2005	653.76	93.90	378.56	280.80	24.96	72.80
2006	663.73	94.67	385.37	279.63	25.98	79.76
2007	681.72	96.97	397.43	283.94	30.96	82.53
2008	698.87	98.26	409.69	285.42	33.37	91.00
2009	723.42	103.95	448.49	287.57	49.53	111.39
2010	734.16	106.76	439.29	289.21	46.12	103.86
2011	746.67	109.20	444.08	280.01	47.47	116.60
2012	759.54	111.09	459.83	290.33	45.31	124.19

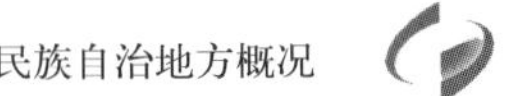

11-4 民族自治地方耕地面积和农业生产条件
Cultivated Land and Production Condition of Agriculture in Minority Nationality Autonomous Areas

年份 Year	耕地面积 (万公顷) Cultivated Land Area (10 000 hectares)	灌溉面积 (万公顷) Irrigated Land Area (10 000 hectares)	化肥施用量 (折纯，万吨) Consumption of Chemical Fertilizers (10 000 tons)	农村用电量 (万千瓦时) Electricity Consumed in Rural Areas (10 000 kwh)	农业机械总动力 (万千瓦) Total Agricultural Machinery Power (10 000 kw)
1978	51.52	15.47	3.44	8691	27.11
1980	51.84	16.17	3.12	9001	37.21
1985	50.32	15.96	3.34	14139	53.88
1990	50.00	15.32	4.75	22770	78.58
1995	50.97	15.90	6.83	28394	109.30
1996	51.45	16.06	7.53	32542	112.00
1997	51.56	15.21	9.77	35458	119.00
1998	51.12	15.73	10.64	35448	134.00
1999	50.74	15.24	11.12	41828	135.00
2000	48.39	16.13	11.82	44996	137.00
2001	49.47	16.36	11.63	48137	142.00
2002	46.14	16.28	10.41	49790	154.00
2003	45.32	16.24	11.14	55645	162.00
2004	47.91	16.19	11.70	61174	173.00
2005	49.47	16.63	12.59	63417	201.00
2006	49.97	16.62	13.43	64103	173.00
2007	51.25	17.31	14.38	72184	250.00
2008	52.06	17.59	15.25	79387	287.00
2009	52.96	18.34	16.52	86799	333.00
2010	53.37	18.60	16.72	91006	370.00
2011	53.35	19.33	17.29	96409	415.95
2012	53.53	19.89	17.83	101566	439.04

11-5 民族自治地方邮电和卫生情况
Postal and Telecommunication, Public Health in Minority Nationality Autonomouse Areas

年份 Year	邮电主营业务收入 (万元) Main Services Revenue of Post and Telecommunication (10 000 yuan)	本地固定电话用户 (户) Local Telephone Subscribers (subscriber)	卫生机构床位数 (张) Beds in Health Institutions (unit)	卫生技术人员数 (人) Medical Technical Personnel (person)	# 医生 Doctor
1978	1248	12984	14225	15058	7303
1980	1290	12720	14471	17699	9102
1985	1719	16715	14938	19438	10203
1990	3108	25797	15588	18481	10155
1995	8807	68918	15688	18957	10037
1996	12028	86393	14923	18189	9768
1997	16285	108065	15348	19066	10414
1998	23483	136102	15113	18441	10080
1999	29025	180819	15313	18554	10841
2000	41608	260259	16475	14807	7889
2001	56484	318431	14263	22337	8867
2002	67374	381751	13901	16180	8159
2003	90594	507494	15097	16345	8450
2004	111646	611173	16538	15005	7860
2005	130946	701281	14647	19535	8686
2006	154313	781645	15635	14384	8124
2007	176723	795721	15898	16127	10045
2008	202155	745976	16737	15516	8518
2009	234607	710371	18363	17615	8807
2010	265913	659985	19791	24848	7485
2011	302272	648593	21448	29648	9433
2012	345136	638209	24607	24655	7571

11-6 民族自治地方社会消费品零售总额、城乡居民储蓄存款余额和各类普通学校在校学生人数

Total Retail Sales of Consumer Goods, Balance of Savings Deposit of Residents and Number of Student Enrollment by Type of School in Minority Nationality Autonomous Areas

年份 Year	社会消费品零售总额(万元) Total Retail Sales of Consumer Goods (10 000 yuan)	城乡居民储蓄存款余额(万元) Balance of Savings Deposit of Residents (10 000 yuan)	各类普通学校在校学生人数(人) Number of Student Enrollment in all Kind of Schools (person)	普通高等院校 Regular Institutions of Higher Education	中等专业学校 Specialized Secondary Schools	普通中学 Regular Secondary Schools	小学 Primary Schools
1978	47619	7244	871105	970	11756	184900	673479
1980	60043	12464	779729	1231	10343	162751	605404
1985	106994	43931	658444	2826	7570	126389	521659
1990	199569	176786	641506	4225	10173	133208	493900
1995	391322	517119	720078	6144	14497	121232	578205
1996	438877	651941	754756	6467	15381	126736	605960
1997	485241	731520	786069	7355	16954	129029	632731
1998	516783	842290	811320	7805	18232	128916	656367
1999	554646	957542	820190	9688	19573	133369	657565
2000	598106	1072602	811219	10725	14731	145534	640229
2001	679155	1269799	852449	15229	13825	164038	659357
2002	769925	1479126	914472	17350	11203	186065	692423
2003	908537	1756836	995125	20829	15942	221096	731794
2004	1106522	2023855	1039960	24488	11486	243812	756318
2005	1429586	2323707	1093585	27857	13963	283307	780372
2006	1669986	2689149	1180671	27025	19998	323742	829904
2007	1973612	2990333	1213878	25132	25977	337781	824988
2008	2247180	3810356	1216362	25092	33575	345560	811499
2009	2736735	4816676	1216657	26371	35221	360138	794927
2010	3370366	5848298	1221698	27494	39672	373524	781008
2011	3963613	7127801	1218622	28546	36839	380705	772207
2012	4591229	8601602	1214172	29673	39278	378296	766925

12

县（市、区）概况

12-1 各县(市、区)年末户籍总人口及构成(2012年)
Total of Household Population and its Composition by County(year-end)(2012)

单位：万人 (10 000 persons)

县(市、区)	County (Municipalities, District)	年末户籍总人口 Total of Household Population (year-end)	男 Male	女 Female	农业人口 Agriculture		非农业人口 Non-agriculture	
			人口数 Population	人口数 Population	人口数 Population	比重(%) Proportion	人口数 Population	比重(%) Proportion
成都市	**Chengdu**							
锦江区	Jinjiang	45.4	22.3	23.1			45.4	100.0
青羊区	Qingyang	60.1	29.6	30.5			60.1	100.0
金牛区	Jinniu	73.2	36.7	36.5			73.2	100.0
武侯区	Wuhou	98.3	48.7	49.6			98.3	100.0
成华区	Chenghua	67.5	34.1	33.4			67.5	100.0
龙泉驿区	Longquanyi	60.4	30.0	30.4	29.1	48.2	31.3	51.8
青白江区	Qingbaijiang	41.3	20.7	20.6	26.1	63.2	15.2	36.8
新都区	Xindu	69.7	34.5	35.2	29.8	42.8	39.9	57.2
温江区	Wenjiang	38.3	18.7	19.6	7.8	20.4	30.5	79.6
金堂县	Jintang	89.0	45.9	43.1	66.1	74.3	22.9	25.7
双流县	Shuangliu	96.0	47.6	48.4	34.7	36.1	61.3	63.9
郫县	Pixian	51.9	25.6	26.3	29.7	57.2	22.2	42.8
大邑县	Dayi	51.2	26.0	25.2	30.8	60.2	20.4	39.8
蒲江县	Pujiang	26.4	13.2	13.2	19.1	72.3	7.3	27.7
新津县	Xinjin	30.8	15.2	15.6	20.0	64.9	10.8	35.1
都江堰市	Dujiangyan	61.4	30.5	30.9	21.7	35.3	39.7	64.7
彭州市	Pengzhou	80.3	40.2	40.1	53.9	67.1	26.4	32.9
邛崃市	Qionglai	65.6	33.1	32.5	41.1	62.7	24.5	37.3
崇州市	Chongzhou	66.6	33.4	33.2	46.8	70.3	19.8	29.7
自贡市	**Zigong**							
自流井区	Ziliujing	35.6	17.6	18.0	7.1	19.9	28.5	80.1
贡井区	Gongjing	29.7	15.1	14.6	19.3	65.0	10.4	35.0
大安区	Daan	45.8	23.2	22.6	28.4	62.0	17.4	38.0
沿滩区	Yantan	39.4	20.2	19.2	30.1	76.4	9.3	23.6
荣县	Rongxian	69.6	35.7	33.9	49.7	71.4	19.9	28.6
富顺县	Fushun	108.4	55.8	52.6	82.5	76.1	25.9	23.9
攀枝花市	**Panzhihua**							
东区	East District	31.4	16.2	15.2	0.8	2.5	30.6	97.5
西区	West District	14.9	7.7	7.2	1.0	6.7	13.9	93.3
仁和区	Renhe	22.6	11.4	11.2	13.3	58.8	9.3	41.2
米易县	Miyi	21.9	11.1	10.8	18.6	84.9	3.3	15.1
盐边县	Yanbian	21.1	10.9	10.2	18.1	85.8	3.0	14.2
泸州市	**Luzhou**							
江阳区	Jiangyang	64.9	32.6	32.3	36.5	56.2	28.4	43.8
纳溪区	Nanqi	48.5	25.4	23.1	39.1	80.6	9.4	19.4
龙马潭区	Longmatan	35.2	17.5	17.7	20.2	57.4	15.0	42.6
泸县	Luxian	108.7	56.2	52.5	98.2	90.3	10.5	9.7
合江县	Hejiang	90.6	47.4	43.2	77.9	86.0	12.7	14.0
叙永县	Xuyong	72.1	38.0	34.1	61.0	84.6	11.1	15.4
古蔺县	Gulin	85.2	45.0	40.2	76.5	89.8	8.7	10.2

12-1 续表1 continued

单位：万人 (10 000 persons)

县(市、区)	County (Municipalities, District)	年末户籍总人口 Total of Household Population (year-end)	男 Male	女 Female	农业人口 Agriculture		非农业人口 Non-agriculture	
			人口数 Population	人口数 Population	人口数 Population	比重(%) Proportion	人口数 Population	比重(%) Proportion
德阳市	**Deyang**							
旌阳区	Jinyang	68.3	34.7	33.6	27.7	40.6	40.6	59.4
中江县	Zhongjiang	143.1	75.4	67.7	124.0	86.7	19.1	13.3
罗江县	Luojiang	25.0	12.8	12.2	19.8	79.2	5.2	20.8
广汉市	Guanghan	60.6	30.1	30.5	38.7	63.9	21.9	36.1
什邡市	Shifang	43.8	21.8	22.0	34.1	77.9	9.7	22.1
绵竹市	Mianzhu	50.7	25.4	25.3	36.7	72.4	14.0	27.6
绵阳市	**Mianyang**							
涪城区	Hucheng	69.2	34.7	34.5	19.6	28.3	49.6	71.7
游仙区	Youxian	54.9	28.0	26.9	35.0	63.8	19.9	36.2
三台县	Santai	147.3	77.4	69.9	125.9	85.5	21.4	14.5
盐亭县	Yanting	59.9	31.2	28.7	49.1	82.0	10.8	18.0
安县	Anxian	44.3	22.6	21.7	37.3	84.2	7.0	15.8
梓潼县	Zitong	38.6	19.9	18.7	32.0	82.9	6.6	17.1
北川县	Beichuan	24.1	12.4	11.7	16.3	67.6	7.8	32.4
平武县	Pingwu	18.4	9.6	8.8	15.4	83.7	3.0	16.3
江油市	Jiangyou	88.7	45.2	43.5	62.0	69.9	26.7	30.1
广元市	**Guangyuan**							
利州区	Lizhou	48.5	24.4	24.1	18.2	37.5	30.3	62.5
元坝区	Yuanba	24.3	12.4	11.9	21.9	90.1	2.4	9.9
朝天区	Chaotian	20.9	10.8	10.1	19.2	91.9	1.7	8.1
旺苍县	Wangcang	45.8	23.6	22.2	34.8	76.0	11.0	24.0
青川县	Qingchuan	24.2	12.5	11.7	19.5	80.6	4.7	19.4
剑阁县	Jiange	69.0	35.7	33.3	60.5	87.7	8.5	12.3
苍溪县	Cangqi	79.0	40.3	38.7	66.3	83.9	12.7	16.1
遂宁市	**Suining**							
船山区	Chuanshan	70.4	35.5	34.9	33.0	46.9	37.4	53.1
安居区	Anju	79.6	41.8	37.8	74.0	93.0	5.6	7.0
蓬溪县	Pengqi	71.1	37.5	33.6	60.5	85.1	10.6	14.9
射洪县	Shehong	100.5	51.7	48.8	75.3	74.9	25.2	25.1
大英县	Daying	54.5	28.2	26.3	44.2	81.1	10.3	18.9
内江市	**Neijiang**							
内江市中区	Neijiang Downtown	53.5	27.0	26.5	30.4	56.8	23.1	43.2
东兴区	Dongxing	88.8	45.8	43.0	73.5	82.8	15.3	17.2
威远县	Weiyuan	74.8	38.5	36.3	56.5	75.5	18.3	24.5
资中县	Zizhong	130.8	68.7	62.1	112.4	85.9	18.4	14.1
隆昌县	Longchang	78.7	40.3	38.4	59.2	75.2	19.5	24.8
乐山市	**Leshan**							
乐山市中区	Leshan Downtown	59.9	29.7	30.2	28.8	48.1	31.1	51.9
沙湾区	Shawan	18.9	9.9	9.0	11.7	61.9	7.2	38.1
五通桥区	Wutongqiao	31.8	15.9	15.9	18.2	57.2	13.6	42.8

12-1 续表2 continued

单位：万人 (10 000 persons)

县(市、区)	County (Municipalities, District)	年末户籍总人口 Total of Household Population (year-end)	男 Male 人口数 Population	女 Female 人口数 Population	农业人口 Agriculture 人口数 Population	农业人口 Agriculture 比重(%) Proportion	非农业人口 Non-agriculture 人口数 Population	非农业人口 Non-agriculture 比重(%) Proportion
金口河区	Jinkouhe	5.3	2.8	2.5	3.8	71.7	1.5	28.3
犍为县	Qianwei	56.9	29.4	27.5	42.5	74.7	14.4	25.3
井研县	Jingyan	41.6	21.5	20.1	32.0	76.9	9.6	23.1
夹江县	Jiajiang	35.2	17.8	17.4	27.2	77.3	8.0	22.7
沐川县	Muchuan	25.8	13.7	12.1	21.3	82.6	4.5	17.4
峨边县	Ebian	15.1	7.8	7.3	12.2	80.8	2.9	19.2
马边县	Mabian	21.3	10.9	10.4	17.8	83.6	3.5	16.4
峨眉山市	Emeishan	43.3	21.9	21.4	24.7	57.0	18.6	43.0
南充市	**Nanchong**							
顺庆区	Shunqing	65.4	33.0	32.4	26.9	41.1	38.5	58.9
高坪区	Gaoping	60.0	31.1	28.9	44.4	74.0	15.6	26.0
嘉陵区	Jialing	70.2	36.9	33.3	58.5	83.3	11.7	16.7
南部县	Nanbu	131.6	68.8	62.8	108.1	82.1	23.5	17.9
营山县	Yingshan	95.2	49.9	45.3	78.9	82.9	16.3	17.1
蓬安县	Pengan	71.3	37.4	33.9	59.2	83.0	12.1	17.0
仪陇县	Yilong	112.5	59.6	52.9	94.6	84.1	17.9	15.9
西充县	Xichong	65.8	34.3	31.5	52.3	79.5	13.5	20.5
阆中市	Langzhong	87.6	44.8	42.8	64.7	73.9	22.9	26.1
眉山市	**Meishan**							
东坡区	Dongpo	86.5	43.5	43.0	52.1	60.2	34.4	39.8
仁寿县	Renshou	159.6	82.7	76.9	127.9	80.1	31.7	19.9
彭山县	Pengshan	33.3	16.8	16.5	20.0	60.1	13.3	39.9
洪雅县	Hongya	35.0	17.7	17.3	25.4	72.6	9.6	27.4
丹棱县	Danling	16.3	8.3	8.0	12.7	77.9	3.6	22.1
青神县	Qingshen	19.7	10.0	9.7	16.1	81.7	3.6	18.3
宜宾市	**Yibin**							
翠屏区	Cuiping	82.1	41.6	40.5	43.3	52.7	38.8	47.3
南溪区	Nanxi	43.1	22.3	20.8	34.1	79.1	9.0	20.9
宜宾县	Yibin	102.6	53.7	48.9	90.2	87.9	12.4	12.1
江安县	Jiangan	55.7	29.2	26.5	47.6	85.5	8.1	14.5
长宁县	Changning	45.8	24.4	21.4	40.1	87.6	5.7	12.4
高县	Gaoxian	53.4	27.8	25.6	46.8	87.6	6.6	12.4
珙县	Gongxian	42.7	22.4	20.3	33.7	78.9	9.0	21.1
筠连县	Junlian	42.8	22.5	20.3	37.1	86.7	5.7	13.3
兴文县	Xingwen	47.4	25.0	22.4	41.7	88.0	5.7	12.0
屏山县	Pingshan	31.0	16.1	14.9	27.1	87.4	3.9	12.6
广安市	**Guangan**							
广安区	Guanganqu	125.7	65.6	60.1	96.0	76.4	29.7	23.6
岳池县	Yuechi	118.7	62.5	56.2	101.4	85.4	17.3	14.6
武胜县	Wusheng	84.6	44.1	40.5	71.8	84.9	12.8	15.1

12-1 续表3 continued

单位：万人 (10 000 persons)

县(市、区)	County (Municipalities, District)	年末户籍总人口 Total of Household Population (year-end)	男 Male 人口数 Population	女 Female 人口数 Population	农业人口 Agriculture 人口数 Population	农业人口 Agriculture 比重(%) Proportion	非农业人口 Non-agriculture 人口数 Population	非农业人口 Non-agriculture 比重(%) Proportion
邻水县	Linshui	103.3	54.4	48.9	86.2	83.4	17.1	16.6
华蓥市	Huaying	36.2	18.9	17.3	25.3	69.9	10.9	30.1
达州市	**Dazhou**							
通川区	Tongchuan	43.8	22.1	21.7	15.7	35.8	28.1	64.2
达县	Daxian	137.5	71.9	65.6	112.9	82.1	24.6	17.9
宣汉县	Xuanhan	132.8	69.8	63.0	111.9	84.3	20.9	15.7
开江县	Kaijiang	60.8	32.4	28.4	50.7	83.4	10.1	16.6
大竹县	Dazhu	112.0	60.0	52.0	90.8	81.1	21.2	18.9
渠县	Quxian	148.4	76.8	71.6	125.9	84.8	22.5	15.2
万源市	Wanyuan	60.3	31.6	28.7	50.4	83.6	9.9	16.4
雅安市	**Yaan**							
雨城区	Yucheng	34.7	17.7	17.0	18.1	52.2	16.6	47.8
名山区	Mingshan	27.8	14.3	13.5	24.1	86.7	3.7	13.3
荥经县	Yingjing	15.2	7.7	7.5	10.9	71.7	4.3	28.3
汉源县	Hanyuan	33.0	16.8	16.2	29.6	89.7	3.4	10.3
石棉县	Shimian	12.4	6.3	6.1	8.4	67.7	4.0	32.3
天全县	Tianquan	15.4	8.0	7.4	12.5	81.2	2.9	18.8
芦山县	Lushan	12.1	6.2	5.9	9.0	74.4	3.1	25.6
宝兴县	Baoxing	5.9	3.1	2.8	4.6	78.0	1.3	22.0
巴中市	**Bazhong**							
巴州区	Bazhou	138.7	72.1	66.6	108.2	78.0	30.5	22.0
通江县	Tongjiang	77.3	40.0	37.3	64.5	83.4	12.8	16.6
南江县	Nanjiang	68.6	35.9	32.7	58.0	84.5	10.6	15.5
平昌县	Pingchang	105.4	55.1	50.3	86.2	81.8	19.2	18.2
资阳市	**Ziyang**							
雁江区	Yanjiang	109.9	57.0	52.9	84.4	76.8	25.5	23.2
安岳县	Anyue	161.7	84.9	76.8	141.8	87.7	19.9	12.3
乐至县	Lezhi	86.2	45.0	41.2	70.8	82.1	15.4	17.9
简阳市	Jianyang	148.1	76.5	71.6	121.6	82.1	26.5	17.9
阿坝州	**Aba**							
汶川县	Wenchuan	10.1	5.2	4.9	6.2	61.4	3.9	38.6
理县	Lixian	4.6	2.3	2.3	3.5	76.1	1.1	23.9
茂县	Maoxian	11.1	5.6	5.5	8.3	74.8	2.8	25.2
松潘县	Songpan	7.6	3.9	3.7	5.7	75.0	1.9	25.0
九寨沟县	Jiuzhaigou	6.7	3.4	3.3	4.7	70.1	2.0	29.9
金川县	Jinchuan	7.4	3.8	3.6	6.2	83.8	1.2	16.2
小金县	Xiaojin	8.1	4.2	3.9	6.9	85.2	1.2	14.8
黑水县	Heishui	6.2	3.1	3.1	5.3	85.5	0.9	14.5
马尔康县	Maerkang	5.6	2.9	2.7	3.2	57.1	2.4	42.9
壤塘县	Rangtang	4.2	2.1	2.1	3.5	83.3	0.7	16.7

12-1 续表4 continued

单位：万人 (10 000 persons)

县(市、区)	County (Municipalities, District)	年末户籍总人口 Total of Household Population (year-end)	男 Male	女 Female	农业人口 Agriculture		非农业人口 Non-agriculture	
			人口数 Population	人口数 Population	人口数 Population	比重(%) Proportion	人口数 Population	比重(%) Proportion
阿坝县	Abaxian	7.6	3.9	3.7	6.9	90.8	0.7	9.2
若尔盖县	Ruoergai	7.7	3.9	3.8	6.7	87.0	1.0	13.0
红原县	Hongyuan	4.5	2.3	2.2	3.5	77.8	1.0	22.2
甘孜州	**Ganzi**							
康定县	Kangding	11.2	5.7	5.5	7.2	64.3	4.0	35.7
泸定县	Luding	8.7	4.4	4.3	6.7	77.0	2.0	23.0
丹巴县	Danba	6.1	3.1	3.0	5.1	83.6	1.0	16.4
九龙县	Jiulong	6.6	3.4	3.2	5.7	86.4	0.9	13.6
雅江县	Yajiang	5.0	2.6	2.4	4.3	86.0	0.7	14.0
道孚县	Daofu	5.6	2.8	2.8	4.8	85.7	0.8	14.3
炉霍县	Luhuo	4.7	2.4	2.3	4.1	87.2	0.6	12.8
甘孜县	Ganzixian	6.8	3.4	3.4	6.1	89.7	0.7	10.3
新龙县	Xinlong	5.1	2.6	2.5	4.2	82.4	0.9	17.6
德格县	Dege	8.5	4.3	4.2	7.9	92.9	0.6	7.1
白玉县	Baiyu	5.4	2.7	2.7	4.9	90.7	0.5	9.3
石渠县	Shiqu	10.9	5.5	5.4	10.4	95.4	0.5	4.6
色达县	Seda	5.1	2.6	2.5	4.6	90.2	0.5	9.8
理塘县	Litang	6.6	3.3	3.3	5.9	89.4	0.7	10.6
巴塘县	Batang	5.2	2.6	2.6	4.5	86.5	0.7	13.5
乡城县	Xiangcheng	3.0	1.5	1.5	2.5	83.3	0.5	16.7
稻城县	Daocheng	3.2	1.6	1.6	2.8	87.5	0.4	12.5
得荣县	Derong	2.6	1.3	1.3	2.2	84.6	0.4	15.4
凉山州	**Liangshan**							
西昌市	Xichang	63.5	32.3	31.2	43.5	68.5	20.0	31.5
木里县	Muli	13.8	7.0	6.8	12.2	88.4	1.6	11.6
盐源县	Yanyuan	38.6	20.0	18.6	35.8	92.7	2.8	7.3
德昌县	Dechang	20.9	10.6	10.3	18.2	87.1	2.7	12.9
会理县	Huili	46.2	23.9	22.3	38.4	83.1	7.8	16.9
会东县	Huidong	41.6	22.3	19.3	38.7	93.0	2.9	7.0
宁南县	Ningnan	19.0	9.8	9.2	17.0	89.5	2.0	10.5
普格县	Puge	18.4	9.6	8.8	16.9	91.8	1.5	8.2
布拖县	Buto	18.2	9.4	8.8	16.9	92.9	1.3	7.1
金阳县	Jinyang	19.3	9.9	9.4	18.0	93.3	1.3	6.7
昭觉县	Zhaojue	30.1	15.3	14.8	28.0	93.0	2.1	7.0
喜德县	Xide	21.8	11.0	10.8	19.8	90.8	2.0	9.2
冕宁县	Mianning	38.6	19.7	18.9	34.8	90.2	3.8	9.8
越西县	Yuexi	33.6	17.2	16.4	30.8	91.7	2.8	8.3
甘洛县	Ganluo	22.0	11.5	10.5	20.4	92.7	1.6	7.3
美姑县	Meigu	25.5	12.9	12.6	24.1	94.5	1.4	5.5
雷波县	Leibo	26.1	13.5	12.6	24.0	92.0	2.1	8.0

12-2 各县(市、区)就业人员和平均工资(2012年)
Employed Persons and Average Wages of Counties (Municipalities, District)(2012)

县(市、区)	Counties (Municipalities, Districts)	就业人员 (万人) Number of Employed Persons (10 000 persons)	第一产业 Primary Industry	第二产业 Secondary Industry	第三产业 Tertiary Industry	非私营单位职工平均工资（元） Average Wages of non-private sector employees (yuan)
成都市	**Chengdu**					
锦江区	Jinjiang	42.14	0.71	9.88	31.55	51818
青羊区	Qingyang	49.25	0.35	13.99	34.91	68247
金牛区	Jinniu	63.76	0.52	21.51	41.73	56149
武侯区	Wuhou	75.21	0.08	20.44	54.69	60084
成华区	Chenghua	39.27	0.96	19.94	18.37	48746
龙泉驿区	Longquanyi	40.08	6.47	15.54	18.07	52392
青白江区	Qingbaijiang	25.01	5.80	9.86	9.35	38413
新都区	Xindu	50.46	9.20	26.10	15.16	44245
温江区	Wenjiang	23.50	4.18	7.30	12.02	45498
金堂县	Jintang	54.43	20.59	11.25	22.59	40991
双流县	Shuangliu	53.64	14.42	20.83	18.39	61702
郫县	Pixian	36.64	7.08	18.50	11.06	51070
大邑县	Dayi	32.11	8.70	12.96	10.45	34750
蒲江县	Pujiang	16.79	6.84	4.66	5.29	36578
新津县	Xinjin	20.34	5.30	7.22	7.82	33653
都江堰市	Dujiangyan	43.10	7.40	14.90	20.80	37272
彭州市	Pengzhou	51.15	20.43	16.27	14.45	41330
邛崃市	Qionglai	40.52	13.31	11.22	15.99	37793
崇州市	Chongzhou	52.10	12.60	25.10	14.40	39626
自贡市	**Zigong**					
自流井区	Ziliujing	26.10	1.52	6.73	17.85	42232
贡井区	Gongjing	13.86	5.81	2.29	5.76	39306
大安区	Daan	20.93	8.35	5.75	6.83	39792
沿滩区	Yantan	15.71	6.31	4.42	4.98	38675
荣县	Rongxian	33.39	16.26	6.58	10.55	45121
富顺县	Fushun	45.52	22.27	8.71	14.54	37628
攀枝花市	**Panzhihua**					
东区	East District	22.42	0.19	11.11	11.12	48339
西区	West District	4.41	0.29	2.41	1.71	45022
仁和区	Renhe	12.43	5.59	2.71	4.13	40799
米易县	Miyi	14.74	8.91	2.31	3.52	38104
盐边县	Yanbian	12.65	6.84	2.11	3.70	58893
泸州市	**Luzhou**					
江阳区	Jiangyang	37.31	11.92	11.64	13.75	40411
纳溪区	Naxi	30.74	12.81	8.16	9.77	37079
龙马潭区	Longmatan	20.30	5.90	5.90	8.50	34410
泸县	Luxian	61.54	26.60	22.47	12.47	34500
合江县	Hejiang	53.70	22.50	21.10	10.10	31701
叙永县	Xuyong	36.42	16.63	10.73	9.06	32756
古蔺县	Gulin	37.25	17.55	11.50	8.20	35205

12-2 续表1 continued

县(市、区)	Counties (Municipalities, Districts)	就业人员 (万人) Number of Employed Persons (10 000 persons)	第一产业 Primary Industry	第二产业 Secondary Industry	第三产业 Tertiary Industry	非私营单位职工平均工资（元） Average Wages of non-private sector employees (yuan)
德阳市	**Deyang**					
旌阳区	Jinyang	34.90	8.00	12.10	14.80	53000
中江县	Zhongjiang	89.70	49.50	9.60	30.60	36098
罗江县	Luojiang	16.00	9.10	3.00	3.90	38765
广汉市	Guanghan	35.50	15.40	11.70	8.50	44037
什邡市	Shifang	24.30	8.90	9.00	6.40	38973
绵竹市	Mianzhu	30.30	11.30	8.60	10.40	44259
绵阳市	**Mianyang**					
涪城区	Fucheng	53.68	3.58	22.78	27.32	41105
游仙区	Youxian	33.47	9.25	10.23	13.99	64756
三台县	Santai	92.68	35.67	37.21	19.80	35629
盐亭县	Yanting	29.40	11.50	4.55	13.35	37504
安县	Anxian	29.42	11.32	5.64	12.46	38071
梓潼县	Zitong	21.13	8.37	5.21	7.55	32492
北川县	Beichuan	14.13	4.90	3.75	5.48	36001
平武县	Pingwu	12.86	9.53	1.48	1.85	35980
江油市	Jiangyou	61.41	16.57	20.78	24.06	38767
广元市	**Guangyuan**					
利州区	Guangyuan Down	28.91	12.45	8.68	7.78	40840
元坝区	Yuanba	13.38	6.49	2.79	4.10	38686
朝天区	Chaotian	12.52	7.03	2.41	3.08	31670
旺苍县	Wangcang	24.83	9.44	7.50	7.89	41880
青川县	Qingchuan	12.88	7.95	1.68	3.25	38263
剑阁县	Jiange	33.75	21.23	4.57	7.95	39352
苍溪县	Cangxi	42.50	25.20	7.70	9.60	40897
遂宁市	**Suining**					
船山区	Chuanshan	36.00	9.10	10.50	16.40	41927
安居区	Anju	41.89	16.65	11.68	13.56	41567
蓬溪县	Pengxi	39.01	12.39	11.43	15.19	29645
射洪县	Shehong	51.10	18.04	17.36	15.70	37556
大英县	Daying	24.90	10.70	6.23	7.97	34814
内江市	**Neijiang**					
内江市中区	Neijiang Downto	24.78	7.88	5.36	11.54	40845
东兴区	Dongxing	48.47	19.35	13.41	15.71	39620
威远县	Weiyuan	36.63	12.01	11.96	12.66	34752
资中县	Zizhong	56.71	23.76	17.07	15.88	39115
隆昌县	Longchang	44.25	18.25	12.32	13.68	32224
乐山市	**Leshan**					
乐山市中区	Leshan Downtow	44.89	15.30	14.18	15.41	37684
沙湾区	Shawan	14.11	5.02	4.68	4.41	37207
五通桥区	Wutongqiao	19.70	7.10	6.28	6.32	36035

12-2 续表2 continued

县(市、区)	Counties (Municipalities, Districts)	就业人员 (万人) Number of Employed Persons (10 000 persons)	第一产业 Primary Industry	第二产业 Secondary Industry	第三产业 Tertiary Industry	非私营单位职工平均工资（元） Average Wages of non-private sector employees (yuan)
金口河区	Jinkouhe	3.04	1.39	0.88	0.77	46910
犍为县	Qianwei	31.70	11.46	9.23	11.01	34250
井研县	Jinyan	21.01	9.00	4.38	7.63	33431
夹江县	Jiajiang	22.36	9.05	6.81	6.50	37082
沐川县	Muchuan	15.36	8.92	2.38	4.06	34981
峨边县	Ebian	8.70	4.80	1.36	2.54	36941
马边县	Mabian	10.74	6.06	0.79	3.89	36971
峨眉山市	Emeishan	30.24	12.01	7.48	10.75	38152
南充市	**Nanchong**					
顺庆区	Shunqing	37.19	10.06	8.32	18.81	39512
高坪区	Gaoping	37.94	13.60	5.65	18.69	34486
嘉陵区	Jialing	37.31	16.59	7.52	13.20	37208
南部县	Nanbu	79.12	31.17	21.33	26.62	36982
营山县	Yingshan	52.10	23.52	11.30	17.28	38463
蓬安县	Pengan	29.42	13.11	4.42	11.89	35863
仪陇县	Yilong	57.93	27.88	15.55	14.50	37531
西充县	Xichong	40.22	23.13	5.78	11.31	35088
阆中市	Langzhong	43.13	15.85	8.75	18.53	32660
眉山市	**Meishan**					
东坡区	Dongpo	51.12	24.25	12.03	14.84	45410
仁寿县	Renshou	71.17	42.13	14.42	14.62	36095
彭山县	Pengshan	20.93	5.32	6.66	8.95	37590
洪雅县	Hongya	20.25	11.65	3.03	5.57	36748
丹棱县	Danling	10.70	5.60	2.80	2.30	41997
青神县	Qingshen	13.53	6.62	4.74	2.17	39137
宜宾市	**Yibin**					
翠屏区	Cuiping	55.72	15.63	18.63	21.46	47487
南溪区	Nanxi	25.59	10.90	6.90	7.79	33536
宜宾县	Yibinxian	59.25	30.92	12.89	15.44	37894
江安县	Jiangan	29.97	14.54	7.43	8.00	32665
长宁县	Changning	24.50	11.77	6.12	6.61	28571
高县	Gaoxian	29.63	14.81	7.53	7.29	34405
珙县	Gongxian	27.83	12.52	7.58	7.73	43478
筠连县	Junlian	25.12	13.09	5.62	6.41	38655
兴文县	Xingwen	26.47	15.68	5.29	5.50	32052
屏山县	Pingshan	18.93	11.04	3.26	4.63	35234
广安市	**Guangan**					
广安区	Guanganqu	57.32	26.84	14.13	16.35	38851
岳池县	Yuechi	48.08	25.39	7.77	14.92	37203
武胜县	Wusheng	37.64	18.25	9.04	10.35	44368

12-2 续表3 continued

县(市、区)	Counties (Municipalities, Districts)	就业人员 (万人) Number of Employed Persons (10 000 persons)	第一产业 Primary Industry	第二产业 Secondary Industry	第三产业 Tertiary Industry	非私营单位职工平均工资（元） Average Wages of non-private sector employees (yuan)
邻水县	Linshui	45.24	22.40	10.34	12.50	37370
华蓥市	Huaying	17.96	7.41	5.52	5.03	48235
达州市	**Dazhou**					
通川区	Tongchuan	39.43	4.79	13.31	21.33	44017
达县	Daxian	67.00	34.00	18.00	15.00	47128
宣汉县	Xuanhan	63.50	28.75	6.44	28.31	29102
开江县	Kaijiang	32.80	14.40	6.90	11.50	25451
大竹县	Dazhu	52.30	19.80	17.10	15.40	38767
渠县	Quxian	62.30	23.10	15.10	24.10	37422
万源市	Wanyuan	28.90	12.70	3.90	12.30	33116
雅安市	**Yaan**					
雨城区	Yucheng	17.76	6.51	4.41	6.84	38872
名山区	Mingshan	14.96	8.97	2.55	3.44	39228
荥经县	Yingjing	10.60	3.10	3.70	3.80	32002
汉源县	Hanyuan	23.98	11.62	4.32	8.04	36488
石棉县	Shimian	6.84	3.04	1.15	2.65	39598
天全县	Tianquan	9.48	3.69	2.58	3.21	25293
芦山县	Lushan	6.94	3.60	1.41	1.93	38423
宝兴县	Baoxing	3.65	1.72	1.03	0.90	33879
巴中市	**Bazhong**					
巴州区	Bazhou	78.97	35.28	8.57	35.12	36707
通江县	Tongjiang	44.60	21.18	5.32	18.10	28332
南江县	Nanjiang	38.91	18.35	5.14	15.42	31401
平昌县	Pingchang	52.30	27.00	5.10	20.20	33486
资阳市	**Ziyang**					
雁江区	Yanjiang	53.02	15.90	19.93	17.19	42116
安岳县	Anyue	77.10	47.30	13.62	16.18	32192
乐至县	Lezhi	29.44	15.07	5.40	8.97	32984
简阳市	Jianyang	43.37	17.36	11.83	14.18	33574
阿坝州	**Aba**					
汶川县	Wenchuan	6.38	2.46	1.22	2.70	46202
理县	Lixian	3.25	1.97	0.34	0.94	42205
茂县	Maoxian	7.05	3.75	0.57	2.73	39661
松潘县	Songpan	4.50	2.76	0.28	1.46	46166
九寨沟县	Jiuzhaigou	4.66	2.17	0.25	2.24	44057
金川县	Jinchuan	4.01	2.33	0.29	1.39	45682
小金县	Xiaojin	5.35	3.15	0.49	1.71	41523
黑水县	Heishui	3.83	2.07	0.13	1.63	50655
马尔康县	Maerkang	3.70	1.26	0.31	2.13	49366
壤塘县	Rangtang	2.80	1.96	0.17	0.67	50454

12-2 续表4 continued

县(市、区)	Counties (Municipalities, Districts)	就业人员（万人） Number of Employed Persons (10 000 persons)	第一产业 Primary Industry	第二产业 Secondary Industry	第三产业 Tertiary Industry	非私营单位职工平均工资（元） Average Wages of non-private sector employees (yuan)
阿坝县	Abaxian	3.55	2.66	0.05	0.84	45270
若尔盖县	Ruoergai	4.82	3.89	0.05	0.88	44604
红原县	Hongyuan	2.44	1.77	0.05	0.62	48446
甘孜州	**Ganzi**					
康定县	Kangding	9.63	4.04	0.77	4.82	50640
泸定县	Luding	4.02	2.65	0.37	1.00	46544
丹巴县	Danba	5.62	3.56	1.21	0.85	44903
九龙县	Jiulong	4.25	3.30	0.15	0.80	47297
雅江县	Yajiang	5.62	3.56	1.21	0.85	44259
道孚县	Daofu	3.71	2.72	0.20	0.79	45750
炉霍县	Luhuo	2.33	2.11	0.14	0.08	42351
甘孜县	Ganzixian	4.15	3.30	0.05	0.80	41374
新龙县	Xinlong	2.33	1.67	0.13	0.53	44914
德格县	Dege	5.70	4.60	0.90	0.20	44369
白玉县	Baiyu	3.50	3.00	0.10	0.40	42675
石渠县	Shiqu	4.68	4.05	0.03	0.60	61488
色达县	Seda	3.19	2.72	0.07	0.40	56894
理塘县	Litang	3.88	2.94	0.21	0.73	48166
巴塘县	Batang	4.64	2.92	0.32	1.40	56663
乡城县	Xiangcheng	1.70	1.30	0.10	0.30	34865
稻城县	Daocheng	1.80	1.48		0.32	45542
得荣县	Derong	1.49	1.30	0.05	0.14	45074
凉山州	**Liangshan**					
西昌市	Xichang	45.49	20.30	5.41	19.78	43156
木里县	Muli	8.91	6.90	0.14	1.87	48792
盐源县	Yanyuan	23.58	19.65	1.17	2.76	46346
德昌县	Dechang	12.52	7.49	1.57	3.46	40948
会理县	Huili	32.30	6.49	8.61	17.20	45788
会东县	Huidong	26.78	17.78	2.87	6.05	41200
宁南县	Ningnan	12.84	8.69	1.58	2.57	38725
普格县	Puge	9.49	7.12	0.79	1.58	42062
布拖县	Butuo	9.93	8.10	0.50	1.33	51739
金阳县	Jinyang	9.39	7.59	0.60	1.20	47160
昭觉县	Zhaojue	16.02	12.82	1.17	2.03	43862
喜德县	Xide	10.61	7.61	0.90	2.10	42710
冕宁县	Mianning	24.18	17.40	1.85	4.93	47334
越西县	Yuexi	17.58	11.66	1.87	4.05	44759
甘洛县	Ganluo	12.33	9.26	1.26	1.81	40408
美姑县	Meigu	12.26	10.45	0.35	1.46	41148
雷波县	Leibo	16.70	11.84	1.56	3.30	41967

12-3 各县(市、区)地区生产总值(2012年)
Gross Domestic Product of Counties (Municipalities, District)(2012)

县(市、区)	Counties (Municipalities, Districts)	地区生产总值(万元) Gross Domestic Product (10 000 yuan)	第一产业 Primary Industry	第二产业 Secondary Industry	# 工业 Industry	第三产业 Tertiary Industry	人均地区生产总值(元) Per Capita GDP (yuan)
成都市	**Chengdu**						
锦江区	Jinjiang	6066048	7180	1008106	593424	5050762	87483
青羊区	Qingyang	6887105	659	1386523	751652	5499923	82738
金牛区	Jinniu	6941648	1893	1858621	1072999	5081134	57760
武侯区	Wuhou	6412343	377	1639963	1259990	4772003	59100
成华区	Chenghua	5559756	2373	1524501	1004416	4032882	59052
龙泉驿区	Longquanyi	6314031	274510	4831295	4572111	1208226	81293
青白江区	Qingbaijiang	2763777	130299	2061088	1918296	572390	71176
新都区	Xindu	4560464	229165	2908707	2603979	1422592	58370
温江区	Wenjiang	3023492	150773	1609428	1519262	1263291	65828
金堂县	Jintang	2022955	372578	937101	579455	713276	28101
双流县	Shuangliu	6790674	334725	3581724	3050063	2874225	58134
郫县	Pixian	3255925	189390	1965906	1778257	1100629	42847
大邑县	Dayi	1328605	269095	558657	447209	500853	26408
蒲江县	Pujiang	797616	153140	388597	344114	255879	33137
新津县	Xinjin	1699372	143201	979466	885542	576705	56066
都江堰市	Dujiangyan	2081844	221592	761711	485089	1098541	31481
彭州市	Pengzhou	2130944	395040	1090812	1030812	645092	27877
邛崃市	Qionglai	1504281	285009	690219	570131	529053	24488
崇州市	Chongzhou	1634347	275724	784405	570558	574218	24695
自贡市	**Zigong**						
自流井区	Ziliujing	2468432	37892	1437384	1309116	993156	68778
贡井区	Gongjing	910388	129087	581691	567406	199610	34787
大安区	Daan	1546940	118014	1126927	1102010	301999	40380
沿滩区	Yantan	833465	126828	541548	505563	165089	30220
荣县	Rongxian	1442830	339169	749280	675548	354381	24401
富顺县	Fushun	1710012	342959	902434	756813	464619	20652
攀枝花市	**Panzhihua**						
东区	Dongqu	3066968	5285	2202085	2071419	859598	82379
西区	Xiqu	856696	7930	725397	703299	123369	52429
仁和区	Renhe	1519337	71631	1244866	1198162	202840	57857
米易县	Miyi	931976	96083	629687	594369	206206	43207
盐边县	Yanbian	1025371	76722	812019	765770	136630	48481
泸州市	**Luzhou**						
江阳区	Jiangyang	2859592	165252	1868564	1743860	825776	49117
纳溪区	Naxi	976175	160441	601417	573380	214317	21230
龙马潭区	Longmatan	1448957	83472	1041851	987296	323634	41434
泸县	Luxian	1955529	386409	1157509	1101576	411611	23288
合江县	Hejiang	1240967	290006	555534	501419	395427	17498
叙永县	Xuyong	763688	175273	360892	336160	227523	13075
古蔺县	Gulin	1058292	175163	657124	639643	226005	14845

12-3 续表1 continued

县(市、区)	Counties (Municipalities, Districts)	地区生产总值(万元) Gross Domestic Product (10 000 yuan)	第一产业 Primary Industry	第二产业 Secondary Industry	# 工业 Industry	第三产业 Tertiary Industry	人均地区生产总值(元) Per Capita GDP (yuan)
德阳市	**Deyang**						
旌阳区	Jinyang	3819870	295240	2466999	2256188	1057631	51725
中江县	Zhongjiang	2265897	696727	953245	842194	615925	19938
罗江县	Luojiang	695843	167467	406553	356801	121823	31832
广汉市	Guanghan	2519501	314957	1536181	1455481	668363	42559
什邡市	Shifang	1886051	213710	1200673	1176911	471668	45557
绵竹市	Mianzhu	1677146	252194	1057732	1018956	367220	36294
绵阳市	**Mianyang**						
涪城区	Fucheng	4907576	176948	3078284	2827167	1652344	58865
游仙区	Youxian	1346638	224160	728206	623308	394272	27505
三台县	Santai	1888697	584179	723189	538805	581329	18082
盐亭县	Yanting	801770	292013	300244	194368	209513	18685
安县	Anxian	840105	223688	426788	362332	189629	22225
梓潼县	Zitong	678130	210487	308264	280206	159379	22053
北川县	Beichuan	317011	80074	133281	78199	103656	15835
平武县	Pingwu	280108	62462	152741	101637	64905	16381
江油市	Jiangyou	2421431	337935	1221332	1077355	862164	31028
广元市	**Guangyuan**						
利州区	Lizhou	1606027	86564	905078	795545	614385	30388
元坝区	Yuanba	344727	96312	164221	145858	84194	19926
朝天区	Chaotian	299402	64313	160157	146536	74932	16496
旺苍县	Wangcang	661029	136243	346792	323573	177994	16980
青川县	Qingchuan	235941	60629	98125	79511	77187	11521
剑阁县	Jiange	697934	220875	248228	195902	228831	15032
苍溪县	Cangxi	843624	253224	333599	193809	256801	14834
遂宁市	**Suining**						
船山区	Chuanshan	1811415	172239	1035604	918148	603572	27417
安居区	Anju	854877	406645	239553	150425	208679	13299
蓬溪县	Pengxi	902410	311729	368479	241492	222202	16263
射洪县	Shehong	2264711	402380	1404513	1311318	457818	24483
大英县	Daying	990910	210741	586056	526625	194113	20618
内江市	**Neijiang**						
内江市中区	Neijiang Downtown	1749954	128655	1216926	1123366	404373	34922
东兴区	Dongxing	1836067	382098	1031607	923690	422362	24303
威远县	Weiyuan	2445219	330610	1738592	1700720	376017	39350
资中县	Zizhong	1980439	538244	991986	937164	450209	16535
隆昌县	Longchang	1770248	253507	1123338	1023415	393403	27747
乐山市	**Leshan**						
乐山市中区	Leshan Downtown	2194791	160499	1138626	988710	895666	32827
沙湾区	Shawan	1403432	75479	1174817	1114013	153136	76067
五通桥区	Wutongqiao	1204987	104018	902365	874589	198604	37976

12-3 续表2 continued

县(市、区)	Counties (Municipalities, Districts)	地区生产总值(万元) Gross Domestic Product (10 000 yuan)	第一产业 Primary Industry	第二产业 Secondary Industry	# 工业 Industry	第三产业 Tertiary Industry	人均地区生产总值(元) Per Capita GDP (yuan)
金口河区	Jinkouhe	264776	14807	212696	205476	37273	53816
犍为县	Qianwei	1032674	193192	597730	572517	241752	23658
井研县	Jinyan	648008	174526	326990	310644	146492	22650
夹江县	Jiajiang	993711	160910	569242	533233	263559	29540
沐川县	Muchuan	455318	104678	243563	223051	107077	21217
峨边县	Ebian	288512	38290	175192	169452	75030	20682
马边县	Mabian	255014	64544	116100	98207	74370	14383
峨眉山市	Emeishan	1636277	146210	981743	926416	508324	37256
南充市	**Nanchong**						
顺庆区	Shunqing	2294458	170775	1249138	1116859	874545	32546
高坪区	Gaoping	1011325	199837	606902	538151	204586	17029
嘉陵区	Jialing	1001886	270043	531818	453621	200025	16443
南部县	Nanbu	2070618	450443	1196887	970770	423288	22412
营山县	Yingshan	1093435	310371	535078	437342	247986	14903
蓬安县	Pengan	1060696	307639	524113	450472	228944	18840
仪陇县	Yilong	1151686	427407	454779	272470	269500	12514
西充县	Xichong	737646	225358	309200	225603	203088	14120
阆中市	Langzhong	1381853	342838	688688	530057	350327	19155
眉山市	**Meishan**						
东坡区	Dongpo	2671989	370168	1565202	1391890	736619	32360
仁寿县	Renshou	2590424	593569	1380785	1139108	616070	21103
彭山县	Pengshan	928521	111765	574393	515212	242363	31158
洪雅县	Hongya	776909	129018	474409	440966	173482	25777
丹棱县	Danling	371079	82416	201984	165205	86679	26132
青神县	Qingshen	491915	72139	298270	270213	121506	29316
宜宾市	**Yibin**						
翠屏区	Cuiping	4290864	198528	2971403	2781978	1120933	50954
南溪区	Nanxi	840224	175189	471648	426640	193387	25377
宜宾县	Yibinxian	1600569	353621	846354	701815	400594	20418
江安县	Jiangan	951200	190132	560590	523411	200478	23308
长宁县	Changning	903711	194657	483615	441102	225439	26510
高县	Gaoxian	907421	174372	563395	515125	169654	22068
珙县	Gongxian	960444	132958	657066	631610	170420	25429
筠连县	Junlian	1019644	140000	731405	708560	148239	30712
兴文县	Xingwen	632439	149355	305532	277831	177552	16740
屏山县	Pingshan	303194	110627	116132	86940	76435	11871
广安市	**Guangan**						
广安区	Guanganqu	2195509	329347	1171049	911913	695113	25511
岳池县	Yuechi	1422587	336091	652984	477303	433512	18243
武胜县	Wusheng	1418969	314419	722081	597440	382469	24181

12-3 续表3 continued

县(市、区)	Counties (Municipalities, Districts)	地区生产总值(万元) Gross Domestic Product (10 000 yuan)	第一产业 Primary Industry	第二产业 Secondary Industry	# 工业 Industry	第三产业 Tertiary Industry	人均地区生产总值(元) Per Capita GDP (yuan)
邻水县	Linshui	1481665	321080	717450	557229	443135	20972
华蓥市	Huaying	1003498	99024	663249	564342	241225	35890
达州市	**Dazhou**						
通川区	Tongchuan	1588781	112605	958007	864331	518169	32826
达县	Daxian	2020274	468992	1090577	996522	460705	18100
宣汉县	Xuanhan	1981776	470942	1058737	936283	452097	19627
开江县	Kaijiang	881685	254834	416401	359633	210450	20367
大竹县	Dazhu	2132538	457039	1166735	1046391	508764	24280
渠县	Quxian	1753830	488708	813213	720319	451909	15128
万源市	Wanyuan	1008511	236492	557767	528970	214252	24664
雅安市	**Yaan**						
雨城区	Yucheng	1130997	129234	573617	508236	428146	31752
名山区	Mingshan	485603	139353	230093	199920	116157	18677
荥经县	Yingjing	489680	55565	317773	279006	116342	32997
汉源县	Hanyuan	500205	101695	273282	189400	125228	15325
石棉县	Shimian	535948	45216	407997	381416	82735	42367
天全县	Tianquan	378436	55793	237651	211317	84992	27603
芦山县	Lushan	253480	43911	156481	141061	53088	23086
宝兴县	Baoxing	202327	27720	141799	120392	32808	35126
巴中市	**Bazhong**						
巴州区	Bazhou	1346558	309198	446142	222118	591218	11891
通江县	Tongjiang	774754	198417	325184	142227	251153	11206
南江县	Nanjiang	827656	181692	440788	281418	205176	13539
平昌县	Pingchang	955035	240720	462376	375227	251939	11015
资阳市	**Ziyang**						
雁江区	Yanjiang	3176487	461929	2074104	1939646	640454	35820
安岳县	Anyue	2181157	730581	931157	745000	519419	19192
乐至县	Lezhi	1381461	356333	700094	629296	325034	26159
简阳市	Jianyang	3108037	612498	1779060	1648041	716479	29379
阿坝州	**Aba**						
汶川县	Wenchuan	460824	22900	326277	290900	111647	45762
理县	Lixian	151071	14482	106778	91188	29811	32143
茂县	Maoxian	248889	35269	167131	144645	46489	23636
松潘县	Songpan	126689	24577	39953	15763	62159	17402
九寨沟县	Jiuzhaigou	179511	15512	55914	36475	108085	22217
金川县	Jinchuan	79772	19953	26833	4849	32986	11853
小金县	Xiaojin	91318	20672	32529	23444	38117	11738
黑水县	Heishui	148990	15971	106745	92360	26274	24425
马尔康县	Maerkang	165473	17649	25044	9752	122780	28286
壤塘县	Rangtang	55971	19291	10623	983	26057	14098

12-3 续表4 continued

县(市、区)	Counties (Municipalities, Districts)	地区生产总值(万元) Gross Domestic Product (10 000 yuan)	第一产业 Primary Industry	第二产业 Secondary Industry	# 工业 Industry	第三产业 Tertiary Industry	人均地区生产总值(元) Per Capita GDP (yuan)
阿坝县	Abaxian	71629	26872	12618	2591	32139	9719
若尔盖县	Ruoergai	116062	54615	20674	11011	40773	15372
红原县	Hongyuan	79493	27978	21762	14255	29753	17864
甘孜州	**Ganzi**						
康定县	Kangding	409844	37781	187203	113703	184860	31096
泸定县	Luding	160966	24768	85056	81185	51142	18782
丹巴县	Danba	101334	27774	40691	20909	32869	15590
九龙县	Jiulong	234216	20652	177353	160699	36211	37236
雅江县	Yajiang	65316	20445	20191	1211	24680	12857
道孚县	Daofu	54497	18160	5926	3821	30411	9714
炉霍县	Luhuo	40743	19133	4203	2222	17407	8614
甘孜县	Ganzixian	62172	32592	6046	1266	23534	8997
新龙县	Xinlong	56894	25220	7068	1164	24606	11156
德格县	Dege	53663	25753	7766	764	20144	6513
白玉县	Baiyu	100289	24509	59212	54163	16568	17625
石渠县	Shiqu	60333	34168	5565	662	20600	7287
色达县	Seda	44443	22749	4511	783	17183	7495
理塘县	Litang	71696	28586	11396	3348	31714	10257
巴塘县	Batang	78752	21518	35133	12651	22101	16007
乡城县	Xiangcheng	60359	17347	22010	6112	21002	18180
稻城县	Daocheng	45671	14889	10178	1286	20604	14407
得荣县	Derong	43194	14841	12404	1583	15949	16300
凉山州	**Liangshan**						
西昌市	Xichang	3340455	344443	1691091	1350818	1304921	45325
木里县	Muli	225919	46179	115330	43923	64410	17445
盐源县	Yanyuan	743200	140576	470742	378025	131882	21084
德昌县	Dechang	524834	133262	243700	169828	147872	24468
会理县	Huili	1905874	324792	1165253	1036798	415829	43864
会东县	Huidong	1078724	315784	557782	480280	205158	29554
宁南县	Ningnan	390425	115370	166700	118310	108355	22387
普格县	Puge	196318	65778	65755	39412	64785	12480
布拖县	Butuo	221511	55818	118904	94175	46789	13674
金阳县	Jinyang	245760	58570	134011	108275	53179	14805
昭觉县	Zhaojue	192930	77855	47577	25378	67498	7859
喜德县	Xide	180737	53020	72212	61280	55505	10954
冕宁县	Mianning	774140	157475	427512	254896	189153	22182
越西县	Yuexi	322938	94022	139957	103578	88959	12095
甘洛县	Ganluo	271487	50475	149491	117380	71521	13994
美姑县	Meigu	172619	66141	53445	29406	53033	7973
雷波县	Leibo	438822	88413	259188	121876	91221	19811

12-4 各县(市、区)地区生产总值指数(2012年)
Indices of Gross Domestic Product of Counties (Municipalities, District)(2012)

上年=100 (preceding year=100)

县(市、区)	Counties (Municipalities, Districts)	地区生产总值 Gross Domestic Product	第一产业 Primary Industry	第二产业 Secondary Industry	# 工业 Industry	第三产业 Tertiary Industry	人均地区生产总值 Per Capita GDP
成都市	**Chengdu**						
锦江区	Jinjiang	110.5	89.3	104.5	105.3	112.0	110.2
青羊区	Qingyang	110.6	80.4	105.6	105.5	112.1	110.2
金牛区	Jinniu	110.5	61.1	106.9	105.4	111.9	110.4
武侯区	Wuhou	110.1	48.2	105.7	105.3	111.8	110.0
成华区	Chenghua	110.3	74.0	106.7	105.6	112.0	110.1
龙泉驿区	Longquanyi	117.4	102.1	120.4	121.6	111.8	116.1
青白江区	Qingbaijiang	113.0	103.5	113.9	114.2	111.5	111.4
新都区	Xindu	113.3	103.8	114.6	114.4	111.8	112.5
温江区	Wenjiang	113.1	103.5	115.0	114.5	111.8	112.6
金堂县	Jintang	114.2	104.6	120.4	119.5	111.6	113.8
双流县	Shuangliu	113.3	103.5	115.5	116.2	111.8	112.3
郫县	Pixian	113.2	103.7	114.0	114.6	113.6	112.8
大邑县	Dayi	113.6	104.8	119.0	119.4	112.0	113.4
蒲江县	Pujiang	113.6	104.2	117.6	118.0	113.7	113.1
新津县	Xinjin	114.1	104.0	116.9	118.5	111.9	113.8
都江堰市	Dujiangyan	113.6	104.5	117.8	117.8	112.6	113.1
彭州市	Pengzhou	113.6	104.5	118.2	118.6	111.3	113.4
邛崃市	Qionglai	114.1	104.4	119.8	119.7	111.9	113.8
崇州市	Chongzhou	113.1	104.4	118.7	119.4	110.6	113.0
自贡市	**Zigong**						
自流井区	Ziliujing	111.2	105.2	110.4	110.0	112.5	107.3
贡井区	Gongjing	115.4	104.5	118.8	118.8	112.5	115.1
大安区	Daan	115.6	104.7	117.8	117.9	111.7	115.5
沿滩区	Yantan	116.5	104.5	120.9	121.3	111.5	115.4
荣县	Rongxian	114.3	104.7	120.0	120.5	111.6	114.3
富顺县	Fushun	114.3	105.2	119.2	119.9	111.4	114.2
攀枝花市	**Panzhihua**						
东区	Dongqu	110.4	100.2	110.2	110.2	111.1	108.9
西区	Xiqu	111.3	104.0	111.6	111.7	110.1	111.0
仁和区	Renhe	119.5	104.1	122.4	123.0	109.2	118.8
米易县	Miyi	119.0	105.2	124.8	128.4	111.0	119.9
盐边县	Yanbian	115.0	104.8	117.2	116.8	109.1	113.6
泸州市	**Luzhou**						
江阳区	Jiangyang	115.0	104.8	118.2	118.1	110.0	114.0
纳溪区	Naxi	112.0	104.8	114.1	114.4	111.2	110.4
龙马潭区	Longmatan	116.6	104.8	118.8	118.3	113.0	115.3
泸县	Luxian	115.0	104.8	119.7	119.2	111.7	115.0
合江县	Hejiang	113.5	105.1	119.2	119.2	111.6	113.5
叙永县	Xuyong	113.9	104.9	119.3	118.8	112.5	113.9
古蔺县	Gulin	115.9	105.3	119.8	119.6	112.9	115.9

12-4 续表1 continued

上年=100 (preceding year=100)

县(市、区)	Counties (Municipalities, Districts)	地区生产总值 Gross Domestic Product	第一产业 Primary Industry	第二产业 Secondary Industry	# 工业 Industry	第三产业 Tertiary Industry	人均地区生产总值 Per Capita GDP
德阳市	**Deyang**						
旌阳区	Jinyang	111.2	104.3	110.5	110.6	114.8	110.8
中江县	Zhongjiang	112.1	104.3	118.2	120.5	111.1	116.4
罗江县	Luojiang	113.6	104.4	117.9	119.1	111.4	110.8
广汉市	Guanghan	114.5	104.5	118.0	118.9	111.4	114.3
什邡市	Shifang	113.8	104.6	116.8	119.3	111.0	113.5
绵竹市	Mianzhu	113.0	105.2	115.3	115.5	111.4	115.1
绵阳市	**Mianyang**						
涪城区	Fucheng	114.0	103.6	116.5	116.6	110.4	116.9
游仙区	Youxian	113.4	104.1	117.9	118.5	110.0	113.4
三台县	Santai	112.3	104.1	120.3	119.9	110.4	112.2
盐亭县	Yanting	112.0	102.8	123.4	119.9	110.2	110.2
安县	Anxian	113.4	104.1	120.5	120.8	110.2	110.6
梓潼县	Zitong	112.3	104.3	118.9	118.9	109.9	110.9
北川县	Beichuan	112.2	104.4	118.2	120.0	109.8	111.0
平武县	Pingwu	112.1	104.3	116.6	118.2	109.7	112.1
江油市	Jiangyou	114.1	104.3	118.9	119.5	110.5	112.3
广元市	**Guangyuan**						
利州区	Lizhou	114.3	104.6	119.0	119.5	109.7	112.8
元坝区	Yuanba	113.2	105.2	122.2	122.0	109.4	111.1
朝天区	Chaotian	114.1	105.5	120.7	121.2	111.4	111.1
旺苍县	Wangcang	114.2	104.8	122.2	122.6	107.4	113.5
青川县	Qingchuan	113.1	106.8	123.6	122.7	107.8	117.7
剑阁县	Jiange	113.1	104.6	127.3	126.0	108.7	111.8
苍溪县	Cangxi	113.2	104.6	125.4	123.4	108.4	111.6
遂宁市	**Suining**						
船山区	Chuanshan	114.8	104.1	118.0	117.7	111.9	114.4
安居区	Anju	112.5	104.7	124.8	118.8	110.9	112.1
蓬溪县	Pengxi	112.5	104.5	119.5	118.3	111.0	112.3
射洪县	Shehong	114.1	104.4	117.5	117.9	110.9	114.0
大英县	Daying	114.2	104.3	118.4	117.9	110.8	113.9
内江市	**Neijiang**						
内江市中区	Neijiang Downtown	113.8	104.7	115.7	116.3	110.7	114.0
东兴区	Dongxing	113.5	104.6	117.6	118.6	110.9	112.8
威远县	Weiyuan	114.4	104.5	117.0	117.3	110.1	115.2
资中县	Zizhong	113.4	104.3	118.9	119.7	110.5	113.0
隆昌县	Longchang	114.0	104.4	117.2	118.4	110.4	113.3
乐山市	**Leshan**						
乐山市中区	Leshan Downtown	114.7	105.1	117.9	117.0	112.2	113.8
沙湾区	Shawan	115.3	103.5	116.8	116.7	110.5	117.2
五通桥区	Wutongqiao	115.1	103.6	117.2	117.2	111.3	113.7

12-4 续表2 continued

上年=100 (preceding year=100)

县(市、区)	Counties (Municipalities, Districts)	地区生产总值 Gross Domestic Product	第一产业 Primary Industry	第二产业 Secondary Industry	# 工业 Industry	第三产业 Tertiary Industry	人均地区生产总值 Per Capita GDP
金口河区	Jinkouhe	114.6	104.1	115.9	115.9	110.8	114.6
犍为县	Qianwei	114.5	104.7	118.6	118.0	112.1	114.1
井研县	Jinyan	113.7	104.6	119.5	118.8	111.6	112.7
夹江县	Jiajiang	114.4	103.2	118.7	117.6	112.0	114.7
沐川县	Muchuan	113.5	105.2	117.6	116.3	112.0	114.2
峨边县	Ebian	114.1	104.7	117.2	116.7	111.4	114.0
马边县	Mabian	113.8	103.4	120.9	124.3	111.9	113.4
峨眉山市	Emeishan	113.6	102.6	115.8	114.9	112.3	113.0
南充市	**Nanchong**						
顺庆区	Shunqing	114.5	104.7	117.4	117.1	112.3	114.2
高坪区	Gaoping	114.4	104.5	118.8	118.0	111.9	109.7
嘉陵区	Jialing	113.9	104.6	119.5	117.8	111.6	113.7
南部县	Nanbu	114.6	104.4	118.8	117.5	112.2	114.9
营山县	Yingshan	113.8	104.4	120.0	117.5	111.5	115.0
蓬安县	Pengan	114.0	104.6	120.5	118.8	111.6	114.3
仪陇县	Yilong	114.3	104.4	124.8	119.6	112.1	114.9
西充县	Xichong	114.1	104.3	121.9	118.3	111.8	113.1
阆中市	Langzhong	114.2	104.5	120.4	118.2	112.0	114.8
眉山市	**Meishan**						
东坡区	Dongpo	115.2	105.0	118.6	117.5	112.9	114.7
仁寿县	Renshou	114.0	104.7	118.6	116.6	112.3	114.7
彭山县	Pengshan	115.1	104.4	118.7	117.1	111.8	110.7
洪雅县	Hongya	114.0	104.6	117.9	116.4	110.6	113.5
丹棱县	Danling	114.5	104.5	120.0	116.3	111.8	114.5
青神县	Qingshen	114.2	104.9	117.7	116.1	111.4	114.5
宜宾市	**Yibin**						
翠屏区	Cuiping	112.9	104.9	113.6	113.3	112.0	112.3
南溪区	Nanxi	114.5	104.7	119.3	119.1	112.0	115.3
宜宾县	Yibinxian	114.5	104.4	120.0	119.3	111.5	117.6
江安县	Jiangan	114.8	105.0	119.6	119.1	111.5	112.9
长宁县	Changning	114.2	104.5	118.3	117.7	113.2	114.0
高县	Gaoxian	115.2	104.6	118.9	118.4	113.2	115.2
珙县	Gongxian	114.7	106.2	117.0	117.1	112.1	115.2
筠连县	Junlian	114.6	105.7	116.7	117.1	112.2	113.8
兴文县	Xingwen	114.5	104.5	120.2	119.4	112.9	114.1
屏山县	Pingshan	113.5	104.1	124.6	119.4	111.1	111.3
广安市	**Guangan**						
广安区	Guanganqu	114.1	104.8	118.6	119.4	111.2	113.9
岳池县	Yuechi	113.7	104.9	119.7	123.1	111.9	113.6
武胜县	Wusheng	113.9	104.5	119.5	121.6	111.1	113.7

12-4 续表3 continued

上年=100 (preceding year=100)

县(市、区)	Counties (Municipalities, Districts)	地区生产总值 Gross Domestic Product	第一产业 Primary Industry	第二产业 Secondary Industry	#工业 Industry	第三产业 Tertiary Industry	人均地区生产总值 Per Capita GDP
邻水县	Linshui	113.9	104.6	120.0	122.8	111.1	113.7
华蓥市	Huaying	114.1	104.4	116.7	117.8	111.2	113.8
达州市	**Dazhou**						
通川区	Tongchuan	113.6	104.1	115.7	115.8	111.3	112.6
达县	Daxian	113.6	104.5	118.4	118.9	110.3	113.2
宣汉县	Xuanhan	113.8	104.6	120.4	121.2	111.3	113.7
开江县	Kaijiang	113.3	104.4	120.6	121.3	110.5	113.1
大竹县	Dazhu	113.8	104.8	118.5	118.8	110.5	113.7
渠县	Quxian	113.6	104.6	119.6	119.9	110.4	113.5
万源市	Wanyuan	113.1	104.7	118.5	118.7	110.3	112.8
雅安市	**Yaan**						
雨城区	Yucheng	113.2	104.0	116.9	116.1	111.2	113.0
名山区	Mingshan	113.3	104.7	120.3	118.4	110.4	112.2
荥经县	Yingjing	113.3	103.6	116.1	115.2	110.3	113.0
汉源县	Hanyuan	119.4	103.8	131.4	143.0	110.2	118.9
石棉县	Shimian	113.0	103.4	114.8	114.4	110.2	111.5
天全县	Tianquan	113.2	103.4	116.7	116.2	110.2	111.8
芦山县	Lushan	113.6	103.0	117.7	117.0	110.3	113.1
宝兴县	Baoxing	113.6	103.5	116.4	116.7	110.4	112.0
巴中市	**Bazhong**						
巴州区	Bazhou	114.0	103.7	123.8	115.9	111.7	113.6
通江县	Tongjiang	113.8	103.9	126.3	116.7	109.3	113.4
南江县	Nanjiang	113.9	103.6	121.8	116.8	110.1	113.4
平昌县	Pingchang	113.9	103.6	123.2	117.0	111.7	113.6
资阳市	**Ziyang**						
雁江区	Yanjiang	114.4	104.5	117.5	117.7	111.4	115.9
安岳县	Anyue	113.8	104.5	121.9	117.3	111.4	114.4
乐至县	Lezhi	114.4	104.4	119.9	117.7	112.6	116.7
简阳市	Jianyang	114.4	104.5	118.3	117.2	112.8	115.6
阿坝州	**Aba**						
汶川县	Wenchuan	109.5	110.0	109.1	112.3	110.6	109.5
理县	Lixian	110.4	105.5	111.6	111.9	108.5	109.7
茂县	Maoxian	111.1	108.7	113.3	124.8	105.5	110.7
松潘县	Songpan	110.7	104.7	115.6	157.6	110.2	110.2
九寨沟县	Jiuzhaigou	114.9	106.2	116.8	122.8	115.3	115.2
金川县	Jinchuan	120.6	108.2	141.8	126.3	115.3	119.2
小金县	Xiaojin	111.0	106.5	120.7	133.2	106.3	110.7
黑水县	Heishui	139.5	106.8	157.7	181.7	107.2	139.1
马尔康县	Maerkang	113.5	103.2	120.3	106.3	113.8	113.5
壤塘县	Rangtang	114.5	103.1	139.2	138.0	116.1	113.6

12-4 续表4 continued

上年=100 (preceding year=100)

县(市、区)	Counties (Municipalities, Districts)	地区生产总值 Gross Domestic Product	第一产业 Primary Industry	第二产业 Secondary Industry	# 工业 Industry	第三产业 Tertiary Industry	人均地区生产总值 Per Capita GDP
阿坝县	Abaxian	114.6	104.3	162.5	138.2	112.1	113.5
若尔盖县	Ruoergai	112.0	105.3	135.2	163.3	111.6	111.2
红原县	Hongyuan	113.0	106.2	129.1	141.4	110.5	112.0
甘孜州	**Ganzi**						
康定县	Kangding	106.9	101.2	106.8	107.9	107.9	105.9
泸定县	Luding	135.0	102.8	178.7	211.3	106.4	131.9
丹巴县	Danba	117.3	110.2	128.4	125.7	110.3	108.3
九龙县	Jiulong	114.6	104.0	117.3	119.2	108.1	113.7
雅江县	Yajiang	113.1	101.8	125.1	148.6	112.5	112.2
道孚县	Daofu	108.1	103.3	99.2	105.1	112.5	107.2
炉霍县	Luhuo	110.1	107.6	111.7	123.7	112.1	109.0
甘孜县	Ganzixian	110.8	105.3	151.1	116.5	109.6	110.2
新龙县	Xinlong	113.1	103.9	140.1	117.1	114.5	112.3
德格县	Dege	110.1	105.7	125.6	117.0	109.0	109.4
白玉县	Baiyu	111.0	103.1	113.5	111.0	112.9	110.2
石渠县	Shiqu	107.9	100.0	188.2	118.1	106.0	105.8
色达县	Seda	110.1	101.6	136.9	116.5	113.0	109.3
理塘县	Litang	108.6	102.5	112.9	114.3	111.1	107.7
巴塘县	Batang	112.1	106.0	117.6	118.8	109.2	111.2
乡城县	Xiangcheng	116.0	110.1	127.6	123.1	109.0	116.3
稻城县	Daocheng	115.1	101.4	146.4	117.1	111.9	113.6
得荣县	Derong	114.2	107.5	129.5	129.3	109.1	113.3
凉山州	**Liangshan**						
西昌市	Xichang	114.6	104.7	117.9	116.5	113.2	112.5
木里县	Muli	113.6	104.5	119.5	109.6	110.1	114.4
盐源县	Yanyuan	115.7	104.6	120.1	121.1	112.6	115.2
德昌县	Dechang	115.3	104.7	125.2	122.6	109.9	115.1
会理县	Huili	116.5	104.6	121.6	120.8	113.1	115.7
会东县	Huidong	112.8	104.7	118.5	114.1	109.8	112.3
宁南县	Ningnan	114.6	104.7	126.9	124.7	108.4	113.2
普格县	Puge	109.4	104.5	113.8	108.6	109.5	108.8
布拖县	Butuo	114.0	104.4	121.4	120.0	109.1	113.4
金阳县	Jinyang	112.6	104.4	120.5	117.6	105.5	112.3
昭觉县	Zhaojue	109.6	104.6	114.8	118.7	111.2	110.9
喜德县	Xide	106.5	103.3	106.8	108.8	108.9	106.8
冕宁县	Mianning	116.3	104.7	125.0	121.3	109.7	116.5
越西县	Yuexi	111.3	104.5	119.2	118.4	107.0	111.9
甘洛县	Ganluo	92.1	104.5	85.2	79.5	102.3	92.4
美姑县	Meigu	109.3	104.5	120.8	115.2	104.1	110.5
雷波县	Leibo	116.4	104.4	122.4	114.0	112.3	116.9

12-5 各县(市、区)民营经济增加值(2012年)
Civillian-owned Value Added of Counties (Municipalities, District)(2012)

县(市、区)	Counties (Municipalities, Districts)	民营经济增加值(万元) Civilian-owned Value Added (10 000 yuan)	第一产业 Primary Industry	第二产业 Secondary Industry	# 工业 Industry	第三产业 Tertiary Industry	人均民营经济增加值(元) Per Capita Civilian-owned Value Added (yuan)
成都市	**Chengdu**						
锦江区	Jinjiang	3423086	18	589561	321369	2833507	49367
青羊区	Qingyang	3254599	30	729093	331073	2525476	39099
金牛区	Jinniu	3891924	201	1242675	759006	2649048	32384
武侯区	Wuhou	4455244	57	1420821	1067927	3034366	41062
成华区	Chenghua	2662986	506	682042	376913	1980438	28285
龙泉驿区	Longquanyi	2755325	45905	2063073	1901083	646347	35475
青白江区	Qingbaijiang	1248686	27133	859561	805301	361992	32158
新都区	Xindu	3049203	86442	2142861	1899078	819900	39027
温江区	Wenjiang	1727800	17129	1090069	1034617	620602	37618
金堂县	Jintang	1273169	76222	762483	516067	434464	17685
双流县	Shuangliu	4365907	75111	2923911	2458709	1366885	37376
郫县	Pixian	2068524	15895	1345786	1245018	706843	27221
大邑县	Dayi	855292	142375	442374	365475	270543	17000
蒲江县	Pujiang	465772	61122	273326	251617	131324	19351
新津县	Xinjin	1273767	53634	866903	801156	353230	42025
都江堰市	Dujiangyan	1308618	82418	595165	408446	631035	19789
彭州市	Pengzhou	1151858	117212	668951	624666	365695	15069
邛崃市	Qionglai	984095	103288	561480	454722	319327	16020
崇州市	Chongzhou	1059154	100352	659070	504245	299732	16004
自贡市	**Zigong**						
自流井区	Ziliujing	1098452	12851	615168	555147	470433	30606
贡井区	Gongjing	562689	38344	402228	391128	122117	21501
大安区	Daan	912343	41907	677596	654369	192840	23815
沿滩区	Yantan	518825	44920	378549	343662	95356	18812
荣县	Rongxian	893650	101734	569425	496873	222491	15113
富顺县	Fushun	918338	115438	512290	394056	290610	11091
攀枝花市	**Panzhihua**						
东区	Dongqu	1054485	2673	655378	589650	396434	28324
西区	Xiqu	410705	4671	324610	315992	81424	25135
仁和区	Renhe	846258	22599	721189	693996	102470	32226
米易县	Miyi	500808	23302	366852	345721	110654	23218
盐边县	Yanbian	427030	30621	315708	283828	80701	20191
泸州市	**Luzhou**						
江阳区	Jiangyang	1505609	39538	1012852	918336	453219	25861
纳溪区	Naxi	562866	51267	391630	369232	119969	12242
龙马潭区	Longmatan	882659	34345	635256	588870	213058	25240
泸县	Luxian	1250327	148784	870343	824414	231200	14890
合江县	Hejiang	782167	100940	432013	388131	249214	11029
叙永县	Xuyong	445974	57246	270300	252207	118428	7635
古蔺县	Gulin	558356	63043	368997	355953	126316	7832

12-5 续表1 continued

县(市、区)	Counties (Municipalities, Districts)	民营经济增加值(万元) Civilian-owned Value Added (10 000 yuan)	第一产业 Primary Industry	第二产业 Secondary Industry	# 工业 Industry	第三产业 Tertiary Industry	人均民营经济增加值(元) Per Capita Civilian-owned Value Added (yuan)
德阳市	**Deyang**						
旌阳区	Jinyang	1696600	109898	1009911	873461	576791	22974
中江县	Zhongjiang	1338738	292618	653988	592448	392132	11779
罗江县	Luojiang	443471	55596	334367	297492	53508	20287
广汉市	Guanghan	1794927	103795	1339430	1283928	351702	30320
什邡市	Shifang	905304	80855	503666	479904	320783	21867
绵竹市	Mianzhu	1080627	91808	801610	763570	187209	23385
绵阳市	**Mianyang**						
涪城区	Fucheng	2937310	46478	1754248	1512504	1136584	35232
游仙区	Youxian	682347	64233	487651	434788	130463	13937
三台县	Santai	1061239	158153	484771	398168	418315	10160
盐亭县	Yanting	414961	85518	222089	150629	107354	9670
安县	Anxian	471265	62167	298256	241862	110842	12467
梓潼县	Zitong	346209	56526	215553	188046	74130	11259
北川县	Beichuan	178508	23856	123403	70027	31249	8916
平武县	Pingwu	152774	16781	104001	60682	31992	8934
江油市	Jiangyou	1222236	95098	542390	454598	584748	15662
广元市	**Guangyuan**						
利州区	Lizhou	889739	16210	525836	427075	347693	16835
元坝区	Yuanba	186153	33061	114484	102012	38608	10760
朝天区	Chaotian	150599	14497	99396	87348	36706	8297
旺苍县	Wangcang	368854	38167	239386	218730	91301	9475
青川县	Qingchuan	133543	11159	87203	69175	35181	6521
剑阁县	Jiange	382468	76135	183584	133481	122749	8238
苍溪县	Cangxi	467368	77173	262660	187414	127535	8218
遂宁市	**Suining**						
船山区	Chuanshan	1135434	72544	792008	697662	270882	17185
安居区	Anju	491171	140437	225550	148610	125184	7641
蓬溪县	Pengxi	485218	95660	279303	240175	110255	8744
射洪县	Shehong	1288799	177606	851719	787022	259474	13933
大英县	Daying	570172	66032	395048	354380	109092	11864
内江市	**Neijiang**						
内江市中区	Neijiang Downtown	958457	50620	710203	641103	197634	19127
东兴区	Dongxing	1051199	116238	721007	662586	213954	13914
威远县	Weiyuan	1446042	106881	1101072	1070727	238089	23271
资中县	Zizhong	1231880	196335	744718	699219	290827	10285
隆昌县	Longchang	1080376	115895	724045	644406	240436	16934
乐山市	**Leshan**						
乐山市中区	Leshan Downtown	1199447	88477	814267	699675	296703	17940
沙湾区	Shawan	473831	51146	358639	312604	64046	25682
五通桥区	Wutongqiao	882183	54277	717963	695940	109943	27803

12-5 续表2 continued

县(市、区)	Counties (Municipalities, Districts)	民营经济增加值(万元) Civilian-owned Value Added (10 000 yuan)	第一产业 Primary Industry	第二产业 Secondary Industry	# 工业 Industry	第三产业 Tertiary Industry	人均民营经济增加值(元) Per Capita Civilian-owned Value Added (yuan)
金口河区	Jinkouhe	156992	5058	137625	132054	14309	31909
犍为县	Qianwei	596001	104512	371845	351883	119644	13654
井研县	Jinyan	442509	89327	281014	267856	72168	15467
夹江县	Jiajiang	651456	58814	447236	418221	145406	19366
沐川县	Muchuan	230919	34448	154140	138076	42331	10760
峨边县	Ebian	156676	18867	112904	108298	24905	11231
马边县	Mabian	130590	24337	81026	67164	25227	7365
峨眉山市	Emeishan	851711	64523	563112	520230	224076	19392
南充市	**Nanchong**						
顺庆区	Shunqing	1373255	79166	942873	834799	351216	19479
高坪区	Gaoping	576789	85318	385220	326858	106251	9712
嘉陵区	Jialing	567142	96508	376433	337443	94201	9308
南部县	Nanbu	1298867	191662	884582	718273	222623	14059
营山县	Yingshan	619173	156164	342680	275330	120329	8439
蓬安县	Pengan	628028	110429	417858	356715	99741	11155
仪陇县	Yilong	671509	203201	341860	202308	126448	7297
西充县	Xichong	425312	115948	224544	164592	84820	8142
阆中市	Langzhong	863913	152509	519476	404705	191928	11976
眉山市	**Meishan**						
东坡区	Dongpo	1640271	116255	1151334	1053449	372682	19865
仁寿县	Renshou	1496710	200222	992919	817900	303569	12193
彭山县	Pengshan	554232	52756	360870	316805	140606	18598
洪雅县	Hongya	498265	68265	340545	324780	89455	16532
丹棱县	Danling	232901	34063	152399	140053	46439	16401
青神县	Qingshen	323169	56399	183432	166314	83338	19259
宜宾市	**Yibin**						
翠屏区	Cuiping	1879398	74053	1187046	1033974	618299	22318
南溪区	Nanxi	507495	52836	350896	305888	103763	15328
宜宾县	Yibinxian	1019562	129682	694880	598380	195000	13006
江安县	Jiangan	570244	62611	383238	366237	124395	13973
长宁县	Changning	568738	70662	348763	309572	149313	16683
高县	Gaoxian	587821	67397	430108	381838	90316	14295
珙县	Gongxian	536888	56096	395290	371082	85502	14215
筠连县	Junlian	653592	51345	522755	499910	79492	19687
兴文县	Xingwen	434486	53352	278534	250833	102600	11500
屏山县	Pingshan	175246	36934	91587	70391	46725	6862
广安市	**Guangan**						
广安区	Guanganqu	1245035	92429	738768	583805	413838	14467
岳池县	Yuechi	758512	91426	392789	294935	274297	9727
武胜县	Wusheng	817501	83170	486380	407856	247951	13932

12-5 续表3 continued

县(市、区)	Counties (Municipalities, Districts)	民营经济增加值(万元) Civilian-owned Value Added (10 000 yuan)	第一产业 Primary Industry	第二产业 Secondary Industry	# 工业 Industry	第三产业 Tertiary Industry	人均民营经济增加值(元) Per Capita Civilian-owned Value Added (yuan)
邻水县	Linshui	808993	85481	448480	354751	275032	11451
华蓥市	Huaying	590072	27389	407479	349618	155204	21104
达州市	**Dazhou**						
通川区	Tongchuan	938629	41375	629594	571730	267660	19393
达县	Daxian	1212898	177333	784307	712494	251258	10866
宣汉县	Xuanhan	1008232	167025	591474	509749	249733	9985
开江县	Kaijiang	543697	100210	327096	278615	116391	12559
大竹县	Dazhu	1288790	180111	817088	734947	291591	14674
渠县	Quxian	1033865	190200	592823	540047	250842	8918
万源市	Wanyuan	585785	96182	373687	361145	115916	14326
雅安市	**Yaan**						
雨城区	Yucheng	565906	40676	302413	257116	222817	15887
名山区	Mingshan	285698	31260	191483	172465	62955	10988
荥经县	Yingjing	362857	18346	273272	250101	71239	24451
汉源县	Hanyuan	269936	27210	170220	122374	72506	8270
石棉县	Shimian	269493	15856	214442	192997	39195	21304
天全县	Tianquan	246525	18874	178685	162875	48966	17981
芦山县	Lushan	161895	15008	124982	117404	21905	14745
宝兴县	Baoxing	132548	11200	103076	89995	18272	23012
巴中市	**Bazhong**						
巴州区	Bazhou	743669	97158	295808	112843	350703	6567
通江县	Tongjiang	428397	63157	205197	131565	160043	6196
南江县	Nanjiang	423216	56650	247708	153546	118858	6923
平昌县	Pingchang	534236	81217	291390	204241	161629	6162
资阳市	**Ziyang**						
雁江区	Yanjiang	1834018	155118	1399146	1331938	279754	20681
安岳县	Anyue	999796	205770	559245	486775	234781	8797
乐至县	Lezhi	851421	158275	532596	496454	160550	16122
简阳市	Jianyang	2015648	273131	1449754	1392559	292763	19053
阿坝州	**Aba**						
汶川县	Wenchuan	218470	5146	182481	159486	30843	21695
理县	Lixian	60191	4046	47847	42858	8298	12807
茂县	Maoxian	78462	9390	51389	47733	17683	7451
松潘县	Songpan	46656	9597	17402	8261	19657	6409
九寨沟县	Jiuzhaigou	95079	5477	41161	32025	48441	11767
金川县	Jinchuan	33042	9493	13676	4443	9873	4910
小金县	Xiaojin	44849	8369	20053	14684	16427	5765
黑水县	Heishui	77117	5649	62109	53723	9359	12642
马尔康县	Maerkang	44448	9987	11398	6046	23063	7598
壤塘县	Rangtang	21163	12292	4274	867	4597	5331

12-5 续表4 continued

县(市、区)	Counties (Municipalities, Districts)	民营经济增加值(万元) Civilian-owned Value Added (10 000 yuan)	第一产业 Primary Industry	第二产业 Secondary Industry	# 工业 Industry	第三产业 Tertiary Industry	人均民营经济增加值(元) Per Capita Civilian-owned Value Added (yuan)
阿坝县	Abaxian	36337	20872	7108	1262	8357	4930
若尔盖县	Ruoergai	64068	45876	6721	3827	11471	8486
红原县	Hongyuan	43487	21787	10877	7912	10823	9772
甘孜州	**Ganzi**						
康定县	Kangding	175849	22669	79466	46391	73714	13342
泸定县	Luding	51953	9412	20090	18673	22451	6062
丹巴县	Danba	39446	13609	13623	6482	12214	6069
九龙县	Jiulong	77919	13465	56146	49817	8308	12388
雅江县	Yajiang	29675	14107	8360	388	7208	5842
道孚县	Daofu	23946	13475	2323	1376	8148	4268
炉霍县	Luhuo	15971	10140	1691	800	4140	3377
甘孜县	Ganzixian	33850	22814	2556	453	8480	4899
新龙县	Xinlong	28207	20176	2556	431	5475	5531
德格县	Dege	29901	22405	2866	275	4630	3629
白玉县	Baiyu	26208	19117	3236	812	3855	4606
石渠县	Shiqu	34686	26993	1670	199	6023	4189
色达县	Seda	25230	19337	1593	251	4300	4255
理塘县	Litang	40874	27443	4686	1306	8745	5847
巴塘县	Batang	30871	12050	11546	3542	7275	6275
乡城县	Xiangcheng	21408	8674	7104	2017	5630	6448
稻城县	Daocheng	19172	9678	3194	437	6300	6048
得荣县	Derong	14400	6382	4696	530	3322	5434
凉山州	**Liangshan**						
西昌市	Xichang	1758999	107764	994821	843558	656414	23867
木里县	Muli	100197	13642	62107	28739	24448	7737
盐源县	Yanyuan	317735	46005	219225	182926	52505	9014
德昌县	Dechang	331453	44338	182126	116638	104989	15452
会理县	Huili	1134028	108124	820952	744110	204952	26100
会东县	Huidong	672332	90703	442466	365445	139163	18420
宁南县	Ningnan	240090	44617	139502	109200	55971	13767
普格县	Puge	91679	19491	48250	36901	23938	5828
布拖县	Butuo	120208	18907	85808	75029	15493	7420
金阳县	Jinyang	103802	20763	62151	50933	20888	6253
昭觉县	Zhaojue	100714	38789	35264	25030	26661	4102
喜德县	Xide	106937	20609	58445	53626	27883	6481
冕宁县	Mianning	484439	58835	310961	240775	114643	13881
越西县	Yuexi	197515	37104	118566	102708	41845	7398
甘洛县	Ganluo	163695	20946	114267	100430	28482	8438
美姑县	Meigu	96809	30621	45785	29306	20403	4472
雷波县	Leibo	226839	29108	158315	101742	39416	10241

12-6 各县(市、区)民营经济增加值指数(2012年)
Indices of Civillian-owned Value Added of Counties (Municipalities, District)(2012)

上年=100 (preceding year=100)

县(市、区)	Counties (Municipalities, Districts)	民营经济增加值 Civilian-owned Value Added	第一产业 Primary Industry	第二产业 Secondary Industry	# 工业 Industry	第三产业 Tertiary Industry	人均民营经济增加值 Per Capita Civilian-owned Value Added
成都市	**Chengdu**						
锦江区	Jinjiang	112.3	92.3	107.4	107.7	113.4	112.0
青羊区	Qingyang	112.2	121.7	106.8	106.5	113.9	111.8
金牛区	Jinniu	112.2	104.6	109.1	106.9	113.7	112.1
武侯区	Wuhou	112.6	128.0	109.0	108.2	114.5	112.5
成华区	Chenghua	112.4	107.7	108.9	105.7	113.8	112.2
龙泉驿区	Longquanyi	119.3	85.3	123.8	125.4	111.5	118.0
青白江区	Qingbaijiang	115.1	98.7	115.6	115.1	115.0	113.4
新都区	Xindu	115.1	88.7	114.6	114.4	119.9	114.4
温江区	Wenjiang	115.5	78.0	117.7	117.0	113.0	115.0
金堂县	Jintang	116.4	105.4	120.4	119.6	111.9	116.0
双流县	Shuangliu	115.7	101.7	115.7	116.6	116.8	114.8
郫县	Pixian	115.5	85.3	116.0	116.0	115.4	115.0
大邑县	Dayi	116.0	106.1	119.0	119.4	115.6	115.9
蒲江县	Pujiang	114.9	103.8	117.8	118.0	114.7	114.4
新津县	Xinjin	117.7	101.8	118.5	119.7	117.9	117.3
都江堰市	Dujiangyan	116.0	104.7	118.4	118.2	115.1	115.4
彭州市	Pengzhou	115.9	105.9	118.5	119.0	114.0	115.7
邛崃市	Qionglai	116.5	109.3	120.4	120.4	111.9	116.2
崇州市	Chongzhou	115.5	103.0	119.4	120.2	111.6	115.3
自贡市	**Zigong**						
自流井区	Ziliujing	111.6	105.2	110.8	110.6	112.7	107.7
贡井区	Gongjing	116.2	105.0	118.2	118.2	113.0	115.9
大安区	Daan	116.7	103.5	118.9	119.0	111.9	116.5
沿滩区	Yantan	117.7	104.8	120.6	122.0	111.9	116.5
荣县	Rongxian	115.4	105.2	118.5	119.0	112.0	115.3
富顺县	Fushun	115.4	104.6	120.1	120.7	111.4	115.2
攀枝花市	**Panzhihua**						
东区	Dongqu	112.1	102.3	112.0	112.7	112.2	110.5
西区	Xiqu	111.9	104.3	112.4	112.5	110.6	111.6
仁和区	Renhe	120.7	104.5	122.8	123.0	110.5	119.9
米易县	Miyi	120.5	105.1	125.3	129.2	111.8	121.3
盐边县	Yanbian	116.5	105.0	119.5	118.7	110.4	115.1
泸州市	**Luzhou**						
江阳区	Jiangyang	117.2	104.0	120.4	120.3	111.7	116.3
纳溪区	Naxi	114.1	104.8	115.1	115.5	114.1	112.4
龙马潭区	Longmatan	118.9	104.9	121.0	120.4	115.3	117.6
泸县	Luxian	117.1	103.2	120.7	120.0	112.6	117.1
合江县	Hejiang	115.8	104.3	119.7	119.3	113.4	115.8
叙永县	Xuyong	116.3	102.8	121.7	121.2	111.1	116.3
古蔺县	Gulin	117.6	100.6	121.5	121.2	114.8	117.6

12-6 续表1 continued

上年=100 (preceding year=100)

县(市、区)	Counties (Municipalities, Districts)	民营经济增加值 Civilian-owned Value Added	第一产业 Primary Industry	第二产业 Secondary Industry	# 工业 Industry	第三产业 Tertiary Industry	人均民营经济增加值 Per Capita Civilian-owned Value Added
德阳市	**Deyang**						
旌阳区	Jinyang	113.7	104.3	113.8	114.7	115.5	113.4
中江县	Zhongjiang	114.6	103.8	120.1	121.4	113.2	118.9
罗江县	Luojiang	116.2	105.6	117.6	116.8	118.5	113.3
广汉市	Guanghan	116.7	105.5	118.9	119.7	112.1	116.6
什邡市	Shifang	115.8	104.2	117.3	122.7	116.6	115.5
绵竹市	Mianzhu	115.3	104.0	117.2	117.7	111.7	117.4
绵阳市	**Mianyang**						
涪城区	Fucheng	116.2	101.3	119.4	119.6	112.3	119.2
游仙区	Youxian	115.9	104.7	119.5	120.1	109.4	115.8
三台县	Santai	114.8	105.2	121.8	121.8	111.1	114.7
盐亭县	Yanting	114.5	103.1	123.2	121.0	108.7	112.7
安县	Anxian	116.0	103.3	121.4	121.7	110.2	113.1
梓潼县	Zitong	114.9	104.6	121.0	121.6	108.5	113.6
北川县	Beichuan	114.7	104.7	118.5	121.0	108.8	113.5
平武县	Pingwu	114.5	105.4	117.8	121.5	109.8	114.5
江油市	Jiangyou	116.3	104.9	122.0	122.7	113.3	114.5
广元市	**Guangyuan**						
利州区	Lizhou	115.6	101.7	121.1	122.6	109.1	114.0
元坝区	Yuanba	115.7	110.0	118.8	118.8	113.1	113.5
朝天区	Chaotian	116.0	107.2	120.4	121.2	110.4	112.9
旺苍县	Wangcang	115.8	104.8	119.8	120.6	110.8	115.1
青川县	Qingchuan	115.7	104.8	122.1	121.6	106.8	120.5
剑阁县	Jiange	116.0	102.0	128.5	129.3	109.7	114.7
苍溪县	Cangxi	115.8	101.6	125.1	123.6	108.3	114.1
遂宁市	**Suining**						
船山区	Chuanshan	117.1	95.5	120.7	119.9	112.1	116.7
安居区	Anju	114.9	104.2	122.4	117.5	112.8	114.5
蓬溪县	Pengxi	114.9	104.4	119.0	117.5	113.5	114.6
射洪县	Shehong	116.7	104.5	120.5	120.7	112.4	116.6
大英县	Daying	116.7	104.4	120.5	119.4	111.0	116.4
内江市	**Neijiang**						
内江市中区	Neijiang Downtown	115.1	105.8	116.5	117.3	112.4	115.3
东兴区	Dongxing	114.6	104.3	116.8	117.6	111.7	113.9
威远县	Weiyuan	117.5	104.8	120.2	120.5	110.3	118.3
资中县	Zizhong	115.7	105.1	119.7	120.7	111.8	115.3
隆昌县	Longchang	116.7	105.4	118.8	120.7	114.8	115.9
乐山市	**Leshan**						
乐山市中区	Leshan Downtown	116.5	104.9	120.6	120.0	109.3	115.7
沙湾区	Shawan	117.1	103.3	120.7	121.1	110.7	119.0
五通桥区	Wutongqiao	117.2	103.5	119.1	119.2	111.8	115.9

12-6 续表2 continued

上年=100　　(preceding year=100)

县(市、区)	Counties (Municipalities, Districts)	民营经济增加值 Civilian-owned Value Added	第一产业 Primary Industry	第二产业 Secondary Industry	# 工业 Industry	第三产业 Tertiary Industry	人均民营经济增加值 Per Capita Civilian-owned Value Added
金口河区	Jinkouhe	116.6	103.9	117.8	117.8	110.5	116.6
犍为县	Qianwei	116.6	104.5	122.7	122.1	109.4	116.2
井研县	Jinyan	115.8	104.4	121.6	120.9	108.7	114.9
夹江县	Jiajiang	116.5	103.0	120.2	119.1	111.2	116.9
沐川县	Muchuan	115.7	105.0	119.1	117.6	112.4	116.5
峨边县	Ebian	116.0	104.6	119.3	118.8	110.2	115.9
马边县	Mabian	115.6	103.2	119.4	122.8	115.7	115.2
峨眉山市	Emeishan	115.7	102.4	119.5	118.4	110.5	115.2
南充市	**Nanchong**						
顺庆区	Shunqing	116.6	109.8	119.1	118.4	112.1	116.3
高坪区	Gaoping	116.5	114.2	118.6	117.0	111.3	111.7
嘉陵区	Jialing	116.3	108.8	119.7	118.6	110.9	116.2
南部县	Nanbu	116.5	102.8	120.5	118.8	112.2	116.8
营山县	Yingshan	116.0	105.5	123.8	122.0	108.5	117.3
蓬安县	Pengan	116.4	107.9	120.1	118.6	110.7	116.8
仪陇县	Yilong	116.0	107.8	122.5	115.0	111.9	116.7
西充县	Xichong	116.3	103.7	124.5	122.6	110.9	115.2
阆中市	Langzhong	116.3	109.4	120.2	118.7	111.5	116.8
眉山市	**Meishan**						
东坡区	Dongpo	117.4	105.1	119.7	119.8	114.4	117.0
仁寿县	Renshou	116.4	104.8	119.7	119.5	113.3	117.2
彭山县	Pengshan	117.0	104.5	120.9	121.0	112.4	112.5
洪雅县	Hongya	116.3	105.1	120.1	119.8	111.0	115.8
丹棱县	Danling	116.7	104.6	121.0	121.2	112.2	116.7
青神县	Qingshen	115.9	105.0	121.3	121.3	111.9	116.1
宜宾市	**Yibin**						
翠屏区	Cuiping	115.0	103.9	112.6	112.0	122.0	114.5
南溪区	Nanxi	116.5	102.5	121.0	120.9	109.6	117.3
宜宾县	Yibinxian	116.5	103.2	120.6	120.3	111.5	119.7
江安县	Jiangan	116.6	106.0	119.7	119.3	111.9	114.7
长宁县	Changning	116.4	104.0	120.1	119.4	114.4	116.2
高县	Gaoxian	115.6	104.2	118.8	118.1	109.2	115.6
珙县	Gongxian	116.2	104.2	118.7	118.8	112.4	116.7
筠连县	Junlian	116.8	106.0	118.3	118.9	114.3	116.0
兴文县	Xingwen	116.0	105.6	118.8	117.9	113.1	115.7
屏山县	Pingshan	115.6	104.0	123.3	120.0	110.1	113.4
广安市	**Guangan**						
广安区	Guanganqu	116.1	107.1	119.9	119.3	111.7	115.9
岳池县	Yuechi	116.4	107.3	122.1	125.1	111.8	116.3
武胜县	Wusheng	116.4	107.3	120.2	121.2	112.7	116.3

12-6 续表3 continued

上年=100 (preceding year=100)

县(市、区)	Counties (Municipalities, Districts)	民营经济增加值 Civilian-owned Value Added	第一产业 Primary Industry	第二产业 Secondary Industry	# 工业 Industry	第三产业 Tertiary Industry	人均民营经济增加值 Per Capita Civilian-owned Value Added
邻水县	Linshui	116.4	106.7	122.7	124.7	110.0	116.1
华蓥市	Huaying	116.6	106.3	119.2	119.8	112.0	116.3
达州市	**Dazhou**						
通川区	Tongchuan	115.3	104.2	118.1	118.2	110.4	114.2
达县	Daxian	115.4	105.0	119.1	119.2	110.8	115.0
宣汉县	Xuanhan	115.3	103.7	121.1	121.5	110.5	115.3
开江县	Kaijiang	116.4	105.1	121.3	121.7	111.5	116.2
大竹县	Dazhu	116.7	104.8	121.1	121.2	110.6	116.6
渠县	Quxian	116.3	105.3	121.4	121.8	111.2	116.2
万源市	Wanyuan	116.5	105.5	121.2	121.3	111.2	116.2
雅安市	**Yaan**						
雨城区	Yucheng	115.6	101.5	119.1	118.3	113.6	115.4
名山区	Mingshan	115.6	101.2	119.9	118.2	110.4	114.4
荥经县	Yingjing	114.6	103.0	116.4	115.8	110.5	114.3
汉源县	Hanyuan	120.5	101.7	128.6	136.5	111.3	120.0
石棉县	Shimian	114.4	101.5	116.0	115.5	111.8	112.9
天全县	Tianquan	115.3	105.8	117.1	116.7	112.1	113.8
芦山县	Lushan	115.4	101.9	118.3	118.0	108.6	114.9
宝兴县	Baoxing	115.5	102.4	117.7	118.0	111.8	113.9
巴中市	**Bazhong**						
巴州区	Bazhou	116.1	103.6	122.2	136.1	112.9	115.8
通江县	Tongjiang	115.8	103.6	122.2	137.5	113.7	115.4
南江县	Nanjiang	116.0	98.5	125.6	141.1	109.2	115.5
平昌县	Pingchang	115.8	107.6	118.1	105.7	116.2	115.4
资阳市	**Ziyang**						
雁江区	Yanjiang	116.4	103.4	118.5	118.4	113.9	117.9
安岳县	Anyue	115.7	103.3	121.3	118.9	113.9	116.3
乐至县	Lezhi	116.1	103.2	120.7	119.3	114.6	118.5
简阳市	Jianyang	116.7	103.1	118.9	118.0	115.7	117.9
阿坝州	**Aba**						
汶川县	Wenchuan	112.9	112.5	111.9	118.8	119.3	112.9
理县	Lixian	113.0	111.8	113.9	114.3	108.3	112.2
茂县	Maoxian	113.1	106.0	117.1	126.0	107.0	112.7
松潘县	Songpan	113.0	103.1	119.6	156.9	112.9	112.5
九寨沟县	Jiuzhaigou	116.7	105.4	122.0	124.4	113.7	117.0
金川县	Jinchuan	120.7	105.6	144.8	124.6	111.5	119.2
小金县	Xiaojin	113.0	103.3	122.8	135.8	108.1	112.7
黑水县	Heishui	146.4	106.9	159.4	184.5	109.9	145.9
马尔康县	Maerkang	114.0	102.4	125.4	110.8	114.9	114.0
壤塘县	Rangtang	110.4	103.1	137.8	149.4	114.1	109.6

12-6 续表4 continued

上年=100 (preceding year=100)

县(市、区)	Counties (Municipalities, Districts)	民营经济增加值 Civilian-owned Value Added	第一产业 Primary Industry	第二产业 Secondary Industry	# 工业 Industry	第三产业 Tertiary Industry	人均民营经济增加值 Per Capita Civilian-owned Value Added
阿坝县	Abaxian	116.6	104.2	206.1	132.0	112.5	115.5
若尔盖县	Ruoergai	109.7	104.9	135.7	1514.2	118.4	109.0
红原县	Hongyuan	113.1	104.9	134.8	146.0	114.7	112.1
甘孜州	**Ganzi**						
康定县	Kangding	109.1	107.1	112.0	113.5	106.2	108.1
泸定县	Luding	119.5	113.1	144.1	176.1	105.9	116.7
丹巴县	Danba	116.8	110.1	134.6	137.2	106.7	107.8
九龙县	Jiulong	115.6	104.8	120.3	123.2	102.8	114.6
雅江县	Yajiang	111.4	104.8	125.1	158.5	108.2	110.5
道孚县	Daofu	106.3	105.0	110.8	114.0	106.8	105.4
炉霍县	Luhuo	110.4	111.2	118.8	126.7	105.7	109.2
甘孜县	Ganzixian	110.7	109.5	150.6	118.8	104.6	110.0
新龙县	Xinlong	114.0	115.6	128.0	126.9	104.6	113.1
德格县	Dege	109.1	109.4	111.4	119.6	106.6	108.4
白玉县	Baiyu	108.5	107.5	116.5	118.8	106.1	107.7
石渠县	Shiqu	103.8	100.7	134.8	122.7	107.9	101.8
色达县	Seda	103.0	100.4	124.2	123.6	104.9	102.3
理塘县	Litang	108.0	104.0	119.3	124.5	112.0	107.1
巴塘县	Batang	111.3	108.8	118.6	122.7	104.2	110.4
乡城县	Xiangcheng	114.8	117.5	120.6	126.9	105.2	115.1
稻城县	Daocheng	113.2	109.3	129.4	124.4	111.1	111.8
得荣县	Derong	116.4	111.8	131.0	143.3	106.6	115.5
凉山州	**Liangshan**						
西昌市	Xichang	117.9	104.7	120.5	119.3	116.4	115.7
木里县	Muli	114.2	104.5	119.8	111.0	106.7	114.9
盐源县	Yanyuan	117.6	104.6	122.4	123.2	110.4	117.1
德昌县	Dechang	117.9	104.7	126.5	123.8	110.1	117.7
会理县	Huili	119.0	104.6	122.9	122.4	113.0	118.2
会东县	Huidong	115.5	104.7	119.7	114.1	109.8	115.0
宁南县	Ningnan	117.6	104.7	126.3	124.7	109.0	116.2
普格县	Puge	111.0	104.5	115.1	112.7	107.9	110.5
布拖县	Butuo	116.0	104.4	120.9	120.0	107.1	115.4
金阳县	Jinyang	113.7	104.4	120.3	117.6	106.8	113.4
昭觉县	Zhaojue	110.8	104.6	118.6	121.3	109.0	112.1
喜德县	Xide	109.4	103.3	112.0	113.4	108.3	109.7
冕宁县	Mianning	118.8	104.7	126.3	125.2	109.5	119.0
越西县	Yuexi	113.3	104.5	118.8	118.4	106.9	114.0
甘洛县	Ganluo	88.3	104.5	83.0	80.0	106.6	88.6
美姑县	Meigu	112.2	104.5	119.6	115.2	106.9	113.4
雷波县	Leibo	118.9	104.4	124.6	119.8	109.1	119.4

12-7 各县(市、区)固定资产投资和建筑业情况(2012年)

Investment in Fixed Assets and Construction of Counties (Municipalities, District)(2012)

县(市、区)	Counties (Municipalities, Districts)	全社会固定资产投资额(万元) Total Investment (10 000 yuan)	房地产开发投资额(万元) Real Estate Investment (10 000 yuan)	建筑企业单位数(个) Number of Construction Enterprises	建筑业从业人员(人) Persons Engaged in Construction Enterprises (person)	建筑业总产值(万元) Gross Output Value of Construction Enterprises (10 000 yuan)	商品房销售额(万元) Total Sales of Commercial Houses (10 000 yuan)
成都市	**Chengdu**						
锦江区	Jinjiang	3543926	2228909	134	88243	3836382	1368514
青羊区	Qingyang	3444079	1530496	177	72528	3966343	1398161
金牛区	Jinniu	3354086	1219746	298	187261	6515539	3168025
武侯区	Wuhou	3441843	1563500	120	41727	1614723	1335400
成华区	Chenghua	3574353	1823014	121	52951	2068988	1594843
龙泉驿区	Longquanyi	4168988	810088	59	50531	1330451	940327
青白江区	Qingbaijiang	2251389	265189	30	15054	782907	266509
新都区	Xindu	3700913	1546248	56	54209	1514271	1675022
温江区	Wenjiang	2715823	1372708	35	5096	544657	994866
金堂县	Jintang	2035855	527914	28	13185	337968	587887
双流县	Shuangliu	6528809	1503856	92	55610	1371661	2644403
郫县	Pixian	2835074	1093992	30	19296	922108	1186872
大邑县	Dayi	1498923	232622	28	20402	293388	121102
蒲江县	Pujiang	851036	95038	15	4508	77162	82149
新津县	Xinjin	2025354	194668	23	17091	336788	241188
都江堰市	Dujiangyan	1780403	498060	66	24251	1080515	377300
彭州市	Pengzhou	1958063	88088	39	11454	127585	81388
邛崃市	Qionglai	1779554	181783	25		704313	199157
崇州市	Chongzhou	1534964	175072	33	21532	571300	120411
自贡市	**Zigong**						
自流井区	Ziliujing	1178998	354307	61	22375	540553	460151
贡井区	Gongjing	368280	55496	5	334	13594	43817
大安区	Daan	631099	13279	20	6027	81018	15091
沿滩区	Yantan	661329	49061	16	8898	120842	30313
荣县	Rongxian	708518	67325	13	10374	161991	106551
富顺县	Fushun	802751	88212	18	26413	299677	63803
攀枝花市	**Panzhihua**						
东区	East District	1346555	281638	62	28325	1586760	226521
西区	West District	606317	8476	5		9372	7518
仁和区	Renhe	1321613	118058	10	2218	26427	42188
米易县	Miyi	822873	9200	4	1382	16337	65000
盐边县	Yanbian	535149	129462	3	272	5559	28130
泸州市	**Luzhou**						
江阳区	Jiangyang	1810946	257823	69	28273	659760	387631
纳溪区	Naxi	726641	40102	14	11357	167450	52034
龙马潭区	Longmatan	927460	128961	26	32842	545819	262527
泸县	Luxian	1152157	95876	31	63307	1085012	109097
合江县	Hejiang	99 8237	97365	15	21247	393600	217898
叙永县	Xuyong	358507	18676	4	567	11470	12807
古蔺县	Gulin	73 7562	7 7700	3	40	62062	39887

12-7 续表1 continued

县(市、区)	Counties (Municipalities, Districts)	全社会固定资产投资额(万元) Total Investment (10 000 yuan)	房地产开发投资额(万元) Real Estate Investment (10 000 yuan)	建筑企业单位数(个) Number of Construction Enterprises	建筑业从业人员(人) Persons Engaged in Construction Enterprises (person)	建筑业总产值(万元) Gross Output Value of Construction Enterprises (10 000 yuan)	商品房销售额(万元) Total Sales of Commercial Houses (10 000 yuan)
德阳市	**Deyang**						
旌阳区	Jinyang	2082239	457359	103	44748	1056679	447732
中江县	Zhongjiang	900934	94291	13	5998	84180	77859
罗江县	Luojiang	871000	17100	6	641	11300	19866
广汉市	Guanghan	1221092	117898	48	27806	705260	119799
什邡市	Shifang	1050077	55101	19	5601	61098	12839
绵竹市	Mianzhu	1182088	56984	22	10878	161595	99872
绵阳市	**Mianyang**						
涪城区	Fucheng	3187066	929636	123	25764	577686	974078
游仙区	Youxian	1324953	58653	21	12434	499610	53495
三台县	Santai	766899	118012	23	21275	421303	168268
盐亭县	Yanting	515565	69758	7	11621	271558	44891
安县	Anxian	817787	82956	6	1404	54266	29758
梓潼县	Zitong	535746	8191	5	911	17503	3541
北川县	Beichuan	331775		4	584	8200	
平武县	Pingwu	494163	6145	3	1160	17359	481
江油市	Jiangyou	1348236	183550	40	18255	321324	192310
广元市	**Guangyuan**						
利州区	Guangyuan Down	1519917	220304	94	31207	505495	301122
元坝区	Yuanba	291854		6	2797	48426	
朝天区	Chaotian	315382	4250	4	1817	33711	
旺苍县	Wangcang	565697	26482	10	1503	31366	18047
青川县	Qingchuan	361387		3	102	966	
剑阁县	Jiange	582999	57331	6	1126	17259	29620
苍溪县	Cangxi	955424	20770	23	5372	103366	10843
遂宁市	**Suining**						
船山区	Chuanshan	2774918	370875	107	23571	528226	397491
安居区	Anju	702089	13820	6	2889	89128	28431
蓬溪县	Pengxi	779596	123779	12	25600	306594	229035
射洪县	Shehong	1192600	204633	14	8929	237285	128428
大英县	Daying	1101759	54751	16	12392	177271	35512
内江市	**Neijiang**						
内江市中区	Neijiang Downtov	970326	52528	40	17417	418000	94474
东兴区	Dongxing	1030433	102665	24	15790	257813	128058
威远县	Weiyuan	991130	132351	19	7245	108095	192678
资中县	Zizhong	880845	168511	19	3782	121164	237888
隆昌县	Longchang	730490	124268	24	28539	322452	81967
乐山市	**Leshan**						
乐山市中区	Leshan Downtowi	1523145	297780	76	28912	672529	431256
沙湾区	Shawan	1018297	5823	3	959	7601	4014
五通桥区	Wutongqiao	1026815	86444	10	4265	135293	50999

12-7 续表2 continued

县(市、区)	Counties (Municipalities, Districts)	全社会固定资产投资额(万元) Total Investment (10 000 yuan)	房地产开发投资额(万元) Real Estate Investment (10 000 yuan)	建筑企业单位数(个) Number of Construction Enterprises	建筑业从业人员(人) Persons Engaged in Construction Enterprises (person)	建筑业总产值(万元) Gross Output Value of Construction Enterprises (10 000 yuan)	商品房销售额(万元) Total Sales of Commercial Houses (10 000 yuan)
金口河区	Jinkouhe	173140		1			
犍为县	Qianwei	465616	42759	8	3113	49929	60427
井研县	Jinyan	242609	39299	8	2587	31018	15660
夹江县	Jiajiang	607027	50947	7	2222	28219	63380
沐川县	Muchuan	257271	26126	3	1051	24771	35858
峨边县	Ebian	165159		2	1722	9095	
马边县	Mabian	230109	100	3	571	6737	
峨眉山市	Emeishan	804653	205233	23	7191	97515	100721
南充市	**Nanchong**						
顺庆区	Shunqing	1902101	830809	73	29558	947774	714568
高坪区	Gaoping	918979	89293	14	7993	119493	145904
嘉陵区	Jialing	811343	100482	16	5755	124528	135744
南部县	Nanbu	1457051	262545	23	17961	924618	163303
营山县	Yingshan	400861	111115	15	8259	168298	120562
蓬安县	Pengan	776015	125202	13	6336	154912	105753
仪陇县	Yilong	754401	99186	11	16840	439393	85558
西充县	Xichong	498085	97448	8	2578	171181	29985
阆中市	Langzhong	1293150	154497	28	17535	380555	210009
眉山市	**Meishan**						
东坡区	Dongpo	1986686	233849	57	23184	486483	176506
仁寿县	Renshou	1585116	161630	21	23945	381446	139816
彭山县	Pengshan	1155071	297456	12	11287	171684	150770
洪雅县	Hongya	600066	46311	8	2594	52564	32009
丹棱县	Danling	340162	15587	4	3088	57862	6564
青神县	Qingshen	350102	27005	6	6119	73512	31004
宜宾市	**Yibin**						
翠屏区	Cuiping	1183668	314202	99	11482	209946	409239
南溪区	Nanxi	744827	157349	8	8118	166600	241586
宜宾县	Yibinxian	1388054	139944	19	18936	349507	169940
江安县	Jiangan	825036	70877	9	6461	157137	105980
长宁县	Changning	666870	120323	9	10113	134474	56412
高县	Gaoxian	682838	96625	7	5179	123887	113755
珙县	Gongxian	623094	41757	10	8207	172071	13822
筠连县	Junlian	391121	23034	6	2601	47778	73305
兴文县	Xingwen	466588	68728	10	1592	31134	70515
屏山县	Pingshan	515881	12297	2	626	39822	36138
广安市	**Guangan**						
广安区	Guanganqu	1839049	211348	44	19462	548229	356956
岳池县	Yuechi	820701	36404	17	24467	479167	53227
武胜县	Wusheng	770280	110123	25	17045	294117	73724

12-7 续表3 continued

县(市、区)	Counties (Municipalities, Districts)	全社会固定资产投资额(万元) Total Investment (10 000 yuan)	房地产开发投资额(万元) Real Estate Investment (10 000 yuan)	建筑企业单位数(个) Number of Construction Enterprises	建筑业从业人员(人) Persons Engaged in Construction Enterprises (person)	建筑业总产值(万元) Gross Output Value of Construction Enterprises (10 000 yuan)	商品房销售额(万元) Total Sales of Commercial Houses (10 000 yuan)
邻水县	Linshui	1015881	112392	9	10672	205143	121681
华蓥市	Huaying	795056	40261	18	39996	725138	46941
达州市	**Dazhou**						
通川区	Tongchuan	1014911	206300	40	22185	428648	159932
达县	Daxian	1526175	192324	22	15419	380247	179073
宣汉县	Xuanhan	1399442	149698	15	17629	393486	133671
开江县	Kaijiang	645779	22880	9	16366	188429	9764
大竹县	Dazhu	1486239	178347	15	14111	290063	206088
渠县	Quxian	1420984	87540	20	10109	319677	50073
万源市	Wanyuan	769481	13925	3	857	25616	2874
雅安市	**Yaan**						
雨城区	Yucheng	578103	177726	23	2874	58586	135794
名山区	Mingshan	433479	42845	4	1883	19527	
荥经县	Yingjing	340708	18157	4	5545	46160	20059
汉源县	Hanyuan	481808	1863	8	953	13634	
石棉县	Shimian	506744		2	482	10573	
天全县	Tianquan	336514	17417				
芦山县	Lushan	299279	44000	2	385	5643	39661
宝兴县	Baoxing	304396					
巴中市	**Bazhong**						
巴州区	Bazhou	1689665	221710	54	32547	1050154	295631
通江县	Tongjiang	834102	31366	11	10121	519381	31717
南江县	Nanjiang	1182055	37380	12	14049	513132	101546
平昌县	Pingchang	1103895	202218	13	13610	399181	90261
资阳市	**Ziyang**						
雁江区	Yanjiang	1970061	450673	33	20594	462642	370100
安岳县	Anyue	1160426	178960	17	22888	246234	213560
乐至县	Lezhi	1060454	154704	10	4677	153235	137173
简阳市	Jianyang	1867032	311703	31	19595	401697	515590
阿坝州	**Aba**						
汶川县	Wenchuan	490703		9	1229	35804	
理县	Lixian	274250		1			
茂县	Maoxian	490132		2	450	11950	
松潘县	Songpan	364957		2	2789	11685	
九寨沟县	Jiuzhaigou	300035		1	1461	3292	
金川县	Jinchuan	290756	3200	2	158	1073	10140
小金县	Xiaojin	158186		3	501	2951	
黑水县	Heishui	310905		1	20	725	
马尔康县	Maerkang	250047		4	729	6442	
壤塘县	Rangtang	110256		1	58	283	

12-7 续表4 continued

县(市、区)	Counties (Municipalities, Districts)	全社会固定资产投资额(万元) Total Investment (10 000 yuan)	房地产开发投资额(万元) Real Estate Investment (10 000 yuan)	建筑企业单位数(个) Number of Construction Enterprises	建筑业从业人员(人) Persons Engaged in Construction Enterprises (person)	建筑业总产值(万元) Gross Output Value of Construction Enterprises (10 000 yuan)	商品房销售额(万元) Total Sales of Commercial Houses (10 000 yuan)
阿坝县	Abaxian	128513		1	60	1813	
若尔盖县	Ruoergai	152883	2800				2577
红原县	Hongyuan	135060		1			
甘孜州	**Ganzi**						
康定县	Kangding	1200444	26226	8	1429	19406	11981
泸定县	Luding	261459		4	357	6002	
丹巴县	Danba	222218					
九龙县	Jiulong	170977		2	286	7001	
雅江县	Yajiang	247960		2	237	2856	
道孚县	Daofu	31036					
炉霍县	Luhuo	29807					
甘孜县	Ganzixian	163083					
新龙县	Xinlong	49678					
德格县	Dege	51340					
白玉县	Baiyu	58570		1	1		
石渠县	Shiqu	118316					
色达县	Seda	41034					
理塘县	Litang	56531					
巴塘县	Batang	136220	180	1	542	4280	765
乡城县	Xiangcheng	174821					
稻城县	Daocheng	186109					
得荣县	Derong	62653					
凉山州	**Liangshan**						
西昌市	Xichang	2650700	203752	36	14187	551046	178026
木里县	Muli	620324					
盐源县	Yanyuan	331509					
德昌县	Dechang	411062					
会理县	Huili	653413	1300				
会东县	Huidong	374253					
宁南县	Ningnan	370286					
普格县	Puge	100100					
布拖县	Butuo	110003					
金阳县	Jinyang	142339					
昭觉县	Zhaojue	130391					
喜德县	Xide	57556					
冕宁县	Mianning	403500					
越西县	Yuexi	201400					
甘洛县	Ganluo	172705					
美姑县	Meigu	120649					
雷波县	Leibo	850128					

12-8 各县(市、区)农村经济情况(2012年)
Basic Statistics on Agriculture of Counties (Municipalities, District)(2012)

县(市、区)	Counties (Municipalities, Districts)	乡村从业人员(万人) Rural Employed Persons (10 000 persons)	年末实有耕地面积(公顷) Cultivated Land Area (year-end) (hectare)	有效灌溉面积(公顷) Irrigated Land Area (hectare)	农林牧渔业总产值(万元) Gross Output Value of Farming, Forestry, Animal Husbandry and Fishery (10 000 yuan)	农业机械总动力(万千瓦) Total Agricultural Machinery Power (10 000 kw)	化肥施用量(折纯量)(吨) Consumption of Chemical Fertilizers (ton)	农村用电量(万千瓦小时) Electricity Consumed in Rural Areas (10 000 kwh)
成都市	**Chengdu**							
锦江区	Jinjiang	1.9	759	960	12121		181	6168
青羊区	Qingyang	1.7	108	467	957		37	4658
金牛区	Jinniu	2.8	668	547	4179		98	10987
武侯区	Wuhou	2.6	197	250	872		34	5890
成华区	Chenghua	3.8	202	1567	4640		290	8229
龙泉驿区	Longquanyi	17.3	7646	8477	492861	17	4574	21143
青白江区	Qingbaijiang	18.2	13979	12473	215300	13	5566	15762
新都区	Xindu	31.9	20957	20817	365477	26	11351	34676
温江区	Wenjiang	9.7	11128	14040	233082	14	3472	5785
金堂县	Jintang	43.5	43065	36320	565201	21	21897	9297
双流县	Shuangliu	44.9	35702	34707	601959	33	7608	59929
郫县	Pixian	23.4	20174	18700	327947	21	11592	22808
大邑县	Dayi	26.6	21618	19417	479576	21	7682	13755
蒲江县	Pujiang	13.1	16324	12323	256250	14	6358	4523
新津县	Xinjin	16.0	12136	13153	263856	17	6337	8711
都江堰市	Dujiangyan	25.6	16379	18473	324159	22	12164	23538
彭州市	Pengzhou	30.1	34397	37907	615485	34	23906	25421
邛崃市	Qionglai	33.0	34947	30000	523617	31	17295	11680
崇州市	Chongzhou	36.9	32426	29647	456338	37	17841	25482
自贡市	**Zigong**							
自流井区	Ziliujing	4.6	3750	2410	63861	3	3501	1815
贡井区	Gongjing	12.4	14668	6803	213793	10	11777	5003
大安区	Daan	18.7	14213	5807	198538	10	9368	10046
沿滩区	Yantan	17.9	17323	8367	209314	11	15962	6348
荣县	Rongxian	31.8	39884	33083	557357	38	23396	9872
富顺县	Fushun	55.2	47603	30260	573742	26	25561	7920
攀枝花市	**Panzhihua**							
东区	East District	0.6	186	193	10189	1	230	2950
西区	West District	0.7	398	560	14924	1	202	472
仁和区	Renhe	8.0	9373	7263	121661	22	8131	4718
米易县	Miyi	10.7	16519	12600	153013	21	8414	5646
盐边县	Yanbian	10.5	14333	9247	145148	16	11285	4800
泸州市	**Luzhou**							
江阳区	Jiangyang	23.4	16442	8293	265843	23	14046	10794
纳溪区	Naxi	25.4	22519	12403	263372	16	9640	5063
龙马潭区	Longmatan	11.9	9839	7187	140177	13	6201	3962
泸县	Luxian	62.8	44721	32173	647153	49	32186	19077
合江县	Hejiang	46.8	38106	26507	483332	30	11718	6322
叙永县	Xuyong	36.6	36722	18730	289393	31	18019	11356
古蔺县	Gulin	44.4	41994	21417	292856	14	14637	5034

12-8 续表1 continued

县(市、区)	Counties (Municipalities, Districts)	乡村从业人员(万人) Rural Employed Persons (10 000 persons)	年末实有耕地面积(公顷) Cultivated Land Area (year-end) (hectare)	有效灌溉面积(公顷) Irrigated Land Area (hectare)	农林牧渔业总产值(万元) Gross Output Value of Farming, Forestry, Animal Husbandry and Fishery (10 000 yuan)	农业机械总动力(万千瓦) Total Agricultural Machinery Power (10 000 kw)	化肥施用量(折纯量)(吨) Consumption of Chemical Fertilizers (ton)	农村用电量(万千瓦小时) Electricity Consumed in Rural Areas (10 000 kwh)
德阳市	**Deyang**							
旌阳区	Jinyang	23.6	23643	21210	486595	32	17089	52218
中江县	Zhongjiang	81.9	69005	42600	1128238	57	85403	30990
罗江县	Luojiang	13.0	16855	12173	285003	21	19860	10626
广汉市	Guanghan	28.5	28263	25593	533727	23	25582	49720
什邡市	Shifang	21.9	20324	17843	354602	24	23500	20350
绵竹市	Mianzhu	25.0	26986	23430	373888	26	26228	28532
绵阳市	**Mianyang**							
涪城区	Fucheng	14.0	12001	10310	292104	24	18156	17291
游仙区	Youxian	23.6	25083	25137	369932	27	26365	10497
三台县	Santai	79.1	79518	70670	963141	51	52936	20306
盐亭县	Yanting	28.3	36778	19163	484279	31	42400	8000
安县	Anxian	24.3	29881	23047	368469	32	16157	9028
梓潼县	Zitong	15.8	28523	20713	345878	29	15697	7940
北川县	Beichuan	11.7	11625	1677	131266	8	7885	2845
平武县	Pingwu	9.3	20319	2050	103587	10	6766	5145
江油市	Jiangyou	39.3	38172	41050	561463	56	29795	19098
广元市	**Guangyuan**							
利州区	Lizhou	12.2	7879	4543	155484	23	10512	4224
元坝区	Yuanba	12.2	16733	7920	171182	28	17272	2775
朝天区	Chaotian	10.7	15109	1400	116837	16	8973	2274
旺苍县	Wangcang	20.5	18525	7920	226935	25	11720	3710
青川县	Qingchuan	10.4	20534	4327	125286	8	4865	2498
剑阁县	Jiange	32.1	52986	34637	378412	71	41154	7335
苍溪县	Cangxi	36.1	37043	23383	424311	70	25061	5596
遂宁市	**Suining**							
船山区	Chuanshan	18.6	15340	10947	278990	14	11523	3324
安居区	Anju	37.8	42985	33747	671612	29	38412	4412
蓬溪县	Pengxi	30.5	33621	19353	537425	20	41561	6912
射洪县	Shehong	44.5	41105	32767	652112	26	31863	14141
大英县	Daying	23.6	20971	17847	393602	20	20172	4806
内江市	**Neijiang**							
内江市中区	Neijiang Downtown	18.9	12831	11003	218526	14	8923	9128
东兴区	Dongxing	46.5	37151	17383	629831	21	40051	10080
威远县	Weiyuan	30.4	29440	30260	550577	34	17691	24180
资中县	Zizhong	57.1	58478	32973	901919	41	43142	23857
隆昌县	Longchang	37.3	26488	25220	433798	26	11814	16708
乐山市	**Leshan**							
乐山市中区	Leshan Downtown	19.9	14468	15487	284689	30	8868	13500
沙湾区	Shawan	7.7	5079	4953	122170	16	18222	8996
五通桥区	Wutongqiao	12.2	10535	9893	181784	10	4347	6174

12-8 续表2 continued

县(市、区)	Counties (Municipalities, Districts)	乡村从业人员(万人) Rural Employed Persons (10 000 persons)	年末实有耕地面积(公顷) Cultivated Land Area (year-end) (hectare)	有效灌溉面积(公顷) Irrigated Land Area (hectare)	农林牧渔业总产值(万元) Gross Output Value of Farming, Forestry, Animal Husbandry and Fishery (10 000 yuan)	农业机械总动力(万千瓦) Total Agricultural Machinery Power (10 000 kw)	化肥施用量(折纯量)(吨) Consumption of Chemical Fertilizers (ton)	农村用电量(万千瓦小时) Electricity Consumed in Rural Areas (10 000 kwh)
金口河区	Jinkouhe	2.3	2503	333	25054	3	616	878
犍为县	Qianwei	23.2	26756	20173	333848	28	11587	12192
井研县	Jinyan	21.0	28202	27313	298479	23	14700	8950
夹江县	Jiajiang	18.8	13939	18413	262843	36	14530	13020
沐川县	Muchuan	14.2	13997	7587	187303	10	6216	5862
峨边县	Ebian	7.7	6532	1540	56994	10	2515	3011
马边县	Mabian	9.7	14134	4597	114104	5	6915	4180
峨眉山市	Emeishan	17.4	13758	16333	253808	24	6172	17893
南充市	**Nanchong**							
顺庆区	Shunqing	14.9	12538	11313	306198	9	13040	4340
高坪区	Gaoping	24.6	20619	12010	342773	16	14883	3446
嘉陵区	Jialing	31.8	33583	11083	453868	22	26853	7855
南部县	Nanbu	73.5	54466	36717	773405	34	21605	16310
营山县	Yingshan	40.3	37502	17487	510210	28	35926	6710
蓬安县	Pengan	29.4	30018	17833	496427	26	31649	5785
仪陇县	Yilong	54.0	42880	29743	699043	30	45512	5411
西充县	Xichong	33.2	35393	23093	370275	19	15658	5870
阆中市	Langzhong	36.1	35278	20777	579696	34	35756	5132
眉山市	**Meishan**							
东坡区	Dongpo	40.9	43691	46340	607633	53	48756	26985
仁寿县	Renshou	75.9	79534	68953	1000572	72	66622	21850
彭山县	Pengshan	16.0	14863	15230	192510	26	11460	3799
洪雅县	Hongya	18.2	12908	13173	220563	27	9137	6271
丹棱县	Danling	7.7	10239	8557	138476	19	5004	4508
青神县	Qingshen	11.2	9458	6423	123591	19	7951	3595
宜宾市	**Yibin**							
翠屏区	Cuiping	28.3	21440	16303	328428	24	12400	11796
南溪区	Nanxi	20.4	18060	10503	294365	19	9373	6147
宜宾县	Yibinxian	48.9	54935	25463	605476	46	19688	31223
江安县	Jiangan	31.4	24383	14750	305972	17	9166	4700
长宁县	Changning	23.7	21935	16083	320842	19	6910	10267
高县	Gaoxian	29.8	25713	20013	299795	13	12720	8165
珙县	Gongxian	22.0	16074	11660	239455	19	7755	4836
筠连县	Junlian	19.2	22343	11330	230118	14	4105	12130
兴文县	Xingwen	26.4	21372	15380	244427	15	8843	6148
屏山县	Pingshan	16.9	16882	13417	186694	12	7045	5000
广安市	**Guangan**							
广安区	Guanganqu	51.0	43088	24113	561497	49	33765	12987
岳池县	Yuechi	55.1	48203	23567	557063	39	23145	12805
武胜县	Wusheng	38.2	31870	22733	537020	23	16475	9857

12-8 续表3 continued

县(市、区)	Counties (Municipalities, Districts)	乡村从业人员(万人) Rural Employed Persons (10 000 persons)	年末实有耕地面积(公顷) Cultivated Land Area (year-end) (hectare)	有效灌溉面积(公顷) Irrigated Land Area (hectare)	农林牧渔业总产值(万元) Gross Output Value of Farming, Forestry, Animal Husbandry and Fishery (10 000 yuan)	农业机械总动力(万千瓦) Total Agricultural Machinery Power (10 000 kw)	化肥施用量(折纯量)(吨) Consumption of Chemical Fertilizers (ton)	农村用电量(万千瓦小时) Electricity Consumed in Rural Areas (10 000 kwh)
邻水县	Linshui	42.7	41368	10200	559483	41	27658	5814
华蓥市	Huaying	14.2	8904	4620	163900	16	10784	3845
达州市	**Dazhou**							
通川区	Tongchuan	9.8	6555	4473	190198	12	7134	4320
达县	Daxian	67.5	57083	22020	788080	42	32832	28580
宣汉县	Xuanhan	51.4	59902	40650	791061	36	40398	9526
开江县	Kaijiang	27.3	24119	12860	430432	26	16796	11644
大竹县	Dazhu	47.2	60303	25173	771969	30	46536	8382
渠县	Quxian	55.9	65203	28350	825460	32	42275	9343
万源市	Wanyuan	26.5	31302	12120	404444	22	24060	6160
雅安市	**Yaan**							
雨城区	Yucheng	13.5	6310	6840	210979	36	4256	10911
名山区	Mingshan	14.3	9081	17480	240320	27	12357	3156
荥经县	Yingjing	7.1	6285	3093	96169	16	4165	4258
汉源县	Hanyuan	17.8	17674	10083	174561	23	13430	6399
石棉县	Shimian	4.9	3488	3153	69900	13	3400	3881
天全县	Tianquan	7.5	6437	7427	93649	12	5315	4747
芦山县	Lushan	6.0	4439	3480	77623	15	4466	2959
宝兴县	Baoxing	2.8	2510	427	49489	10	2836	4983
巴中市	**Bazhong**							
巴州区	Bazhou	58.4	45309	28033	508099	44	63520	12698
通江县	Tongjiang	34.0	37255	15813	332314	27	24186	4377
南江县	Nanjiang	29.5	28143	11560	302421	29	20588	5436
平昌县	Pingchang	44.0	41722	23427	394695	42	31876	6928
资阳市	**Ziyang**							
雁江区	Yanjiang	47.2	64491	41967	800812	41	22804	11952
安岳县	Anyue	79.4	74359	44850	1184674	57	16000	21855
乐至县	Lezhi	38.5	43864	24993	638277	29	15100	8700
简阳市	Jianyang	60.7	85564	57740	1026849	51	37512	28272
阿坝州	**Aba**							
汶川县	Wenchuan	3.7	3372	780	33516	6	2260	3350
理县	Lixian	2.5	2441	1267	22612	4	672	941
茂县	Maoxian	5.6	6352	4053	53586	5	2622	3258
松潘县	Songpan	3.5	8402	673	36962	5	889	2248
九寨沟县	Jiuzhaigou	3.0	3778	1120	23530	8	566	1349
金川县	Jinchuan	3.4	3911	2727	29943	6	1358	1301
小金县	Xiaojin	4.3	8513	2050	30030	11	762	1762
黑水县	Heishui	3.1	6488	253	22834	6	1803	2668
马尔康县	Maerkang	1.9	3801	687	26143	8	308	1782
壤塘县	Rangtang	2.2	1883	20	27313	4	1	413

12-8 续表4 continued

县(市、区)	Counties (Municipalities, Districts)	乡村从业人员(万人) Rural Employed Persons (10 000 persons)	年末实有耕地面积(公顷) Cultivated Land Area (year-end) (hectare)	有效灌溉面积(公顷) Irrigated Land Area (hectare)	农林牧渔业总产值(万元) Gross Output Value of Farming, Forestry, Animal Husbandry and Fishery (10 000 yuan)	农业机械总动力(万千瓦) Total Agricultural Machinery Power (10 000 kw)	化肥施用量(折纯量)(吨) Consumption of Chemical Fertilizers (ton)	农村用电量(万千瓦小时) Electricity Consumed in Rural Areas (10 000 kwh)
阿坝县	Abaxian	2.9	6752	7	37272	3	28	174
若尔盖县	Ruoergai	4.3	4242	433	75837	6	100	396
红原县	Hongyuan	2.0	165	130	39154	1	122	139
甘孜州	**Ganzi**							
康定县	Kangding	4.3	9163	1140	49278	9	114	869
泸定县	Luding	3.1	4885	2230	37242	5	946	2351
丹巴县	Danba	3.5	2632	1910	35199	7	312	1561
九龙县	Jiulong	3.4	3737	1223	26491	6	441	789
雅江县	Yajiang	2.4	3038	683	25620	7	40	65
道孚县	Daofu	2.7	7698	1983	25416	7	149	799
炉霍县	Luhuo	2.3	4564	697	24437	3	34	338
甘孜县	Ganzixian	3.5	13388	1490	40669	6	94	60
新龙县	Xinlong	1.9	4342	10	32673	6	41	280
德格县	Dege	4.8	4999	890	33180	1	67	225
白玉县	Baiyu	3.0	5586	230	31121	5	40	353
石渠县	Shiqu	3.6	5806	143	42636	2	53	75
色达县	Seda	2.7	1187	63	29282	1	28	20
理塘县	Litang	3.5	4287	537	35337	7	81	405
巴塘县	Batang	2.9	4906	1977	27069	2	274	365
乡城县	Xiangcheng	1.4	2312	1797	21885	4	181	723
稻城县	Daocheng	1.5	3438	1483	18854	6	63	220
得荣县	Derong	1.4	3780	1183	19795	3	114	43
凉山州	**Liangshan**							
西昌市	Xichang	25.7	34931	31327	565617	56	15990	8367
木里县	Muli	7.8	15316	4117	80290	9	1136	418
盐源县	Yanyuan	21.0	37535	14150	229978	36	6819	8072
德昌县	Dechang	10.0	15893	10940	220388	20	12168	3328
会理县	Huili	25.9	33318	21663	541929	42	19816	5283
会东县	Huidong	22.7	32688	13123	519738	27	21316	4934
宁南县	Ningnan	10.5	13779	13000	192722	8	19418	12238
普格县	Puge	8.0	13668	4807	107274	7	4010	1547
布拖县	Butuo	9.1	14787	1640	91492	3	1965	480
金阳县	Jinyang	8.5	15939	1903	100573	6	2259	1390
昭觉县	Zhaojue	14.1	21164	3477	129310	11	3501	2714
喜德县	Xide	9.3	14834	2020	88286	8	3483	953
冕宁县	Mianning	21.3	25828	16963	260930	15	8104	5117
越西县	Yuexi	15.9	16613	6440	158007	7	7905	3732
甘洛县	Ganluo	10.3	13893	4030	85878	4	10701	2038
美姑县	Meigu	11.1	18051	1890	111395	3	5277	926
雷波县	Leibo	14.9	16262	3473	144238	13	2530	2148

12-9 各县(市、区)规模以上工业经济情况(2012年)
Basic Statistics on Industrial Enterprises above Designated Size of Counties (Municipalities, District)(2012)

单位：万元 (10 000 yuan)

县(市、区)	Counties (Municipalities, Districts)	工业总产值 Gross Industrial Output Value	内资企业 Domestic Funded Enterprises	港澳台商投资企业 Enterprises Funded by Hongkong, Macao and Taiwan	外商投资企业 Foreign-funded Enterprises	资产合计 Total Assets	负债合计 Total Liabilities	主营业务收入 Sales Revenue	利税总额 Total Profits and Taxes
成都市	**Chengdu**								
锦江区	Jinjiang	342300	342300			575500	322000	364400	67400
青羊区	Qingyang	1828318	1825841		2477	3480825	2178363	1904229	191978
金牛区	Jinniu	2062968	1926225	8013	128730	1821400	909103	1953088	261776
武侯区	Wuhou	1676882	1238982	144400	293500	1890010	994680	1625815	205174
成华区	Chenghua	1159420	1051132	6144	102144	1342160	827553	1312009	97551
龙泉驿区	Longquanyi	10344513	9311816	171020	861677	12756630	7439653	11081215	3492674
青白江区	Qingbaijiang	4484317	3951813	167590	364914	4881746	2968563	4469517	66048
新都区	Xindu	5993802	5359740	237302	396758	6601012	3515955	6138474	749134
温江区	Wenjiang	2893195	2166185	455738	271272	2886043	1276588	3126948	376502
金堂县	Jintang	1424281	1322933	12235	89113	1446916	967828	1291138	210209
双流县	Shuangliu	9485200	7137400	1643460	704340	6000837	3370776	9079713	1297852
郫县	Pixian	4744919	4214971	154600	375348	2745170	1452834	4593767	542103
大邑县	Dayi	1323547	1261862	21728	39957	1382292	831035	1276923	130195
蒲江县	Pujiang	672500	627900	24400	20200	543700	279400	625400	36300
新津县	Xinjin	2778300	2438195	216780	123325	2630100	1919800	2870200	304500
都江堰市	Dujiangyan	1170457	972157	198300		2090507	1284000	1119896	110800
彭州市	Pengzhou	2122255	1833610	244036	44609	3017097	1752329	2134555	167757
邛崃市	Qionglai	1502528	1459652		42876	972792	441189	1542291	211191
崇州市	Chongzhou	1506123	1494852		11271	1439581	818746	1631121	178386
自贡市	**Zigong**								
自流井区	Ziliujing	2288587	2104895		183692	3552546	2536390	2166713	262394
贡井区	Gongjing	2385380	2312953		72427	528310	358702	2480243	208922
大安区	Daan	3812278	3537034	105828	169416	2378596	1171854	3779455	438159
沿滩区	Yantan	1716472	1551353		165119	880034	490150	1691416	211559
荣县	Rongxian	1507264	1507264			973440	756569	1481497	120902
富顺县	Fushun	1705092	1705092			677166	371744	1576559	158695
攀枝花市	**Panzhihua**								
东区	East District	6079204	5992004	30231	56969	9330188	7443568	7442305	103388
西区	West District	1670441	1670441			1896596	1561607	1734556	103754
仁和区	Renhe	2668747	2493355	6516	168876	1965446	1340937	2152236	258006
米易县	Miyi	825755	825755			1590220	1294593	761366	143023
盐边县	Yanbian	1587239	1587239			11162246	8933316	1411976	332046
泸州市	**Luzhou**								
江阳区	Jiangyang	3361577	3319385	25305	16887	3171638	1694976	3278625	1035817
纳溪区	Naxi	1037626	1028264	6933	2429	1743577	1259419	1160225	66392
龙马潭区	Longmatan	2660653	2586413		74240	1169560	641157	2655966	419857
泸县	Luxian	1845217	1821026		24191	720572	368530	1841019	229376
合江县	Hejiang	683721	677821	5900		854014	506942	699274	66360
叙永县	Xuyong	354465	354465			232304	140254	358978	38877
古蔺县	Gulin	1658319	1652268		6051	1285810	705774	1408619	494898

12-9 续表1 continued

单位：万元 (10 000 yuan)

县(市、区)	Counties (Municipalities, Districts)	工业总产值 Gross Industrial Output Value	内资企业 Domestic Funded Enterprises	港澳台商投资企业 Enterprises Funded by Hongkong, Macao and Taiwan	外商投资企业 Foreign-funded Enterprises	资产合计 Total Assets	负债合计 Total Liabilities	主营业务收入 Sales Revenue	利税总额 Total Profits and Taxes
德阳市	**Deyang**								
旌阳区	Jinyang	7123062	6299749	610918	212395	9824602	7059226	6518422	457666
中江县	Zhongjiang	2059386	1975073	72204	12109	634520	341386	1971057	129425
罗江县	Luojiang	1318085	1214258		103826	570613	320477	1290684	61898
广汉市	Guanghan	5227223	4116339	636571	474313	3113746	2003159	5237652	941981
什邡市	Shifang	3281309	3009967	97961	173381	2916511	1899834	3214256	715478
绵竹市	Mianzhu	3837851	3823849		14002	3324640	1917569	3047821	575358
绵阳市	**Mianyang**								
涪城区	Fucheng	8940627	8462980	144787	332860	10449329	6848580	9267370	1126771
游仙区	Youxian	2131496	1937543	91265	102688	2374133	1351491	2023078	345542
三台县	Santai	1224273	1132537	20155	71581	690213	362225	1221221	162165
盐亭县	Yanting	430196	426986		3211	162694	97066	427201	23908
安县	Anxian	1218798	1176218	21257	21323	988214	591313	1150815	116289
梓潼县	Zitong	693827	693827			392248	269302	674405	61299
北川县	Beichuan	187791	183117	4674		351933	245195	182277	20772
平武县	Pingwu	200834	200834			743384	542173	194172	36483
江油市	Jiangyou	3183435	3140689	28397	14349	2578666	1474234	3144962	355506
广元市	**Guangyuan**								
利州区	Guangyuan Downtown	2621126	2374978	8088	238060	2051381	1255352	2601333	249149
元坝区	Yuanba	523801	523801			229482	137569	526222	33101
朝天区	Chaotian	368235	359962		8273	255921	127616	379876	69269
旺苍县	Wangcang	923056	923056			474428	318126	905855	90473
青川县	Qingchuan	161751	149100		12651	122699	46568	164382	14265
剑阁县	Jiange	576990	576990			189952	103380	578059	41426
苍溪县	Cangxi	518153	505514	12639		338963	168025	511163	31128
遂宁市	**Suining**								
船山区	Chuanshan	4216378	4017895	73154	125329	1549421	54666	4290976	585175
安居区	Anju	374477	374477			179899	39421	374993	52015
蓬溪县	Pengxi	710136	679840		30296	441444	137196	719365	90419
射洪县	Shehong	2863262	2767262	3208	92792	2190283	1044650	3320360	469347
大英县	Daying	1906864	1906864			732580	310240	1847437	338126
内江市	**Neijiang**								
内江市中区	Neijiang Downtown	3246444	3120730		125714	1607663	614315	3241892	322175
东兴区	Dongxing	1211777	1069430	139632	2715	648080	234207	1205220	176864
威远县	Weiyuan	5185009	5178102	2360	4547	3752422	2271627	5145052	446766
资中县	Zizhong	2028009	2025669		2340	1137993	522071	2056342	303695
隆昌县	Longchang	2711013	2655445		55568	1163068	396096	2695069	315061
乐山市	**Leshan**								
乐山市中区	Leshan Downtown	1610891	1498090	60009	52792	1977177	1157607	1349970	54396
沙湾区	Shawan	2649382	2634685		14697	3057386	2498195	2505847	167843
五通桥区	Wutongqiao	2292071	2264485		27586	3129750	1587184	2019960	310093

12-9 续表2 continued

单位：万元 (10 000 yuan)

县(市、区)	Counties (Municipalities, Districts)	工业总产值 Gross Industrial Output Value	内资企业 Domestic Funded Enterprises	港澳台商投资企业 Enterprises Funded by Hongkong, Macao and Taiwan	外商投资企业 Foreign-funded Enterprises	资产合计 Total Assets	负债合计 Total Liabilities	主营业务收入 Sales Revenue	利税总额 Total Profits and Taxes
金口河区	Jinkouhe	650294	650294			891251	790419	648075	80569
犍为县	Qianwei	1474227	1474227			717414	320334	1500002	182266
井研县	Jinyan	1107518	1107518			785560	478942	1065622	68145
夹江县	Jiajiang	1243378	1106448	55715	81215	734159	476365	1062253	66569
沐川县	Muchuan	482968	482968			751543	494978	475606	55184
峨边县	Ebian	343607	343607			554783	396538	379275	26045
马边县	Mabian	164950	161473	3477		586826	419639	149577	27008
峨眉山市	Emeishan	2238623	2127234	103915	7474	2520792	1765693	2228447	132700
南充市	**Nanchong**								
顺庆区	Shunqing	3616077	3616077			2924073	1333252	3668247	671011
高坪区	Gaoping	1724122	1679794	20400	23928	1215917	468481	1583280	277800
嘉陵区	Jialing	2339218	2083652	114444	141122	1471604	498163	2325190	329244
南部县	Nanbu	2080053	2033441		46612	1404782	617054	2093461	296798
营山县	Yingshan	1234444	1234444			933370	474861	1231788	187907
蓬安县	Pengan	1861310	1794582	66728		619970	338586	1807971	122061
仪陇县	Yilong	1032772	1032772			677479	398172	1046793	156187
西充县	Xichong	928973	928973			311355	127446	924061	84483
阆中市	Langzhong	805915	805915			718888	358085	825174	90214
眉山市	**Meishan**								
东坡区	Dongpo	2941665	2645594	89455	206615	3059564	1955569	3046641	254352
仁寿县	Renshou	2478048	2478048			1409009	536608	2475379	450096
彭山县	Pengshan	1669143	1404977	78138	186028	969830	544113	1694356	308224
洪雅县	Hongya	320455	320455			708635	492549	325148	24865
丹棱县	Danling	367739	367739			309410	198722	351823	23847
青神县	Qingshen	485482	458380	2525	24577	354682	178236	488951	35150
宜宾市	**Yibin**								
翠屏区	Cuiping	7084586	6888335	196251		10844191	5303616	8958509	2069108
南溪区	Nanxi	1069184	1065396		3788	717950	431223	1058063	108533
宜宾县	Yibinxian	1634714	1622546	12168		977729	564698	1564991	284721
江安县	Jiangan	1607496	1607496			1276767	459569	1392871	178365
长宁县	Changning	1213185	1161645		51540	652660	470426	1212516	89150
高县	Gaoxian	1171740	1005028	166712		993484	669231	1152603	168339
珙县	Gongxian	1083416	1083416			1358869	996865	944081	189050
筠连县	Junlian	1364253	1364253			739637	387061	1347155	365524
兴文县	Xingwen	555603	555603			529421	330159	628266	124262
屏山县	Pingshan	204757	204757			194323	144540	203163	25341
广安市	**Guangan**								
广安区	Guanganqu	2983453	2835436	91514	56503	2154276	1364390	3051461	204040
岳池县	Yuechi	1359878	1318123	32418	9337	356667	179581	1305078	173038
武胜县	Wusheng	2034845	2017457		17388	440990	251060	2030217	155631

12-9 续表3 continued

单位：万元 (10 000 yuan)

县(市、区)	Counties (Municipalities, Districts)	工业总产值 Gross Industrial Output Value	内资企业 Domestic Funded Enterprises	港澳台商投资企业 Enterprises Funded by Hongkong, Macao and Taiwan	外商投资企业 Foreign-funded Enterprises	资产合计 Total Assets	负债合计 Total Liabilities	主营业务收入 Sales Revenue	利税总额 Total Profits and Taxes
邻水县	Linshui	1576757	1576757			521725	286469	1563155	137527
华蓥市	Huaying	1800190	1741397	58793		1042473	633034	1774157	195162
达州市	**Dazhou**								
通川区	Tongchuan	2334669	2322605	12063		2077959	1504393	2948453	117426
达县	Daxian	1693110	1601556	85606		1284406	346043	1677283	126731
宣汉县	Xuanhan	1801209	1801209			3426401	2867454	1798704	467681
开江县	Kaijiang	402323	402323			199194	78578	406637	29183
大竹县	Dazhu	1414543	1411607	2936		634669	285383	1388462	154152
渠县	Quxian	1181483	1181483			557932	427018	1172047	68756
万源市	Wanyuan	611037	611037			225759	148817	618043	30181
雅安市	**Yaan**								
雨城区	Yucheng	835126	769114	66012		1691772	987863	869903	162200
名山区	Mingshan	538688	538688			315280	156885	505811	41302
荥经县	Yingjing	572936	572936			394172	233876	546637	40914
汉源县	Hanyuan	608308	585042	23266		3585859	2733136	607748	207992
石棉县	Shimian	595012	595012			1702599	1281115	525259	93556
天全县	Tianquan	232328	232328			581908	438326	224872	3623
芦山县	Lushan	256800	241172		15628	218339	116729	287091	20124
宝兴县	Baoxing	226577	214505		12072	377520	198566	186542	28219
巴中市	**Bazhong**								
巴州区	Bazhou	821924	821924			229459	123376	797871	41137
通江县	Tongjiang	409874	409874			133266	59803	406042	11436
南江县	Nanjiang	682163	674113	8050		302218	155713	658265	69471
平昌县	Pingchang	1155324	1155324			227402	154128	1177500	74000
资阳市	**Ziyang**								
雁江区	Yanjiang	6783701	6634661	8858	140182	2860953	1436841	6802347	856298
安岳县	Anyue	2682800	2666422	2025	14353	868852	351327	2706994	437105
乐至县	Lezhi	2305774	2290658		15116	1140570	368379	2285189	389783
简阳市	Jianyang	5621170	5565552	24260	31358	2171295	1168550	5610995	758779
阿坝州	**Aba**								
汶川县	Wenchuan	728502	701836	26666		1120108	681139	641019	101559
理县	Lixian	147582	147582			1046564	775239	127539	41892
茂县	Maoxian	369926	369926			957096	779548	304515	13817
松潘县	Songpan	40400	40400			179540	111430	39399	7916
九寨沟县	Jiuzhaigou	44674	44674			520845	404399	39593	7345
金川县	Jinchuan	4580	4580			5419	1008	4111	358
小金县	Xiaojin	46996	46996			100584	70484	28458	2515
黑水县	Heishui	111306	111306			1178828	959985	103405	39045
马尔康县	Maerkang	11113	11113			22114	12445	11383	889
壤塘县	Rangtang								

12-9 续表4 continued

单位：万元 (10 000 yuan)

县(市、区)	Counties (Municipalities, Districts)	工业总产值 Gross Industrial Output Value	内资企业 Domestic Funded Enterprises	港澳台商投资企业 Enterprises Funded by Hongkong, Macao and Taiwan	外商投资企业 Foreign-funded Enterprises	资产合计 Total Assets	负债合计 Total Liabilities	主营业务收入 Sales Revenue	利税总额 Total Profits and Taxes
阿坝县	Abaxian								
若尔盖县	Ruoergai	29292	29292			21069	14169	18881	508
红原县	Hongyuan	40267	40267			19325	18539	36056	873
甘孜州	**Ganzi**								
康定县	Kangding	186630	186630			1000466	728404	195676	51909
泸定县	Luding	108392	108391			892226	679095	108491	37139
丹巴县	Danba	16525	16525			28053	12113	12736	1220
九龙县	Jiulong	193755	158523		35232	974674	665166	185568	70950
雅江县	Yajiang								
道孚县	Daofu								
炉霍县	Luhuo								
甘孜县	Ganzixian								
新龙县	Xinlong								
德格县	Dege								
白玉县	Baiyu	69110	69110			96849	9935	62095	40330
石渠县	Shiqu								
色达县	Seda								
理塘县	Litang								
巴塘县	Batang	14603	14603			36257	20068	15315	380
乡城县	Xiangcheng	12698	12698			6910	2540	12800	2070
稻城县	Daocheng	3200	3200			1374	1132	2645	
得荣县	Derong								
凉山州	**Liangshan**								
西昌市	Xichang	3247700				2288900	1491100	2876200	311500
木里县	Muli	76300				19300	9100	76300	6900
盐源县	Yanyuan	1329300				788200	374600	1207400	219000
德昌县	Dechang	662900				401300	187400	610600	104900
会理县	Huili	2612400				2736800	1880600	2556600	262000
会东县	Huidong	1200000				663700	410400	1187800	181400
宁南县	Ningnan	375800				274600	148500	376400	54800
普格县	Puge	190000				262700	220100	73500	11500
布拖县	Butuo	164200				105500	45900	162300	58300
金阳县	Jinyang	177300				27500	13600	177300	34400
昭觉县	Zhaojue	88900				130100	84500	85800	5800
喜德县	Xide	144700				95000	62600	155600	16600
冕宁县	Mianning	575600				773700	420100	498400	82700
越西县	Yuexi	395000				183900	65100	383900	66600
甘洛县	Ganluo	184500				165800	98000	184000	42400
美姑县	Meigu	99300				296900	226100	65700	7000
雷波县	Leibo	468200				327600	178200	428800	69400

12-10 各县(市、区)财政、金融、贸易和利用外资情况(2012年)
Finance and Banking,Trade and Foreign Funds Ulilization Conditions of Counties (Municipalities, District)(2012)

单位：万元 (10 000 yuan)

县(市、区)	Counties (Municipalities, Districts)	地方公共财政收入 Local Government Public-budgetary Revenue	地方公共财政支出 Local Government Public-budgetary Expenditure	年末金融机构各项存款余额 Total Deposits Balances of Financial Institutions	年末金融机构各项贷款余额 Total Loans Balances of Financial Institutions	社会消费品零售总额 Total Retail Sales of Consumer Goods	出口总额(万美元) Total Export (USD 10 000)	实际利用外资金额(万美元) Foreign Capital Actually Used (USD 10 000)
成都市	**Chengdu**							
锦江区	Jinjiang	400004	406792			5367356	113693	141903
青羊区	Qingyang	415566	382619			4818902	127690	99021
金牛区	Jinniu	401873	437362			4774275	129840	67224
武侯区	Wuhou	481332	528567			4775057	205871	86400
成华区	Chenghua	410050	433858			2298637	69162	89870
龙泉驿区	Longquanyi	400193	426424	5615753	3854196	827700	49121	56303
青白江区	Qingbaijiang	152945	197020	2110075	1349861	466902	38394	23200
新都区	Xindu	346741	349935	4893035	2284688	1024204	28543	17473
温江区	Wenjiang	250296	272044	3331508	2085430	650681	22930	12645
金堂县	Jintang	115689	243312	1944031	1039014	485688	6800	9000
双流县	Shuangliu	598958	624936	9536560	5142839	1667847	229163	26540
郫县	Pixian	303641	310525	4298868	2346210	682719	41320	16900
大邑县	Dayi	85795	168744	1904143	733099	374056	12710	3157
蒲江县	Pujiang	37878	83445	1058740	465424	189998	5329	7850
新津县	Xinjin	133665	196989	1727780	1507882	457928	21783	17013
都江堰市	Dujiangyan	175282	262466	3890590	2529777	806188	12588	3620
彭州市	Pengzhou	130592	246766	3182685	1566822	536187	13846	6142
邛崃市	Qionglai	86322	196060	2189189	1157844	491771	3993	2985
崇州市	Chongzhou	90358	181599	2688875	1277331	525821	9793	11017
自贡市	**Zigong**							
自流井区	Ziliujing	6053	82150			1230426	3226	217
贡井区	Gongjing	8818	76307			294724	3826	510
大安区	Daan	7941	115600			399089	16117	208
沿滩区	Yantan	9726	100902			334352	358	200
荣县	Rongxian	46006	226006	1302337	481619	484514	374	200
富顺县	Fushun	52507	258668	1753866	614676	673623	5071	210
攀枝花市	**Panzhihua**							
东区	East District	76397	120192	4829893	3872543	1170523	12078	4754
西区	West District	21148	71052	776101	392854	223341		500
仁和区	Renhe	72888	141638	979055	375631	226399	5505	4628
米易县	Miyi	76768	158108	610587	374857	198708	3943	500
盐边县	Yanbian	73626	151890	461266	306018	102076	481	
泸州市	**Luzhou**							
江阳区	Jiangyang	111992	249409	5202971	2790808	1052047	3010	1234
纳溪区	Naxi	45028	190168	988518	734795	414924	1684	900
龙马潭区	Longmatan	73599	161267	1415157	693967	330978	8749	1216
泸县	Luxian	74536	284308	1631201	566736	604046	1781	580
合江县	Hejiang	53545	259002	1408325	587637	492933	263	567
叙永县	Xuyong	34198	234480	695281	329952	341436	116	350
古蔺县	Gulin	132379	327072	784877	591994	347422	192	306

12-10 续表1 continued

单位：万元 (10 000 yuan)

县(市、区)	Counties (Municipalities, Districts)	地方公共财政收入 Local Government Public-budgetary Revenue	地方公共财政支出 Local Government Public-budgetary Expenditure	年末金融机构各项存款余额 Total Deposits Balances of Financial Institutions	年末金融机构各项贷款余额 Total Loans Balances of Financial Institutions	社会消费品零售总额 Total Retail Sales of Consumer Goods	出口总额(万美元) Total Export (USD 10 000)	实际利用外资金额(万美元) Foreign Capital Actually Used (USD 10 000)
德阳市	**Deyang**							
旌阳区	Jinyang	176276	259015	7263082	3895991	1015123	41519	7546
中江县	Zhongjiang	50959	357248	2130000	7640000	1010946	8105	1200
罗江县	Luojiang	22438	100918	541900	314100	154100	1049	1200
广汉市	Guanghan	114719	222100	2756800	1370200	907300	118854	3550
什邡市	Shifang	123039	191868	1834749	1152204	479121	40556	3800
绵竹市	Mianzhu	122175	251628	2279058	1073535	513372	31125	2050
绵阳市	**Mianyang**							
涪城区	Fucheng	84880	927748	10858671	5721457	1601929	99790	12600
游仙区	Youxian	37791	161758	1139860	600595	567294	28069	800
三台县	Santai	55224	347071	2131851	851843	1070601	2914	1300
盐亭县	Yanting	18315	189668	894638	316687	487528	210	160
安县	Anxian	40011	153291	1167361	649235	379946	3766	1200
梓潼县	Zitong	17404	125170	596257	289075	441881	340	260
北川县	Beichuan	26108	201701	987626	758167	123943	82	150
平武县	Pingwu	21617	110384	655494	501384	77447	395	150
江油市	Jiangyou	117049	288780	2831609	1179391	1044494	1766	4400
广元市	**Guangyuan**							
利州区	Guangyuan Down	38327	167149	3360670	1631523	825401	2511	1510
元坝区	Yuanba	10656	114626	435231	145267	97917	302	102
朝天区	Chaotian	12619	120434	313236	122080	81254	311	126
旺苍县	Wangcang	27968	202402	909477	245981	244440	720	210
青川县	Qingchuan	11815	132877	716470	287522	107861	405	106
剑阁县	Jiange	30392	224180	1056206	352692	274752	1080	105
苍溪县	Cangxi	28709	294880	1541879	533042	294488	1781	508
遂宁市	**Suining**							
船山区	Chuanshan	68242	228860	2916006	2004291	901192	19675	5047
安居区	Anju	22800	195766	873786	301797	269905	3365	100
蓬溪县	Pengxi	22828	230988	990440	402570	503696	2004	400
射洪县	Shehong	66367	286769	1840414	816619	599530	7601	451
大英县	Daying	31262	182239	888886	519886	401833	5015	100
内江市	**Neijiang**							
内江市中区	Neijiang Downto	24557	77019	2085197	916191	784665	9550	10338
东兴区	Dongxing	31575	103673	2187748	961249	397260	4200	500
威远县	Weiyuan	72483	130156	1394852	935110	493160	2466	3300
资中县	Zizhong	53371	147418	1822633	713633	557167	1866	650
隆昌县	Longchang	44774	110640	1396102	534652	528334	8915	110
乐山市	**Leshan**							
乐山市中区	Leshan Downtow	74658	169825	5722288	3409960	1044772	35684	5570
沙湾区	Shawan	55688	99637	508418	696875	172897	368	2008
五通桥区	Wutongqiao	43916	106311	805772	519144	338875	20081	1000

12-10 续表2 continued

单位：万元 (10 000 yuan)

县(市、区)	Counties (Municipalities, Districts)	地方公共财政收入 Local Government Public-budgetary Revenue	地方公共财政支出 Local Government Public-budgetary Expenditure	年末金融机构各项存款余额 Total Deposits Balances of Financial Institutions	年末金融机构各项贷款余额 Total Loans Balances of Financial Institutions	社会消费品零售总额 Total Retail Sales of Consumer Goods	出口总额(万美元) Total Export (USD 10 000)	实际利用外资金额(万美元) Foreign Capital Actually Used (USD 10 000)
金口河区	Jinkouhe	15628	41518	53885	63697	49104	181	
犍为县	Qianwei	37249	179146	997663	518722	350295	130	1200
井研县	Jinyan	20336	129725	768523	489365	213969	1086	
夹江县	Jiajiang	43466	120693	1053534	482170	319210	274	840
沐川县	Muchuan	15331	92731	352791	274215	132511	287	140
峨边县	Ebian	28929	87086	316414	229495	92452	44	
马边县	Mabian	27575	101161	314080	186421	72142	42	1000
峨眉山市	Emeishan	124600	201395	1752426	1204396	614604	7695	1000
南充市	**Nanchong**							
顺庆区	Shunqing	80023	228743	5518362	2399388	1217678	1642	5041
高坪区	Gaoping	30050	200710	1098614	446082	484514	663	80
嘉陵区	Jialing	34230	214580	1156865	516875	257885	696	173
南部县	Nanbu	57083	367015	1787411	644680	595132	302	
营山县	Yingshan	27849	296198	1597786	451647	485505		
蓬安县	Pengan	27075	234345	1235983	431790	304526	710	200
仪陇县	Yilong	35509	335908	1520380	551156	351385		
西充县	Xichong	27291	234536	958734	307780	337691	98	60
阆中市	Langzhong	53846	312657	1813656	786793	523731	489	
眉山市	**Meishan**							
东坡区	Dongpo	100608	267313	3616338	1941564	869967	6498	5774
仁寿县	Renshou	106360	446100	2790398	1009115	881406	1260	2060
彭山县	Pengshan	74056	157285	1152872	506243	260657	1335	2045
洪雅县	Hongya	52570	147041	849651	483495	218496	1487	734
丹棱县	Danling	17033	89806	393036	139754	118551	802	
青神县	Qingshen	22494	91970	524830	199369	129110	2475	266
宜宾市	**Yibin**							
翠屏区	Cuiping	143685	255053	8056033	2857505	1527933	48804	1751
南溪区	Nanxi	40704	155660	674749	449943	348503	843	9
宜宾县	Yibinxian	60168	279788	1505833	924108	525710	731	
江安县	Jiangan	39398	167961	763127	345559	369453	15	
长宁县	Changning	30121	158145	583950	299057	414416	3364	
高县	Gaoxian	33939	155050	712752	289401	287791	137	470
珙县	Gongxian	44604	141703	659563	391262	320240	143	
筠连县	Junlian	49126	153598	531121	238701	196584	50	2306
兴文县	Xingwen	39327	166518	480288	268526	255999	76	
屏山县	Pingshan	24873	108077	676365	190280	99204		
广安市	**Guangan**							
广安区	Guanganqu	57045	332299	3489746	1510052	766656	39154	1499
岳池县	Yuechi	52073	289437	1928235	536502	581730	10440	170
武胜县	Wusheng	50577	245083	1559889	490913	438435	4745	172

12-10 续表3 continued

单位：万元　　　　(10 000 yuan)

县(市、区)	Counties (Municipalities, Districts)	地方公共财政收入 Local Government Public-budgetary Revenue	地方公共财政支出 Local Government Public-budgetary Expenditure	年末金融机构各项存款余额 Total Deposits Balances of Financial Institutions	年末金融机构各项贷款余额 Total Loans Balances of Financial Institutions	社会消费品零售总额 Total Retail Sales of Consumer Goods	出口总额(万美元) Total Export (USD 10 000)	实际利用外资金额(万美元) Foreign Capital Actually Used (USD 10 000)
邻水县	Linshui	48863	282899	1355441	480198	559396	5413	172
华蓥市	Huaying	32029	156669	1039778	394253	201485	10493	1954
达州市	**Dazhou**							
通川区	Tongchuan	47275	150165	4258009	1946105	897771	2097	
达县	Daxian	72934	362197	1377478	777784	702815	2001	220
宣汉县	Xuanhan	81118	403456	1750616	628962	657565	880	
开江县	Kaijiang	32155	194018	886283	247835	345029	896	
大竹县	Dazhu	78860	330678	1960811	696269	643446	1829	
渠县	Quxian	53765	400668	2067673	643746	737257	1108	
万源市	Wanyuan	27533	252478	870803	378163	312080	613	
雅安市	**Yaan**							
雨城区	Yucheng	18474	330093	2378635	1343996	459747	700	400
名山区	Mingshan	15423	93636	573364	310832	167044	2153	100
荥经县	Yingjing	20363	73436	461263	250755	138035	100	100
汉源县	Hanyuan	57117	135224	966005	300039	186920	50	100
石棉县	Shimian	42554	100955	487119	409394	118911	185	2398
天全县	Tianquan	12718	71747	367692	340922	125491	100	100
芦山县	Lushan	8007	67990	285123	123232	70752	300	800
宝兴县	Baoxing	12249	57229	204840	109373	52279	200	100
巴中市	**Bazhong**							
巴州区	Bazhou	46139	617852	2593905	900753	638956	2025	406
通江县	Tongjiang	21799	329900	987279	328652	301227		
南江县	Nanjiang	40049	342315	1064721	356108	282378	1754	
平昌县	Pingchang	36688	385601	1059700	454500	351525	1109	
资阳市	**Ziyang**							
雁江区	Yanjiang	77087	499204	3098952	1699102	754898	14341	3467
安岳县	Anyue	78707	392551	2063310	812001	801152	1205	212
乐至县	Lezhi	52251	242869	1337730	491843	517884	896	104
简阳市	Jianyang	122048	405800	2757349	1144747	860883	10557	1717
阿坝州	**Aba**							
汶川县	Wenchuan	33809	158928	733881	236385	54993	1961	850
理县	Lixian	10051	59107	237120	124212	20556		
茂县	Maoxian	17510	105174	384381	131935	47838		
松潘县	Songpan	10600	77816	265573	95008	38151		103
九寨沟县	Jiuzhaigou	15971	75489	368251	337280	74523		
金川县	Jinchuan	3567	90562	193003	37495	25804		
小金县	Xiaojin	4736	66291	241972	120114	30542	107	
黑水县	Heishui	8949	72641	215459	104109	22554		
马尔康县	Maerkang	10056	100965	1011605	199143	52971	11	
壤塘县	Rangtang	1351	101551	128302	13794	12240		

12-10 续表4 continued

单位：万元　　　　(10 000 yuan)

县(市、区)	Counties (Municipalities, Districts)	地方公共财政收入 Local Government Public-budgetary Revenue	地方公共财政支出 Local Government Public-budgetary Expenditure	年末金融机构各项存款余额 Total Deposits Balances of Financial Institutions	年末金融机构各项贷款余额 Total Loans Balances of Financial Institutions	社会消费品零售总额 Total Retail Sales of Consumer Goods	出口总额(万美元) Total Export (USD 10 000)	实际利用外资金额(万美元) Foreign Capital Actually Used (USD 10 000)
阿坝县	Abaxian	2247	102072	172845	27881	28078		
若尔盖县	Ruoergai	3645	110685	155490	59698	28730		
红原县	Hongyuan	2283	78165	137194	171831	18714	41	
甘孜州	**Ganzi**							
康定县	Kangding	35875	110484	1498178	641460	97753	65	3005
泸定县	Luding	15057	85448	315496	269553	165875	241	
丹巴县	Danba	13148	69026	176849	104573	24923		
九龙县	Jiulong	26800	77334	138545	182519	12855		
雅江县	Yajiang	10509	74588	138559	59274	14405	206	
道孚县	Daofu	5125	75826	101220	17084	11304		
炉霍县	Luhuo	2016	71486	110040	10659	14638		
甘孜县	Ganzixian	3060	93921	143121	6267	29498		
新龙县	Xinlong	3104	63680	101230	4702	6886		
德格县	Dege	2070	84869	123060	7303	10927		
白玉县	Baiyu	10059	73186	133024	12319	12548		
石渠县	Shiqu	2126	122523	134814	15844	17313		
色达县	Seda	2086	90270	118724	13445	10139		
理塘县	Litang	4749	99788	134081	16418	26339	92	
巴塘县	Batang	5565	68032	122752	18636	22602		
乡城县	Xiangcheng	5605	51637	77730	78538	11572	89	
稻城县	Daocheng	3417	72226	112707	32068	10860	127	
得荣县	Derong	3000	50895	75478	7369	6478		
凉山州	**Liangshan**							
西昌市	Xichang	234545	414076	3320871	2280010	1489322	1304	1853
木里县	Muli	35818	136179	369630	336410	46612		515
盐源县	Yanyuan	70061	218296	479897	150229	128908		1020
德昌县	Dechang	43686	124378	458406	184555	164036	770	
会理县	Huili	148065	281765	987193	461920	348301	319	901
会东县	Huidong	81466	202521	546242	148557	284498		
宁南县	Ningnan	34338	124823	338175	113424	119040		
普格县	Puge	12740	93944	236492	38394	59302	3918	
布拖县	Butuo	10438	93856	165135	20853	28578		
金阳县	Jinyang	17464	101313	230632	26610	46363		
昭觉县	Zhaojue	10319	129966	234635	23687	42661		107
喜德县	Xide	9420	116508	209140	25393	46444	392	
冕宁县	Mianning	50066	165292	567743	150471	256741	5	308
越西县	Yuexi	21802	139419	335599	76418	107811		
甘洛县	Ganluo	22022	109039	264114	56312	60831		
美姑县	Meigu	12971	106995	191004	39967	36202		
雷波县	Leibo	35635	136538	340665	72913	74435		110

12-11 各县(市、区)交通运输和邮电业情况(2012年)
Basic Statistics on Transportation, Postal and Telecommunication of Counties (Municipalities, District)(2012)

县(市、区)	Counties (Municipalities, Districts)	公路里程 (公里) Length of Highway (km)	# 等级公路 Express-way and Class I to IV Highway	公路客运周转量 (万人公里) Total Passenger-Kilometers (10 000 passenger-km)	公路货运周转量 (万吨公里) Total Freight Ton-Kilometers (10 000 ton-km)	邮电主营业务收入 (万元) Main Services Revenue of Post and Telecommunication (10 000 yuan)	固定电话用户 (户) Local Telephone Subscribers (year-end) (subscribers)	移动电话用户 (户) Number of Mobile Telephones Subscribers
成都市	**Chengdu**							
锦江区	Jinjiang	191	191		69857			
青羊区	Qingyang	211	207					
金牛区	Jinniu							
武侯区	Wuhou							
成华区	Chenghua	173	165	196	77126			
龙泉驿区	Longquanyi	1612	1079	477190	161260	73370	120819	595760
青白江区	Qingbaijiang	779	753	94006	70473	30232	83050	415429
新都区	Xindu	1077	1021	81039	410422	89078	177000	1187000
温江区	Wenjiang	904	904	85640	13366	59721	132981	734950
金堂县	Jintang	2035	1885	27822	20029	22324	98000	60620
双流县	Shuangliu	2507	2469	142679	91651	39765	251500	1100000
郫县	Pixian	1180	1169	79382	33590	22481	167655	494576
大邑县	Dayi	1483	1483	92433	163625	25026	61466	486942
蒲江县	Pujiang	1405	1119	9856	18088	29657	99535	168803
新津县	Xinjin	710	664	59976	208320		45469	238809
都江堰市	Dujiangyan	1581	1542	199332	35778	51941	108777	522843
彭州市	Pengzhou	1915	1817	34046	19047	12627	81200	650000
邛崃市	Qionglai	2188	1797	66263	63204	5600	50500	402169
崇州市	Chongzhou	1669	1474				95000	120000
自贡市	**Zigong**							
自流井区	Ziliujing	260	157	50875	86575		149344	532733
贡井区	Gongjing	563	462	42365	83662		42378	178651
大安区	Daan	799	734	41378	85170		51465	227162
沿滩区	Yantan	677	507	33414	85026		34011	187565
荣县	Rongxian	1648	1502	48146	86542	25694	81291	366568
富顺县	Fushun	2265	1346	52183	87022	34016	89170	442024
攀枝花市	**Panzhihua**							
东区	East District	205	186	73353	157025	67122	127976	878009
西区	West District	138	133	4471	73476	14748	63985	155759
仁和区	Renhe	959	701	22217	151050	8025	83484	103497
米易县	Miyi	1431	621	28019	86279	10625	32241	106001
盐边县	Yanbian	1786	1247	7206	100703	8097	19891	82875
泸州市	**Luzhou**							
江阳区	Jiangyang	849	592	130787	72576	64994	168023	707175
纳溪区	Naxi	1210	998	83530	127551	19563	41087	279162
龙马潭区	Longmatan	713	269	158879	138580	36325	80163	430727
泸县	Luxian	2561	1467	191024	199717	36752	77329	508519
合江县	Hejiang	2129	1574	154994	36925	35333	73488	477269
叙永县	Xuyong	2997	1974	87643	39249	26966	58079	363090
古蔺县	Gulin	2629	1237	77265	30166	28572	54993	405692

12-11 续表1 continued

县(市、区)	Counties (Municipalities, Districts)	公路里程 (公里) Length of Highway (km)	# 等级公路 Expressway and Class I to IV Highway	公路客运周转量 (万人公里) Total Passenger-Kilometers (10 000 passenger-km)	公路货运周转量 (万吨公里) Total Freight Ton-Kilometers (10 000 ton-km)	邮电主营业务收入 (万元) Main Services Revenue of Post and Telecommunication (10 000 yuan)	固定电话用户 (户) Local Telephone Subscribers (year-end) (subscribers)	移动电话用户 (户) Number of Mobile Telephones Subscribers
德阳市	**Deyang**							
旌阳区	Jinyang	799	774			81732	192609	1070108
中江县	Zhongjiang	2732	2379			34016	67556	635109
罗江县	Luojiang	628	569			12466	22491	186859
广汉市	Guanghan	1182	1120			42755	109922	99418
什邡市	Shifang	1235	946			27338	63643	407424
绵竹市	Mianzhu	1499	1466			28048	58547	423373
绵阳市	**Mianyang**							
涪城区	Fucheng	1155	1009	138601	229311	133095	383658	1566051
游仙区	Youxian	1908	1904	38686	43898	22384	9814	372345
三台县	Santai	3116	1206	82949	74300	41641	89987	660595
盐亭县	Yanting	2348	1161	58100	12570	18114	27299	263226
安县	Anxian	2147	2142	24017	41786	20511	41982	297671
梓潼县	Zitong	2002	1203	33533	15210	14815	33994	233077
北川县	Beichuan	2569	943	35543	30569	11043	18228	151189
平武县	Pingwu	1524	1031	21844	29443	9197	13133	129923
江油市	Jiangyou	2538	1758	83030	132158	51415	130832	722097
广元市	**Guangyuan**							
利州区	Guangyuan Downtown	1922	1291	201351	357899	56518	167052	685331
元坝区	Yuanba	2042	1164	13871	64134	8090	12912	121507
朝天区	Chaotian	2166	1081	7882	17706	8144	12503	125828
旺苍县	Wangcang	2485	1473	43553	55249	20451	51453	286741
青川县	Qingchuan	2194	1428	17745	20237	11713	16594	156610
剑阁县	Jiange	3127	2458	58494	24053	22201	51346	333544
苍溪县	Cangxi	3238	2318	48655	74136	30479	92370	431308
遂宁市	**Suining**							
船山区	Chuanshan	1089	978	56664	154823	66039	156701	662947
安居区	Anju	1592	1503	20732	63647	13112	21938	233800
蓬溪县	Pengxi	1833	1791	41167	29510	215517	43427	272403
射洪县	Shehong	2697	1887	72728	92413	28755	96363	482778
大英县	Daying	1691	348	17958	17981	192465	36575	248175
内江市	**Neijiang**							
内江市中区	Neijiang Downtown	923	506		417	27520	51081	397438
东兴区	Dongxing	1611	1194		417	35446	160447	465534
威远县	Weiyuan	2538	1699		839	28061	94712	420727
资中县	Zizhong	3582	2098		1484	35312	91483	526536
隆昌县	Longchang	1470	843		543	25832	107764	372635
乐山市	**Leshan**							
乐山市中区	Leshan Downtown	751	614	71790	285460	68178	207904	812692
沙湾区	Shawan	578	578	13188	58771	11355	32569	162341
五通桥区	Wutongqiao	669	485	19897	83012	16557	62599	239077

12-11 续表2 continued

县(市、区)	Counties (Municipalities, Districts)	公路里程 (公里) Length of Highway (km)	# 等级公路 Expressway and Class I to IV Highway	公路客运周转量 (万人公里) Total Passenger-Kilometers (10 000 passenger-km)	公路货运周转量 (万吨公里) Total Freight Ton-Kilometers (10 000 ton-km)	邮电主营业务收入 (万元) Main Services Revenue of Post and Telecommunication (10 000 yuan)	固定电话用户 (户) Local Telephone Subscribers (year-end) (subscribers)	移动电话用户 (户) Number of Mobile Telephones Subscribers
金口河区	Jinkouhe	323	315	4363	6229	3451	7253	43978
犍为县	Qianwei	1489	1024	38538	53095	21271	64410	343261
井研县	Jinyan	917	741	34438	32549	13514	49957	220019
夹江县	Jiajiang	1026	951	18634	74272	20908	77482	293721
沐川县	Muchuan	1099	1059	12411	21904	10093	23698	158033
峨边县	Ebian	969	862	14194	18433	6328	13143	93076
马边县	Mabian	667	667	10758	21519	8600	13383	115540
峨眉山市	Emeishan	772	735	92208	172503	30486	117511	409152
南充市	**Nanchong**							
顺庆区	Shunqing	924	924			72918	160125	783902
高坪区	Gaoping	2067	1752			22230	53695	285004
嘉陵区	Jialing	1228	1056			24755	60753	330485
南部县	Nanbu	4030	3479			37311	88972	479576
营山县	Yingshan	2041	1740			24239	70874	330097
蓬安县	Pengan	1864	1838			21112	44101	279476
仪陇县	Yilong	2977	2977			32512	68704	408964
西充县	Xichong	1956	1169			23913	52524	280192
阆中市	Langzhong	3495	2189			31185	105434	385547
眉山市	**Meishan**							
东坡区	Dongpo	1315	1250	89623	92586	47270	159248	711156
仁寿县	Renshou	3061	1868	164833	81221	45966	118997	745929
彭山县	Pengshan	573	407	37456	41962	16330	49184	254112
洪雅县	Hongya	1423	1144	49455	20853	15635	40224	232207
丹棱县	Danling	499	421	13135	9505	8681	24940	124013
青神县	Qingshen	483	483	11333	12523	8764	31993	134802
宜宾市	**Yibin**							
翠屏区	Cuiping	1449	1353	109829	90684	85294	241102	1002129
南溪区	Nanxi	1381	1363	43092	11160	14629	40509	221206
宜宾县	Yibinxian	3780	2662	19020	19845	29254	72354	491464
江安县	Jiangan	1706	1525	13582	10468	17399	36678	249134
长宁县	Changning	1937	951	85286	40089	16347	37686	235533
高县	Gaoxian	1420	1286	9037	26513	15875	40333	262103
珙县	Gongxian	2001	1872	150856	81797	19124	48626	280360
筠连县	Junlian	1424	979	14160	17532	16687	32080	238459
兴文县	Xingwen	1272	1272	42195	65108	15772	38857	235810
屏山县	Pingshan	1667	1487	6793	14082	10472	20084	161623
广安市	**Guangan**							
广安区	Guanganqu	2710	2120	75188	95972	20886	121170	632125
岳池县	Yuechi	2372	1917	55385	60229	11291	61824	434036
武胜县	Wusheng	1564	1400	35025	26258	7335	49521	319196

12-11 续表3 continued

县(市、区)	Counties (Municipalities, Districts)	公路里程 (公里) Length of Highway (km)	# 等级公路 Expressway and Class I to IV Highway	公路客运周转量 (万人公里) Total Passenger-Kilometers (10 000 passenger-km)	公路货运周转量 (万吨公里) Total Freight Ton-Kilometers (10 000 ton-km)	邮电主营业务收入 (万元) Main Services Revenue of Post and Telecommunication (10 000 yuan)	固定电话用户 (户) Local Telephone Subscribers (year-end) (subscribers)	移动电话用户 (户) Number of Mobile Telephones Subscribers
邻水县	Linshui	2337	2191	38818	21095	9194	69637	424383
华蓥市	Huaying	817	783	30798	124538	6478	42158	256047
达州市	**Dazhou**							
通川区	Tongchuan	944	578	39655	100916	48294	133512	511815
达县	Daxian	3395	3288	53338	174387	49068	120475	697810
宣汉县	Xuanhan	4137	3618	25968	84358	38865	89756	538618
开江县	Kaijiang	1736	1401	17072	49465	16537	45579	232007
大竹县	Dazhu	2992	2417	39899	65935	29886	89656	467287
渠县	Quxian	2938	2549	33583	31232	37127	100644	484299
万源市	Wanyuan	3173	2467	19290	43128	24800	52068	291413
雅安市	**Yaan**							
雨城区	Yucheng	1145	1092	38626	198993	29186	82105	264564
名山区	Mingshan	896	277	13039	58935	11794	30261	189221
荥经县	Yingjing	669	628	7773	57042	8562	17567	120053
汉源县	Hanyuan	1503	1381	14253	99391	4093	31165	186964
石棉县	Shimian	1134	801	105575	505142	9790	20193	112380
天全县	Tianquan	609	535	9394	35221	7778	16493	99505
芦山县	Lushan	461	434	5229	14530	5089	17404	91575
宝兴县	Baoxing	570	430	5737	19366	1254	7560	45800
巴中市	**Bazhong**							
巴州区	Bazhou	5426	4775	143885	257023	82370	319200	1006600
通江县	Tongjiang	3562	3189	19620	51136	25362	64000	376779
南江县	Nanjiang	3739	3739	19780	177500	25122	71165	338144
平昌县	Pingchang	3368	2637	193707	106913	9418	50089	315000
资阳市	**Ziyang**							
雁江区	Yanjiang	3896	2556	91057	222722	47817	137048	676358
安岳县	Anyue	6009	4431	108710	109628	44280	86601	587901
乐至县	Lezhi	2082	1714	59710	80674	22459	44879	317258
简阳市	Jianyang	2625	2289	110939	162443	46871	123741	708798
阿坝州	**Aba**							
汶川县	Wenchuan	696	666	168317	357378	8155	11571	106709
理县	Lixian	689	670	4602	36893	3174	6207	34833
茂县	Maoxian	1019	864	6609	39910	6597	12299	87833
松潘县	Songpan	730	713	16351	13102	5695	10578	62326
九寨沟县	Jiuzhaigou	870	834	55939	14090	7449	23247	71562
金川县	Jinchuan	1300	1283	6041	8464	3510	5740	49610
小金县	Xiaojin	1299	1299	4511	15014	4158	6007	57495
黑水县	Heishui	1428	1300	8980	6684	3024	5070	33248
马尔康县	Maerkang	1125	1077	5971	20032	8129	15213	73901
壤塘县	Rangtang	691	650	4607	2139	1725	2471	18652

12-11 续表4 continued

县(市、区)	Counties (Municipalities, Districts)	公路里程 (公里) Length of Highway (km)	# 等级公路 Express-way and Class I to IV Highway	公路客运周转量 (万人公里) Total Passenger-Kilometers (10 000 passenger-km)	公路货运周转量 (万吨公里) Total Freight Ton-Kilometers (10 000 ton-km)	邮电主营业务收入 (万元) Main Services Revenue of Post and Telecommunication (10 000 yuan)	固定电话用户 (户) Local Telephone Subscribers (year-end) (subscribers)	移动电话用户 (户) Number of Mobile Telephones Subscribers
阿坝县	Abaxian	870	725	4679	10723	4351	5156	56578
若尔盖县	Ruoergai	1265	1254	2286	63242	4419	5429	42608
红原县	Hongyuan	882	720	2578	5584	2987	3970	38384
甘孜州	**Ganzi**							
康定县	Kangding	1800	1593	33323	40667	20098	30195	89202
泸定县	Luding	784	689	1238	3712	7387	12145	52395
丹巴县	Danba	1273	1107	4520	3230	3660	3876	33704
九龙县	Jiulong	1338	1232	3920	9900	4128	5493	29206
雅江县	Yajiang	1584	1151	4520	3230	2574	3293	23840
道孚县	Daofu	1533	1407	3808	6798	2515	2877	22574
炉霍县	Luhuo	1431	1192	690	730	2722	2897	22252
甘孜县	Ganzixian	2107	2078	898	1798	3444	3534	31497
新龙县	Xinlong	1109	1109	1605	3089	1425	1864	16972
德格县	Dege	1161	976	910	664	1943	2247	32527
白玉县	Baiyu	1930	1930	26	357	2118	2514	24318
石渠县	Shiqu	1709	384	221	691	1204	1395	31967
色达县	Seda	1258	893			2853	3108	25548
理塘县	Litang	1665	1588	710	1007	3269	3376	28108
巴塘县	Batang	1711	1386	194	229	2984	3500	24560
乡城县	Xiangcheng	608	186	651	413	2403	2555	16072
稻城县	Daocheng	2740	2654	101	974	2448	2811	16325
得荣县	Derong	1399	988	4	5	1519	1827	12558
凉山州	**Liangshan**							
西昌市	Xichang	1462	978	205274	311356			
木里县	Muli	2038	688	1102	8058			
盐源县	Yanyuan	2254	1618	10342	39100			
德昌县	Dechang	869	686	6907	79098			
会理县	Huili	2137	1154	27431	47675			
会东县	Huidong	1608	1362	10456	29646			
宁南县	Ningnan	929	649	7471	12579			
普格县	Puge	890	779	5442	1104			
布拖县	Butuo	819	485	2550	7542			
金阳县	Jinyang	1480	1114	5350	4736			
昭觉县	Zhaojue	1036	751	9420	10258			
喜德县	Xide	1093	972	5891	15862			
冕宁县	Mianning	1175	1053	13512	24705			
越西县	Yuexi	808	744	10133	7159			
甘洛县	Ganluo	922	725	7287	5347			
美姑县	Meigu	1596	1257	936	5191			
雷波县	Leibo	1554	1209	5615	9300			

12-12 各县(市、区)教育情况(2012年)
Basic Statistics on Education of Counties (Municipalities, District)(2012)

县(市、区)	Counties (Municipalities, Districts)	学龄儿童入学率(%) Percentage of School-age Children Enrolled (%)	学龄女童入学率(%) Percentage of School-age Girls Enrolled (%)	小学学校数(个) Number of Primary Schools (unit)	小学在校学生(人) Student Enrollment of Primary Schools (person)	小学专任教师(人) Full-time Teachers in Primary Schools (person)	普通中学学校数(个) Number of Regular Secondary Schools (unit)	普通中学在校学生(人) Student Enrollment of Regular Secondary Schools (person)	普通中学专任教师(人) Full-time Teachers in Regular Secondary Schools (person)
成都市	**Chengdu**								
锦江区	Jinjiang	100.0	100.0	32	26572	1768	12	25650	2044
青羊区	Qingyang	100.0	100.0	31	37819	1914	18	22878	1771
金牛区	Jinniu	100.0	100.0	50	64643	2948	28	43636	2738
武侯区	Wuhou	100.0	100.0	38	62317	2373	29	33707	2896
成华区	Chenghua	100.0	100.0	26	44631	2015	21	27650	1915
龙泉驿区	Longquanyi	100.0	100.0	37	33930	2333	18	31603	2450
青白江区	Qingbaijiang	100.0	100.0	10	19242	1123	15	22063	1614
新都区	Xindu	100.0	100.0	44	49762	2688	37	39648	2995
温江区	Wenjiang	100.0	99.9	9	22379	1233	15	20679	1615
金堂县	Jintang	100.0	100.0	47	46863	2736	28	38180	2309
双流县	Shuangliu	100.0	100.0	33	56624	2810	41	57846	4749
郫县	Pixian	100.0	100.0	13	35995	434	44	34436	3943
大邑县	Dayi	100.0	100.0	15	19703	1338	23	21662	1955
蒲江县	Pujiang	100.0	100.0	8	9126	730	17	7520	709
新津县	Xinjin	100.0	100.0	16	13539	910	16	15959	1251
都江堰市	Dujiangyan	100.0	100.0	24	26619	1974	27	30144	2427
彭州市	Pengzhou	99.9	99.9	22	30440	2017	31	33021	2688
邛崃市	Qionglai	100.0	100.0	28	22694	1690	32	31014	2062
崇州市	Chongzhou	99.9	99.9	31	25382	1660	18	24857	2439
自贡市	**Zigong**								
自流井区	Ziliujing	100.0	100.0	18	20435	1169	14	22287	1321
贡井区	Gongjing	100.0	100.0	14	11751	662	14	9571	651
大安区	Daan	100.0	100.0	72	21083	1128	15	12722	776
沿滩区	Yantan	100.0	100.0	53	22899	974	15	11233	739
荣县	Rongxian	100.0	100.0	55	27339	1704	29	26443	1769
富顺县	Fushun	100.0	100.0	194	67886	2708	47	50778	2635
攀枝花市	**Panzhihua**								
东区	East District	100.0	100.0	13	23091	1137	21	21353	1579
西区	West District	100.0	100.0	8	11162	601	9	11087	773
仁和区	Renhe	100.0	100.0	15	16380	1107	11	13757	923
米易县	Miyi	100.0	100.0	11	16879	1120	12	12806	977
盐边县	Yanbian	100.0	100.0	16	17309	1116	7	11990	768
泸州市	**Luzhou**								
江阳区	Jiangyang	100.0	100.0	18	49958	1948	30	41337	2393
纳溪区	Naxi	99.8	99.9	13	33521	1546	14	20418	1339
龙马潭区	Longmatan	100.0	100.0	11	25416	1137	16	15951	1105
泸县	Luxian	100.0	100.0	29	76323	2866	54	61644	3629
合江县	Hejiang	99.9	99.9	90	73634	2429	25	40435	1927
叙永县	Xuyong	99.5	99.5	66	64025	2823	38	36255	1729
古蔺县	Gulin	99.3	99.3	69	72581	3411	41	48776	2576

12-12 续表1 continued

县(市、区)	Counties (Municipalities, Districts)	学龄儿童入学率 (%) Percentage of School-age Children Enrolled (%)	学龄女童入学率 (%) Percentage of School-age Girls Enrolled (%)	小学学校数 (个) Number of Primary Schools (unit)	小学在校学生 (人) Student Enrollment of Primary Schools (person)	小学专任教师 (人) Full-time Teachers in Primary Schools (person)	普通中学学校数 (个) Number of Regular Secondary Schools (unit)	普通中学在校学生 (人) Student Enrollment of Regular Secondary Schools (person)	普通中学专任教师 (人) Full-time Teachers in Regular Secondary Schools (person)
德阳市	**Deyang**								
旌阳区	Jinyang	100.0	100.0	31	34159	2227	28	35724	2405
中江县	Zhongjiang	100.0	100.0	106	63819	3471	62	54135	3521
罗江县	Luojiang	100.0	100.0	17	8945	705	8	9102	709
广汉市	Guanghan	112.9	111.9	20	23531	1649	27	22556	1934
什邡市	Shifang	100.0	100.0	29	15090	1454	16	16963	1404
绵竹市	Mianzhu	100.0	100.0	24	17549	1389	13	17624	1256
绵阳市	**Mianyang**								
涪城区	Fucheng	100.0	100.0	41	53102	2805	39	89000	5289
游仙区	Youxian	100.0	100.0	32	22831	1793	19	24375	1688
三台县	Santai	100.0	100.0	109	53612	3657	78	58308	4510
盐亭县	Yanting	100.0	100.0	50	19485	1778	25	19049	1587
安县	Anxian	100.0	100.0	30	19400	1276	17	18104	1297
梓潼县	Zitong	100.0	100.0	34	12547	1176	9	12843	986
北川县	Beichuan	100.0	100.0	25	10133	920	11	10413	776
平武县	Pingwu	100.0	100.0	44	7726	879	8	7406	560
江油市	Jiangyou	100.0	100.0	73	32754	2639	30	36311	2472
广元市	**Guangyuan**								
利州区	Guangyuan Downtown	100.0	100.0	38	32849	2248	27	40310	2326
元坝区	Yuanba	100.0	100.0	25	6353	1019	14	8322	668
朝天区	Chaotian	100.0	100.0	24	10467	861	12	11156	631
旺苍县	Wangcang	100.0	100.0	38	26324	2395	22	24972	1737
青川县	Qingchuan	100.0	100.0	27	14222	982	21	15551	1379
剑阁县	Jiange	100.0	100.0	53	24600	2062	37	31284	2207
苍溪县	Cangxi	100.0	100.0	45	46919	3483	52	50993	2921
遂宁市	**Suining**								
船山区	Chuanshan	99.8	99.8	35	43699	2541	22	47447	1657
安居区	Anju	99.7	99.7	45	35172	1957	30	31615	2062
蓬溪县	Pengxi	99.5	99.5	38	32939	2325	37	32470	2325
射洪县	Shehong	99.9	99.9	70	43904	3438	45	44834	3681
大英县	Daying	99.8	99.8	30	26590	1413	27	25859	1671
内江市	**Neijiang**								
内江市中区	Neijiang Downtown	100.0	100.0	70	32015	1620	26	34217	2113
东兴区	Dongxing	100.0	100.0	58	56079	2169	33	27351	2254
威远县	Weiyuan	100.0	100.0	54	34649	2142	37	32274	2887
资中县	Zizhong	100.0	100.0	73	68671	2281	64	50285	4515
隆昌县	Longchang	100.0	100.0	56	42900	2350	28	31717	2147
乐山市	**Leshan**								
乐山市中区	Leshan Downtown	100.0	100.0	33	29109	1633	38	33740	2528
沙湾区	Shawan	100.0	100.0	16	7797	414	16	8649	777
五通桥区	Wutongqiao	100.0	100.0	22	9661	726	15	10026	852

12-12 续表2 continued

县(市、区)	Counties (Municipalities, Districts)	学龄儿童入学率(%) Percentage of School-age Children Enrolled (%)	学龄女童入学率(%) Percentage of School-age Girls Enrolled (%)	小学学校数(个) Number of Primary Schools (unit)	小学在校学生(人) Student Enrollment of Primary Schools (person)	小学专任教师(人) Full-time Teachers in Primary Schools (person)	普通中学学校数(个) Number of Regular Secondary Schools (unit)	普通中学在校学生(人) Student Enrollment of Regular Secondary Schools (person)	普通中学专任教师(人) Full-time Teachers in Regular Secondary Schools (person)
金口河区	Jinkouhe	100.0	100.0	10	2483	172	6	2313	214
犍为县	Qianwei	100.0	100.0	70	23079	1528	28	21930	1886
井研县	Jinyan	100.0	100.0	34	16966	1250	29	14027	1261
夹江县	Jiajiang	100.0	100.0	25	12865	1022	22	12377	1059
沐川县	Muchuan	100.0	100.0	17	14805	493	16	10683	1028
峨边县	Ebian	100.0	100.0	51	10068	637	14	5813	708
马边县	Mabian	100.0	100.0	124	22084	1046	12	7969	556
峨眉山市	Emeishan	100.0	100.0	31	17659	1203	20	19239	1322
南充市	**Nanchong**								
顺庆区	Shunqing	99.2	99.1	29	50388	1514	39	52574	3307
高坪区	Gaoping	98.9	99.2	36	44711	2383	37	43205	3441
嘉陵区	Jialing	99.9	99.9	29	45920	1848	45	38677	4186
南部县	Nanbu	99.9	99.9	28	91515	1997	87	78886	5743
营山县	Yingshan	99.8	99.8	22	64116	1427	71	50350	3722
蓬安县	Pengan	99.3	99.4	39	40760	1675	39	34365	2478
仪陇县	Yilong	99.9	99.9	45	83706	2613	66	64285	4795
西充县	Xichong	96.9	97.0	10	37080	1013	51	36501	4101
阆中市	Langzhong	99.5	99.4	18	35207	1108	77	39982	4749
眉山市	**Meishan**								
东坡区	Dongpo	100.0	100.0	52	34156	2391	45	39922	2603
仁寿县	Renshou	99.8	99.8	84	76732	4630	129	73612	5083
彭山县	Pengshan	100.0	100.0	15	12078	960	15	11255	871
洪雅县	Hongya	100.0	100.0	23	13038	912	20	13979	1007
丹棱县	Danling	100.0	100.0	12	5649	419	7	5679	412
青神县	Qingshen	100.0	100.0	10	6228	608	17	7323	606
宜宾市	**Yibin**								
翠屏区	Cuiping	100.0	100.0	131	56095	3113	41	55777	3802
南溪区	Nanxi	100.0	100.0	88	23951	1539	22	22393	1508
宜宾县	Yibinxian	100.0	100.0	255	64398	3427	51	49643	3345
江安县	Jiangan	100.0	100.0	124	31547	1600	29	24296	1590
长宁县	Changning	100.0	100.0	126	28210	1470	21	19683	1286
高县	Gaoxian	100.0	100.0	106	31718	1561	22	22528	1437
珙县	Gongxian	100.0	100.0	159	29772	1506	31	18212	1232
筠连县	Junlian	100.0	100.0	158	36444	1844	34	22937	1477
兴文县	Xingwen	100.0	100.0	30	42250	1952	31	27047	1577
屏山县	Pingshan	100.0	100.0	131	20308	1217	22	13688	904
广安市	**Guangan**								
广安区	Guanganqu	98.6	98.4	54	74659	2769	77	83966	5183
岳池县	Yuechi	98.4	98.1	88	73155	2039	68	55376	4303
武胜县	Wusheng	97.6	97.4	54	50253	1916	50	45740	2720

12-12 续表3 continued

县(市、区)	Counties (Municipalities, Districts)	学龄儿童入学率(%) Percentage of School-age Children Enrolled (%)	学龄女童入学率(%) Percentage of School-age Girls Enrolled (%)	小学学校数(个) Number of Primary Schools (unit)	小学在校学生(人) Student Enrollment of Primary Schools (person)	小学专任教师(人) Full-time Teachers in Primary Schools (person)	普通中学学校数(个) Number of Regular Secondary Schools (unit)	普通中学在校学生(人) Student Enrollment of Regular Secondary Schools (person)	普通中学专任教师(人) Full-time Teachers in Regular Secondary Schools (person)
邻水县	Linshui	98.0	97.8	34	65535	2303	59	62592	4085
华蓥市	Huaying	99.7	99.6	12	22886	940	21	20164	1672
达州市	**Dazhou**								
通川区	Tongchuan	100.0	100.0	79	41491	1835	18	19533	1077
达县	Daxian	100.0	100.0	259	96184	4400	78	58986	3688
宣汉县	Xuanhan	100.0	100.0	498	99548	4539	67	66833	3484
开江县	Kaijiang	100.0	100.0	154	47820	2104	29	34366	1700
大竹县	Dazhu	100.0	100.0	195	75056	3228	51	50871	2866
渠县	Quxian	100.0	100.0	274	101469	5200	99	75420	4578
万源市	Wanyuan	100.0	96.8	250	36884	2021	34	32561	1694
雅安市	**Yaan**								
雨城区	Yucheng	100.0	100.0	45	20425	1492	10	10656	1054
名山区	Mingshan	100.0	100.0	37	13378	843	17	9897	789
荥经县	Yingjing	99.5	99.6	32	10437	658	6	4475	530
汉源县	Hanyuan	100.0	100.0	55	18668	1155	13	14879	973
石棉县	Shimian	100.0	100.0	23	9699	593	7	6018	381
天全县	Tianquan	100.0	100.0	43	9341	657	7	7832	565
芦山县	Lushan	100.0	100.0	24	8035	531	6	6023	490
宝兴县	Baoxing	100.0	100.0	17	3735	416	5	2694	232
巴中市	**Bazhong**								
巴州区	Bazhou	100.0	100.0	45	78503	4045	80	70531	3418
通江县	Tongjiang	100.0	100.0	74	56810	2793	28	53929	2388
南江县	Nanjiang	100.0	100.0	59	54290	2454	37	46830	2052
平昌县	Pingchang	99.9	99.9	63	63880	3479	46	58176	3515
资阳市	**Ziyang**								
雁江区	Yanjiang	99.9	99.9	123	58601	2864	71	41790	3320
安岳县	Anyue	99.9	100.0	51	92221	2846	89	55262	3815
乐至县	Lezhi	100.0	100.0	55	36906	1919	47	28236	2234
简阳市	Jianyang	99.9	99.9	30	79530	2230	104	66014	4227
阿坝州	**Aba**								
汶川县	Wenchuan	99.9	99.9	15	4657	674	5	6984	612
理县	Lixian	99.9	100.0	11	2506	390	4	1790	217
茂县	Maoxian	99.6	98.9	24	8115	681	4	6347	522
松潘县	Songpan	99.9	100.0	22	5294	478	8	3482	308
九寨沟县	Jiuzhaigou	99.6	99.6	18	5249	418	3	4326	360
金川县	Jinchuan	99.8	99.9	34	4144	480	7	3319	302
小金县	Xiaojin	99.7	100.0	23	5314	469	5	4685	303
黑水县	Heishui	99.5	99.4	34	5433	353	2	2274	162
马尔康县	Maerkang	99.9	99.9	20	3960	469	6	4049	412
壤塘县	Rangtang	99.0	98.9	11	4239	341	3	1573	86

12-12 续表4 continued

县(市、区)	Counties (Municipalities, Districts)	学龄儿童入学率 (%) Percentage of School-age Children Enrolled (%)	学龄女童入学率 (%) Percentage of School-age Girls Enrolled (%)	小学学校数 (个) Number of Primary Schools (unit)	小学在校学生 (人) Student Enrollment of Primary Schools (person)	小学专任教师 (人) Full-time Teachers in Primary Schools (person)	普通中学学校数 (个) Number of Regular Secondary Schools (unit)	普通中学在校学生 (人) Student Enrollment of Regular Secondary Schools (person)	普通中学专任教师 (人) Full-time Teachers in Regular Secondary Schools (person)
阿坝县	Abaxian	99.6	99.6	29	10431	519	2	2140	108
若尔盖县	Ruoergai	99.8	99.8	31	10225	536	6	5945	280
红原县	Hongyuan	99.6	97.6	14	5428	396	2	2467	164
甘孜州	**Ganzi**								
康定县	Kangding	100.0	100.0	42	10178	606	5	8203	566
泸定县	Luding	100.0	100.0	51	7236	528	7	6003	403
丹巴县	Danba	100.0	100.0	49	5735	453	4	3324	215
九龙县	Jiulong	99.0	99.0	36	8293	464	3	4144	212
雅江县	Yajiang	99.0	100.0	42	6032	332	1	2272	112
道孚县	Daofu	100.0	100.0	40	5221	302	2	1325	97
炉霍县	Luhuo	97.0	96.0	27	5455	304	2	1771	122
甘孜县	Ganzixian	100.0	100.0	33	6921	333	3	3819	224
新龙县	Xinlong	100.0	100.0	27	4598	396	1	1791	63
德格县	Dege	100.0	100.0	40	7940	439	2	3258	110
白玉县	Baiyu	100.0	100.0	20	4720	300	2	1385	64
石渠县	Shiqu	98.0	97.0	41	8126	420	2	2203	92
色达县	Seda	100.0	100.0	18	4117	246	1	2080	71
理塘县	Litang	99.0	98.0	25	7354	447	2	1652	101
巴塘县	Batang	99.0	99.0	35	5641	431	5	2915	253
乡城县	Xiangcheng	100.0	100.0	16	3762	274	1	1290	118
稻城县	Daocheng	100.0	100.0	24	3241	267	2	1267	91
得荣县	Derong	100.0	100.0	22	2520	242	1	1190	95
凉山州	**Liangshan**								
西昌市	Xichang	90.0	97.5	159	68272	3152	34	55956	2976
木里县	Muli	100.0	100.0	23	14912	879	12	5823	332
盐源县	Yanyuan	99.1	99.0	70	41830	1789	13	25804	1240
德昌县	Dechang	99.5	99.5	48	20783	984	12	12263	726
会理县	Huili	96.8	96.5	141	34102	1720	18	27056	1370
会东县	Huidong	99.9	99.9	144	40456	1533	20	22996	1030
宁南县	Ningnan	99.1	99.7	94	17339	901	8	10396	609
普格县	Puge	100.0	100.0	54	26223	930	6	5721	312
布拖县	Butuo	95.1	95.5	28	22422	971	5	4005	210
金阳县	Jinyang	95.9	93.8	39	23868	967	7	5375	289
昭觉县	Zhaojue	99.3	99.1	62	35854	1490	9	10523	477
喜德县	Xide	99.9	99.8	123	29245	1196	9	8625	383
冕宁县	Mianning	96.4	98.1	102	40185	1858	16	22263	981
越西县	Yuexi	99.4	100.0	98	41292	1510	11	10182	634
甘洛县	Ganluo	94.0	92.0	100	25605	1153	10	9414	430
美姑县	Meigu	99.8	99.5	148	29123	1139	6	6703	446
雷波县	Leibo	95.6	95.4	64	31044	1062	11	10312	635

12-13 各县(市、区)卫生和社会福利情况(2012年)

Basic Statistics on Public Health and Social Welfare of Counties (Municipalities, District)(2012)

县(市、区)	Counties (Municipalities, Districts)	医院、卫生院(个) Number of Hospitals (unit)	医院、卫生院床位数(张) Number of Hospital Beds (unit)	医院、卫生院技术人员(人) Number of Medical Technical Personnel (person)	# 医生 Doctors	卫生防疫人员(人) Total Number of Epidemic Prevention Persons (person)	社会福利院(个) Number of Social Welfare Homes (unit)	社会福利院床位数(张) Number of Social Welfare Homes Beds (unit)
成都市	**Chengdu**							
锦江区	Jinjiang	56	4190	6025	2356	44	4	563
青羊区	Qingyang	45	8848	10984	3851	39	16	1210
金牛区	Jinniu	614	9663	10810	3797	156	5	1706
武侯区	Wuhou	65	13672	16718	5615	2036	9	1279
成华区	Chenghua	29	4611	5334	2058	190	3	960
龙泉驿区	Longquanyi	32	3735	3690	1291	213	13	2060
青白江区	Qingbaijiang	23	1895	1919	614	50	9	1775
新都区	Xindu	28	3542	3380	1247	96	4	1367
温江区	Wenjiang	23	3594	3195	1066	69	5	1261
金堂县	Jintang	37	3167	2995	1307	55	24	1060
双流县	Shuangliu	57	4420	6213	2973	168	22	3416
郫县	Pixian	33	3238	5277	1648	180	11	1920
大邑县	Dayi	55	3074	2460	966	73	6	1929
蒲江县	Pujiang	19	1271	1375	551	1346	5	656
新津县	Xinjin	21	1882	1856	605	80	6	1030
都江堰市	Dujiangyan	50	4990	4179	1600	217	14	1950
彭州市	Pengzhou	48	4139	3457	1277	423	18	2248
邛崃市	Qionglai	39	2692	2138	840	294	11	1908
崇州市	Chongzhou	48	3804	3042	1055	230	15	2247
自贡市	**Zigong**							
自流井区	Ziliujing	30	3955	3709	1234	118	14	1526
贡井区	Gongjing	18	2690	1692	569	26	17	2520
大安区	Daan	18	1338	1203	417	16	19	1516
沿滩区	Yantan	15	735	593	210	23	23	2496
荣县	Rongxian	38	2342	1518	586	46	31	3185
富顺县	Fushun	36	2368	1935	757	48	38	2687
攀枝花市	**Panzhihua**							
东区	East District	12	3776	3613	1238	103	2	380
西区	West District	5	1047	886	350	18	1	24
仁和区	Renhe	18	1587	901	273	23	8	750
米易县	Miyi	16	750	664	258	40	9	882
盐边县	Yanbian	20	794	441	203	40	11	1184
泸州市	**Luzhou**							
江阳区	Jiangyang	28	5606	4693	1745	31	16	1728
纳溪区	Naxi	15	1512	870	309	33	13	985
龙马潭区	Longmatan	19	1039	839	352	73	12	810
泸县	Luxian	40	2982	1552	629	46	38	4656
合江县	Hejiang	41	3886	1781	667	39	29	3431
叙永县	Xuyong	32	1872	1341	450	33	22	1556
古蔺县	Gulin	35	1854	1414	455	43	29	2639

12-13 续表1 continued

县(市、区)	Counties (Municipalities, Districts)	医院、卫生院(个) Number of Hospitals (unit)	医院、卫生院床位数(张) Number of Hospital Beds (unit)	医院、卫生院技术人员(人) Number of Medical Technical Personnel (person)	#医生 Doctors	卫生防疫人员(人) Total Number of Epidemic Prevention Persons (person)	社会福利院(个) Number of Social Welfare Homes (unit)	社会福利院床位数(张) Number of Social Welfare Homes Beds (unit)
德阳市	**Deyang**							
旌阳区	Jinyang	37	4451	5156	2250	104	13	1549
中江县	Zhongjiang	65	3233	2668	1561	49	58	9000
罗江县	Luojiang	13	798	814	421	36	13	1407
广汉市	Guanghan	32	2429	2716	1214	80	19	1920
什邡市	Shifang	26	2472	2425	1094	59	17	2283
绵竹市	Mianzhu	35	2898	2180	965	96	21	1547
绵阳市	**Mianyang**							
涪城区	Fucheng	66	6214	7506	2920	130	14	2163
游仙区	Youxian	32	2847	2869	1065	27	26	1860
三台县	Santai	80	4529	3761	1624	43	67	6118
盐亭县	Yanting	40	1586	1485	636	34	50	4291
安县	Anxian	23	1443	1346	810	82	24	2474
梓潼县	Zitong	36	1041	909	538	26	17	2022
北川县	Beichuan	24	1024	737	274	19	14	1530
平武县	Pingwu	28	548	570	250	12	9	426
江油市	Jiangyou	76	5837	4847	2055	46	26	3361
广元市	**Guangyuan**							
利州区	Guangyuan Downtown	30	5850	4554	1945	133	12	970
元坝区	Yuanba	30	830	386	337	48	8	820
朝天区	Chaotian	27	637	466	271	35	10	1100
旺苍县	Wangcang	43	1549	1184	688	45	13	1240
青川县	Qingchuan	38	594	549	308	27	6	1180
剑阁县	Jiange	61	1839	1446	792	56	23	2327
苍溪县	Cangxi	75	2228	1781	1085	48	20	2900
遂宁市	**Suining**							
船山区	Chuanshan	36	4732	3920	1383	95	26	2129
安居区	Anju	32	1955	1343	552	99	27	3919
蓬溪县	Pengxi	37	1730	1213	462	143	29	4018
射洪县	Shehong	43	2699	3869	2170	221	33	5294
大英县	Daying	18	979	1108	550	110	21	1739
内江市	**Neijiang**							
内江市中区	Neijiang Downtown	32	3948	3201	1122	58	22	1593
东兴区	Dongxing	35	4033	2712	1017	116	36	3404
威远县	Weiyuan	34	2964	1866	785	49	23	2560
资中县	Zizhong	39	3380	1987	797	67	60	6276
隆昌县	Longchang	21	2562	1653	577	63	35	2711
乐山市	**Leshan**							
乐山市中区	Leshan Downtown	50	4566	3786	1328	113	18	2414
沙湾区	Shawan	20	888	640	212	27	13	815
五通桥区	Wutongqiao	23	1656	1052	417	32	14	1279

12-13 续表2 continued

县(市、区)	Counties (Municipalities, Districts)	医院、卫生院(个) Number of Hospitals (unit)	医院、卫生院床位数(张) Number of Hospital Beds (unit)	医院、卫生院技术人员(人) Number of Medical Technical Personnel (person)	# 医生 Doctors	卫生防疫人员(人) Total Number of Epidemic Prevention Persons (person)	社会福利院(个) Number of Social Welfare Homes (unit)	社会福利院床位数(张) Number of Social Welfare Homes Beds (unit)
金口河区	Jinkouhe	7	146	113	37	11	4	221
犍为县	Qianwei	36	1422	1245	503	35	28	1895
井研县	Jinyan	32	965	984	387	34	16	2464
夹江县	Jiajiang	30	1221	899	367	48	11	573
沐川县	Muchuan	20	477	391	172	13	21	1240
峨边县	Ebian	21	304	293	125	29	7	530
马边县	Mabian	21	552	300	117	17	6	615
峨眉山市	Emeishan	35	1927	1796	689	40	4	2200
南充市	**Nanchong**							
顺庆区	Shunqing	54	6028	5486	1635	98	81	1495
高坪区	Gaoping	40	1612	923	354	26	34	1419
嘉陵区	Jialing	50	1021	503	229	26	52	4050
南部县	Nanbu	85	2164	1705	755	47	47	4610
营山县	Yingshan	81	3064	1580	540	40	96	3602
蓬安县	Pengan	47	1965	1050	417	20	80	3139
仪陇县	Yilong	77	3001	1950	602	33	63	3682
西充县	Xichong	49	1501	980	481	49	47	4818
阆中市	Langzhong	58	2804	1990	785	24	64	2980
眉山市	**Meishan**							
东坡区	Dongpo	51	4500	3865	1365	86	24	1623
仁寿县	Renshou	65	4008	3020	1117	188	118	15320
彭山县	Pengshan	19	925	828	340	150	11	1324
洪雅县	Hongya	18	1068	881	338	41	13	1370
丹棱县	Danling	9	436	412	160	46	16	2009
青神县	Qingshen	13	634	631	211	14	11	1308
宜宾市	**Yibin**							
翠屏区	Cuiping	41	7497	5752	1917	171	28	3159
南溪区	Nanxi	23	1353	1115	428	34	17	1878
宜宾县	Yibinxian	32	2492	1587	641	66	38	3830
江安县	Jiangan	19	1216	798	315	29	33	3010
长宁县	Changning	22	1615	949	362	29	21	2344
高县	Gaoxian	23	1451	971	317	25	23	1210
珙县	Gongxian	26	1761	1284	500	24	18	1313
筠连县	Junlian	23	1048	825	265	42	16	1811
兴文县	Xingwen	20	1310	776	290	33	11	1870
屏山县	Pingshan	17	545	406	168	35	15	850
广安市	**Guangan**							
广安区	Guanganqu	66	2938	3262	1332	124	53	4515
岳池县	Yuechi	51	2276	1956	880	92	43	3352
武胜县	Wusheng	43	2107	1752	843	93	33	2441

12-13 续表3 continued

县(市、区)	Counties (Municipalities, Districts)	医院、卫生院(个) Number of Hospitals (unit)	医院、卫生院床位数(张) Number of Hospital Beds (unit)	医院、卫生院技术人员(人) Number of Medical Technical Personnel (person)	# 医生 Doctors	卫生防疫人员(人) Total Number of Epidemic Prevention Persons (person)	社会福利院(个) Number of Social Welfare Homes (unit)	社会福利院床位数(张) Number of Social Welfare Homes Beds (unit)
邻水县	Linshui	51	2336	2379	889	62	41	1991
华蓥市	Huaying	20	1164	1082	479	30	14	877
达州市	**Dazhou**							
通川区	Tongchuan	20	3933	3040	935	127	5	1005
达县	Daxian	74	3129	2481	1100	79	53	5425
宣汉县	Xuanhan	61	3110	2525	1513	94	41	4402
开江县	Kaijiang	22	1142	804	355	63	26	2776
大竹县	Dazhu	60	2949	2305	847	106	47	4499
渠县	Quxian	66	3700	2104	1826	73	56	6549
万源市	Wanyuan	58	1508	1266	430	52	39	2888
雅安市	**Yaan**							
雨城区	Yucheng	41	3663	2708	1032	70	1	358
名山区	Mingshan	26	561	289	254	48	8	754
荥经县	Yingjing	29	662	615	335	55	6	360
汉源县	Hanyuan	40	924	800	462	84	4	613
石棉县	Shimian	20	1101	469	256	43	4	527
天全县	Tianquan	17	1079	395	321	38	6	345
芦山县	Lushan	11	387	301	164	45	5	510
宝兴县	Baoxing	11	173	262	116	14	1	120
巴中市	**Bazhong**							
巴州区	Bazhou	96	3052	5396	3672	206	35	3617
通江县	Tongjiang	59	1608	1401	807	183	2	94
南江县	Nanjiang	50	1756	1429	896	409	23	2051
平昌县	Pingchang	68	2207	4355	1248	229	7	215
资阳市	**Ziyang**							
雁江区	Yanjiang	57	5434	3349	1115	101	52	6695
安岳县	Anyue	75	5041	3541	1353	54	71	6429
乐至县	Lezhi	32	1973	1509	601	41	57	2777
简阳市	Jianyang	69	4980	3713	1487	51	68	6177
阿坝州	**Aba**							
汶川县	Wenchuan	17	441	351	164	33	2	344
理县	Lixian	14	167	156	57	17	2	304
茂县	Maoxian	26	413	360	174	28	7	600
松潘县	Songpan	25	223	183	110	23	1	280
九寨沟县	Jiuzhaigou	20	308	278	142	27	2	250
金川县	Jinchuan	25	253	225	106	25	5	380
小金县	Xiaojin	23	362	175	86	24	1	320
黑水县	Heishui	19	220	122	56	23	1	218
马尔康县	Maerkang	17	456	466	309	126	2	320
壤塘县	Rangtang	14	125	181	62	28	5	550

12-13 续表4 continued

县(市、区)	Counties (Municipalities, Districts)	医院、卫生院(个) Number of Hospitals (unit)	医院、卫生院床位数(张) Number of Hospital Beds (unit)	医院、卫生院技术人员(人) Number of Medical Technical Personnel (person)	# 医生 Doctors	卫生防疫人员(人) Total Number of Epidemic Prevention Persons (person)	社会福利院(个) Number of Social Welfare Homes (unit)	社会福利院床位数(张) Number of Social Welfare Homes Beds (unit)
阿坝县	Abaxian	20	204	171	67	27	3	340
若尔盖县	Ruoergai	19	193	212	102	20	2	300
红原县	Hongyuan	13	164	190	81	24	3	330
甘孜州	**Ganzi**							
康定县	Kangding	28	942	1037	371	89	1	230
泸定县	Luding	15	269	393	146	20	2	140
丹巴县	Danba	18	204	255	94	16	7	150
九龙县	Jiulong	18	187	211	62	16	1	104
雅江县	Yajiang	19	127	194	43	17	4	127
道孚县	Daofu	24	164	222	63	21	4	150
炉霍县	Luhuo	20	196	215	49	23	9	165
甘孜县	Ganzixian	24	212	288	49	15	3	130
新龙县	Xinlong	25	117	211	27	17	11	188
德格县	Dege	28	129	230	27	15	7	115
白玉县	Baiyu	18	212	230	23	18	2	80
石渠县	Shiqu	25	137	238	44	25	11	98
色达县	Seda	19	142	152	36	15	3	
理塘县	Litang	25	142	250	33	23	7	35
巴塘县	Batang	21	166	236	57	23	1	80
乡城县	Xiangcheng	14	123	175	45	20	2	35
稻城县	Daocheng	18	114	172	35	14	1	80
得荣县	Derong	13	98	140	31	15	2	60
凉山州	**Liangshan**							
西昌市	Xichang	60	4520	4249	1480	236	14	1249
木里县	Muli	31	367	270	132	27	1	276
盐源县	Yanyuan	36	759	492	238	47	3	815
德昌县	Dechang	25	989	686	255	46	9	393
会理县	Huili	53	1302	1075	429	69	12	842
会东县	Huidong	55	980	560	277	37	7	890
宁南县	Ningnan	27	642	538	166	29	2	284
普格县	Puge	37	394	298	117	44	6	210
布拖县	Butuo	31	330	287	60	41	3	461
金阳县	Jinyang	35	556	299	151	37	2	419
昭觉县	Zhaojue	48	492	343	112	47	2	547
喜德县	Xide	27	365	343	115	41	1	253
冕宁县	Mianning	43	1004	771	299	57	4	501
越西县	Yuexi	43	690	605	212	58	1	200
甘洛县	Ganluo	29	518	459	175	36	2	475
美姑县	Meigu	46	405	314	66	38	2	665
雷波县	Leibo	52	479	382	165	38	2	244

13

农业

13-1 农林牧渔业总产值
Gross Output Value of Farming, Forestry, Animal Husbandry and Fishery

单位：亿元 (100 million yuan)

年 份 Year	农林牧渔业总产值 Total	农 业 Farming	林 业 Forestry	牧 业 Animal Husbandry	渔 业 Fishery	农林牧渔业服务业 Services
1980	136.92	98.07	4.21	34.07	0.57	
1981	147.02	105.41	5.34	35.63	0.64	
1982	177.53	133.84	5.81	37.07	0.81	
1983	193.77	142.76	7.02	42.83	1.16	
1984	211.93	151.54	12.21	46.79	1.39	
1985	234.82	161.14	13.09	58.74	1.85	
1986	254.33	168.46	13.18	69.74	2.95	
1987	294.59	187.84	13.66	89.18	3.91	
1988	361.11	213.69	15.99	126.02	5.41	
1989	400.40	238.04	16.75	139.24	6.37	
1990	484.31	301.46	18.51	157.04	7.30	
1991	513.43	317.43	19.43	168.41	8.16	
1992	565.62	344.52	22.23	189.41	9.46	
1993	660.69	389.21	24.90	234.30	12.28	
1994	930.80	521.00	28.48	365.33	15.99	
1995	1113.96	645.17	34.32	413.84	20.63	
1996	1274.32	750.07	38.58	461.32	24.35	
1997	1395.43	798.22	41.31	527.60	28.30	
1998	1455.19	823.72	45.87	554.15	31.45	
1999	1444.86	792.80	45.34	572.63	34.09	
2000	1483.52	785.37	49.13	611.76	37.26	
2001	1534.89	769.95	50.85	673.10	41.00	
2002	1651.53	807.43	54.60	743.91	45.59	
2003	1784.49	804.70	59.26	832.34	53.34	34.85
2004	2252.28	987.70	62.65	1097.62	65.75	38.56
2005	2457.46	1037.20	69.94	1230.18	78.49	41.64
2006	2602.10	1075.08	76.75	1317.41	87.16	45.70
2007	3370.17	1316.60	87.20	1827.07	85.80	53.50
2008	3686.20	1710.80	105.32	1708.42	103.68	57.98
2009	3689.81	1806.06	112.52	1596.72	119.05	55.46
2010	4081.81	2069.33	112.90	1705.16	129.83	64.60
2011	4932.73	2454.26	130.10	2127.20	147.16	74.01
2012	5433.12	2764.90	151.50	2269.86	163.77	83.09

注：本表按当年价格计算；2003年起执行新国民经济行业分类标准，总产值包括农林牧渔服务业产值。

a) Data in this table are calculated at current prices.The new classification for national standard of industry classification has been implemented since 2003 and the gross output value includes the serivces in support of agriculture,forestry, animal husbandry and fishery.

13-2 农林牧渔业总产值指数
Indices of Gross Output Value of Farming, Forestry, Animal Husbandry and Fishery

(1952年=100) (1952=100)

年 份 Year	农林牧渔业总产值 Total	农 业 Farming	林 业 Forestry	牧 业 Animal Husbandry	渔 业 Fishery	农林牧渔业服务业 Services
1952	100.0	100.0	100.0	100.0		
1957	143.2	139.6	172.7	160.7	100.0	
1962	117.0	113.7	389.4	91.3	210.3	
1965	142.6	126.0	462.4	196.1	286.2	
1970	160.8	151.5	422.0	176.1	258.6	
1978	206.0	186.8	330.9	306.7	372.4	
1980	242.2	201.9	373.4	482.9	400.0	
1985	332.7	251.1	933.0	756.5	1272.4	
1990	409.4	290.8	742.2	1104.3	2386.2	
1991	427.6	300.5	742.9	1179.3	2589.7	
1992	445.7	308.2	800.4	1255.7	2831.0	
1993	450.2	299.4	812.4	1341.1	3210.3	
1994	465.3	297.1	859.6	1461.1	3586.2	
1995	504.9	321.2	932.6	1584.8	4369.0	
1996	533.3	338.0	1004.6	1674.3	4893.1	
1997	559.4	351.8	1031.2	1772.2	5481.2	
1998	584.5	361.4	1061.6	1889.9	6126.0	
1999	605.8	368.7	1048.3	1997.8	6855.0	
2000	636.0	379.2	1080.7	2144.1	7717.7	
2001	651.3	369.0	1083.2	2318.2	8521.1	
2002	695.3	387.3	1145.4	2512.5	9551.7	100.0
2003	738.5	394.6	1257.0	2744.7	11309.2	108.0
2004	790.9	410.8	1303.5	3019.2	12756.8	113.9
2005	842.4	421.6	1422.0	3304.8	14382.0	122.1
2006	873.7	416.7	1525.5	3540.1	15689.3	132.2
2007	904.1	436.3	1604.8	3610.9	16944.4	141.7
2008	933.9	447.6	1652.9	3744.5	17961.1	147.7
2009	973.5	468.3	1743.8	3886.8	18889.8	149.7
2010	1017.3	492.2	1841.5	4022.8	19807.8	167.6
2011	1064.1	520.7	2020.1	4127.4	21134.9	183.7
2012	1112.0	545.2	2187.8	4284.2	22572.1	201.2

注：本表按可比价格计算；2003年起按新口径计算；2004年起指数按可比价格缩减法计算。

a) Data in this table are calculated at comparable prices, the data are calculated at the new range since 2003.The data are calculated at comparable prices by deflation approach since 2004.

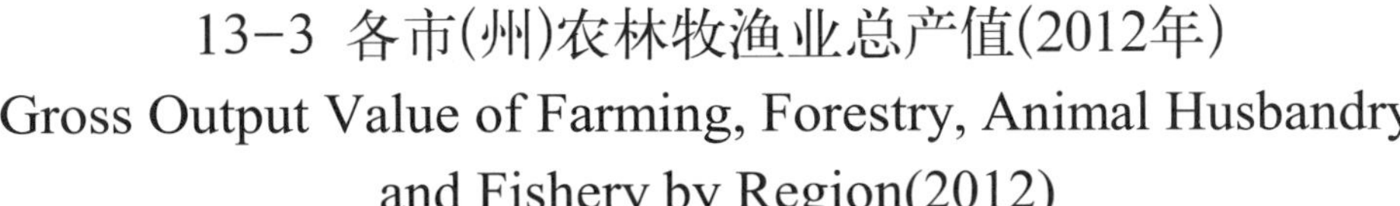

13-3 各市(州)农林牧渔业总产值(2012年)
Gross Output Value of Farming, Forestry, Animal Husbandry and Fishery by Region(2012)

单位：亿元 (100 million yuan)

市(州)	Region	农林牧渔业总产值 Total	农业 Farming	林业 Forestry	牧业 Animal Husbandry	渔业 Fishery	农林牧渔业服务业 Services
全　省	**Sichuan**	**5433.1**	**2764.9**	**151.4**	**2269.9**	**163.8**	**83.1**
成都市	Chengdu	577.8	294.0	8.9	244.6	14.9	15.3
自贡市	Zigong	181.7	85.2	4.5	82.5	6.8	2.7
攀枝花市	Panzhihua	44.5	23.2	0.7	16.4	3.6	0.6
泸州市	Luzhou	238.2	110.6	8.0	109.6	6.8	3.2
德阳市	Deyang	316.2	138.3	7.2	158.8	7.5	4.5
绵阳市	Mianyang	362.0	168.5	9.6	167.6	11.3	5.0
广元市	Guangyuan	159.8	77.0	5.4	67.6	6.6	3.3
遂宁市	Suining	253.4	99.5	7.6	134.4	7.9	4.0
内江市	Neijiang	273.5	128.8	6.9	124.7	9.6	3.5
乐山市	Leshan	212.1	89.8	10.9	100.4	8.1	2.9
南充市	Nanchong	453.2	192.6	11.3	232.1	13.3	4.0
眉山市	Meishan	228.3	97.0	4.6	114.6	9.5	2.6
宜宾市	Yibin	305.6	132.9	12.1	146.0	10.0	4.4
广安市	Guangan	237.9	108.0	6.2	112.6	7.6	3.5
达州市	Dazhou	420.5	176.5	11.5	215.4	11.6	5.6
雅安市	Yaan	100.4	47.2	6.9	44.2	0.9	1.3
巴中市	Bazhong	153.8	74.7	4.0	67.3	5.5	2.4
资阳市	Ziyang	365.1	147.6	9.1	191.8	12.1	4.5
阿坝藏族羌族自治州	Aba	45.9	14.0	3.4	26.3		2.2
甘孜藏族自治州	Ganzi	55.6	18.3	2.9	33.7		0.6
凉山彝族自治州	Liangshan	362.8	173.7	14.6	164.9	4.3	5.3

注：本表按当年价格及新口径计算。

a) Data in this table are calculated at current prices and new range.

13-4 各市(州)农林牧渔业总产值指数（2012年）
Indices of Gross Output Value of Farming, Forestry, Animal Husbandry and Fishery by Region(2012)

(上年=100) (preceding year=100)

市(州)	Region	农林牧渔业总产值 Total	农业 Farming	林业 Forestry	牧业 Animal Husbandry	渔业 Fishery	农林牧渔业服务业 Services
全　省	**Sichuan**	**4.5**	**4.7**	**8.3**	**3.8**	**6.8**	**9.5**
成都市	Chengdu	3.5	5.2	1.9	1.1	7.1	11.1
自贡市	Zigong	4.8	5.0	0.9	4.6	6.0	7.6
攀枝花市	Panzhihua	4.7	5.2	4.3	3.7	6.6	6.5
泸州市	Luzhou	5.0	5.8	11.4	3.8	5.3	4.1
德阳市	Deyang	4.4	3.1	3.7	5.6	5.7	6.8
绵阳市	Mianyang	4.0	4.1	3.6	3.8	4.5	4.3
广元市	Guangyuan	7.1	9.7	6.9	5.4	-2.9	7.4
遂宁市	Suining	4.6	1.8	11.8	5.7	8.0	17.8
内江市	Neijiang	4.5	5.9	5.4	2.6	9.0	5.1
乐山市	Leshan	4.2	2.5	12.4	4.2	9.2	13.2
南充市	Nanchong	4.6	4.3	2.9	4.8	6.0	3.5
眉山市	Meishan	5.4	4.1	2.6	6.5	7.6	2.5
宜宾市	Yibin	4.8	5.5	8.1	3.9	5.5	5.5
广安市	Guangan	5.5	4.3	1.1	6.7	6.7	7.9
达州市	Dazhou	4.6	4.0	5.8	5.0	6.6	5.0
雅安市	Yaan	4.0	4.3	8.2	2.9	3.9	3.6
巴中市	Bazhong	3.7	3.4	4.9	3.8	6.3	4.5
资阳市	Ziyang	4.6	5.3	8.5	3.6	8.7	7.1
阿坝藏族羌族自治州	Aba	6.1	9.3	5.0	4.7	43.6	6.0
甘孜藏族自治州	Ganzi	4.6	10.3	1.7	2.0	-2.5	8.5
凉山彝族自治州	Liangshan	4.6	6.1	4.2	3.2	-5.3	7.3

注：全省指数按可比价格缩减法计算,各市州指数按1990年不变价格计算。

The index of Sichuan is calculated at comparable prices by deflation approach and the index by region is calculated at 1990 current prices in this table.

13-5 主要农业机械和农产品加工机械拥有量
Main Agricultural Machinery and Main Machinery for Processing Farm Products

(年底数) (year-end)

年 份 Year	农业机械总动力 (万千瓦) Total Power of Agricultural Machinery (10 000 kw)	农用运输车 Transport Machinery for Agricultural Use		农用大中型拖拉机 Large and Medium Agricultural Tractors		农用小型拖拉机 Mini Agricultural Tractors	
		数量 (辆) Number (unit)	动力 (万千瓦) Capacity (10 000 kw)	数量 (台) Number (unit)	动力 (万千瓦) Capacity (10 000 kw)	数量 (万台) Number (10 000 units)	动力 (万千瓦) Capacity (10 000 kw)
1978	350.21	1175	7.90	14571	42.52	5.22	45.91
1979	434.74	2256	15.17	17790	48.18	6.99	61.47
1980	500.34	3911	25.34	19233	52.59	8.37	74.19
1981	548.37	5080	32.75	20076	55.29	9.00	80.70
1982	575.65	5542	35.67	20034	55.24	9.35	84.66
1983	609.82	7408	47.84	19932	55.15	9.97	91.78
1984	649.40	12781	84.97	19099	53.34	10.70	100.31
1985	700.42	18807	126.52	18496	51.67	11.53	109.74
1986	772.77	22654	154.24	18469	51.55	13.10	127.54
1987	828.98	25395	171.77	17939	50.57	14.56	145.39
1988	887.72	28336	190.77	16900	48.36	15.69	160.88
1989	918.92	30568	202.99	15064	43.51	15.90	163.74
1990	956.00	29707	209.45	12788	37.64	15.51	161.06
1991	1007.23	32288	236.01	10553	31.62	15.17	159.81
1992	1035.60	33063	247.08	8662	25.81	14.75	156.59
1993	1066.35	34571	263.71	7545	23.28	14.47	154.38
1994	1165.11	39253	304.55	6625	21.17	14.16	152.45
1995	1209.73	42563	330.07	5632	18.05	13.78	149.09
1996	1263.26	42878	343.77	4997	16.13	13.81	149.98
1997	1348.21	44970	361.96	6644	18.16	13.84	151.56
1998	1468.33	47137	374.06	10144	23.48	13.98	155.43
1999	1606.90	49950	386.98	14833	37.58	14.26	159.14
2000	1679.65	87401	296.44	29645	74.59	13.29	149.22
2001	1735.10	90226	302.04	33606	86.87	13.06	148.74
2002	1803.68	92175	306.31	42156	108.21	13.09	150.99
2003	1891.06	94049	298.20	46882	128.02	12.25	141.09
2004	2006.78	96479	299.35	51585	143.82	12.59	151.29
2005	2181.70	97859	297.13	12728	35.18	12.48	155.94
2006	2344.87	97622	294.84	15936	40.74	12.83	161.15
2007	2523.05	100610	298.93	20151	49.81	13.35	171.61
2008	2687.55	109171	288.78	55488	122.75	11.43	143.11
2009	2952.66	104123	312.40	77809	179.10	11.84	147.96
2010	3155.14	105112	308.03	91112	206.02	12.03	147.37
2011	3426.10	117801	371.08	107484	246.51	12.47	147.99
2012	3694.03	125754	403.68	115036	267.45	12.55	141.66

注：1999年及以前年份“农用运输车”统计口径为“农用载重汽车”。
a) Data on transportation machinery for agriculture use refer to agricultural camion before 1999.

13-5 续表 continued

(年底数) (year-end)

年 份 Year	农用排灌动力机械 Drainage and Irrigation Machinery		大中型拖拉机配套农具 (万部) Large and Medium Tractor Towing (10 000 units)	联合收割机 (台) Combine Harvester (unit)	机动脱粒机 (万台) Motorized Threshing Machines (10000 units)
	数量 Number (万台) (10 000 units)	动力 Capacity (万千瓦) (10 000 kw)			
1978	14.18	144.27	2.71	21	6.69
1979	17.67	179.07	3.17	39	7.99
1980	19.58	197.15	3.29	51	9.04
1981	20.78	209.30	3.40	50	9.77
1982	20.99	213.02	3.28	51	8.14
1983	20.18	207.50	2.96	49	6.80
1984	18.62	195.82	2.40	46	5.37
1985	17.60	193.99	2.08	32	4.47
1986	18.97	198.19	1.90	36	4.04
1987	20.05	205.03	1.79	31	3.80
1988	20.52	209.75	1.60	38	3.78
1989	20.37	211.46	1.36	52	4.09
1990	20.18	215.61	1.16	127	5.05
1991	20.85	220.83	0.99	147	5.86
1992	21.86	222.39	0.88	210	6.72
1993	21.13	221.63	0.70	321	7.76
1994	24.62	238.58	0.65	368	11.80
1995	23.47	233.12	0.57	428	12.81
1996	22.11	228.91	0.54	738	13.67
1997	23.93	237.21	0.63	1450	19.19
1998	28.67	268.37	0.59	2150	27.62
1999	32.96	296.15	0.64	2681	33.31
2000	35.35	313.49	0.79	3258	38.25
2001	37.55	320.25	0.89	3587	40.44
2002	39.80	330.06	0.72	4100	45.82
2003	39.97	328.37	0.88	4719	45.60
2004	42.14	348.07	0.83	5400	55.70
2005	46.04	372.18	1.26	5830	69.87
2006	46.92	381.64	0.98	6831	72.61
2007	50.30	400.12	1.29	7621	80.00
2008	52.00	414.09	2.02	8501	96.14
2009	56.05	424.13	2.60	9958	103.28
2010	57.14	440.45	3.19	11996	107.62
2011	64.29	463.20	3.90	14086	115.85
2012	84.59	513.45	4.43	18499	126.65

13-6 各市(州)主要农业机械和农产品加工机械拥有量(2012年)
Agricultural Machinery and Machinery for Processing Farm Products by Region(2012)

(年底数) (year-end)

市(州)	Region	农业机械总动力(万千瓦) Total Power of Agricultural Machinery (10 000 kw)	农用运输车 Transportation Machinery for Agricultural Use		农用大中型拖拉机 Large and Medium Agricultural Tractors		农用小型拖拉机 Mini Agricultural Tractors	
			数量(辆) Number (unit)	动力(万千瓦) Capacity (10 000 kw)	数量(台) Number (unit)	动力(万千瓦) Capacity (10 000 kw)	数量(台) Number (unit)	动力(万千瓦) Capacity (10 000 kw)
全 省	**Sichuan**	**3694.03**	**125754**	**403.68**	**115036**	**267.45**	**125456**	**141.66**
成都市	Chengdu	320.32	9142	28.26	8829	28.99	26680	31.13
自贡市	Zigong	97.84	4465	18.30	70	0.12	47	0.07
攀枝花市	Panzhihua	64.14	987	2.99	3292	6.40	4109	3.69
泸州市	Luzhou	177.26	12800	39.03	49	0.12	30	0.04
德阳市	Deyang	183.51	5805	10.90	12364	27.62	8388	9.76
绵阳市	Mianyang	268.43	7154	20.80	10191	21.42	12705	13.73
广元市	Guangyuan	241.41	5034	17.89	7762	17.67	5384	4.84
遂宁市	Suining	108.54	6017	15.33	3299	9.07	1290	1.59
内江市	Neijiang	135.95	11128	41.96	67	0.15	541	0.58
乐山市	Leshan	193.98	5981	14.98	3546	13.45	2403	2.72
南充市	Nanchong	219.13	3944	13.78	1060	2.12	1258	1.51
眉山市	Meishan	215.19	8614	42.32	2528	7.18	4160	5.44
宜宾市	Yibin	198.38			146	0.28	567	0.66
广安市	Guangan	168.00	7897	21.29	280	0.89	927	1.31
达州市	Dazhou	199.51	9982	36.20	1368	4.99	564	0.68
雅安市	Yaan	149.84	6121	16.86	1121	2.45	3837	4.98
巴中市	Bazhong	143.04	4851	16.83	3086	12.10	738	1.03
资阳市	Ziyang	178.16	8526	23.57	453	1.33	2147	2.11
阿坝藏族羌族自治州	Aba	72.57	1075	3.91	14481	24.10	15600	16.82
甘孜藏族自治州	Ganzi	85.03	2204	5.75	17475	32.14	15629	18.43
凉山彝族自治州	Liangshan	273.80	4027	12.74	23569	54.84	18461	20.56

13-6 续表1 continued

(年底数) (year-end)

市(州)	Region	农用排灌动力机械 Drainage and Irrigation Machinery 数量(万台) Number (10 000 units)	动力(万千瓦) Capacity (10 000 kw)	# 柴油机 Diesel Engines 数量(万台) Number (10 000 units)	动力(万千瓦) Capacity (10 000 kw)	大中型拖拉机配套农具(部) Large and Medium Tractor Towing Farm Machinery (unit)	小型拖拉机配套农具(部) Mini & Walking Agricultural Tractor Towing Farm Machinery (unit)	机引犁(台) Tractor Towing Plough (unit)
全　省	**Sichuan**	**84.59**	**513.45**	**48.77**	**295.16**	**44327**	**118512**	**75491**
成都市	Chengdu	4.11	26.26	1.29	11.85	7070	28740	6844
自贡市	Zigong	2.47	15.35	2.25	10.54			
攀枝花市	Panzhihua	0.43	9.70	0.17	1.21	856	1934	
泸州市	Luzhou	5.40	27.89	5.21	23.02	15	18	
德阳市	Deyang	2.44	27.72	0.60	5.92	4705	12354	2629
绵阳市	Mianyang	2.23	32.53	1.17	8.70	6268	11899	988
广元市	Guangyuan	2.54	21.71	2.21	13.18	1356	7231	21044
遂宁市	Suining	2.03	21.05	1.16	9.60	3093	2014	4154
内江市	Neijiang	4.57	29.66	3.43	18.13	45	149	
乐山市	Leshan	3.55	24.45	2.43	13.77	407	4851	1457
南充市	Nanchong	6.23	49.48	5.92	39.95	955	710	7192
眉山市	Meishan	6.25	29.97	2.17	17.51	3342	9389	9766
宜宾市	Yibin	5.35	31.06	3.82	21.36	9	74	57
广安市	Guangan	4.25	24.13	3.21	16.41	174	3839	1162
达州市	Dazhou	18.72	40.80	2.83	13.89	361	570	211
雅安市	Yaan	1.25	10.22	0.62	4.68	108	1795	508
巴中市	Bazhong	6.03	32.87	4.65	27.58	127	282	265
资阳市	Ziyang	4.13	38.13	3.72	25.25	183	1575	272
阿坝藏族羌族自治州	Aba	0.06	1.07	0.04	0.23	707	3295	1317
甘孜藏族自治州	Ganzi	0.18	1.00	0.08	0.50	4729	14791	11125
凉山彝族自治州	Liangshan	2.36	18.41	1.80	11.88	9817	13002	6500

13-6 续表2 continued

(年底数) (year-end)

市(州)	Region	机引耙 (台) Tractor Towing Harrow (unit)	播种机 (台) Tractor Towing Planter (unit)	粮食加工机械 (万台) Flour and Rice Mill (10 000 units)	机动脱粒机 (万台) Motorized Threshing Machines (10 000 units)	油料加工机械 (台) Oil Press Machines (unit)	饲草料加工机械 (台) Forage Press Machines (unit)
全 省	**Sichuan**	**23216**	**19524**	**162.23**	**126.65**	**58156**	**555594**
成都市	Chengdu	1291	4760	4.71	7.03	1793	8944
自贡市	Zigong		10	9.91	8.44	709	11509
攀枝花市	Panzhihua		2325	2.05	0.33	3	22126
泸州市	Luzhou		63	8.75	4.52	9708	42977
德阳市	Deyang	2103	2843	2.13	2.33	1225	4507
绵阳市	Mianyang	441	498	9.05	7.04	3304	10316
广元市	Guangyuan	6429	169	16.38	10.09	3363	41280
遂宁市	Suining	1547	34	2.76	5.20	3207	10969
内江市	Neijiang			3.94	1.80	1392	14994
乐山市	Leshan	1706	130	5.33	4.62	933	21271
南充市	Nanchong	2851	641	6.94	9.21	8126	25078
眉山市	Meishan	4556	263	5.15	10.01	3245	19340
宜宾市	Yibin	15	2	27.55	9.74	2213	84021
广安市	Guangan	1092	25	11.05	13.21	1602	17948
达州市	Dazhou	165	322	21.00	8.26	5260	30233
雅安市	Yaan	148		2.88	1.50	747	3823
巴中市	Bazhong	210	273	7.31	4.92	5114	99711
资阳市	Ziyang	236	1818	5.81	13.44	3716	16368
阿坝藏族羌族自治州	Aba	63	35	0.32	0.66	225	941
甘孜藏族自治州	Ganzi	70	1754	0.38	0.78	69	2838
凉山彝族自治州	Liangshan	293	3559	8.83	3.53	2202	66400

13-7 机耕面积、灌溉面积、化肥施用量和农村用电量情况
Area Ploughed by Tractors and Irrigated, Consumption of Chemical Fertilizers, Electricity Consumption in Rural Areas

年份 Year	机耕面积 (万公顷) Area Ploughed by Tractors (10 000 hectares)	有效灌溉面积 (万公顷) Irrigated Area (10 000 hectares)	化肥施用量 (万吨) Consumption of Chemical Fertilizers (10 000 tons)	氮肥 Nitrogenous Fertilizer	磷肥 Phosphate Fertilizer	钾肥 Potash Fertilizer	复合肥 Compound Fertilizer	农村用电量 (亿千瓦时) Electricity Consumed in Rural Area (100 million kwh)
1952		53.7	0.4	0.4				
1957	0.4	86.4	1.0	0.7	0.3			
1962	2.6	106.9	4.0	3.0	1.0			
1965	2.6	120.9	11.3	8.4	2.8	0.1		
1970	4.6	139.3	11.5	8.5	2.8	0.2		
1975	45.3	175.0	23.0	17.1	5.6	0.3		
1978	86.5	198.9	62.5	46.4	15.7	0.4		7.7
1980	67.9	211.4	80.4	52.6	24.0	1.0	1.1	9.4
1985	51.7	215.4	103.1	82.6	16.4	1.7	2.1	19.3
1990	59.2	222.6	143.9	101.4	28.2	2.6	11.7	33.0
1991	64.3	224.1	154.3	103.0	32.0	3.5	15.7	37.4
1992	66.3	225.3	154.0	100.2	32.2	4.3	17.2	40.6
1993	65.4	226.5	158.1	99.5	33.2	5.4	20.0	46.2
1994	70.8	227.9	170.0	104.9	35.1	6.2	23.7	53.8
1995	71.6	230.1	182.9	111.0	37.4	7.0	27.3	61.2
1996	70.1	232.5	192.8	117.8	38.4	7.4	29.2	64.1
1997	84.4	239.1	201.3	121.3	40.0	8.4	31.6	68.4
1998	85.6	239.1	205.3	123.7	40.3	8.8	32.5	73.5
1999	98.3	242.8	210.3	124.2	40.4	9.3	36.4	78.8
2000	93.7	246.9	212.6	123.0	42.0	10.0	37.5	82.8
2001	95.1	248.7	212.0	121.8	41.9	10.4	37.9	89.5
2002	95.4	250.1	209.6	118.5	42.3	11.0	37.8	93.0
2003	98.1	250.3	208.4	117.5	41.9	11.6	37.4	99.9
2004	98.8	250.3	214.7	120.2	42.9	12.2	39.3	107.8
2005	107.5	249.5	220.9	121.8	45.1	12.9	40.6	112.9
2006	115.0	248.7	228.2	124.7	46.6	13.7	43.0	117.7
2007	121.1	250.0	238.2	127.9	48.0	14.8	46.6	123.3
2008	182.2	250.7	242.8	128.6	48.9	15.8	48.0	128.2
2009	196.5	252.4	248.0	130.7	49.7	16.4	50.3	133.8
2010	219.0	255.3	248.0	129.6	49.2	16.4	51.1	141.7
2011	275.5	260.1	251.2	128.8	50.6	17.3	53.2	148.6
2012	330.3	256.6	252.8	127.9	50.7	17.5	55.0	156.0

13-8 各市(州)农业机械化、农村用电量和化肥施用量情况(2012年)
Basic Conditions of Mechanization, Electrification of Agriculture and Consumption of Chemical Fertilizers by Region(2012)

市(州)	Region	农业机械化情况 Mechanization of Agriculture			农村用电量(亿千瓦时) Electricity Consumed in Rural Area (100 million kwh)	化肥施用量(万吨) Consumption of Chemical Fertilizers (100 million tons)				
		机耕面积(万公顷) Area Ploughed by Tractors (10 000 hectares)	机播面积(万公顷) Area Sown by Machines (10 000 hectares)	机收面积(万公顷) Area Harvested by Machines (10 000 hectares)			氮肥 Nitrogenous Fertilizer	磷肥 Phosphate Fertilizer	钾肥 Potash Fertilizer	复合肥 Compound Fertilizer
全 省	**Sichuan**	**330.28**	**35.38**	**128.15**	**155.96**	**252.83**	**127.92**	**50.71**	**17.51**	**55.03**
成都市	Chengdu	41.68	6.23	24.85	31.92	15.84	6.18	3.42	1.87	4.36
自贡市	Zigong	15.76	0.16	0.43	4.10	8.96	4.22	2.46	0.87	1.40
攀枝花市	Panzhihua	4.41	0.04	0.48	1.86	2.83	1.07	0.30	0.32	1.14
泸州市	Luzhou	11.75	0.56	1.93	6.16	10.64	5.29	2.04	0.61	2.50
德阳市	Deyang	28.81	7.80	17.44	19.24	19.77	10.65	3.70	0.92	4.49
绵阳市	Mianyang	22.85	3.60	14.57	10.02	21.62	10.57	5.73	1.00	4.31
广元市	Guangyuan	17.20	0.36	6.37	2.84	11.96	5.68	2.52	0.96	1.91
遂宁市	Suining	16.73	0.39	4.95	3.36	14.35	7.33	3.00	1.01	3.01
内江市	Neijiang	9.55	0.42	1.08	8.40	12.16	7.77	2.72	0.29	1.33
乐山市	Leshan	18.33	0.14	2.67	9.47	9.47	5.21	1.58	0.37	2.24
南充市	Nanchong	18.87	2.04	4.11	6.09	24.09	12.55	5.46	1.08	4.87
眉山市	Meishan	19.66	3.40	10.25	6.70	14.89	6.10	2.08	2.32	4.29
宜宾市	Yibin	15.65	0.48	0.78	10.04	9.80	3.99	1.87	0.88	3.05
广安市	Guangan	10.56	0.84	7.59	4.53	11.18	7.04	2.39	0.74	0.83
达州市	Dazhou	14.53	1.01	9.84	7.80	21.00	12.17	3.51	1.55	3.77
雅安市	Yaan	3.73	0.33	1.08	4.13	5.02	2.46	0.69	0.51	1.36
巴中市	Bazhong	14.46	1.83	6.21	2.94	14.02	6.69	2.35	1.10	3.87
资阳市	Ziyang	17.84	0.61	3.78	7.08	9.14	5.46	1.96	0.09	1.63
阿坝藏族羌族自治州	Aba	2.73	0.71	0.47	1.98	1.15	0.54	0.33	0.04	0.24
甘孜藏族自治州	Ganzi	4.40	2.07	1.99	0.95	0.31	0.23	0.04	0.01	0.04
凉山彝族自治州	Liangshan	20.78	2.35	7.27	6.37	14.64	6.72	2.56	0.97	4.39

13-9 耕地面积和农作物总播种面积
Area under Cultivation and Total Sown Area of Farm Crops

单位：万公顷 (10 000 hectares)

年份 Year	耕地面积 Cultivated Area	水田 Paddy Fields	旱地 Dry Fields	农作物总播种面积 Total Sown Area	粮食作物播种面积 Sown Area of Grain Crops	# 谷物 Cereal	# 稻谷 Rice	# 小麦 Wheat	# 玉米 Corn
2006	391.66	207.94	183.72	934.19	645.55	484.20	208.19	128.72	129.17
2007	394.59	208.58	186.01	927.82	645.00	486.29	203.62	131.68	133.05
2008	395.95	208.17	187.79	943.89	643.09	482.45	203.59	128.65	132.38
2009	397.61	207.74	189.87	947.66	641.94	478.94	202.63	127.75	133.40
2010	401.07	209.58	191.49	947.88	640.20	478.16	200.45	126.57	135.54
2011	398.34	206.93	191.41	956.56	644.05	478.71	200.79	125.93	136.31
2012	399.15	206.41	192.73	965.70	646.82	477.43	199.78	123.41	137.11

13-9续表 continued

单位：万公顷 (10 000 hectares)

年份 Year	# 豆类 Soybeans	# 薯类 Tubers	油料 Oil bearing Crops	# 花生 Peanut	# 油菜籽 Rapeseeds	棉花 Cotton	甘蔗 Sugarcane	麻类 Fiber Crops	烟叶 Tobacco	# 烤烟 Fluecured Tobacco
2006	47.84	113.51	107.00	26.10	79.70	1.57	124.61	6.58	20.01	15.39
2007	48.24	110.48	106.61	25.78	79.73	1.67	126.98	6.90	16.91	12.13
2008	47.95	112.69	115.51	25.62	88.62	1.55	116.28	6.80	22.84	18.20
2009	44.42	118.58	120.53	25.60	93.70	1.49	93.92	6.58	25.96	21.04
2010	43.49	118.55	121.90	25.90	94.70	1.42	93.40	6.41	24.53	19.42
2011	44.41	121.23	123.30	25.90	96.40	1.46	76.67	6.10	24.93	20.04
2012	47.73	121.66	124.76	25.83	98.14	1.33	61.34	5.74	27.45	22.71

13-10 各市(州)耕地面积和有效灌溉面积(2012年)
Area under Cultivation and Effective Irrigation by Region(2012)

单位：千公顷 (1000 hectares)

市(州)	Region	年末实有耕地面积 Cultivated Area (year-end)	水田 Paddy Fields	旱地 Dry Fields	年内减少耕地面积 Decrease in Cultivated Area	#国家基建占地 Capital Construction	有效灌溉面积 Effective Irrigated Areas
全省	**Sichuan**	3991.48	2064.14	1927.34	**19.42**	**9.23**	**2566.18**
成都市	Chengdu	323.50	242.75	80.76	4.57	3.70	310.24
自贡市	Zigong	137.44	85.17	52.27	0.36	0.30	86.72
攀枝花市	Panzhihua	40.81	16.28	24.53	0.15	0.13	29.87
泸州市	Luzhou	210.34	147.84	62.51	0.43	0.20	126.71
德阳市	Deyang	185.08	121.76	63.32	0.60	0.22	142.85
绵阳市	Mianyang	281.90	128.10	153.80	0.40	0.14	213.82
广元市	Guangyuan	168.81	72.17	96.64	0.36	0.23	84.14
遂宁市	Suining	154.02	56.87	97.15	0.66	0.51	114.66
内江市	Neijiang	164.39	86.55	77.84	0.22	0.14	116.84
乐山市	Leshan	149.90	87.75	62.15	0.36	0.25	126.61
南充市	Nanchong	302.28	146.03	156.25	1.32	0.59	180.06
眉山市	Meishan	170.69	117.06	53.63	0.38	0.34	158.68
宜宾市	Yibin	243.14	149.49	93.65	0.94	0.73	154.91
广安市	Guangan	173.43	123.68	49.75	4.81	0.19	85.23
达州市	Dazhou	304.47	176.52	127.95	0.36	0.24	145.64
雅安市	Yaan	56.22	27.40	28.83	0.90	0.28	51.98
巴中市	Bazhong	152.43	95.42	57.01	0.36	0.21	78.83
资阳市	Ziyang	268.28	103.63	164.65	1.16	0.45	169.54
阿坝藏族羌族自治州	Aba	60.10	0.01	60.09	0.14	0.09	14.20
甘孜藏族自治州	Ganzi	89.75	0.69	89.05	0.32	0.13	19.68
凉山彝族自治州	Liangshan	354.50	78.98	275.52	0.63	0.17	154.97

13-11 主要农产品产量
Sown Areas and Yield of Major Farm Crops

单位：万吨 (10 000 tons)

年份 Year	粮食 Grain Crops	# 谷物 Cereal	# 稻谷 Rice	# 小麦 Wheat	# 玉米 Corn
2006	2859.7	2382.6	1336.7	443.6	553.1
2007	3027.0	2523.5	1419.7	451.7	602.8
2008	3140.0	2615.6	1497.6	426.8	637.0
2009	3194.6	2632.2	1519.8	423.3	643.0
2010	3222.9	2656.9	1512.1	427.7	669.0
2011	3291.6	2753.7	1527.1	436.0	701.6
2012	3315.0	2753.5	1536.1	437.0	701.3

13-11续表1 continued

单位：万吨 (10 000 tons)

年份 Year	# 豆类 Soybeans	# 薯类 Tubers	油料 Oil bearing Crops	# 花生 Peanut	# 油菜籽 Rapeseeds	棉花 Cotton
2006	99.3	377.8	217.30	47.10	169.00	1.57
2007	105.8	397.7	228.47	55.08	172.11	1.67
2008	116.3	408.1	249.94	59.00	189.42	1.55
2009	100.3	462.1	261.76	60.10	199.90	1.49
2010	98.3	467.7	268.52	61.50	205.20	1.42
2011	96.2	441.7	278.40	62.70	214.40	1.46
2012	94.7	466.8	286.56	63.41	222.09	1.33

13-11续表2 continued

单位：万吨 (10 000 tons)

年份 Year	甘 蔗 Sugarcane	麻 类 Fiber Crops	烟 叶 Tobacco	# 烤烟 Fluecured Tobacco	蚕茧产量 Yield of Silkworm Cocoons	茶叶产量 Yield of Tea
2006	124.61	6.58	20.01	15.39	9.83	11.29
2007	126.98	6.90	16.91	12.13	10.58	13.03
2008	116.28	6.80	22.84	18.20	10.55	13.93
2009	93.92	6.58	25.96	21.04	10.70	15.47
2010	93.40	6.41	24.53	19.42	11.08	16.93
2011	76.67	6.10	24.93	20.04	11.22	18.62
2012	61.34	5.74	27.45	22.71	11.39	20.92

13-11续表3 continued

单位：万吨 (10 000 tons)

年份 Year	园林水果 Garden Fruits	苹 果 Yield of Apples	柑 桔 Yield of Citrus	梨 Yield of Pears	其他 Yield of Other Fruits	水产品 Output of Aquatic Products
2006	423.81	24.80	205.78	74.60	118.63	108.26
2007	474.45	29.70	232.48	81.98	130.30	91.05
2008	517.02	38.90	257.57	82.13	138.41	95.20
2009	568.33	40.89	277.35	84.52	165.57	100.13
2010	599.57	42.93	292.94	87.34	176.36	105.06
2011	642.95	44.68	316.40	90.34	191.54	112.15
2012	684.93	47.74	337.75	93.96	205.48	118.91

13-12 各市(州)经济作物播种面积和产量(2012年)
Economic Crops Sown Area and Output By Region(2012)

面积单位：公顷 (hectares)
产量单位：吨 (tons)

市(州)	Region	棉花 Cotton		油料 Oil bearing Crops		#花生 Peanut		#油菜籽 Rapeseeds		麻类 Fiber Crops	
		播种面积 Sown Area	产量 Yield	播种面积 Sown Area	产量 Yield	播种面积 Sown Area	产量 Yield	播种面积 Sown Area	产量 Yield	播种面积 Sown Area	产量 Yield
全　省	**Sichuan**	**14594**	**13314**	**1247570**	**2865591**	**258296**	**634137**	**981357**	**2220860**	**31644**	**57385**
成都市	Chengdu			109768	270168	8752	27350	101005	242806		
自贡市	Zigong			25467	52409	7731	16871	17710	35472	300	922
攀枝花市	Panzhihua			2377	3422	711	1004	1660	2406		
泸州市	Luzhou			23856	42581	2990	6592	20572	35726	24	14
德阳市	Deyang	243	187	71681	190166	10484	30192	61184	159945		
绵阳市	Mianyang	679	654	136028	332456	28180	84354	107529	247754	351	463
广元市	Guangyuan			75986	197136	19956	73705	55835	123093	2	5
遂宁市	Suining	9385	8847	55687	148923	14628	36393	40631	112011	3	5
内江市	Neijiang			48764	99484	15003	28152	33757	71330	54	50
乐山市	Leshan	3	3	42891	72230	3739	8024	39066	64175	5	2
南充市	Nanchong	2424	1725	144301	362290	59192	129405	83929	231419	351	642
眉山市	Meishan	900	880	55048	109298	6310	15217	48604	93857		
宜宾市	Yibin			47217	91063	15369	35518	31539	55093	70	117
广安市	Guangan			63344	130099	12767	30844	50462	99120	249	519
达州市	Dazhou			125067	306148	20230	42752	103508	261331	29822	54253
雅安市	Yaan			20219	35055	496	1380	19319	33081	3	8
巴中市	Bazhong	5	8	67967	132151	6779	14428	60214	116680	274	209
资阳市	Ziyang	954	1010	99597	230285	23217	48334	76334	181919	20	51
阿坝藏族羌族自治州	Aba			3826	5065			3537	4629	10	9
甘孜藏族自治州	Ganzi	1		4963	10503	60	125	4877	10336	6	8
凉山彝族自治州	Liangshan			23516	44659	1702	3497	20085	38677	100	108

13-12续表1 continued

面积单位：公顷　　　　(hectares)
产量单位：吨　　　　(tons)

市(州)	Region	糖 料 Sugar Crops		#甘 蔗 Sugarcane		烟 叶 Tobacco		药 材 Medicinal Herbs	
		播种面积 Sown Area	产量 Yield	播种面积 Sown Area	产量 Yield	播种面积 Sown Area	产量 Yield	播种面积 Sown Area	产量 Yield
全 省	**Sichuan**	**14925**	**615307**	**14832**	**613404**	**121952**	**274494**	**101790**	**413156**
成都市	Chengdu	203	9103	203	9103	367	1087	12020	70205
自贡市	Zigong	1064	31257	1064	31257			980	5249
攀枝花市	Panzhihua	769	89671	769	89671	9760	20153	547	1243
泸州市	Luzhou	1826	79506	1826	79506	14769	22809	2866	19963
德阳市	Deyang	274	11688	274	11688	3641	13096	9938	33918
绵阳市	Mianyang	279	11893	279	11893	12	20	7016	24019
广元市	Guangyuan	81	1095	81	1095	7245	14247	7484	39044
遂宁市	Suining	63	2513	63	2513	40	95	2619	12402
内江市	Neijiang	1176	44893	1176	44893	5	12	451	870
乐山市	Leshan	777	29370	777	29370	823	1415	10938	45313
南充市	Nanchong	1300	26688	1300	26688	652	2885	11155	43225
眉山市	Meishan	719	28385	719	28385	506	1070	2544	9773
宜宾市	Yibin	1683	46597	1683	46597	10938	21793	2650	5712
广安市	Guangan	1077	26721	1077	26721	1067	2882	2421	7103
达州市	Dazhou	744	18735	744	18735	5398	11678	10811	31606
雅安市	Yaan	18	496	18	496	489	1238	4882	22765
巴中市	Bazhong	934	22271	934	22271	1790	4719	5789	17351
资阳市	Ziyang	550	18894	550	18894	213	288	2998	12034
阿坝藏族羌族自治州	Aba	93	1903			2	6	2232	2906
甘孜藏族自治州	Ganzi					3	3	148	345
凉山彝族自治州	Liangshan	1295	113628	1295	113628	64232	154998	1301	8110

13-12续表2 continued

产量单位：吨 (tons)

市(州)	Region	蚕茧产量 Yield of Silkworm Cocoons	茶叶产量 Yield of Tea	园林水果产量 Yield of Graden Fruits	苹果 Yield of Apples	柑桔 Yield of Citrus	梨 Yield of Pears	其他 Yield of Other Fruits	水产品产量 Output of Aquatic Products
全省	**Sichuan**	**113928**	**209221**	**6849292**	**477415**	**3377502**	**939612**	**2054763**	**1189102**
成都市	Chengdu	4415	16899	1001482	4552	424104	141267	431559	90200
自贡市	Zigong	2411	9681	208688		182455	14370	11863	54890
攀枝花市	Panzhihua	3285	92	157519	223	6198	15530	135568	17000
泸州市	Luzhou	2422	7489	132586	1956	62394	12971	55265	65284
德阳市	Deyang	6704	571	162131	5586	58677	50368	47500	50540
绵阳市	Mianyang	11634	3025	204155	3269	104678	29143	67065	93201
广元市	Guangyuan	3867	5120	320897	16194	75696	144828	84179	52000
遂宁市	Suining	567	206	61088	896	39845	13410	6937	40360
内江市	Neijiang	3093	1795	324254	117	242777	28746	52614	82400
乐山市	Leshan	1916	29337	144521	11	85493	9373	49644	70000
南充市	Nanchong	20496	19	513886	2306	391818	40542	79220	93800
眉山市	Meishan	4754	19037	769117	233	488802	67044	213038	90610
宜宾市	Yibin	13393	37992	453162	306	285705	87493	79658	77416
广安市	Guangan	3437	689	187185	57	151715	16687	18726	64200
达州市	Dazhou	576	7911	292953	3091	210698	25284	53880	81931
雅安市	Yaan	1153	66330	238067	37413	29574	111549	59531	9600
巴中市	Bazhong	1001	2229	50914	4877	24247	10153	11637	56510
资阳市	Ziyang	5216		569286		489855	19860	59571	75100
阿坝藏族羌族自治州	Aba		42	94762	50066		13929	30767	120
甘孜藏族自治州	Ganzi	39	6	11803	7508	474	1248	2573	240
凉山彝族自治州	Liangshan	23549	751	950836	338754	22297	85817	503968	23700

13-13 牲畜饲养情况
Rearing Conditions of Livestock

年份 Year	肉猪出栏头数 (万头) Slaughtered Fattened Hogs (10 000 heads)	猪年末头数 (万头) Hogs (year-end) (10 000 heads)	羊年末只数 (万只) Sheep and Goats (year-end) (10 000 heads)	# 山羊 Goats	# 绵羊 Sheep	大牲畜年末头数 (万头) Large Animals (year-end) (10 000 heads)	# 役畜 Draught Animal	# 牛 Cattle and Buffalos	# 马 Horses
2006	6896.50	5095.30	1630.25			1090.60	443.80	980.11	91.10
2007	6010.70	5295.80	1710.45	1376.30	334.20	1101.90	443.84	985.01	95.62
2008	6431.45	5325.80	1720.80	1514.30	206.50	1102.50	447.20	986.97	94.94
2009	6915.50	5122.00	1723.94	1573.60	150.34	1107.50	389.20	989.17	97.78
2010	7178.28	5157.85	1658.50	1421.00	237.50	1084.95	557.63	964.40	99.35
2011	7002.60	5101.80	1661.70	1435.60	226.10	1093.30	506.70	968.30	103.30
2012	7170.70	5132.40	1671.90	1445.00	226.90	1049.20	496.20	940.20	89.60

13-14 畜产品产量
Output of Livestock Products

年份 Year	肉类总产量 (万吨) Output of Meat (10 000 tons)	# 猪肉 Pork	# 牛肉 Beef	# 羊肉 Mutton	# 禽肉 Poultry	禽蛋产量 (万吨) Output of Poultry Eggs (10 000 tons)	奶类产量 (万吨) Output of Milk (10 000 tons)	# 牛奶 Milk	蜂蜜产量 (吨) Output of Honey (ton)	绵羊毛产量 (吨) Output of Sheep Wool (ton)
2006	621.24	481.80	26.44	21.84	67.70	141.13	62.52	62.04	38863	6047
2007	563.41	408.47	28.60	23.80	77.02	145.22	62.98	62.45	41687	6446
2008	592.00	436.24	28.68	24.00	80.80	143.01	66.00	65.47	41923	6627
2009	639.00	474.20	28.91	24.30	81.80	144.10	69.55	69.06	45044	6949
2010	656.64	492.21	29.41	24.80	84.58	144.39	70.54	70.04	43048	7060
2011	651.17	484.80	28.90	23.90	86.90	144.80	71.19	70.74	43344	7152
2012	670.23	496.40	29.30	24.00	93.00	146.40	71.69	71.18	47636	7369

13-15 林产品产量及造林面积
Output of Major Forest Products and Area under Afforestation

年份 Year	林产品产量（吨） Output of Major Forest Products (ton)					造林面积（万公顷） Area under Afforestation (10 000 hectares)	# 退耕造林面积 Woodland Restored from Cultivated Land
	生漆 Lacquer	油桐籽 Tung-oil Seeds	油茶籽 Tea-oil Seeds	核桃 Walnuts	竹笋干 Bamboo Shoots		
1952	85	94011	5643	2933	279	2.13	
1957	128	80337	15276	8703	604	10.18	
1962	43	36729	2793	3075	2046	12.72	
1965	114	47777	2223	1750	604	11.57	
1970	175	57101	1141	4162	976	15.41	
1975	132	63946	3288	5474	1022	21.59	
1978	160	114035	8439	9060	906	20.05	
1980	313	61994	5282	9468	1119	20.29	
1985	127	53921	2242	7222	1437	47.44	
1990	507	49580	1878	15655	2946	26.50	
1991	301	53539	1800	12736	3574	27.00	
1992	300	61264	1960	13740	3236	27.40	
1993	327	67628	1854	16284	3591	26.30	
1994	565	70442	3049	21928	4563	25.10	
1995	302	60726	4047	22928	5378	25.00	
1996	377	54743	2922	24819	6146	25.60	
1997	472	41498	3903	22059	5593	28.15	
1998	549	40544	6479	28711	6100	38.51	
1999	1274	39626	4273	23842	7886	40.46	14.01
2000	826	46534	4372	32095	8914	48.91	8.04
2001	611	37149	4278	32744	9925	51.66	11.32
2002	1091	53152	10228	70534	23722	69.46	21.81
2003	1319	50299	11854	77004	28250	72.32	27.93
2004	1091	39276	4037	56731	40696	37.01	3.06
2005	725	30314	2464	59272	62190	24.19	7.33
2006	1335	36748	3578	61112	48895	10.49	1.23
2007	909	31352	10272	76721	40434	33.23	0.43
2008	841	28277	3358	91170	62826	57.46	
2009	819	24236	3426	123683	51349	48.78	
2010	675	22041	4360	126109	78952	38.22	
2011	663	23923	4649	176710	128841	25.19	
2012	546	17281	4180	211944	42292	11.22	

13-16 受灾面积和成灾面积
Area Covered and Affected by Natural Disaster

单位:万公顷 (10 000 hectares)

年份 Year	受灾面积 Area Covered by Natural Disaster	成灾面积 Area Affected by Natural Disaster	水灾 Flood		旱灾 Drought	
			受灾面积 Area Covered	成灾面积 Area Affected	受灾面积 Area Covered	成灾面积 Area Affected
1952	53.8	30.1	7.6	4.2	46.2	25.9
1957	28.8	16.3	2.6	1.5	25.0	14.2
1962	193.6	109.9	22.0	10.2	157.1	94.2
1965	80.6	45.5	11.1	6.3	55.9	37.9
1975	110.0	62.1	13.8	7.5	92.7	51.4
1978	302.7	273.5	7.0	4.0	273.4	185.8
1980	201.5	112.9	51.8	26.9	83.0	42.3
1985	299.3	168.2	30.5	18.4	137.5	83.3
1990	322.8	169.4	63.7	33.0	181.5	93.2
1991	320.2	166.5	90.1	50.3	124.8	65.7
1992	343.2	185.5	73.3	39.9	131.8	84.4
1993	412.6	247.2	82.0	42.7	224.3	142.9
1994	437.4	302.6	19.2	11.8	336.7	243.5
1995	288.1	185.7	89.3	51.7	163.0	92.8
1996	393.2	221.9	56.3	31.8	174.3	103.5
1997	311.5	174.9	47.2	22.3	194.9	117.5
1998	316.3	172.7	141.6	81.9	141.6	71.2
1999	297.3	163.3	81.6	45.3	117.2	63.7
2000	432.0	251.3	82.3	42.2	309.3	186.0
2001	444.9	299.9	93.5	59.0	325.4	224.5
2002	241.9	135.3	92.8	59.8	90.3	44.7
2003	259.2	203.2	94.2	78.6	124.1	95.8
2004	149.0	22.9	70.1	70.0	30.4	4.0
2005	294.3	119.8	87.6	46.4	31.7	15.7
2006	156.6	21.6	79.2	10.1	40.2	2.6
2007	260.1	22.0	89.8	11.0	138.1	8.2
2008	141.2	6.7	20.6	1.6	10.7	0.3
2009	245.9	46.9	110.5	20.3	128.8	26.4
2010	232.4	85.1	150.8	42.3	62.8	38.4
2011	206.3	112.1	72.4	37.8	98.7	56.3
2012	201.2	119.3	113.4	58.9	97.5	63.2

注:2004年以后成灾面积实际为绝收面积.

a) The data of area affected is actually the date of area affected absolutely in 2004.

13-17 农垦系统国营农场基本情况
Basic Statistics on State Farms of Land Reclamation

指　标		Item		2007	2008	2009	2010	2011	2012
农垦企业个数	(个)	Number of State Farms of Land Reclamation	(unit)	53	50	49	48	47	46
# 农场		Number of Agricultural Farms		49	44	40	40	39	38
年末职工人数	(人)	Number of Staff and Workers (year-end)	(person)	5890	4068	3558	3496	7372	7642
年末耕地面积	(亩)	Cultivated Area(year-end)	(mu)	24238	32775	37597	12735	12881	13487
# 当年开荒面积	(亩)	Newly Reclaimed Wasteland in the Year	(mu)	12060					
工农业总产值(当年价)	(万元)	Gross Industrial and Agricultural Output Value (current price)	(10 000 yuan)	36220	34856	37218	43561	40576	29427
粮食产量	(吨)	Yield of Grain	(ton)	1252	835	1817	7640	3957	4451
猪出栏头数	(头)	Number of Slaughtered Fattened Hogs	(head)	7210	6896	4952	7300	6259	7058
猪年末头数	(头)	Number of Hogs (year-end)	(head)	5515	7287	6621	5700	5512	13944
猪肉产量	(吨)	Output of Pork	(ton)	599	609	452	605	644	592
牛年末头数	(万头)	Number of Cattle and Buffalos (year-end)	(10 000 heads)	12	11	11	7	7	7
羊年末只数	(万只)	Number of Sheep and Goats (year-end)	(10 000 heads)	90	3	3	2	3	2
牛奶产量	(吨)	Output of Milk	(ton)	12157	6934	7344	8425	10271	11864
羊毛产量	(吨)	Output of Wool	(ton)	36	13	13	14	14	15
茶叶产量	(吨)	Output of Tea	(ton)	2178	671	640	785	852	898
水果产量	(吨)	Output of Fruits	(ton)	2058	2742	4017	3094	1765	1904
大中型拖拉机拥有量	(台)	Large and Medium Agricultural Tractors	(set)	16	15	10			
手扶拖拉机拥有量	(台)	Mini and Walking Agricultural Tractors	(set)	2	4	2	6	6	8

主要统计指标解释

农林牧渔业总产值 指以货币表现的农、林、牧、渔业全部产品和对农林牧渔业生产活动进行的各种支持性服务活动的价值总量，它反映一定时期内农林牧渔业生产总规模和总成果。农林牧渔业总产值的计算方法通常是按农、林、牧、渔业产品及其副产品的产量分别乘以各自单位产品价格求得；少数生产周期较长，当年没有产品或产品产量不易统计的，则采用间接方法匡算其产值；然后将四业产品产值及农林牧渔服务业产值相加即为农林牧渔业总产值。

粮食产量 指全社会的产量。包括国有经济经营的、集体统一经营的和农民家庭经营的粮食产量，还包括工矿企业办的农场和其他生产单位的产量。粮食除包括稻谷、小麦、玉米、高粱、谷子及其他杂粮外，还包括薯类和豆类。其产量计算方法，豆类按去豆荚后的干豆计算；薯类(包括甘薯和马铃薯，不包括芋头和木薯)1963 年以前按每 4 公斤鲜薯折 1 公斤粮食计算，从 1964 年开始改为按每 5 公斤鲜薯折 1 公斤粮食计算。城市郊区作为蔬菜的薯类(如马铃薯等)按鲜品计算，并且不作粮食统计。其他粮食一律按脱粒后的原粮计算。2006 年粮食产量为第二次全国农业普查核定数据，2007 年及以后为国家核定的抽样调查数。2006 年粮食产量为第二次全国农业普查国家统计局核定数据，2007 年及以后为国家统计局核定的抽样调查数据。

棉花产量 指全社会的产量。包括春播棉和夏播棉。产量按皮棉计算。不包括木棉。

油料产量 指全部油料作物的生产量。包括花生、油菜籽、芝麻、向日葵籽、胡麻籽(亚麻籽)和其他油料。不包括大豆、木本油料和野生油料。花生以带壳干花生计算。

水产品产量 指人工养殖的水产品和天然生长的水产品的捕捞量。包括海水的鱼类、虾蟹类、贝类和藻类以及内陆水域的鱼类、虾蟹类和贝类，不包括淡水生植物。

猪、牛、羊肉产量 指当年出栏并已屠宰、除去头蹄下水后带骨肉(即胴体重)的重量。

期初(末)畜禽存栏头(只)数 指报告期初(末)农村各种合作经济组织和国营农场、农民个人、机关、团体、学校、工矿企业、部队等单位以及城镇居民饲养的大牲畜、猪、羊、家禽等畜禽的存栏数。

耕地面积 指经过开垦用以种植农作物并经常进行耕耘的土地面积。包括种有作物的土地面积、休闲地、新开荒地和抛荒未满三年的土地面积。

农作物播种面积 指实际播种或移植有农作物的面积。凡是实际种植有农作物的面积，不论种植在耕地上还是种植在非耕地上，均包括在农作物播种面积中。在播种季节基本结束后，因遭灾而重新改种和补种的农作物面积，也包括在内。目前，农作物播种面积主要包括粮食、油料、棉花、麻类、糖料、烟叶、药材、蔬菜、瓜类和其它农作物十大类。

有效灌溉面积 指具有一定的水源，地块比较平整，灌溉工程或设备已经配套，在一般年景下，当年能够进行正常灌溉的耕地面积。

农用化肥施用量 指本年内实际用于农业生产的化肥数量，包括氮肥、磷肥、钾肥和复合肥。化肥施用量要求按折纯量计算数量。折纯量是指把氮肥、磷肥、钾肥分别按含氮、含五氧化二磷、含氧化钾的百分之百成份进行折算后的数量。复合肥按其所含主要成分折算。

农业机械总动力 指全部农业机械动力的额定功率之和。农业机械是指用于种植业、畜牧业、渔业、农产品初加工、农用运输和农田基本建设等活动的机械及设备。农机总动力按使用能源不同分为以下四部分：

柴油发动机动力：指全部柴油发动机额定功率之和；

汽油发动机动力：指全部汽油发动机额定功率之和；

电动机动力：指全部电动机（含潜水电泵的电动机）额定功率之和；

其他机械动力：指采用柴油、汽油、电力之外的其他能源，如水力、风力、煤炭、太阳能等动力机械功率之和。

Explanatory Notes on Main Statistical Indicators

Gross Output Value of Farming, Forestry, Animal Husbandry and Fishery refers to the total value of products of agriculture, forestry, animal husbandry and fishery, and total value of services in support of agriculture, forestry, animal husbandry and fishery activities. It reflects the total scale and total result of agricultural production during a given period. Gross output value of agriculture is obtained by first multiplying the output of each product or by product by its price, resulting in the output value of each single item. For a small number of products, annual output of which is not available or difficult to get due to the long production or growing process involved, the output value is estimated through an indirect approach. The sum of output values of all products of agriculture, forestry, animal husbandry and fishery and services in support to those industries is then equal to the gross output value of agriculture.

Grain Yield refers to the yield in the whole country including grains produced by state farms, collective units, industrial enterprises and mines. Grain includes rice, wheat, corn, sorghum, millet and other miscellaneous grains as well as tubers and beans. Output of beans refers to dry beans without pods. The output of tubers (sweet potatoes and potatoes, not including taros and cassava) was converted into that of grain at the ratio 4:1, i.e. 4 kilograms of fresh tubers was equivalent to 1 kilogram of grain up to 1963.Since 1964 the ratio for conversion has been 5:1. Tubers supplied as vegetables (such as potatoes) in cities and suburbs are calculated as fresh vegetables and their output is not included in the output of grain. Output of all other grains refers to husked grain. Data of grain output in 2006 are approved by National Bureau of Statistics in the second national agricultural census, in 2007 and later approved by the National Bureau of Statistics in survey data.

Cotton Output refers to the cotton production in the whole country including cotton sown in spring and in autumn. Output is measured as the weight of ginned cotton, excluding ceiba.

Yield of Oil-bearing Crops refers to the total yield of oil bearing crops of various kinds, including peanuts, (dry, in shell) rape seeds, sesame, sunflower seeds, flax seeds, and other oil bearing crops. Soybeans, oil-bearing woody plants, and wild oil-bearing crops are not included.

Output of Aquatic Products refers to catches of both artificially cultured and naturally grown aquatic products, including fish, shrimps, crabs and shellfish in sea and inland water as well as seaweed. Freshwater plants are not included. Data on output of aquatic products are reported by aquatic product and statistical agencies level by level. Before 1995, among the shellfish, the oyster was counted as fresh meat ; 5 kilograms of ark shell, clams and frogs are equivalent to 1 kilogram of fresh aquatic products; they are all counted as fresh aquatic products since 1996.

Output of Pork, Beef, and Mutton refers to the meat of slaughtered hogs, cattle, sheep and goats with head, feet, and offal taken away.

Number of Livestock or Poultry in Stock at Beginning (or End) refers to the total number of large animals, pigs, sheep, fowls, etc. raised by rural cooperative organizations, state farms, rural individuals, government agencies, schools, industrial and mining enterprises, army, and urban residents at the beginning (or end) of the reference period.

Arable Land refer to often cultivated area of land reclaimed for the cultivation of crops.,including crop area of land, fallow, newly reclaimed land and abandoned land area of less than three years.

Sown Area of Crops refers to area of land sown or transplanted with crops regardless of being in cultivated area or non-cultivated area. Area of land re-sown due to natural disasters is also included. At present, the sown area of crops mainly include the following 10 categories of crops: grain, oil-bearing crops, cotton, hemp, sugar crops, tobacco, medicinal materials, vegetables, melons and other farm crops.

Irrigated Area refers to areas that are effectively irrigated, i.e. level land, which has water source and complete sets of irrigation facilities to lift and move adequate water for irrigation purpose under normal conditions.

Consumption of Chemical Fertilizers in Agriculture refers to the quantity of chemical fertilizers applied in agriculture in the year, including nitrogenous fertilizer, phosphate fertilizer, potash fertilizer, and compound fertilizer. The consumption of chemical fertilizers is required in calculation to convert the gross weight into weight containing 100% effective component (e.g. 100% nitrogen content in nitrogenous fertilizer, 100% phosphorous pent oxide contents in phosphate fertilizer, 100% potassium oxide contents in potash fertilizer). Compound fertilizer is converted with its major component.

Total Power of Farm Machinery refers to the total rated capacity of all agricultural machinery. Agricultural machinery refers to the machineries and equipments which are used for activities of planting, animal husbandry, fishery, primary processing of agricultural products, agricultural transport and infrastructure construction of farmland. Total power of agricultural machinery is grouped into four parts according to the energy used:

Diesel engine power refers to the total rated capacity of all diesel engines.

Gasoline engine power refers to the total rated capacity of all gasoline engines.

Motor power refers to the total rated capacity of all motors (include submersible pump motors).

Other mechanical powers refer to the total mechanical capacity of the sources of energy besides diesel, gasoline and motor power, such as hydro power, wind power, coal and solar energy.

Data are mainly from agricultural machinery agencies.

14

工业

14-1 规模以上工业企业主要指标(2012年)
Main Indicators of Industrial Enterprises above Designated Size(2012)

分 类	Item	企业单位数(个) Number of Enter-prises	总产值(当年价)(亿元) Gross Output Value (at current prices) (100 million yuan)	资产总计(亿元) Total Assets (100 million yuan)	主营业务收入(亿元) Revenue From Principal Business (100 million yuan)	利润总额(亿元) Total Profits (100 million yuan)	全部从业人员年平均人数(万人) Annual Average Number of Employed Persons (10 000 persons)
总 计	**Total**	**12719**	**31033.22**	**30362.89**	**31427.16**	**2333.76**	**391.44**
按轻重工业分	**Grouped by Light &Heavy Industries**						
轻工业	Light Industry	4583	10035.57	6847.72	10173.41	885.15	132.72
重工业	Heavy Industry	8136	20997.65	23515.17	21253.75	1448.61	258.73
按企业规模分	**Grouped by Size of Enterprises**						
大型企业	Large-sized Enterprises	377	11207.89	13972.71	11589.63	879.42	145.01
中型企业	Medium-sized Enterprises	2392	8440.64	7101.62	8338.75	706.15	131.53
小型企业	Small-sized Enterprises	9950	11384.68	9288.56	11498.78	748.19	114.90
按登记注册类型分	**Grouped by Status of Registration**						
内资企业	Domestic Funded Enterprises	12162	27512.43	27440.52	27896.68	1985.60	352.20
国有企业	State-owned Enterprises	326	2794.17	5304.43	2932.80	169.47	33.43
集体企业	Collective Owned Enterprises	166	196.03	77.59	193.41	15.03	3.42
股份合作企业	Cooperative Share-holding Enterprises	144	199.05	106.09	189.80	12.14	2.72
联营企业	Joint-owned Enterprises	21	29.61	16.73	32.08	1.53	0.49
有限责任公司	Companies Limited with Liabilities	3667	9905.70	11691.54	10070.94	591.33	131.13
国有独资企业	Exclusively State-owned Enterprises	66	1053.32	1773.70	1128.48	6.13	19.67
其他有限责任公司	Other limited-liability Companies	3601	8852.38	9917.84	8942.46	585.20	111.46
股份有限公司	Shares Holding limited Companies	585	3009.70	4346.50	3224.10	340.91	34.56
私营企业	Private Enterprises	6864	10804.57	5595.57	10680.24	814.17	138.36
私营独资企业	Exclusively Private Enterprises	1296	1632.73	653.27	1614.16	122.08	23.03
私营合伙企业	Private Partnership Enterprises	325	373.18	140.30	372.86	30.61	6.34
私营有限责任公司	Private Limited Enterprises	4882	7971.76	4185.92	7896.75	579.47	96.90
私营股份有限公司	Private Share Holding Limited	361	826.90	616.08	796.46	82.01	12.10
其他企业	Other Enterprises	389	573.59	302.07	573.31	41.02	8.09
港、澳、台商投资企业	Enterprises Funded by Hongkong, Macao and Taiwan	189	1725.34	1366.58	1686.20	134.54	23.98
合资经营企业(港或澳、台资)	Joint-ventures Enterprises	91	309.13	396.78	302.87	27.89	3.46
合作经营企业(港或澳、台资)	Cooperative Enterprises	2	9.51	19.31	9.19	0.88	0.10
港、澳、台商独资企业	Sole Funded Corporations	88	1392.90	916.20	1359.91	104.25	20.13
港、澳、台商股份有限公司	Shares Holding limited Companies	8	13.81	34.28	14.23	1.51	0.28
外商投资企业	Foreign-funded Enterprises	368	1795.45	1555.79	1844.29	213.62	15.27
中外合资经营企业	Sino-foreign Joint Ventures	205	1021.05	1063.95	1068.80	113.89	7.02
中外合作经营企业	Sino-foreign Cooperative Enterprises	7	8.93	8.62	9.73	0.79	0.30
外资企业	Exclusively Foreign-funded Enterprises	141	430.22	392.85	431.85	46.61	7.29
外商投资股份有限公司	Foreign-funded Shares Holding limited Companies	12	334.64	88.05	332.96	52.46	0.62

14-2 按行业分规模以上工业企业主要指标(2012年)

单位：亿元

行　　业	Sector	企业单位数(个) Number of Enterprise (unit)
总　计	**Total**	**12719**
煤炭开采和洗选业	Coal Mining and Dressing	927
石油和天然气开采业	Petroleum and Natural Gas Extraction	9
黑色金属矿采选业	Ferrous Metals Mining and Dressing	122
有色金属矿采选业	Nonferrous Metals Mining and Dressing	116
非金属矿采选业	Nonmetal Minerals Mining and Dressing	200
开采辅助活动	Mining Support Activities	4
其他采矿业	Other Mining and Dressing	3
农副食品加工业	Farm Byproducts Processing	1076
食品制造业	Food Production	410
酒、饮料和精制茶制造业	Wine,Beverage and Refined Tea Production	552
烟草制品业	Tobacco Processing	3
纺织业	Textile Industry	392
纺织服装、服饰业	Garments, Apparel Production	121
皮革、毛皮、羽毛及其制品和制鞋业	Leather, Furs, Down and RelatedProducts,Shoes Production	163
木材加工和木、竹、藤、棕、草制品业	Timber Processing, Bamboo, Cane, Palm Fiber and Straw Products	215
家具制造业	Furniture Manufacturing	233
造纸和纸制品业	Papermaking and Paper Products	303
印刷和记录媒介复制业	Printing and Record Medium Reproduction	183
文教、工美、体育和娱乐用品制造业	Cultural and Educational, Industrial Arts,Sports,Entertainment Products	30
石油加工、炼焦和核燃料加工业	Petroleum Processing, Coking and Nuclear Fuel Processing	66
化学原料和化学制品制造业	Raw Chemical Materials and Chemical Products	859
医药制造业	Medical and Pharmaceutical Products	373
化学纤维制造业	Chemical Fiber	19
橡胶和塑料制品业	Rubber and Plactics Products	469
非金属矿物制品业	Nonmetal Mineral Products	1426
黑色金属冶炼和压延加工业	Smelting and Pressing of Ferrous Metals	441
有色金属冶炼和压延加工业	Smelting and Pressing of Nonferrous Metals	189
金属制品业	Metal Products	514
通用设备制造业	Ordinary Machinery Manufacturing	773
专用设备制造业	For Special Purposes Equipment Manufacturing	508
汽车制造业	Automobile Manufacturing	378
铁路、船舶、航空航天和其他运输设备制造业	Railways, Shipbuilding, Aerospace and other Transportation Equipment Manufacturing Industry	130
电气机械和器材制造业	Electric Equipment and Machinery	479
计算机、通信和其他电子设备制造业	Telecommunication Equipment, Computer and Other Electronic Equipment	285
仪器仪表制造业	Instruments Machinery	63
其他制造业	Other Manufacture	33
废弃资源综合利用业	Reclaiming and Processing of Abandoned Resource and Waste Material	34
金属制品、机械和设备修理业	Metal Products,Machinery and Equipment Repair Industry	20
电力、热力生产和供应业	Production and Supply of Electric Power and Heat	374
燃气生产和供应业	Production and Supply of Gas	148
水的生产和供应业	Production and Supply of Tap Water	76

Main Indicators of Industrial Enterprises above Designated Size by Industrial Sector(2012)

(100 million yuan)

工业总产值 Gross Industrial Output Value	资产总计 Total Assets	流动资产合计 Circulating Funds	固定资产原价 Original Value of Fixed Assets	负债合计 Total Liabilities	流动负债合计 Liquid Liabilities
31033.22	**30362.89**	**13344.68**	**17035.75**	**18721.46**	**12768.70**
1237.66	850.38	386.16	543.82	538.40	373.86
399.58	1346.14	97.44	652.40	685.49	388.99
482.73	447.96	224.66	122.01	292.18	231.00
324.32	330.01	149.12	111.59	195.39	171.30
371.73	234.23	94.82	171.16	130.57	77.46
265.33	462.26	311.93	193.76	240.01	234.36
2.07	1.52	0.37	1.16	0.84	0.79
2236.64	829.48	409.17	573.63	431.09	325.43
664.08	372.71	154.15	197.62	178.18	136.36
2006.62	1783.53	1129.48	614.26	760.73	623.73
234.13	131.13	74.21	76.35	65.03	52.68
759.05	376.26	160.24	245.49	171.12	118.88
164.07	75.27	37.16	37.34	30.07	19.88
305.43	122.10	62.89	64.11	64.05	46.23
286.49	202.98	90.22	115.86	101.25	62.97
352.88	225.33	105.91	125.74	122.80	97.14
427.48	301.18	128.80	167.75	176.11	131.45
211.88	156.24	79.90	99.19	69.21	62.10
58.57	16.27	9.20	15.69	8.09	6.97
498.82	213.96	105.11	104.48	120.79	101.67
2160.19	2428.25	1089.19	1270.16	1419.79	1040.35
880.69	791.92	474.86	281.46	371.63	269.36
149.58	141.75	67.33	104.44	113.20	99.09
672.19	375.67	200.91	196.42	203.65	166.62
2047.10	1665.58	665.08	1128.46	937.44	664.81
2123.59	1983.73	943.35	1661.42	1485.69	1191.83
722.15	529.75	297.51	199.74	383.14	275.33
800.95	593.11	354.28	254.73	333.52	274.38
1530.03	1446.62	1030.00	505.84	983.95	899.86
1010.43	1124.00	716.13	451.23	742.44	593.14
1344.46	1037.58	572.62	443.85	557.32	453.21
428.15	501.23	312.04	194.76	282.07	265.01
959.48	835.81	493.30	298.70	523.89	441.32
2649.86	2052.14	1379.42	649.51	1347.98	1119.83
62.20	68.84	45.10	19.63	36.29	31.83
48.53	28.86	14.42	19.11	12.55	9.98
50.07	26.95	13.13	8.81	18.04	13.13
52.05	100.62	59.07	35.78	59.89	49.74
1758.08	5474.02	582.89	4784.04	4155.38	1432.08
214.42	327.31	123.25	133.18	189.32	117.53
79.44	350.21	99.85	161.06	182.89	97.04

14-2 续表

单位：亿元

行　　业	Sector	所有者权益 Creditors' Equity
总　计	**Total**	**11471.16**
煤炭开采和洗选业	Coal Mining and Dressing	307.66
石油和天然气开采业	Petroleum and Natural Gas Extraction	660.34
黑色金属矿采选业	Ferrous Metals Mining and Dressing	154.86
有色金属矿采选业	Nonferrous Metals Mining and Dressing	132.65
非金属矿采选业	Nonmetal Minerals Mining and Dressing	95.14
开采辅助活动	Mining Support Activities	222.25
其他采矿业	Other Mining and Dressing	0.67
农副食品加工业	Farm Byproducts Processing	387.63
食品制造业	Food Production	189.76
酒、饮料和精制茶制造业	Wine,Beverage and Refined Tea Production	1018.96
烟草制品业	Tobacco Processing	66.10
纺织业	Textile Industry	201.47
纺织服装、服饰业	Garments, Apparel Production	42.62
皮革、毛皮、羽毛及其制品和制鞋业	Leather, Furs, Down and RelatedProducts,Shoes Production	55.82
木材加工和木、竹、藤、棕、草制品业	Timber Processing, Bamboo, Cane, Palm Fiber and Straw Products	100.27
家具制造业	Furniture Manufacturing	100.89
造纸和纸制品业	Papermaking and Paper Products	121.31
印刷和记录媒介复制业	Printing and Record Medium Reproduction	85.92
文教、工美、体育和娱乐用品制造业	Cultural and Educational, Industrial Arts,Sports,Entertainment Products	8.04
石油加工、炼焦和核燃料加工业	Petroleum Processing, Coking and Nuclear Fuel Processing	88.16
化学原料和化学制品制造业	Raw Chemical Materials and Chemical Products	1000.70
医药制造业	Medical and Pharmaceutical Products	415.25
化学纤维制造业	Chemical Fiber	26.49
橡胶和塑料制品业	Rubber and Plactics Products	165.98
非金属矿物制品业	Nonmetal Mineral Products	708.36
黑色金属冶炼和压延加工业	Smelting and Pressing of Ferrous Metals	493.22
有色金属冶炼和压延加工业	Smelting and Pressing of Nonferrous Metals	147.99
金属制品业	Metal Products	250.22
通用设备制造业	Ordinary Machinery Manufacturing	453.55
专用设备制造业	For Special Purposes Equipment Manufacturing	376.35
汽车制造业	Automobile Manufacturing	478.19
铁路、船舶、航空航天和其他运输设备制造业	Railways, Shipbuilding, Aerospace and other Transportation Equipment Manufacturing Industry	214.59
电气机械和器材制造业	Electric Equipment and Machinery	307.32
计算机、通信和其他电子设备制造业	Telecommunication Equipment, Computer and Other Electronic Equipment	700.54
仪器仪表制造业	Instruments Machinery	29.73
其他制造业	Other Manufacture	15.33
废弃资源综合利用业	Reclaiming and Processing of Abandoned Resource and Waste Material	8.54
金属制品、机械和设备修理业	Metal Products,Machinery and Equipment Repair Industry	40.52
电力、热力生产和供应业	Production and Supply of Electric Power and Heat	1292.87
燃气生产和供应业	Production and Supply of Gas	137.65
水的生产和供应业	Production and Supply of Tap Water	167.24

continued

(100 million yuan)

主营业务收入 Main Business Revenue	主营业务成本 Main Business Cost	主营业务税金及附加 Main Business Tax and Charges	利润总额 Total Profits	本年应交增值税 Value-added Tax Payable	全部从业人员年平均人数（万人） Annual Average Employed Persons (10 000 persons)
31427.16	**25755.76**	**515.46**	**2333.76**	**1283.83**	**391.44**
1238.60	986.81	18.48	98.10	73.59	34.10
460.46	316.79	14.44	43.89	5.30	0.44
444.30	357.80	4.45	43.65	19.83	3.48
297.61	222.00	3.24	33.52	19.64	3.96
360.53	272.73	11.04	41.28	17.76	4.60
407.68	387.65	4.71	18.01	19.10	0.14
1.88	1.66	0.01	0.05	0.04	0.02
2249.85	1938.55	13.63	144.83	58.72	22.46
653.77	529.10	4.93	49.72	25.59	9.64
2144.11	1462.43	95.71	330.78	109.80	21.47
237.36	78.61	130.18	15.14	26.58	0.53
747.12	653.31	4.92	49.53	26.90	13.97
161.33	133.10	1.23	10.43	6.27	3.05
293.33	251.27	1.41	20.04	10.07	7.14
280.90	234.58	2.12	20.91	8.00	4.11
346.12	264.32	2.77	30.45	11.37	8.55
418.60	357.26	2.80	28.03	12.61	6.71
208.28	165.77	1.83	21.82	9.77	3.47
63.77	52.51	0.19	1.57	2.71	0.57
498.54	441.84	23.34	25.33	19.89	2.17
2123.65	1780.73	11.65	178.06	61.21	23.60
850.37	623.07	7.72	89.13	45.48	12.17
181.73	162.78	1.59	6.10	3.42	1.88
667.46	551.51	4.41	47.30	21.73	8.74
2014.54	1687.33	18.17	133.18	74.88	30.18
2264.90	2083.58	10.93	-3.85	69.11	25.95
767.13	703.81	2.14	33.16	17.36	4.98
816.42	682.66	6.31	59.54	28.22	9.98
1523.84	1238.29	11.62	108.78	67.45	17.19
1031.61	850.48	7.96	62.71	36.63	13.27
1331.54	1071.82	57.90	127.35	52.19	12.98
435.55	362.56	2.76	23.12	9.55	6.64
929.50	761.89	6.10	52.39	37.03	11.81
2708.90	2258.97	10.05	183.37	152.42	33.07
61.43	47.59	0.32	6.11	2.11	0.95
47.07	39.46	0.35	3.82	1.47	0.71
45.90	40.46	0.54	5.36	2.90	0.44
55.00	42.28	0.41	3.73	1.41	0.99
1753.06	1438.34	9.94	140.85	104.29	21.12
223.05	168.24	2.22	29.13	7.43	2.52
80.38	51.82	0.93	17.36	3.97	1.68

14-3 按行业分国有控股工业企业主要指标(2012年)

单位：亿元

行　　业	Sector	企业单位数(个) Number of Enterprise (unit)
总　计	**Total**	**888**
煤炭开采和洗选业	Coal Mining and Dressing	19
石油和天然气开采业	Petroleum and Natural Gas Extraction	9
黑色金属矿采选业	Ferrous Metals Mining and Dressing	11
有色金属矿采选业	Nonferrous Metals Mining and Dressing	19
非金属矿采选业	Nonmetal Minerals Mining and Dressing	9
开采辅助活动	Mining Support Activities	2
其他采矿业	Other Mining and Dressing	
农副食品加工业	Farm Byproducts Processing	22
食品制造业	Food Production	11
酒、饮料和精制茶制造业	Wine,Beverage and Refined Tea Production	19
烟草制品业	Tobacco Processing	2
纺织业	Textile Industry	11
纺织服装、服饰业	Garments, Apparel Production	5
皮革、毛皮、羽毛及其制品和制鞋业	Leather, Furs, Down and RelatedProducts,Shoes Production	
木材加工和木、竹、藤、棕、草制品业	Timber Processing, Bamboo, Cane, Palm Fiber and Straw Products	4
家具制造业	Furniture Manufacturing	
造纸和纸制品业	Papermaking and Paper Products	4
印刷和记录媒介复制业	Printing and Record Medium Reproduction	7
文教、工美、体育和娱乐用品制造业	Cultural and Educational, Industrial Arts,Sports,Entertainment Products	1
石油加工、炼焦和核燃料加工业	Petroleum Processing, Coking and Nuclear Fuel Processing	9
化学原料和化学制品制造业	Raw Chemical Materials and Chemical Products	57
医药制造业	Medical and Pharmaceutical Products	15
化学纤维制造业	Chemical Fiber	2
橡胶和塑料制品业	Rubber and Plactics Products	9
非金属矿物制品业	Nonmetal Mineral Products	62
黑色金属冶炼和压延加工业	Smelting and Pressing of Ferrous Metals	15
有色金属冶炼和压延加工业	Smelting and Pressing of Nonferrous Metals	15
金属制品业	Metal Products	19
通用设备制造业	Ordinary Machinery Manufacturing	31
专用设备制造业	For Special Purposes Equipment Manufacturing	27
汽车制造业	Automobile Manufacturing	37
铁路、船舶、航空航天和其他运输设备制造业	Railways, Shipbuilding, Aerospace and other Transportation Equipment Manufacturing Industry	24
电气机械和器材制造业	Electric Equipment and Machinery	25
计算机、通信和其他电子设备制造业	Telecommunication Equipment, Computer and Other Electronic Equipment	45
仪器仪表制造业	Instruments Machinery	6
其他制造业	Other Manufacture	2
废弃资源综合利用业	Reclaiming and Processing of Abandoned Resource and Waste Material	1
金属制品、机械和设备修理业	Metal Products,Machinery and Equipment Repair Industry	5
电力、热力生产和供应业	Production and Supply of Electric Power and Heat	215
燃气生产和供应业	Production and Supply of Gas	60
水的生产和供应业	Production and Supply of Tap Water	52

Main Indicators of State-holding Industrial Enterprises by Industrial Sector(2012)

(100 million yuan)

工业总产值 Gross Industrial Output Value	资产总计 Total Assets	流动资产合计 Circulating Funds	固定资产原价 Original Value of Fixed Assets	负债合计 Total Liabilities	流动负债合计 Liquid Liabilities
8149.60	**14797.73**	**5412.38**	**8398.72**	**9864.31**	**5976.14**
114.68	281.80	109.51	150.62	218.98	137.18
399.58	1346.14	97.44	652.40	685.49	388.99
150.80	96.88	34.18	21.78	47.59	28.70
104.75	149.41	58.55	57.67	72.71	68.25
120.11	52.86	33.00	11.17	19.08	8.52
264.64	461.53	311.76	192.59	239.89	234.24
49.80	16.77	8.61	6.41	8.42	7.30
16.99	9.39	4.68	4.85	5.84	5.29
784.21	985.22	698.63	285.30	361.18	331.00
233.39	130.94	74.08	76.26	64.95	52.60
22.82	20.56	9.66	5.93	9.13	4.27
6.48	9.43	3.98	4.44	5.62	2.57
5.27	3.45	1.40	1.83	2.03	0.78
5.36	10.58	3.44	4.03	6.78	6.29
37.48	42.04	17.90	41.53	10.68	10.13
28.27	5.03	3.79	9.31	2.76	2.76
230.43	74.40	38.07	43.11	49.22	42.82
406.42	872.84	359.93	399.40	600.37	421.40
31.95	59.37	26.67	20.42	26.21	17.44
71.97	86.33	47.13	40.51	72.23	60.48
27.39	37.38	15.71	16.31	24.27	21.58
221.92	274.04	108.89	202.12	187.59	156.43
605.77	938.42	353.26	635.95	758.34	551.66
159.95	115.69	57.60	56.72	92.19	55.10
62.29	84.07	57.12	26.55	48.77	43.78
324.38	715.16	588.01	136.10	582.24	557.81
117.42	345.87	193.67	125.17	268.33	171.26
586.54	499.62	283.15	218.93	256.31	217.37
230.09	395.36	250.85	146.62	236.74	228.17
139.75	304.97	183.18	85.69	253.14	211.79
744.24	1010.69	686.25	279.23	650.54	481.15
13.02	22.00	16.31	2.40	12.03	11.55
7.60	10.52	5.92	4.84	5.67	4.25
0.81	1.36	0.87	0.33	1.22	1.22
34.93	70.84	46.86	28.39	45.57	38.46
1607.27	4795.22	476.59	4182.94	3692.83	1264.83
122.38	221.55	84.13	85.19	131.36	74.27
58.44	240.01	61.58	135.66	107.99	54.41

14-3 续表

单位：亿元

行　业	Sector	所有者权益 Creditors' Equity
总　计	**Total**	**4906.05**
煤炭开采和洗选业	Coal Mining and Dressing	62.91
石油和天然气开采业	Petroleum and Natural Gas Extraction	660.34
黑色金属矿采选业	Ferrous Metals Mining and Dressing	49.04
有色金属矿采选业	Nonferrous Metals Mining and Dressing	76.70
非金属矿采选业	Nonmetal Minerals Mining and Dressing	26.12
开采辅助活动	Mining Support Activities	221.64
其他采矿业	Other Mining and Dressing	
农副食品加工业	Farm Byproducts Processing	7.39
食品制造业	Food Production	3.56
酒、饮料和精制茶制造业	Wine,Beverage and Refined Tea Production	624.04
烟草制品业	Tobacco Processing	65.99
纺织业	Textile Industry	11.11
纺织服装、服饰业	Garments, Apparel Production	3.80
皮革、毛皮、羽毛及其制品和制鞋业	Leather, Furs, Down and RelatedProducts,Shoes Production	
木材加工和木、竹、藤、棕、草制品业	Timber Processing, Bamboo, Cane, Palm Fiber and Straw Products	1.42
家具制造业	Furniture Manufacturing	
造纸和纸制品业	Papermaking and Paper Products	3.80
印刷和记录媒介复制业	Printing and Record Medium Reproduction	31.36
文教、工美、体育和娱乐用品制造业	Cultural and Educational, Industrial Arts,Sports,Entertainment Products	2.26
石油加工、炼焦和核燃料加工业	Petroleum Processing, Coking and Nuclear Fuel Processing	23.65
化学原料和化学制品制造业	Raw Chemical Materials and Chemical Products	273.06
医药制造业	Medical and Pharmaceutical Products	33.16
化学纤维制造业	Chemical Fiber	14.10
橡胶和塑料制品业	Rubber and Plactics Products	13.10
非金属矿物制品业	Nonmetal Mineral Products	85.50
黑色金属冶炼和压延加工业	Smelting and Pressing of Ferrous Metals	180.07
有色金属冶炼和压延加工业	Smelting and Pressing of Nonferrous Metals	24.69
金属制品业	Metal Products	35.30
通用设备制造业	Ordinary Machinery Manufacturing	132.92
专用设备制造业	For Special Purposes Equipment Manufacturing	77.06
汽车制造业	Automobile Manufacturing	242.81
铁路、船舶、航空航天和其他运输设备制造业	Railways, Shipbuilding, Aerospace and other Transportation Equipment Manufacturing Industry	158.62
电气机械和器材制造业	Electric Equipment and Machinery	51.78
计算机、通信和其他电子设备制造业	Telecommunication Equipment, Computer and Other Electronic Equipment	356.74
仪器仪表制造业	Instruments Machinery	7.97
其他制造业	Other Manufacture	4.85
废弃资源综合利用业	Reclaiming and Processing of Abandoned Resource and Waste Material	0.13
金属制品、机械和设备修理业	Metal Products,Machinery and Equipment Repair Industry	25.27
电力、热力生产和供应业	Production and Supply of Electric Power and Heat	1091.66
燃气生产和供应业	Production and Supply of Gas	90.19
水的生产和供应业	Production and Supply of Tap Water	131.93

continued

(100 million yuan)

主营业务收入 Main Business Revenue	主营业务成本 Main Business Cost	主营业务税金及附加 Main Business Tax and Charges	利润总额 Total Profits	本年应交增值税 Value-added Tax Payable	全部从业人员年平均人数（万人） Annual Average Employed Persons (10 000 persons)
8689.36	**6962.15**	**299.71**	**589.29**	**400.41**	**97.05**
109.97	89.83	1.86	2.05	10.21	7.15
460.46	316.79	14.44	43.89	5.30	0.44
132.86	105.42	1.52	10.95	7.75	0.81
94.95	70.64	0.62	11.48	6.63	1.04
116.88	83.80	5.66	20.32	6.54	0.43
407.01	387.14	4.71	17.87	19.05	0.14
50.51	45.28	0.16	1.41	1.14	0.39
16.38	12.70	0.10	0.69	0.34	0.40
941.37	596.69	41.40	214.96	51.08	8.84
236.59	77.90	130.18	15.19	26.57	0.50
21.59	19.67	0.29	0.70	0.63	0.59
5.40	4.56	0.02	-0.38	0.14	0.47
5.13	4.11	0.12	0.27	0.15	0.08
5.00	4.50	0.01	0.18	0.06	0.20
37.32	25.24	0.33	7.77	2.38	0.45
34.56	27.27	0.04	0.25	1.96	0.04
230.64	212.46	13.45	9.25	8.84	0.62
442.48	392.22	2.10	13.71	9.92	5.94
31.17	17.74	0.34	5.67	2.45	0.54
102.51	94.85	1.22	1.91	1.05	1.18
28.85	24.79	0.18	0.97	0.76	0.41
217.90	180.90	1.33	11.35	6.95	3.34
657.29	633.19	4.53	-59.26	19.30	13.69
155.89	147.17	0.36	0.14	1.75	0.89
79.60	68.90	0.48	2.40	2.28	1.19
345.11	278.64	2.68	16.11	23.69	3.51
97.98	97.07	0.41	-26.18	1.83	2.67
582.99	436.37	52.90	75.77	28.94	3.51
238.75	202.08	1.51	9.83	3.22	3.88
132.43	116.04	0.52	-15.99	4.66	2.11
818.17	664.91	5.68	38.88	44.30	7.96
12.97	9.81	0.04	1.22	0.35	0.19
7.58	6.32		0.41	0.34	0.21
0.83	0.65	0.01	0.04	0.02	0.02
37.80	30.39	0.26	1.58	0.60	0.80
1607.12	1339.88	8.52	124.90	92.78	19.49
126.69	95.92	1.16	18.02	3.42	1.55
58.66	40.34	0.58	10.95	3.04	1.37

14-4 按行业分大中型工业企业主要指标(2012年)

单位：亿元

行　业	Sector	企业单位数(个) Number of Enterprise (unit)
总　计	**Total**	**2769**
煤炭开采和洗选业	Coal Mining and Dressing	301
石油和天然气开采业	Petroleum and Natural Gas Extraction	4
黑色金属矿采选业	Ferrous Metals Mining and Dressing	29
有色金属矿采选业	Nonferrous Metals Mining and Dressing	51
非金属矿采选业	Nonmetal Minerals Mining and Dressing	29
开采辅助活动	Mining Support Activities	1
其他采矿业	Other Mining and Dressing	
农副食品加工业	Farm Byproducts Processing	168
食品制造业	Food Production	99
酒、饮料和精制茶制造业	Wine,Beverage and Refined Tea Production	106
烟草制品业	Tobacco Processing	1
纺织业	Textile Industry	133
纺织服装、服饰业	Garments, Apparel Production	30
皮革、毛皮、羽毛及其制品和制鞋业	Leather, Furs, Down and RelatedProducts,Shoes Production	62
木材加工和木、竹、藤、棕、草制品业	Timber Processing, Bamboo, Cane, Palm Fiber and Straw Products	34
家具制造业	Furniture Manufacturing	78
造纸和纸制品业	Papermaking and Paper Products	59
印刷和记录媒介复制业	Printing and Record Medium Reproduction	30
文教、工美、体育和娱乐用品制造业	Cultural and Educational, Industrial Arts,Sports,Entertainment Products	5
石油加工、炼焦和核燃料加工业	Petroleum Processing, Coking and Nuclear Fuel Processing	19
化学原料和化学制品制造业	Raw Chemical Materials and Chemical Products	173
医药制造业	Medical and Pharmaceutical Products	103
化学纤维制造业	Chemical Fiber	10
橡胶和塑料制品业	Rubber and Plactics Products	66
非金属矿物制品业	Nonmetal Mineral Products	244
黑色金属冶炼和压延加工业	Smelting and Pressing of Ferrous Metals	77
有色金属冶炼和压延加工业	Smelting and Pressing of Nonferrous Metals	32
金属制品业	Metal Products	73
通用设备制造业	Ordinary Machinery Manufacturing	134
专用设备制造业	For Special Purposes Equipment Manufacturing	100
汽车制造业	Automobile Manufacturing	128
铁路、船舶、航空航天和其他运输设备制造业	Railways, Shipbuilding, Aerospace and other Transportation Equipment Manufacturing Industry	39
电气机械和器材制造业	Electric Equipment and Machinery	84
计算机、通信和其他电子设备制造业	Telecommunication Equipment, Computer and Other Electronic Equipment	99
仪器仪表制造业	Instruments Machinery	8
其他制造业	Other Manufacture	5
废弃资源综合利用业	Reclaiming and Processing of Abandoned Resource and Waste Material	4
金属制品、机械和设备修理业	Metal Products,Machinery and Equipment Repair Industry	5
电力、热力生产和供应业	Production and Supply of Electric Power and Heat	111
燃气生产和供应业	Production and Supply of Gas	18
水的生产和供应业	Production and Supply of Tap Water	17

Main Indicators of Large-scale and Medium-scale Industrial Enterprises by Industrial Sector(2012)

(100 million yuan)

工业总产值 Gross Industrial Output Value	资产总计 Total Assets	流动资产合计 Circulating Funds	固定资产原价 Original Value of Fixed Assets	负债合计 Total Liabilities	流动负债合计 Liquid Liabilities
19648.53	**21074.33**	**9714.15**	**11876.04**	**13376.19**	**9429.04**
626.74	593.73	253.38	327.44	387.95	261.78
169.04	344.88	36.24	352.31	275.39	237.10
337.23	327.99	163.57	93.80	212.42	179.51
227.82	231.42	97.61	87.24	123.84	107.96
169.53	122.51	46.42	110.85	77.69	49.67
10.04	9.98	4.54	8.23	8.46	7.19
1080.30	425.06	197.81	367.49	229.88	178.62
393.23	234.20	90.82	127.22	112.60	85.89
1465.35	1543.69	998.58	508.07	652.30	541.98
227.47	128.16	72.49	74.57	64.68	52.33
521.60	277.32	114.42	181.75	117.25	79.90
85.33	43.09	23.30	21.40	18.24	11.72
187.89	80.88	41.47	48.27	44.41	31.63
130.02	103.73	43.69	59.05	46.85	22.99
237.58	162.88	80.56	99.17	96.08	77.30
188.55	175.31	72.02	110.18	107.78	82.18
92.06	95.41	50.03	64.05	37.59	34.09
40.26	7.47	5.19	10.49	4.37	4.18
393.24	166.56	78.64	86.87	88.44	75.74
1378.40	1869.30	810.04	1002.88	1111.48	804.27
556.32	561.24	335.01	188.97	246.77	166.51
138.37	132.06	63.71	100.19	108.16	96.36
279.46	171.92	81.06	101.44	89.85	70.16
945.79	1015.77	369.34	754.41	568.08	381.82
1629.54	1773.92	834.68	1516.32	1362.40	1085.61
398.73	338.52	184.47	140.83	226.76	170.74
332.53	308.83	191.13	147.74	172.04	144.38
823.71	1142.63	855.39	342.53	816.55	755.89
582.16	869.64	556.62	348.03	603.92	468.52
1088.78	896.73	489.73	391.38	478.79	388.04
304.13	431.49	264.38	170.75	250.10	237.95
519.15	590.69	344.74	205.84	388.20	325.38
2458.56	1897.15	1274.20	605.47	1258.70	1045.46
28.96	38.25	24.56	11.38	19.05	17.16
19.70	12.84	6.68	13.64	6.44	4.82
19.22	12.62	5.93	3.11	8.70	4.81
36.90	73.23	48.96	28.69	46.70	39.59
1387.76	3473.83	380.42	2896.20	2687.09	968.96
89.31	188.14	67.10	68.27	114.75	60.69
47.80	201.26	55.21	99.51	105.45	70.14

14-4 续表

单位：亿元

行　业	Sector	所有者权益 Creditors' Equity
总　计	**Total**	**7651.59**
煤炭开采和洗选业	Coal Mining and Dressing	203.72
石油和天然气开采业	Petroleum and Natural Gas Extraction	69.17
黑色金属矿采选业	Ferrous Metals Mining and Dressing	115.35
有色金属矿采选业	Nonferrous Metals Mining and Dressing	107.22
非金属矿采选业	Nonmetal Minerals Mining and Dressing	44.82
开采辅助活动	Mining Support Activities	1.51
其他采矿业	Other Mining and Dressing	
农副食品加工业	Farm Byproducts Processing	192.69
食品制造业	Food Production	119.65
酒、饮料和精制茶制造业	Wine,Beverage and Refined Tea Production	891.06
烟草制品业	Tobacco Processing	63.48
纺织业	Textile Industry	158.24
纺织服装、服饰业	Garments, Apparel Production	24.85
皮革、毛皮、羽毛及其制品和制鞋业	Leather, Furs, Down and RelatedProducts,Shoes Production	36.09
木材加工和木、竹、藤、棕、草制品业	Timber Processing, Bamboo, Cane, Palm Fiber and Straw Products	56.47
家具制造业	Furniture Manufacturing	66.39
造纸和纸制品业	Papermaking and Paper Products	66.04
印刷和记录媒介复制业	Printing and Record Medium Reproduction	57.69
文教、工美、体育和娱乐用品制造业	Cultural and Educational, Industrial Arts,Sports,Entertainment Products	3.10
石油加工、炼焦和核燃料加工业	Petroleum Processing, Coking and Nuclear Fuel Processing	75.76
化学原料和化学制品制造业	Raw Chemical Materials and Chemical Products	753.19
医药制造业	Medical and Pharmaceutical Products	311.06
化学纤维制造业	Chemical Fiber	23.68
橡胶和塑料制品业	Rubber and Plactics Products	80.39
非金属矿物制品业	Nonmetal Mineral Products	445.41
黑色金属冶炼和压延加工业	Smelting and Pressing of Ferrous Metals	409.35
有色金属冶炼和压延加工业	Smelting and Pressing of Nonferrous Metals	111.36
金属制品业	Metal Products	136.63
通用设备制造业	Ordinary Machinery Manufacturing	324.19
专用设备制造业	For Special Purposes Equipment Manufacturing	263.87
汽车制造业	Automobile Manufacturing	417.08
铁路、船舶、航空航天和其他运输设备制造业	Railways, Shipbuilding, Aerospace and other Transportation Equipment Manufacturing Industry	177.18
电气机械和器材制造业	Electric Equipment and Machinery	200.69
计算机、通信和其他电子设备制造业	Telecommunication Equipment, Computer and Other Electronic Equipment	636.64
仪器仪表制造业	Instruments Machinery	17.20
其他制造业	Other Manufacture	6.40
废弃资源综合利用业	Reclaiming and Processing of Abandoned Resource and Waste Material	3.91
金属制品、机械和设备修理业	Metal Products,Machinery and Equipment Repair Industry	26.53
电力、热力生产和供应业	Production and Supply of Electric Power and Heat	784.33
燃气生产和供应业	Production and Supply of Gas	73.39
水的生产和供应业	Production and Supply of Tap Water	95.77

continued

(100 million yuan)

主营业务收入 Main Business Revenue	主营业务成本 Main Business Cost	主营业务税金及附加 Main Business Tax and Charges	利润总额 Total Profits	本年应交增值税 Value-added Tax Payable	全部从业人员年平均人数（万人） Annual Average Employed Persons (10 000 persons)
19928.38	**16161.68**	**395.52**	**1585.57**	**885.99**	**276.54**
620.70	469.44	11.66	57.40	48.04	24.06
169.07	82.32	4.38	54.53	2.67	0.39
306.58	245.08	2.60	34.73	13.50	2.47
213.38	157.11	2.30	25.61	15.27	3.16
165.15	123.46	6.60	17.49	7.82	2.94
10.04	8.25	0.07	1.68	0.38	0.14
1081.80	919.63	6.57	78.71	30.58	13.01
385.66	306.89	3.04	33.26	17.73	6.06
1589.86	1020.10	72.49	285.81	91.90	16.37
230.77	72.94	130.15	14.70	26.43	0.49
510.58	443.25	3.43	36.69	19.67	10.22
81.89	66.63	0.60	5.92	4.04	1.96
179.55	152.87	0.74	12.73	6.80	5.65
122.26	100.36	0.91	10.75	3.36	1.99
231.05	169.68	1.57	21.77	7.84	6.43
181.58	153.47	0.90	12.84	6.44	3.58
88.73	67.41	0.80	12.40	4.39	1.85
46.52	38.27	0.06	0.35	2.15	0.32
391.69	346.63	20.40	23.16	15.06	1.66
1362.49	1140.10	6.99	129.72	37.64	16.31
530.44	369.67	5.52	65.12	33.58	8.84
170.26	153.29	1.56	4.36	2.86	1.78
276.34	227.34	1.86	22.38	9.79	4.26
929.23	775.19	8.60	68.73	38.17	16.44
1774.19	1658.05	8.23	-31.77	53.57	21.82
446.57	408.94	1.05	23.50	11.94	3.24
344.65	283.00	2.79	27.46	12.74	5.44
834.99	672.95	6.51	63.77	42.71	10.35
595.42	494.02	4.76	28.47	22.72	8.52
1087.84	863.89	56.21	112.59	44.87	10.12
311.84	260.02	1.89	15.25	5.67	5.49
500.35	404.99	3.23	23.45	23.41	7.71
2524.04	2102.89	8.79	173.59	147.09	30.62
28.43	21.60	0.17	3.38	1.01	0.40
19.95	16.28	0.14	1.48	0.90	0.40
11.50	10.38	0.18	2.74	1.29	0.26
39.92	31.87	0.28	2.00	0.72	0.82
1392.08	1227.28	5.98	81.29	65.81	18.79
92.55	67.54	0.85	13.49	2.73	1.28
48.41	28.59	0.63	14.05	2.73	0.91

14-5 按行业分规模以上工业企业主要经济效益指标(2012)
Main Indicators on Economic Benefit of Industrial Enterprises above Designated Size by Industrial Sector(2012)

单位：%

(%)

行　业	Sector	总资产贡献率 Ratio of Total Assets to Industrial Output Value	资产负债率 Assets-Liability Ratio	工业成本费用利润率 Ratio of Profits to Industrial Cost	产品销售率 Proportion of Products Sold
总　计	**Total**	**15.10**	**61.66**	**8.07**	**97.40**
煤炭开采和洗选业	Coal Mining and Dressing	24.33	63.31	8.64	99.19
石油和天然气开采业	Petroleum and Natural Gas Extraction	6.54	50.92	10.73	97.99
黑色金属矿采选业	Ferrous Metals Mining and Dressing	16.57	65.22	10.65	93.98
有色金属矿采选业	Nonferrous Metals Mining and Dressing	18.46	59.21	12.69	92.94
非金属矿采选业	Nonmetal Minerals Mining and Dressing	31.51	55.74	13.49	84.07
开采辅助活动	Mining Support Activities	8.63	51.92	4.51	99.77
其他采矿业	Other Mining and Dressing	10.26	55.56	2.65	95.65
农副食品加工业	Farm Byproducts Processing	28.60	51.97	6.89	98.09
食品制造业	Food Production	22.85	47.81	8.31	98.22
酒、饮料和精制茶制造业	Wine,Beverage and Refined Tea Production	30.37	42.65	19.04	96.88
烟草制品业	Tobacco Processing	131.70	49.59	16.02	101.35
纺织业	Textile Industry	23.39	45.48	7.08	96.40
纺织服装、服饰业	Garments, Apparel Production	25.05	39.95	6.73	97.01
皮革、毛皮、羽毛及其制品和制鞋业	Leather, Furs, Down and RelatedProducts,Shoes Production	28.06	52.46	7.37	97.71
木材加工和木、竹、藤、棕、草制品业	Timber Processing, Bamboo, Cane, Palm Fiber and Straw Products	16.84	49.88	8.13	98.04
家具制造业	Furniture Manufacturing	21.62	54.50	10.01	97.93
造纸和纸制品业	Papermaking and Paper Products	16.10	58.48	7.24	96.63
印刷和记录媒介复制业	Printing and Record Medium Reproduction	22.18	44.30	11.73	97.46
文教、工美、体育和娱乐用品制造业	Cultural and Educational, Industrial Arts, Sports,Entertainment Products	29.04	49.72	2.84	97.11
石油加工、炼焦和核燃料加工业	Petroleum Processing, Coking and Nuclear Fuel Processing	33.59	56.45	5.48	98.40
化学原料和化学制品制造业	Raw Chemical Materials and Chemical Products	11.80	58.47	8.84	96.24
医药制造业	Medical and Pharmaceutical Products	19.15	46.93	11.57	96.42
化学纤维制造业	Chemical Fiber	10.57	79.86	3.41	100.47
橡胶和塑料制品业	Rubber and Plactics Products	21.15	54.21	7.73	97.76
非金属矿物制品业	Nonmetal Mineral Products	15.32	56.28	7.13	97.17
黑色金属冶炼和压延加工业	Smelting and Pressing of Ferrous Metals	5.92	74.89	-0.17	98.08
有色金属冶炼和压延加工业	Smelting and Pressing of Nonferrous Metals	11.61	72.33	4.37	93.14
金属制品业	Metal Products	17.46	56.23	7.87	97.95
通用设备制造业	Ordinary Machinery Manufacturing	14.04	68.02	7.77	98.18
专用设备制造业	For Special Purposes Equipment Manufacturing	11.15	66.05	6.44	94.69
汽车制造业	Automobile Manufacturing	23.63	53.71	10.28	98.97
铁路、船舶、航空航天和其他运输设备制造业	Railways, Shipbuilding, Aerospace and other Transportation Equipment Manufacturing Industry	7.73	56.28	5.50	98.91
电气机械和器材制造业	Electric Equipment and Machinery	13.09	62.68	6.01	97.73
计算机、通信和其他电子设备制造业	Telecommunication Equipment, Computer and Other Electronic Equipment	17.46	65.69	7.55	98.03
仪器仪表制造业	Instruments Machinery	12.91	52.71	10.62	95.82
其他制造业	Other Manufacture	21.97	43.48	8.80	96.43
废弃资源综合利用业	Reclaiming and Processing of Abandoned Resource and Waste Material	33.96	66.93	12.54	95.57
金属制品、机械和设备修理业	Metal Products,Machinery and Equipment Repair Industry	6.35	59.52	6.60	100.53
电力、热力生产和供应业	Production and Supply of Electric Power and Heat	6.88	75.91	8.64	99.73
燃气生产和供应业	Production and Supply of Gas	12.15	57.84	14.01	99.22
水的生产和供应业	Production and Supply of Tap Water	6.99	52.22	24.84	98.38

14-6 按行业分国有控股工业企业主要经济效益指标(2012年)

Main Indicators on Economic Benefit of State-holding Industrial Enterprises by Industrial Sector(2012)

单位：%　　　　(%)

行　业	Sector	总资产贡献率 Ratio of Total Assets to Industrial Output Value	资产负债率 Assets-Liability Ratio	工业成本费用利润率 Ratio of Profits to Industrial Cost	产品销售率 Proportion of Products Sold
总　计	**Total**	**10.07**	**66.66**	**7.26**	**97.05**
煤炭开采和洗选业	Coal Mining and Dressing	7.31	77.71	1.62	100.02
石油和天然气开采业	Petroleum and Natural Gas Extraction	6.54	50.92	10.73	97.99
黑色金属矿采选业	Ferrous Metals Mining and Dressing	22.05	49.12	8.47	92.45
有色金属矿采选业	Nonferrous Metals Mining and Dressing	14.33	48.66	12.89	90.78
非金属矿采选业	Nonmetal Minerals Mining and Dressing	62.09	36.09	22.72	53.45
开采辅助活动	Mining Support Activities	8.61	51.98	4.48	99.77
其他采矿业	Other Mining and Dressing				
农副食品加工业	Farm Byproducts Processing	18.88	50.24	2.82	87.47
食品制造业	Food Production	12.85	62.13	4.39	96.53
酒、饮料和精制茶制造业	Wine,Beverage and Refined Tea Production	30.80	36.66	30.01	95.13
烟草制品业	Tobacco Processing	131.92	49.60	16.23	101.34
纺织业	Textile Industry	8.73	44.40	3.37	89.41
纺织服装、服饰业	Garments, Apparel Production	-2.37	59.66	-3.45	100.33
皮革、毛皮、羽毛及其制品和制鞋业	Leather, Furs, Down and RelatedProducts,Shoes Production				
木材加工和木、竹、藤、棕、草制品业	Timber Processing, Bamboo, Cane, Palm Fiber and Straw Products	16.83	58.82	5.83	97.16
家具制造业	Furniture Manufacturing				
造纸和纸制品业	Papermaking and Paper Products	2.54	64.10	3.74	99.31
印刷和记录媒介复制业	Printing and Record Medium Reproduction	25.00	25.40	25.28	101.69
文教、工美、体育和娱乐用品制造业	Cultural and Educational, Industrial Arts, Sports,Entertainment Products	46.30	54.97	0.89	95.75
石油加工、炼焦和核燃料加工业	Petroleum Processing, Coking and Nuclear Fuel Processing	44.50	66.16	4.21	100.58
化学原料和化学制品制造业	Raw Chemical Materials and Chemical Products	4.43	68.78	2.96	99.05
医药制造业	Medical and Pharmaceutical Products	14.91	44.15	21.96	93.21
化学纤维制造业	Chemical Fiber	7.96	83.67	1.86	100.56
橡胶和塑料制品业	Rubber and Plactics Products	6.87	64.95	3.05	95.98
非金属矿物制品业	Nonmetal Mineral Products	9.16	68.45	5.40	98.11
黑色金属冶炼和压延加工业	Smelting and Pressing of Ferrous Metals	-2.25	80.81	-8.14	99.65
有色金属冶炼和压延加工业	Smelting and Pressing of Nonferrous Metals	4.39	79.69	0.08	77.81
金属制品业	Metal Products	7.23	58.01	3.04	106.18
通用设备制造业	Ordinary Machinery Manufacturing	6.13	81.41	5.05	99.28
专用设备制造业	For Special Purposes Equipment Manufacturing	-4.96	77.58	-21.56	80.36
汽车制造业	Automobile Manufacturing	31.83	51.30	14.21	99.32
铁路、船舶、航空航天和其他运输设备制造业	Railways, Shipbuilding, Aerospace and other Transportation Equipment Manufacturing Industry	4.17	59.88	4.09	98.59
电气机械和器材制造业	Electric Equipment and Machinery	-1.18	83.01	-10.75	98.59
计算机、通信和其他电子设备制造业	Telecommunication Equipment, Computer and Other Electronic Equipment	9.33	64.37	5.07	96.15
仪器仪表制造业	Instruments Machinery	7.47	54.69	9.79	96.97
其他制造业	Other Manufacture	7.77	53.88	5.45	95.86
废弃资源综合利用业	Reclaiming and Processing of Abandoned Resource and Waste Material	4.77	90.19	4.93	100.16
金属制品、机械和设备修理业	Metal Products,Machinery and Equipment Repair Industry	3.88	64.33	3.77	101.12
电力、热力生产和供应业	Production and Supply of Electric Power and Heat	6.85	77.01	8.34	99.93
燃气生产和供应业	Production and Supply of Gas	10.29	59.29	14.77	98.91
水的生产和供应业	Production and Supply of Tap Water	6.68	45	20.06	98.65

14-7 按行业分大中型工业企业主要经济效益指标(2012年)
Main Indicators on Economic Benefit of Large-scale and Medium-scale Industrial Enterprises by Industrial Sector(2012)

单位：% (%)

行　业	Sector	总资产贡献率 Ratio of Total Assets to Industrial Output Value	资产负债率 Assets-Liability Ratio	工业成本费用利润率 Ratio of Profits to Industrial Cost	产品销售率 Proportion of Products Sold
总　计	**Total**	**14.96**	**63.47**	**8.66**	**97.90**
煤炭开采和洗选业	Coal Mining and Dressing	21.67	65.34	10.05	99.77
石油和天然气开采业	Petroleum and Natural Gas Extraction	21.94	79.85	48.42	99.86
黑色金属矿采选业	Ferrous Metals Mining and Dressing	16.79	64.77	12.31	96.03
有色金属矿采选业	Nonferrous Metals Mining and Dressing	20.08	53.51	13.59	93.33
非金属矿采选业	Nonmetal Minerals Mining and Dressing	27.60	63.41	12.27	99.10
开采辅助活动	Mining Support Activities	22.08	84.83	16.85	100.00
其他采矿业	Other Mining and Dressing				
农副食品加工业	Farm Byproducts Processing	30.49	54.08	7.85	98.60
食品制造业	Food Production	24.09	48.08	9.49	98.42
酒、饮料和精制茶制造业	Wine,Beverage and Refined Tea Production	29.29	42.26	22.83	95.96
烟草制品业	Tobacco Processing	134.27	50.47	16.71	101.33
纺织业	Textile Industry	23.41	42.28	7.69	96.34
纺织服装、服饰业	Garments, Apparel Production	25.53	42.32	7.18	98.96
皮革、毛皮、羽毛及其制品和制鞋业	Leather, Furs, Down and RelatedProducts,Shoes Production	27.53	54.91	7.65	98.93
木材加工和木、竹、藤、棕、草制品业	Timber Processing, Bamboo, Cane, Palm Fiber and Straw Products	15.71	45.16	9.61	98.08
家具制造业	Furniture Manufacturing	21.21	58.99	10.89	98.34
造纸和纸制品业	Papermaking and Paper Products	13.06	61.48	7.64	97.31
印刷和记录媒介复制业	Printing and Record Medium Reproduction	18.80	39.40	16.04	98.45
文教、工美、体育和娱乐用品制造业	Cultural and Educational, Industrial Arts, Sports,Entertainment Products	36.81	58.49	0.89	96.73
石油加工、炼焦和核燃料加工业	Petroleum Processing, Coking and Nuclear Fuel Processing	36.78	53.10	6.39	98.32
化学原料和化学制品制造业	Raw Chemical Materials and Chemical Products	10.74	59.46	9.90	95.68
医药制造业	Medical and Pharmaceutical Products	19.68	43.97	13.64	95.97
化学纤维制造业	Chemical Fiber	9.55	81.90	2.58	100.80
橡胶和塑料制品业	Rubber and Plactics Products	21.25	52.26	8.77	98.29
非金属矿物制品业	Nonmetal Mineral Products	13.21	55.93	7.95	97.12
黑色金属冶炼和压延加工业	Smelting and Pressing of Ferrous Metals	3.76	76.80	-1.73	98.20
有色金属冶炼和压延加工业	Smelting and Pressing of Nonferrous Metals	12.26	66.99	5.28	99.38
金属制品业	Metal Products	15.66	55.71	8.56	98.88
通用设备制造业	Ordinary Machinery Manufacturing	10.52	71.46	8.27	98.92
专用设备制造业	For Special Purposes Equipment Manufacturing	8.12	69.44	4.93	92.85
汽车制造业	Automobile Manufacturing	24.50	53.39	11.17	99.52
铁路、船舶、航空航天和其他运输设备制造业	Railways, Shipbuilding, Aerospace and other Transportation Equipment Manufacturing Industry	5.83	57.96	4.97	98.93
电气机械和器材制造业	Electric Equipment and Machinery	10.25	65.72	4.90	98.49
计算机、通信和其他电子设备制造业	Telecommunication Equipment, Computer and Other Electronic Equipment	17.93	66.35	7.71	98.21
仪器仪表制造业	Instruments Machinery	12.47	49.80	12.67	97.29
其他制造业	Other Manufacture	24.55	50.13	7.98	98.24
废弃资源综合利用业	Reclaiming and Processing of Abandoned Resource and Waste Material	34.67	68.97	24.53	92.75
金属制品、机械和设备修理业	Metal Products,Machinery and Equipment Repair Industry	4.54	63.77	4.58	101.45
电力、热力生产和供应业	Production and Supply of Electric Power and Heat	5.97	77.35	6.10	100.15
燃气生产和供应业	Production and Supply of Gas	9.26	60.99	15.17	99.11
水的生产和供应业	Production and Supply of Tap Water	9.36	52.39	36.83	99.92

14-8 各市(州)规模以上工业企业主要指标

Main Indicators of Industrial Enterprises above Designated Size by Region

单位：亿元 (100 million yuan)

年份 市(州)	Year Region	企业单位数(个) Number of Enterprise (unit)	工业总产值 Gross Industrial Output Value	资产总计 Total Assets	流动资产合计 Circulating Funds	固定资产原价 Original Value of Fixed Assets	负债合计 Total Liabilities	流动负债合计 Liquid Liabilities
1998		4980	1918.37	3901.41	1697.45	2333.82	2533.99	1674.19
1999		4538	1895.82	4468.41	1753.12	2915.58	2845.91	1701.77
2000		4394	2076.96	4586.11	1845.51	2917.04	2955.77	1773.71
2001		4572	2304.51	4862.54	1980.49	3115.87	3054.15	1919.52
2002		4908	2737.35	5245.63	2130.16	3204.04	3239.96	2054.99
2003		5448	3404.28	6024.49	2476.34	3658.81	3696.53	2418.37
2004		7413	4711.77	6817.78	2874.36	4346.45	4306.81	2970.85
2005		7959	6178.03	7908.62	3309.89	4845.07	4934.81	3354.28
2006		8995	7934.41	9182.08	3890.88	5289.43	5588.76	3766.54
2007		10709	11047.04	11690.21	4971.06	6769.68	6956.94	4792.47
2008		13725	14761.00	15589.47	6458.42	8042.60	9241.79	6228.80
2009		13267	18107.65	17986.99	7447.84	10073.14	10832.20	7126.69
2010		13706	23147.38	22564.76	9321.70	13695.10	13889.83	9502.58
2011		12085	30485.09	26113.61	11248.78	15442.86	15991.15	11119.10
2012		12719	31033.22	30362.89	13344.68	17035.75	18721.46	12768.70
成都市	Chengdu	3192	9057.82	10255.39	4549.93	5058.22	6088.08	4326.65
自贡市	Zigong	510	1342.14	910.50	552.45	549.48	575.23	512.31
攀枝花市	Panzhihua	338	1285.59	2594.04	851.96	1116.27	2057.29	1149.31
泸州市	Luzhou	583	1160.16	917.75	485.95	332.79	533.19	364.54
德阳市	Deyang	1141	2203.59	2220.11	1389.79	721.73	1529.29	1263.23
绵阳市	Mianyang	824	1771.03	1863.31	1072.11	748.11	1173.28	862.45
广元市	Guangyuan	382	569.31	366.28	135.70	279.96	215.66	132.83
遂宁市	Suining	430	968.78	509.24	196.22	295.45	194.05	130.69
内江市	Neijiang	491	1438.23	830.92	314.39	1119.23	403.83	305.32
乐山市	Leshan	649	1387.79	1592.99	705.75	1322.50	1057.36	750.61
南充市	Nanchong	516	1560.33	1028.00	379.15	658.41	461.28	193.43
眉山市	Meishan	578	825.37	685.34	281.17	405.36	396.49	285.21
宜宾市	Yibin	564	1698.89	1828.50	990.04	1091.15	975.74	725.07
广安市	Guangan	429	975.51	451.61	157.52	331.16	271.45	137.28
达州市	Dazhou	487	933.95	853.28	211.86	779.98	602.85	425.68
雅安市	Yaan	326	387.27	881.52	164.64	767.66	616.54	267.22
巴中市	Bazhong	152	310.01	94.95	34.07	67.92	51.08	33.52
资阳市	Ziyang	615	1740.30	704.17	349.06	336.95	332.51	278.64
阿坝藏族羌族自治州	Aba	93	157.46	517.15	109.09	392.42	382.84	149.89
甘孜藏族自治州	Ganzi	41	60.49	303.68	41.29	232.50	211.85	100.52
凉山彝族自治州	Liangshan	378	1199.21	954.15	372.53	428.51	591.59	374.29

14-8 续表 continued

单位：亿元 (100 million yuan)

年份 市(州)	Year Region	所有者权益合计 Creditors' Equity	主营业务收入 Main Business Revenue	主营业务成本 Main Business Cost	主营业务税金及附加 Main Business Tax and Charges	利润总额 Total Profits	本年应交增值税 Value-added Tax Payable	全部从业人员年平均人数(万人) Annual Average Employed Persons (10 000 persons)
1998		1367.42				39.70	91.88	252.79
1999		1622.50				26.42	108.03	230.03
2000		1630.26				71.32	112.69	208.00
2001		1808.39				84.77	117.01	195.97
2002		2005.67				122.60	131.10	191.62
2003		2326.96				153.08	164.61	201.62
2004		2510.36	4633.36	3766.65	72.58	188.51	200.82	209.77
2005		2966.06	6008.12	4900.53	89.36	326.65	241.67	219.00
2006		3589.27	7711.35	6296.60	111.29	448.07	314.03	233.53
2007		4733.27	10611.52	8572.00	164.12	700.05	419.08	257.46
2008		6347.68	14286.43	11748.93	215.29	844.56	642.49	297.54
2009		7077.73	17486.41	14400.22	319.94	1123.48	644.24	311.38
2010		8571.93	23062.82	19003.96	385.73	1661.85	945.28	351.67
2011		10049.11	29887.91	24721.71	450.44	2197.84	1189.55	380.48
2012		11471.16	31427.16	25755.76	515.46	2333.76	1283.83	391.44
成都市	Chengdu	4115.84	9341.43	7626.37	235.76	643.67	406.86	108.86
自贡市	Zigong	332.59	1323.18	1055.78	10.32	81.37	58.35	14.65
攀枝花市	Panzhihua	535.17	1356.70	1169.77	9.37	38.59	44.57	20.26
泸州市	Luzhou	377.12	1140.27	847.27	41.78	140.15	53.13	13.17
德阳市	Deyang	683.54	2128.80	1777.69	19.38	154.85	69.75	24.88
绵阳市	Mianyang	681.41	1811.13	1503.03	15.82	106.51	87.18	24.07
广元市	Guangyuan	143.67	566.69	486.08	4.46	33.92	14.30	6.78
遂宁市	Suining	313.62	1040.53	894.58	20.00	81.81	46.77	11.12
内江市	Neijiang	418.68	1434.36	1230.99	11.05	78.29	68.55	18.82
乐山市	Leshan	525.14	1346.71	1131.75	8.56	88.17	49.81	19.03
南充市	Nanchong	553.12	1551.26	1260.89	31.03	132.37	60.76	20.45
眉山市	Meishan	284.22	833.87	699.65	5.21	67.49	36.68	12.95
宜宾市	Yibin	854.28	1846.21	1415.74	41.76	240.62	77.76	25.22
广安市	Guangan	174.38	972.47	840.63	7.98	52.39	26.06	10.92
达州市	Dazhou	246.98	1005.78	822.97	9.61	77.29	22.06	14.66
雅安市	Yaan	258.97	375.27	289.10	2.74	36.36	22.75	5.42
巴中市	Bazhong	43.43	306.31	245.53	6.82	7.32	6.24	4.81
资阳市	Ziyang	364.26	1740.55	1412.17	18.77	159.02	65.39	23.82
阿坝藏族羌族自治州	Aba	122.60	135.44	102.70	0.79	12.25	8.60	1.39
甘孜藏族自治州	Ganzi	91.84	59.53	33.26	0.54	12.53	7.32	0.58
凉山彝族自治州	Liangshan	350.31	1110.66	909.80	13.73	88.81	50.94	9.58

14-9 各市(州)国有控股工业企业主要指标
Main Indicators of State-holding Industrial Enterprises by Region

单位：亿元 (100 million yuan)

年份 市(州)	Year Region	企业单位数(个) Number of Enterprise (unit)	工业总产值 Gross Industrial Output Value	资产总计 Total Assets	流动资产合计 Circulating Funds	固定资产原价 Original Value of Fixed Assets	负债合计 Total Liabilities	流动负债合计 Liquid Liabilities
1998		2372	1255.86	3080.34	1314.34	1923.21	1994.47	1252.47
1999		2065	1200.66	3548.38	1328.96	2442.68	2258.93	1244.29
2000		1699	1249.62	3522.23	1347.30	2383.24	2299.29	1260.77
2001		1485	1337.99	3616.84	1392.49	2506.88	2315.25	1348.07
2002		1324	1466.77	3709.04	1409.16	2442.48	2347.13	1358.96
2003		1065	1609.79	3846.39	1455.26	2627.61	2450.16	1470.03
2004		1057	1915.87	3801.84	1405.99	2896.33	2529.36	1566.75
2005		928	2488.53	4473.03	1683.30	3260.59	2877.77	1795.29
2006		933	3126.31	5109.55	1943.60	3428.41	3232.76	1952.59
2007		878	3849.12	6325.71	2448.14	4366.82	4019.44	2453.22
2008		1006	4712.85	8515.93	3098.43	4606.00	5401.06	3214.03
2009		971	5212.04	9499.46	3572.94	5401.57	6137.14	3674.12
2010		921	6201.13	11429.22	4134.86	6655.41	7641.93	4772.31
2011		851	7759.56	13189.13	4918.31	7338.88	8752.85	5711.90
2012		888	8149.6	14797.73	5412.38	8398.72	9864.31	5976.14
成都市	Chengdu	258	3087.33	5332.28	1565.98	3244.39	3215.49	1896.63
自贡市	Zigong	22	244.52	349.86	235.16	110.37	247.39	218.14
攀枝花市	Panzhihua	17	526.01	1849.40	385.11	895.86	1515.92	683.59
泸州市	Luzhou	36	391.98	508.27	262.75	195.04	308.26	201.48
德阳市	Deyang	48	392.39	949.69	687.79	266.56	761.10	644.15
绵阳市	Mianyang	60	812.32	1105.96	691.25	443.37	760.27	551.79
广元市	Guangyuan	34	120.23	182.67	63.41	151.24	120.64	68.55
遂宁市	Suining	16	93.17	160.36	70.11	89.35	82.31	56.98
内江市	Neijiang	16	73.40	118.81	40.20	102.88	86.84	49.90
乐山市	Leshan	48	112.94	361.42	114.58	249.71	244.88	153.37
南充市	Nanchong	48	254.70	248.12	64.22	188.70	137.84	53.53
眉山市	Meishan	19	74.21	87.10	30.26	83.87	68.58	50.69
宜宾市	Yibin	50	715.89	1204.29	740.75	471.27	626.64	496.42
广安市	Guangan	14	72.60	185.40	48.24	192.34	124.23	55.00
达州市	Dazhou	31	205.54	496.26	86.86	417.62	391.41	289.98
雅安市	Yaan	26	127.10	536.89	57.28	549.10	408.87	146.44
巴中市	Bazhong	22	122.75	35.08	10.01	31.08	21.52	13.00
资阳市	Ziyang	15	94.65	96.57	55.27	38.20	64.30	59.31
阿坝藏族羌族自治州	Aba	21	55.39	304.03	26.64	281.21	232.42	60.00
甘孜藏族自治州	Ganzi	17	40.81	231.70	19.33	188.86	166.81	77.18
凉山彝族自治州	Liangshan	70	531.67	453.57	157.17	207.71	278.60	150.00

14-9 续表 continued

单位：亿元 (100 million yuan)

年份 市(州)	Year Region	所有者权益合计 Creditors' Equity	主营业务收入 Main Business Revenue	主营业务成本 Main Business Cost	主营业务税金及附加 Main Business Tax and Charges	利润总额 Total Profits	本年应交增值税 Value-added Tax Payable	全部从业人员年平均人数(万人) Annual Average Employed Persons (10 000 persons)
1998		1085.87				23.27	68.38	179.70
1999		1289.45				6.76	81.29	159.84
2000		1222.86				37.79	78.87	132.09
2001		1301.58				45.04	80.01	117.57
2002		1361.91				63.32	84.50	101.76
2003		1396.23				67.58	101.21	93.67
2004		1271.88	1925.02	1507.99	48.93	97.70	108.71	79.11
2005		1587.51	2506.44	1969.58	59.28	166.71	127.49	80.00
2006		1872.75	3135.60	2471.32	70.29	216.68	159.88	82.44
2007		2306.27	3926.09	3096.90	97.13	305.85	184.51	83.86
2008		3114.87	4765.38	3874.58	110.67	198.13	218.32	87.08
2009		3347.13	5296.72	4221.47	180.53	295.09	227.59	88.01
2010		3777.87	6424.93	5132.85	202.92	478.18	327.43	90.16
2011		4414.98	7895.50	6308.18	245.71	538.74	359.19	93.40
2012		4906.05	8689.36	6962.15	299.71	589.29	400.41	97.05
成都市	Chengdu	2103.80	3330.42	2712.42	205.98	167.70	140.98	29.34
自贡市	Zigong	102.47	226.29	185.08	1.35	12.88	9.84	2.69
攀枝花市	Panzhihua	333.48	591.64	536.59	5.05	-20.70	22.47	12.26
泸州市	Luzhou	200.10	387.71	262.89	15.20	73.71	21.99	4.36
德阳市	Deyang	188.58	381.34	321.16	3.16	-7.30	21.88	5.42
绵阳市	Mianyang	343.18	873.17	734.71	5.88	25.28	51.63	9.96
广元市	Guangyuan	57.94	117.84	94.03	0.62	10.41	4.24	1.65
遂宁市	Suining	78.04	140.14	124.39	2.52	11.86	4.44	1.88
内江市	Neijiang	31.96	75.37	67.08	0.31	0.82	2.31	1.73
乐山市	Leshan	116.23	118.55	88.92	1.71	6.76	8.48	2.67
南充市	Nanchong	108.21	259.29	206.67	13.49	22.42	10.56	2.40
眉山市	Meishan	18.52	78.56	71.52	0.31	0.62	3.16	1.11
宜宾市	Yibin	580.18	891.37	659.61	23.59	145.87	38.52	10.12
广安市	Guangan	61.18	78.00	63.27	0.82	5.79	4.95	1.42
达州市	Dazhou	104.83	205.78	120.93	3.90	49.98	4.01	2.97
雅安市	Yaan	128.01	127.73	81.48	1.25	20.24	12.41	0.97
巴中市	Bazhong	13.44	120.77	85.19	5.41	2.08	2.60	1.33
资阳市	Ziyang	32.27	102.77	91.88	0.87	2.83	2.61	1.31
阿坝藏族羌族自治州	Aba	71.61	51.20	31.54	0.47	9.59	5.49	0.43
甘孜藏族自治州	Ganzi	64.90	39.40	20.35	0.34	10.14	6.33	0.29
凉山彝族自治州	Liangshan	167.12	492.00	402.45	7.47	38.32	21.52	2.74

14-10 各市(州)大中型工业企业主要指标
Main Indicators of Large-scale and Medium-scale Industrial Enterprises by Region

单位：亿元 (100 million yuan)

年份 市(州)	Year Region	企业单位数(个) Number of Enterprise (unit)	工业总产值 Gross Industrial Output Value	资产总计 Total Assets	流动资产合计 Circulating Funds	固定资产原价 Original Value of Fixed Assets	负债合计 Total Liabilities	流动负债合计 Liquid Liabilities
1998		870	1302.83	2938.50	1300.17	1778.60	1854.56	1179.64
1999		836	1330.50	3574.60	1379.53	2398.73	2225.70	1241.21
2000		783	1401.66	3607.02	1421.73	2374.75	2305.85	1285.79
2001		884	1622.00	3918.90	1572.97	2574.24	2438.89	1466.63
2002		972	1948.88	4231.06	1690.32	2641.97	2593.73	1585.30
2003		843	2395.92	4707.48	1943.03	2910.60	2886.08	1874.30
2004		909	3075.00	4879.50	2088.53	3314.60	3112.58	958.57
2005		984	3960.28	5689.02	2452.25	3700.42	3565.22	2464.06
2006		1050	4975.58	6557.26	2823.62	3821.43	3986.70	2762.09
2007		1228	6591.38	8427.97	3666.10	4949.00	5031.63	3496.33
2008		1423	8432.09	10881.79	4556.76	5376.74	6566.77	4462.80
2009		1603	10174.12	12490.71	5346.84	6630.78	7638.68	5156.30
2010		1989	13696.65	15940.79	6874.81	9124.91	9956.92	6872.76
2011		2790	19954.10	19695.11	8621.32	11471.96	12187.05	8752.14
2012		2769	19648.53	21074.33	9714.15	11876.04	13376.19	9429.04
成都市	Chengdu	659	6113.51	6813.59	3008.49	3875.06	4308.79	3025.33
自贡市	Zigong	110	696.15	716.47	445.10	355.60	479.00	425.94
攀枝花市	Panzhihua	65	903.56	2315.30	684.24	1037.99	1853.26	988.32
泸州市	Luzhou	88	643.25	729.67	389.05	252.99	439.62	292.34
德阳市	Deyang	134	1233.84	1739.16	1120.16	504.85	1252.88	1033.43
绵阳市	Mianyang	135	1253.05	1459.93	894.35	537.82	934.03	716.19
广元市	Guangyuan	50	195.73	164.36	68.39	106.42	108.45	79.98
遂宁市	Suining	84	536.41	322.14	123.50	189.55	133.73	88.66
内江市	Neijiang	166	986.08	668.77	261.72	914.68	351.30	269.36
乐山市	Leshan	177	943.04	1091.03	512.61	1013.57	722.52	544.41
南充市	Nanchong	241	1139.05	711.57	276.12	447.36	302.42	125.84
眉山市	Meishan	103	325.07	371.27	151.52	218.02	209.08	149.59
宜宾市	Yibin	196	1374.73	1601.69	913.13	923.07	839.54	645.57
广安市	Guangan	93	446.96	298.75	91.90	242.31	190.15	89.14
达州市	Dazhou	123	554.92	705.32	157.26	622.90	520.93	378.71
雅安市	Yaan	37	116.00	137.06	61.99	77.84	74.52	62.50
巴中市	Bazhong	36	194.71	44.86	15.71	38.16	24.99	17.89
资阳市	Ziyang	163	1166.08	503.51	256.81	248.25	246.81	214.89
阿坝藏族羌族自治州	Aba	7	61.23	65.30	27.97	35.91	40.61	20.88
甘孜藏族自治州	Ganzi	6	26.03	77.46	18.20	44.80	42.33	8.97
凉山彝族自治州	Liangshan	96	739.16	537.11	235.93	188.88	301.23	251.10

14-10 续表 continued

单位：亿元 (100 million yuan)

年份 市(州)	Year Region	所有者权益合计 Creditors' Equity	主营业务收入 Main Business Revenue	主营业务成本 Main Business Cost	主营业务税金及附加 Main Business Tax and Charges	利润总额 Total Profits	本年应交增值税 Value-added Tax Payable	全部从业人员年平均人数(万人) Annual Average Employed Persons (10 000 persons)
1998		1083.94				46.47	67.60	160.77
1999		1348.91				26.68	83.50	149.23
2000		1301.09				57.64	84.30	126.57
2001		1480.01				71.57	89.16	119.39
2002		1637.34				99.72	101.24	115.18
2003		1821.40				122.44	129.67	125.64
2004		1766.31	3068.51	2437.99	60.71	154.96	149.12	119.10
2005		2116.05	3934.89	3138.94	73.74	245.57	175.52	128.00
2006		2566.51	4941.02	3962.09	87.14	332.77	227.13	134.79
2007		3396.35	6511.90	5171.48	126.96	496.14	284.06	146.44
2008		4315.03	8262.77	6761.45	146.08	483.25	372.16	159.86
2009		4812.08	9964.93	8093.80	233.40	668.87	388.56	175.95
2010		5935.53	13854.97	11240.86	284.39	1069.06	609.75	211.98
2011		7446.71	19862.11	16271.38	358.56	1510.47	846.44	271.53
2012		7651.59	19928.38	16161.68	395.52	1585.57	885.99	276.54
成都市	Chengdu	2492.82	6189.18	4966.07	205.01	475.41	303.51	81.64
自贡市	Zigong	236.80	669.26	551.86	4.67	46.52	28.48	9.08
攀枝花市	Panzhihua	461.72	1002.19	869.35	7.57	13.07	36.41	17.50
泸州市	Luzhou	289.53	617.04	405.40	23.70	106.04	35.83	8.15
德阳市	Deyang	483.45	1208.07	973.48	13.08	98.00	48.83	15.32
绵阳市	Mianyang	522.31	1280.93	1060.54	12.24	70.40	70.49	17.74
广元市	Guangyuan	53.84	197.00	170.46	1.19	10.33	6.19	3.37
遂宁市	Suining	187.57	587.52	515.51	14.60	43.78	27.18	6.41
内江市	Neijiang	317.47	985.14	857.34	6.40	43.57	49.75	14.94
乐山市	Leshan	363.50	926.41	778.09	5.49	64.13	32.27	13.08
南充市	Nanchong	401.82	1118.34	908.37	25.08	100.51	47.19	15.56
眉山市	Meishan	157.42	326.68	268.29	1.97	26.72	13.28	6.90
宜宾市	Yibin	761.44	1523.82	1153.07	36.70	212.13	67.17	20.24
广安市	Guangan	108.14	446.34	383.66	3.17	25.66	14.48	6.79
达州市	Dazhou	184.28	618.96	486.54	6.50	62.24	13.30	8.92
雅安市	Yaan	62.54	115.37	93.98	0.59	9.38	5.60	2.40
巴中市	Bazhong	19.83	191.88	145.84	5.71	4.26	4.50	3.41
资阳市	Ziyang	253.28	1165.29	947.58	12.91	108.74	45.05	17.96
阿坝藏族羌族自治州	Aba	24.69	55.17	52.17	0.16	0.24	1.55	0.52
甘孜藏族自治州	Ganzi	35.13	25.66	14.89	0.18	7.71	3.34	0.28
凉山彝族自治州	Liangshan	234.02	678.14	559.20	8.62	56.73	31.60	6.34

14-11 各市(州)规模以上工业企业主要经济效益指标(2012年)
Main Indicators on Economic Benefit of Industrial Enterprises above Designated Size by Region(2012)

市(州)	Region	总资产贡献率 (%) Ratio of Total Assets to Industrial Output Value	资产负债率 (%) Assets-Liability Ratio	工业成本费用利润率 (%) Ratio of Profits to Industrial Cost	产品销售率 (%) Proportion of Products Sold
全　省	**Sichuan**	**15.10**	**61.66**	**8.07**	**97.40**
成都市	Chengdu	13.48	59.36	7.53	98.61
自贡市	Zigong	18.88	63.18	6.80	99.11
攀枝花市	Panzhihua	5.27	79.31	2.90	97.63
泸州市	Luzhou	26.66	58.10	14.51	95.66
德阳市	Deyang	12.06	68.88	7.82	94.43
绵阳市	Mianyang	12.40	62.97	6.19	96.78
广元市	Guangyuan	16.41	58.88	6.35	98.53
遂宁市	Suining	30.65	38.11	8.64	98.44
内江市	Neijiang	22.03	48.60	5.76	97.22
乐山市	Leshan	10.94	66.38	6.98	96.62
南充市	Nanchong	23.66	44.87	9.49	98.82
眉山市	Meishan	17.63	57.85	8.73	97.87
宜宾市	Yibin	20.49	53.36	14.98	98.33
广安市	Guangan	21.41	60.11	5.77	98.10
达州市	Dazhou	16.07	70.65	8.31	99.19
雅安市	Yaan	10.28	69.94	10.58	97.27
巴中市	Bazhong	23.45	53.79	2.46	97.13
资阳市	Ziyang	36.54	47.22	9.86	98.61
阿坝藏族羌族自治州	Aba	6.95	74.03	9.47	90.76
甘孜藏族自治州	Ganzi	9.51	69.76	26.31	100.58
凉山彝族自治州	Liangshan	17.87	62.00	8.56	87.64

14-12 各市(州)国有控股工业企业主要经济效益指标(2012年)
Main Indicators on Economic Benefit of State-holding Industrial Enterprises by Region(2012)

市(州)	Region	总资产贡献率(%) Ratio of Total Assets to Industrial Output Value	资产负债率(%) Assets-Liability Ratio	工业成本费用利润率(%) Ratio of Profits to Industrial Cost	产品销售率(%) Proportion of Products Sold
全　省	**Sichuan**	**10.07**	**66.66**	**7.26**	**97.05**
成都市	Chengdu	10.57	60.30	5.42	99.27
自贡市	Zigong	7.54	70.71	5.88	100.07
攀枝花市	Panzhihua	1.90	81.97	-3.31	100.12
泸州市	Luzhou	23.01	60.65	23.79	91.53
德阳市	Deyang	2.64	80.14	-1.91	93.82
绵阳市	Mianyang	8.49	68.74	2.94	96.18
广元市	Guangyuan	11.12	66.04	9.30	98.58
遂宁市	Suining	13.13	51.33	8.57	98.67
内江市	Neijiang	4.68	73.10	1.06	99.61
乐山市	Leshan	6.57	67.75	5.92	102.84
南充市	Nanchong	20.43	55.55	9.65	99.80
眉山市	Meishan	6.61	78.74	0.76	102.27
宜宾市	Yibin	17.66	52.03	19.15	99.39
广安市	Guangan	8.77	67.00	7.49	100.17
达州市	Dazhou	15.20	78.87	30.98	99.68
雅安市	Yaan	10.10	76.16	18.75	99.38
巴中市	Bazhong	30.54	61.33	1.76	96.53
资阳市	Ziyang	7.94	66.58	2.67	98.28
阿坝藏族羌族自治州	Aba	8.29	76.45	21.67	98.99
甘孜藏族自治州	Ganzi	10.19	71.99	32.90	99.17
凉山彝族自治州	Liangshan	16.84	61.42	8.25	77.55

14-13 各市(州)大中型工业企业主要经济效益指标(2012年)
Main Indicators on Economic Benefit of Large-scale and Medium-scale Industrial by Region(2012)

市(州)	Region	总资产贡献率 (%) Ratio of Assets to Industrial Output Value (%)	资产负债率 (%) Assets-Liability Ratio (%)	工业成本费用利润率 (%) Ratio of Profits to Industrial Cost (%)	产品销售率 (%) Proportion of Products Sold (%)
全 省	**Sichuan**	**14.96**	**63.47**	**8.66**	**97.90**
成都市	Chengdu	15.47	63.24	8.52	98.95
自贡市	Zigong	12.37	66.85	7.44	99.58
攀枝花市	Panzhihua	4.12	80.04	1.30	98.28
泸州市	Luzhou	23.64	60.25	21.39	94.14
德阳市	Deyang	10.18	72.04	8.74	92.47
绵阳市	Mianyang	11.49	63.98	5.73	96.50
广元市	Guangyuan	12.11	65.98	5.41	99.25
遂宁市	Suining	27.88	41.51	8.08	98.69
内江市	Neijiang	18.09	52.53	4.61	99.06
乐山市	Leshan	10.77	66.22	7.39	96.11
南充市	Nanchong	26.16	42.50	10.02	99.09
眉山市	Meishan	12.87	56.31	8.64	98.19
宜宾市	Yibin	20.36	52.42	16.10	98.51
广安市	Guangan	17.07	63.65	6.08	98.67
达州市	Dazhou	15.28	73.86	10.91	99.20
雅安市	Yaan	12.85	54.37	8.59	96.85
巴中市	Bazhong	34.21	55.71	2.26	97.05
资阳市	Ziyang	35.05	49.02	10.10	98.89
阿坝藏族羌族自治州	Aba	5.88	62.19	0.41	92.54
甘孜藏族自治州	Ganzi	16.38	54.64	38.32	101.83
凉山彝族自治州	Liangshan	19.39	56.08	8.83	96.40

14-14 规模以上工业企业主要产品产量
Output of Major Industrial Products of Industrial Enterprises above Designated Size

产品名称	Item	2005	2009	2010	2011	2012
化学纤维 (万吨)	Chemical Fiber (10 000 tons)	26.56	43.17	51.22	61.21	72.58
纱 (万吨)	Yarn (10 000 tons)	25.48	48.31	70.81	96.86	85.55
布 (亿米)	Cloth (100 million m)	7.07	10.92	14.90	16.68	14.19
丝织品 (万米)	Silk Knit Goods (10 000 m)	11330	22438	23042	23421	26534
服装 (万件)	Garments (10 000 pcs)	2764	6433	9933	11937	15397
机制纸及纸板 (万吨)	Machine-made Paper and Paperboard (10 000 tons)	110.59	247.21	342.86	369.24	237.09
合成洗涤剂 (吨)	Synthetic Detergents (ton)	525075	618355	766647	695841	712458
原电池 (万只)	Battery (10 000 pcs)	5754	24686	37980	41933	47147
原盐 (万吨)	Salt (10 000 tons)	412.11	797.40	763.18	1037.65	476.44
卷烟 (亿支)	Cigarettes (100 million pieces)	685.05	874.00	914.24	944.16	978.85
乳制品 (吨)	Dairy Products (ton)	150432	470554	579963	780055	772171
白酒(商品量) (万吨)	Liquor (10 000 tons)	57.83	156.00	229.80	309.39	295.18
啤酒 (万吨)	Beer (10 000 tons)	126.22	159.09	158.30	192.05	196.00
软饮料 (万吨)	Soft Drink (10 000 tons)	120.41	357.74	495.91	644.66	745.45
食用植物油 (万吨)	Vegetable Oil (10 000 tons)	40.83	102.16	117.73	162.30	138.97
配、混合饲料 (万吨)	Mingled Feedstuff (10 000 tons)	449.94	616.64	701.16	1154.14	1113.33
中成药 (吨)	Traditional Chinese Medicine (ton)	98254	282634	298113	389745	347547
化学原料药 (吨)	Chemical Medicine (ton)	53994	84238	26716	34690	142423
塑料制品 (吨)	Plastics Goods (ton)	471729	1412369	2542933	2293259	2556047
家用电冰箱 (万台)	Household Refrigerators (10 000 units)	23.00	51.90	81.22	66.99	68.85
房间空气调节器 (台)	Air Conditioner (unit)	1452260	721837	1194903	1165506	1082255
电视机 (万台)	Television Sets (10 000 units)	781.61	743.20	1208.90	1116.35	1028.50
#彩色电视机 (万台)	Color Television Sets (10 000 units)	781.61	743.20	1208.90	1116.35	1028.50
原煤 (万吨)	Coal (10 000 tons)	5219.05	8997.34	10836.15	12263.24	11328.93
原油 (万吨)	Crude Oil (10 000 tons)	13.92	21.68	15.12	16.17	17.52

14-14续表 continued

产品名称		Item		2005	2009	2010	2011	2012
汽油	(万吨)	Gasoline	(10 000 tons)	28.16	69.40	57.76	76.16	65.21
天然气	(亿立方米)	Natural Gas	(100 million cu.m)	135.24	190.60	234.16	267.76	242.11
发电量	(亿千瓦小时)	Electricity	(100 million kwh)	958.03	1468.50	1683.82	1845.06	2002.43
# 水电	(亿千瓦小时)	Hydropower	(100 million kwh)	616.99	955.70	1103.37	1245.31	1410.69
生铁	(万吨)	Pig Iron	(10 000 tons)	1060.50	1532.62	1593.81	1714.99	1670.22
钢	(万吨)	Steel	(10 000 tons)	1094.45	1509.14	1580.99	1728.64	1674.28
成品钢材	(万吨)	Rolled Steel Products	(10 000 tons)	1172.72	1830.62	1976.55	2233.29	2281.62
铁合金	(万吨)	Ferroalloy	(10 000 tons)	106.62	177.36	238.89	201.05	206.92
焦炭	(万吨)	Coke	(10 000 tons)	827.94	1162.00	1157.09	1278.87	1299.69
水泥	(万吨)	Cement	(10 000 tons)	4194.74	8887.00	13227.55	14501.08	13342.06
平板玻璃	(万重量箱)	Plate Glass	(10 000 wt.cases)	1304.94	3335.90	4275.94	4892.38	4093.16
硫酸	(万吨)	Sulfuric Acid	(10 000 tons)	324.85	333.26	388.22	422.99	527.56
浓硝酸	(万吨)	Concentrated Nitric Acid	(10 000 tons)	5.43	7.58	8.43	8.08	8.09
碳酸钠(纯碱)	(万吨)	Soda Ash	(10 000 tons)	106.51	168.20	169.78	167.76	167.84
氢氧化钠(烧碱)	(万吨)	Caustic Soda	(10 000 tons)	75.49	98.89	106.93	117.91	123.21
合成氨	(万吨)	Synthetic Ammonia	(10 000 tons)	374.47	452.42	403.34	345.47	383.95
农用氮、磷、钾化学肥料总计	(折纯)(万吨)	Chemical Fertilizers	(10 000 tons)	428.82	464.37	510.12	470.68	425.28
# 氮肥	(万吨)	Nitrogen Fertilizers	(10 000 tons)	337.60	404.78	414.76	379.59	332.85
化学农药	(吨)	Chemical Pesticide	(ton)	38779	137435	128105	125239	96340
电石(折合量)	(万吨)	Calcium carbide	(10 000 tons)	65.76	82.80	75.98	72.31	70.70
塑料	(万吨)	Plastics	(10 000 tons)	61.52	97.04	104.37	105.25	107.92
轮胎外胎	(万条)	Tyres	(10 000 pcs)	615.33	1367.29	1558.12	1531.16	1922.85
发电设备(500千瓦及以上)	(万千瓦)	Power Generating Equipment (each above 500kw)	(10000 kw)	2327.64	3129.61	3781.54	4413.27	3708.19
变压器	(万千伏安)	Transformer	(10 000 kva)	846.77	1374.62	1151.61	1368.81	1548.56
金属切削机床	(万台)	Metal-cutting Machine Tools	(10 000 units)	0.79	0.44	0.73	0.87	0.51
汽车	(辆)	Motor Vehicles	(unit)	56606	76863	102850	188463	396792

主要统计指标解释

工业 指从事自然资源的开采，对采掘品和农产品进行加工和再加工的物质生产部门。具体包括：(1)对自然资源的开采，如采矿、晒盐等(但不包括禽兽捕猎和水产捕捞)；(2)对农副产品的加工、再加工，如粮油加工、食品加工、缫丝、纺织、制革等；(3)对采掘品的加工、再加工，如炼铁、炼钢、化工生产、石油加工、机器制造、木材加工等，以及电力、自来水、煤气的生产和供应等；(4)对工业品的修理、翻新，如机器设备的修理、交通运输工具(如汽车)的修理等。

工业统计调查单位为独立核算法人工业企业。

本篇资料的统计范围：1998 年至 2006 年为全部国有及年主营业务收入在 500 万元以上非国有工业企业；2007 至 2010 年为年主营业务收入在 500 万元以上工业企业（即规模以上工业企业）；2011 年开始为年主营业务收入在 2000 万元及以上的工业企业（即规模以上工业企业）。

国有及国有控股企业 指国有企业加上国有控股企业。国有企业(即原全民所有制工业或国营工业)指企业全部资产归国家所有，并按《中华人民共和国企业法人登记管理条例》规定登记注册的非公司制的经济组织。包括国有企业、国有独资公司和国有联营企业。1957 年以前的公私合营和私营工业，后均改造为国营工业，1992 年改为国有工业，这部分工业的资料不单独分列时，均包括在国有企业内。国有控股企业是对混合所有制经济的企业进行的“国有控股”分类。它是指这些企业的全部资产中国有资产(股份)相对其他所有者中的任何一个所有者占资(股)最多的企业。该分组反映了国有经济控股情况。

本篇涉及的其他企业登记注册类型的解释详见综合篇

轻工业 指主要提供生活消费品和制作手工工具的工业。按其所使用的原料不同，可分为两大类：(1)以农产品为原料的轻工业，是指直接或间接以农产品为基本原料的轻工业。主要包括食品制造、饮料制造、烟草加工、纺织、缝纫、皮革和毛皮制作、造纸以及印刷等工业；(2)以非农产品为原料的轻工业，是指以工业品为原料的轻工业。主要包括文教体育用品、化学药品制造、合成纤维制造、日用化学制品、日用玻璃制品、日用金属制品、手工工具制造、医疗器械制造、文化和办公用机械制造等工业。

重工业 指为国民经济各部门提供物质技术基础的主要生产资料的工业。按其生产性质和产品用途，可以分为下列三类：(1)采掘(伐)工业，是指对自然资源的开采，包括石油开采、煤炭开采、金属矿开采、非金属矿开采等工业；(2)原材料工业，指向国民经济各部门提供基本材料、动力和燃料的工业。包括金属冶炼及加工、炼焦及焦炭、化学、化工原料、水泥、人造板以及电力、石油和煤炭加工等工业；(3)加工工业，是指对工业原材料进行再加工制造的工业。包括装备国民经济各部门的机械设备制造工业、金属结构、水泥制品等工业，以及为农业提供的生产资料如化肥、农药等工业。

根据上述划分原则，修理业中以重工业产品为修理作业对象的划为重工业，反之划为轻工业。

工业总产值 是工业企业在一定时期内生产的以货币形式表现的工业最终产品或提供工业性劳务活动的总价值量。它反映一定时期内工业生产的总规模和总水平。

计算原则：(1)工业生产的原则，即凡是企业在报告期内生产的最终产品和提供的劳务，均应包括在内。其中的最终产品，不管是否在报告期内销售，只要是报告期内生产的，就应包括在内。凡不是工业生产的产品，均不得计入工业总产值。(2)最终产品的原则，即企业生产的成品价值必须是本企业生产的，经检验合格不需再进行任何加工的最终产品。企业对外销售的半成品也应视为最终产品计入工业总产值。而在本企业内各车间转移的半成品和在制品只能计算其期末期初差额价值。(3)工厂法原则，即以法人工业企业作为一个整体计算工业总产值，是其报告期内生产的最终产品和提供劳务的总价值量。

内容及计算方法：1995 年全国工业普查对工业总产值(原规定)的内容及计算原则和方法做了某些修订，修订后的工业总产值(新规定)包括三项内容，即本期生产成品价值、对外加工费收入、在制品半成品期末期初差额价值三部分。

工业增加值 指工业企业在报告期内以货币表现的工业生产活动的最终成果。

工业增加值有两种计算方法：一是生产法，即工业总产出减去工业中间投入加上应交增值税；二是收入法，即从收入的角度出发，根据生产要素在生产过程中应得到的收入份额计算，具体构成项目有固定资产折旧、劳动者报酬、生产税净额、营业盈余，这种方法也称要素分配法。本年鉴中的工业增加值是以生产法计算的。

生产法工业增加值的计算方法为： 工业增加值= 工业总产出- 工业中间投入+ 应交增值税

资产总计 指企业过去的交易或者事项形成的、由企业拥有或者控制的、预期会给企业带来经济利益的资源。资产一般按流动性分为流动资产和非流动资产。其中流动资产可分为货币资金、交易性金融资产、应收票据、应收账款、预付款项、其他应收款、存货等；非流动资产可分为长期股权投资、固定资产、无形资产及其他非流动资产等。根据会计“资产负债表”中“资产总计”项目的期末余额数填报。

流动资产合计 资产满足以下条件之一应归为流动资产：（1）预计在一个正常营业周期中变现、出售或耗用，主要包括存货、应收账款等；（2）主要为交易目的而持有；（3）预计在资产负债表日起一年内（含一年）变现；（4）自资产负债日起一年内，交换其他资产或清偿负债的能力不受限制的现金或现金等价物。包括货币资金、应收票据、应收账款、存货等项目。根据会计“资产负债表”中“流动资产合计”项目的期末余额数填报。

固定资产原价 指固定资产的成本，包括企业在购置、自行建造、安装、改建、扩建、技术改造某项固定资产时所发生的全部支出总额。根据会计“固定资产”科目的期末借方余额填报。

负债合计 指企业过去的交易或者事项形成的，预期会导致经济利益流出企业的现时义务。负债一般按偿还期长短分为流动负债和非流动负债。根据会计“资产负债表”中“负债合计”项目的期末余额数填报。

所有者权益合计 指企业资产扣除负债后由所有者享有的剩余权益。公司的所有者权益又称股东权益。包括实收资本、资本公积、盈余公积、未分配利润等。根据会计“资产负债表”中“所有者权益合计”项目的期末余额数填报。

主营业务收入 指企业确认的销售商品、提供劳务等主营业务的收入。根据会计“主营业务收入”科目的期末贷方余额填报。

利润总额 指企业在一定会计期间的经营成果，是生产经营过程中各种收入扣除各种耗费后的盈余，反映企业在报告期内实现的亏盈总额。根据会计“利润表”中“利润总额”项目的本期金额数填报。

总资产贡献率 反映企业全部资产的获利能力，是企业经营业绩和管理水平的集中体现，是评价和考核企业盈利能力的核心指标。计算公式为：

总资产贡献率(%)＝(利润总额+税金总额+利息支出)/平均资产总额×100%

公式中：税金总额为产品销售税金及附加与应交增值税之和；平均资产总额为期初期末资产之和的算术平均值。

资产负债率 该指标既反映企业经营风险的大小，也反映企业利用债权人提供的资金从事经营活动的能力。计算公式为：

资产负债率(%)＝(负债总额/资产总额)×100%

成本费用利润率 反映企业投入的生产成本及费用的经济效益，同时也反映企业降低成本所取得的经济效益。计算公式为：

成本费用利润率(%)＝(利润总额/成本费用总额)×100%

流动资产周转次数 指在一定时期内流动资产完成的周转次数，反映投入工业企业流动资金的周转速度。本篇章的计算公式为：

流动资产周转次数＝主营业务收入/全部流动资产平均余额

产品销售率 该指标反映工业产品已实现销售的程度，是分析工业产销衔接情况，研究工业产品满足社会需求程度的指标。计算公式为：

产品销售率(%)＝(工业销售产值/工业总产值) ×100%

Explanatory Notes on Main Statistical Indicators

Industry refers to the material production sector which is engaged in extraction of natural resources and processing and reprocessing of minerals and agricultural products, including (1) extraction of natural resources, such as mining, salt production, logging (but not including hunting and fishing); (2) processing and reprocessing of farm and sideline produces, such as rice husking, flour milling, wine making, oil pressing, cotton ginning, silk reeling, spinning and weaving, and leather making; (3) manufacture of industrial products, such as steel making, iron smelting, chemicals manufacturing, petroleum processing, machine building, timber processing; water and gas production and electricity generation and supply; (4)repairing of industrial products such as the repairing of machinery and means of transport (including cars).

In industrial statistics surveys, the units of enquiry are corporate industrial enterprises with independent accounting systems.

Corporate industrial enterprises with independent accounting systems refer to enterprises engaging in industrial production activities, which meet the following requirements: (1) They are established legally, having their own names, organizations, location and able to take civil liability; (2) They possess and use their assets independently, assume liabilities and are entitled to sign contracts with other units; (3) They are financially independent and compile their own balance sheets.

State-owned and State-holding Enterprises refer to state-owned enterprises plus State-holding enterprises. State-owned enterprises (originally known as State-run enterprises with ownership by the whole society) are non-corporate economic entities registered in accordance with the Regulation of the People's Republic of China on the Management of Registration of Legal Enterprises, where all assets are owned by the State. Included in this category are State-owned enterprises, State-funded corporations and State-owned joint-operation enterprises. Joint State-private industries and private industries, which existed before 1957, were transformed into state-run industries since 1957, and into State-owned industries after 1992. Statistics on those enterprises are included in the State-owned industries instead of being grouped them separately. State-holding enterprises are a sub-classification of enterprises with mixed ownership, referring to enterprises where the percentage of State assets (or shares by the State) is larger than any other single share holder of the same enterprise. This sub-classification illustrates the control of the State over a particular industry.

For explanation of enterprises of other types of registration covered in this chapter, please refer to General Survey.

Light Industry refers to the industry that produces consumer goods and hand tools. It consists of two categories, depending on the materials used:

(1) Industries using farm products as raw materials. These are branches of light industry which directly or indirectly use farm products as basic raw materials, including the manufacture of food and beverages, tobacco processing, textile, clothing, fur and leather manufacturing, paper making, printing, etc.

(2) Industries using non farm products as raw materials. These are branches of light industry which use manufactured goods as raw materials, including the manufacture of cultural, educational articles and sports goods, chemicals, synthetic fiber, chemical products for daily use, glass products for daily use, metal products for daily use, hand tools, medical apparatus and instruments, and the manufacture of cultural and clerical machinery.

Heavy Industry refers to the industry, which produces capital goods, and provides various sectors of the national economy with necessary material and technical basis. It consists of the following three branches according to the purpose of production or the use of products:

(1)Mining, quarrying and logging industry refers to the industry that extracts natural resources, including extraction of petroleum, coal, metal and non-metal ores and logging.

(2) Raw materials industry refers to the industry that provides various sectors of the national economy with raw materials, fuels and power. It includes smelting and processing of metals, coking and coke chemistry, chemical materials and building materials such as cement, plywood, and power, petroleum refining and coal dressing.

(3) Manufacturing industry refers to the industry that processes raw materials. It includes machine-building industry, which equips sectors of the national economy, industries of metal structure and cement products, industries producing means of agricultural

production, such as chemical fertilizers and pesticides.

According to the above principle of classification, the repairing trades which are engaged primarily in repairing products of heavy industry are classified into heavy industry while these engaged in repairing products of light industry are classified into light industry.

Gross Industrial Output Value is the total volume of final industrial products produced and industrial services provided during a given period in monetary terms. It reflects the total achievements and overall scale of industrial production during a given period.

Principles for calculation: Statistics on industrial production follow the principle that all final industrial products produced and industrial services provided during the reference period are to be included. The final industrial products are included as long as being produced during the reference period, no matter whether they are sold or not during the reference period. The gross industrial output value will not cover those products that are not from industrial production.

Determination of final products follows the principle that all products that are included in the calculation of gross industrial output value are the final products of the enterprise which have been accepted through quality check and require no further processing. The intermediate products sold by enterprises are considered as the final products of the enterprise and counted into the gross industrial output value. However, for the intermediate products being transferred among workshops and the work-in-progress products, only the balance value from the beginning to the end of the period is calculated.

Gross industrial output value is calculated following the principle of factory approach, i.e. industrial enterprise with legal entity is used as a whole in calculating the gross industrial output value, which will cover the total value of final industrial products produced and industrial services provided by these enterprises during the reference period.

Value-added of Industry refers to the final results of industrial production of industrial enterprises in money terms during the reference period.

Industrial value-added can be calculated by two approaches: the production approach, i.e. gross industrial output value minus intermediate input plus value-added tax, and the income approach, i.e. income for various factors used in the course of production, including depreciation of fixed assets, remuneration of labourers, net of production tax, and operating surplus. Value-added of industry in the Yearbook is calculated by production approach as following:

Value-added of industry = gross industrial output – industrial intermediate input + value-added tax

Total Assets refer to all resources that are owned or controlled by enterprises through previous trades or transactions with expectation of making economic profits. Classified by the degree of liquidity, total assets include current assets, and non-current assets. Current assets can be classified into monetary assets, trading financial assets, notes receivable, accounts receivable, advanced payments, other prepaid money and inventories. Non-current assets can be divided into long-term equity investment, fixed assets, intangible assets and other non-current assets. Data on this indicator can be obtained by the year-end figures of total assets in the *Assets and Liability Table* of accounting records of enterprises.

Total of Working Capitals refer to the assets that meet one of the following requirements: (1) expected to be cashed, sold or used in a normal operation cycle, mainly including inventory and accounts receivable; (2) be owned for trading purpose mainly; (3) expected to be cashed in one year (including one year) from the day of the *Assets and Liability Table*; (4) unlimited cash or cash equivalents that can be exchanged with other assets or being capable of settling debts during one year since the day of *Assets and Liability Table*. Included are monetary assets, notes receivable, accounts receivable and inventories. Data on this indicator can be obtained by the year-end figures of total current assets in the *Assets and Liability Table* of the accounting records of enterprises.

Original Value of Fixed Assets refers to the cost of fixed assets, or the total expenditure of an enterprise spent on certain fixed assets, through purchase, construction, installation, transformation, expansion or technical upgrading. It is reported according to the year-end debit balance of fixed assets of accounting records.

Total Liabilities refer to payable liabilities of enterprises that accumulated from previous trades or transactions with expectation of economic profits leaking out. In terms of payment, it can be divided into liquid liabilities and long-term liabilities. Data on this item is obtained from the year-end figures on total liabilities from the Assets and Liability Table of the accounting record of the enterprises.

Owner's Equity refers to the residual ownership of enterprise investors by deducting total liabilities from the total assets, including the paid-in capital, accumulation of capital, operating surplus and non-distributed profits. Data are obtained from the year-end figures on "total equity" from the Assets and Liability Table of the accounting record of enterprise.

Revenue from Principal Business refers to the annual accumulation of the corresponding item in the "profit table" of the accountant. For enterprises that do not follow the 2001 Enterprise Accounting Standards, the year-end accumulation of revenue from the sales of products is used as a substitute.

Total Profits refers to the operation results in a certain accounting period, and it is the balance of various incomes minus various spendings in the course of operation, reflecting the total profits and losses of enterprises in reporting period. Data are obtained from the amount of "total profits" in the "profit table" of the accounting record of enterprise.

Ratio of Profits, Taxes and Interests to Average Assets reflects the profit-making capability of all assets of the enterprise and is a key indicator manifesting the performance and management and evaluating the profit-making potential of the enterprise. It is calculated as follows:

Ratio of profits, taxes and interests to average as sets (%) =[(total profits + total taxes + interest payment) / average assets]× 100%

In the above formula, total taxes is the sum of tax and extra charges on the sales of products and value-added tax payable; and average assets is the arithmetic mean of the sum of beginning assets and ending assets.

Ratio of Debts to Assets reflect both the operation risk and the capability of the enterprise in making use of the capital from the creditors. It is calculated as follows:

Ratio of debts to assets (%) = (total debts / total assets)×100%

Ratio of Profits to Total Industrial Costs refers to the ratio of profits realized in a given period to the total costs in the same period, which reflects the economic efficiency of input cost and is calculated as follows:

Ratio of profits to total industrial cost (%)=(total profits/total cost s)× 100%

Turnover of Working Capital refers to the number of times of turnover of working capital in a given period of time, which reflects the speed of the turnover of working capital of industrial enterprises, and is calculated as follows:

Turnover of working capital=(main business income)/(average balance of total current assets)

Ratio of Sales to Gross Output Value reflects the degree at which industrial products are sold. It helps to analyze the linkage between production and sales and the extent of the needs of the society that has been met by the supply of industrial products. It is calculated as follows:

Ratio of Sales to Gross Output Value=[Industrial sales /Gross industrial output value]× 100%

15

建筑业

15-1 建筑业企业个数、产值、人数及竣工面积
Number of Enterprises, Gross Output Value, Number of Persons Engaged and Floor Space of Buildings Completed of Construction

年 份 Year	企业个数 (个) Number of Enterprises (unit)	总产值 (亿元) Gross Output Value (100 million yuan)	从业人员数 (万人) Annual Average Persons Engaged (10 000 persons)	竣工房屋建筑面积 (万平方米) Floor Space of Buildings Completed (10 000 sq.m)
1952	41	0.63	3.54	20.21
1957	87	2.82	14.61	136.38
1962	133	1.58	12.14	48.01
1965	187	7.82	28.93	218.01
1970	222	9.16	43.12	238.60
1975	252	10.36	43.05	272.03
1978	276	13.17	42.38	556.56
1980	325	13.36	39.03	501.02
1985	555	31.85	49.45	835.24
1990	756	67.11	60.21	1060.60
1991	829	77.09	62.97	581.90
1992	871	93.37	70.66	705.20
1993	1090	181.79	80.10	1734.00
1994	1144	230.34	102.50	2068.00
1995	1144	279.10	89.70	2081.00
1996	2725	468.66	160.50	4537.00
1997	2779	520.64	154.24	5638.48
1998	3028	597.76	159.20	5017.25
1999	3050	649.52	160.13	5429.28
2000	3305	713.81	158.10	5839.32
2001	3125	822.87	171.85	7029.93
2002	3475	1078.25	200.42	8491.14
2003	3498	1235.04	212.68	8784.56
2004	4183	1321.22	173.84	8837.99
2005	4073	1480.88	181.80	8692.18
2006	3924	1768.87	188.50	9177.55
2007	3887	2130.17	204.71	9630.60
2008	4559	2624.96	235.78	9797.98
2009	4386	3374.06	265.24	11393.53
2010	4334	4200.86	335.53	12086.29
2011	4318	5305.89	249.46	13663.11
2012	4283	6292.67	230.23	15768.08

注：2003年建筑业统计数据仅包括当年有工作量的建筑业企业，2004年建筑业统计数据是普查数据。

a) The figure of construction enterprises of 2003 only include the enterprises which had taken in 2003.The figure of 2004 was obtained from surveys.

15-2 建筑业企业基本情况

指 标		Item		合 计 Total Enterprises 2011	2012	# 国有企业 State-owned 2011	2012
建筑业企业个数	(个)	Number of Construction Enterprises		4318	4283	243	233
从业人员平均人数	(万人)	Average Number of Persons Employed	(10 000 persons)	241.06	219.01	35.00	32.05
自有固定资产原价	(万元)	Fixed Assets Owned (original value)	(10 000 yuan)	5884742	6052568	1227295	1327979
自有固定资产净价	(万元)	Fixed Assets Owned (net value)	(10 000 yuan)	3619931	3547705	693127	718148
自有机械设备净值	(万元)	Machinery Equipment Owned (net value)	(10 000 yuan)	1566454	1753799	323976	431663
自有机械设备台数	(台)	Number of Machinery and Equipment Owned	(set)	306196	310260	46190	63518
自有机械设备总功率	(万千瓦)	Total Power of Machinery and Equipment Owned	(10 000 kw)	734.73	775	176.32	211.12
建筑业总产值	(万元)	Gross Output Value of Construction	(10 000 yuan)	53058948	62926651	11590567	14033097
竣工产值	(万元)	Output Value of Completed Projects	(10 000 yuan)	26992585	33341725	5269687	6042631
房屋建筑施工面积	(万平方米)	Floor Space of Buildings under Construction	(10 000 sq.m)	34738	38551	9271	9218
房屋建筑竣工面积	(万平方米)	Floor Space of Buildings Completed	(10 000 sq.m)	13663	15768	2327	2388
利润总额	(万元)	Total Profits	(10 000 yuan)	1791213	2022142	238654	357184
税金总额	(万元)	Total Tax	(10 000 yuan)	1756109	2104559	381467	420466
利税总额	(万元)	Total Pre-Tax Profits	(10 000 yuan)	3547322	4126701	620121	777650
按总产值计算的劳动生产率	(元/人)	Overall Labor Productivity	(yuan/person)	141438	248614	138773	28896
技术装备率	(元/人)	Value of Machinery per Labourer	(yuan/person)	6279	8000	8686	12115
动力装备率	(千瓦/人)	Power of Machinery per Labourer	(kw/person)	2.95	3.53	4.73	5.93
房屋建筑面积竣工率	(%)	Rate of Floor Space of Buildings Completed	(%)	39.33	40.90	25.10	25.91
产值利润率	(%)	Ratio of Profit to Gross Output Value	(%)	3.38	3.21	2.06	2.55
产值利税率	(%)	Ratio of Pre-tax Profit to Gross Output Value	(%)	6.69	6.56	5.35	5.54

Main Indicators on Construction Enterprises

# 集体企业 Collective Owned		# 股份有限公司 Share-holding Corporations		# 其他有限责任公司 Other Ltd.Company		# 港澳台商投资 Funded by Entrepreneurs from Hong Kong, Macao and Taiwan		# 外商投资 Foreign Funded	
2011	2012	2011	2012	2011	2012	2011	2012	2011	2012
331	321	214	225	1344	1374	7	6	6	6
18.70	18.02	20.59	19.64	81.76	70.55	0.05	0.11	0.01	0.01
305428	318872	844289	770563	1950130	1976053	2188	1560	263	379.00
198027	208544	478595	391753	1213986	1161266	1019	721	139	167
74227	76447	272544	227818	589860	653607	394	59	30	25
31442	28969	25222	23881	105739	108795	629	100	10	10
39.53	35.28	69.39	75.87	287.92	272.82	0.12	0.08		
2898691	3597151	6022041	7926968	19419263	21444133	5949	12890	4438	3920
2141639	2679233	2089003	2777029	9505709	11883651	4124	11899	1100	3285
2084	2337	2901	4568	10315	11575	5			
1208	1347	1080	1673	4534.00	5002.00				
108057	124822	169490	473252	688671	538485	155	119	1475	890
99214	126085	154478	396611	670135	656876	219	164	123	145
207270	250907	323968	869863	1358806	1195361	374	283	1598	1035
150466	199516	298370	341090	145521	242055	131615	131263	366777	426087
3832	4353	12761	10811	7204	8854	7960	496	2400	1953
2.04	2.01	3.25	3.60	3.52	3.70	2.42	0.67		
57.97	57.64	37.23	36.62	43.96	43.21				
3.73	3.47	2.81	5.97	3.55	2.51	2.61	0.92	33.24	22.70
7.15	6.98	5.38	10.97	7.00	5.57	6.29	2.20	36.01	26.40

15-3 各市(州)建筑业企业个数(2012年)
Number of Construction Enterprises by Region(2012)

市(州)及分组	Region and Group	企业个数(个) Number of Enterprises	国有企业 State-Owned	中央企业 Central	地方企业 Local	集体企业 Collective Owned	其他企业 Other	# 股份有限公司 Share-holding Corporations	# 其他有限责任公司 Other Ltd. Company
全　省	**Sichuan**	**4283**	**233**	**30**	**203**	**321**	**3729**	**225**	**1374**
按市(州)分	**Grouped by Region**								
成都市	Chengdu	1551	95	22	73	81	1375	94	525
自贡市	Zigong	146	6		6	17	123	13	42
攀枝花市	Panzhihua	84	7	1	6	7	70		24
泸州市	Luzhou	186	4		4	28	154	2	72
德阳市	Deyang	244	9	4	5	9	226	4	84
绵阳市	Mianyang	268	13	1	12	5	250	4	101
广元市	Guangyuan	184	7	1	6	16	161	2	36
遂宁市	Suining	156	3		3	16	137	18	52
内江市	Neijiang	126	9	1	8	17	100	23	39
乐山市	Leshan	156	7		7	6	143	9	47
南充市	Nanchong	250	15		15	26	209	20	54
眉山市	Meishan	126	5		5	3	118	5	36
宜宾市	Yibin	218	7		7	10	201	6	48
广安市	Guangan	113	6		6	14	93	2	23
达州市	Dazhou	124	11		11	16	97	7	46
雅安市	Yaan	49	4		4	5	40	2	19
巴中市	Bazhong	98	11		11	16	71	6	40
资阳市	Ziyang	118	5		5	16	97	3	57
阿坝藏族羌族自治州	Aba	28	4		4	8	16		9
甘孜藏族自治州	Ganzi	22	2		2	5	15	1	8
凉山彝族自治州	Liangshan	36	3		3		33	4	12
按资质等级分	**Grouped by Qualification Grade**								
总承包企业	The General Contractor	2371	168	18	150	227	1976	155	792
特级企业	The Special Grade	12	3		3		9	2	5
一级企业	The first Grade	191	46	15	31	5	140	19	71
二级企业	The Second Grade	1148	70	2	68	61	1017	78	392
三级企业	The Third Grade	1020	49	1	48	161	810	56	324
专业承包企业	The Specialized Contractor	1471	62	12	50	81	1328	46	463
一级企业	The first Grade	112	11	5	6	3	98	2	48
二级企业	The Second Grade	500	21	5	16	15	464	20	162
三级企业及其他	The Third Grade & Other	859	30	2	28	63	766	24	253
劳务分包企业	The Subcontractor of Labour Services	441	3		3	13	425	24	119
一级企业	The first Grade	259	1		1	4	254	16	65
二级企业	The Second Grade	126	1		1	2	123	7	39
不分等级	Not Classified by Grade	56	1		1	7	48	1	15

15-4 各市(州)建筑业企业从业人员(2012年)
Number of Persons Employed in Construction Enterprises by Region(2012)

单位：万人 (10 000 persons)

市(州)及分组	Region and Group	合计 Total	国有企业 State -owned	中央企业 Central	地方企业 Local	集体企业 Collective Owned	其他企业 Other	# 股份有限公司 Share-holding Corporations	# 其他股份有限公司 Other Ltd. Company
全 省	**Sichuan**	**230.23**	**35.63**	**6.29**	**29.34**	**17.56**	**177.04**	**21.07**	**73.82**
按市(州)分	**Grouped by Region**								
成都市	Chengdu	84.45	23.40	5.05	18.35	2.93	58.12	9.69	28.69
自贡市	Zigong	8.49	1.40		1.40	0.55	6.54	1.79	1.93
攀枝花市	Panzhihua	3.41	0.54	0.41	0.13	0.07	2.80		2.08
泸州市	Luzhou	16.31	1.36		1.36	2.56	12.39	0.01	5.44
德阳市	Deyang	10.47	1.68	0.26	1.42	0.30	8.49	0.10	3.60
绵阳市	Mianyang	11.82	0.92	0.36	0.56	0.06	10.84	0.36	4.39
广元市	Guangyuan	4.53	0.08	0.01	0.06	0.67	3.78	0.05	0.91
遂宁市	Suining	7.47	0.04		0.04	2.00	5.42	1.51	1.27
内江市	Neijiang	8.03	0.46	0.20	0.26	0.68	6.90	2.55	2.15
乐山市	Leshan	5.36	0.13		0.13	0.25	4.98	0.67	2.01
南充市	Nanchong	15.03	1.73		1.73	0.90	12.40	1.96	2.72
眉山市	Meishan	7.28	0.20		0.20	0.15	6.93	0.35	2.49
宜宾市	Yibin	8.73	0.49		0.49	0.28	7.96	1.13	2.52
广安市	Guangan	10.97	1.01		1.01	1.37	8.59	0.03	1.21
达州市	Dazhou	9.73	0.79		0.79	2.13	6.81	0.37	3.77
雅安市	Yaan	1.19	0.01		0.01	0.05	1.13	0.04	0.71
巴中市	Bazhong	7.24	0.66		0.66	1.41	5.18	0.26	3.44
资阳市	Ziyang	7.19	0.61		0.61	1.06	5.52	0.08	3.98
阿坝藏族羌族自治州	Aba	0.78	0.08		0.08	0.08	0.62		0.18
甘孜藏族自治州	Ganzi	0.29	0.03		0.03	0.06	0.20		0.11
凉山彝族自治州	Liangshan	1.47	0.02		0.02		1.45	0.11	0.22
按资质等级分	**Grouped by Qualification Grade**								
总承包企业	The General Contractor	199.60	32.85	4.75	28.10	15.96	150.79	20.16	62.86
特级企业	The Special Grade	6.07	1.03		1.03		5.03	3.21	1.74
一级企业	The first Grade	58.25	24.62	4.74	19.88	1.07	32.56	6.42	16.68
二级企业	The Second Grade	94.94	6.08	0.01	6.07	6.21	82.65	8.33	32.60
三级企业	The Third Grade	40.34	1.11		1.11	8.68	30.55	2.20	11.84
专业承包企业	The Specialized Contractor	19.64	2.67	1.54	1.13	1.46	15.50	0.55	8.41
一级企业	The first Grade	5.56	1.26	1.02	0.25	0.09	4.20	0.11	3.32
二级企业	The Second Grade	8.51	0.89	0.50	0.39	0.72	6.90	0.20	3.36
三级企业及其他	The Third Grade & Other	5.57	0.52	0.02	0.50	0.65	4.40	0.24	1.73
劳务分包企业	The Subcontractor of Labour Services	11.00	0.12		0.12	0.13	10.75	0.37	2.55
一级企业	The first Grade	8.17	0.05		0.05	0.08	8.04	0.32	2.08
二级企业	The Second Grade	1.82	0.06		0.06	0.02	1.75	0.03	0.37
不分等级	Not Classified by Grade	1.01				0.04	0.96	0.01	0.10

15-5 各市(州)建筑业企业施工、竣工房屋面积(2012年)
Floor Space of Buildings under Construction and Completed of Construction Enterprises by Region(2012)

市(州)及分组	Region and Group	房屋建筑施工面积(万平方米) Floor Space of Buildings under Construction (10 000 sq.m)	# 本年新开工 New Buildings	# 投标承包面积 Bidden and Contracted	房屋建筑竣工面积(万平方米) Floor Space of Buildings Completed (10 000 sq.m)	# 住宅 Residential Housing	房屋面积竣工率(%) Percentage of Floor Space Completed (%)
全　省	**Sichuan**	**38550.93**	**17094.05**	**27174.47**	**15768.08**	**11554.09**	**40.90**
按市(州)分	**Grouped by Region**						
成都市	Chengdu	17266.36	6214.03	13487.69	5192.89	3619.63	30.08
自贡市	Zigong	1033.49	405.92	765.99	466.31	353.44	45.12
攀枝花市	Panzhihua	466.34	125.37	402.27	95.85	63.29	20.55
泸州市	Luzhou	2544.39	1522.09	1698.12	1337.94	967.88	52.58
德阳市	Deyang	1885.95	697.61	1601.01	644.28	452.49	34.16
绵阳市	Mianyang	1947.93	818.58	1151.84	691.93	485.38	35.52
广元市	Guangyuan	513.82	184.23	268.68	224.05	157.83	43.60
遂宁市	Suining	1025.61	703.26	568.67	592.61	454.85	57.78
内江市	Neijiang	933.27	452.04	637.48	416.12	306.01	44.59
乐山市	Leshan	751.20	281.70	370.90	393.39	301.01	52.37
南充市	Nanchong	2538.98	1303.96	1288.48	1651.03	1381.15	65.03
眉山市	Meishan	945.04	588.42	485.02	529.49	383.14	56.03
宜宾市	Yibin	1075.23	611.83	679.80	619.89	426.14	57.65
广安市	Guangan	1054.28	694.78	576.03	553.21	453.98	52.47
达州市	Dazhou	1855.04	954.28	1460.50	831.41	729.70	44.82
雅安市	Yaan	138.80	86.27	108.84	81.61	46.94	58.80
巴中市	Bazhong	1318.72	808.48	802.50	745.97	509.89	56.57
资阳市	Ziyang	955.58	504.18	640.03	522.69	338.19	54.70
阿坝藏族羌族自治州	Aba	52.17	18.31	39.95	31.50	17.09	60.38
甘孜藏族自治州	Ganzi	28.64	9.93	20.61	9.49	2.71	33.15
凉山彝族自治州	Liangshan	220.09	108.78	120.06	136.42	103.35	61.98
按资质等级分	**Grouped by Qualification Grade**						
总承包企业	The General Contractor	37663.14	16640.48	26768.50	15209.15	11242.60	40.38
特级企业	The Special Grade	2974.04	572.12	2613.89	720.95	441.87	24.24
一级企业	The first Grade	14924.29	5445.53	12585.03	4153.21	3232.66	27.83
二级企业	The Second Grade	13982.39	7015.51	8016.13	6664.85	5009.45	47.67
三级企业	The Third Grade	5782.42	3607.32	3553.45	3670.14	2558.62	63.47
专业承包企业	The Specialized Contractor	887.79	453.57	405.98	558.93	311.49	62.96
一级企业	The first Grade	105.54	17.21	2.37	44.49	18.03	42.15
二级企业	The Second Grade	519.01	288.95	307.67	399.77	237.74	77.03
三级企业及其他	The Third Grade & Other	263.24	147.41	95.94	114.67	55.72	43.56

15-6 各市(州)建筑业企业动力装备情况(2012年)
Power of Machinery and Equipment Owned of Construction Enterprises by Region(2012)

市(州)及分组	Region and Group	自有机械设备总台数(台) Number of Machinery and Equipment Owned (unit)	自有机械设备总功率(万千瓦) Total Power of Machinery and Equipment Owned (10 000 kw)	自有机械设备净值(万元) Net Value of Machinery and Equipment Owned (10 000 yuan)	技术装备率(元/人) Value of Machinery per Laborer (yuan/person)	动力装备率(千瓦/人) Power of Machinery per Laborer (kw/person)
全　省	**Sichuan**	**310260**	**774.75**	**1753799**	**8000**	**3.53**
按市(州)分	**Grouped by Region**					
成都市	Chengdu	113927	443.69	1018700	12226	5.32
自贡市	Zigong	5192	9.12	20550	2491	1.11
攀枝花市	Panzhihua	7955	26.74	81205	23909	7.87
泸州市	Luzhou	23205	25.25	59777	3707	1.57
德阳市	Deyang	12354	22.66	56036	5773	2.33
绵阳市	Mianyang	10758	18.55	49420	4932	1.85
广元市	Guangyuan	7174	13.27	30633	7443	3.22
遂宁市	Suining	9002	12.29	34071	4559	1.64
内江市	Neijiang	10449	16.75	37212	4911	2.21
乐山市	Leshan	10523	11.75	35999	6784	2.21
南充市	Nanchong	17192	35.27	55942	4988	3.14
眉山市	Meishan	15696	17.83	29609	4354	2.62
宜宾市	Yibin	12234	15.82	29693	3672	1.96
广安市	Guangan	19526	43.94	71756	6561	4.02
达州市	Dazhou	14175	23.79	46251	4939	2.54
雅安市	Yaan	6020	6.94	13438	11366	5.87
巴中市	Bazhong	5686	12.16	36348	5147	1.72
资阳市	Ziyang	5364	12.48	21626	3199	1.85
阿坝藏族羌族自治州	Aba	1067	0.51	2944	3792	0.65
甘孜藏族自治州	Ganzi	686	1.95	5078	17736	6.81
凉山彝族自治州	Liangshan	2075	3.99	17512	11950	2.72
按资质等级分	**Grouped by Qualification Grade**					
总承包企业	The General Contractor	283905	707.48	1607144	8052	3.54
特级企业	The Special Grade	23669	130.28	329980	54400	21.48
一级企业	The first Grade	101796	311.31	666032	11434	5.34
二级企业	The Second Grade	103548	183.36	409240	4310	1.93
三级企业及其他	The Third Grade & Other	54892	82.53	201892	5005	2.05
专业承包企业	The Specialized Contractor	26355	67.27	146655	7469	3.43
一级企业	The first Grade	16047	52.21	102594	18464	9.40
二级企业	The Second Grade	5977	8.16	27612	3244	0.96
三级企业	The Third Grade	4331	6.90	16449	2954	1.24

15-7 各市(州)建筑业企业总产值(2012年)

单位：万元

市(州)及分组	Region and Group	建筑业总产值 Total Output Value	国有企业 State-owned	中央企业 Central	地方企业 Local	集体企业 Collective Owned
全　省	**Sichuan**	**62926651**	**14033097**	**5116949**	**8916148**	**3597152**
按市(州)分	**Grouped by Region**					
成都市	Chengdu	33282864	10726265	4586744	6139522	977015
自贡市	Zigong	1242434	245211		245211	59172
攀枝花市	Panzhihua	1644819	31748	5531	26217	30298
泸州市	Luzhou	2938168	350270		350270	364746
德阳市	Deyang	2136726	569347	120111	449236	33388
绵阳市	Mianyang	2275935	473397	303294	170103	6913
广元市	Guangyuan	765481	23627	3040	20587	114898
遂宁市	Suining	1305440	13004		13004	230677
内江市	Neijiang	1255579	122600	98229	24370	74158
乐山市	Leshan	1065775	28403		28403	19715
南充市	Nanchong	3557634	542962		542963	329463
眉山市	Meishan	1232023	45229		45229	38933
宜宾市	Yibin	1458229	112502		112502	90522
广安市	Guangan	2253959	187978		187978	236878
达州市	Dazhou	2000019	166057		166057	371080
雅安市	Yaan	158650	994		994	5369
巴中市	Bazhong	2384845	281967		281967	397852
资阳市	Ziyang	1300978	82951		82951	198119
阿坝藏族羌族自治州	Aba	76018	17046		17046	11926
甘孜藏族自治州	Ganzi	40029	6215		6215	6030
凉山彝族自治州	Liangshan	551046	5324		5324	
按新资质等级分	**Grouped by Qualification Grade**					
总承包企业	The General Contractor	55936282	12278628	3830319	8448309	3099006
特级企业	The Special Grade	7456060	1448897		1448897	
一级企业	The first Grade	21297042	9192241	3825598	5366643	409585
二级企业	The Second Grade	19043548	1352272	4721	1347551	1187483
三级企业	The Third Grade	8139632	285218		285219	1501938
专业承包企业	The Specialized Contractor	6471170	1746191	1286630	459562	483322
一级企业	The first Grade	2823065	1165612	1039517	126096	53282
二级企业	The Second Grade	2211852	440716	239581	201135	205827
三级企业及其他	The Third Grade & Other	1436253	139863	7533	132331	224213
劳务分包企业	The Subcontractor of Labour Services	519199	8278		8278	14823
一级企业	The first Grade	367069	3356		3356	5666
二级企业	The Second Grade	107389	3901		3901	2450
不分等级	Not Classified by Grade	44741	1021		1021	6707

Total Output Value of Construction Enterprises by Region(2012)

(10 000 yuan)

其他企业 Other	# 股份有限公司 Share-holding Corporations	# 其他有限责任公司 Other Ltd. Company	建筑工程产值 Output Value of Construction	安装工程产值 Output Value of Installation	其它产值 Other Output Value	房屋工程和土木工程 Output Value of Building & Civil Engineering	# 房屋工程建筑业 Building	# 土木工程建筑业 Civil Engineering
45296402	**7926968**	**21444133**	**55807539**	**4980998**	**2138114**	**58031285**	**39817913**	**18213372**
21579582	5803343	11055675	29889630	2434400	958834	29966479	16056695	13909784
938051	199278	371849	1075507	101822	65105	1165472	1057013	108459
1582773		1474286	1472603	114064	58152	1561261	267985	1293276
2223153	5908	1050374	2724615	85458	128096	2771655	2677997	93658
1533991	34018	878457	1844133	198786	93807	1960107	1450141	509966
1795625	39950	807739	1985189	218043	72703	2135797	1927768	208029
626956	10854	170749	717410	28513	19557	705183	604677	100506
1061759	231355	308933	1155220	70717	79504	1243330	1153971	89359
1058822	308611	436308	1092264	144020	19296	1141289	919100	222189
1017657	161256	435448	947159	74328	44287	992947	948811	44136
2685209	626474	722643	3124563	278885	154185	3475651	3097705	377946
1147861	55879	339178	1147197	32803	52023	1171809	1057282	114527
1255205	166658	375652	1295978	101388	60863	1391938	1248604	143334
1829103	7300	234887	1672293	560393	21274	2204962	1590781	614181
1462882	86859	820373	1889273	75630	35116	1945076	1861965	83111
152287	2240	98318	140336	9891	8423	119180	116737	2443
1705026	118755	974254	1878882	301642	204320	2255540	2131812	123728
1019908	28479	723545	1138392	119900	42686	1204654	1081769	122885
47046		27026	62604	7408	6007	68720	64927	3793
27784	3	15526	39467	445	116	39627	26648	12979
545722	39747	122914	514824	22462	13760	510608	475525	35083
40558648	7808109	18890513	50746586	3603065	1586631	54081407	38392492	15688915
6007163	3646747	2343972	7123057	280500	52503	7456061	2416123	5039938
11695216	2203838	7308413	19484653	1377337	435052	20322673	12492904	7829769
16503793	1396896	6730868	17015986	1383522	644040	18456199	16312028	2144171
6352476	560629	2507260	7122890	561706	455036	7846474	7171437	675037
4241657	89651	2394929	4708317	1335830	427023	3615671	1151936	2463735
1604172	16798	1182110	2240297	420233	162535	1774114	55592	1718522
1565309	49609	776937	1620935	465765	125152	1186372	790900	395472
1072176	23244	435882	847085	449832	139336	655184	305443	349741
496098	29208	158691	352636	42103	124460	334208	273486	60722
358047	25442	114239	249556	29434	88079	259349	211563	47786
101038	2776	37958	73025	8591	25773	60759	54239	6520
37013	990	6494	30055	4078	10608	14102	7685	6417

15-7 续表 continued

单位：万元 (10 000 yuan)

市(州)及分组	Region and Group	建筑安装业 Output Value of Installation	建筑装饰和其他建筑业 Output Value of Decoration and other Construction	建筑装饰装修业产值 Output Value of Decoration & Fitting up	竣工产值 Output Value of Completed Construction
全 省	**Sichuan**	**3274314**	**1621375**	**2185807**	**33341725**
按市(州)分	**Grouped by Region**				
成都市	Chengdu	2340476	976232	997238	13382335
自贡市	Zigong	57248	19715	28209	805927
攀枝花市	Panzhihua	56933	26626	69927	798284
泸州市	Luzhou	122871	43642	52766	2071193
德阳市	Deyang	111100	65519	45899	1509104
绵阳市	Mianyang	84513	55626	68678	1217369
广元市	Guangyuan	12566	47732	21703	549842
遂宁市	Suining	12020	50091	65174	1005644
内江市	Neijiang	71029	43261	50158	909106
乐山市	Leshan	41353	31475	24590	652512
南充市	Nanchong	40501	41482	222939	2557051
眉山市	Meishan	25543	34671	8398	874097
宜宾市	Yibin	19725	46564	42752	955863
广安市	Guangan	48633	364	89269	1499661
达州市	Dazhou	41399	13544	17484	1370208
雅安市	Yaan	38061	1410	19020	116637
巴中市	Bazhong	47951	81354	342189	1803404
资阳市	Ziyang	54658	41667	11016	854263
阿坝藏族羌族自治州	Aba	7299		1689	63922
甘孜藏族自治州	Ganzi		401	1808	25942
凉山彝族自治州	Liangshan	40439		4902	319363
按新资质等级分	**Grouped by Qualification Grade**				
总承包企业	The General Contractor	1707131	147745	1366464	29985373
特级企业	The Special Grade			19619	1649204
一级企业	The first Grade	970714	3654	382315	10066755
二级企业	The Second Grade	510042	77307	748843	12246117
三级企业	The Third Grade	226374	66784	215687	6023297
专业承包企业	The Specialized Contractor	1550378	1305445	797477	3355811
一级企业	The first Grade	572890	476062	291494	1090942
二级企业	The Second Grade	565333	460469	308813	1410279
三级企业及其他	The Third Grade & Other	412155	368914	197170	854590
劳务分包企业	The Subcontractor of Labour Services	16806	168185	21866	542
一级企业	The first Grade	7965	99757	16365	
二级企业	The Second Grade	1199	45431	4680	
不分等级	Not Classified by Grade	7642	22998	822	542

15-8 各市(州)建筑业企业主要财务指标(2012年)
Main Finance Indicators of Construction Enterprises by Region(2012)

单位：万元 (10 000 yuan)

市(州)及分组	Region and Group	资产合计 Total Assets	负债合计 Total Liabilities	所有者权益合计 Total Creditor's Equity	利润总额 Total Profits	税金总额 Total Tax	利税总额 Total Pre-tax Profits
全　省	**Sichuan**	**53605665**	**37798436**	**15718939**	**2022142**	**2104559**	**4126701**
按市(州)分	**Grouped by Region**						
成都市	Chengdu	34868477	27026741	7779999	969943	1128286	2098230
自贡市	Zigong	761121	488150	272972	36287	46451	82738
攀枝花市	Panzhihua	2399017	1692850	706168	-81322	58085	-23237
泸州市	Luzhou	1066683	453215	607977	110482	89308	199789
德阳市	Deyang	2120985	1604954	516031	37836	67536	105371
绵阳市	Mianyang	1923417	1290370	632688	72593	70416	143008
广元市	Guangyuan	688095	399420	286667	26845	27727	54573
遂宁市	Suining	997209	445072	541772	78609	47880	126489
内江市	Neijiang	649109	401007	246982	25863	45064	70927
乐山市	Leshan	1575274	595995	979279	87960	34701	122662
南充市	Nanchong	1150481	541111	602949	131610	112133	243742
眉山市	Meishan	740019	301676	438342	77834	47362	125196
宜宾市	Yibin	971000	589910	380139	43226	43818	87044
广安市	Guangan	1000772	385774	614998	155607	72046	227653
达州市	Dazhou	552806	215996	336810	106623	80472	187095
雅安市	Yaan	122310	52046	70425	2523	5787	8310
巴中市	Bazhong	584829	364380	220449	77390	70699	148089
资阳市	Ziyang	731965	449080	282885	49947	40603	90551
阿坝藏族羌族自治州	Aba	157245	105343	51902	3506	4264	7770
甘孜藏族自治州	Ganzi	67012	31641	35371	2588	1291	3879
凉山彝族自治州	Liangshan	477839	363705	114134	6192	10630	16822
按资质等级分	**Grouped by Qualification Grade**						
总承包企业	The General Contractor	46524794	33659090	12809950	1870646	1883783	3754429
特级企业	The Special Grade	13181923	11190220	1991703	495337	370213	865549
一级企业	The first Grade	16515869	12550951	3962544	417567	646371	1063938
二级企业	The Second Grade	12877833	7871291	4965530	635988	601885	1237874
三级企业	The Third Grade	3949169	2046628	1890173	321755	265314	587068
专业承包企业	The Specialized Contractor	6723594	4017878	2673180	134635	199372	334008
一级企业	The first Grade	2488250	2043946	444305	43994	90581	134575
二级企业	The Second Grade	1926577	1245947	660557	71175	63853	135028
三级企业及其他	The Third Grade & Other	2308767	727985	1568318	19466	44938	64405
劳务分包企业	The Subcontractor of Labour Services	357277	121468	235809	16860	21405	38265
一级企业	The first Grade	283131	80084	203047	11756	16009	27765
二级企业	The Second Grade	36476	15541	20935	4580	4026	8606
不分等级	Not Classified by Grade	37670	25843	11827	524	1370	1894

15-9 各市(州)总承包和专业承包建筑业企业资产和负债(2012年)
Assets and Liabilities of General and Professional Contractor Construction Enterprises by Region(2012)

单位：万元 (10 000 yuan)

市(州)及分组	Region and Group	年末资产合计 Total Assets (year-end)	# 流动资产 Circulating Funds	# 固定资产 Fixed Assets	年末负债合计 Total Liabilities (year-end)	# 流动负债 Liquid Liabilities	# 长期负债 Long-term Liabilities
全 省	**Sichuan**	**53245685**	**43210589**	**4507452**	**37675201**	**34788531**	**1967848**
按市(州)分	**Grouped by Region**						
成都市	Chengdu	34847218	28909956	2094843	27012652	25197622	1458090
自贡市	Zigong	741826	626330	83683	476475	458547	7601
攀枝花市	Panzhihua	2398258	1913004	268977	1692516	1559352	121785
泸州市	Luzhou	1064945	802127	211868	452871	322415	17269
德阳市	Deyang	2099752	1682330	140884	1591830	1520454	49871
绵阳市	Mianyang	1904768	1585399	163897	1281950	1234202	24209
广元市	Guangyuan	676421	528829	99792	394064	343196	10542
遂宁市	Suining	997208	732472	163191	445072	346925	25038
内江市	Neijiang	646121	521720	85681	399973	371789	14735
乐山市	Leshan	1574214	1355590	127325	595772	537260	51109
南充市	Nanchong	1109580	736346	200091	519547	400937	33950
眉山市	Meishan	544279	417200	87402	263549	219956	30678
宜宾市	Yibin	958732	756915	99642	585173	533941	30303
广安市	Guangan	999680	692931	229276	385266	321470	23589
达州市	Dazhou	548217	328238	134912	214049	190155	9723
雅安市	Yaan	122290	75811	31732	52046	46900	2891
巴中市	Bazhong	583092	441564	105294	364008	287635	22187
资阳市	Ziyang	727585	594888	78864	447909	419133	11075
阿坝藏族羌族自治州	Aba	157245	81609	31774	105342	91957	12753
甘孜藏族自治州	Ganzi	66415	46910	13046	31432	31250	182
凉山彝族自治州	Liangshan	477839	380420	55278	363705	353435	10268
按资质等级分	**Grouped by Qualification Grade**						
总承包企业	The General Contractor	46524424	37648263	3829733	33658960	31052630	1863665
特级企业	The Special Grade	13181923	11176174	447934	11190220	10188465	1001755
一级企业	The first Grade	16515869	13359312	1244988	12550951	11884532	528199
二级企业	The Second Grade	12877463	10182788	1449473	7871161	7229667	251151
三级企业	The Third Grade	3949169	2929989	687338	2046628	1749966	82560
专业承包企业	The Specialized Contractor	6721261	5562326	677719	4016241	3735900	104183
一级企业	The first Grade	2485918	2220525	179731	2042309	1986540	20201
二级企业	The Second Grade	1926576	1473874	222233	1245947	1129789	51710
三级企业及其他	The Third Grade & Other	2308767	1867927	275755	727985	619571	32272

15-10 各市(州)总承包和专业承包建筑业企业所有者权益和利税(2012年)

Creditor's Equity and Pre-tax Profits of Construction Enterprises of General Constractors and professional Constractors by Region(2012)

单位：万元 (10 000 yuan)

市(州)及分组	Region and Group	所有者权益 Creditors Equity	利税总额 Total Pre-tax Profits	利润总额 Total Profits	税金总额 Total Taxes	# 工程结算税金及附加 Taxes and Extra Charges on Project Settlement Accounts
全　省	**Sichuan**	**15482194**	**4088055**	**2005040**	**2083015**	**1894708**
按市(州)分	**Grouped by Region**					
成都市	Chengdu	7772832	2096502	969364	1127137	1004424
自贡市	Zigong	265350	81381	35302	46079	38966
攀枝花市	Panzhihua	705741	-23288	-81348	58060	53601
泸州市	Luzhou	606581	198587	109790	88797	84205
德阳市	Deyang	507922	103796	37782	66014	64641
绵阳市	Mianyang	622458	137545	69615	67929	63496
广元市	Guangyuan	280349	53286	26388	26899	24738
遂宁市	Suining	541772	126489	78609	47880	44205
内江市	Neijiang	245028	69724	25474	44250	42443
乐山市	Leshan	978442	122480	87905	34576	32826
南充市	Nanchong	583612	232033	127185	104847	99403
眉山市	Meishan	280732	119914	75594	44320	39738
宜宾市	Yibin	372609	85554	42342	43213	39793
广安市	Guangan	614414	227502	155551	71950	69440
达州市	Dazhou	334167	185449	105919	79530	71316
雅安市	Yaan	70405	8302	2520	5782	5519
巴中市	Bazhong	219084	146483	76186	70298	63409
资阳市	Ziyang	279676	87868	48582	39286	37324
阿坝藏族羌族自治州	Aba	51902	7770	3506	4264	3769
甘孜藏族自治州	Ganzi	34984	3856	2583	1274	1209
凉山彝族自治州	Liangshan	114134	16822	6191	10630	10243
按资质等级分	**Grouped by Qualification Grade**					
总承包企业	The General Contractor	12809710	3754309	1870546	1883763	1708265
特级企业	The Special Grade	1991703	865549	495337	370213	271681
一级企业	The first Grade	3962544	1063938	417567	646371	629686
二级企业	The Second Grade	4965290	1237754	635887	601865	564171
三级企业	The Third Grade	1890173	587068	321755	265314	242727
专业承包企业	The Specialized Contractor	2672485	333746	134494	199252	186444
一级企业	The first Grade	443610	134314	43852	90462	87065
二级企业	The Second Grade	660557	135027	71175	63853	58696
三级企业及其他	The Third Grade & Other	1568318	64405	19467	44937	40683

15-11 各市(州)建筑业企业劳动生产率(2012年)
Labor Productivity of Construction Enterprises by Region(2012)

单位:元/人 (yuan/person)

市(州)及分组	Region and Group	按总产值计算的劳动生产率 Overall Labor Productivity in Terms of Total Output Value	国有企业 State -owned	中央企业 Central	地方企业 Local	集体企业 Colle-ctive Owned	其他企业 Other	# 股份有限公司 Share-holding Corporations	# 其他有限责任公司 Other Ltd. Company
全　省	**Sichuan**	**248614**	**288965**	**380465**	**253919**	**199516**	**242854**	**341090**	**242055**
按市(州)分	**Grouped by Region**								
成都市	Chengdu	288000	286399	370024	245028	284678	288956	434086	257511
自贡市	Zigong	162614	183362		183362	140954	159443	123729	209010
攀枝花市	Panzhihua	464809	59971	13863	201051	310427	543591		676899
泸州市	Luzhou	171283	252374		252374	149682	166788	8440000	148289
德阳市	Deyang	187314	439548	959352	383930	126949	155753	391914	169895
绵阳市	Mianyang	221261	566467	946610	330104	248683	190564	257743	206019
广元市	Guangyuan	176224	338494	271393	351319	164634	175318	241207	194143
遂宁市	Suining	193112	316399		316399	128447	215673	171934	253286
内江市	Neijiang	175837	274150	497112	97637	139002	171889	137730	222776
乐山市	Leshan	225446	232237		232237	94557	231464	301188	239205
南充市	Nanchong	252127	358344		358344	312583	232661	359052	244260
眉山市	Meishan	187024	239689		239689	265935	183587	184420	156433
宜宾市	Yibin	162356	271809		271809	70920	172149	177750	164752
广安市	Guangan	231743	203088		203088	180630	244235	317391	242202
达州市	Dazhou	221803	250387		250387	188451	229120	241141	223231
雅安市	Yaan	144939	174456		174456	123712	145659	57436	145505
巴中市	Bazhong	379360	490974		490974	318281	382104	564694	325141
资阳市	Ziyang	202141	149948		149948	205050	207442	343948	209814
阿坝藏族羌族自治州	Aba	116664	202447		202447	196150	92867		166311
甘孜藏族自治州	Ganzi	151623	167973		167973	155013	147706	1765	172900
凉山彝族自治州	Liangshan	396237	63310		63310		417666	267114	546285
按资质等级分	**Grouped by Qualification Grade**								
总承包企业	The General Contractor	253684	278090	373555	249214	186943	253864	349920	247839
特级企业	The Special Grade	334976	248593		248593		365619	694182	210707
一级企业	The first Grade	296052	285257	373685	244084	295644	305143	284007	325712
二级企业	The Second Grade	214461	267501	293230	267419	172695	214709	190921	212575
三级企业	The Third Grade	217038	272806		272832	180615	225729	282532	228038
专业承包企业	The Specialized Contractor	288867	406611	402638	418163	360795	252964	185077	236791
一级企业	The first Grade	299174	429054	420653	513627	1026618	240592	167984	201029
二级企业	The Second Grade	279038	383832	339206	455160	279201	259101	252978	294027
三级企业及其他	The Third Grade & Other	285027	325566	418478	321503	407290	264154	123441	273899
劳务分包企业	The Subcontractor of Labour Services	50841	71792		71792	131766	49687	66126	70311
一级企业	The first Grade	49198	63440		63440	86773	48761	63526	63707
二级企业	The Second Grade	66830	67027		67027	288235	65601	99125	106984
不分等级	Not Classified by Grade	39099	243000		243000	173318	33605	75000	59574

主要统计指标解释

建筑业统计单位　指从事房屋、构筑物建造和设备安装活动的法人企业。建筑业法人企业应具有建筑业资质并能够独立核算，应同时具备以下条件：①依法成立，有自己的名称、组织机构和场所，能够承担民事责任；②独立拥有和使用资产，承担负债，有权与其他单位签订合同；③独立核算盈亏，能够编制资产负债表。

建筑业总产值　是以货币形式表现的建筑业企业在一定时期内生产的建筑业产品和提供的服务的总和。建筑业总产值包括：

(1)建筑工程产值：指列入建筑工程预算内的各种工程价值。

(2)安装工程产值：指设备安装工程价值，不包括被安装设备本身价值。

(3)其他产值：指建筑业总产值中除建筑工程、安装工程以外的产值。包括房屋构筑物修理产值、非标准设备制造产值、总包企业向分包企业收取的管理费以及不能明确划分的施工活动所完成的产值。

建筑业增加值　指建筑业企业在报告期内以货币形式表现的建筑业生产经营活动的最终成果。

房屋施工面积　指在报告期内施工的全部房屋建筑面积，包括本期新开工的房屋面积、上期施工跨入本期继续施工的房屋面积、上期停缓建在本期恢复施工的房屋面积、本期竣工的房屋面积及本期施工后又停缓建的房屋面积。

房屋竣工面积　指报告期内房屋建筑按照设计要求已全部完工，达到住人和使用条件，经验收鉴定合格或达到竣工验收标准，可正式移交使用的各栋房屋建筑面积的总和。

Explanatory Notes on Main Statistical Indicators

Statistical Unit in Construction refers to corporate enterprise engaged in the construction of buildings and structures and in the installation of equipment. A corporate construction enterprise should meet the following 3 requirements: ①being set up in line with relevant legal basis, having its full name, organization and location, and capable of taking civil liabilities; ②independently possessing and using its assets and assuming its liabilities, and entitled to sign contracts with other institutions; and ③ making independent accounts of its profits and losses, and capable of compiling its own balance sheet.

Gross Output Value of Construction refers to total of construction products, expressed in money terms, completed by construction and installation enterprises during a given period of time. It includes:

(1) Output value of construction projects, that is the value of projects covered by the project budgets;

(2) Output value of installation projects, that is the value of the installation of equipment, (excluding the value of the equipment to be installed);

(3) Output value of others, that is the output value of construction industry excluding that of construction projects and installation projects. It includes: output value of repair of buildings and structures; output value of non-standard equipment manufacturing; overhead expenses received by contracted enterprises to the sub-contracted enterprises and the completed output value of construction activities that have no clear definition.

Value-added of Construction refers to the final result of the activities of production and management of construction industry in monetary terms in the reference period.

Floor Space of Buildings refers to floor space of buildings under construction in the reference period, including the space of buildings for which construction has newly started; buildings for which construction has started earlier and is continuing during the reference period; and buildings for which construction has been suspended earlier but has restarted during the reference period; buildings completed during the reference period; and buildings under construction but construction has subsequently been during the reference period.

Floor Space of Buildings Completed refers to the total floor space of each building that has been completed in the reference period in accordance with the requirements of the design, up to the standard for being resided in and put into use, or has been checked and accepted by departments concerned as qualified ones or up to the standard of buildings completed and can be handed over for putting into use.

16

交通运输、邮电和通讯

16-1 交通运输业基本情况
Basic Conditions of Transportation

指　标		Item		2008	2009	2010	2011	2012
运输线路长度	**(万公里)**	**Length of Transportation Routes**	**(10 000 km)**					
铁路总里程		Railways in Operation		0.3	0.3	0.4	0.4	0.4
公路		Highways		22.4	24.9	26.6	28.3	29.3
内河		Navigable Inland Waterways		1.0	1.0	1.1	1.2	1.2
民航		Total Civil Aviation Routes		27.9	28.0	37.5	40.7	48.8
客运量总计	**(万人)**	**Total Passenger Traffic**	**(10 000 persons)**	**206121**	**221870**	**242732**	**255665**	**280256**
铁路		Railways		5774	5738	6829	7482	7997
公路		Highways		196055	211288	230988	242615	266338
水运		Waterways		2739	2897	2733	3083	3276
民用航空		Civil Aviation		1553	1947	2182	2485	2645
旅客周转量总计	**(亿人公里)**	**Total Passenger-Kilometers**	**(100 million passenger-km)**	**1187**	**1272**	**1235**	**1556**	**1740**
铁路		Railways		191	195	221	252	303
公路		Highways		757	771	802	901	1005
水运		Waterways		3	3	2	3	3
民用航空		Civil Aviation		236.0	303.0	208.8	400.2	430.2
货运量总计	**(万吨)**	**Total Freight Traffic**	**(10 000 tons)**	**114513**	**118094**	**133364**	**153827**	**174451**
铁路		Railways		7681	7454	7093	7651	8867
公路		Highways		103068	106472	121017	139771	158396
水运		Waterways		3736	4136	5218	6367	7151
民用航空		Civil Aviation		28	32	36	37	37
货物周转量总计	**(亿吨公里)**	**Total Freight Ton-kilometers**	**(100 million ton-km)**	**1513**	**1526**	**1710**	**1909**	**2254**
铁路		Railways		610	611	642	673	818
公路		Highways		828	851	985	1139	1325
水运		Waterways		70	57	75	90	103
民用航空		Civil Aviation		5	7	8	8	7
民用汽车拥有量	(万辆)	Number of Civil Motor Vehicles Owned	(10 000 units)	224.1	289.0	357.9	424.3	495.0
载客汽车辆数	(万辆)	Number of Buses and Cars	(10 000 units)	166.6	221.0	281.6	341.5	406.1
载货汽车辆数	(万辆)	Number of Trucks	(10 000 units)	49.8	61.2	70.4	77.5	83.8
其他机动车	(万辆)	Number of Other Motor Vehicles	(10 000 units)	7.7	6.6	5.9	5.3	5.1
公路部门营运车辆	(万辆)	Number of Motor Vehicles Owned by Highway Departments	(10 000 units)	50.8	67.6	62.0	65.7	66.8
民用运输船舶拥有量	(艘)	Number of Civil Transport Vessels	(unit)	9426	8240	8414	8692	8885
机动船	(艘)	Motor Vessels	(unit)	7452	7225	7350	7502	7490
驳船	(艘)	Barges	(unit)	1974	1015	1064	1190	1395

16-2 各市(州)公路运输情况(2012年)
Main Indicators of Road Transportation by Region(2012)

市(州)	Region	公路总里程(公里) Total Length of Highway (km)	等级公路里程(公里) Expressway and Class I to IV Highway (km)	公路旅客周转量(万人公里) Passenger-kilometers of Highway (10 000 passenger-km)	公路货物周转量(万吨公里) Freight Ton-kilometers of Highway (10 000 ton-kilometers)
全　省	**Sichuan**	**293499**	**234293**	**10047117**	**13251917**
成都市	Chengdu	22214	20269	3119239	2367464
自贡市	Zigong	6321	4871	268361	513997
攀枝花市	Panzhihua	4663	3032	135267	568533
泸州市	Luzhou	13098	8124	884122	644764
德阳市	Deyang	8074	7252	284821	622991
绵阳市	Mianyang	19446	12494	516302	609244
广元市	Guangyuan	17206	11246	391551	613412
遂宁市	Suining	8713	7560	221893	480759
内江市	Neijiang	10020	6321	335709	571498
乐山市	Leshan	9281	8054	330419	827747
南充市	Nanchong	20564	17105	604014	508448
眉山市	Meishan	7359	5584	231861	476624
宜宾市	Yibin	18032	14746	520677	377278
广安市	Guangan	9777	8388	235215	328092
达州市	Dazhou	19311	16475	296296	1117613
雅安市	Yaan	6127	5510	105575	505142
巴中市	Bazhong	16070	15309	300781	222928
资阳市	Ziyang	14555	10934	374016	575467
阿坝藏族羌族自治州	Aba	12864	12018	291471	593255
甘孜藏族自治州	Ganzi	27141	22566	264407	107943
凉山彝族自治州	Liangshan	22665	16439	335120	618717

16-3 邮电业务基本情况
Basic Conditions of Post and Telecommuniation Services

指　标		Item		2008	2009	2010	2011	2012
邮电业务总量	(亿元)	Business Volume of Post and Telecommunication Service	(100 milion yuan)				606.7	693.4
# 邮政业务总量	(亿元)	Business Volume of Post Service	(101 milion yuan)	40.5	48.5	47.8	57.2	73.2
电信业务总量	(亿元)	Business Volume of Telecommunication Service	(102 milion yuan)				549.5	620.2
邮电局、所	(处)	Number of Post & Telecommunication Offices	(unit)	4909	4975	4826	4790	4947
邮路长度	(万公里,单程)	Length of Postal Routes	(10 000 km,one way)	17.73	20.76	9.18	9.81	11.52
邮运汽车	(辆)	Postal Cars	(unit)	712	748	738	737	731
函件	(万件)	Number of Letters	(10 000 pcs)	14849	16262	22546	18801	15766
包件	(万件)	Number of Parcels	(10 000 pcs)	229	277	240	263	265
报刊期发数	(万份)	Number of Newspapers and Magazines Circulation	(10 000 copies)	869	598	573	626	658
特快专递	(万件)	Pieces of Express Mail Services	(10 000 pcs)	4222	4691	6651	10638	13265
年末固定电话	(万户)	Number of Fixed Telephones Subscribers(year-end)	(10 000 subscribers)	1690	1551	1419	1383	1347
# 农村固定电话	(万户)	Number of Rural Fixed Telephones(year-end)	(10 000 subscribers)	608	566	524	460	419
年末移动电话用户	(万户)	Number of Mobile Telephones Subscribers(year-end)	(10 000 subscribers)	2837	3409	4156	4800	5498
长途交换机容量	(万路端)	Capacity of Long-distance Telephone Exchanges	(10 000 lines)	65.00	71.00	53.00	34.00	34.00

注：2010年起邮路长度不含邮政速递公司自营邮路；特快专递包括邮政公司和其他快递公司数据。

a)Postal routes exclude express delivery company's own length postman since 2010. The data of Pieces of express mail services comes from the post offices and other express delivery companies.

主要统计指标解释

铁路营业里程 又称营业长度，指投入客货运输营业或临时营业的线路长度。

公路里程 指报告期末公路的实际长度。统计范围：包括城间、城乡间、乡（村）间能行驶汽车的公共道路，公路通过城镇街道的里程，公路桥梁长度、隧道长度、渡口宽度。不包括城市街道里程，断头路里程，农（林）业生产用道路里程，工（矿）企业等内部道路里程。统计原则：按已竣工验收或交付使用的实际里程计算；两条或多条公路共同经由同一路段的重复里程，只计算一次。

内河航道里程 指报告期末在江河、湖泊、水库、渠道和运河水域内，船舶、排筏在不同水位期可以通航的实际航道里程数。内河航道里程按主航道中心线实际长度计算。两省以河为界的航道里程，双方均按一半计算。

民用航空航线里程 指统计期间内全部民用航空航线的航线总长度。航线长度指民用航空航线的计费距离。计算航线里程可按重复和不重复两种方法，前者是指各航线长度相加的总和；后者则要扣除各航线之间相同航段重复计算的部分。

货(客)运量 指在一定时期内，各种运输工具实际运送的货物重量(旅客数量)。它是反映运输业为国民经济和人民生活服务的数量指标，也是制定和检查运输生产计划、研究运输发展规模和速度的重要指标。货运按吨计算，客运按人计算。货物不论运输距离长短、货物类别，均按实际重量统计。旅客不论行程远近或票价多少，均按一人一次客运量统计；半价票、小孩票也按一人统计。

货物(旅客)周转量 指在一定时期内，由各种运输工具运送的货物(旅客)数量与其相应运输距离的乘积之总和。该指标反映运输业生产的总成果，也是编制和检查运输生产计划，计算运输效率、劳动生产率以及核算运输单位成本的主要基础资料。计算货物周转量通常按发出站与到达站之间的最短距离，也就是计费距离计算。计算公式为：

货物(旅客)周转量=Σ〔货物(旅客)运输量×运输距离〕

邮电业务总量 指以货币形式表示的邮电通信企业为社会提供各类邮电通信服务的总数量，是用于观察邮电通信业务发展变化总趋势的综合性总量指标，分别按邮政业务总量和电信业务总量统计。邮电业务总量是以各类业务的实物量分别乘以相应的不变单价，求出各类业务的货币量再加总求得。

移动电话用户 指在电信运营企业营业网点办理开户登记手续，通过移动电话交换机进入移动电话网，占用移动电话号码的各类电话用户。包括各类签约用户、智能网预付费用户、无线上网卡用户。

城市电话用户 指按行政区划属于中央直辖市、省辖市、地级市、县级市的市区、市郊区及县城区范围内的电话用户数。包括分布在农村地区但以县团级以上建制的独立工矿区、林区、驻军的电话用户。

农村电话用户 指按行政区划属于城市范围以外的乡（镇）、村电话用户。

住宅电话用户 指私人付费或安装在居民住宅并按照私人或住宅电话用户登记注册和收费的各类电话用户。

Explanatory Notes on Main Statistical Indicators

Length of Railways in Operation refers to the total length of the trunk line for passenger and freight transportation in full operation or temporary operation.

Length of Highways refers to the actual length of highways at the end of reference period. It covers public roads running vehicles among cities, city and rural areas, township (villages), highways passing through streets at small cities and towns, length of bridges and tunnels, width of ferry piers. It does not include the length of streets in cities, dead end highways, the length of streets built for agricultural (forest) production and inside factories (mines). It can only be calculated with the actual mileage having been completed, checked and accepted or put into operation. If two or more highways go the same section of the way, the length of the section is only calculated for once.

Length of Navigable Inland Waterways refers to the actual length of waterways at the end of reference period that are open to navigation for ships and rafts at different water levels in the water areas of the natural rivers, lakes, reservoirs, canals, and ditches. It is calculated according to the actual length of central line of the main channels. If two provinces share one river as the border, the length of waterways will be half divided for each province..

Length of Civil Aviation Routes refers to the length of all routes for civil aviation flights, which is used to account the freight, during the period of statistics.. There are usually two ways to calculate the route length: duplicated calculation and non-duplicated calculateion, the former is the sum of length of all civil aviation routes, and the latter should deduct the duplication length of same route among all routes.

Freight (Passenger) Traffic refers to the volume of freight (passenger) transported with various means. Freight transport is calculated in tons and passenger traffic is calculated in the number of persons. Despite the type of freight and traveling distance, the freight transport is calculated in the actual weight of the goods: and despite the traveling distance and ticket price, the passenger traffic is calculated by the principle that one person can be counted only once in one travel. The passengers who travel with a half price ticket or a child ticket is also calculated as one person. The freight (passenger) traffic provides a quantitative measure to show how the transport industry serves the national economy and people, and is also an important indicator for planning the transport industry and for studying the development scale and speed of the transport industry.

Freight Ton-kilometers (Passenger-kilometers) refer to the sum of the products of the volume of transported cargo (passengers) multiplying by the transport distance. It is an important indicator to reflect the achievement of transportation industry. Normally, the shortest distance between the departure station and the destination station (i.e., the payable distance) is the basis to calculate the freight ton-kilometers. This is an important indicator to show the total results of the transport industry, to prepare and examine the transport plan and to measure the efficiency, the labour productivity and the unit cost of transport. The formula is as follows:

Freight Ton-kilometers (Passenger-kilometers) =∑{Freight (Passenger) Traffic x Distance of Transportation}

Measuring unit: ton-kilometer (person-kilometer)

Business Volume of Post and Telecommunications refers to the total amount of postal services, expressed in value terms, provided by the post and telecommunications departments for society. This indicator reflects the overall results of development of postal and telecommunication services. It can be classificated as postal services and and telecommunication services. Business volume of post and telecommunications is the sum of all services in kind multiplying with the unit price (constant price) to get the total business value.

Mobile Telephone Subscribers refer to persons who have gone through registration procedures in the operation points of enterprises engaged in telecommunications and are hence connected with the mobile telephone communication network through the mobile telephone switchboards and occupy mobile phone numbers. Included are various types of subscriber, prepaid users for intelligent network and wireless network card users.

Urban Telephone Subscribers refer to the number of telephone subscribers, located at the municipalities directly under the Central Government, cities under the jurisdiction of province, cities at prefecture level, downtown and suburb of city at county level town and county towns according to the administrative division, including subscribers in rural mineral area, forest area, military area that are at or above county level.

Rural Telephone Subscribers refer to telephone subscribers, located at the towns and villages outside the coverage of urban areas according to the administrative division.

Household Telephone Subscribers refer to all kinds of subscribers with telephone sets paid privately or installed in the dwelling units of residents, and registered as private subscribers or residence subscribers for payment.

17

国内贸易

17-1 社会消费品零售总额
Total Retail Sales of Consumer Goods

单位：万元 (10 000 yuan)

指　标	Item	2011	2012	市(州)	Region	2011	2012
全 省	**Sichuan**	**80065836**	**92686060**	**全 省**	**Sichuan**	**80065836**	**92686060**
按销售单位所在地分	Grouped by Location of Retailers			成都市	Chengdu	28725584	33292178
				自贡市	Zigong	2961548	3416729
1.城镇	Retail Sales in Town	64575533	74968927	攀枝花市	Panzhihua	1714903	1980599
2.乡村	Retail Sales in Rural	15490303	17717133	泸州市	Luzhou	3136741	3647174
按行业分	Grouped by Industry of Retailers			德阳市	Deyang	3571993	4137652
				绵阳市	Mianyang	5005458	5795063
1.批发业	Wholesale Trade	6067721	7761678	广元市	Guangyuan	1751307	2015970
限额以上	above Designated Size	2277520	4082956	遂宁市	Suining	2429553	2805351
限额以下	under Designated Size	3790201	3678723	内江市	Neijiang	2429113	2805246
2.零售业	Retail Trade	60520345	69332169	乐山市	Leshan	3273707	3749896
限额以上	above Designated Size	26211127	36274824	南充市	Nanchong	4040025	4680125
限额以下	under Designated Size	34309217	33057345	眉山市	Meishan	2209820	2560034
3.住宿业	Lodge Trade	808091	943972	宜宾市	Yibin	3748245	4352689
限额以上	above Designated Size	549990	681912	广安市	Guangan	2468752	2829752
限额以下	under Designated Size	258101	262060	达州市	Dazhou	3695782	4302833
4.餐饮业	Catering Trade	10977680	12841241	雅安市	Yaan	1212812	1394110
限额以上	above Designated Size	2051072	3624925	巴中市	Bazhong	1388066	1608944
限额以下	under Designated Size	8926608	9216316	资阳市	Ziyang	2520760	2935364
5.其它	Other Trade	1692000	1807000	阿坝藏族羌族自治州	Aba	393177	458625
				甘孜藏族自治州	Ganzi	447213	514214
				凉山彝族自治州	Liangshan	2941281	3403512

17-2 批发和零售业情况
Wholesale and Retail Trade Conditions

单位：个，人，亿元 (unit,person,10 000 yuan)

指　标	Item	2008	2009	2010	2011	2012
批发和零售业	Wholesale and Retail Trade					
法人企业数	Number of Corperation Units	2171	1879	3001	4435	5252
年末从业人数	Persons Engaged	225339	229870	302200	366573	397758
商品购进额	Total Purchases	3276.9	3543.2	4729.6	6423.0	8946.5
商品销售额	Total Sales	4112.6	4147.7	5563.7	7897.9	9697.1
期末商品库存额	Inventory (year-end)	381.0	328.3	440.1	768.4	899.8
批发业	Wholesale Trade					
法人企业数	Number of Corperation Units	1198	853	1134	1732	1949
年末从业人数	Persons Engaged	85523	79856	101525	130141	134176
商品购进额	Total Purchases	2311.8	2140.8	2846.8	4027.6	5574.2
商品销售额	Total Sales	2906.5	2577.6	3348.4	4841.8	6003.8
期末商品库存额	Inventory (year-end)	243.9	194.7	275.8	489.9	488.3
零售业	Retail Trade					
法人企业数	Number of Corperation Units	973	1026	1867	2703	3303
年末从业人数	Persons Engaged	139816	150014	200675	236432	263582
商品购进额	Total Purchases	965.1	1402.4	1882.8	2395.4	3372.3
商品销售额	Total Sales	1206.0	1570.1	2215.3	3056.1	3693.3
期末商品库存额	Inventory (year-end)	137.1	133.6	164.3	278.5	411.5

注：2008年以前的统计范围为限额以上法人企业、产业活动单位，2008年及以后为限额以上法人企业。

a) Statistical range before 2008 is corporation and active units above Designated Size and it is corporation units above Designated Size afer 2008.

17-3 限额以上批发零售贸易、住宿餐饮业基本情况(2012年)

Basic Conditions of Enterprises above Designated Size in Wholesale and Retail Sale, Acommadation and Catering Trade(2012)

指　标	Item	法人企业(个) Number of Corporation Units	产业活动单位数(个) Number of Active Units	从业人数(人) Persons Engaged (person)
总　计	**Total**	**7549**	**5270**	**748847**
一、批发业合计	**Wholesale Trade**	**1949**	**107**	**137406**
内资企业	Domestic-Funded Enterprises	1925	12	131424
国有企业	State-owned Enterprises	131	4	23683
集体企业	Collective-owned Enterprises	28		1752
股份合作企业	Cooperative Enterprises	17		1120
联营企业	Joint Ownership Enterprises	1		30
有限责任公司	Limited Liability Corporations	735	4	47088
股份有限公司	Share-holding Corporations Ltd.	65	1	9678
私营企业	Private Enterprises	857	2	43656
其他企业	Other Enterprises	91	1	4417
港、澳、台商投资企业	Enterprises With Investment from Hong Kong, Macao and Taiwan	7	1	1649
外商投资企业	Enterprises With Foreign Investment	17	4	2975
二、零售业合计	**Retail Trade**	**3303**	**2510**	**297088**
内资企业	Domestic-Funded Enterprises	3229	30	233873
国有企业	State-owned Enterprises	63	3	13698
集体企业	Collective-owned Enterprises	65	1	2186
股份合作企业	Cooperative Enterprises	33	1	1707
联营企业	Joint Ownership Enterprises	10		1026
有限责任公司	Limited Liability Corporations	1010	12	99958
股份有限公司	Share-holding Corporations Ltd.	106	4	24619
私营企业	Private Enterprises	1746	6	81118
其他企业	Other Enterprises	196	3	9561
港、澳、台商投资企业	Enterprises with Investment from Hong Kong, Macao and Taiwan	27	1	11440
外商投资企业	Enterprises with Foreign Investment	47	3	19924
三、住宿餐饮业合计	**Lodge and Catering Trade**	**2297**	**2653**	**314353**
内资企业	Domestic-Funded Enterprises	2247	114	214957
国有企业	State-owned Enterprises	122	27	19050
集体企业	Collective-owned Enterprises	28	3	2413
股份合作企业	Cooperative Enterprises	28	1	3983
联营企业	Joint Ownership Enterprises	4	1	301
有限责任公司	Limited Liability Corporations	722	29	67974
股份有限公司	Share-holding Corporations Ltd.	84	11	9405
私营企业	Private Enterprises	1105	39	99575
其他企业	Other Enterprises	154	3	12256
港、澳、台商投资企业	Enterprises with Investment from Hong Kong, Macao and Taiwan	23	3	7576
外商投资企业	Enterprises with Foreign Investment	27	2	16557

注：产业活动单位指非批发零售业法人企业附营的批发零售业产业活动单位。

a) Active Units refer to units in wholesale,retail Sale except Corperation Units.

17-4 各市(州)限额以上批发零售贸易、住宿餐饮业基本情况(2012年)
Basic Conditions of Enterprises above Designated Size in Wholesale and Retail Sale,Acommadation and Catering Trade by Region(2012)

单位:个、人 (unit,person)

市(州)	Region	合计 Total		批发业 Whlesale Trade		零售业 Retail Trade		住宿业 Lodge		餐饮业 Catering Trade	
		法人企业数 Number of Corporation	从业人数 Persons Engaged	法人企业数 Number of Corporation	从业人数 Persons Engaged	法人企业数 Number of Corporation	从业人数 Persons Engaged	法人企业数 Number of Corporation	从业人数 Persons Engaged	法人企业数 Number of Corporation	从业人数 Persons Engaged
全 省	**Sichuan**	**7549**	**624842**	**1949**	**134176**	**3303**	**263582**	**899**	**91640**	**1398**	**135444**
成都市	Chengdu	2794	305658	857	59858	811	132665	370	39623	756	73512
自贡市	Zigong	243	16953	50	2630	144	7582	16	2379	33	4362
攀枝花市	Panzhihua	215	12127	76	2578	80	5330	19	1516	40	2703
泸州市	Luzhou	430	21451	178	9119	186	8295	25	2002	41	2035
德阳市	Deyang	326	21607	84	4503	156	8558	26	3393	60	5153
绵阳市	Mianyang	394	33348	75	7012	191	13501	36	5944	92	6891
广元市	Guangyuan	212	10497	60	3688	93	3142	41	2982	18	685
遂宁市	Suining	193	13230	52	3300	97	6320	17	1610	27	2000
内江市	Neijiang	219	15885	60	5304	104	6795	18	1372	37	2414
乐山市	Leshan	244	16845	39	2686	145	9176	40	3177	20	1806
南充市	Nanchong	442	24890	58	3244	276	12429	27	3362	81	5855
眉山市	Meishan	155	9594	32	1523	87	4459	15	1757	21	1855
宜宾市	Yibin	341	16236	118	5332	167	6556	38	3556	18	792
广安市	Guangan	295	10518	40	2026	220	5706	18	1771	17	1015
达州市	Dazhou	269	23400	40	5390	172	13025	27	2778	30	2207
雅安市	Yaan	88	5514	15	1150	41	2193	25	2026	7	145
巴中市	Bazhong	114	8076	11	1173	78	4653	17	1914	8	336
资阳市	Ziyang	201	30776	36	4387	124	6861	11	1244	30	18284
阿坝藏族羌族自治州	Aba	111	8428	4	525	31	1721	57	5110	19	1072
甘孜藏族自治州	Ganzi	42	2808	6	769	15	580	15	1284	6	175
凉山彝族自治州	Liangshan	221	17001	58	7979	85	4035	41	2840	37	2147

17-5 分行业限额以上批发零售贸易业商品购、销、存总额(2012年)
Total Purchases, Sales and Inventory of Enterprises above Designated Size in Wholesale and Retail Trade by Sector(2012)

单位:万元

指　标	Item	购进总额 Total Purchases	销售总额 Total Sales	年末库存总额 Inventory (year-end)
总　计	**Total**	**89465047**	**96970720**	**8998190**
一、批发企业合计	**Wholesale Trade**	**55742057**	**60037825**	**4883412**
食品、饮料、烟草批发业	Food, Beverages and Tobaccos	9604130	12082152	1333633
# 粮食、食用油	Grains and Edible Oil	911905	881817	200695
烟草及其制品	Tobaccos	4806122	6695506	760282
纺织、服装及日用品批发业	Textiles, Garments, Shoes and Hats	1965492	2067340	183940
# 服装批发业	Garments	521438	546297	34361
文化、体育用品及器材批发业	Cultural and Sports Goods and Appliances	877535	815829	113177
医药及医疗器材批发业	Medicines and Medical Appliances	5790426	6228903	743146
矿产品、建材及化工产品批发	Mineral Products	30172703	31335103	1542424
煤炭及制品批发业	Coal and Related Products	1313534	1363020	66938
石油及制品批发业	Petroleum and Related Products	5990525	6270560	102039
金属及金属矿批发业	Metal Materials and Mineral	11742664	12262661	630234
建材批发业	Building Materials	3156018	3312526	134038
化肥批发业	Chemical Fertilizers	3493086	3499336	352917
机械设备、五金交点及电子产品	Machinery, Hardware and Electronic Equipment	5671020	5814398	528895
汽车、摩托车及零配件批发	Motor Vehicles, Motorcycles and Parts	428535	427691	11984
家用电器批发业	Household Appliance	79334	90261	7732
计算机、软件及辅助设备	Computers, Software and Assistant Equipment	2184361	2266467	157900
其他批发业	Other Wholesale not Classified Elsewhere	783887	810102	108502
二、零售企业合计	**Retail Trade**	**33722990**	**36932895**	**4114778**
综合零售业	General Retail	6355867	7439791	1361232
# 百货零售业	Daily Consumer Goods	3130063	3925409	1035533
超级市场零售业	Super Market	2972998	3253141	308975
食品、饮料及烟草制品专门零售	Food, Beverages and Tobaccos	1093217	1102413	198146
纺织、服装及日用品专门零售业	Textiles, Garments, Shoes and Hats	980359	1140915	245933
# 服装零售业	Garments	550353	629489	115788
文化、体育用品及器材专门零售	Cultural and Sports Goods and Appliances	536000	635794	165534
医药及医疗器材专门零售业	Medicines and Medical Appliances	490412	551344	66554
汽车、摩托车燃料及零配件	Motor Vehicles, Motorcycles and Parts	20462533	21611194	1731006
# 汽车零售业	Motor Vehicles	11509495	11960442	1429395
机动车燃料零售业	Mobile Fuel	8611872	9302303	263892
家用电器及电子产品专门零售	Household Appliance and Electronic Product	2851424	2983683	225164
五金、家具室内装饰材料专门零售	Hardware, Furniture and Domestic Decoration Material	522325	589873	40489
无店铺及其他零售业	Without Shop and Other Retail Trade	430852	877889	80721

17-6 各市(州)限额以上批发零售贸易业商品购、销、存总额(2012年)
Total Purchases, Sales and Inventory of Enterprises above Designated Size in Wholesale and Retail Trade by Region(2012)

单位: 万元 (10 000 yuan)

市(州)	Region	购进总额 Total Purchases	销售总额 Total Sales	批发 Wholesale Trade	零售 Retail Trade	年末库存总额 Inventory (year-end)
全 省	**Sichuan**	**89465047**	**96970720**	**60037825**	**36932895**	**8998190**
成都市	Chengdu	55526890	59652624	37939339	21713286	4929879
自贡市	Zigong	1946155	1982598	1174915	807682	89673
攀枝花市	Panzhihua	1885835	2020866	1217017	803850	239079
泸州市	Luzhou	2447785	2908950	1889820	1019129	1028260
德阳市	Deyang	2799265	3030987	2240239	790748	389874
绵阳市	Mianyang	5133711	5419453	3693881	1725572	413191
广元市	Guangyuan	1020714	1141896	903984	237912	65554
遂宁市	Suining	1387540	1444517	904226	540291	92184
内江市	Neijiang	1545723	1611245	978400	632845	80465
乐山市	Leshan	1736031	1831806	573175	1258630	126251
南充市	Nanchong	1795307	1945015	646192	1298824	234293
眉山市	Meishan	1424915	1453336	719497	733839	270698
宜宾市	Yibin	2351692	2648455	1994364	654091	216710
广安市	Guangan	1508898	1601969	548998	1052971	60016
达州市	Dazhou	1761238	2165366	625032	1540334	160105
雅安市	Yaan	383523	454428	307006	147422	32505
巴中市	Bazhong	707246	764805	253132	511673	38459
资阳市	Ziyang	1095898	1226250	577481	648769	69815
阿坝藏族羌族自治州	Aba	242711	282137	214673	67464	15860
甘孜藏族自治州	Ganzi	337214	390789	343908	46881	13921
凉山彝族自治州	Liangshan	2426756	2993228	2292546	700682	431398

17-7 限额以上批发零售贸易业主要商品分类销售额(2012年)
Total Sales of Enterprises above Designated Size in Wholesale and Retail Sale by Category of Main Commodities(2012)

单位：万元 (10 000 yuan)

项　目	Item	合计 Total	批发 Wholesale	零售 Retail Sale
食品类	Food	3090563	1210916	1879647
# 肉禽蛋类	Meat, Poultry and Eggs	684537	201150	483387
饮料类	Beverages	729169	273615	455554
烟酒类	Tobacco and Liquor	9476510	8127150	1349359
服装、鞋帽类	Garments, Footwear and Hats	3314864	654272	2660593
针、纺织品类	Knitwear and Textiles	434436	137071	297365
化妆品类	Cosmetics	594347	122631	471717
金银珠宝类	Gold, Silver and Jewelry	897608	543159	354448
日用品类	Articles for Daily Use	1409413	464636	944777
洗涤用品类	Washing Articles	629030	324155	304875
五金、电料类	Hardware and Electrical Materials	205846	55420	150426
体育、娱乐用品类	Sports and Recreation Articles	95093	5049	90043
书报杂志类	Newspapers and Magazines	472249	79304	392945
电子出版物及音像制品类	E-journal and Video Products	75657	22270	53387
家用电器和音像器材类	Household Appliances and Video Appliances	3715800	874244	2841557
中西药品类	Traditional Chinese and Western Medicines	6299842	5318729	981113
文化办公用品类	Cultural and Official Goods	3220560	2509251	711310
家具类	Furniture	247199	11942	235256
通讯器材类	Communication Appliances	1330682	714599	616083
煤炭及制品类	Coal and Related Product	2562452	2389193	173259
木材及制品类	Wood and Wooden Product	19785	19785	
石油及制品类	Petroleum and Related Product	17539189	8305875	9233314
化工材料及制品类	Raw Chemical Materials	6283506	6283506	
金属材料类	Metals	12069814	12069814	
建筑及装潢材料类	Building and Decoration Materials	1497782	882816	614967
机电产品设备类	Mechanical and Electrical Products	1527461	1105428	422033
# 农机类	Agricultural Machinery	95802	95802	
种子饲料类	Seed and Feedstuff	136300	136300	
棉麻类	Cotton, Hemp and Local livestock	111831	108294	3537

17-8 限额以上批发零售贸易企业主要财务指标(2012年)
Main Financial Indicators of Enterprises above Designated Size in Wholesale and Retail Trades(2012)

单位：万元 (10 000 yuan)

指　标	Item	资产合计 Total Assets	# 流动资产 Circulating Funds	# 固定资产 Fixed Asset	负债合计 Total Liabilities	所有者权益 Total Creditors Equity	# 实收资本 Paid-up Capital
总　计	**Total**	**40998954**	**31214092**	**3525046**	**29435951**	**11563004**	**5744690**
一、批发企业合计	**Wholesale Trade**	**24245619**	**20202283**	**1284539**	**17862501**	**6383119**	**2649717**
# 国有及国有控股	State-owned & State Holding Majority Shares	4480296	3501804	455867	1926943	2553353	325617
按登记注册类型分	Grouped by Registration	40998954	31214092	3525046	29435951	11563004	5744690
内资企业	Domestic-funded	23515826	19499338	1274338	17332050	6183776	2421931
国有企业	State-owned	4480296	3501804	455867	1926943	2553353	325617
集体企业	Collective Owned	1082797	867607	79083	903863	178935	81325
股份合作企业	Cooperative	81797	70065	6020	62184	19613	12876
联营企业	Joint-owned	2011	1968	43	320	1691	50
有限责任公司	Limited Liability	10602503	8887229	320989	8729131	1873372	1221912
股份有限公司	Share-holding	971862	751895	81056	730917	240945	141292
私营企业	Private	5632729	4887734	290409	4480726	1152003	564080
其他企业	Other	661831	531036	40871	497966	163865	74780
港澳台商投资企业	Funded by Hongkong, Macao and Taiwan	278933	262434	5189	221440	57492	25830
外商投资企业	Foreign-funded	450861	440511	5012	309011	141850	201956
二、零售企业合计	**Retail Trade**	**16753335**	**11011809**	**2240506**	**11573450**	**5179885**	**3094973**
# 国有及国有控股	State-owned & State Holding Majority Shares	1369941	415202	297319	727279	642662	587727
按登记注册类型分	Grouped by Registration	40998954	31214092	3525046	29435951	11563004	5744690
内资企业	Domestic-funded	14830370	9791059	1890135	10168423	4661947	2627906
国有企业	State-owned	1369941	415202	297319	727279	642662	587727
集体企业	Collective Owned	47747	31992	10925	27506	20241	13630
股份合作企业	Cooperative	44350	21486	13127	26046	18305	13714
联营企业	Joint-owned	117661	37865	16871	91921	25740	25514
有限责任公司	Limited Liability	6118517	4735374	611621	4443667	1674851	813532
股份有限公司	Share-holding	1705417	702280	395706	861956	843461	184979
私营企业	Private	5010146	3519857	500851	3679846	1330300	919046
其他企业	Other	416590	327004	43717	310203	106388	69765
港澳台商投资企业	Funded by Hongkong, Macao and Taiwan	819114	515567	143602	625192	193922	181357
外商投资企业	Foreign-funded	1103852	705183	206770	779836	324016	285710

17-8续表 continued

单位：万元 (10 000 yuan)

指　　标	Item	主营业务收入 Business Revenue	主营业务成本 Main Business Revenue	主营业务税金及附加 Sales Tax and Extra-Charges	管理费用 Management Cost	财务费用 Financial Cost	营业利润 Business Profits	利润总额 Total Profits
总　　计	**Total**	**86047852**	**77933832**	**605116**	**1810852**	**639178**	**2039710**	**2139016**
一、批发企业合计	**Wholesale Trade**	**52082534**	**47971150**	**442189**	**905236**	**412536**	**1371133**	**1553198**
# 国有及国有控股	State-owned & State Holding Majority Shares	10404608	8599362	321331	353252	24240	781269	873215
按登记注册类型分	Grouped by Registration	86047852	77933832	605116	1810852	639178	2039710	2139016
内资企业	Domestic-funded	50806113	46775964	440930	890182	406054	1364266	1546241
国有企业	State-owned	10404608	8599362	321331	353252	24240	781269	873215
集体企业	Collective Owned	2071437	2006288	2518	28261	16746	11814	22185
股份合作企业	Cooperative	491306	477775	285	3464	1181	4368	4096
联营企业	Joint-owned	5600	5000		79	10	431	511
有限责任公司	Limited Liability	23543702	22373958	49638	229411	237171	191920	318794
股份有限公司	Share-holding	2594235	2363972	4076	43273	16052	48647	35314
私营企业	Private	10529300	9920081	49494	204832	101230	269813	255180
其他企业	Other	1165925	1029529	13589	27609	9423	56004	36946
港澳台商投资企业	Funded by Hongkong, Macao and Taiwan	229730	219954	217	4068	5495	19407	19340
外商投资企业	Foreign-funded	1046691	975232	1042	10986	987	-12540	-12383
二、零售企业合计	**Retail Trade**	**33965318**	**29962683**	**162928**	**905616**	**226642**	**668578**	**585818**
# 国有及国有控股	State-owned & State Holding Majority Shares	4215059	3961909	5053	35836	19834	68114	73224
按登记注册类型分	Grouped by Registration	86047852	77933832	605116	1810852	639178	2039710	2139016
内资企业	Domestic-funded	30328748	26901236	148145	742794	205347	587778	503014
国有企业	State-owned	4215059	3961909	5053	35836	19834	68114	73224
集体企业	Collective Owned	268283	207476	1453	6343	727	8402	6862
股份合作企业	Cooperative	115194	100525	4159	3790	291	2637	2034
联营企业	Joint-owned	201035	183038	289	4083	1527	5039	4897
有限责任公司	Limited Liability	11079155	9572709	48269	289057	106661	218203	222848
股份有限公司	Share-holding	3952170	3523199	11511	120282	10017	123030	122685
私营企业	Private	9427083	8384354	70040	254784	58501	141547	54744
其他企业	Other	1070770	968026	7371	28619	7791	20807	15721
港澳台商投资企业	Funded by Hongkong, Macao and Taiwan	1330757	1143645	4937	59433	11958	51154	52054
外商投资企业	Foreign-funded	2305813	1917801	9846	103389	9337	29646	30750

17-9 各市(州)限额以上批发零售贸易企业主要财务指标(2012年)
Main Financial Indicators of Enterprises above Designated Size in Wholesale and Sales Trades by Region(2012)

单位：万元　　(10 000 yuan)

市(州)	Region	资产合计 Total Assets	负债合计 Total Liabilities	主营业务收入 Main Business Revenue	主营业务成本 Cost of Main Business	销售费用 Sales Cost	主营业务税金及附加 Sales Tax and Extra-Charges	主营业务利润 Sales Profits
全　省	**Sichuan**	**40998954**	**29435951**	**86047852**	**77933832**	**3332510**	**605116**	**7508903**
成都市	Chengdu	26479929	19879073	53184326	49280225	2033291	213859	3690242
自贡市	Zigong	728834	529302	1813315	1645429	52017	14428	153458
攀枝花市	Panzhihua	1357392	994501	1838441	1665070	65567	9237	164134
泸州市	Luzhou	1082782	705377	2678497	2224068	161449	54546	399882
德阳市	Deyang	1942692	1497531	2766060	2509657	81165	19521	236882
绵阳市	Mianyang	1615590	1041443	3357458	2999109	164084	37379	320970
广元市	Guangyuan	343615	214994	959331	855000	39169	13623	90708
遂宁市	Suining	604361	367954	1369816	1070377	81275	20489	278950
内江市	Neijiang	616191	431872	1571676	1378795	40952	14612	178270
乐山市	Leshan	717455	483897	1797380	1600525	63471	22468	174387
南充市	Nanchong	787135	484916	1905135	1656566	75583	25008	223561
眉山市	Meishan	581927	403837	1402000	1245179	32308	15997	140824
宜宾市	Yibin	1075989	630433	2350343	1997157	84364	30834	322352
广安市	Guangan	284896	138496	1460487	1248834	47734	22256	189397
达州市	Dazhou	492081	296918	2109772	1827967	95366	25278	256526
雅安市	Yaan	199969	93135	429068	376552	16350	6150	46366
巴中市	Bazhong	169825	86916	734923	643691	26429	12177	79055
资阳市	Ziyang	421664	288777	1069267	918672	57696	14866	135730
阿坝藏族羌族自治州	Aba	107257	54821	249040	204532	8491	5586	38923
甘孜藏族自治州	Ganzi	95851	51217	346838	303541	14386	4711	38585
凉山彝族自治州	Liangshan	1293519	760541	2654679	2282886	91363	22091	349701

17-10 限额以上住宿餐饮企业主要财务指标(2012年)
Main Financial Indicators of Enterprises above Designated Size in Acommadation and Catering Trade(2012)

单位：万元 (10 000 yuan)

指标	Item	资产合计 Total Assets	# 流动资产 Circulating Funds	# 固定资产 Fixed Asset	负债合计 Total Liabilities	主营业务收入 Business Revenue
总计	**Total**	**6471399**	**2382219**	**2386780**	**4397462**	**3836166**
# 国有及国有控股	State-owned & State Holding Majority Shares	587475	140996	330896	320218	217809
按登记注册类型分	Grouped by Registration					
内资企业	Domestic-funded	5918774	2271218	2084986	3941003	3428375
国有企业	State-owned	596789	144236	336964	323841	221851
集体企业	Collective Owned	101700	15997	30833	88695	23449
股份合作企业	Cooperative	378027	208025	49407	289755	59063
联营企业	Joint-owned	17855	3341	12878	2473	4261
有限责任公司	Limited Liability	2035139	751213	626844	1374318	1313936
股份有限公司	Share-holding	297720	99272	142808	186964	124779
私营企业	Private	2208102	932305	771886	1492161	1520534
其他企业	Others	283443	116829	113367	182794	160502
港澳台商投资企业	Funded by Hongkong, Macao and Taiwan	230340	44542	101921	314562	148653
外商投资企业	Foreign-funded	322284	66458	199873	141898	259137

17-10续表 continued

单位：万元 (10 000 yuan)

指标	Item	主营业务成本 Cost of Business	管理费用 Managemant	主营业务税金及附加 Sales Tax and Extra-charges	营业利润 Business Profits	利润总额 Total Profits
总计	**Total**	**1689103**	**625134**	**204600**	**143529**	**145192**
# 国有及国有控股	State-owned & State Holding Majority Shares	75618	56588	10946	4580	718
按登记注册类型分	Grouped by Registration					
内资企业	Domestic-funded	1524068	553196	182400	107994	99720
国有企业	State-owned	76307	57812	11146	4534	675
集体企业	Collective Owned	9102	4542	1153	-9546	-9763
股份合作企业	Cooperative	23176	10507	3117	-1236	-1315
联营企业	Joint-owned	1652	921	131	-213	-135
有限责任公司	Limited Liability	608042	203746	74491	7347	14227
股份有限公司	Share-holding	53594	20531	5624	3324	2630
私营企业	Private	678748	222464	77421	100322	90744
其他企业	Others	73446	32673	9318	3463	2656
港澳台商投资企业	Funded by Hongkong, Macao and Taiwan	46119	25974	7682	13326	15648
外商投资企业	Foreign-funded	118917	45963	14518	22209	29825

17-11 各市(州)限额以上住宿餐饮企业主要财务指标(2012年)
Main Financial Indicators of Enterprises above Designated Size in Acommadation and Catering Trade by Region(2012)

单位: 万元 (10 000 yuan)

市(州)	Region	资产合计 Total Assets	负债合计 Total Debt	主营业务收入 Main Business Revenue	主营业务成本 Cost of Main Business	销售费用 Sales Cost	主营业务税金及附加 Sales Tax and Extra-Charges	营业利润 Business Profits
全　省	**Sichuan**	**6471399**	**4397462**	**3836166**	**1689103**	**1090960**	**204600**	**143529**
成都市	Chengdu	3219300	2404506	1878399	759134	566630	100805	66823
自贡市	Zigong	83722	57027	83796	38056	20383	3509	6369
攀枝花市	Panzhihua	130141	96310	46730	22757	11678	2795	-3073
泸州市	Luzhou	120496	68937	48246	23245	11255	2337	-1291
德阳市	Deyang	221118	144028	93985	39892	28187	4968	-4810
绵阳市	Mianyang	468568	267369	523970	284290	147862	30747	766
广元市	Guangyuan	80080	64898	38720	20386	8978	1998	-1243
遂宁市	Suining	130584	48271	42632	23488	6177	1725	3140
内江市	Neijiang	101847	63381	46975	24319	10197	2004	2085
乐山市	Leshan	142660	92433	63886	33732	13963	3262	-3182
南充市	Nanchong	269805	177015	122892	55689	26453	7732	2321
眉山市	Meishan	168272	83970	57502	26099	13543	2480	3093
宜宾市	Yibin	152389	109387	65853	34069	14629	3008	1579
广安市	Guangan	67455	62693	32931	17697	7722	1688	888
达州市	Dazhou	85899	40960	60895	26097	15166	2775	1845
雅安市	Yaan	85622	54211	26064	11843	6034	1387	-2042
巴中市	Bazhong	59367	45948	35297	16154	8123	1769	3722
资阳市	Ziyang	234218	99042	365413	130948	118326	19734	58597
阿坝藏族羌族自治州	Aba	439597	327272	98807	48082	33881	5384	3559
甘孜藏族自治州	Ganzi	53130	25798	17822	6638	4182	905	1451
凉山彝族自治州	Liangshan	157129	64006	85351	46488	17591	3588	2932

主要统计指标解释

社会消费品零售总额 指企业（单位、个体户）通过交易直接售给个人、社会集团非生产、非经营用的实物商品金额，以及提供餐饮服务所取得的收入金额。个人包括城乡居民和入境人员，社会集团包括机关、社会团体、部队、学校、企事业单位、居委会或村委会等。

批发业 指批发商向批发、零售单位及其他企事业、机关单位批量销售生活用品和生产资料的活动，以及从事进出口贸易和贸易经纪与代理的活动。批发商可以对所批发的货物拥有所有权，并以本单位、公司的名义进行交易活动；也可以不拥有货物的所有权，而以中介身份做代理销售商。还包括各类商品批发市场中固定摊位的批发活动。

零售业 指百货商店、超级市场、专门零售商店、品牌专卖店、售货摊等主要面向最终消费者（如居民等）的销售活动。包括以互联网、邮政、电话、售货机等方式的销售活动，还包括在同一地点，后面加工生产，前面销售的店铺（如前店后厂的面包房）。不包括：谷物、种子、饲料、牲畜、矿产品、生产用原料、化工原料、农用化工产品、机械设备（乘用车、计算机及通信设备等除外）等生产资料的销售（列入批发业）；非零售单位附带的零售活动，如汽车修理单位销售汽车零件（列入单位主业所对应的行业类别中）；商业零售单位所在商厦的物业管理（列入物业管理）；商业零售单位所在的商品市场、商业大厦的市场管理活动（列入市场管理）。

批发和零售业商品购进、销售、库存总额 指各种登记注册类型的批发和零售业企业(单位)以本企业(单位)为总体的，从国内、国外市场购进的商品总量、销售和出口的商品总量、库存的商品总量等情况。

商品购进总额 指从本企业以外的单位和个人购进(包括从国外直接进口)作为转卖或加工后转卖的商品总额（含增值税）。

商品销售总额 指对本企业以外的单位和个人出售的商品金额（包括售给本单位消费用的商品，含增值税）。

商品库存总额 指报告期末各种登记注册类型的批发和零售业企业(单位)已取得所有权的商品。

住宿业 指有偿为顾客提供临时住宿的服务活动。不包括提供长期住宿场所的活动，如出租房屋、公寓等（列入房地产开发经营）。

餐饮业 指在一定场所，对食物进行现场烹饪、调制，并出售给顾客主要供现场消费的服务活动。

住宿和餐饮业营业额 指住宿和餐饮业法人单位在经营活动中因提供服务或销售商品等取得的收入。包括：客房收入、餐费收入、商品销售额和其他收入。客房收入指住宿和餐饮业单位在经营活动中因提供住宿服务取得的收入。餐费收入指住宿和餐饮业单位因为顾客提供就餐服务取得的收入，包括经烹饪、调制加工后出售的各种食品，如主食、炒菜、凉拌菜等的收入。

限额以上批发和零售业统计范围：从 2011 年开始包括年主营业务收入 2000 万元及以上的批发业和年主营业务收入 500 万元及以上的零售业法人单位。

限额以上住宿和餐饮业统计范围：从 2011 年开始包括年主营业务收入 200 万元及以上的住宿和餐饮业法人单位。

Explanatory Notes on Main Statistical Indicators

Total Retail Sales of Consumer refer to the amount obtained by enterprises (units, self-employed individuals) through direct sales of non-production and non-business physical commodity to individuals, social institutions, and revenue from providing catering services. Individuals include rural and urban households, population from abroad, social institutions include government agencies, social organizations, military units, schools, institutions, neighbourhood (village) committees.

Wholesale Trade refers to the activities of wholesaler selling at wholesale commodities for daily use and capital goods to enterprises of wholesale and retail trades and other enterprises, institutions and government offices, including the activities of wholesaler engaged in import and export and acting as a trade agent. The wholesaler may have the right of ownership over the commodities of wholesale and trade in the name of its own's or a company, the wholesaler may not have the right of ownership, only acts an agent. The wholesale trade also include the activities of wholesaler at the fixed stalls of the wholesale market of different commodities.

Retail Trade refers to the activities of department store, supermarket, franchised store, brand store, retail stall and on-the-spot-making-selling store selling commodities to the final consumers (citizens) by any means including internet, post, telephone, sales machine. Retail trade excludes the activities of sales of capital goods such a grain, seed, feed, livestock, mineral products, raw material for production, industrial chemicals, chemical products for farm, machine and equipment (vehicle, computer and communication equipment), and the activities of supplementary sales of non-retailer such as the sales of spareparts of car repair business (listed as branch in correspondence with principle business), property management of buildings of retail units (listed as property management); market management of commercial markets and buildings of retail units (listed as market management) .

Purchase, Sales and Stock of Commodities by Wholesale and Retail Trade refer to the total volume of commodities purchased, total volume of sales and exports , and the stock of commodities by wholesale and retail enterprises (establishments) of different status of registration from domestic and overseas markets.

Total Purchases of Commodities refer to the total value of purchases of commodities by the enterprises (establishments) from other establishments or individuals (including direct import from abroad) for the purpose of re-selling, either with or without further processing of the commodities purchased.

Total Sales of Commodities refer to value of commodities sold by the establishments to other establishments and individuals (including goods sold for self consumption, including the value-added tax).

Total Stock of Commodities refers to total commodities possessed by wholesale and retail enterprises (units) of various types of registration status at the end of the reference period, reflecting the commodity stock level of various wholesale and retail enterprises and the potential for market supply.

Hotel Services refer to the charged accommodation services provided to customers, excluding the long term accommodation service activities such as rental housing and apartments(it is under real estate development and management).

Catering Services refer to the activities of enterprises providing on-the-spot services of selling food cooked and prepared to the customer in certain sites.

Business Revenue of Hotels and Catering Services refers to revenue received from providing services or selling commodities by corporate enterprises and establishments engaged in hotels and catering services, including income from hotels, from catering services, from selling of commodities and from other services. Income from hotels refers to income of corporate enterprises and establishments engaged in hotels and catering services by providing lodging services. Income from catering services refers to income of corporate enterprises and establishments engaged in hotels and catering services by providing catering services, including selling of cooked or prepared foods such as staple food, cooked dishes or cold dishes.

Wholesale and Retail Trade above Designated Statistics Range: included wholesale trade of which annual main business income are more than 20 million yuan , and retail corporate units of which the main business income are more than 5 million yuan from 2011.

Accommodation and Catering Trade above Designated Statistics Range:include accommodation and catering corporate units of which the main business income are more than 2 million yuan from 2011.

18

对外经济贸易和旅游

18-1 对外经济贸易
Foreign Trade and Economic Cooperation

单位：万美元 (USD 10 000)

指　标	Item	2005	2008	2009	2010	2011	2012
进出口总额	**Total Import and Export**	**790476**	**2203828**	**2422728**	**3277822**	**4778444**	**5912538**
出口总额	Total Export	470089	1310789	1415167	1884504	2904567	3846147
进口总额	Total Import	320387	893039	1007561	1393318	1873877	2066391
对外签订利用外资协议(合同)金额	**Total Amount of Foreign Capital to be Utilized in the Signed Agreements and Contracts**	**205576**	**628590**	**245001**	**621470**	**630678**	**986774**
外商直接投资	Foreign Direct Investment	200303	625175	242542	611651	625949	526317
外商其他投资	Other Foreign Investment	5273	3415	2459	9819	4729	8140
实际利用外资额	**Total Amount of Foreign Capital Actually Used**	**110206**	**334159**	**412933**	**701299**	**1102733**	**1055054**
对外借款	Foreign Loan	19505	21990	30602	35000	73528	47480
外商直接投资	Foreign Direct Investment	88686	308842	358980	602517	948137	980100
外商其他投资	Other Foreign Investment	2015	3327	2051	9782	4568	6674
港澳援建资金	Reconstruction Funds of Hong Kong and Macao			21300	54000	76500	20800
对外经济合作	**Economic Cooperation with Foreign Countries and Territories**						
合同金额	Contracted Value	140805	481547	451467	689802	750253	325398
对外承包工程	Contracted Projects	138397	450120	439995	684878	745344	320091
对外劳务合作	Labor Services	2408	31427	11472	4924	4909	5307
完成营业额	Value of Business Fulfilled	60079	240475	337185	402137	504240	568303
对外承包工程	Contracted Projects	57274	235191	335622	399299	498692	563370
对外劳务合作	Labor Services	2805	5284	1563	2838	5548	4933

18-2 人民币汇率(年平均价)
RMB Exchange Rate (Annual Average)

单位：人民币元 (RMB yuan)

年份 Year	100美元 $100	100日元 100 yen	100港元 HK $ 100	100欧元 € 100
1985	293.66	1.2457	37.57	
1990	478.32	3.3233	61.39	
1995	835.10	8.9225	107.96	
2000	827.84	7.6864	106.18	
2001	827.70	6.8075	106.08	
2002	827.70	6.6237	106.07	800.58
2003	827.70	7.1466	106.24	936.13
2004	827.68	7.6552	106.23	1029.00
2005	819.17	7.4484	105.30	1019.53
2006	797.18	6.8570	102.62	1001.90
2007	760.40	6.4632	97.46	1041.75
2008	694.51	6.7427	89.19	1022.27
2009	683.10	7.2986	88.12	952.70
2010	676.95	7.7279	87.13	897.25
2011	645.88	8.1050	82.97	900.11
2012	628.55	7.3049	81.09	831.76

18-3 海关进口商品分类金额
Value of Import by Category of Commodities

单位:万美元

商品类别	Category of Commodities	2011	2012
总　额	**Total Value**	**1869631**	**2066391**
初级产品	**Primary Goods**	**184744**	**175149**
食品及活动物	Food and Live Animals	12451	14829
饮料及烟类	Beverages and Tobacco	874	1056
非食用原料(燃料除外)	Nonedible Raw Materials(Except Fuels)	156946	140550
矿物燃料、润滑油及有关原料	Mineral Fuels,Lubricants and Related Materials	14308	18200
动植物油、脂及蜡	Animal and Vegetable Oils,Fats and Waxes	165	514
工业制品	**Manufactured Goods**	**1684887**	**1891242**
化学成品及有关产品	Chemicals and Related Procucts	125762	136143
按原料分类的制成品	Manufactured Goods Classified by Material	100828	104106
机械及运输设备	Machinery and Transport Equipment	1278026	1418740
杂项制品	Miscellaneous Products	127156	126656
未分类的商品	Products Not Otherwise Clssified	53115	105597

18-4 海关出口商品分类金额
Value of Export by Category of Commodities

单位:万美元

商品类别	Category of Commodities	2011	2012
总　额	**Total Value**	**2902697**	**3846147**
初级产品	**Primary Goods**	**91521**	**86077**
食品及活动物	Food and Live Animals	30493	31819
饮料及烟类	Beverages and Tobacco	19939	16454
非食用原料(燃料除外)	Nonedible Raw Materials(Except Fuels)	37663	37026
矿物燃料、润滑油及有关原料	Mineral Fuels,Lubricants and Related Materials	2987	60
动植物油、脂及蜡	Animal and Vegetable Oils,Fats and Waxes	439	718
工业制品	**Manufactured Goods**	**2811176**	**3760070**
化学成品及有关产品	Chemicals and Related Procucts	210825	221044
按原料分类的制成品	Manufactured Goods Classified by Material	474965	524848
机械及运输设备	Machinery and Transport Equipment	1467112	2204508
杂项制品	Miscellaneous Products	603786	705203
未分类的商品	Products Not Otherwise Clssified	54488	104467

18-5 各市(州)进出口总额
Total Import and Export by Region

单位：万美元 (USD 10 000)

市(州)	Region	进出口总额 Total Import and Export		出口总额 Total Export		进口总额 Total Import	
		2011	2012	2011	2012	2011	2012
全 省	**Sichuan**	**4778444**	**5912538**	**2904567**	**3846147**	**1873877**	**2066391**
成都市	Chengdu	3790633	4754212	2295595	3036446	1495038	1717763
自贡市	Zigong	70685	87038	34450	51735	36235	35303
攀枝花市	Panzhihua	26586	26343	17549	22007	9037	4336
泸州市	Luzhou	15192	18598	10336	15795	4856	2803
德阳市	Deyang	290775	308340	139348	182413	151427	125927
绵阳市	Mianyang	185135	221316	97375	137332	87760	83984
广元市	Guangyuan	29708	33844	26262	27266	3446	6578
遂宁市	Suining	39699	46150	33358	38011	6341	8139
内江市	Neijiang	25694	31349	23328	27001	2366	4348
乐山市	Leshan	79858	94533	49862	65872	29996	28661
南充市	Nanchong	32795	41787	31231	39798	1564	1989
眉山市	Meishan	13577	19458	11191	15639	2386	3819
宜宾市	Yibin	81229	77694	54634	54162	26595	23532
广安市	Guangan	44622	75377	42018	70245	2604	5132
达州市	Dazhou	15237	18323	7303	9424	7934	8899
雅安市	Yaan	3261	4269	1884	3788	1377	482
巴中市	Bazhong	2584	12475	2584	12475		
资阳市	Ziyang	21093	30554	17533	26999	3560	3555
阿坝藏族羌族自治州	Aba	3853	3233	2521	2120	1332	1114
甘孜藏族自治州	Ganzi	646	911	646	911		
凉山彝族自治州	Liangshan	5582	6734	5559	6708	23	27

18-6 涉外饭店(宾馆)接待海外旅游者情况
Basic Condition of Foreign Hotel Reception of Oversea Arrivals

项 目	Item	2005	2008	2009	2010	2011	2012
人数合计 (万人次)	**Total (10 000 persons)**	**106.28**	**69.95**	**84.99**	**104.93**	**163.97**	**227.33**
外国人	**Foreigners**	**68.27**	**47.77**	**61.49**	**74.97**	**113.73**	**151.29**
亚洲	Asia	47.50	22.04	32.07	40.95	57.86	74.62
日本	Japan	15.45	5.78	16.46	20.23	23.70	25.17
马来西亚	Malaysia	6.80	1.70	5.60	3.18	4.69	7.11
新加坡	Singapore	7.39	3.64	2.69	3.62	6.79	10.29
泰国	Thailand	5.80	2.38	1.61	2.13	4.23	5.85
欧洲	Europe	9.50	12.17	13.61	17.44	29.48	36.64
英国	United Kingdom	1.86	3.27	3.87	5.24	9.30	12.76
德国	Germany	1.95	1.56	1.84	2.42	5.36	5.38
法国	France	1.77	2.60	2.84	2.80	4.25	5.25
意大利	Italy	0.80	0.71	0.73	0.72	1.18	2.52
北美洲	North America	8.49	11.49	11.82	11.93	19.35	28.37
加拿大	Canada	1.12	1.86	2.28	2.20	3.47	5.08
美国	United States	6.99	7.03	7.05	8.91	14.64	20.98
澳大利亚	Australia	1.02	1.82	1.77	2.31	3.89	7.24
非洲	Africa	0.29	0.53	0.44	0.40	0.63	0.73
其他	Other	1.18	1.54	0.73	1.09	1.13	2.04
台湾同胞	**Compatriots from Taiwan**	**24.02**	**9.55**	**9.83**	**14.85**	**27.78**	**40.12**
人天数合计 (万人天)	**Total Number of Tourists Visiting and Days (10 000 person-days)**	**187.82**	**127.98**	**157.37**	**198.19**	**312.04**	**429.14**
外国人	Foreigners	120.48	92.95	117.53	144.01	223.13	296.63
台湾同胞	Compatriots from Taiwan	40.96	14.71	16.74	25.79	45.72	66.40
旅游外汇收入 (万美元)	**Foreign Exchange Earnings of Tourism (USD 10 000)**	**31595.00**	**21498.35**	**28855.93**	**35408.78**	**59382.55**	**79814.67**

18-7 主要涉外星级饭店一览(2012年)
List of Main foreign-star Hotels(2012)

名　称	Name	地　址	Address	电话号码 Telephone Number
五星级	**Five-Star**			
锦江宾馆	Jinjiang Hotel	成都市人民南路二段80号	No.36 2nd Section Renmin Nanlu Avenue, Chengdu	028-85582222
总府皇冠假日酒店	Crown Plaza Holiday Inn	成都总府路31号	No.31 Zongfu Street, Chengdu	028-86786666
天府丽都喜来登饭店	Sheraton Chengdu Lido Hotel	成都市人民中路一段15号	No.15 lst section Remin Zhonglu Ave.,Chengdu	028-86768999
成都索菲特万达大酒店	Sofitel Wanda Hotel	成都市滨江中路15号	No.15 Binjiang Middle Road, Chengdu	028-66669999
成都家园国际酒店	Chengdu Homeland Hotel	成都市机场路181号美好花园	Beautiful Garden No.181 Airport Road.,Chengdu	028-82936666
成都望江宾馆	Wangjiang Hotel	成都市下沙河铺42号	No.42 Xiashahepu, Chengdu	028-84790000
西藏饭店	Tibet Hotel	成都市人民北路一段十号	No.10 1st Section Renmin Beilu Avenue, Chengdu	028-83183388
成都凯宾斯基饭店	Kempinski Hotel Chengdu	成都市人民南路四段42号	No.42 4nd Section Renmin Nanlu Avenue, Chengdu	028-85269999
成都香格里拉大酒店	Shangri-La Hotel,Chengdu	成都滨江东路九号	No.9 Bingjiang East Road,Chengdu City	028-88889999
青城（豪生）国际酒店	Qingcheng (Howard Johnson) International Hotel	都江堰市青城山镇青城大道88号	No.88 Qingcheng Avenue,Qingcheng	028-88988888
成都城市名人酒店	Chengdu Celebrity City Hotel Centre Hotel	成都市人民南路一段122-124号	No.122-124 1st Section Renmin South Street,Chengdu City	028-86833333
成都世纪城洲际大酒店	InterContinental Century City Chengdu Hotel	成都市世纪城路88号	No.88 Century City Road,Chengdu City	028-85349999
四川岷山饭店	Minsgab Hotel,Sichuan	成都人民南路二段55号	No.55 2nd Section Renmin South Road, Chengdu City	028-85583333
富乐山九洲国际酒店	Fulejiuzhou International Hotel	绵阳市芙蓉路一段1号	No.1 1st Section Furong Road, Mianyang City	0816-2284888
九寨沟喜来登国际大酒店	Jiuzhaigou International Hotel	阿坝州九寨沟县风景区	Jiuzhaigou, Aba	0837-7739988
九寨天堂洲际大饭店	Jiuzhaigou Paradise Intercontinetal Conference	九寨沟县漳扎镇甘海子	GanHaizi Village,Zhangzh Town, Jiuzhaigou County	0837-7789999
红珠山宾馆	Hongzhushan Hotel	峨眉山报国寺	Baoguo Temple,Meishan City	0833-5525888
四川广安思源大酒店	GuanganSishen Hotel	广安市城南五湖西路301号	No.301 Chengnanwuhu West Road, Guangan	0826-2358888
四川泸州酒城宾馆	luzhou.jiucheng Hotel	泸州市上平远路71号	No.71 Shangping Yuanlu Avenue,Luzhou	0830-3159999
宜宾竹海世外桃源度假酒店	Eden Resort Hotel Yibin	宜宾长宁竹海镇	Changning Zhuhai Town,Yibin	0831-4999999
岷江东湖国际酒店	Mingjiang East Lake International Hotel	眉山市东坡区环岛路1号	No.1 Huandao Road,Dongpo District,	028-38666033
四川太平洋国际饭店	Sichuan Pacific International Hotel	德阳市珠江东路8号	No.8 Zhujiang East Road,Deyang City	0838-2908888
四星	**Four-Star**			
四川宾馆	Sichuan Hotel	成都总府路31号	No.31 Zongfu Street, Chengdu	028-86755555
成都天仁大酒店	Chengdu Tianren Hotel	成都市三洞桥街18号	No.18 Sandongqiao street,Chengdu	028-82968888
成都天府阳光酒店	Chengdu Tianfu Sunshine Hotel	成都市太升北路2号	No.2 Taisheng North Raod,Chengdu	028-86922233
四川绿洲大酒店	Sichuan Luzhou Grand Hotel	成都市忠烈祠街99号	No.99 Zhonglieci Street, Chengdu	028-82938899
四川新华国际酒店	Sichuan Xinhua International Hotel	成都市古中寺街8号	No.8 Guzhongsi Street, Chengdu	028-86615858
四川国堰宾馆	Sichuan Guoyan Hotel	都江堰观景路中段	Shuangjing Road, Dujiangyan	028-87146666
成都博瑞花园酒店	Chengdu Borui Garden Hotel	成都龙泉驿区龙都北路	Longdu North Road, Longquanyi, Chengdu	028-84839888
成都天伦国际大酒店	Chengdu Tianlun International Hotel	成都龙泉驿区平安镇阳光城	Yangguangcheng, Tongan Town, Longquanyi, Chengdu	028-84885688
成都罗曼假日大酒店	Chengdu Loman Holiday Grand Hotel	成都人民中路二段22号	No.22 Renmin Middle Road,chengdu	028-82929999
郫县镜湖园宾馆	Pixian Jinghuyuan Hotel	郫县皮筒镇望丛中路63号	63 Wangcong Middle Road, Pitong, Pixian county	028-87929888

18-7续表1 continued

名 称	Name	地 址	Address	电话号码 Telephone Number
成都京川宾馆	Chengdu Jinchuan Hotel	成都一环路西一段144号	No.144 West Section 1, 1st Ring Road,Chengdu	028-86089888
成都金玉阳光大酒店	Chengdu Jinyu Sunshine Grand Hotel	成都市双林路88号	No.88 Shuanglin Road, Chengdu	028-66138888
四川芙蓉丽庭酒店	Sichuan Furongliting Hotel	成都市一环路北二段西二路17号	No.17 West Section 3 1st Ring Rood,Chengdu	028-83172222
世代锦江国际酒店	Shidai Jingjiang Business Hotel	成都市下南大街59号	No.59 Xian South Avenue, Chengdu	028-86090888
四川星逸酒店	Sichuan Xingyi Hotel	成都市德盛路33号	No.33 Desheng Road,Chengdu	028-86919999
成都宇豪金港湾酒店	Universal House Golden Gulf Hotel	成都市西区	West District,Chengdu	028-87746666
沃特酒店	Water Hotel & Spa	成都市太升南路53-57号	No.53-57 Daisheng South Road, Chengdu	028-82988888
四川岷山拉萨大酒店	Minshan Lhasa Grand Hotel	成都市肖家河北街88号	No.88 North Street,Xiaojia District,Chengdu	028-85198998
四川新良大酒店	Xinliang Hotel	成都市上东大街53号	No.53 Shang East Street ,Chengdu	028-86739999
成都喜玛拉雅大酒店	Chengdu Himalaya Hotel	成都市二环路北一段17号	No.17 North Section 1 2nd Ring Road,Chengdu	028-86319988
四川向阳房产向阳大厦	Sichuan Xiangyang Building	成都市二环路南二段23号	No.23 South Section 2 2nd Ring Road,Chengdu	028-85239999
成都润邦国际酒店	Chengdu Runpang International Hotel	成都市蜀汉路249号	No.249 Shuhan Road,Chengdu	028-87529888
成都瑞城名人酒店	Chengdu Samsara Hotels	成都市青羊区人民中路二段68号	No.68 2nd Section Renmin Zhonglu Avenue, Qingyang	028-88033333
四川铁道大酒店	Sichuan Railway Hotel	成都市人民北路二段九号	No.9 2nd Section Renmin Beilu Avenue,Chengdu	028-83177866
合江亭翰文大酒店	Hejiangting Pefitful Hotel	成都市滨江东路138号	No.138 Bingjiang Road, Chengdu	028-88822222
成都银河王朝大酒店	Yinhe Dynasty Hotel Chengdu	成都顺城大街88号	No.88 shuncheng Avenue, Chengdu	028-86618888
新都桂湖国际大酒店	Xindu Guihu International Hotel	成都市新都区桂湖西路20号	No.20 Guihu West Road,Xindu District,Chengdu City	028-67338888
成都长盛帝都国际酒店	Chengdu Changsheng Royal Park International Hotel	成都市永丰路45号	No.45 Yongfeng Road,Chengdu	028-65515555
成都怡东国际酒店	Chengdu Excelsior Hotel	成都二仙桥东三路一号	No.1 East Road Erxian Bridge,Chengdu	028-65561111
青白江凤凰湖天泉酒店	Qingbaijiang Phenix Lake Tianquan Hotel	成都青白江区石家碾中路88号	No.88 Shijianian Middle Road,Qingbaijiang District,Chengdu	028-83633333
波尔菲特酒店	Perfitful Hotel	成都市武侯区佳灵路75号	No.75 Jialing Road,Wuhou District,Chengdu	028-65517000
成都嘎纳假日酒店	Chengdu Cannes Holiday Hotel	成都市华阳滨河路二段368号	No.368 2nd Section Binghe Road,Huayang District,Chengdu	028-85692222
迎宾一号酒店	Welcome No.1 Hotel	成都市金牛区迎宾大道中段金科东路38号	No.38 Jinke East Road,Yingbing Avenue,Jinniu District,Chengdu	028-62015555
绵阳绵州酒店	Mianzhou Hotel	绵阳市临园路东段62号	No.62 East Section Linyuan Road,Mianyang	0816-6350999
绵阳王子大酒店	Mianyang Prince Grand Hotel	绵阳市临园路西段25号	No.25 West Section Linyuan Avenue, Mianyang	0816-6358999
绵阳长虹国际酒店	Mianyang Changhong Grand Hotel	绵阳市高新区西街北段89号	No.89 North Section West Street Economy and Tech.Zone,Mianyang City	0816-2416666
绵阳绵州温泉酒店	Mianyang Mianzhou Hot spring Hotel	绵阳安县罗浮山	Luohu Mt. An County,Mianyang	0816-4636666
绵阳梓州国际大酒店	Mianyang Zizhou International Hotel	绵阳三台县解放上街49号	No.49 Jiefang Shang Road,Santai County,Mianyang	0816-5899999
绵阳顺辉•世纪巴登酒店	Mianyan Shunhui Century Baden Hotel	绵阳市涪城区临园路西段28号	No.28 West Section Linyuan Road,Fucheng District,Mianyang	0816-6353333
绵阳新北川宾馆	Mian New Beichuan Hotel	北川县尔玛路25号	No.25 Erma Road,Beichuang County	0816-4229999

18-7续表2 continued

名　称	Name	地　址	Address	电话号码 Telephone Number
江油宾馆	Jiangyou Hotel	江油市东大街169号	No.169 East Avenue,Jiangyou City	0816-3277777
新四姑娘山庄	New Siguliangshan Villa	阿坝州小金县日隆镇双桥沟口	Shuangqiaogoukou, Rilong Town, Xiaojin, Aba	0837-2796888
九寨沟星宇大酒店	Jiuzhaigou Xinyu Grand Hotel	阿坝州九寨沟漳扎镇	Zhangza, Jiuzhaigou	0837-7766888
九寨沟格桑宾馆	Jiuzhaigou Geshang Hotel	九寨沟县漳扎镇	Zhangza,Jiuzhaigou, Aba	0837-7734958
九寨沟千鹤国际大酒店	Jiuzaigou Qianhe Grand Hotel	九寨沟县漳扎镇龙康村火地坝	Huopao,Longkang,zhangzha Town,Jiuzaigou Country	0837-7739188
四川广旺九寨度假村	Sichuan Guangwang Jiuzai Resort	四川九寨沟漳扎镇龙康村	Longkang Village,Zhangza Town, Jiuzhaigou	0837-7739929
九寨沟九龙宾馆	Jiuzaigou Jiulong Hotel	阿坝州九寨沟县彭丰村	Pengfeng Village,Jiuzhaigou Town	0837-7734567
自贡汇东大酒店	Zigong Huidong Hotel	自贡市汇东路东段16号	No.16 East Section Huidong Road, Zigong	0813-8288888
自贡雄飞假日酒店	Holiday Inn Zigong Xiongfei Hotel	自贡市自流井区解放路193号	No.193 Jiefang Avenue, Ziliujin, Zigong	0813-2118888
自贡英祥酒店	Zigong Yingxiang Hotel	自贡市汇兴路333号	No.333 Huixing Road,Zigong City	0813-8233333
宜宾华荣酒店	Yibin Huarong Hotel	宜宾市长江大道东段68号	No.67 East West Changjiang Ave., Yibin	0831-2399999
宜宾酒都饭店	Yibin Jiudu Hotel	宜宾市专署街50号	No.50 Zhuanshu Street, Yibin	0831-8188888
宜宾银龙戎州大厦宾馆	Yibin Yinlongrongzhou Hotel	宜宾长江北五粮液大道旧州路15号	No.15 Jiuzhou,Wuliangye Avenue,North Changjiang,Yibin	0831-5195818
德阳宏达金桥大酒店	Deyang Hongda Golden Bridge Grand Hotel	什邡市亭江东路	Tingjiang East Road, Shifang	0838-8200888
德阳旌湖宾馆	Deyang Jinhu Hotel	德阳市长江西路一段1号	No.1 First Section Changjiang West Road ,Deyang	0838-2303888
雅安四川梦温泉酒店	Ya'an, Sichuan Dream Hot Spring Hotel	雅安周公山温泉开发区	Hot Spring Zone,Zhougong Mountain,Yaan	0835-2312388
雅安倍特星月宾馆	Yaan Beite Xinyue Hotel	雅安市雨城区张家山路10号	No.10 Zhangjiashan Road, Yuchengqu,Yaan	0835-2225888
楠水阁温泉度假会议中心	Nanshuige Spa Resort Conference Center	雅安周公山温泉公园	Hot Spring Park,Zhougong Mountain,Yaan	0835-2329999
雅安红珠宾馆	Ya'an Hongzhu Hotel	雅安陇西路88号	No.88 Longxi Road,Ya'an	0835-8018888
广安岷山世纪大饭店	Guangan Century Hotel	广安市金广大道88号	No.88 Jinguang Ave., Guangan	0826-2336666
广安东阳国际酒店	Guangan Dongyang International Hotel	广安市建安中路136号	No.136 Jianan middle Road, Guangan	0826-5100888
广安华蓥山大酒店	Guangan Huarongshan Guand Hotel	广安华蓥山旅游区	Travell Town,Huarong Country, Guangan	0826-4330178
广安武胜印山假日酒店	Guang'an Wusheng Yinshan Holiday Hotel	广安武胜县沿口镇临江街2号	No.2 Linjing Steet,Yankou Town,Wusheng County,Guangan	0832-6680006
攀枝花川惠大酒店	Panzhihua Chuanzhong Grand Hotel	攀枝花市炳草岗人民街118号	No.118 Renmin Steet, Bingcaogang, Panzhihua	0812-6348888
攀枝花宾馆	Panzhihua Hotel	攀枝花市东区人民街32号	People Street, Dongqu, Panzhihua	0812-3332869
攀枝花安宁明珠大酒店	Panzhihua Peace Pearl Hotel	攀枝花市米易县城北新区	Beixin District, Miyi County, Panzhihua City	0812-8188888
攀枝花金沙明珠大酒店	Panzhihua Sands Pearl Hotel	攀枝花市东区江边街50号	No.50 Riverside Street,East District, Panzhihua City	0812-2230000
攀枝花学府大酒店	Panzhihua Institutions Hotel	攀枝花市机场路10号	No.10 Airport Road,Panzhihua City	0812-3370888
米易宁泽阳光酒店	Miyi Nizhe Sunshine Hotel	米易县安宁路193号	No.193 Anning Road,Miyi County	0812-8188111
康巴大酒店	Kamba Large Hotel	四川甘孜康定新区榆林路9号	No.9 Yulin Road Kangding New, Ganzi Prefecture	0836-2818888
西昌岷山饭店	Xichang Minshan Hotel	西昌市胜利南路88号	No.88 Shengli South Road,Xichang City	0834-3200888
太平洋国际大酒店	Pacific International Grand Hotel	西昌市长安南路海河桥头	Haihe River Bridge Changan South Road,Xian City	0834-2507686
西昌名仁大酒店	Xichang Mingren Grand Hotel	西昌市航天大道西河桥头	West River Qiaotou,Space Avenue, Xichang	0834-8888898

18-7续表3 continued

名　称	Name	地　址	Address	电话号码 Telephone Number
泸沽湖假日酒店	Lugu Lake Holiday Hotel	凉山盐原县泸沽湖镇	Lugu Lake Town,YanYuan County, Liangshang	0834-6391111
会理瀛洲园酒店	Huili Yingzhou Garden Hotel	四川省会理县城关西街185号	No.185 Chengguan West Street, Huili County, Liangshan Prefecture	0834-3338866
内江运亨酒店	Nejiang Yunhen Hotel	内江市市中区双苏路123号	No.123 Shuangshu Road,City District,Nejiang	0832-2200066
资中顺通大酒店	Zizhong Shuntong Grand Hotel	内江资中城南开发区苌虹路296号	No.296 Changhong Road,Developed Zone West City,Zizhong	0832-5577777
内江隆昌东方宾馆	Neijiang Longchang Oriental Hotel	内江市隆昌县金鹅镇隆泸大道	Longlu Avenue ,Golden Goose Town,	0832-3956888
达州东湖大酒店	Dazhou Dongfu Grand Hotel	达州市东湖公园内	East Parker,dazhou	0818-6136999
达州宾馆	Dazhou Hotel	达州市荷叶街163号	No.318 Heye Road,Dazhou	0818-2122348
达州华夏康年大酒店	Dazhou Huaxia Kangnian Grand Hotel	达州市达县南外镇华蜀南路366号	No.366 Huashu Road,Nanwai Town,Daxian County,Dazhou City	0818-2127777
达州高望都大酒店	Dazhou Gaowangdu Grand Hotel	达州市通川区凤凰大道	Phoenix Avenue Tongchuan District,Dazhou City	0818-8011111
达州华阳大酒店	Dazhou Huayang Grand Hotel	达州市通川区红旗路76号	No.76 Flag Road,Tongchuan District,Dazhou City	0818-2638111
渠县万兴大酒店	Quxian Wanxing Grand Hotel	达州市渠县渠江镇迎宾路8号	No.8 Yongbing Road,Jujiang Town,Juxiang County,Dazhou City	0818-8898888
南充北湖宾馆	Nanchong Beihu Hotel	南充市文化路301号	No.301 Wenhua Road, Nanchong	0817-2229999
南充万泰大酒店	Wantai Grand Hotel	南充市铁荣路1号	126 Heping Dong Road,Nanchong	0817-2311888
南充宇豪酒店	Nanchong Yuhao Hotel	南充市顺庆区文化路1号	No.1 Cultur Road,Shuiqing District, Nanchong	0817-2266666
南充营山天胜	Nanchong Yingshan Tiansheng	南充营山县兴隆路258号	No.258 Xinglong Road , Yingshan County, Dazhou City	0817-8218888
广元国际大酒店	Guangyuan Guoji Grand Hotel	广元市东城开发区苴国路555号	No.555 Guo Road,Dongcheng Development Town,Guangyuan	0839-3296222
四川苍溪国际大酒店	Sichuan Cangxi International Hotel	广元市苍溪县滨江路328号	No.328 Bingjiang Road , Changxi County,Guangyuan City	0839-5888888
峨眉山华生酒店	Emei Mt. Huasheng Hotel	峨眉山市佛光南路	Fuguang Nanlu Road, Emei	0833-5546999
峨眉山大酒店	Emei Mt. Hotel	乐山市峨眉山市报国寺	Baoguo Temple, Emei	0833-5526888
峨眉山温泉饭店	Emei Hot Spring Hotel	峨眉山报国寺	Baoguo Temple, Emei	0833-5590518
乐山金海棠酒店	Leshan Jintang Hotel	乐山市中区海棠路	Haitang Avenue,Downtown,Leshan	0833-2128888
峨眉山月花园酒店	Emeishan January Garden Hotel	乐山市夹江县夹峨公路夹江大桥	Jiajiang Bridge Jia'e Road , Jiajiang County,Leshan City	0833-5682222
威尼大酒店	Weini Grand Hotel	乐山市夹江县新华大道	Xinghua Avenue , Jiajiang County,Leshan City	0833-5799999
资阳锦江蜀亨大酒店	Ziyang Jinjiang Shuheng Grand Hotel	资阳市资阳大道西段	West Section Ziyang Avenue,Ziyang	028-26120300
资阳乐至鑫鹏大酒店	Ziyang Lezhi Xinpeng Hotel	资阳市乐至县仙鹤观村四社	No.4 Community Xianheguan Village,	028-23133006
泸州南苑宾馆	Luzhou Nanyuan Hotel	泸州市江阳区大山坪	Dashanping, Luzhou	0830-3158888
泸州伊顿饭店	Edon Hotel	泸州市江阳西路25号	No.25 Jiangyang West Avenue,Luzhou	0830-3156666
泸州四川兰尊大酒店	Luzhou Sichuan Lanzun Grand Hotel	泸州市古蔺县金兰大道	Jinlan Avnue,Guling County,Luzhou City	0830-7770888
泸州王氏大酒店	Luzhou Wangshi Grand Hotel	泸州市龙马潭区南龙路26号	Lanlong Road 26,Longmatan District,Luzhou City	0830-2518888
遂宁明星康年酒店	Suining Minxinkangnian hotel	遂宁市开发区明日路88号	No.88 Minri Road, Economy and Technology Dev. Zone, Suining	0825-2210998
遂宁万和大酒店	Suining Wanhe Hotel	遂宁市蓬溪县蜀北下路	Shubeixia road,Pengxi County, Shuining City	0825-5421888
东方国际酒店	East International Hotel	遂宁市大英县蓬莱镇	Penglai Town,Daying County,Shuining City	0825-7810888
子昂金都国际酒店	Zi'ang Jindu International Hotel	遂宁市射洪县沱牌大道66号	No.66 Tuopai Avenue,Shehong County,Shuining City	0825-6188888
青神大酒店	Qingshen Grand Hotel	青神县青衣大道东段1号	No.1 East Section Qingyi Avenue,Qingshen County	028-38855555

18-8 主要名胜风景区一览(2012年)
List of Main Scenic Spots(2012)

名　称	Name	地　址	Address
世界级	**World Scenic Spots**		
峨眉山-乐山大佛	Mt. Emei-Leshan Giant Buddha	乐山市	Leshan
黄龙	Huanglong Scenic Area	阿坝州松潘县	Songpan, Aba
九寨沟	Jiuzhaigou Valley	阿坝州九寨沟县	Jiuzhaigou, Aba
青城山-都江堰	Mt. Qingcheng-Dujiangyan Irrigation System	成都市都江堰市	Dujiangyan, Chengdu
大熊猫栖息地	Giant Panda Habitat	成都市、阿坝州、雅安市	Chengdu,Aba,Yaan
国家级	**State Scenic Spots**		
剑门蜀道	Jianmen Pass and Ancient Path to Sichuan	广元市剑阁县	Jiange, Guangyuan
贡嘎山	Mt. Gongga	甘孜州	Ganzi
蜀南竹海	Shunan Bamboo Sea (Forest of Bamboo)	宜宾市长宁县	Changning, Yibin
西岭雪山	Xiling Snow Mt.	成都市大邑县	Dayi, Chengdu
四姑娘山	Mt.Siguniang	阿坝州小金县	Xiaojin, Aba
石海洞乡	Stone Sea and Cave Township	宜宾市兴文县	Xinwen, Yibin
螺髻山—邛海	Mt. Luoji and Qiong Sea	凉山州普格县、西昌市	Puge & Xichang, Liangshan
光雾山-诺水河	Mt.Guangwu-Ruoshui River	巴中市南江县、通江县	Nanjiang & Tongjiang, Bazhong
白龙湖	Bailong Lake	广元市青川县	Qingchuan, Guangyuan
天台山	Mt.Tantai	成都市邛崃市	Qionglai, Chengdu
龙门山	Mt.Longmen	成都市彭州市	Pengzhou, Chengdu
省级	**Province Scenic Spots**		
龙泉花果	Longquan Flower & Fruit Mt.	成都市龙泉驿区	Longquyi, Chengdu
西山	Mt. Xishan	南充市	Nanchong
蒙山	Mt.Mengshan	雅安市名山县	Mingshan, Yaan
云顶石城	Yunding Stonetown	成都市金堂县	Jintang, Chengdu
朝阳湖	Chaoyang Lake	成都市蒲江县	Pujiang, Chengdu
蓥华山	Mt. Yinghua	德阳市什邡市	Shifang, Deyang
白云山-重龙山	Mt. Baiyun-Mt. Chonglong	内江市资中县	Zizhong, Neijiang
佛爷洞	Foye Cave	绵阳市江油市	Jiangyou, Mianyang
百里峡	Baili Gorge	达州市宣汉县	Xuanhan, Dazhou
罗浮山-白水湖	Mt.Luofu-Baishui Lake	绵阳市安县	Anxian, Mianyang
云台山	Mt. Yuntai	绵阳市	Mianyang
鼓城山-七里峡	Mt. Pengcheng-Qili Gorge	广元市旺苍县	Wangcang, Guangyuan
重龙山	Mt. Chonglong	内江市资中县	Zizhong, Neijiang
彭祖山	Mt. Pengzhu	眉山市彭山县	Pengshan, Meishan

18-8续表1 continued

名 称	Name	地 址	Address
华蓥山	Mt. Huaying	广安市华蓥市	Huaying, Guangan
真佛山	Mt. Zhenfo	达州市达县	Daxian, Dazhou
自流井-恐龙	Ziliu Well-Dinosaur Fossil	自贡市	Zigong
九龙沟	Jiulonggou Valley	成都市崇州市	Chongzhou, Chengdu
佛宝风景区	Fobao Scenic Area	泸州市合江县	Hejiang, Luzhou
玉蟾山	Mt. Yuchan	泸州市泸县	Luxian, Luzhou
槽鱼滩	Caoyu Shoal	眉山市洪雅县	Hongya, Meishan
黑龙潭	Heilongtan Scenic Spot	眉山市仁寿县	Renshou, Meishan
泸沽湖	Lugu Lake	凉山州盐源县	Yanyuan, Liangshan
马湖	Mt. Ma	凉山州雷波县	Leibo, Liangshan
卡龙沟	Kalonggou Valley	阿坝州黑水县	Heishui, Aba
丹山	Mt.Dan	泸州市叙永县	Xuyong, Luzhou
广德灵泉	Guangdeling Spring	遂宁市	Suining
古湖	Guyu Lake	内江市隆昌县	Longchang, Neijiang
中岩风景区	Zhongyan Scenic Area	眉山市青神县	Qingshen, Meishan
白云山	Mt. Baiyun	南充市蓬安县	Pengan, Nanchong
芙蓉山	Mt. Furong	宜宾市珙县	Gongxian, Yibin
筠连岩溶	Junlian Karst	宜宾市筠连县	Junlian, Yibin
田湾河	Tianwan River	雅安市石棉县	Shimian, Yaan
夹金山	Mt. Jiajin	雅安市宝兴县	Baoxing, Yaan
碧峰峡	Bifeng Gorge	雅安市	Yanan
叠溪-松坪沟	Die Brook-Songping Gorge	阿坝州茂县	Maoxian, Aba
米亚罗	Miyaluo Scenic Spot	阿坝州理县	Lixian, Aba
彝海	Yi Sea	凉山州冕宁县	Mianning, Liangshan
老君山	Mt. Laojun	宜宾市屏山县	Pingshan, Yibin
黑竹沟	Heizhu Gorge	乐山市峨边县	Ebian, Leshan
大渡河-美女峰	Dadu River-Meinu Peak	乐山市	Leshan
黄龙溪	Huanglongxi Ancient Town	成都市双流县	Shuangliu, Chengdu
乾元山	Mt. Qianyuan	绵阳市江油市	Jiangyou, Mianyang
李白故里	Libai Former Residence	绵阳市江油市	Jiangyou, Mianyang
龙潭溶洞	Longtan Limestone Cave	凉山州米易县	Miyi, Panzhihua

18-8续表2 continued

名 称	Name	地 址	Address
龙时山-仙人湖	Mt. Longshi-Xianren Lake	凉山州会理县	Huili, Liangshan
锦屏风景区	Jinping Scenic Spot	南充市阆中市	Langzhong, Nanchong
灵鹫山-大雪峰	Mt.Lingjiu-Daxue Peak	雅安市芦山县	Lushan, Yaan
八台山	Mt. Batai	达州市万源市	Wanyuan, Dazhou
升钟风景区	Shengzhong Scenic Spot	南充市南部县	Nanbu, Nanchong
笔架山	Mt. Bijia	泸州市合江县	Hejiang, Luzhou
富乐山	Mt. Fule	绵阳市	Mianyang
平安风景区	Pingan Scenic Spot	遂宁市射洪县	Shehong, Suining
玉龙湖	Yulong Lake	泸州市泸县	Luxian, Luzhou
僰王山	Mt. Bowang	兴文县	Xiwen, Yibin
黄荆八节	Huangjinshijie Waterfall	泸州市古蔺县	Gulin, Luzhou
九狮山	Mt. Jiushi	泸州市龙马潭区	Longmatan, Luzhou
二郎山	Mt. Erlangshan	雅安市天全县	Tianquan, Yaan
亚丁风景区	Yading Natural Reserve	甘孜州稻城县	Daocheng, Ganzi
天仙洞	Tianxian Cave	泸州市纳溪区	Naxi, Luzhou
龙潭汉阙	Longtan Han Que	达州市渠县	Quxian, Dazhou
墨尔多山	Mt. Moerduo	甘孜州丹巴县	Danba, Ganzi
越溪河	Yuxi River	宜宾市宜宾县	Yibinxian, Yibin
太阳谷	Taiyang Vale	甘孜州得荣县	Derong, Ganzi
千佛山	Mt.Qianfo	绵阳市安县	Anxian, Mianyang
三江	Sanjiang	阿坝州汶川县	Wenchuan, Aba
九鼎山-文镇沟大峡谷	Mt.Jiuding-Wenzhenggou Gorge	阿坝州茂县	Maoxian, Aba
神门	Shenmen	巴中市南江县	Nanjiang, Bazhong
朱德故里-琳琅山	Mt.Linlang-the Native Place of Zhude	南充市仪陇县	Yinong, Nanchong
小相岭-灵光古道	Xiaoxiangling-Lingguang Ancient Path	凉山州喜德县	Xide, Liangshan
小西湖-沙椤峡谷	Small West Lake-Suoluo Gorge	乐山市五通桥区	Wutongqiao, Leshan
阴平古道	Yinping Ancient Path	广元市青川县	Qinchuan, Guangyuan
草坡	Caopo	阿坝州汶川县	Wenchuan, Aba
香巴拉七湖	Xiangbala Seven Lakes	甘孜州乡城县	Xiangcheng, Ganzi
九顶山	Mt.Jiuding	德阳市绵竹市	Mianzhu, Deyang
紫岩山	Mt. Ziyan	德阳市绵竹市	Mianzhu, Deyang
旭河	Xu River	雅安市汉源县	Hanyuan,Yaan

主要统计指标解释

进出口总额 指实际进出我国国境的货物总金额。包括对外贸易实际进出口货物，来料加工装配进出口货物，国家间、联合国及国际组织无偿援助物资和赠送品，华侨、港澳台同胞和外籍华人捐赠品，租赁期满归承租人所有的租赁货物，进料加工进出口货物，边境地方贸易及边境地区小额贸易进出口货物(边民互市贸易除外)，中外合资经营企业、中外合作经营企业、外商独资经营企业进出口货物和公用物品，到、离岸价格在规定限额以上的进出口货样和广告品(无商业价值、无使用价值和免费提供出口的除外)，从保税仓库提取在中国境内销售的进口货物，以及其他进出口货物。该指标可以观察一个国家在对外贸易方面的总规模。我国规定出口货物按离岸价格统计，进口货物按到岸价格统计。

利用外资 指各级政府、部门、企业和其他经济组织通过对外借款、吸收外商直接投资以及用其他方式筹措的境外现汇、设备、技术等。

对外借款 指通过对外正式签订借款协议，从境外筹措的资金，包括外国政府贷款、国际金融组织贷款、外国银行商业贷款、出口信贷以及对外发行债券等。

外商直接投资 指外国企业和经济组织或个人(包括华侨、港澳台胞以及我国在境外注册的企业)按我国有关政策、法规，用现汇、实物、技术等在我省境内开办外商独资企业、与我省境内的企业或经济组织共同举办中外合资经营企业、合作经营企业或合作开发资源的投资(包括外商投资收益的再投资)，以及经政府有关部门批准的项目投资总额内企业从境外借入的资金。

对外承包工程 指我国境内企业法人或者其他经济组织按照国际通行做法，在国外及港澳台地区承揽、实施工程建设项目的勘察、设计、施工、监理、设备材料采购、安装调试、工程咨询、工程管理等经营活动。

对外劳务合作 指我国境内企业法人与国（境）外允许招收或雇用外籍劳务人员的公司、中介机构或私人雇主签订合同，并按合同约定的条件有组织地招聘、选拔、派遣我国公民到国（境）外为外方雇主提供劳务服务并进行管理的经济活动。

入境旅游人数 指报告期内来中国（大陆）观光、度假、探亲访友、就医疗养、购物、参加会议或从事经济、文化、体育、宗教活动的外国人、港澳台同胞等游客人数。统计时，外国人、港澳台同胞每入境一次统计 1 人次。

国际旅游(外汇)收入 指入境游客在中国（大陆）境内旅行、游览过程中用于交通、参观游览、住宿、餐饮、购物、娱乐等全部花费。

星级饭店 指设备、设施、服务符合《旅游饭店星级的划分与评定》（GB/T14308-2003），通过相关旅游管理部门评定，并取得星级饭店称号的饭店（含预备星级饭店）。

Explanatory Notes on Main Statistical Indicators

Total Imports and Exports at Customs refer to the real value of commodities imported into and exported from the boundary of China. They include the actual imports and exports through foreign trade, imported and exported goods under the processing and assembling trades and materials, supplies and gifts as aid given gratis between governments and by the United Nations and other international organizations, and contributions donated by overseas Chinese, compatriots in Hong Kong and Macao and Chinese with foreign citizenship, leasing commodities owned by tenant at the expiration of leasing period, the imported and exported commodities processed with imported materials, commodities trading in border areas (excluding mutual exchange goods), the imported and exported commodities and articles for public use of the Sino-foreign joint ventures, cooperative enterprises and ventures exclusively with foreign own investment. Also included are import or export of samples and advertising goods for whose CIF or FOB value are beyond the permitted ceiling (excluding goods of no trading or use value and free commodities for export), import ed goods sold in China from bonded warehouses and other imported or exported goods. The indicator of the total imports and exports at customs can be used to observe the total size of external trade in a country. In accordance with the stipulation of the Chinese government, imports are calculated at CIF, while exports are calculated at FOB

Utilization of Foreign Capital refers to remittance, equipment and technology financed from abroad, by loans, foreign direct investment and other forms undertaken by the governments at all levels, by various departments, enterprises and other economic units.

Foreign Borrowings refer to funds borrowed from abroad through formal signing of borrowing agreements with foreign institutions, including loans of foreign governments, loans of international financial institutions, commercial loans of foreign banks, export credit , and funds raised by Chinese bonds issued abroad.

Foreign Direct Investment refers to the investments inside Sichuan by foreign enterprises and economic organizations or individuals (including overseas Chinese, compatriots from Hong Kong, Macao and Taiwan, and Chinese enterprises registered abroad), following the relevant policies and laws of China, for the establishment of ventures exclusively with foreign own investment, Sino-foreign joint ventures and cooperative enterprises or for co-operative exploration of resources with enterprises or economic organizations in Sichuan. It includes the reinvestment of the foreign entrepreneurs with the profits gained from the investment and the funds that enterprises borrow from abroad in the total investment of projects which are approved by the relevant department of the government.

Overseas Contracted Project refers to in accordance with the international common practice, domestic corporates or other economic organizations contract and implement construction projects in foreign countries, Hong Kong SAR, Macao SAR and Taiwan province including reconnaissance, design, construction, supervision, purchasing of equipment and materials, installation and testing, engineering consulting and project management.

Overseas Labour Services refer to domestic corporates which signed contracts with overseas corporations, intermediary agencies and private employers which are allowed to recruit or hire foreign labour forces, they will send Chinese citizens to go abroad to provide labour services to foreign employers through organized recruitment and selection according to the signed contracts and relevant management activities.

International Visitor Arrivals refer to the number of foreigners, Chinese compatriots from Hong Kong, Macao and Taiwan Chinese (mainland) who come to China (mainland) for sight-seeing, vacation, visiting relatives, medical treatment, shopping, attending conference, or to engage in economic, cultural, sports and religious activities. In compiling statistics, each time of entering China is counted as one person-time.

Foreign Exchange Earnings from International Tourism refer to the total expenditure of foreigners, overseas Chinese, Chinese compatriots from Hong Kong, Macao and Taiwan during their stay in the mainland of China on transportation,sighting, accommodation, food, shopping and entertainment.

Star-rated Hotels refer to hotels rated with stars as assessed by the relevant tourism authorities according to GB/T14308-2003 standard with reference to their infrastructure, facilities and service levels.

19

金融和保险

19-1 金融机构(含外资)本外币信贷收支表(资金来源)
Balance Sheet of Local and Foreign Credit Funds of Financial Institutions (Including Foreign) (Funds Sources)

单位：亿元 (100 million yuan)

项　目	Item	2012	比年初增减数 amount over the beginning of the year
资金来源总计	**All Sources**	**39895.00**	**6228.47**
各项存款	Deposits	41576.80	6607.42
单位存款	Deposits of Units	19647.97	2812.57
个人存款	Deposits of Individuals	19628.81	3384.66
# 储蓄存款	Urban and Rural Savings Deposits	19497.57	3296.83
财政性存款	Treasury Deposits	1426.23	-8.96
委托存款	Trusted Deposits	39.24	-7.38
金融债券	Bonds	33.17	4.97
中长期借款	Medium-term & Long-term Loans	9.93	1.15
应付及暂收款	Account Receivable and Advanced Payment	936.17	234.80
同业往来(来源方)	Interbank exchanges (the originator)	335.07	-35.41
外汇买卖(来源方)	Foreign Exchange Trading (source side)	811.76	696.51
各项准备	Reserves	685.73	114.18
所有者权益	Creditors' Equity	1424.78	288.28
其他	Other	-5918.40	-1683.43

注：本表金融机构包括中国人民银行、中资全国性大型银行、中资全国性中小型银行、中资区域性中小型银行、城市信用社、农村信用社、财务公司、信托投资公司、租赁公司、外资金融机构和汽车金融公司(后同)。

a) Financial Institution of balance sheet cover the People's Bank of China, funded large national banks, regional small and medium-funded national small and medium-sized banks, Chinese-funded banksurban cooperative banks, urban credit cooperatives, foreign-funded banks, finance companies, financial trust and investment companies, financial leasing companies,Foreign financial institutions and auto finance company (the same as the following) .

19-2 金融机构(含外资)本外币信贷收支表(资金运用)
Balance Sheet of Local and Foreign Credit Funds of Financial Institutions (Including Foreign) (Funds Uses)

单位：亿元 (100 million yuan)

项　目	Item	2012	比年初增减数 amount over the beginning of the year
资金运用总计	**All Uses**	**39895.00**	**6228.47**
各项贷款	Loans	26163.25	3652.35
短期贷款	Short-term Loans	8152.84	2088.21
个人贷款及透支	Personal Loans and Overdrafts	1578.23	422.66
单位普通贷款及透支	Ordinary Loans and Overdrafts of Units	6038.07	1437.15
银团贷款	Syndicated Loans	4.61	-5.40
贸易贷款	Trade Loans	531.92	233.80
中长期贷款	Medium-term & Long-term Loans	17542.14	1429.83
融资租赁	Finance Leases	0.30	-0.59
票据融资	Bill Financing	403.94	134.13
有价证券	Securities	1138.32	469.75
股权及其他投资	Equity and other Investment	535.50	202.01
应收及预付款	Account Receivable and Advanced Payment	244.33	32.62
同业往来(运用方)	Interbank Exchanges (the use of party)	111.20	6.81
系统内资金网来(运用方)	Interbank Exchanges (the use of party)	10133.85	1060.66
外汇买卖(运用方)	Foreign Exchange Trading (the use of party)	811.30	696.18
固定资产	Fixed Assets	392.03	57.54
库存现金	Cash on hand	364.41	50.46
投资性房地产	Investment Property	0.80	0.10

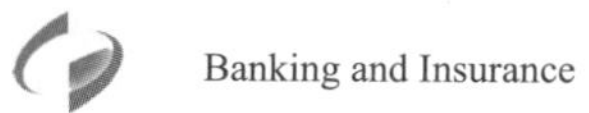

19-3 金融机构法定存款基准利率
Nominal Interest Rates on Deposits of Financial Institutions

单位：年利率%　　　　(Annual Interest Rrate %)

项　目	Item	2008 .10.9 Oct.9 2008	2008 .10.30 Oct.30 2008	2008 .11.27 Nov.27 2008	2008 .12.23 Dec.23 2008	2010 .10.20 Dec.20 2010	2010 .12.26 Dec.26 2010	2011 .2.9 Dec.9 2011	2011 .4.6 Dec.6 2011	2011 .7.7 Jul.7 2011	2012 .6.8 Jun.8 2012	2012 .7.6 Jul.6 2012
个人人民币储蓄存款	**Household Deposits**											
活期	Demand Deposits	0.72	0.72	0.36	0.36	0.36	0.36	0.40	0.50	0.50	0.40	0.35
定期	Time Deposits											
三个月	3 Months	3.15	2.88	1.98	1.71	1.91	2.25	2.60	2.85	3.10	2.85	2.60
半年	6 Months	3.51	3.24	2.25	1.98	2.20	2.50	2.80	3.05	3.30	3.05	2.80
一年	1 Year	3.87	3.60	2.52	2.25	2.50	2.75	3.00	3.25	3.50	3.25	3.00
二年	2 Years	4.41	4.14	3.06	2.79	3.25	3.55	3.90	4.15	4.40	4.10	3.75
三年	3 Years	5.13	4.77	3.60	3.33	3.85	4.15	4.50	4.75	5.00	4.65	4.25
五年	5 Years	5.58	5.13	3.87	3.60	4.20	4.55	5.00	5.25	5.50	5.10	4.75

19-4 金融机构法定贷款利率
Nominal Interest Rates on Loans of Financial Institutions

单位：年利率%　　　　(Annual Interest Rrate %)

项　目	Item	2008 .9.16 Sep.16 2008	2008 .10.9 Oct.9 2008	2008 .10.27 Oct.27 2008	2008 .10.30 Oct.30 2008	2008 .11.27 Nov.27 2008	2008 .12.23 Dec.23 2008	2010 .10.20 Dec.20 2010	2010 .12.26 Dec.26 2010	2011 .2.9 Dec.9 2011	2011 .4.6 Dec.6 2011	2011 .7.7 Jul.7 2011	2012 .6.8 Jun.8 2012	2012 .7.6 Jul.6 2012
短期贷款	**Short-term Loan**													
六个月以内（含六个月）	6 Months Or Less	6.21	6.12	6.12	6.03	5.04	4.86	5.10	5.35	5.60	5.58	6.10	5.85	5.60
六个月至一年（含一年）	12 Months Or Lwss	7.20	6.93	6.93	6.66	5.58	5.31	5.56	5.81	6.06	6.31	6.56	6.31	6.00
中长期贷款	**Mediun-term & Long-time Loan**													
一至三年（含三年）	Three Years Or Less	7.29	7.02	7.02	6.75	5.67	5.40	5.60	5.85	6.10	6.40	6.65	6.40	6.15
三至五年（含五年）	5 Years Or Less	7.56	7.29	7.29	7.02	5.94	5.76	5.96	6.22	6.45	6.65	6.90	6.65	6.40
五年以上	Above 5 Years	7.74	7.47	7.47	7.20	6.12	5.94	6.14	6.40	6.60	6.80	7.05	6.80	6.55
个人住房公积金贷款	**Loans For Public Accumulation Funds Of Housing**													
五年以下（含五年）	5 Year Or Less	4.59	4.32	4.05	4.05	3.51	3.33	3.50	3.75	4.00	4.20	4.45	4.20	4.00
五年以上	Above 5 Years	5.13	4.86	4.59	4.59	4.05	3.87	4.05	4.30	4.50	4.70	4.90	4.70	4.50

19-5 保险业务经济技术指标
Economic and Technical Indicators of Insurance Business

单位：万元 (10 000 yuan)

项　目	Item	2008	2009	2010	2011	2012
保费收入合计	**Premium Income Total**	**4942803**	**5790283**	**7657702**	**7787004**	**8195283**
财产保险	**Property Insurance**	**1097573**	**1487179**	**1915557**	**2250926**	**2715083**
企业财产保险	Enterprise Property Insurance	56018	62732	78628	96990	106404
机动车辆保险	Automobile Insurance	837267	1141732	1523384	1774926	2074196
货物运输保险	Cargo Transportation Insurance	15828	17074	20593	22387	21602
责任保险	Liability Insurance	41879	52339	66424	79906	96021
信用保证保险	Credit and Guarantee Insurance	7163	57075	55107	37962	114434
其他财产保险	Others Property Insurance	139417	156227	171420	238754	302426
人身保险	**Life Insurance**	**3845230**	**4303104**	**5742146**	**5536078**	**5480200**
人寿保险	Life Insurance Business					
非分红产品	Non-participating	415766	429334	431535	428981	436911
分红产品	Participating	2109324	2947486	4332509	4529533	4362089
投资连接产品	Unit-link	124642	26955	24870	752	743
万能产品	Universal	799835	457276	437493	30927	30976
健康险	Health Insurance					
短期健康险	Short-term Health Insurance	133381	155225	164378	179297	200859
长期健康险	Long-term Health Insurance	144185	130266	178563	161360	218114
意外伤害险	Personal Accident Insurance	118097	156561	172798	205228	230508
赔款给付支出合计	**Claim Total**	**1234751**	**1305534**	**1509352**	**1911459**	**2329022**
财产保险	**Property Insurance**	**628724**	**731084**	**858986**	**1094152**	**1413139**
企业财产保险	Enterprise Property Insurance	28420	35585	30266	41439	64607
机动车辆保险	Automobile Insurance	490670	573397	694935	918189	1181073
货物运输保险	Cargo Transportation Insurance	3335	4669	4444	7130	7585
责任保险	Liability Insurance	18764	23915	22446	29607	38783
信用保证保险	Credit and Guarantee Insurance	470	4345	2201	1058	5962
其他财产保险	Others Property Insurance	87065	89173	104694	96729	115129
人身保险	**Life Insurance**	**606028**	**574450**	**650365**	**817307**	**915883**
人寿保险	Life Insurance Business					
非分红产品	Non-participating	105706	141065	135482	123160	154918
分红产品	Participating	325094	228350	324994	459443	529592
投资连接产品	Unit-link	179	259	343	746	221
万能产品	Universal	3888	33355	4436	5315	7054
健康险	Health Insurance					
短期健康险	Short-term Health Insurance	94416	104515	17878	102918	114435
长期健康险	Long-term Health Insurance	12872	15674	105597	60410	33215
意外伤害险	Personal Accident Insurance	63872	51232	61635	65315	76448

19-6 各财产保险公司和人身保险公司四川省分公司保费收入
Premium Income of Property Insurance Companies (Sichuan Branch) and Life Insurance Companies (Sichuan Branch)

单位：万元

公司名称	Company Name	2011	2012
合　计	**Total**	**7787004**	**8195283**
财产保险公司	**Property Insurance Companies**	**2367999**	**2852444**
中国人民财产保险股份有限公司	PICC Property & Casualty Insurance Company Limited	947923	1058152
中国太平洋财产保险股份有限公司	China Pacific Insurance (Group) Co.,Ltd	182659	214035
中国平安财产保险股份有限公司	Ping An Insurance (Group) Company of China , Ltd.	505063	597224
永安财产保险股份有限公司	Yong An Insurance Co,.Ltd.	51463	53183
华泰财产保险股份有限公司	Huatai Insurance Co., Ltd.	33199	39040
中华联合财产保险公司	China United Property Insurance Company	139375	161782
大安保险股份有限公司	Tanan Property Insurance Co., Ltd.	36502	36044
太平保险有限公司	TaiPing Insurance Company Ltd.	84223	96329
中国大地财产保险股份有限公司	China Continent Property & Casualty Insurance Company	72670	82346
华安财产保险股份有限公司	Sinosafe Insurance	25340	27675
中航安盟财产保险有限公司	Groupama-Avic Property Insurance Co.,Ltd	7921	37042
中国出口信用保险公司	China Export & Credit Insurance Corporation (SINOSURE)	37216	113604
安邦财产保险股份有限公司	Anbang Property & Casualty Insurance Co.,Ltd	32554	21069
永诚财产保险股份有限公司	Alltrust Insurance Company of China ,Co., Ltd	39030	41772
天平汽车保险股份有限公司	Tianping Auto Insurance Company of China ,Co.,Ltd.	18401	17913
阳光财产保险股份有限公司	Sunshine Property & Casualty Insurance Company of China ,Co.,Ltd.	34386	37225
都邦财产保险股份有限公司	Dubang Property & Casualty Insurance Company of China ,Co.,Ltd.	13545	11956
渤海财产保险股份有限公司	Bohai Property & Casualty Insurance Company of China ,Co.,Ltd.	2422	4799
中银财产保险股份有限公司	China Bank Property & Casualty Insurance Company of China ,Co.,Ltd.	14096	17308
华农财产保险股份有限公司	Huanong Property & Casualty Insurance Co.,Ltd.	3947	3382
安诚财产保险股份有限公司	Ancheng Property & Casualty Insurance Co.,Ltd.	10049	8213
民安财产保险股份有限公司	Ming'an Property & Casualty Insurance Co.,Ltd.	5403	7385
浙商财产保险股份有限公司	Zheshang Property & Casualty Insurance Co.,Ltd.	22315	21058
鼎和财产保险股份有限公司	Dinghe Property & Casualty Insurance Company of China ,Co.,Ltd.	7873	8741
英大泰和财产保险股份有限公司	Yingda Taihe Property & Casualty Insurance Co.,Ltd.	14653	23877
锦泰财产保险股份有限公司	JinTai Property Insurance Co.,Ltd.	15407	49197
紫金财产保险股份有限公司	Zijin Property and Casualty Insurance Co.,Ltd.	2270	6233
中国人寿财产保险股份有限公司	China Life Property & Casualty Insurance Co.,Ltd.	6848	45761
信达财产保险股份有限公司	Cinda Property Insurance Co.,Ltd.	1245	9598
国泰财产保险有限责任公司	Cathay Insurance Co., Ltd.		498
人身保险公司	**Life Insurance Companies**	**5419005**	**5342839**
中国人寿保险股份有限公司	China Life Insurance(Group) Company	1645546	1673901
中国太平洋人寿保险股份有限公司	China Pacific Insurance(group)Co.,Ltd	516807	426571
中国平安人寿保险股份有限公司	Ping An Insurance (Group) Company of China , Ltd.	402909	417495
新华人寿保险股份有限公司	New China Insurance Co., Ltd.	532694	530375
泰康人寿保险股份有限公司	Taikang Life Insurance Company	457231	408523

19-6 续表 continued

单位：万元 (10 000 yuan)

公司名称	Company Name	2011	2012
太平人寿保险有限公司	Taiping Life Insurance Co.,Ltd.	366692	405868
民生人寿保险股份有限公司	Minsheng Life Insurance Co.,Ltd.	73385	59124
中英人寿保险有限公司	Aviva Cofco Life Insurance Co.,Ltd.	79075	85132
生命人寿保险股份有限公司	Sino Life Insurance Co.,Ltd.	199329	173860
北大方正人寿保险有限公司	Founder Meiji Yasuda Life Insurance Co.,Ltd	12919	13816
长城人寿保险股份公司	Great Wall Life Insurance Co.,Ltd.	36411	37068
中宏人寿保险股份公司	Manulife-Sinochem Insurance Co.,Ltd.	9887	12361
中德安联人寿保险有限公司	Allianz China Life Insurance Co.,Ltd.	11069	13322
嘉禾人寿保险股份有限公司	ABC Life Insurance Co., Ltd	34904	51117
中国人民人寿保险股份有限公司 *	PICC Life Insurance Co.,Ltd.	406336	326160
华泰人寿保险有限公司	Huatai Life Insurance Co.,Ltd.	27033	16144
人保健康保险有限公司	PICC Health Insurance Co.,Ltd.	16925	33823
恒安标准人寿保险有限公司	Heng'an Standard Life Co.,ltd.	9440	5790
招商信诺保险有限公司	CIGNA&CMC Insurance Co.,Ltd.	6787	8414
合众人寿保险有限公司	Union Life Insurance Co.,Ltd.	122079	79138
阳光人寿保险有限公司	Sunshine Life Insurance Co.,Ltd.	131929	119633
中意人寿保险有限公司	General China Insurance Co.,Ltd.	13342	24405
华夏人寿保险有限公司	Huaxia China Insurance Co.,Ltd.	20387	29852
中国平安养老保险股份有限公司	Ping An Insurance (Group) Company of China , Ltd.	24419	27399
太平养老保险股份有限公司	TaiPing Pension Company Limited	1848	2336
中新大东方人寿保险有限公司	Great Eastern Life Assurance (China) Co Ltd	1845	2574
中邮人寿保险有限公司	China Post Lift Insurance Co.,Ltd.	221040	199363
幸福人寿保险有限公司	Happy Life Insurance Co.,Ltd.	20293	13197
联泰大都会人寿保险有限公司	Sino-US United Metlife Insurance Co.,Ltd.	2818	6140
国华人寿保险股份有限公司	Guohua Life Insurance Co.,Ltd.	811	6158
和谐健康保险股份有限公司	Harmony Health Insurance Company Limited	1	201
安邦人寿保险股份有限公司	Anbang Life Insurance Co.,Ltd.	768	20394
光大永明人寿保险有限公司	Sun Life Everbright Life Insurance Co.,Ltd.	8250	37762
工银安盛人寿保险有限公司	ICBC-AXA Assurance Co., Ltd	1624	25606
百年人寿保险股份有限公司	Aeon Life Insurance Co.,Ltd.	2170	32955
中融人寿保险股份有限公司	Zhongrong Life Insurance Co.,Ltd.		15002
英大泰和人寿保险股份有限公司	Yngda Taihe Life Insurance Co.,Ltd.		1488
中航三星人寿保险有限公司	Samsung Air China Life Insurance Co.Ltd.		375

注：中航安盟财产保险有限公司原名为法国安盟保险公司；中国人民人寿保险股份有限公司原名为中国人保寿险有限公司；北大方正人寿保险有限公司原名为海尔纽约人寿保险股份有限公司；农银人寿保险股份有限公司原名为嘉禾人寿保险股份有限公司；中美联泰大都会人寿保险有限公司原名为联泰大都会人寿保险有限公司；根据保监会要求。自2011年1月起采用执行《企业会计准则解释第2号》之后的新口径统计。

a) AVIC UNITA Property Insurance Co., Ltd. is formerly known as the French Groupama company; Chinese People's Life Insurance Company Limited is formerly known as China PICC Life Insurance Co., Ltd.; Founder Life Insurance Co., Ltd. is formerly known as the Haier New York Life Insurance Company Limited; CAF Life Insurance Co., is formerly known as Harvest Life Insurance Company Limited; in AP MetLife Insurance Co., Ltd. is formerly known as United MetLife Insurance Co., Ltd..according to CIRC requirements, a new caliber statistics is executed afer "Enterprise Accounting Standards No. 2" since January 2011.

主要统计指标解释

信贷资金 指金融机构以信用方式积聚和分配的货币资金。金融机构信贷资金的来源有各项存款、金融债券、对国际金融机构负债、流通中现金、其他项目等；信贷资金的运用有各项贷款、有价证券及投资、金银占款、外汇占款、财政借款及在国际金融机构中的资产等。

存款 指企业、机关、团体或居民根据资金必须收回的原则，把货币资金存入银行或其他信贷机构保管并取得一定利息的一种信用活动形式。根据存款对象或性质的不同可划分为单位存款、个人存款、财政性存款、临时性存款、委托存款、其他存款等科目。它是银行信贷资金的主要来源。

贷款 指银行或其他信贷机构根据资金必须归还的原则，按一定利率，为企业、个人等提供资金的一种信用活动形式。我国银行贷款分为短期贷款、中长期贷款、融资租赁、票据融资、各项垫款、境外贷款等。

保险公司 在中国境内的、经过保险监督管理部门批准设立，并依法登记注册的各类商业保险公司。

保险金额 指保险人承担赔偿或者给付保险金责任的最高限额。

保费 指投保人为取得保险人在约定范围内所承担赔偿责任而支付给保险人的费用。

赔款 指保险人根据保险合同的规定，向被保险人支付的赔偿保险责任损失的金额。

给付 包括死伤医疗给付和满期给付。死伤医疗给付是指保险人根据人寿保险及长期健康保险合同的规定，因被保险人在保险期内发生保险责任范围内的保险事故支付给被保险人(或受益人)的金额。满期给付是指被保险人生存期满，保险人按人寿保险合同规定支付给被保险人的满期保险金额。

Explanatory Notes on Main Statistical Indicators

Credit Funds refer to the monetary funds accumulated and distributed in the means of credit by the financial institutions. The sources of credit funds include various deposits, financial bonds, liabilities to international financial institutions, currency in circulation, other items. The uses of credit funds include loans, securities and investment, position for bullion and silver purchase, position for foreign exchange purchase, advances to treasury, and assets with international financial institutions..

Deposit is a form of credit by which enterprises, institutions, organizations or households can put money into banks and other credit institutions for safekeeping and interest earning under the principle of free withdrawal. According to different depositors, deposits are divided into unit deposits, personal deposits, fiscal deposits, temporary deposits, entrusted deposits and other deposits. Deposits are major sources of the credit funds of banks.

Loan is a form of credit by which banks and other credit institutions provide funds at certain interest rate to enterprises and individuals in the light of the principle of unconditional repayment. Loans from Chinese banks include short-term loan, medium-term and long-term loans, financial lease, bill financing, various money advanced, foreign loans.

Insurance Companies refer to commercial insurance companies of various forms registered by law and established in China with the approval of insurance regulatory agencies.

Amount Insured refers to the maximum that the insurant will get for the claim of the case insured.

Premium is the fee paid by the insurant to the insurer to obtain the obligation of compensation from the insurance within the agreed terms.

Settled Claim is the compensation paid by the insurer to the insurant in accordance with the insurance contract.

Payment includes payment for death, injury or medical treatment and mature payment. Payment for death, injury or medical treatment refers to the money paid to the insurant (or the beneficiary) in accordance with the life or health insurance contract when the insurant encounters accidents within the insured period covered in the contract. Mature payment refers to the mature payment to the insurant in accordance with the life insurance contract at the end of the insured period.

20

教育、科技和专利

20-1 各类学校数
Number of Schools by Type

单位：所 (unit)

年份 Year	普通高等学校 Regular Institutions of Higher Education	中等职业学校 Secondaryl vocationa schools	普通中学 Regular Secondary Schools	小　学 Primary Schools	幼儿园 Kindergartens	特殊教育学校 Schools for the Blind, Deaf, Deaf Mute and the Retarded
1952	10		306	35373	609	
1957	13		488	43665	612	
1962	17		866	44683	305	
1965	20		3693	108974	1349	5
1970	18		2769	70263	687	3
1975	17		3287	86254	2397	3
1978	28		4605	72563	35306	3
1980	29		4524	67659	24814	3
1985	39		4017	61953	13280	9
1990	40		4332	55047	13831	22
1991	40		4433	53792	10478	27
1992	40		4460	53011	11148	45
1993	41		4545	52280	10216	52
1994	42		4572	51498	12079	52
1995	42		4578	55799	12485	53
1996	42		4506	48911	11602	59
1997	42		4420	46917	11223	55
1998	43		4448	46092	11385	62
1999	43		4375	45133	12016	63
2000	42		4321	43326	12780	63
2001	49		5154	31447	7875	69
2002	59		5093	25972	7935	68
2003	62		5000	24573	8388	70
2004	68		4965	21935	7602	73
2005	72		4995	19305	8875	83
2006	76		5181	17372	8596	88
2007	76		5093	15834	8580	88
2008	78		4937	13993	8425	93
2009	92		4809	12437	8562	95
2010	93	679	4738	9282	9483	100
2011	94	656	4704	8847	10162	107
2012	99	630	4643	8586	10794	113

注：中等职业学校中包括技工学校。各类学校基本情况由四川省教育厅提供(后同)。

a)The basic condition of schools is provided by the provincial Department of Education (the same as following).

20-2 各类学校专任教师数
Number of Full-time Teachers by Type of School

单位：人 (person)

年份 Year	普通高等学校 Regular Institutions of Higher Education	中等职业学校 Secondary Vocational Schools	普通中学 Regular Secondary Schools	小 学 Primary Schools	幼儿园 Kindergartens	特殊教育学校 Schools for the Blind, Deaf, Deaf Mute and the Retarded
1952	1228		5953	111229	1556	
1957	3238		11873	132141	4679	
1962	5675		18597	146639	4523	
1965	6125		29097	225914	4720	35
1970	6414		55788	213151	3992	53
1975	7487		92015	334794	1858	20
1978	9047		167540	342661	39245	25
1980	10562		152660	343175	39028	44
1985	14577		145715	340164	32284	115
1990	16058		176179	321087	43573	322
1991	16056		180737	314747	45528	416
1992	15767		185790	312380	49970	565
1993	16216		183492	313597	49873	610
1994	16208		186224	320196	54504	647
1995	16439		190184	320923	55420	728
1996	16799		193942	323713	56052	730
1997	16786		196636	330212	56107	837
1998	17228		199357	334999	57738	987
1999	17891		207305	336356	58165	1148
2000	18418		217039	331551	58128	1113
2001	21984		227035	325123	30956	942
2002	26852		237425	321193	30591	973
2003	31372		247098	316029	32515	994
2004	39306		253358	307940	33997	1068
2005	44854		258924	307113	36654	1174
2006	52211		265540	306886	37530	1318
2007	55903		269967	306149	39337	1407
2008	59174		273559	307687	41827	1478
2009	61772		279414	306528	45136	1572
2010	64991	44051	284962	305741	51909	1711
2011	67448	48873	285755	305508	57528	1784
2012	73137	48186	290366	304899	65403	1941

20-3 各类学校在校学生数
Number of Student Enrollment by Type of School

单位：人 (person)

年份 Year	普通高等学校 Regular Institutions of Higher Education	中等职业学校 Secondary Vocational Schools	普通中学 Regular Secondary Schools	小 学 Primary Schools	幼儿园 Kindergartens	特殊教育 Schools for the Blind, Deaf, Deaf Mute and the Retarded
1952	9104		155252	3807776		
1957	19565		320254	4574044		
1962	36587		324216	3962046		
1965	28236		669901	7859341	127921	398
1970			1481952	6341703	95325	503
1975	21203		2085366	11013460	199412	345
1978	35715		3838846	10745859	1389229	339
1980	48497		2974390	11441551	957632	347
1985	72812		2516824	10418664	833754	623
1990	91866		2892023	6873322	1062885	1422
1991	91365		2853499	6500936	1375654	1846
1992	96678		2724618	6424068	1572526	3133
1993	113465		2481484	6662850	1576287	3261
1994	125944		2561995	7020619	1689081	3972
1995	126280		2705466	7350179	1777728	509
1996	131459		2765730	7797611	1793653	7400
1997	140451		2748214	8270885	1779648	9444
1998	151905		2908894	8438446	1860762	10104
1999	180256		3364576	8270859	1923949	10771
2000	235470		3919813	8026506	1892626	8224
2001	316701		4282666	7948490	1658864	14616
2002	412357		4568419	7785414	1595534	13390
2003	512663		4810712	7554308	1588575	15839
2004	637340		4909216	7365754	1527298	17354
2005	775436		4855390	7145093	1526827	24788
2006	860640		5014951	7217750	1562466	28621
2007	918438		5054691	6965306	1560935	39900
2008	991072		5026261	6488221	1597919	41739
2009	1035934		4990033	6170471	1707263	41767
2010	1086215	1399557	4900896	5921080	1887545	41839
2011	1139316	1407636	4778133	5798017	2110148	40898
2012	1223680	1398563	4558398	5607407	2192890	44287

20-4 各类学校招生数
Number of New Student Enrollment by Type of School

单位：人 (person)

年份 Year	普通高等学校 Regular Institutions of Higher Education	中等职业学校 Secondary Vocational Schools	普通中学 Regular Secondary Schools	小学 Primary Schools	特殊教育 Schools for the Blind, Deaf, Deaf Mute and the Retarded
1952	2353		81221		
1957	4823		116364	128678	
1962	4895		121261	1544971	
1965	6570		316756	2302127	
1970			747057	1899719	
1975	7569		1200679	2800872	33
1978	14916		1609352	2649457	34
1980	11610		1106948	2519225	87
1985	26069		943009	1455993	281
1990	26962		1019786	999538	485
1991	26919		971091	994759	536
1992	33613		947724	1179830	1047
1993	42058		883979	1364953	671
1994	40259		981989	1459974	992
1995	41714		1041585	1479126	1423
1996	43774		948623	1412690	1210
1997	46196		964969	1397645	1386
1998	49035		1176141	1293404	1232
1999	65481		1427007	1240217	1163
2000	95565		1527602	1256880	1182
2001	119470		1595486	1338908	2676
2002	152754		1717062	1320396	2157
2003	180308		1746751	1223734	2550
2004	215243		1696131	1169163	2726
2005	267198		1684360	1092214	3916
2006	266491		1767927	1151856	4503
2007	297566		1758759	1083015	6169
2008	328341		1754692	1006479	6333
2009	307127		1692325	945131	6483
2010	337892	575964	1641724	1231433	6684
2011	351846	575321	1593466	996827	6767
2012	381519	543472	1510249	1009618	8398

20-5 各类学校毕业生数
Number of Graduates by Type of School

单位：人 (person)

年份 Year	普通高等学校 Regular Institutions of Higher Education	中等职业学校 Secondary Vocational Schools	普通中学 Regular Secondary Schools	小学 Primary Schools	特殊教育 Schools for the Blind, Deaf, Deaf Mute and the Retarded
1952	2742				
1957	1773		75254	739606	
1962	5317		80499	303087	
1965	8489		104984	399595	
1970	4796		142279	829050	
1975	5701		626880	1279795	35
1978	5884		1268232	1782504	35
1980	7130		934730	1603760	82
1985	13592		728872	1446826	57
1990	27672		746250	1408170	66
1991	27041		763298	1187057	8
1992	28348		813783	1074324	148
1993	26088		793429	940854	212
1994	28826		707196	999601	229
1995	40915		644932	1018463	336
1996	37872		719950	897863	445
1997	35658		818628	875741	552
1998	36672		868089	1069005	1036
1999	35465		804529	1327862	943
2000	40104		818595	1397579	1190
2001	44602		992309	1347390	1824
2002	52405		1224114	1361854	1677
2003	74307		1299710	1324117	2090
2004	100998		1385780	1221872	2131
2005	139328		1510287	1187842	2160
2006	173287		1527428	1221708	2953
2007	228028		1554082	1247914	4565
2008	247707		1575017	1253417	5312
2009	252214		1571659	1166577	5933
2010	278577	357279	1587603	1113444	5817
2011	289165	387422	1606332	1042069	5486
2012	286756	405599	1571830	1001656	7969

20-6 普通高等学校基本情况(2012年)
Basic Statistics on Regular Institutions of Higher Education(2012)

单位：人 (person)

项 目	Item	学校数(所) Number of Institutions	毕业生数 Graduates	招生数 New Student Enrollment	在校学生数 Student Enrollment	教职工数 Staff and Workers	# 校本部 Main Campus
合 计	**Total**	**100**	**286756**	**381519**	**1223680**	**112659**	**106743**
# 女	Female		148138	199515	632044	50804	48532
一、普通高等学校		99	286585	381287	1222972	110033	104122
综合大学	Comprehensive University	31	86207	126291	384574	33783	31267
理工院校	Science and Engineering College	31	94072	127897	410163	38238	36514
农业院校	Agriculture College	2	10082	11617	42712	3127	2866
医药院校	Medicine College	6	15060	19436	67131	5957	5796
师范院校	Teacher Training College	10	42536	45090	156963	13615	12566
财经院校	Economics and Finance College	7	14719	18937	56762	5477	5475
政法院校	Politics and Law College	2	4002	3495	11819	695	690
体育院校	Physical Culture College	1	2021	2242	8787	826	786
艺术院校	Art Institues	6	8296	13244	38448	4982	4829
民族院校	College of Nationalities	2	6591	9275	32312	2412	2412
语文院校	Chinese College	1	2999	3763	13301	921	921
二、成人高等学校		1	171	232	708	2626	2621

注：毕业生数、招生数、在校学生数合计中含成人高等学校普通本、专科学生的情况。
a)The sum of graduates, new students enrollment and students enrollment includes the data of students in regular college course and specialized subjects of adult higher education.

20-6续表 continued

单位：人 (person)

项 目	Item	专任教师数 Full-time Teachers	正高级 Senior	副高级 Sub-senior	中级 Middle	初级 Junior	未定职称 No Rank
合 计	**Total**	**73137**	**7416**	**18837**	**29585**	**13183**	**4116**
# 女	Female	33530	1856	7505	14879	7308	1982
综合大学	Comprehensive University	22540	2558	5926	8677	4269	1110
理工院校	Science and Engineering College	24522	2406	6631	10190	4094	1201
农业院校	Agriculture College	2396	241	513	872	449	321
医药院校	Medicine College	4073	398	1080	1536	828	231
师范院校	Teacher Training College	9379	854	2307	4321	1492	405
财经院校	Economics and Finance College	3342	436	861	1318	496	231
政法院校	Politics and Law College	481	31	118	184	109	39
体育院校	Physical Culture College	595	73	155	249	112	6
艺术院校	Art Institues	3271	216	589	1071	994	401
民族院校	College of Nationalities	1799	200	506	841	197	55
语文院校	Chinese College	739	3	151	326	143	116

20-7 普通本科分学科学生数(2012年)
Number of Students in Junior Colleges by Field of Study(2012)

单位：人 (person)

项　目	Item	毕业生数 Graduates	招生数 New Student Enrollment	在校学生数 Student Enrollment
合　计	Total	**153588**	**188367**	**714011**
# 女	Female	74826	94628	354908
哲　学	Philosophy	32	47	143
经济学	Economics	6666	6581	26410
法　学	Law	5423	5631	22335
教育学	Education	5078	7228	25796
文　学	Literature	37192	42638	162311
历史学	History	555	868	2964
理　学	Science	14383	16363	62235
工　学	Engineering	46590	59618	224915
农　学	Agriculture	3539	3308	13472
医　学	Medicine	9569	11511	50075
管理学	Management	24561	34574	123355

20-8 分学科研究生数(2012年)
Number of Postgraduates by Field of Study(2012)

单位：人 (person)

项　目	Item	毕业生数 Graduates	# 攻读博士学位 Study in Doctor Degree	招生数 New Student Enrollment	# 攻读博士学位 Study in Doctor Degree	在校学生数 Student Enrollment	# 攻读博士学位 Study in Doctor Degree
合　计	Total	**22198**	**2120**	**27553**	**2930**	**85626**	**13227**
# 女	# Female	9759	716	12304	987	37404	4166
哲　学	Philosophy	206	19	229	24	766	85
经济学	Economics	1317	144	1345	206	4765	1149
法　学	Law	1088	59	1019	104	3416	470
教育学	Education	746		591	6	1871	6
文　学	Literature	1366	115	1090	96	4056	458
历史学	History	269	44	247	49	935	234
理　学	Science	1936	314	2228	402	7132	1498
工　学	Engineering	7541	741	7666	1172	27041	5920
农　学	Agriculture	606	59	594	91	2041	438
医　学	Medicine	2213	505	1541	351	5159	1305
军事学	Strategics	9		7		29	
管理学	Management	2204	120	1505	220	6379	1304
艺术学	Arts	377		408	21	1147	21
专业学位	Professional Degree	2320		9083	188	20889	339

20-9 中等专业学校基本情况(2012年)
Basic Statistics on Specialized Secondary Schools(2012)

单位：人 (person)

项目	Item	毕业生数 Graduates	招生数 New Student Enrollment	在校学生数 Student Enrollment	专任教师数 Full-time Teachers
合计	**Total**	**359099**	**501110**	**1262600**	**40076**
# 女	Female	180631	252945	645977	17836
# 专业课	Speciality Course				21573
农林牧渔类	Farming Forestry Animal Husbandry and Fishery	17804	28762	83622	972
资源环境类	Resouces and Environment	2320	2387	4649	75
能源与新能源类	Energy and New Energy	3518	3924	8649	185
土木水利类	Civil Engineering and Water Conservancy	14019	22419	58033	887
加工制造类	Machining and Manufacture	82117	89978	245052	3818
石油化工类	Petroleum Chemical	2091	2060	5235	196
轻纺食品类	Textile Food	6389	7594	19256	291
交通运输类	Transportation	24909	42397	102235	951
信息技术类	Information Technology	98899	117971	295760	4554
医药卫生类	Medicine and Sanitation	31759	43360	118457	1579
休闲保健类	Leisure Care	435	1077	2671	83
财经商贸类	Fanancial Business	22516	32580	78213	1579
旅游服务类	Tourism Service	19184	34298	76492	1349
文化艺术类	Culture and Art	10426	14722	35825	1205
体育与健身	Sports and Fitness	1399	2568	5218	587
教育类	Education	14583	42454	99823	1476
司法服务类	Judicial Service	384	1166	2163	26
公共管理与服务类	Public Management and Service	5735	10584	18691	535
其他	Others	612	809	2556	1225
文化基础课	Basic Courses				17057
实习指导课	Practice Guidance Section				1446

注：专任教师中含文化基础课和实习指导课教师。
a) Full-time teachers include basic courses and practical guidance Cultural Teachers.

20-10 技工学校基本情况
Basic Statistics on Technical School

单位:人 (person)

年份 Year	学校数(个) Schools (unit)	毕业生数 Graduates	招生数 New Students Enrollment	在校学生数 Students Enrollment	教职工数 Staff and Teachers	培训社会人员数 Number of Training for Social Personnel	# 失业人员 Unemployed	# 农村劳动者 Rural Laborers
1990	387	37673	46334	119125	25778	23049		
1995	407	60392	54438	130896	26504			
2000	186	20177	16753	40147	9843	54335	6830	
2005	121	28326	47042	101037	8992	141836	14470	36156
2006	122	37684	53857	120462	9821	129603	19098	36935
2007	112	40946	65242	136395	9671	131459	18164	49701
2008	120	40816	68771	144608	10080	153200	16114	53324
2009	121	43214	64335	162614	10404	227563	18741	66781
2010	116	46910	52019	141407	10136	181246	12921	57617
2011	115	46500	42362	136347	9368	204035	19838	58244
2012	92	33009	41243	10715	8064	181758	9923	63233

注：①本表由四川省人力资源和社会保障厅提供。②2009年开始,原指标"培训社会人员结业数"调整为"培训社会人员数"。
a) Data of the table are provided by the Sichuan Provincial Office for Human Resources and Social Security.
b) Since 2009,indicator "number of training personnel exit is adjusted indicator "number of training for social personnel".

20-11 成人教育基本情况(2012年)
Basic Statistics on Adult Education(2012)

单位:人 (person)

项　目	Item	学校数(所) Schools (unit)	毕(结)业生数 Graduates	招生数 New Student Enrollment	在校学生数 Student Enrollment	教职工数 Teachers and Staff	# 专任教师 Full-time Teachers
成人高等教育	**Adult Education Schools**	**90**	**120219**	**148311**	**330338**	**2626**	**1528**
职工高等学校	Schools of Higher Education for Staff and Workers	15	6063	5928	13210	2029	1228
管理干部学院	Colleges for Management Cadres						
教育学院	Pedagogical Colleges						
广播电视大学	Radio and TV Universities	2	9786	11096	27571	597	300
普通高校成人教育	Adult Higher Education	73	104370	131287	289557		
成人中学	**Secondary Schools for Adults**	**62**	**50081**		**48759**	**266**	**211**
农民中学(初中)	Secondary Schools for Peasants	62	50081		48759	266	211
成人技术培训学校	**Technical Training Schools for Adults**	**5496**	**2647282**		**2389241**	**15320**	**8882**
职工技术培训学校	Technical Training Schools for Staff and Workers	113	265261		259366	4355	3120
农民技术培训学校	Technical Training Schools for Peasants	5033	2245800		1979646	7718	3539
教育部门办	Sponsored by Education Department	4645	2153479		1891225	7174	3172
其他部门办	Sponsored by other Department	330	87397		83697	191	72
民办	Sponsored by Private	58	4924		4924	353	295
其他培训机构	Other Training Schools for Adults	350	136221		150229	3247	2223
教育部门办	Sponsored by Education Department	173	101601		112700	1945	1338
其他部门办	Sponsored by other Department	7	4984		5023	143	79
民办	Sponsored by Private	170	29636		32506	1159	806

注：成人技术培训学校数据中含其它培训机构数据。
a)Data of Adult technical training schools include data of other training institutions.

20-12 各类学校女学生和女教师数
Number of Female Students and Teachers by Type of School

单位：人 (person)

指　标	Item	2005	2007	2008	2009	2010	2011	2012
女学生	**Number of Female Students**							
普通高等学校	Regular Institutions of Higher Education	355423	440291	483595	512049	543727	580369	632044
中等职业学校	Secondary Vocational Schools					674900	686400	645977
普通中学	Regular Secondary Schools	2281980	2405659	2411872	2403115	2371942	2323156	2226198
高中	Senior	630230	668129	677834	700220	724940	758252	768176
初中	Junior	1651750	1737530	1734038	1702895	1647002	1564904	1458022
小学	Primary Schools	3384956	3293659	3068125	2911134	2799856	2743668	2661628
特殊教育	Special Schools	8865	13253	13962	14259	14002	13499	15489
女教师	**Number of Female Teachers**							
普通高等学校	Regular Institutions of Higher Education	18197	24152	26078	27496	29297	30616	33530
中等职业学校	Secondary Vocational Schools					15680	17680	17838
普通中学	Regular Secondary Schools	98860	107309	111153	115744	120391	123039	127044
高中	Senior	26232	30139	30847	30588	32636	34349	36580
初中	Junior	72628	77170	80306	85156	87755	88690	90464
小学	Primary Schools	147943	151396	154321	155871	158241	159507	162081
特殊教育	Special Schools	770	954	1016	1077	1166	1231	1346

注：中等职业学校中不包括技工学校。
a)Female teachers in secondary vocational schools are not included in technical schools.

20-13各市(州)中等职业教育基本情况(2012年)
Basic Statistics on Secondary Vocational Schools by Region(2012)

单位：人 (person)

市(州)	Region	学校数(所) Number of Schools	毕业生数 Graduates	招生数 New Student Enrollment	在校学生数 Student Enrollment	教职工数 Teacher and Staff	# 专任教师 Full-time Teachers
全 省	**Sichuan**	**515**	**359099**	**501110**	**1262600**	**53620**	**40076**
成都市	Chengdu	90	64571	86998	238541	12760	8752
自贡市	Zigong	19	9108	12112	30408	1600	1178
攀枝花市	Panzhihua	4	3476	6046	15179	735	538
泸州市	Luzhou	21	33292	37497	93374	3648	2526
德阳市	Deyang	20	15470	19854	59335	2123	1475
绵阳市	Mianyang	33	32529	31118	68321	2709	2054
广元市	Guangyuan	14	10598	15822	39212	1320	1087
遂宁市	Suining	16	10517	21874	49402	1874	1629
内江市	Neijiang	32	15271	22673	58388	2639	1912
乐山市	Leshan	28	17781	17411	46695	2567	1763
南充市	Nanchong	46	21623	44954	103226	4765	3536
眉山市	Meishan	18	19513	21112	58490	1906	1419
宜宾市	Yibin	29	19935	32064	77620	2864	2473
广安市	Guangan	24	16713	25350	70939	1408	1095
达州市	Dazhou	34	25573	39615	97183	4386	3520
雅安市	Yaan	9	4641	6839	16848	529	430
巴中市	Bazhong	32	12373	25051	47537	1730	1508
资阳市	Ziyang	21	15163	20477	52624	1665	1362
阿坝藏族羌族自治州	Aba	5	956	949	2608	375	298
甘孜藏族自治州	Ganzi	4	1446	1858	4413	279	206
凉山彝族自治州	Liangshan	16	8550	11436	32257	1738	1315

注：以上数据不含技工学校。
a)Data above exclude Technical Schools.

20-14 各市(州)普通高中基本情况(2012年)
Basic Statistics on Regular Senior Secondary Schools by Region(2012)

单位：人 (person)

市(州)	Region	学校数（所）Number of Schools	毕业生数 Graduates	招生数 New Student Enrollment	在校学生数 Student Enrollment	专任教师 Full-time Teachers
全　省	**Sichuan**	**735**	**478101**	**521938**	**1516531**	**86461**
成都市	Chengdu	126	70544	72916	214653	15432
自贡市	Zigong	21	13723	15138	44778	2255
攀枝花市	Panzhihua	10	6514	6943	22261	1499
泸州市	Luzhou	26	24827	25889	80226	4568
德阳市	Deyang	23	17206	18707	53788	3406
绵阳市	Mianyang	33	33373	40533	115298	6679
广元市	Guangyuan	26	22676	21857	68045	3622
遂宁市	Suining	23	20532	21301	60467	3935
内江市	Neijiang	41	17959	19583	58713	3007
乐山市	Leshan	26	17143	18035	52827	3076
南充市	Nanchong	72	49349	55708	159791	7959
眉山市	Meishan	33	19978	19441	55424	3143
宜宾市	Yibin	30	25020	30020	84433	4916
广安市	Guangan	34	28542	31123	91131	4147
达州市	Dazhou	42	34152	33520	102394	5148
雅安市	Yaan	15	6393	7764	21490	1332
巴中市	Bazhong	42	25616	28907	81454	3530
资阳市	Ziyang	35	18885	21637	60577	3740
阿坝藏族羌族自治州	Aba	18	4472	5256	14928	1186
甘孜藏族自治州	Ganzi	23	2570	3486	10192	744
凉山彝族自治州	Liangshan	36	18627	24174	63661	3137

20-15 各市(州)普通初中基本情况(2012年)
Basic Statistics on Regular Junior Secondary Schools by Region(2012)

单位：人 (person)

市(州)	Region	学校数 (所) Number of Schools	毕业生数 Graduates	招生数 New Student Enrollment	在校学生数 Student Enrollment	专任教师数 Full-time Teachers
全 省	**Sichuan**	**3908**	**1093729**	**988311**	**3041867**	**203905**
成都市	Chengdu	368	132378	132684	399410	29612
自贡市	Zigong	113	30819	28867	88256	5636
攀枝花市	Panzhihua	50	15742	16599	48732	3521
泸州市	Luzhou	192	64319	60716	184590	10130
德阳市	Deyang	131	39301	32634	102316	7823
绵阳市	Mianyang	203	65147	50768	160511	12486
广元市	Guangyuan	157	42895	34742	114543	7949
遂宁市	Suining	144	44660	38657	121758	8963
内江市	Neijiang	147	45059	39102	117131	8593
乐山市	Leshan	190	34514	29515	93939	7579
南充市	Nanchong	440	102202	90035	279034	19394
眉山市	Meishan	200	40237	28875	96346	7439
宜宾市	Yibin	274	69368	62331	191771	13242
广安市	Guangan	241	62911	56978	176707	10563
达州市	Dazhou	338	91297	84388	253309	14720
雅安市	Yaan	57	18907	14610	47730	3328
巴中市	Bazhong	155	62731	54284	171150	8213
资阳市	Ziyang	276	48206	41189	130725	9856
阿坝藏族羌族自治州	Aba	39	12616	11320	34453	2650
甘孜藏族自治州	Ganzi	23	12075	11898	39700	2265
凉山彝族自治州	Liangshan	170	58345	68119	189756	9943

20-16 各市(州)普通小学基本情况(2012年)
Basic Statistics on Primary Schools by Region(2012)

单位：人 (person)

市(州)	Region	学校数（所）Number of Schools	毕业生数 Graduates	招生数 New Student Enrollment	在校学生数 Student Enrollment	专任教师 Full-time Teachers
全 省	**Sichuan**	**8586**	**1001656**	**1009618**	**5607407**	**304899**
成都市	Chengdu	510	126650	120849	683258	38571
自贡市	Zigong	406	28630	33221	171393	8345
攀枝花市	Panzhihua	63	16860	12541	84821	5081
泸州市	Luzhou	296	62073	77878	395458	16160
德阳市	Deyang	227	32734	28229	163093	10895
绵阳市	Mianyang	438	49553	40333	231590	16923
广元市	Guangyuan	250	33190	27022	161734	13348
遂宁市	Suining	218	38304	30127	182304	11674
内江市	Neijiang	311	39102	46197	234314	12878
乐山市	Leshan	433	29521	30676	166576	11660
南充市	Nanchong	256	86761	84281	493403	24747
眉山市	Meishan	196	30009	25548	147881	9920
宜宾市	Yibin	1308	61435	65781	364693	19229
广安市	Guangan	242	56626	48471	286488	13220
达州市	Dazhou	328	89040	84958	498452	23327
雅安市	Yaan	257	14902	17869	93690	6377
巴中市	Bazhong	217	57286	40167	256361	13317
资阳市	Ziyang	259	42048	54007	267258	13005
阿坝藏族羌族自治州	Aba	286	12417	13749	74995	6204
甘孜藏族自治州	Ganzi	588	13925	19224	107090	6784
凉山彝族自治州	Liangshan	1497	80590	108490	542555	23234

20-17 各市(州)幼儿园基本情况(2012年)
Basic Statistics on Kindergartens by Region(2012)

市(州)	Region	园数（所） Number of Kindergartens	班数（个） Number of Classes	幼儿数（人） Child Enrollment (person)	教职工数（人） Teacher and Staff (person)	# 教师 Teachers
全　省	**Sichuan**	**10794**	**64737**	**2192890**	**115028**	**65403**
成都市	Chengdu	1848	11769	384525	39753	19499
自贡市	Zigong	351	1986	66280	3269	1835
攀枝花市	Panzhihua	188	1095	31248	2601	1251
泸州市	Luzhong	555	4170	146536	6303	3655
德阳市	Deyang	242	2229	86154	3294	1917
绵阳市	Mianyang	546	3800	122338	7741	4031
广元市	Guangyuan	271	2114	67349	2661	1711
遂宁市	Suining	338	2344	84736	3595	2358
内江市	Neijiang	510	2687	101463	4163	2552
乐山市	Leshan	440	2378	76033	4864	2969
南充市	Nanchong	623	4531	166322	4288	3001
眉山市	Meishan	446	2269	78455	3841	2238
宜宾市	Yibin	860	3755	124085	6013	3847
广安市	Guangan	721	2757	97311	3822	2418
达州市	Dazhou	688	5454	179590	5359	3383
雅安市	Yaan	245	1288	40919	2202	1317
巴中市	Bazhong	198	2869	77928	1691	1201
资阳市	Ziyang	1046	3701	127239	4998	3153
阿坝藏族羌族自治州	Aba	64	457	13582	729	564
甘孜藏族自治州	Ganzi	332	621	16184	667	580
凉山彝族自治州	Liangshan	282	2463	104613	3174	1923

20-18 研究与实验发展(R&D)情况
Basic Statistics on Research and Development Activities

指 标		Item		2005	2008	2009	2010	2011	2012
研究与实验发展(R&D)经费	(万元)	Funds for R&D	(10 000 yuan)	962450	1622607	2144590	2706452	2941010	3508589
地区生产总值(GDP)	(亿元)	GDP	(100 million yuan)	7385.10	12601.23	14151.28	17185.48	21026.68	23872.80
R&D占地区生产总值(GDP)比例	(%)	R&D as Percentage of GDP	(%)	1.30	1.29	1.52	1.57	1.40	1.47
R&D经费按执行部门分组		**Grouped by Executive Departments**							
科研机构	(万元)	Scientific Research Institutions	(10 000 yuan)	384195	650937	909848	1239870	1281221	1538182
高等院校	(万元)	Institutions of Higher Education	(10 000 yuan)	145941	224952	274254	363510	447640	387196
企业	(万元)	Enterprises	(10 000 yuan)	422936	737499	917698	1061086	1169093	1538313
# 工业企业	(万元)	Industrial Enterprises	(10 000 yuan)	397645	710616	817784	879858	1044666	1422310
其他	(万元)	Others	(10 000 yuan)	9378	9219	42789	41987	43056	44897
R&D经费按隶属关系分组		**Grouped by Affiliation**							
中央	(万元)	Central Government	(10 000 yuan)	595327	1030421	1321262	1868115	2006012	2329875
地方	(万元)	Local Government	(10 000 yuan)	367123	592186	823449	838337	934997	1178714
R&D经费按资金来源分组		**Grouped by Funding Sources**							
政府资金	(万元)	Government Appropriation Funds	(10 000 yuan)	438399	768660	1044100	1512529	1501274	1711959
企业资金	(万元)	Funds Raised by Enterprises	(10 000 yuan)	456173	787050	1037607	1136088	1354653	1673956
境外资金	(万元)	Foreign Funds	(10 000 yuan)	3966	3727	3533	5958	9175	10908
其他资金	(万元)	Other Funds	(10 000 yuan)	63912	63171	59349	51878	75902	111765

20-19 各市(州)研究与实验发展(R&D)情况
Basic Statistics on Research and Development by Region

年 份 市(州)	Year Region	R&D人员折合全时人员 (人年) Full-time Equivalent of R&D Personnel (man-year)	# 研究人员 Researchers	R&D经费内部支出 (万元) Internal Expenditure on R&D	# 经常费支出 Recurrent Costs
2001		48180	35325	574712	506285
2002		61312	44957	619233	571565
2003		57867	43995	794211	736462
2004		60201	46373	780066	713398
2005		65747	51403	962450	894850
2006		67932	53552	1075659	984546
2007		78452	62595	1391130	1273338
2008		87557	63130	1622607	1537790
2009		85921	48786	2144590	1755258
2010		83506	45205	2706452	2031519
2011		82485	44005	2941010	2371221
2012		98010	52059	3508589	2747195
成都市	Chengdu	45380	26178	1701970	1344311
自贡市	Zigong	2779	971	55337	48248
攀枝花市	Panzhihua	3587	1817	73403	72032
泸州市	Luzhou	1986	1189	42129	29926
德阳市	Deyang	9568	4516	372205	295159
绵阳市	Mianyang	16290	9798	830845	580030
广元市	Guangyuan	358	281	6836	5338
遂宁市	Suining	1114	309	18146	16465
内江市	Neijiang	1290	637	66876	53688
乐山市	Leshan	2151	644	40824	34510
南充市	Nanchong	2200	1291	30109	26705
眉山市	Meishan	1785	818	38953	33414
宜宾市	Yibin	6352	2190	167088	157650
广安市	Guangan	415	137	3197	3131
达州市	Dazhou	801	214	9388	8676
雅安市	Yaan	568	359	26498	17960
巴中市	Bazhong	243	128	3986	2480
资阳市	Ziyang	653	292	13475	11052
阿坝藏族羌族自治州	Aba	167	125	3454	2974
甘孜藏族自治州	Ganzi	149	65	2052	1966
凉山彝族自治州	Liangshan	175	101	1818	1480

注：R&D人员折合全时人员中的研究人员，在2009年及以前为科学家和工程师。

a) Indicator of researchers in the full-time equivalent of R&D personnel is the indicator of scientists and engineers before 2009.

20-20 各市(州)县级以上政府部门属研究与开发机构及情报文献机构数、人员数(2012年)

Number and Personnel of State-owned Research and Development Institutions and Information and Literature Institutions at and above County Level by Region(2012)

市(州)	Region	合计 Total Number		自然科学技术领域 Field of Natural Sciences and Technology			社会、人文科学技术领域 Field of Social Sciences and Humanities			科技情报和文献机构 Scientific-Technical Information and Literature Institutions		
		机构(个) Institutions (unit)	从业人员(人) Employees (person)	机构(个) Institutions (unit)	从业人员(人) Employees (person)	# 科技活动人员 S & T Personnel	机构(个) Institutions (unit)	从业人员(人) Employees (person)	# 科技活动人员 S & T Personnel	机构(个) Institutions (unit)	从业人员(人) Employees (person)	# 科技活动人员 S & T Personnel
全　省	**Sichuan**	**153**	**14885**	**110**	**13085**	**8919**	**18**	**990**	**902**	**25**	**810**	**691**
成都市	Chengdu	80	11436	59	10028	6601	12	838	766	9	570	460
自贡市	Zigong	8	383	6	335	208	1	32	31	1	16	14
攀枝花市	Panzhihua	5	325	4	304	219				1	21	21
泸州市	Luzhou	3	188	2	166	123				1	22	22
德阳市	Deyang	2	40				1	28	26	1	12	12
绵阳市	Mianyang	3	157	2	130	113				1	27	23
广元市	Guangyuan	5	141	4	126	126				1	15	15
遂宁市	Suining	3	30	1	8	7				2	22	22
内江市	Neijiang	4	315	3	302	289				1	13	13
乐山市	Leshan	2	73	2	73	51						
南充市	Nanchong	6	431	5	419	275				1	12	12
眉山市	Meishan											
宜宾市	Yibin	6	259	5	245	178				1	14	12
广安市	Guangan	1	12				1	12	12			
达州市	Dazhou	5	138	3	98	88	1	24	21	1	16	15
雅安市	Yaan	2	57	1	44	34				1	13	13
巴中市	Bazhong	2	11	1	6	6				1	5	5
资阳市	Ziyang	2	96	2	96	77						
阿坝藏族羌族自治州	Aba	3	258	2	234	167	1	24	16			
甘孜藏族自治州	Ganzi	5	209	4	192	159				1	17	17
凉山彝族自治州	Liangshan	6	326	4	279	198	1	32	30	1	15	15

注：县级以上政府部门属研究与开发机构及情报文献机构资料由四川省科技厅提供。

a) Information of research and development institutions and the literature of intelligence agencies in government departments above the county level are provided by provincial Science and Technology Department.

20-21 各市(州)县级以上政府部门属研究与开发机构及情报文献机构经费收入总额(2012年)

Total Funds of State-owned Research and Development Institutions and Information and Literature Institutions at and above County Level by Region(2012)

单位:千元 (1 000 yuan)

市(州)	Region	合 计 Total	自然科学技术领域 Field of Natural Sciences and Technology	# 政府拨款 Government Appropriations	社会、人文科学技术领域 Field of Social Sciences and Humanities	# 政府拨款 Government Appropriations	科技情报和文献机构 Scientific-Technical Information and Literature Institutions	# 政府拨款 Government Appropriations
全 省	**Sichuan**	**4928235**	**4527602**	**2941120**	**235529**	**149942**	**165104**	**123863**
成都市	Chengdu	4329749	3988507	2493728	212516	127728	128726	88981
自贡市	Zigong	58626	47665	37434	8852	8852	2109	2109
攀枝花市	Panzhihua	79327	75601	69875			3726	3695
泸州市	Luzhou	54659	52647	28949			2012	2012
德阳市	Deyang	4019			2700	2700	1319	1319
绵阳市	Mianyang	30342	24760	22021			5582	5545
广元市	Guangyuan	13283	12512	12494			771	771
遂宁市	Suining	5333	850				4483	4483
内江市	Neijiang	28216	26011	23985			2205	1031
乐山市	Leshan	10052	10052	2377				
南充市	Nanchong	80507	78317	69922			2190	2190
眉山市	Meishan							
宜宾市	Yibin	71575	69642	47697			1933	1819
广安市	Guangan	3057			3057	3057		
达州市	Dazhou	19750	14788	14788	2742	1943	2220	2220
雅安市	Yaan	5068	3955	3735			1113	1113
巴中市	Bazhong	765	450	450			315	315
资阳市	Ziyang	22568	22568	19701				
阿坝藏族羌族自治州	Aba	23683	22902	22356	781	781		
甘孜藏族自治州	Ganzi	41582	37286	36861			4296	4296
凉山彝族自治州	Liangshan	46074	39089	34747	4881	4881	2104	1964

20-22 各市(州)县级以上政府部门属研究与开发机构及情报文献机构经费支出总额(2012年)

Total Expenditures of State-owned Research and Development Institutions and Information and Literature Institutions at and above County Level by Region(2012)

单位:千元 (1 000 yuan)

市(州)	Region	合 计 Total	自然科学技术领域 Field of Natural Sciences and Technology	# 科技经费支出 Scientific-Technical Expenditures	社会、人文科学技术领域 Field of Social Sciences and Humanities	# 科技经费支出 Scientific-Technical Expenditures	科技情报和文献机构 Scientific-Technical Information and Literature Institutions	# 科技经费支出 Scientific-Technical Expenditures
全 省	**Sichuan**	**4691328**	**4303096**	**2972165**	**226475**	**168231**	**161757**	**109004**
成都市	Chengdu	4127612	3796410	2596977	204222	148304	126980	82977
自贡市	Zigong	59803	49451	33327	8243	8243	2109	2046
攀枝花市	Panzhihua	82262	77380	58927			4882	3417
泸州市	Luzhou	41851	39761	26401			2090	1650
德阳市	Deyang	4454			3135	2566	1319	1319
绵阳市	Mianyang	28668	24753	18707			3915	40
广元市	Guangyuan	12547	11776	11186			771	771
遂宁市	Suining	5454	790	360			4664	4117
内江市	Neijiang	28136	26365	21411			1771	1101
乐山市	Leshan	11062	11062	1262				
南充市	Nanchong	75752	73839	51708			1913	1583
眉山市	Meishan							
宜宾市	Yibin	60877	58953	44829			1924	1810
广安市	Guangan	3057			3057	2926		
达州市	Dazhou	17005	12224	12102	2575	1260	2206	1776
雅安市	Yaan	5086	3899	1668			1187	720
巴中市	Bazhong	765	450	450			315	315
资阳市	Ziyang	23386	23386	18954				
阿坝藏族羌族自治州	Aba	24253	23472	18323	781	470		
甘孜藏族自治州	Ganzi	39772	35476	27857			4296	4261
凉山彝族自治州	Liangshan	39526	33649	27716	4462	4462	1415	1101

20-23 高等学校科技人力资源情况(2012年)
Basic Statistics on Human Resources for Scientific and Technological Activities in Institutions of Higher Education(2012)

单位：人 (person)

学历分类	Classfied by Education	合计 Total	科学家和工程师 Scientists and Engineers	# 高级 Senior	# 中级 Medium	其他技术人员 Other Technical Personnel
总计(理工农医)	**Total (Polytechnic,Agronomy,Medicine)**	**36566**	**34702**	**12607**	**14846**	**1864**
研究生及以上	Postgraduates and Above	17966	17768	7950	7165	198
大学毕业	Graduates of Regular College Course	12402	11907	4025	5105	495
大专毕业	Graduates of Specialized Subject	3904	3400	510	1734	504
中专毕业	Graduates of Specialized Secondary Schools	1615	1358	79	754	257
高中及以下	Secondary School and Below	679	269	43	88	410

20-24 高等学校科研项目、人员及经费(2012年)
Projects, Personnel and Funds of Research and Development of Institutions of Higher Education(2012)

科技活动类型分类	Item	课题数(项) Number of Projects (unit)	当年投入人员(人年) Personnel Engaged in Projects in Current Year (person-year)	当年投入经费(万元) Funds of Project Development in Current Year (10 000 yuan)	当年支出经费(万元) Expenditures Development in Current Year (10 000 yuan)
总计(理工农医)	**Total**	**22924**	**11820**	**488664**	**420278**
基础研究	Fundamental Research	6697	4450	125191	99898
应用研究	Applied Research	10007	4868	190879	157786
实验发展	Experimental Development	2538	1195	71808	66900
研究与发展成果应用	Used by Research and Experiment Development Projects	2399	700	45404	42855
科技服务	Scientific and Technical Service	1283	606	55382	52839

注：高等学校科技和科研资料由省教育厅提供。

a) Date of higher education technology and scientific information are provided by Education Department.

20-25 科技成果水平及应用情况(2012年)
Level and Utility of Achievement in Scientific and Technical Research(2012)

单位：项 (item)

指 标	Item	合计 Total	科研机构 Research Institutions	大专院校 Universities and Colleges	企业 Enterprises	其他 Other
基本情况	**Basic Condition**					
登记项目数	Number of Projects Registered	1 010	122	124	585	179
鉴定项目数	Number of Projects Appraised	925	104	96	565	160
奖励项目数	Number of Projects Praised	252	56	58	116	22
成果计划	**Achievements Plan**					
国家计划项目	Projects of Country Plans	97	19	28	40	10
部门计划项目	Projects of Department	60	12	10	25	13
地方计划项目	Projects of Local Government	117	25	27	41	24
部门基金项目	Projects of Department Foundation	14		4	3	7
地方基金项目	Projects of Local Government Foundation	11	2	3	2	4
其它	Other	711	64	52	474	121
成果类别	**Achievements Type**					
基础理论	Basic Theory	27	3	17	1	6
应用技术	Applied Technology	956	112	103	579	162
软科学	Soft Science	27	7	4	5	11
成果水平	**Achievements Level**					
国际领先	International Original	63	5	16	34	8
国际先进	International Advanced	195	21	46	108	20
国内领先	Domestic Original	426	51	43	288	44
国内先进	Domestic Advanced	174	21	7	116	30
应用项目	**Projects Applied**					
农、林、牧、渔业	Farming, Forestry, Animal Husbandry and Fishery	170	60	23	49	38
工业	Industry	441	17	29	375	20
建筑业	Construction	62	5	5	49	3
交通运输、邮电通讯业	Transportation, Postal and Telecommunications Services	48	4	7	31	6
信息传输、计算机服务和软件业	Information Transmission, Computer Services and Software	37	6	6	22	3
批发和零售业	Wholesale and Retail Trade					
住宿和餐饮业	Resident Services and Catering Service					
金融、保险业	Banking and Insurance	1			1	
房地产业	Real Estate					
租赁和商务服务业	Leasing And Business Services					
科学研究、技术服务和地质勘查业	Scientific Research,Technic Services and Geological Prospecting	41	9	5	24	3
水利、环境和公共设施管理业	Real Estate, Water, Environment Public Facilities Conservancy and Resident Services	22	4	3	12	3
居民服务和其他服务业	Residental Service And Others	1			1	
教育	Education	3			3	
卫生、社会保障和社会福利业	Health Care, Social Security and Social Welfare	119	7	21	8	83
文化、体育和娱乐业	Culture, Sports and Entertainment	4		3		1
公共管理和社会组织	Public Management and Social Organizations	7		1	4	2
其他行业	Other	37	8	13		16
未应用项目	**Projects not Applied**	**17**	**2**	**8**	**6**	**1**

注：科技成果水平及应用资料由四川省科技厅提供。

a) Data of achievement and application of information technology are provided by provincial Science and Technology Department.

20-26 专利受理量及批准量
Patent Applications Examined and Granted

单位：项 (item)

项　目	Item	2008	2009	2010	2011	2012
全省专利受理量合计	**Total Applications Examined**	**24335**	**33047**	**40230**	**49734**	**66312**
1. 发明	I. Creations and Inventions	4098	6260	8342	11808	16368
实用新型	Utility Models	6914	11943	16671	19241	26732
外观设计	Designs	13323	14844	15217	18685	23212
2. 个人	II.Individuals	15566	19873	21172	17991	21368
大专院校	Universities and Colleges	1071	1409	1918	3198	4514
科研单位	Research Institutions	639	814	817	1768	1795
工矿企业	Industrial and Mineral Enterprises	6947	10833	16105	26130	37742
机关团体	Government Agencies and Organizations	112	118	218	647	893
全省专利批准量合计	**Total Applications Granted**	**13369**	**20132**	**32212**	**28446**	**42220**
1. 发明	I. Creations and Inventions	1086	1596	2204	3270	4455
实用新型	Utility Models	5295	6561	12724	12533	19663
外观设计	Designs	6988	11975	17284	12643	18102
2. 个人	II.Individuals	8843	13432	19030	10449	14095
大专院校	Universities and Colleges	498	611	856	1543	2075
科研单位	Research Institutions	457	479	581	710	1408
工矿企业	Industrial and Mineral Enterprises	3508	5531	11612	15523	24183
机关团体	Government Agencies and Organizations	63	79	133	221	459

注：专利资料由四川省知识产权局提供。
a) Data of patent information are provided by Provincial Intellectual Property Department.

20-27 各类技术合同签定及执行情况
Concluded and Fulfilled Technical Contracts

项　目	Item	合同数 (项) Number of Contracts (item)		合同成交额 (万元) Value of Contracts (10 000 yuan)		技术交易额 (万元) Technology Business Value (10 000 yuan)	
		2011	2012	2011	2012	2011	2012
全　省	**Total**	**9942**	**11698**	**715278**	**1196254**	**683504**	**1140843**
技术开发	Technical Development	5542	7504	477072	835980	467391	780569
技术转让	Technical Transfer	521	398	126186	199468	105127	199468
技术咨询	Technical Consultation	617	772	8261	10219	8162	10219
技术服务	Technical Services	3262	3024	103758	150587	102823	150587

注：各类技术合同签定及执行情况由四川省科技厅提供。
a) Data of Various types of technology and the implementation of the contract signed are provided by provincial Science and Technology Department.

主要统计指标解释

普通高等学校 指按国家规定的设置标准和审批程序批准举办的，通过全国普通高等学校统一招生考试，招收高中毕业生为主要培养对象，实施高等学历教育的全日制大学、独立设置的学院和高等专科学校、高等职业学校及其他机构（独立学院和分校、大专班）。

成人高等学校 指按照国家规定的设置标准和审批程序批准举办的，通过全国成人高等学校统一招生考试，招收具有高中毕业或同等学历的人员为主要培养对象，利用函授、业余、脱产等多种形式对其实施高等学历教育的学校。包括职工高等学校、农民高等学校、管理干部学院、教育学院、独立函授学院、广播电视大学、其他机构等。其他机构是承担国家成人招生计划任务不计校数的机构。

科技活动 指在自然科学、农业科学、医药科学、工程与技术科学、人文与社会科学领域(简称科学技术领域)中，与科技知识的产生、发展、传播和应用密切相关的有组织的活动。可分为研究与试验发展(R&D)、研究与试验发展成果应用及相关的科技服务三类活动。该定义是联合国教科文组织考虑成员国特别是发展中国家开展科技统计工作的需要，而对科技活动所作的统计界定。

科技活动人员 指直接从事科技活动、以及专门从事科技活动管理和为科技活动提供直接服务，累计的实际工作时间占全年制度工作时间 10%及以上的人员。(1)直接从事科技活动的人员包括：在独立核算的科学研究与技术开发机构、高等学校、各类企业及其他事业单位内设的研究室、实验室、技术开发中心及中试车间(基地)等机构中从事科技活动的研究人员、工程技术人员、技术工人及其它人员；虽不在上述机构工作，但编入科技活动项目(课题)组的人员；科技信息与文献机构中的专业技术人员；从事论文设计的研究生等。(2)专门从事科技活动管理和为科技活动提供直接服务的人员，包括：独立核算的科学研究与技术开发机构、科技信息与文献机构、高等学校、各类企业及其他事业单位主管科技工作的负责人，专门从事科技活动的计划、行政、人事、财务、物资供应、设备维护、图书资料管理等工作的各类人员，但不包括保卫、医疗保健人员、司机、食堂人员、茶炉工、水暖工、清洁工等为科技活动提供间接服务的人员。该指标用来反映投入科技活动人力的规模。

科学家和工程师 指科技活动人员中具有高、中级技术职称(职务)的人员和不具有高、中级技术职称(职务)的大学本科及以上学历人员。该指标用来反映投入科技活动人力的素质。

研究与试验发展(R&D) 指在科学技术领域，为增加知识总量，以及运用这些知识去创造新的应用进行的系统的创造性的活动，包括基础研究、应用研究、试验发展三类活动。国际上通常采用 R&D 活动的规模和强度指标反映一国的科技实力和核心竞争力。

R&D 人员 指参与研究与试验发展项目研究、管理和辅助工作的人员，包括项目(课题)组人员，企业科技行政管理人员和直接为项目(课题)活动提供服务的辅助人员。反映投入从事拥有自主知识产权的研究开发活动的人力规模。

R&D 经费支出合计 指调查单位用于内部开展 R&D 活动（基础研究、应用研究和试验发展）的实际支出。包括用于 R&D 项目（课题）活动的直接支出，以及间接用于 R&D 活动的管理费、服务费、与 R&D 有关的基本建设支出以及外协加工费等。不包括生产性活动支出、归还贷款支出以及与外单位合作或委托外单位进行 R&D 活动而转拨给对方的经费支出。

专利 是专利权的简称，是对发明人的发明创造经审查合格后，由专利局依据专利法授予发明人和设计人对该项发明创造享有的专有权。包括发明、实用新型和外观设计。反映拥有自主知识产权的科技和设计成果情况。

发明(专利) 指对有关产品、方法或其改进所提出的新的技术方案。是国际通行的反映拥有自主知识产权技术的核心指标。

实用新型(专利) 指对产品的形状、构造或者其结合所提出的适于实用的新的技术方案。反映具有一定技术含量的技术成果情况。

外观设计(专利) 指对产品的形状、图案、色彩或者其结合所作出的富有美感并适于工业上应用的新设计。反映拥有自主知识产权的外观设计成果情况。

Explanatory Notes on Main Statistical Indicators

Regular Institutions of Higher Learning refer to educational establishments set up according to the government evaluation and approval procedures, enrolling graduates from senior secondary schools and providing higher education courses and training for senior professionals. They include full-time universities, colleges, high professional schools, high professional vocational schools and others(non-university tertiary, branch schools and undergraduate classes).

Institutions of Higher Learning for Adults refer to educational establishments, set up in line with relevant rules approved by the government, enrolling staff and workers with senior secondary school or equivalent education, and providing higher education courses in many forms of correspondence, spare time, or full time for adults. Professionals thus trained receive a qualification equivalent to graduates studying regular courses at regular universities, colleges and professional colleges. Institutions of higher learning for adults include schools of high education for staff and workers, schools of high education for peasants, colleges for management cadres, pedagogical colleges , independent correspondence colleges, Radio and TV universities and other educational establishments. Other educational establishments are responsible for enrolling adult students but not covered in the number of schools.

Scientific and Technological Activities (S&T Activities) refer to organized activities which are closely related with the creation, development, dissemination and application of the scientific and technical knowledge in the fields of natural sciences, agricultural science, medical science, engineering and technological science, humanities and social sciences (referred to as scientific and technological fields). S&T activities can be classified in to 3 categories: research and development (R&D) activities, application of R&D results, and related S&T services. This statistical definition is made by UNICHIEF for scientific and technological activities to meet the need of carrying out statistical work in this field for its member countries in particular those developing countries.

Personnel Engaged in S&T Activities refer to personnel directly engaged in S&T activities, in the management of S&T activities, and in providing direct service to S&T activities, who spend over 10% of the total working hours in a year in S&T activities. (1) Personnel directly engaged in S&T activities include researchers, engineers, technicians and other related personnel engaged in S&T activities in independent-accounting R&D institutions, institutions of higher learning, and in research institutes, laboratories, technology development centers and central experiment workshops under enterprises and institutions. Also included are people working in S&T research project teams, professional and technical personnel working in S&T information archiving institutes, and graduate students working on the design of their thesis. (2) Personnel engaged in the management of S&T activities and in providing direct service to S&T activities include senior management people responsible for S&T activities in independent -accounting R&D institutions, S&T information archiving institutes, institutions of higher learning, and in enterprises and institutions where S&T activities are undertaken. Also included are people responsible for the planning, administration, personnel management, financial management, logistics supply, equipment maintenance, information and library management that are related with S&T activities. People providing indirect services are excluded, such as security, medical service, drivers, plumbers, cleaners and those providing catering and related service. This indicator reflects the size of personnel engaged in S&T activities.

Scientists and Engineers refer to persons engaged in S&T activities who have obtained titles of senior and middle level professional positions, and those without such position but have completed university or higher education. This indicator reflects the quality of personnel engaged in S&T activities.

Research and Development (R&D) refers to systematic and creative activities in the field of science and technology aiming at increasing the knowledge and using the knowledge for new application. R&D includes 3 categories of activities: basic research, applied research and experiments and development. The scale and intensity of R&D are widely used internationally to reflect the strength of S&T and the core competitiveness of a country in the world.

R & D Personnel refer to persons engaged in research, management and supporting activities of R & D, including persons in the project teams, persons engaged in the management of S&T activities of enterprises and supporting staff providing direct service to the research projects. This indicator reflects the size of personnel engaged in R&D activities with independent intellectual property.

Total Expenditure of Funds on R&D refers to the real expenditure of surveyed units on their own R&D activities (basic research, application study, test and development) including direct expenditure on R&D activities, indirect expenditure of management and services on R&D activities, expenditure on capital construction and material processing by others. Excluding the expenditure on production activities, return of loan, and fees transferred to cooperated and entrusted agencies on R&D activities.

Patent is an abbreviation for the patent right and refers to the exclusive right of ownership by the inventors or designers for the creation or inventions, given from the patent offices after due process of assessment and approval in accordance with the Patent Law. Patents are granted for inventions, utility models and designs. This indicator reflects the achievements of S&T and design with independent intellectual property.

Patented Inventions refer to the new technical proposals to the products or methods or their modifications. This is universal core indicator reflecting the technologies with independent intellectual property.

Patented Utility Models refer to the practical and new technical proposals on the shape and structure of the product or the combination of both. This indicator reflects the condition of technological results with certain technical content.

Designs refer to the aesthetics and industrially applicable new designs for the shape, pattern and color of the product, or their combinations. This indicator reflects the appearance design achievements with independent intellectual property.

21

文化、体育和卫生

21-1 文化艺术、文物事业机构数
Number of Institutions for Culture, Art and Cultural Relics

单位：个 (unit)

年份 Year	艺术表演团体 Art Performance Troupes	公共图书馆 Public Libraries	文化馆 Cultural Centers	文化站 Cultural Stations	博物馆 Museums
1952	126	4	148	146	1
1957	148	21	163	115	2
1962	205	36	161	76	11
1965	198	36	167	31	13
1970	169	36	171	16	13
1975	190	36	178	13	13
1978	193	57	178	8	12
1980	183	71	177	656	11
1985	148	82	172	5196	24
1990	109	109	168	4957	34
1991	106	112	168	4973	37
1992	105	117	169	4329	37
1993	103	117	169	3745	37
1994	101	118	170	3634	42
1995	101	123	171	3613	42
1996	101	125	172	3384	44
1997	101	127	170	3574	44
1998	100	129	170	3689	47
1999	99	129	171	3666	47
2000	98	129	171	3667	50
2001	89	129	174	3720	51
2002	89	131	173	3525	51
2003	89	132	181	3722	51
2004	84	137	180	3701	54
2005	85	141	180	4515	54
2006	81	146	202	3600	59
2007	84	151	202	3795	62
2008	83	154	203	3873	85
2009	84	156	203	4019	89
2010	82	161	204	4448	108
2011	75	169	205	4593	144
2012	63	188	205	4595	152

注：文化艺术、图书馆、博物馆等资料由四川省文化厅提供。
a)Data of culture and art, libraries, museums and other information are provided by the provincial Department of Culture.

21-2 各市(州)文化艺术和文物事业机构和人员数(2012年)
Institutions and Personnels of Culture, Art and Cultural Relics by Region(2012)

市(州)	Region	艺术表演团体 Art Performance Troupes		公共图书馆 Public Libraries			文化馆 Cultural Centers		博物馆 Museums	
		机构数(个) Institutions (unit)	从业人员(人) Employed Persons (person)	机构数(个) Institutions (unit)	从业人员(人) Employed Persons (person)	藏书量(千册) Collections (1 000 volumnes)	机构数(个) Institutions (unit)	从业人员(人) Employed Persons (person)	机构数(个) Institutions (unit)	从业人员(人) Employed Persons (person)
全省	**Sichuan**	**63**	**3542**	**188**	**2051**	**33628**	**205**	**2758**	**152**	**4904**
成都市	Chengdu	9	1310	22	722	16422	22	511	35	1649
自贡市	Zigong	3	249	7	44	443	7	57	3	167
攀枝花市	Panzhihua	1	148	6	53	646	6	98	2	12
泸州市	Luzhou	3	105	8	76	1246	8	107	6	66
德阳市	Deyang	1	21	6	66	813	7	102	8	411
绵阳市	Mianyang	4	121	9	79	2007	10	115	11	337
广元市	Guangyuan	2	25	8	76	1001	9	75	11	287
遂宁市	Suining	1	53	6	39	464	6	75	4	135
内江市	Neijiang	5	180	4	55	487	6	112	4	55
乐山市	Leshan	5	143	11	84	571	12	110	5	145
南充市	Nanchong	6	275	8	82	1003	10	114	5	390
眉山市	Meishan	2	23	7	51	248	7	61	4	69
宜宾市	Yibin	1	140	10	82	1280	11	153	9	114
广安市	Guangan	1	17	6	81	1733	6	120	2	326
达州市	Dazhou	4	228	7	108	1022	8	172	5	92
雅安市	Yaan			9	60	1040	9	84	9	126
巴中市	Bazhong	6	48	5	65	508	5	109	10	302
资阳市	Ziyang	3	80	5	62	1082	5	80	1	19
阿坝藏族羌族自治州	Aba	1	85	13	44	435	14	83	7	75
甘孜藏族自治州	Ganzi	2	91	17	30	451	19	184	5	26
凉山彝族自治州	Liangshan	3	200	14	92	726	18	236	6	101

注：全省合计中含省直属单位数。
a) The Province's Total Data include Data of Unites Directly under the Provincal.

21-3 各市(州)文化站基本情况(2012年)
Basic Statistics on Cultural Stations by Region(2012)

市(州)	Region	文化站(个) Cultural Stations (unit)	# 乡镇文化站 Village and Towns Cultural Station	从业人员(人) Employed Persons (person)	举办展览(个) Number of Exhibitions	组织文艺活动次数(次) Art Performance & Cultural Sessions (times)	藏书量(千册) Collections (1 000 pieces)
全 省	**Sichuan**	**4595**	**4375**	**6163**	**7269**	**44114**	**10841**
成都市	Chengdu	315	222	1142	1709	10384	2068
自贡市	Zigong	108	96	174	118	1267	303
攀枝花市	Panzhihua	44	44	90	75	1697	189
泸州市	Luzhou	141	128	198	188	1247	418
德阳市	Deyang	127	120	186	206	1462	907
绵阳市	Mianyang	289	277	523	700	2162	805
广元市	Guangyuan	238	230	254	440	1122	714
遂宁市	Suining	111	105	127	205	1957	412
内江市	Neijiang	121	111	211	220	827	325
乐山市	Leshan	218	211	215	229	1810	229
南充市	Nanchong	420	394	526	484	2937	563
眉山市	Meishan	131	128	174	532	1084	516
宜宾市	Yibin	185	175	282	152	1050	294
广安市	Guangan	176	172	331	289	919	335
达州市	Dazhou	311	311	372	636	1287	1199
雅安市	Yaan	141	139	188	269	1179	256
巴中市	Bazhong	188	188	254	286	1244	196
资阳市	Ziyang	175	171	425	227	1031	739
阿坝藏族羌族自治州	Aba	218	218	106		1025	154
甘孜藏族自治州	Ganzi	324	324	324		6456	170
凉山彝族自治州	Liangshan	614	611	61	304	1967	49

21-4 群众艺术馆、文化馆(站)业务活动及经费情况(2012年)
Basic Statistics on Activities and Expenditures of Mass Art Centers (Stations) and Cultural Centers(2012)

项 目		Item		总计 Total	群众艺术馆(文化馆) Mass Art Centers Cultural Centers	文化站 Cultural Stations
单位数	(个)	Number of Units	(unit)	4800	205	4595
举办展览	(个)	umber of Exhibitions	(unit)	8561	1292	7269
组织文艺活动	(次)	;tory-Telling Sessions		52552	8438	44114
举办训练班		Training Courses				
班次	(次)	Number of Classes	(times)	26129	8663	17466
结业人次	(万人次)	Completing Courses	10 000 person-times)	211	67	144
群众业余演出团(队)	(个)	Part-time Art Groups	(unit)	15564	2532	13032
总支出	(万元)	Total Expenditures	(10 000 yuan)	97885	39809	58076
# 基本支出	(万元)	Basic Expense	(10 000 yuan)	51562	25474	26088

注:本表各项指标仅指文化部门系统内的。
The data in this table only refer to those under the administration of cultural departments.

21-5 公共图书馆业务活动及经费情况(2012年)
Business Activities and Expenditures of Public Libraries(2012)

项目		Item		总计 Total	省级公共图书馆 Public Libraries at Provincial Level	市(州)级公共图书馆 Public Libraries at Prefecture Level	县级公共图书馆 Public Libraries at County Level
总藏量	(千册、件)	Total Collections	(1 000 volumes)	33628	5973	11140	16515
书架总长度	(千米)	Total Length of Bookshelves	(km)	1248	86	964	198
发放借书证数	(千个)	Number of Library Cards Distributed	(1 000 units)	524	23	185	316
书刊外借情况		Condition of Books Borrowed by the Readers					
人次	(千人次)	Total Number of Circulation	(1 000 person-times)	6943	39	2485	4419
册次	(千册次)	Number of Books Borrowed by the Readers	(1 000 volume-times)	11937	131	4260	7546
为读者举办各种活动		Service Activities Provided for Readers					
次数	(次)	Number of Activities	(times)	3875	82	833	2960
参加人数	(千人次)	Number of Readers Involved	(1 000 person-times)	2319	25	575	1719
总支出	(万元)	Total Expenditures	(10 000 yuan)	36463	9137	10702	16624
基本支出	(万元)	Basic Expenses	(10 000 yuan)	17482	1548	6391	9543
# 新增藏量购置费	(万元)	Purchase of New Reserves	(10 000 yuan)	3740	800	1092	1848
本年新购藏量	(万册)	New Reserves this Year	(10 000 volumes)	229	33	29	167
阅览室座席	(千个)	Seating Capacity of Reading Rooms	(1 000 seats)	34	1	8	26

21-6 博物馆、文物机构业务活动及经费情况(2012年)
Business Activities and Expenditures of Museums and Cultural Relics Agencies(2012)

项目		Item		博物馆 Museums	文物保护管理机构 Cultural Relics Agencies
藏品	(件)	Number of Collections	(piece)	1062978	212095
# 一级品	(件)	Grade One	(piece)	5042	935
本年支出	(万元)	Total Expenditures	(10 000 yuan)	79909	16031
# 基本支出	(万元)	Basic Expense	(10 000 yuan)	34784	7438
# 商品和服务支出	(万元)	Goods and Sevices Expe	(10 000 yuan)	29575	4593

21-7 图书、杂志和报纸出版情况
Number of Books, Magazines and Newspapers Published

年份 Year	图书 Books Published				杂志 Magazines Published				报纸 Newspapers Published			
	种数 (种) Number of Publications (kind)	# 新出版 New Publications	总印数 (万册) Total Printed Copies (10 000 copies)	总印张数 (万印张) Total Printed Sheets (10 000 sheets)	种数 (种) Number of Publications (kind)	每期平均印数 (万册) Average Printed Copies per Issue (10 000 copies)	总印数 (万册) Total Printed Copies (10 000 copies)	总印张数 (万印张) Total Printed Sheets (10 000 sheets)	种数 (种) Number of Newspaper Published (kind)	每期平均印数 (万份) Average Printed Copies per Issue (10 000 copies)	总印数 (万份) Total Printed Copies (10 000 copies)	总印张数 (万印张) Total Printed Sheets (10 000 sheets)
1952	53	20	1481	3195	25	45	565	540	14	34	6799	5150
1957	52		909	1783					15	35	8109	6005
1962	86		2484	5256								
1965	65		6280	15006								
1970	24		4225	10677								
1975	292	233	17184	48499								
1978	277	241	24993	83916	13	57	562	1173	15	170	51889	43758
1980	549	502	31370	119063	71	341	3036	8699	22	214	50627	42305
1985	1273	1151	28023	99516	224	690	5532	17810	69	859	92878	64138
1990	2676	1896	21152	82360	226	324	3257	9149	66	818	94657	64642
1991	2769	1730	16634	71891	234	362	3192	9443	70	869	101753	68660
1992	3022	2063	22903	99185	249	404	4030	11697	75	818	97368	72598
1993	2459	1795	17666	72266	256	456	4674	12491	80	823	104000	73974
1994	3840	2818	21650	105849	275	412	4067	11865	91	885	102319	72532
1995	3017	1876	15438	83894	287	487	4993	14898	93	710	100500	122632
1996	3833	2256	27975	138772	289	409	4339	12025	95	680	109084	138292
1997	4510	2005	33272	153193	289	405	4336	12484	95	763	126818	227065
1998	4436	2369	31491	151112	284	403	4508	13211	100	757	124922	235944
1999	4306	2254	29852	147862	287	419	4754	14944	100	782	127708	240359
2000	3855	2134	27315	157672	275	451	4950	16238	91	711	133590	366840
2001	3820	2104	26032	158031	334	362	4172	16233	84	671	136737	394553
2002	3895	2244	25932	165312	256	440	5572	20688	92	654	135163	319004
2003	4131	2315	25889	170470	267	352	4767	21421	93	634	139266	357423
2004	4059	1911	21690	154980	225	293	5269	32515	107	651	155972	498494
2005	4836	2975	23643	193903	330	459	7502	60933	130	659	155865	671830
2006	4873	3070	19643	149609	335	509	8215	59996	136	618	155800	685570
2007	5150	3287	19591	146591	335	496	9514	74788	136	660	168638	656104
2008	5021	2885	19490	142562	336	475	8237	53222	136	670	164273	737694
2009	6719	3878	17492	127321	336	494	8303	52759	136	613	155286	797707
2010	6645	3396	19493	147325	340	498	10593	74892	136	687	170176	999545
2011	8081	3951	24787	179489	343	471	9293	67424	136	670	174021	1019233
2012	7794	4235	23587	176618	343	470	9066	63236	136	661	172573	865664

注：图书、杂志、报纸、音像制品出版资料由四川省新闻出版局提供。
a) data of Books, magazines, newspapers, audio-visual products published are provided by the provincial Press and Publication Bureau.

21-8 录像制品出版情况
Publication of Video Products

年份 Year	录像制品合计 Total		录像带 Audio-tapes		数码激光视盘 VCD		高密度激光视盘 DVD-V	
	种数(种) Kind	数量(万盒、万张) Volume (10 000 pieces)	种数(种) Kind	数量(万盒) Volume (10 000 cassettes)	种数(种) Kind	数量(万张) Volume (10 000 pieces)	种数(种) Kind	数量(万张) Volume (10 000 pieces)
2000	172	97.72			172	97.72		
2001	260	391.98	48	24.60	210	365.38	2	2.00
2002	446	501.51	18	64.25	401	424.61	27	12.65
2003	490	310.23	57	34.00	380	205.63	53	25.60
2004	241	198.36			216	184.54	25	13.82
2005	294	171.80			240	147.94	54	23.87
2006	542	240.82	3	1.10	243	122.99	296	116.73
2007	491	164.01	1	0.30	288	99.38	202	64.33
2008	343	153.23	1	0.80	163	83.37	179	69.06
2009	250	124.30			106	53.26	144	72.04
2010	191	108.46			58	24.01	133	84.45
2011	96	73.13	1	0.25	22	10.58	73	62.30
2012	91	80.35			6	1.70	85	78.65

21-9 录音制品出版情况
Publication of Audio Products

年份 Year	录音制品合计 Audio Products		盒式音带 Cassettes Audio-tapes		激光唱片 CD	
	种数(种) Kind	数量(万盒、万张) Volume (10 000 pieces)	种数(种) Kind	数量(万盒) Volume (10 000 cassettes)	种数(种) Kind	数量(万张) Volume (10 000 pieces)
1998	85	123.53	56	96.83	29	26.70
1999	178	89.31	80	56.74	98	32.57
2000	92	64.03	40	37.73	52	26.30
2001	114	93.53	61	42.27	53	51.26
2002	210	95.39	117	53.44	93	41.95
2003	158	127.27	56	38.52	102	88.75
2004	42	61.96	1	0.40	41	36.52
2005	177	88.20	69	33.70	108	54.50
2006	139	70.45	44	15.60	95	54.85
2007	164	71.73	48	13.74	114	55.99
2008	72	25.40	13	8.05	59	16.99
2009	75	40.58	12	15.30	63	25.28
2010	47	28.38	15	14.28	32	14.09
2011	32	25.77	4	4.00	28	21.77
2012	12	5.03	3	2.50	9	4.78

21-10 广播电视事业发展情况
Basic Statistics on Development of Broadcasting and Television

年份 Year	广播电台 (座) Broadcasting Stations (set)	中短波发射台及转播台 (座) Transmission Stations and Relaying Stations of Medium and Short Wave (set)	中短波发射机功率 (部/千瓦) Power of Transmitters of Medium and Short Wave (unit / kw)	电视台 (座) Television Stations (set)	电视发射台及转播台 (座) Television Transmission Stations and Relaying Stations (set)	电视发射机功率 (部/千瓦) Power of Television Transmission (unit / kw)	广播覆盖率 (%) Population Coverage Rate of Broadcasting (%)	电视覆盖率 (%) Population Coverage Rate of Television (%)	广播电视台(站) (个) Broadcasting and Television Stations of County Level (set)
1952	3	2	2 / 2				20.06		
1957	1	1	2 / 2				20.06		80
1962	3	4	3 / 23.8	1	1	1 / 1	30.18	3.87	129
1965	3	4	3 / 123.8	1	1	1 / 1	30.09	3.87	141
1970	3	4	5 / 260.6	1	1	1 / 1	35.28	5.29	150
1975	3	9	10 / 327.6	1	14	15 / 5.50	43.13	18.73	157
1978	3	9	11 / 413.3	1	82	76 / 6.74	46.91	38.60	165
1980	3	11	15 / 488.0	1	208	235 / 21.39	49.91	45.69	168
1985	5	13	20 / 442.5	3	865	921 / 73.05	52.37	58.70	169
1990	14	18	29 / 453.0	15	2100	2577 / 183.38	64.46	71.46	166
1991	13	19	30 / 462.0	16	2244	2775 / 186.89	64.75	71.78	171
1992	15	19	32 / 514.0	21	2438	3106 / 199.05	64.84	71.88	169
1993	19	20	35 / 533.1	23	2518	3289 / 194.78	70.21	76.12	165
1994	25	20	34 / 632.0	27	2950	3757 / 202.80	75.40	80.50	150
1995	52	27	43 / 515.1	31	3114	4036 / 218.38	80.40	85.50	134
1996	58	27	40 / 521.1	32	3303	3952 / 207.09	84.47	83.57	161
1997	67	27	48 / 556.1	34	3227	3959 / 230.62	86.34	87.37	162
1998	17	29	48 / 556.1	23	3264	4009 / 235.94	88.90	88.97	44
1999	18	30	47 / 654.2	23	2626	3244 / 185.04	91.05	91.98	46
2000	19	28	52 / 673.1	23	4779	5636 / 266.82	92.85	93.61	42
2001	20	35	68 / 482.5	20	4839	5598 / 267.37	93.66	94.46	42
2002	20	34	69 / 558.0	22	4428	5353 / 260.53	94.07	95.08	110
2003	20	34	69 / 558.0	22	4385	5696 / 263.36	94.83	95.54	111
2004	20	34	69 / 558.0	22	4308	4546 / 250.77	95.34	96.39	111
2005	20	35	96 / 658.0	21	3849	5044 / 262.29	95.41	96.74	113
2006	20	35	96 / 658.0	21	2471	5524 / 280.14	95.70	96.77	113
2007	20	37	112 / 711.0	21	2469	5757 / 376.57	95.92	97.05	114
2008	16	37	114 / 710.0	16	4434	5644 / 505.59	95.97	97.10	119
2009	15	37	96 / 680.0	15	3944	5323 / 600.38	96.19	97.27	152
2010	10	37	101 / 687.0	10	3482	4810 / 587.11	96.22	97.33	156
2011	8	37	102 / 787.0	8	3001	4121 / 628.24	96.60	97.69	158
2012	7	36	96 / 747.0	7	3056	4173 / 644.52	96.78	97.75	159

注：广播电视资料由四川省广播电影电视局提供。
a) Data of radio and TV broadcast information are provided by the Province Radio and TV broadcast Bureau.

21-11 广播电视播放情况(2012年)
Basic Statistics on Broadcasting and Television(2012)

项 目	Item	节目套数(套) Number of Programs (set)	公共广播(电视)节目播出时间(小时) Broadcasting Hours of Public Broadcasting (Television) (hour)	新闻资讯类节目 News and Referrence Programs	专题服务类节目 Special Subject and Services Programs	综艺类节目 Omnibus Enter-tainment Programs	广播(影视)剧类节目 Broadcast Movies And TV	广告类节目 Advertis-ement	其他类节目 Others
广播播出合计	**All Radio Broadcasting**	**122**	**579579**	**135642**	**131526**	**128667**	**25042**	**44447**	**114255**
省级广播电台	Provincial Level	8	60756	12126	15668	24429	31	7369	1133
市(州)级广播电台	Prefecture Level	36	227050	48255	64194	45981	11243	20580	36797
县级广播电视台	County Level	78	291773	75261	51664	58257	13768	16498	76325
电视播出合计	**All Television Broadcasting**	**203**	**1075951**	**168392**	**108704**	**79944**	**455207**	**115959**	**147743**
省级电视台	Provincial Level	12	96187	11872	8501	11881	37738	12943	13252
市(州)级电视台	Prefecture Level	46	310649	46400	38398	16446	126062	45944	37399
县级广播电视台	County Level	145	669115	110120	61805	51617	291407	57072	97092

21-12 各市(州)有线广播电视基本情况(2012年)
Basic Statistics on Cable Broadcasting and Television by Region(2012)

单位: 户、公里 (unit:door,kilometer)

市(州)	Region	有线广播电视用户 Cable Broadcasting and Television Users	# 数字电视用户 Digital Television Users	# 付费数字电视用户 Pay Digital Television Users	有线广播电视传输网络干线总长 Total Length of Main Link of Cable Broadcasting and Television Transmission
全 省	**Sichuan**	**13926785**	**6600409**	**2308636**	**306410**
成都市	Chengdu	3819545	2450128	834246	51039
自贡市	Zigong	395353	255803	124144	5581
攀枝花市	Panzhihua	263491	135994	67414	3201
泸州市	Luzhou	451000	142221	30242	7785
德阳市	Deyang	612362	240932	181747	19900
绵阳市	Mianyang	1070441	625785	103229	15871
广元市	Guangyuan	455958	310391	220080	10222
遂宁市	Suining	670982	258051	134828	40210
内江市	Neijiang	680530	213666	39707	20333
乐山市	Leshan	580847	207094	187953	15213
南充市	Nanchong	972736	354200	36000	22432
眉山市	Meishan	506029	123427	111050	13214
宜宾市	Yibin	450267	177156	79115	7514
广安市	Guangan	315491	127847		9660
达州市	Dazhou	712268	152889	52097	9676
雅安市	Yaan	276676	89820	41857	9487
巴中市	Bazhong	402344	205630	10416	8718
资阳市	Ziyang	764857	366851		27566
阿坝藏族羌族自治州	Aba	87354	61666	25183	3451
甘孜藏族自治州	Ganzi	59481	12964	3156	879
凉山彝族自治州	Liangshan	378773	87894	26172	4459

21-13 各市(州)农村广播电视有线传输情况(2012年)
Basic Statistics on Rural Radio and Television Cable Transmission by Region(2012)

市(州)	Region	农村有线广播电视用户数 (户) Rural Cable radio and Television Users (door)	农村有线广播电视入户率 (%) Rural Households on Cable TV Rate (%)	农村广播覆盖率 (%) Rural Radio Coverage (%)	农村电视覆盖率 (%) Rural Television Coverage (%)
全 省	**Sichuan**	**6585867**	**32.35**	**96.04**	**97.26**
成都市	Chengdu	1321653	71.22	100.00	100.00
自贡市	Zigong	96408	14.35	98.73	96.88
攀枝花市	Panzhihua	30623	21.22	94.34	95.29
泸州市	Luzhou	277068	23.76	96.86	99.25
德阳市	Deyang	288753	28.61	100.00	97.98
绵阳市	Mianyang	645408	50.01	98.11	98.48
广元市	Guangyuan	248565	36.24	97.25	98.27
遂宁市	Suining	376757	47.19	99.38	99.37
内江市	Neijiang	384558	34.84	95.84	97.15
乐山市	Leshan	351571	46.17	98.18	98.66
南充市	Nanchong	538968	29.80	98.52	98.13
眉山市	Meishan	263260	33.70	99.50	99.40
宜宾市	Yibin	84748	7.06	94.23	94.90
广安市	Guangan	171853	14.03	97.35	95.72
达州市	Dazhou	413226	24.27	95.03	94.65
雅安市	Yaan	124037	34.17	91.55	97.83
巴中市	Bazhong	298176	32.66	96.13	99.29
资阳市	Ziyang	510996	36.58	97.44	98.87
阿坝藏族羌族自治州	Aba	33679	19.82	84.96	96.78
甘孜藏族自治州	Ganzi	14818	6.76	89.81	89.37
凉山彝族自治州	Liangshan	110742	10.16	79.98	91.31

21-14 各市(州)的晨、晚练基本情况(2012年)
Conditions of Morning and Evening Exercise By Region (2012)

单位：个、人 (unit、person)

市(州)	Region	上年度累计站(点)数 Cumulative Number of Sites Last Year	本年度发展站(点)数 The Added Number of Sites This Year	本年度自然消失站(点)数 The Naturally Disappeared Sites This Year	站(点)每天相对稳定的活动人数 Number of Having Exercise Relatively Stable Every Day	站(点)配置社会体育指导员人数 Social Sport Instructors in Exercising Station
全　省	**Sichuan**	**11364**	**1141**	**98**	**1363535**	**28603**
成都市	Chengdu	2205	463	1	249195	7029
自贡市	Zigong	268	32		23495	348
攀枝花市	Panzhihua	142			48322	138
泸州市	Luzhou	334	21		97369	535
德阳市	Deyang	512	60	3	20570	1050
绵阳市	Mianyang	2454	111		411180	11108
广元市	Guangyuan	574	40		20470	554
遂宁市	Suining	264			12926	262
内江市	Neijiang	493	9		68170	1275
乐山市	Leshan	403	104		14153	582
南充市	Nanchong	500			20432	746
眉山市	Meishan	326		10	3200	346
宜宾市	Yibin	673	30	23	125410	1181
广安市	Guangan	321	15	7	58160	410
达州市	Dazhou	254	58		26865	1664
雅安市	Yaan	552	74	7	85800	531
巴中市	Bazhong	175	24	12	600	14
资阳市	Ziyang	238	16	1	44120	253
阿坝藏族羌族自治州	Aba	112			3270	94
甘孜藏族自治州	Ganzi	199	34		8687	148
凉山彝族自治州	Liangshan	365	50	34	21141	335

注：体育资料由四川省体育局提供。晨晚练站(点)指由群众自发组织而形成并且相对稳定的在早晨或晚上锻炼身体的自然场所，以单个站(点)规模在二十人以上为统计标准。

a) Data of sports are provided by the Sports Bureau.Morning and evening exercises station (point) refers to natural spaces exercising the body in the formation of self-organized by the masses and relatively stable in the morning or evening,and a single station (point) scale of 20 persons or more for statistical standards.

21-15 各市(州)公益性社会体育指导员认证及培训情况(2012年)

Certification and Training of Public Welfare Social Sport Instructors by Region(2012)

单位：人 (person)

市(州)	Region	本年度认证总人数 Number of Certified Instructors This Year	# 二级 Second Grade	# 三级 Third Grade	截止年末认证总人数 Number of Certified Instructors Year-end	# 二级 Second Grade	# 三级 Third Grade	本年度参加培训人数 Number of Training Instructors This Year	# 二级 Second Grade	# 三级 Third Grade
全　省	**Sichuan**	**19037**	**3016**	**14721**	**103576**	**20090**	**77925**	**21327**	**3638**	**16389**
成都市	Chengdu	4042	373	3669	18179	1778	16401	4806	400	4406
自贡市	Zigong	1119	200	919	4982	930	4052	1411	245	1166
攀枝花市	Panzhihua	447	107	340	1878	760	1118	447	107	340
泸州市	Luzhou	89	89		1015	1015		92	92	
德阳市	Deyang	1125	307	818	2694	456	2238	598	350	248
绵阳市	Mianyang	2148	148	2000	18897	1029	17868	2148	148	2000
广元市	Guangyuan	275	65	210	6242	2164	4078	278	68	210
遂宁市	Suining	243	95	148	1212	446	766	243	95	148
内江市	Neijiang	376	100	276	5229	2341	2888	385	103	282
乐山市	Leshan	717	174	543	7436	1552	5884	1075	174	901
南充市	Nanchong	1800	200	1600	7736	1236	6500	2050	250	1800
眉山市	Meishan	187	60	127	990	184	806	232	90	142
宜宾市	Yibin	466		466	2649		2649	567		567
广安市	Guangan	2540	360	2180	3663	460	3203	2572	386	2186
达州市	Dazhou	783	213	570	5546	2638	2908	1284	524	760
雅安市	Yaan	220	204	16	658	323	335	412	204	208
巴中市	Bazhong	90		90	671	234	437	240	81	159
资阳市	Ziyang	252	111	141	1931	717	1214	317	111	206
阿坝藏族羌族自治州	Aba	380	60	320	920	312	608	400	60	340
甘孜藏族自治州	Ganzi	138	50	88	602	190	412	170	50	120
凉山彝族自治州	Liangshan	300	100	200	4885	1325	3560	300	100	200

注：全省数据中包含省级数据。

a)The province-data contains provincial data.

21-16 各市(州)的国民体质监测站点基本情况(2012年)
National Physique Monitoring Station By Region(2012)

单位：个、人 (unit、person)

市(州)	Region	总站(点)数 Number of Station	组建测试队(支) Number of Test Team	测试工作人员数 Number of Test Staff	累计受测人员数 Cumulative Number of Testors	本年度受测人员数 Number of Testors This Year	本年度测试达标人数 Number of Test Standards This Year	本年度测试达标率(%) Ratio of Test Standards This Year
全　省	**Sichuan**	**143**	**83**	**935**	**1640645**	**106633**	**85357**	**80.05**
成都市	Chengdu	20	11	116	590452	17987	16545	91.98
自贡市	Zigong	8	7	84	79747	2400	1513	63.04
攀枝花市	Panzhihua	3	2	13	15670	3000	2875	95.83
泸州市	Luzhou		2	19	7700			
德阳市	Deyang	5	2	35	33300	3000	2400	80.00
绵阳市	Mianyang	14	2	38	30300	6480	5012	77.35
广元市	Guangyuan	6	9	37	33030	5710	4860	85.11
遂宁市	Suining	6	5	57	36930	1200	1037	86.42
内江市	Neijiang	17	1	17	33376	186	186	100.00
乐山市	Leshan	6	1	31	14010	10000	6700	67.00
南充市	Nanchong	15	17	97	276200	21700	14170	65.30
眉山市	Meishan	7			53904			
宜宾市	Yibin	7	5	25	35745	5745	5124	89.19
广安市	Guangan	6	6	38	32121	1005	912	90.75
达州市	Dazhou	3	5	195	62464	19200	15770	82.14
雅安市	Yaan	9	1	23	83000	800	755	94.38
巴中市	Bazhong	1			26320			
资阳市	Ziyang	1	1	21	5160	460	348	75.65
阿坝藏族羌族自治州	Aba	3			15900			
甘孜藏族自治州	Ganzi	3	1	31	111820	6060	5500	90.76
凉山彝族自治州	Liangshan	3	5	58	63496	1700	1650	97.06

注：全省数据中包含省级数据。
a)The Total Number include Provincial Data.

21-17 各市(州)体育彩票发行情况(2012年)
Sports Lottery Distribution by Region(2012)

单位：万元 (10 000 yuan)

市(州)	Region	当年体育彩票发行额 Circulation of Sport Lottery This Year	# 足彩 Football Lottery	# 即开型 Open-Type	当年提取公益金 Public Welfare Fund Drawn from Sport lottery (year-end)
全　省	**Sichuan**	**379817**	**25404**	**75002**	**106194**
成都市	Chengdu	159616	12498	30620	44555
自贡市	Zigong	10533	1157	1775	2971
攀枝花市	Panzhihua	10091	496	1921	2840
泸州市	Luzhou	9238	565	1480	2701
德阳市	Deyang	15910	845	3114	4555
绵阳市	Mianyang	18608	1487	2957	5161
广元市	Guangyuan	7939	765	1722	2227
遂宁市	Suining	8057	763	1437	2179
内江市	Neijiang	10735	596	2237	2910
乐山市	Leshan	20577	677	5507	5732
南充市	Nanchong	15465	730	2324	4249
眉山市	Meishan	10155	684	2263	2862
宜宾市	Yibin	13465	882	2239	3841
广安市	Guangan	6204	386	881	1631
达州市	Dazhou	14857	995	1870	4329
雅安市	Yaan	7611	326	1820	2057
巴中市	Bazhong	8466	289	2234	2350
资阳市	Ziyang	7464	491	1344	2132
阿坝藏族羌族自治州	Aba	6880	115	2205	1862
甘孜藏族自治州	Ganzi	3841	186	1337	1033
凉山彝族自治州	Liangshan	14105	473	3713	4017

注:当年提取公益金合计中含中央、省级提取数据。
a)Pubic Welfare Funds Drawn from Sport Lottery Include State and Provincial Data.

21-18 卫生机构基本情况(2012年)
Basic Statistics on Health Institutions(2012)

机构类别	Item	机构数(个) Health Institution (unit)	实有床位数(张) Beds (unit)	人员合计(人) Personnel (persons)	# 卫生技术人员 Medical Technical Personnel	# 管理人员 Managerial Personnel
全　省	**Total**	**76555**	**390122**	**549866**	**389001**	**26850**
医院合计	Total Number of Hospitals	1542	257333	277344	222446	16720
城市	City	735	139402	160865	127744	10172
农村	County	807	117931	116479	94702	6548
综合医院	General Hospitals	1013	175479	197515	158975	11746
中医医院	Hospitals of Chinese Medicine	173	36288	38298	31920	1791
中西医结合医院	Hospital Combining Traditional Chinese and Western Medicine	24	5750	5860	4911	293
民族医院	Minority Nationality Hospital	23	485	589	482	44
专科医院	Specialized	309	39331	35082	26158	2846
# 口腔	Stomatological	22	534	1658	1280	175
眼科	Ophthalmological	16	1083	1422	966	176
耳鼻喉	Otoraryngology	7	322	502	317	32
肿瘤	Oncological	5	2091	1974	1761	93
心血管病	Cardiovascular System Diseases	5	894	836	650	62
妇产(科)	Gynaecological and Obstetrical	27	1184	2595	1648	226
儿童	Paediatrics	5	790	1857	1356	75
精神病	Psychiatrical	47	17837	8485	6402	619
传染病	Epidemiological	10	1091	1508	1191	63
皮肤病	Dermatology	9	223	281	164	50
麻风病	Leprological	1	5	13	10	1
职业病	Occupational disease	2	594	499	395	59
骨科	Orthopaedics	41	4426	4001	3255	300

注：卫生机构资料由四川省卫生厅提供。

a) Data of Health agencies are provided by the provincial health department.

21-18 续表continued

机构类别	Item	机构数（个）Health Institution (unit)	实有床位数（张）Beds (unit)	人员合计（人）Personnel (persons)	#卫生技术人员 Medical Technical Personnel	#管理人员 Managerial Personnel
康复	Recuperation	16	1800	799	607	71
整形外科医院	Orthopetic Survey	2	52	199	91	8
美容医院	Beauty Hospital	10	231	981	418	155
其它专科	Other Specialized Hospital	84	6174	7472	5647	681
疗养院	Nurse Hospital	5	350	496	324	66
社区卫生服务中心	Community Health Care Centre	361	8636	14393	11965	736
社区卫生服务站	Community Health Service Stations	567	1849	3562	2886	409
卫生院	Sanitation Station	4607	111550	93287	76189	5886
门诊部	Outpatient Department	401	643	3969	3242	
诊所	Clinics	12466		28506	27727	
卫生所、医务室	Healthy Centre	1210		2777	2626	
村卫生室	Village Clinics	54601		89664	14934	
急救中心(站)	First-aid Centre	16		357	219	51
采供血机构	Blood Collection and Supply Institution	26		1626	1106	183
妇幼保健院(所、站)	Maternity and Child Care Centre	200	8759	15656	12738	843
专科疾病防治院(所、站)	Specialized Prevention Station	37	1002	1107	860	58
疾病预防控制中心(防疫站)	Epidemic Prevention and Control Centre	204		11035	7969	943
卫生监督所	Sanitary Supervision Station	204		3432	2457	476
医学科学研究机构	Research Institution of Medical Sciences	7		949	486	131
医学在职培训机构	Medical On the Job Training Institution	24		484	196	66
健康教育所(站、中心)	Healthy Education Centre	16		110	32	36
其他卫生机构	Other Health Care Institution	51		1030	544	234

21-19 各市(州)卫生机构数
Number of Health Institutions by Region

年份 市(州)	Year Region	机构数(个) Number of Health Care Institutions	# 医院 Hospital	# 社区卫生服务中心 Community Health Care Centres	# 卫生院 Sanitation Stations	# 疾病预防控制中心 Epidemic Prevention and Control Centre	# 妇幼保健院(所、站) Maternity and Child Care Centre
2002		72768	1173	44	6280	214	200
2003		72810	1164	50	6048	208	198
2004		70944	1144	63	5369	209	196
2005		72399	1155	68	5179	207	197
2006		75262	1178	213	5012	207	202
2007		72862	1162	214	4845	208	201
2008		71207	1143	234	4817	208	201
2009		72907	1187	257	4745	207	202
2010		74311	1260	306	4688	207	203
2011		75814	1393	344	4619	206	203
2012		76556	1542	361	4608	204	200
成都市	Chengdu	7605	439	102	246	22	21
自贡市	Zigong	2377	59	16	96	7	7
攀枝花市	Panzhihua	1024	28	20	43	6	6
泸州市	Luzhou	4351	75	15	135	8	7
德阳市	Deyang	2765	72	13	136	7	6
绵阳市	Mianyang	4325	78	17	276	11	10
广元市	Guangyuan	3313	46	14	258	8	7
遂宁市	Suining	3750	54	14	105	6	6
内江市	Neijiang	3119	50	19	111	6	6
乐山市	Leshan	3062	88	14	207	12	12
南充市	Nanchong	8400	91	27	451	10	10
眉山市	Meishan	1919	45	10	130	7	7
宜宾市	Yibin	4180	73	13	173	11	11
广安市	Guangan	3362	40	8	173	6	6
达州市	Dazhou	4172	55	12	306	7	8
雅安市	Yaan	1369	36	3	155	9	9
巴中市	Bazhong	3086	38	16	244	5	5
资阳市	Ziyang	4829	46	12	190	5	5
阿坝藏族羌族自治州	Aba	1570	29	2	223	14	14
甘孜藏族自治州	Ganzi	2701	40	1	332	19	19
凉山彝族自治州	Liangshan	5277	60	13	618	18	18

21-20 各市(州)卫生机构床位数
Number of Beds in Health Institutions by Region

年份 市(州)	Year Region	床位数（张） Number of Beds in Health Care Centre (unit)	# 医院 Hospital	# 社区卫生服务中心 Community Health Care Centres	# 卫生院 Sanitation Stations	# 妇幼保健院（所、站） Maternity and Child Care Centre
2002		187179	119976	206	56467	4289
2003		187741	120173	144	56671	4501
2004		191523	123995	304	56945	4786
2005		194940	127129	1053	57460	5016
2006		201854	130677	2270	59707	5301
2007		214329	136757	3149	66063	5838
2008		244119	149289	4526	80697	6390
2009		275528	167271	5170	92403	7050
2010		302061	185459	6812	98252	7843
2011		335151	212282	8299	102544	7892
2012		390122	257333	8636	111550	8759
成都市	Chengdu	92062	72629	4029	12382	1873
自贡市	Zigong	14304	10229	94	3397	428
攀枝花市	Panzhihua	8578	7084	241	870	217
泸州市	Luzhou	20451	11978	491	6773	182
德阳市	Deyang	16895	10682	124	5599	354
绵阳市	Mianyang	25913	15885	166	9184	577
广元市	Guangyuan	14292	8839	394	4603	298
遂宁市	Suining	13421	9105	281	3816	203
内江市	Neijiang	17153	11231	20	5656	229
乐山市	Leshan	15807	10514	343	4215	557
南充市	Nanchong	24522	14567	480	8593	740
眉山市	Meishan	12429	6779	289	4792	484
宜宾市	Yibin	21070	14190	288	6098	396
广安市	Guangan	11033	6562	270	3932	212
达州市	Dazhou	20277	10184	351	9287	401
雅安市	Yaan	8649	6680	54	1707	173
巴中市	Bazhong	12160	5899	215	5769	277
资阳市	Ziyang	18423	10054	354	7374	389
阿坝藏族羌族自治州	Aba	3700	2350	45	1179	120
甘孜藏族自治州	Ganzi	3681	2256	1	1168	255
凉山彝族自治州	Liangshan	15302	9636	106	5156	394

21-21 各市(州)卫生机构人员数
Number of Persons Engaged in Health Institutions by Region

年份 市(州)	Year Region	人员合计(人) Total (person)	# 卫生技术人员 Medical Technical Personnel	# 执业医师 Licensed Doctor	# 执业助理医师 Licensed Assistant Doctor	# 注册护士 Licensed Nurse	# 管理人员 Managerial Personnel
2002		378830	248470	86978	33378	60098	20070
2003		373628	245326	86101	34124	59494	17960
2004		363179	242255	84785	34531	60871	17392
2005		362014	244367	86205	35832	61237	15825
2006		378374	255140	87944	41446	63730	15903
2007		388697	264186	91273	34848	73475	19511
2008		400424	277166	96460	34723	78062	18550
2009		437758	303050	109090	29594	91164	18456
2010		467774	323915	114734	29843	104930	23288
2011		505113	353561	122525	31489	121319	25632
2012		549866	389001	130106	33272	139811	26850
成都市	Chengdu	143410	110795	37806	4998	45088	7840
自贡市	Zigong	19114	13962	4488	1317	5519	965
攀枝花市	Panzhihua	11283	8789	3200	460	3523	693
泸州市	Luzhou	25008	16990	5553	1758	6085	1120
德阳市	Deyang	23187	17117	5789	1716	5990	954
绵阳市	Mianyang	32803	24242	7875	2297	8629	1207
广元市	Guangyuan	18689	12811	4382	1044	4213	1073
遂宁市	Suining	18452	13077	4850	1052	4469	790
内江市	Neijiang	21431	15153	5108	1590	5212	1168
乐山市	Leshan	21295	15884	5407	1741	5807	938
南充市	Nanchong	36264	22595	8584	1839	6743	2131
眉山市	Meishan	17866	12670	3918	1540	4494	668
宜宾市	Yibin	26230	17998	5409	1860	6642	1037
广安市	Guangan	16394	10389	3500	923	3302	836
达州市	Dazhou	29878	18431	5638	2063	6007	1186
雅安市	Yaan	10086	7647	2791	719	2730	612
巴中市	Bazhong	18289	11777	3866	2342	3206	643
资阳市	Ziyang	23050	15349	4887	1762	4867	1007
阿坝藏族羌族自治州	Aba	6306	3991	1332	365	1043	360
甘孜藏族自治州	Ganzi	8151	4849	1235	436	1145	554
凉山彝族自治州	Liangshan	22680	14485	4488	1450	5097	1068

21-21 续表 continued

年份 市(州)	Year Region	人员合计(人) Total (person)	# 医院 Hospital	# 社区卫生服务中心 Community Health Care Centres	# 卫生院 Sanitation Stations	# 疾病预防控制中心 Epidemic Prevention and Control Centre	# 妇幼保健院(所、站) Maternity and Child Care Centre
2002		378830	144086	556	79247	11219	10053
2003		373628	142945	509	77447	10944	8672
2004		363179	142017	709	72939	10518	8674
2005		362014	142955	1487	70403	10410	8648
2006		378374	147122	2672	69172	10491	8856
2007		388697	167409	5918	73729	10450	10588
2008		400424	175472	7813	76458	10444	11188
2009		437758	195099	9370	82778	10352	11950
2010		467774	215902	11658	84200	10431	13153
2011		505113	243520	13773	88075	10638	14297
2012		549866	277344	14393	93287	11035	15656
成都市	Chengdu	143410	95885	7257	11150	2523	4507
自贡市	Zigong	19114	10436	220	2951	384	882
攀枝花市	Panzhihua	11283	7203	441	774	224	314
泸州市	Luzhou	25008	10850	524	4534	377	318
德阳市	Deyang	23187	11336	407	4619	424	787
绵阳市	Mianyang	32803	17228	482	6802	554	864
广元市	Guangyuan	18689	8671	418	4149	365	518
遂宁市	Suining	18452	8443	387	3112	232	309
内江市	Neijiang	21431	9852	72	4118	353	332
乐山市	Leshan	21295	10491	475	3601	510	923
南充市	Nanchong	36264	14048	773	6300	524	862
眉山市	Meishan	17866	7827	415	4286	367	816
宜宾市	Yibin	26230	12722	399	4839	488	605
广安市	Guangan	16394	6662	278	3769	401	402
达州市	Dazhou	29878	10342	556	7742	573	692
雅安市	Yaan	10086	5877	91	1784	310	235
巴中市	Bazhong	18289	5761	259	4771	304	508
资阳市	Ziyang	23050	9217	556	5891	367	613
阿坝藏族羌族自治州	Aba	6306	2445	94	1210	425	259
甘孜藏族自治州	Ganzi	8151	2371	18	2298	402	317
凉山彝族自治州	Liangshan	22680	9677	271	4587	928	593

21-22 前十大类病伤死亡原因及构成(2012年)
Death Rate of 10 Major Diseases Categories(2012)

顺位 No.	病伤死亡原因	Cause of Death	死亡率(1/10万) Death Rate (per 100 000 persons)	构成(%) As % of Total Deaths
1	循环系统	Diseases of the Circulation System	192.98	31.04
2	肿瘤	Tumour	170.79	27.47
3	呼吸系统	Diseases of the Respiratory System	149.65	24.07
4	损伤和中毒	Trauma and Toxicosis	46.19	7.43
5	消化系统	Diseases of the Digestive System	21.63	3.48
6	内分泌、营养、代谢、免疫	Endocrine, Nutritional, Metabolic and Immune Diseases	12.40	1.99
7	传染病和寄生虫病	Infectious Disease and Verminosis	7.16	1.15
8	泌尿和生殖系统	Diseases of the Genitourinary System	5.53	0.89
9	神经系统疾病	Nervous System Diseases	3.98	0.64
10	精神障碍	Mental Disorders	2.29	0.37

21-23 前十位单病种死亡原因及构成(2012年)
Death Rate of 10 Single-species Major Diseases(2012)

顺位 No.	前十位单病种类目	10 Single-species Major Diseases	死亡率(1/10万) Death Rate (per 100 000 persons)	构成比(%) As%of Total Deaths
1	慢性下呼吸道疾病	Chronic Lower Respiratory Tract Disease	126.57	20.36
2	脑血管病	Cerebrovascular Disease	112.41	18.08
3	肺癌	Malignant Tumour	46.08	7.41
4	肝癌	Malignant Liver Tumour	28.85	4.64
5	急性心肌梗死	Acute Myocardial Infarction	24.16	3.88
6	胃癌	Malignant Stomach Tumour	21.74	3.50
7	其他冠心病	Other Coronary Heart Disease	21.72	3.49
8	食管癌	Malignant Oesophagus Tumour	21.53	3.46
9	肺炎	Pneumonia	18.61	2.99
10	交通事故	Traffic	18.55	2.98

21-24 国家免疫规划疫苗基础免疫接种率(2012年)
Basis Inoculability Rate of National Immunization Vaccine Planning(2012)

种 类	Item	常规报告接种率(%) Conventional Report Inoculability Rate (%)
卡介苗	Bcg Vaccine	99.52
脊灰疫苗	Poliomyelitis Vaccine	99.45
百白破三联	Chincough, Diphtheria and Tetanus Joint Vaccine	99.38
麻疹疫苗	Measles Vaccine	99.35
乙肝疫苗全程	Hepatitis-B Vaccine Full Process	99.44

21-25 法定报告传染病发病及死亡情况(2012年)
Incidence and Death from Infectious Diseases(2012)

病 种	Item	发病率(1/10万) Incidence Diseases Rate (per 100 000 persons)	死亡率(1/10万) Death Rate (per 100 000 persons)	病死率(%) Mortality Rate per 100 Infectous Disease Patients
甲乙丙合计	**Total of Category A, B and C**	**363.3763**	**1.9776**	**0.5442**
一.甲乙类合计	**I. Total of Category A and B**	**216.7329**	**1.9503**	**0.8999**
鼠疫	The Plague	0.0012	0.0012	100.0000
霍乱	Cholera	0.0050	-	-
传染性非典型肺炎	SARS	-	-	*
艾滋病	AIDS	6.0894	1.5292	25.1122
H I V	HIV	10.6410	2.5106	23.5933
病毒性肝炎	Hepatitis	83.1702	0.0634	0.0762
甲肝	A	4.2683	-	-
乙肝	B	64.0882	0.0584	0.0911
丙肝	C	10.8447	0.0037	0.0344
戊肝	E	1.1665	0.0012	0.1065
肝炎(未分型)	Hepatitis (Not Classified)	2.8025	-	-
脊髓灰质炎	Poliomyelitis	-	-	*
人感染高致病性禽流感	People Avian Flu	-	-	*
甲型H1N1流感	Influenza A H1N1 influenza	0.0211	-	-
麻疹	Measles	0.3081	-	-
流行性出血热	Hemorrhage Fever	0.0596	-	-
狂犬病	Hydrophobia	0.0845	0.0770	91.1765
流行性乙型脑炎	Encephalitis B	0.4075	0.0149	3.6585
登革热	Dengue Fever	0.0037	-	-
炭疽	Anthrax	0.1081	-	-
细菌性和阿米巴性痢疾	Dysentery	13.0956	0.0025	0.0190
肺结核	Pulmonary Tuberculosis	77.9267	0.2435	0.3124
伤寒和副伤寒	Typhoild and Paratyphoid Fever	0.2758	-	-
流行性脑脊髓膜炎	Epidemic Encephalitis	0.0075	0.0012	16.6667
百日咳	Pertussis	0.3230	0.0012	0.3846
白喉	Diphtheria	-	-	*
新生儿破伤风 *	Newborn Baby Tetanus	0.0320	0.0067	20.8333
猩红热	Scarlet Fever	2.1665	-	-
布鲁氏菌病	Brucellosis	0.0037	-	-
淋病	Gonorrhea	4.1155	-	-
梅毒	Syphilis	28.1615	0.0099	0.0353
钩端螺旋体病	Leptospirosis	0.1677	-	-
血吸虫病	Schistosomiasis	0.0050	-	-
疟疾	Malaria	0.1963	-	-
二.丙类合计	**I. Total of Category C**	**146.6434**	**0.0273**	**0.0186**
流行性感冒	Influenza	3.0497	-	-
流行性腮腺炎	Epidemic Mumps	33.4907	-	-
风疹	Rubella	2.1590	-	-
急性出血性结膜炎	Acute Haemorrhagic Conjunctivitis	1.8497	-	-
麻风病	Leprosy	0.0658	-	-
流行性和地方性斑疹伤寒	Typhus Fever	0.1280	-	-
黑热病	Kala-Azar	0.0547	0.0012	2.2727
包虫病	Echinococcosis	0.4981	-	-
丝虫病	Filariasis	-	-	*
其它感染性腹泻病	Other Infectious Diarrhoea	41.0074	0.0012	0.0030
手足口病	Hand, Foot and Mouth Disease	64.3404	0.0248	0.0386

注：新生儿破伤风发病率＝当年发病数÷当年0岁组人口数×1000‰；新生儿破伤风死亡率＝当年死亡数÷当年0岁组人口数×1000‰。

a) Incidence diseases rate of newborn baby tetanus=Number of Incidence diseases in current year÷Number of Population of 0 age group in current year ×1000‰,Death rate of newborn baby tetanus=Number of Death in current year÷Number of Population of 0 age group in current year×1000‰.

主要统计指标解释

文化及相关产业 指为社会公众提供文化、娱乐产品和服务的活动以及与这些活动有关联的活动的集合。根据提供文化、娱乐产品和服务活动的属性特点，划分为公益性文化活动和经营性文化活动两大类。

文化及相关产业是第三产业的重要组成部分。是在我国《国民经济行业分类》基础上的派生分类，有文化服务和相关文化服务两大类：

文化服务 主要指新闻服务，出版发行和版权服务，广播、电视、电影服务，文化艺术服务，网络文化服务，文化休闲娱乐服务，其他文化服务。

相关文化服务 主要指文化用品、设备及相关文化产品的生产，文化用品、设备及相关文化产品的销售。

艺术表演团体 由文化部门主办或实行行业管理（经文化市场行政部门审批或已申报登记并领取相关许可证），专门从事表演艺术等活动的各类专业艺术表演团体，含民间职业剧团。如话剧团、方言话剧团、滑稽剧团、儿童剧团、歌剧团、木偶团、皮影团等以及由若干剧种组成的综合性专业艺术表演团体。不包括群众业余文艺表演团体。

卫生机构 指从卫生行政部门取得《医疗机构执业许可证》，或从民政、工商行政、机构编制管理部门取得法人单位登记证书，为社会提供医疗保健、疾病控制、卫生监督服务或从事医学科研和医学在职培训等工作的单位。医疗卫生机构包括医院、基层医疗卫生机构、专业公共卫生机构、其他医疗卫生机构。

卫生人员 指在医院、基层医疗卫生机构、专业公共卫生机构及其他医疗卫生机构工作的职工，包括卫生技术人员、乡村医生和卫生员、其他技术人员、管理人员和工勤人员。

卫生技术人员 包括执业医师、执业助理医师、注册护士、药师（士）、检验技师（士）、影像技师、卫生监督员和见习医（药、护、技）师（士）等卫生专业人员。不包括从事管理工作的卫生技术人员。

甲乙类法定报告传染病发病率 是指某年某地区每10万人口中甲、乙类法定报告传染病发病情况。即甲乙类法定报告传染病发病率=甲、乙类法定报告传染病发病数/人口数×100000。

甲乙类法定报告传染病死亡率 是指某年某地区每10万人口中甲、乙类法定报告传染病死亡情况。即甲乙类法定报告传染病死亡率=甲、乙类法定报告传染病死亡数/人口数×100000。

甲乙类法定报告传染病病死率 是指某年某地区甲、乙类法定报告传染病死亡数与发病数之比。即甲乙类法定报告传染病病死率=甲、乙类法定报告传染病死亡数/发病数×100% 。

Explanatory Notes on Main Statistical Indicators

Culture and Related Industries refer to the aggregate of activities, providing the mass with culture goods, amusement goods and services. According to the characteristics of culture goods, amusement goods and services, they can be classified into two categories, or nonprofit cultural activities and profit cultural activities.

Culture and related industries is the important component of the tertiary industry. These are the derivative sector from the Industrial Classification of the National Economy and are composed of two categories of culture services and related cultural services.

Culture Services mainly include news services, publishing and copyright services, radio, television, film, arts, network, recreation, and other cultural services.

Related Cultural Services mainly include cultural stationery, equipment and related cultural goods, and the sales of cultural stationery, equipment and related cultural goods.

Arts Performance Troupes refer to the various professional performing arts groups, which sponsored by the cultural sectors or guided by the cultural society (approved by the cultural market administration, or registered and permitted with the relative certificate), including non-governmental troupes, such as drama troupes, dialect troupes, comedy troupes, children troupes, Opera troupes, puppetry troupes, Shadowgraph troupes, etc., comprehensive professional arts performance troupes. The masses amateur art performing groups are not included.

Medical Organizations refer to the units which have been qualified the Certification of Health Care Institution by the administration of public health, or qualified the Certification of Corporate Unit by the civil affairs, administration for industry and commerce, commission office for public sector reform, and engaging in medical care, disease prevention and control, health supervision and inspection, medicine research and on-job training, etc., including: hospitals, health care institutions at grass-root level, specialized public health institutions, and other medical and health care institutions.

Health Care Employee refer to all employees engaged in the health care institutions, such as hospitals, health care institutions at grass-root level, specialized public health institutions, and other medical and health care institutions, including medical technical personnel, village doctors and assistants, other technical personnel, managerial and service staff.

Medical Technical Personnel refer to the professional staff engaged in health care, including licensed doctors, licensed assistant doctors, registered nurses, pharmacists, laboratory technicians, imaging staff, health care supervisors and intern doctors, pharmacists, nurses, and technical personnel, excluding the medical technical personnel engaged in managerial job.

Incidence Rate of A and B Type of Notifiable Infectious Diseases refer to the incidence cases notifiable class A and class B infectious diseases per 100 thousand population in the reference region in the reference year. The formula is:

Incidence Rate of Notifiable Class A and Class B Infectious Diseases = Incidence Cases Notifiable Class A and Class B Infectious Diseases / Population ×10000

Death Rate of A and B Type of Notifiable Infectious Diseases refer to the death cases notifiable class A and class B infectious diseases per 100 thousand population in the reference region in the reference year. The formula is:

Death Rate of Notifiable Class A and Class B Infectious Diseases = Death Cases Notifiable Class A and Class B Infectious Diseases / Population ×10000

Mortality Rate of A and B Type of Notifiable Infectious Diseases refer to the ratio of death cases notifiable class A and class B infectious diseases to the incidence cases in the reference region in the reference year. The formula is:

Mortality Rate of Notifiable Class A and Class B Infectious Diseases = Death Cases Notifiable Class A and Class B Infectious Diseases / Incidence Cases ×100

22

其他社会活动

22-1 社会福利事业基本情况
Basic Statistics on Social Welfare

项 目		Item		2012
收养类		**Adopting Social Welfare Institutions**		
单位数	**(个)**	**Number of units**	**(unit)**	**3363**
工商部门登记	(个)	Registered in Business Administration	(unit)	2
编制部门登记	(个)	Registered in Establishment Departments	(unit)	861
民政部门登记	(个)	Registered in Civil Administration	(unit)	1597
未登记	(个)	Unregistered	(unit)	903
床位数	**(张)**	**Number of Beds**	**(unit)**	**348973**
工商部门登记	(张)	Registered in Business Administration	(unit)	370
编制部门登记	(张)	Registered in Establishment Departments	(unit)	108017
民政部门登记	(张)	Registered in Civil Administration	(unit)	165135
未登记	(张)	Unregistered	(unit)	75451
工作人员	**(人)**	**Persons Engaged**	**(person)**	**18772**
工商部门登记	(人)	Registered in Business Administration	(person)	49
编制部门登记	(人)	Registered in Establishment Departments	(person)	8137
民政部门登记	(人)	Registered in Civil Administration	(person)	6887
未登记	(人)	Unregistered	(person)	3699
收养人员	**(人)**	**Persons Housed**	**(person)**	**295940**
工商部门登记	(人)	Registered in Business Administration	(person)	175
编制部门登记	(人)	Registered in Establishment Departments	(person)	88736
民政部门登记	(人)	Registered in Civil Administration	(person)	141407
未登记	(人)	Unregistered	(person)	65622
福利企业		**Social Welfare Enterprises**		
单位数	**(个)**	**Number of Enterprises**	**(unit)**	**775**
福利工厂	(个)	Welfare Factories	(unit)	369
假肢厂	(个)	Prosthetics Factories	(unit)	1
农场	(个)	Farm	(unit)	1
其他福利企业	(个)	Others	(unit)	404
职工人数	**(人)**	**Workers**	**(person)**	**59025**
福利工厂	(个)	Welfare Factories	(person)	30058
假肢厂	(个)	Prosthetics Factories	(person)	115
农场	(个)	Farm	(person)	48
其他福利企业	(个)	Others	(person)	28804
残疾人员就业人数	**(人)**	**Disabled Employed**	**(person)**	**24778**
福利工厂	(人)	Welfare Factories	(person)	11716
假肢厂	(人)	Prosthetics Factories	(person)	28
农场	(人)	Farm	(person)	8
其他福利企业	(人)	Others	(person)	13026
残疾职工工资总额	**(万元)**	**Total Wages of Disabled Workers**	**(10 000 yuan)**	**73350**
福利工厂	(万元)	Welfare Factories	(10 000 yuan)	30234
假肢厂	(万元)	Prosthetics Factories	(10 000 yuan)	112
农场	(万元)	Farm	(10 000 yuan)	4
其他福利企业	(万元)	Others	(10 000 yuan)	43000

注:社会福利事业和婚姻登记情况由四川省民政厅提供。
a) Data of Social welfare and marriage registration are provided by the provincial Civil Affairs Department.

22-2 收养类单位床位数及收养人员数
Number of Beds and Persons Housed in Social Welfare Institutions

项　　目	Item	床位数(张) Number of Beds (unit)		收养人数(人) Person Housed (person)	
		2011	2012	2011	2012
合　计	**Total**	**305101**	**348973**	**262925**	**295940**
优抚收养性单位	Units for Arranging the Family Members of Martyrs and Disabled Veterans	5492	5462	4179	4013
荣誉军人康复医院	Convalescent Homes for Honored Ex-servicemen	810	960	296	504
复员军人疗养院	Sanatoriums for Ex-servicemen	78	380	76	346
复退军人精神病院	Mental Hospitals for Ex-servicemen	1910	960	1612	826
光荣院	Homes for Disabled Veterans	2694	3162	2195	2337
福利收养性单位	Adopting Social Welfare Institutions	299609	334498	258746	285422
社会福利院	Social Welfare Homes	18637	21715	11385	12203
儿童福利院	Children Welfare Homes	2683	3074	2049	2202
社会福利医院	Psychopathy Welfare Homes	5344	6915	4528	6497
城镇养老服务机构	Urban Elderly Welfare Institutions	16806	17519	12660	13245
农村养老服务机构	Rural Pension Services	256139	285275	228124	251275

注：2012年合计中包含其他收养性单位。
a)Total data include data of other adopting units in 2012.

22-3 婚姻登记和离婚情况
Basic Statistics on Marriages and Divorces

项　　目	Item	2007	2008	2009	2010	2011	2012
按居住地分	By Residence						
内地居民登记结婚 (对)	Registered Marriages of Mainland (couple)	530404	625887	708213	713263	749223	746764
涉外及华侨、港澳台居民登记结婚 (对)	Registered Marriages with Foreigner ar (couple)	1917	1879	1785	1580	602	1532
按婚前状况分	By Premarital Situation						
初婚 (人)	First Marriages (person)	894651	1059382	1205823	1197122	1243260	1211201
再婚 (人)	Remarriages (person)	169991	196150	214173	232564	256390	285391
再婚中恢复结婚 (对)	Remarriages of Divorced Couple (couple)	9655	13530	12423	8594	9248	19836
内地居民离婚数 (对)	Registered Divorces of Mainland (couple)	122314	136741	150401	173824	186641	203003

22-4 各市(州)内地居民婚姻登记和离婚情况
Basic Statistics on Marriage and Divorces of Mainland by Region

单位：对 (couple)

市(州)	Region	内地居民登记结婚 Registered Marriages of Mainland						内地居民登记离婚 Registered Divorces of Mainland					
		2007	2008	2009	2010	2011	2012	2007	2008	2009	2010	2011	2012
全 省	**Sichuan**	**530404**	**625887**	**708213**	**713263**	**749223**	**746764**	**122314**	**136741**	**150401**	**173824**	**186641**	**203003**
成都市	Chengdu	109035	121513	130084	119408	127462	124891	35797	38154	39020	43236	44115	47146
自贡市	Zigong	15894	21810	18619	24959	24563	27175	4304	5326	5296	6369	7012	7861
攀枝花市	Panzhihua	9342	9540	10272	9780	12187	11178	3663	3682	3821	3946	4081	4218
泸州市	Luzhou	27165	31144	32182	38260	37628	34933	5668	6230	7076	8331	9114	9855
德阳市	Deyang	21638	26595	29746	26303	31324	36794	7573	8421	9698	10157	10940	11401
绵阳市	Mianyang	35582	37820	47120	46778	48105	44984	7987	8917	11204	13033	12054	15107
广元市	Guangyuan	13503	18487	18702	19400	24137	21622	2600	3866	3709	4462	5413	4434
遂宁市	Suining	16800	17507	22645	25423	34371	30901	2758	2819	3698	4552	6817	6785
内江市	Neijiang	27024	31352	37049	36061	37898	36866	5935	6691	6991	8898	10335	11244
乐山市	Leshan	25342	26553	28797	27988	29927	29868	7122	7658	8273	9547	9716	10229
南充市	Nanchong	38590	47865	63796	60430	61802	60585	5530	6463	8170	9612	10917	12251
眉山市	Meishan	22782	28639	30440	37337	30378	31233	5393	6342	7191	10337	8642	9377
宜宾市	Yibin	33799	40165	44321	40138	44636	45267	7121	8022	9316	10830	12037	13196
广安市	Guangan	25813	30756	32039	33873	32900	35889	3464	4090	4797	5533	6371	7862
达州市	Dazhou	34950	46789	49363	55942	52131	57476	5221	6457	6865	7964	8914	10011
雅安市	Yaan	11902	12622	14186	12715	13705	12465	3014	3211	3547	3731	4113	4113
巴中市	Bazhong	16129	23732	33215	40540	40617	33750	1514	1978	2225	2757	3127	3667
资阳市	Ziyang	28329	32347	41969	37014	42643	41566	5304	6003	6273	7502	9707	10344
阿坝藏族羌族自治州	Aba	5130	5141	6401	6145	5428	7060	451	419	544	381	449	704
甘孜藏族自治州	Ganzi	777	3706	4338	3949	4812	7103	123	288	504	458	549	653
凉山彝族自治州	Liangshan	10878	11804	12929	10820	12569	15158	1772	1704	2183	2188	2218	2545

注：离婚数不包括法院判决数；离婚数合计中含省本级数据。

a) The number of divorces mediated by the count was not included in the number of divorces.The Number of Sichuan Registered Divorces Includes the Number of Province Level.

22-5 律师、公证、调解工作基本情况
Basic Statistics on Lawyers, Notarization and Mediation

项　目		Item		2005	2007	2008	2009	2010	2011	2012
律师工作		**Lawyers**								
律师事务所	(所)	Number of Law Offices	(unit)	615	675	731	758	802	875	908
律师工作者	(人)	Number of Lawyers	(person)	6331	6827	7247	8033	8918	10029	11268
# 专职律师	(人)	Full-time Lawyers	(person)	6025	6485	6896	7630	8504	9278	10403
担任法律顾问的单位	(家)	Number of Units with Permanent Legal Advisors	(unit)	12704	14526	14895	14673	15530	29782	32293
民事诉讼代理	(件)	Agent of Civil Cases	(case)	35310	45389	49772	46040	49772	63853	76445
刑事诉讼辩护及代理	(件)	Defender and Agent of Criminal Cases	(case)	15852	32120	33845	33873	33845	28287	37229
非诉讼法律事务	(件)	Agent of Non-Litigious Legal Affairs	(case)	44558	21296	42463	29784	42463	21073	20927
咨询和代写法律文书	(次)	Agent of Advise and Legal Documents Written for Others	(copy)	283976	212200	502229	207818	502229	317941	281416
公证工作		**Notarization**								
公证处	(个)	Number of Notary Offices	(unit)	207	205	205	205	205	206	206
公证人员	(人)	Notarial Personnel	(person)	1165	1232	1250	1529	1720	1696	1579
# 公证员	(人)	Notaries	(person)	679	659	648	685	723	736	771
受理国内公证	(件)	Internal Notarization	(case)	150854	484638	399516	439941	732398	648249	683040
受理涉外公证	(件)	Foreign-related Notarization	(case)	18322	39881	43282	55936	65775	70713	43084
受理涉台、港、澳公证	(件)	Notarization of Hong Kong Macao & Taiwan	(case)	2366	5518	5645	7472	6886	6317	4357
出证	(件)	Number of Notarized Documents	(copy)	170028	528224	442932	496083	802173	724675	758357
人民调解工作		**People's Mediation**								
专职司法助理员	(人)	Number of Full-time Judicial Assistants	(person)	3712	3353	3238	3768	3331	4402	40753
人民调解委员会	(个)	Number of People's Mediation Committees	(unit)	64879	62662	64102	64340	63912	62521	64223
调解员	(人)	Number of Mediators	(person)	524428	518827	531255	533327	429763	416482	409239
基层法律服务所调解纠纷	(件)	Mediation of Grassroots Legal Service	(case)	42060	47181	48395	50966	41119		482221

注：律师、公证和调解资料由四川省司法厅提供。
a) Data of lawyers, notaries and mediation information are provided by the provincial Department of Justice.

22-6 调解民间纠纷情况
Mediation of Civil Disputes

项　目	Item	调　解　纠　纷 (件) Mediation of Disputes (case)		各类纠纷所占比重 (%) Percentage of Disputes (%)	
		2011	2012	2011	2012
合　计	**Total**	**468189**	**482221**	**100.0**	**100.0**
婚姻家庭纠纷	Marriage and Family Disputes	112319	101222	24.0	21.0
邻里纠纷	Neighbourhood Disputes	109471	102923	23.4	21.3
房屋宅基地纠纷	Homestead Housing Disputes	19353	15030	4.1	3.1
合同纠纷	Contracts Disputes	22651	21177	4.8	4.4
生产经营纠纷	Production and Management Disputes	11938	11425	2.6	2.4
损害赔偿	Damage Disputes	37582	38596	8.0	8.0
劳动争议	Labor Disputes	17907	18957	3.8	3.9
村务管理纠纷	Village Services ManagementDisputes	6119	4303	1.3	0.9
山林土地纠纷	Forest Land Disputes	22136	19875	4.7	4.1
征地拆迁纠纷	Land Acquisition and Resettlement Disputes	17268	14221	3.7	2.9
计划生育纠纷	Family Planning Disputes	2292	2191	0.5	0.5
环境保护	Environmental Protection	3297	3383	0.7	0.7
道路交通事故	Road Traffic Accidents	25012	72245	5.4	15.0
物业纠纷	Property Disputes	3779	4600	0.8	1.0
医疗纠纷	Medical Malpractice	4479	5003	1.0	1.0
其他纠纷	Other Disputes	52586	47070	11.2	9.8

22-7 检察机关直接立案侦查职务犯罪案件情况
Cases under Direct Investigation by Procurator's Offices

年份 Year	受案件数(件) Cases Accepted (case)	立案件数(件) Cases Registered (case)	立案人数(人) Person of Cases Registered (person)	结案件数(件) Cases Settled (case)	结案人数(人) Person of Cases Registered (person)	挽回经济损失(万元) Retrieving Economic Losses (10 000 yuan)
1996	12090	4370	5107	4837	5715	32837.32
1997	11176	3217	3611	2908	3263	23571.87
1998	6791	1607	1881	1486	1757	11321.75
1999	5188	1966	2230	1734	1949	15178.21
2000	5994	2532	2853	2259	2537	17411.21
2001	5160	2306	2536	2207	2444	14794.34
2002	4949	2260	2476	2154	2364	14339.05
2003	3449	2108	2312	1939	2117	17489.11
2004	3577	2055	2462	1956	2299	27268.34
2005	3336	1855	2224	1755	2112	25430.53
2006	2790	1736	2080	1617	1939	18604.58
2007	2762	1731	2193	1691	2124	21095.90
2008	2508	1548	1975	1542	1980	23484.73
2009	2557	1504	2024	1475	1975	21432.00
2010	2153	1511	2066	1719	2302	24222.91
2011	1879	1493	2109	1440	2013	65269.71
2012	1798	1563	2144	1576	2170	39009.89

22-8 各市(州)检察机关直接立案侦查职务犯罪案件情况
Cases under Direct Investigation by Procurator's Offices by Region

市(州)	Region	受案件数(件) Cases Accepted (case)			立案件数(件) Cases Registered (case)			立案人数(人) Person of Cases Registered (person)		
		2010	2011	2012	2010	2011	2012	2010	2011	2012
合　计	**Sichuan**	**2153**	**1879**	**1798**	**1511**	**1493**	**1563**	**2066**	**2109**	**2144**
四川省人民检察院	Provincial Procuratorate	7	18	3	7	17	3	7	17	3
成都市	Chengdu	306	283	262	192	201	207	348	346	358
自贡市	Zigong	143	125	112	77	64	78	95	90	100
攀枝花市	Panzhihua	55	69	72	52	63	70	61	64	83
泸州市	Luzhou	127	108	104	90	97	101	115	126	126
德阳市	Deyang	64	80	64	34	56	55	40	70	68
绵阳市	Mianyang	138	107	88	87	89	86	120	114	119
广元市	Guangyuan	107	90	79	74	66	63	89	95	78
遂宁市	Suining	52	46	54	50	42	52	58	64	69
内江市	Neijiang	93	68	71	65	61	64	104	103	101
乐山市	Leshan	61	67	65	59	67	65	71	91	90
南充市	Nanchong	167	120	120	102	111	118	151	154	153
眉山市	Meishan	49	36	35	47	35	34	66	72	53
宜宾市	Yibin	121	92	100	88	72	94	123	108	133
广安市	Guangan	92	74	74	65	65	69	85	87	81
达州市	Dazhou	125	76	93	100	70	89	135	110	128
雅安市	Yaan	69	54	46	57	50	45	59	62	53
巴中市	Bazhong	55	71	66	48	58	48	60	65	63
资阳市	Ziyang	86	80	85	72	74	85	102	107	99
阿坝藏族羌族自治州	Aba	54	43	38	35	23	30	42	30	42
甘孜藏族自治州	Ganzi	41	41	45	26	21	21	27	21	26
凉山彝族自治州	Liangshan	81	67	82	57	60	71	71	72	92
四川省人民检察院成都铁路运输分院	Procuratorate of Chengdu Railroad Bureau	60	64	40	27	31	15	37	41	26

注：人民检察院的办案情况由四川省检察院提供。
a) Cases of People's Procuratorate provided by Sichuan People's Procuratorate.

22-8 续表 continued

市(州)	Region	结案件数(件) Cases Settled (case)			结案人数(人) Person of Case Settled (person)			挽回经济损失(万元) Retrieving Economic Losses (10 000 yuan)		
		2010	2011	2012	2010	2011	2012	2010	2011	2012
合　计	**Sichuan**	**1719**	**1440**	**1576**	**2302**	**2013**	**2170**	**24223**	**65269**	**39010**
四川省人民检察院	Provincial Procuratorate	9	7	2	9	7	2	488	41160	800
成都市	Chengdu	252	198	197	413	327	345	6298	5447	3413
自贡市	Zigong	78	54	79	104	76	103	508	156	592
攀枝花市	Panzhihua	54	60	63	63	61	76	1128	542	777
泸州市	Luzhou	102	92	102	126	119	129	534	1278	1328
德阳市	Deyang	35	64	50	41	77	62	1436	3763	1500
绵阳市	Mianyang	98	86	83	133	111	114	1423	1010	2701
广元市	Guangyuan	72	54	78	85	79	98	759	1656	2761
遂宁市	Suining	58	47	55	66	69	72	291	281	474
内江市	Neijiang	62	66	64	107	108	102	247	389	4422
乐山市	Leshan	68	62	66	80	84	89	1565	898	1502
南充市	Nanchong	148	111	127	210	153	163	1652	282	6748
眉山市	Meishan	47	33	39	66	64	64	1939	233	1687
宜宾市	Yibin	83	73	91	117	110	130	252	1146	1251
广安市	Guangan	84	61	61	105	83	73	826	255	1058
达州市	Dazhou	126	71	91	161	108	130	931	2115	898
雅安市	Yaan	61	51	39	64	61	49	1188	1007	315
巴中市	Bazhong	56	52	52	69	57	65	357	308	416
资阳市	Ziyang	79	72	88	108	104	103	529	749	2778
阿坝藏族羌族自治州	Aba	38	17	40	46	21	55	456	333	911
甘孜藏族自治州	Ganzi	23	15	23	26	16	27	289	495	264
凉山彝族自治州	Liangshan	57	66	68	62	81	89	774	1599	1876
四川省人民检察院成都铁路运输分院	Procuratorate of Chengdu Railroad Bureau	29	28	18	41	37	30	353	167	537

22-9 各市(州)检察机关审查批准、决定逮捕犯罪嫌疑人和提起公诉被告人情况
Approval and Arrest of Criminal Suspects and Defendants under Public Prosecution Approved by Procuratorate's Offices by Region

案件分类 市(州)	Case Item Region	批捕、决定逮捕合计 Total of Approval and Arrest				决定起诉合计 Total of Pubilc Prosecutions			
		2011		2012		2011		2012	
		件 (case)	人 (person)	件 (case)	人 (person)	件 (case)	人 (person)	件 (case)	人 (person)
合 计	**Total**	**29561**	**43001**	**29551**	**43569**	**35321**	**52820**	**42014**	**62666**
公安、安全、监狱机关提请小计	**Sub-total of Requests by Departments of State and Public Security and Prisons**	**28963**	**42281**	**28820**	**42720**	**34172**	**51136**	**40722**	**60819**
危害国家安全、公共安全案	Offences Against State Security	1791	1953	1603	1807	5342	5638	6953	7282
破坏社会主义市场经济秩序案	Offences Against Socialist Economic Order	1003	1547	1146	1977	1083	1782	1638	2950
侵犯公民人身、民主权利案	Offences Against Citizens' Personal and Democratic Rights	5759	7497	5064	6786	6184	8302	7501	10067
妨害社会管理秩序案	Offences Against Social Management of Order	6639	11069	7013	11866	7159	13018	7943	15113
侵犯财产案	Offences Against Properties	13761	20204	13984	20272	14395	22385	16681	25401
危害国防利益案	Offences Against National Defense	10	11	10	12	9	11	6	6
检察机关直接立案侦查案件小计	**Sub-total of Cases Handled Directly by Procuratorate's Offices**	**598**	**720**	**731**	**849**	**1149**	**1684**	**1292**	**1847**
贪污贿赂案	Offences on Corruption and Bribery	559	674	664	767	973	1435	1079	1544
渎职侵权案	Offences on Abuse and Dereliction of Duty	39	46	67	82	176	249	213	303
按市(州)分	**Grouped by Region**								
四川省人民检察院	Provincial Procuratorate	96	114	78	84				
成都市	Chengdu	10168	14403	9941	14189	11143	16276	12189	17953
自贡市	Zigong	703	1049	816	1228	1024	1672	1366	2085
攀枝花市	Panzhihua	919	1496	819	1326	1126	1934	1288	2069
泸州市	Luzhou	1023	1508	1135	1650	1366	2063	1703	2424
德阳市	Deyang	1051	1466	1161	1593	1429	1955	1845	2491
绵阳市	Mianyang	1319	1996	1199	1776	2024	3065	2347	3646
广元市	Guangyuan	635	1040	625	1000	798	1381	997	1678
遂宁市	Suining	729	1119	733	1065	1054	1555	1218	1781
内江市	Neijiang	1019	1427	930	1371	1253	1911	1442	2192
乐山市	Leshan	1102	1520	1064	1513	1511	2124	1558	2298
南充市	Nanchong	1254	1781	1185	1805	1569	2396	2007	2911
眉山市	Meishan	812	1205	832	1307	1127	1729	1345	2106
宜宾市	Yibin	1724	2571	1910	2877	1987	3006	2994	4480
广安市	Guangan	1036	1810	947	1595	1285	1981	1426	2206
达州市	Dazhou	1219	1830	1184	1715	1358	2110	1694	2447
雅安市	Yaan	584	854	641	945	688	1075	924	1534
巴中市	Bazhong	437	639	385	612	576	875	710	1041
资阳市	Ziyang	718	913	785	1065	1025	1403	1541	2119
阿坝藏族羌族自治州	Aba	358	494	392	552	361	531	494	703
甘孜藏族自治州	Ganzi	325	479	354	580	311	474	339	571
凉山彝族自治州	Liangshan	1900	2762	2165	3344	1830	2701	2292	3481
四川省人民检察院成都铁路运输分院	Procuratorate of Chengdu Railroad Bureau	430	525	270	377	476	603	295	450

22-10 人民法院审理各类案件受理结案情况
Criminal Trial Cases Accepted and Settled by Courts

单位：件 (case)

项　目	Item	受理 Cases Accepted 2011	受理 Cases Accepted 2012	结案 Cases Settled 2011	结案 Cases Settled 2012
合　计	**Total**	**589497**	**714014**	**548944**	**685262**
一审	**First Trial**	**374796**	**475843**	**345793**	**453647**
刑事	Criminal	38809	44666	36995	43416
民事	Civil	331904	427180	305139	406447
行政	Administrative	4083	3997	3659	3784
二审	**Second Trial**	**30425**	**32118**	**27978**	**29993**
刑事	Criminal	4163	4370	3850	4143
民事	Civil	24934	26426	22883	24578
行政	Administrative	1328	1322	1245	1272
审判监督	**Trial Oversight**	**2340**	**2307**	**1860**	**1901**
刑事	Criminal	137	107	107	85
民事	Civil	2168	2158	1725	1783
行政	Administrative	35	42	28	33
国家赔偿	**State Compensation**	**110**	**119**	**77**	**93**
执行案件	**Implementation cases**	**110377**	**136542**	**102875**	**133201**
申诉申请再审	**Appeals for retrial**	**7986**	**5405**	**7060**	**4943**
减刑假释	**Commutation of Sentence,Parole and Released**	**28784**	**27902**	**28784**	**27902**
其他案件	**Other Cases**	**34679**	**33778**	**34517**	**33582**

22-11 人民法院执行案件标的和减、免、缓诉讼费情况
Subjects Implemented and Litigation Costs Reduced, Exempted and Defered by Courts

项　目		Item		2011	2012
新收执行标的	(亿元)	Subjects Implemented Newly	(100 million yuan)	198.22	310.50
已执行标的	(亿元)	Subjects Implemented	(100 million yuan)	192.76	311.17
减、免、缓诉讼费案件	(件)	Cases of litigation costs reduced, exempted and defered	(case)	11306	12961
减、免、缓诉讼费	(万元)	Litigation costs reduced, exempted and defered	(10 000 yuan)	2596.84	3190.78
减交	(万元)	Reduction	(10 000 yuan)	148.11	79.24
免交	(万元)	Exemption	(10 000 yuan)	388.73	518.51
缓交	(万元)	Deferral	(10 000 yuan)	2059.40	2593.04

注：人民法院审理案件等情况由四川省高级人民法院提供。
a)People's Court cases prepared and provided by the Sichuan Provincial Higher People's Court.

22-12 公安机关受理查处治安案件情况(2012年)
Offense Cases Against Public Order Handled by Public Security Organs(2012)

单位：起 (case)

案件类别	Category of Cases	受理 Cases Accepted to be Treated	查处 Cases Investigated and Treated
合　计	**Total**	**280282**	**237327**
扰乱公共秩序	Disrupt Public Order	14513	14102
扰乱单位秩序	Disrupt Unit Order	2802	2699
扰乱公共场所秩序	Disrupt Public Place Order	2300	2314
扰乱公共交通工具上的秩序	Disrupt Public Transport Order	375	357
妨碍交通工具正常行驶	Impedes Normal Conditions of Transport	484	473
扰乱大型群众性活动秩序	Disrupt the order of large scale mass activities	9	9
妨害公共安全	Prejudice Public Safety	6140	5748
违反危险物质管理规定	Violation of Hazardous Material Regulations	656	599
非法携带枪支、弹药、管制刀	Illegal Possession of Firearms. Ammunition. Knife Control	2755	2676
盗窃、损毁公共设施	Theft. Damage to Public Facilities	485	306
侵犯他人人身权利、财产权利	Violations of the Personal Rights of Others. Property Rights	173060	132893
强迫他人劳动	Forced Labor	29	26
侮辱、诽谤、诬告陷害	Insult. Libel. Calumniation	877	826
发送信息干扰正常生活	Send Information Interfered with the Normal Life	114	92
殴打他人	Assault	68490	61835
盗窃	Theft	39997	17922
妨害社会管理	Prejudice and Social Management	86569	84584
阻碍执行职务	Impeding the Implementation of Duties	1525	1461
违反旅馆业管理	Hotel Management Violation	5108	5031
卖淫、嫖娼	Prostitution. Whoring	4796	4753
毒品违法活动	Drug-related activities	33535	33457

注：治安情况、火灾事故和交通事故资料由四川省公安厅提供。
a) Data of law and order, fire and accident are provided by the provincial Public Security Bureau.

22-13 各市(州)查处治安案件和刑事案件破案数

Number of Offense Cases Against Public Order Investigated and Prosecuted and Criminal Case Cracked by Region

单位：起 (case)

市(州)	Region	治安案件 Offense Cases Against Public Order				刑事案件破案 Criminal Case Cracked	
		发现 Discovered		查处 Investigated and Prosecuted			
		2011	2012	2011	2012	2011	2012
全　省	**Sichuan**	**263111**	**280282**	**219265**	**237327**	**94057**	**115628**
成都市	Chengdu	75034	68795	51330	47846	20944	23951
自贡市	Zigong	5100	7843	4293	6478	3455	4894
攀枝花市	Panzhihua	10561	11567	10052	11145	2496	3486
泸州市	Luzhou	5675	6478	5617	6057	3832	6264
德阳市	Deyang	6080	10889	5619	9635	6115	6809
绵阳市	Mianyang	21936	21022	20385	19942	12249	12217
广元市	Guangyuan	9327	10730	6488	7811	3784	4562
遂宁市	Suining	5060	5695	4746	5403	2217	3302
内江市	Neijiang	5007	10038	4752	9276	3938	4700
乐山市	Leshan	10901	11604	10901	11604	4643	5439
南充市	Nanchong	9544	5907	6269	4396	3443	5112
眉山市	Meishan	14723	23850	12725	16448	3002	6776
宜宾市	Yibin	18192	14923	12928	13330	5592	4718
广安市	Guangan	23011	4064	23011	3995	5422	2505
达州市	Dazhou	14529	1523	12298	1486	3048	589
雅安市	Yaan	2574	843	2483	832	1955	536
巴中市	Bazhong	4130	18470	3974	18043	1857	3175
资阳市	Ziyang	5874	19779	5733	19772	2973	6602
阿坝藏族羌族自治州	Aba	1591	4580	1514	4487	534	2796
甘孜藏族自治州	Ganzi	1045	15302	1040	13162	456	3326
凉山彝族自治州	Liangshan	13217	6380	13107	6179	2102	3869

22-14 火灾事故情况
Basic Statistics on Fires

指　标		Item		合计 Total		特大事故 Extraordinarily		重大事故 Serious		一般事故 Ordinary	
				2011	2012	2011	2012	2011	2012	2011	2012
火灾事故发生起数	(起)	Number of Fires	(case)	5589	6910					5589	6910
死亡人数	(人)	Number of Deaths	(person)	42	25					42	25
受伤人数	(人)	Number of Injuries	(person)	19	18					19	18
损失折款	(万元)	Losses Converted in Cash	(10 000 yuan)	10142.9	11547.9					10142.9	11547.9
平均每起事故损失	(元)	Losses per Case	(yuan)	18148	16712					18148	16712

22-15 各市(州)火灾事故情况
Basic Statistics on Fires by Region

市(州)	Region	火灾事故(起) Number of Fires (case)		火灾伤亡人数(人) Number of Deaths (person)		火灾损失金额(万元) Losses Converted into Cash (10 000 yuan)	
		2011	2012	2011	2012	2011	2012
全　省	**Sichuan**	**5589**	**6910**	**42**	**25**	**10142.9**	**11547.9**
成都市	Chengdu	2235	3228	5	10	1906.8	3400.2
自贡市	Zigong	110	264			237.9	148.5
攀枝花市	Panzhihua	81	108		1	430.1	267.1
泸州市	Luzhou	119	84	1		533.9	298.7
德阳市	Deyang	98	286	5	1	462.0	427.3
绵阳市	Mianyang	459	469	4	1	725.1	1148.2
广元市	Guangyuan	113	136			92.1	1953.7
遂宁市	Suining	744	679		2	230.7	374.1
内江市	Neijiang	159	384		1	1188.8	231.3
乐山市	Leshan	97	463		3	245.9	281.8
南充市	Nanchong	149	117	2	3	123.6	336.5
眉山市	Meishan	69	49	2	1	662.6	79.6
宜宾市	Yibin	475	120	2		187.3	691.7
广安市	Guangan	263	51	5		110.0	51.8
达州市	Dazhou	67	47	1	2	691.6	207.9
雅安市	Yaan	49	22	3		516.8	96.2
巴中市	Bazhong	76	228	1		172.0	452.2
资阳市	Ziyang	56	49	2		242.7	49.7
阿坝藏族羌族自治州	Aba	30	33			314.9	202.7
甘孜藏族自治州	Ganzi	62	31			569.5	618.3
凉山彝族自治州	Liangshan	78	62	9		498.7	230.4

22-16 交通事故情况(2012年)
Basic Statistics on Traffic Accidents(2012)

项　目	Item	合计 Total	特大事故 Extraordinarily Serious	重大事故 Serious	一般事故 Ordinary	其它 Others
发生数 (起)	Number of Traffic Accidents (case)	10024			10024	
死亡人数 (人)	Number of Deaths (person)	2708			2708	
受伤人数 (人)	Number of Injuries (person)	12046			12046	
损失折款 (万元)	Losses Converted into Cash (10 000 yuan)	6704.5			6704.5	
平均每起事故损失 (元)	Losses Converted per Case (yuan)	6688			6688	

22-17 各市(州)交通事故情况(2012年)
Basic Statistics on Traffic Accidents by Region(2012)

市(州)	Region	发生数 (起) Number of Traffic Accidents (case)	死亡人数 (人) Number of Deaths (person)	受伤人数 (人) Number of Injuries (person)	损失折款 (万元) Losses Converted into Cash (10 000 yuan)
全　省	**Sichuan**	**10024**	**2708**	**12046**	**6704.5**
成都市	Chengdu	2417	657	2314	570.5
自贡市	Zigong	430	81	573	54.9
攀枝花市	Panzhihua	164	53	236	89.3
泸州市	Luzhou	285	131	371	86.2
德阳市	Deyang	640	150	634	215.5
绵阳市	Mianyang	736	178	812	592.8
广元市	Guangyuan	338	67	452	88.3
遂宁市	Suining	232	69	248	140.9
内江市	Neijiang	310	47	416	51.7
乐山市	Leshan	816	154	1134	237.3
南充市	Nanchong	471	97	569	151.7
眉山市	Meishan	209	90	239	21.7
宜宾市	Yibin	898	104	1274	376.9
广安市	Guangan	93	45	121	19.6
达州市	Dazhou	182	84	226	67.2
雅安市	Yaan	323	95	446	717.8
巴中市	Bazhong	113	85	163	147.4
资阳市	Ziyang	268	92	325	62.9
阿坝藏族羌族自治州	Aba	101	71	156	191.8
甘孜藏族自治州	Ganzi	58	53	106	184.8
凉山彝族自治州	Liangshan	524	99	576	370.9

注：合计中含高速公路交通事故的数据。
a)The data of Sichuan include the data of Traffic Accidents on Expressway.

主要统计指标解释

社会福利企业 指以集中安置有一定劳动能力的残疾人员就业为目的（残疾职工占生产人员10%以上）、带有社会福利性质的企业总称。主要包括福利工厂、假肢厂和其他福利企业。

公证人员 指在公证处工作的人员总称，包括公证处主任、副主任、公证员、公证员助理(助理公证员)和其他从事辅助性工作的人员。

人民检察院直接立案侦查案件 指按照管辖的规定，由人民检察院直接立案侦查的贪污贿赂犯罪、渎职犯罪、国家机关工作人员利用职权实施的侵犯公民人身权利和民主权利的犯罪以及经省级人民检察院决定立案侦查的国家机关工作人员利用职权实施的其他重大犯罪案件。

受理 是指人民法院对符合诉讼法规定立案条件，决定立案审理的案件。受理包括上期“旧存”和本期“新收”案件两部分。

结案 是指人民法院依照诉讼法规定审理案件，案件审理结束已作出处理决定的案件。

特大火灾 指造成30人以上死亡，或者100人以上重伤，或者1亿元以上直接财产损失的火灾。

重大火灾 指造成10人以上30人以下死亡，或者50人以上100人以下重伤，或者5000万元以上1亿元以下直接财产损失的火灾。

较大火灾 指造成3人以上10人以下死亡，或者10人以上50人以下重伤，或者1000万元以上5000万元以下直接财产损失的火灾。

一般火灾 指造成3人以下死亡，或者10人以下重伤，或者1000万元以下直接财产损失的火灾。

特大交通事故 指一次造成死亡3人以上，或者重伤11人以上，或者死亡1人，同时重伤8人以上，或者死亡2人，同时重伤5人以上，或者财产损失6万元以上的交通事故。

重大交通事故 指一次造成死亡1至2人，或者重伤3人以上10人以下，或者财产损失3万元以上不足6万元的交通事故。

Explanatory Notes on Main Statistical Indicators

Social Welfare Enterprises refers to those welfare-oriented enterprises employing a significant number of handicapped people with certain labour ability (handicapped employees shall exceed 10% of the production staff), including welfare factories, artificial limb plants as well as other welfare enterprises.

Notary Personnel refers to people working for notary offices including: directors, deputy director, notaries, assistant notaries, and other people providing assistance.

Cases Registered and Handled Directly by People's Procuratorate Offices refer to those serious criminal cases that, according to the functional jurisdiction, are registered and handled by the People's Procuratorate Offices, including the ones on bribery and corruption, the ones on abuse and dereliction of duty, offences against citizens' personal and democratic rights by government officials abusing their powers; and that are registered and handled by the provincial Procuratorate offices in relation to other major crimes committed by government officials by abusing their powers.

Accepted Case Refer to People's Court in accordance with the Provisions of prosedural law decide to hear .The number including two part:cases turned over from previous year and cases accepted this year.

Settled Case Refer to People's Court in accordance with the Provisions of prosedural law decide to accept the case and make decision.

Extraordinarily Serious Fire Case refers to a case which has caused over 30 deaths; or over 100 serious injuries; or a direct property loss over 100 million yuan.

Serious Fire Case refers to a case which has caused over 10 to 30 deaths; or over 50 to 100 serious injuries; or a direct property loss over 50 million to 100 million yuan.

Comparatively Serious Fire Case refers to a case which has caused over three to ten deaths; or over 10 to 50 serious injuries; or a direct property loss over 10 million to 50 million yuan.

Ordinary Fire Case refers to a case which has caused less than three deaths; or less than 10 serious injuries; or a direct property loss less than 10 million yuan.

Extraordinarily Serious Traffic Accident refers to an accident which has caused three or more deaths; or over 11 serious injuries; or one death and over 8 serious injuries; or two deaths and over 5 serious injuries; or a loss over 60 thousand yuan.

Serious Traffic Accident refers to an accident which has caused one or two deaths; or three to ten serious injuries; or a loss over 30 thousand yuan to 60 thousand yuan.

23

法人单位概况

23-1 按机构类型和登记注册类型分法人单位数和就业人员数
Number of Corporation Units and Employees Divided by Body Type and Registration

单位：个、人 (unit,person)

项　目	Item	2004 法人单位数 corporation units	2004 就业人员数 Number of Employees	2008 法人单位数 corporation units	2008 就业人员数 Number of Employees	2012 法人单位数 corporateion units	2012 就业人员数 Number of Employees
合　计	**Total**	**257201**	**8976724**	**310269**	**11079018**	**394710**	**13487881**
按机构类型分	**Divided by Body Type**						
企业法人	Enterprise Corporate	110433	6575488	157395	8268248	224585	10172565
事业法人	Cause Corporate	52538	1454227	51029	1565626	53947	1677927
机关法人	Body Corporate	18577	498941	19582	577809	20083	607254
社会法人	Social Entities	10075	88081	14810	180457	16833	291634
民办非企业单位	Private non-enterprise Units	3609	47503	9190	112584	11204	160715
其他法人	Other Legal	61969	312484	58263	374294	68058	577786
按登记注册类型分	**Divided by Registration**						
内资企业	Domestic Enterprises	255807	8806953	308470	10792321	392421	13078208
国有企业	State-owned Enterprises	76190	3095008	76708	3177562	80960	3213921
集体企业	Collective-owned Enterprises	19996	652074	9119	409350	8978	393837
股份合作企业	Cooperative Enterprises	2674	152566	2443	124505	2861	127959
联营企业	Joint Ownership Enterprises	646	28056	622	31375	727	28896
国有联营企业	State-owned Associates	61	1981	85	5263	92	4323
集体联营企业	Collective Associates	278	8942	249	10814	287	10924
国有与集体联营企业	State-owned and Collective Associates	113	6229	70	4196	75	3623
其他联营企业	other Associates	194	10904	218	11102	273	10026
有限责任公司	Limited Liability Company	16709	1595632	24116	2054864	45434	2731544
国有独资公司	State-owned Company	319	139356	506	154635	752	177963
其他有限责任公司	other Limited Liability Company	16390	1456276	23610	1900229	44682	2553581
股份有限公司	Share-holding Corporations Ltd.	3859	683775	6177	754240	7486	776062
私营企业	Private Enterprises	65429	2185644	110569	3568456	148647	4693375
私营独资企业	Private-owned Enterprise	27720	529729	51483	919824	58394	1053763
私营合伙企业	Private Partnership Enterprise	5690	151548	8991	228315	10379	255873
私营有限责任公司	Privates Limited Liability Company	29011	1348268	45626	2189152	72695	3069216
私营股份有限公司	Private Share-holding Corporations Ltd.	3008	156099	4469	231165	7179	314523
其他企业	Other Enterprises	70304	414198	78716	671969	97328	1112614
港、澳、台商投资企业	Hong Kong, Macao and Taiwan Invested Enterprises	545	58453	640	98075	852	163071
外商投资企业	Foreign-invested Enterprises	849	111318	1159	188622	1437	246602

注：2004年数据为第一次全国经济普查数，2008年数据为第二次全国经济普查数，2012年数据为基本单位统计年报数。(后同)

a) Data in 2004 are the number of the first National Economic Census, data in 2008 are the number of the second National Economic Census, data in 2012 are the annual statistical number of the basic unit statistics. (the same as the following)

23-2 按行业(门类)分法人单位数和就业人员数
Number of Corporation Units and Employees by Industry

单位：个、人 (unit,person)

行业	Item	2004		2008		2012	
		法人单位数 corporation units	就业人员数 Number of Employees	法人单位数 corporation units	就业人员数 Number of Employees	法人单位数 corporation units	就业人员数 Number of Employees
合 计	**Total**	**257201**	**8976724**	**310269**	**11079018**	**394710**	**13487881**
农、林、牧、渔业	Farming, Forestry, Animal Husbandry and Fishery	79	10815	28	4077	20331	383018
采矿业	Mining	4797	510383	5436	588889	5641	617653
制造业	Manufacturing	38626	2349225	49258	3076706	56187	3908683
电力、燃气及水的生产和供应业	Electricity, Gas, Production and Supply of Water	3617	203754	5288	233509	5839	254103
建筑业	Building Industry	5636	1773969	7864	2149752	10946	2268119
交通运输、仓储和邮政业	Transport, Storage and Postal Industry	3268	444049	5835	334191	8206	355135
信息传输、计算机服务和软件业	Information Transmission, Computer Services and Software Industry	4773	74170	8384	132159	10229	142802
批发和零售业	Wholesale and Retail Trade	26374	456008	39561	597979	62770	958904
住宿和餐饮业	Accommodation and Catering	4151	172581	5696	226752	7951	339251
金融业	Financial Sector	1752	190527	1503	228990	2586	236333
房地产业	Real Estate	5535	170850	8426	237383	12118	350344
租赁和商务服务业	Leasing and Business Services	9492	147676	13675	274142	23880	314788
科学研究、技术服务和地质勘查业	Research, Technical Service and Geological Prospecting	10109	179829	10348	224901	11809	245888
水利、环境和公共设施管理业	Water, Environment and Public Facilities Management Industry	2532	74089	3021	90587	3392	103528
居民服务和其他服务业	Resident Services and other Services	2350	36124	3394	56155	4904	73878
教育	Education	16286	829938	19476	912432	20928	968530
卫生、社会保障和社会福利业	Health, Social Security and Social Welfare	12729	277993	14255	342171	14710	402931
文化、体育和娱乐业	Culture, Sports and Entertainment	4519	58499	4342	71454	4797	88166
公共管理和社会组织	Public Administration and Social Organizations	100576	1016245	104479	1296789	107485	1475820
国际组织	International Organizations					1	7

23-3 各市(州)法人单位数和就业人员数
Number of Corporation Units and Employees by Region

单位：个、人 (unit,person)

市(州)	Region	2004		2008		2012	
		法人单位数 corporation units	就业人员数 Number of Employees	法人单位数 corporation units	就业人员数 Number of Employees	法人单位数 corporation units	就业人员数 Number of Employees
全　省	**Sichuan**	**257201**	**8976724**	**310269**	**11079018**	**394710**	**13487881**
成都市	Chengdu	58080	2792768	72645	3489238	108274	4086550
自贡市	Zigong	9233	313230	11172	414540	14358	473634
攀枝花市	Panzhihua	5826	272140	7488	295873	8409	303881
泸州市	Luzhou	12720	426128	12894	513886	16945	641531
德阳市	Deyang	12052	521964	15540	610193	20219	756906
绵阳市	Mianyang	14450	520411	18639	634669	25781	787619
广元市	Guangyuan	10812	230123	11756	256012	13580	321797
遂宁市	Suining	6995	238945	8841	308859	10759	430924
内江市	Neijiang	10149	353953	12348	450391	13113	534159
乐山市	Leshan	10914	429051	13393	486143	16028	564898
南充市	Nanchong	14691	427038	17440	551949	22151	747032
眉山市	Meishan	9098	279684	9484	362076	10583	438803
宜宾市	Yibin	13055	429951	15818	500002	20619	685739
广安市	Guangan	8959	272745	10595	336600	11625	414058
达州市	Dazhou	12933	398597	14301	497870	15873	573225
雅安市	Yaan	5587	163839	6639	182088	8008	220069
巴中市	Bazhong	7944	166188	9412	196720	10257	253331
资阳市	Ziyang	9252	260624	13065	412028	15565	487478
阿坝藏族羌族自治州	Aba	5027	114806	5581	113187	6454	149585
甘孜藏族自治州	Ganzi	6284	101920	6971	129966	7235	151209
凉山彝族自治州	Liangshan	13140	262619	16247	336728	18874	465453

主要统计指标解释

法人单位　是指有权以自己的名义拥有资产、发生负债，并独立从事经济活动（或与其他单位进行交易）的经济组织。法人单位应同时具备以下条件：（一）依法成立，有自己的名称、组织机构和场所，能够独立承担民事责任；（二）独立拥有资产或者经费，承担负债，有权与其他单位签订合同；（三）具有一套包括资产负债表在内的账户，或者根据需要能够编制账户。

法人单位包括：企业法人、事业单位法人、机关法人、社会团体法人和其他法人。

从业人员　指在本单位工作并取得劳动报酬或收入的期末实有人员数。从业人员包括在各单位工作的外方人员和港澳台方人员、兼职人员、再就业的离退休人员、借用的外单位人员和第二职业者，但不包括离开本单位仍保留劳动关系的职工。

Explanatory Notes on Main Statistical Indicators

Corporation unit　refer to economic organization. which has assets, incurs liabilities and engages in economic activities independently(or transactions with other units) with his own name.Corporation unit should have the following conditions: (a) established by law, have their own name, organization and location, ability to independently bear civil liability; (b) independently owned assets or funds, liabilities assumed, the right to contract with other units; (c) includes a set of accounts including balance sheet, or as required to prepare accounts.

Corporation unit include enterprise corporation, cause corporation, body corporation, social entities, private non-enterprise units and other legal.

Persons Employed　refer to be engaged in employment and thus receive remuneration payment or earn income. They include staff and workers run by the local people, foreigners and Chinese compatriots from Hong Kong, Macao, and Taiwan working in various units, part-time employees, re-employed retirees, employees of other units working temporarily at current posts, and employees holding the second job, but do not include persons who have left their working units while keeping their labour contract (employment relation) unchanged.

中国统计出版社最新图书简目

(仅供参考,以最后出书为准)

统计资料

中国统计年鉴-2013
中国统计摘要-2013
国际统计年鉴-2013
2013中国发展报告
中国第三产业统计年鉴-2013
中国区域经济统计年鉴-2013
中国劳动统计年鉴-2013
中国社会统计年鉴-2013
中国城市统计年鉴-2013
中国建筑业统计年鉴-2013
中国人口和就业统计年鉴-2013
中国工业经济统计年鉴-2013
中国商品交易市场统计年鉴-2013
中国房地产统计年鉴-2013
中国能源统计年鉴-2013
中国民政统计年鉴-2013
中国贸易外经统计年鉴-2013
2013中国地区经济监测报告
中国科技统计年鉴-2013
中国农村统计年鉴-2013
中国农产品价格调查年鉴-2013
中国高技术产业统计年鉴-2013
中国教育经费统计年鉴-2013
中国农村贫困监测报告-2013
全国农产品成本收益资料汇编-2013
中国科学技术协会统计年鉴-2013
工业企业科技活动资料-2013
大中型批发零售和住宿餐饮企业统计年鉴-2013
中国价格统计年鉴-2013
第二次全国R&D资源清查资料汇编—工业企业卷
中国住户调查年鉴-2013
中国县域统计年鉴-2013
中国农村全面建设小康监测报告-2013
第二次全国R&D资源清查资料汇编—综合卷
中国人才资源统计报告-2011
中国民族统计年鉴-2013
中国零售和餐饮连锁企业统计年鉴-2013
2010年中国第六次人口普查公报

2013年省级综合统计年鉴系列

北京 天津 河北 山西 内蒙古 辽宁 吉林 黑龙江 上海 江苏 浙江 安徽 福建 江西 山东
河南 湖北 湖南 广东 广西 海南 重庆 四川 贵州 云南 西藏 陕西 甘肃 青海 宁夏
新疆 新疆生产建设兵团

2013年市(县)级综合统计年鉴系列

天津滨海新区 石家庄 唐山 邯郸 太原 大同 长治 阳泉 晋城 朔州 晋中
运城 忻州 临汾 呼和浩特 包头 沈阳 大连 长春 吉林市 四平 哈尔滨 黑龙江垦区
上海浦东新区 南京 苏州 无锡 常州 徐州 南通 盐城 镇江 江阴 丹阳
杭州 宁波 绍兴 台州 温州 金华 嘉兴 衢州 福州 福州经济技术开发区
厦门经济特区 南昌 上饶 济南 青岛 潍坊 郑州 洛阳 三门峡 南阳 武汉 宜昌
十堰 荆州 咸宁 长沙 广州 东莞 惠州 深圳 桂林 南宁 柳州 来宾 河池 海口 成都 绵阳
贵阳 昆明 庆阳 西安 兰州 银川 乌鲁木齐

2010年人口普查资料系列

中国2010年人口普查资料
北京 天津 河北 山西 内蒙古 辽宁 吉林 黑龙江 上海 江苏
浙江 安徽 福建 江西 山东 河南 湖北 湖南 广东 广西 海南 重庆 四川 贵州 云南
西藏 陕西 甘肃 青海 宁夏 新疆 新疆生产建设兵团
河南省各市2010年人口普查资料丛书
中国分县2010年人口普查资料
中国分乡镇、街道2010年人口普查资料
中国分民族2010年人口普查资料

“十一五”规划教材

统计学(“十二五”规划,黄良文)
抽样调查理论与实践(“十二五”规划,冯士雍)
统计学(“十二五”规划,单微)
试验设计(“十二五”规划,茆诗松)
贝叶斯统计(“十二五”规划,茆诗松)
统计学:从数据到结论(十二五规划,吴喜之)
医学统计学(陆守曾)
非参数统计(吴喜之)
概率论与数理统计(茆诗松)
现代金融投资统计分析(李腊生)
多元统计分析(任雪松)
应用时间序列分析(王振龙)
统计指数理论及应用(徐国祥)
经济计量学教程(贺铿)
质量管理统计方法 (茆诗松)
统计实验系列教材(许涤龙)
社会统计学(蒋萍)
市场调查与预测(蒋志华)
统计学原理(非统计专业用,朱胜)
国民经济核算教程(杨灿)
概率论与数理统计(经济、管理类专业使用,朱胜)

重点图书

挑大学选专业2013—高考志愿填报指南
挑大学选专业2013—考研择校指南

中国统计出版社发行部电话:(010)63376907,63376908 同榀行书店电话:68783171,68783172

通讯地址:北京市西城区三里河月坛南街57号 邮政编码:100826

网址:http://csp.stats.gov.cn